Henri Silbermann

Die Seide, ihre Geschichte, Gewinnung und Verarbeitung

Erster Band

Henri Silbermann

Die Seide, ihre Geschichte, Gewinnung und Verarbeitung
Erster Band

ISBN/EAN: 9783741110795

Hergestellt in Europa, USA, Kanada, Australien, Japan

Cover: Foto ©knipser5 / pixelio.de

Manufactured and distributed by brebook publishing software
(www.brebook.com)

Henri Silbermann

Die Seide, ihre Geschichte, Gewinnung und Verarbeitung

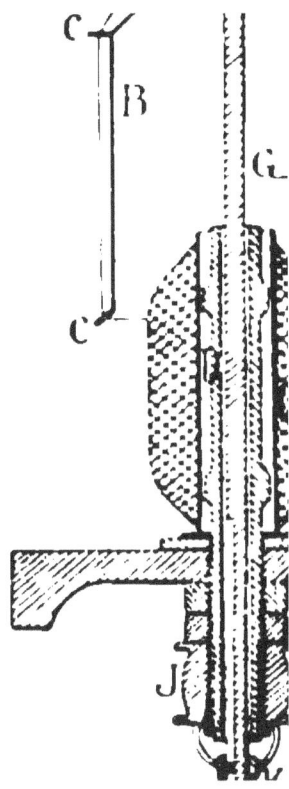

HENRI SILBERMANN

✤ DIE SEIDE

IHRE GESCHICHTE, GEWINNUNG
UND VERARBEITUNG

🐛 ERSTER BAND:

✳ DIE GESCHICHTE
DER SEIDENKULTUR,
DES SEIDENHANDELS
UND DER SEIDENWE-
BEKUNST VON IHREN
ANFÄNGEN BIS AUF
DIE GEGENWART ✳

✳ NATURGESCHICH-
TE DER SEIDE ✳ DIE
WILDEN SEIDEN ✳
✳ DIE GEWINNUNG
DER · ROHSEIDE ✳
UND ZUBEREITUNG
DER GESPINSTE ✳

MIT 273 ILLUSTRATIONEN

DRESDEN 1897
VERLAG VON GERHARD KÜHTMANN

Vorwort.

Die vorliegende Arbeit, das Resultat lang-
jähriger und gewissenhafter Studien, verdankt
ihr Entstehen vor allem dem Bedürfnisse nach
einem in deutscher Sprache geschriebenen ausführlichen Werke über die Seide, deren Geschichte, Gewinnung und Verarbeitung, wie andere Länder, z. B. England und Frankreich,
solche bereits in mehr oder weniger ausführlicher Form besitzen.

Die Seidenindustrie hat aufgehört, Monopol einzelner Länder zu sein,
wie dies beispielsweise noch vor einem Menschenalter bezüglich Frankreichs
der Fall war, und gerade in Deutschland hat sie einen gewaltigen und
vielversprechenden Aufschwung genommen, der sich naturgemäss in rein
praktischen Bahnen vollziehen musste. Eine wissenschaftliche Erörterung der Gewinnung des Rohmaterials, der Mittel und Resultate seiner
Verarbeitung, sowie der geschichtlichen Entwickelung des Seidengewerbes
zu einer Grossindustrie dürfte daher als zeitgemässe Veröffentlichung gerechtfertigt erscheinen, zugleich aber auch den Praktiker auf das lebhafteste interes-
sieren und von thatsächlichem Werte auch für diesen sein. Im Gegensatz zu den
ausländischen Werken, die sich meist auf halbpopulärem Gebiete bewegen und
wichtige theoretische und praktische Themata nur flüchtig berühren, ist das
vorliegende Werk unter Berücksichtigung alles Wissenswerten auf streng
wissenschaftlicher Basis aufgebaut und dementsprechend auch der technische
Teil behandelt.

Obwohl die Seidenindustrie eine ausserordentlich entwickelte ist, so tritt
dies doch dem derselben Fernerstehenden weniger klar vor Augen, als dies betreffs anderer Textilgewerbe der Fall ist, wo alle wichtigeren technischen
Fragen sowohl in Büchern, wie auch in Zeitschriften ausnahmslos eingehend
besprochen werden. Im Gegensatze hierzu steht in den meisten Zweigen
der Seidenindustrie die grösste Geheimthuerei auf der Tagesordnung. Auch

ist die Gewinnung und Verarbeitung der Seide nicht, wie die anderer Gespinstfasern, fast allerorten verbreitet, sondern konzentriert sich vielmehr auf einige wenige Länder, und in diesen wieder sind es einzelne Zentren, die gewisse Fabrikationsgebiete ganz besonders pflegen und beherrschen, und in denen allbekannte Häuser ihre weltberühmten Spezialitäten produzieren. Endlich aber dürfte kein anderes Textilgewerbe so mannigfaltig und reichhaltig sein, wie gerade die Seidenindustrie. Aus alledem erhellt, dass die der Abfassung eines solchen Werkes sich entgegenstellenden Schwierigkeiten ungleich grössere waren, als dies bei Behandlung der übrigen Textilien der Fall gewesen wäre.

Vielleicht erscheint dem einen oder anderen Leser dieser oder jener Abschnitt des Buches zu ausführlich behandelt. Eingedenk jedoch des Goetheschen Spruches: „Wer vieles bringt, wird manchem etwas bringen" glaubte ich, bei den wichtigeren Gebieten möglichst erschöpfend sein zu sollen; freilich war ich stets darauf bedacht, die Übersichtlichkeit und Allgemeinverständlichkeit des Werkes dadurch in keiner Weise zu beeinträchtigen. So darf ich hoffen, dass das Buch nicht allein dem bereits in der Praxis stehenden technisch Gebildeten, der sich über diesen oder jenen Punkt zu unterrichten wünscht, von Nutzen sein werde, sondern ebenso auch dem, für den die Seide nur ein allgemein wissenschaftliches oder technologisches Interesse hat.

Bei dieser Gelegenheit sei mir noch die Bemerkung gestattet, dass mir — einem Nichtdeutschen — die Beherrschung der Sprache besondere Schwierigkeiten bot. Wenn mir nun auch die Verlagshandlung in anerkennenswertester Weise und in mehrfacher Richtung zur Seite stand, um dem Werke eine gewisse sprachliche Leichtigkeit noch nachträglich zu verleihen, so glaube ich doch um freundliche Nachsicht in stilistischer und sprachlicher Hinsicht bitten zu sollen.

Endlich aber möge noch an dieser Stelle herzlicher Dank ausgesprochen werden allen denen, welche mir durch Rat und That an die Hand gingen: insbesondere den Maschinenfabriken für bereitwillige Erteilung von Auskünften und Förderung der Sache nach den verschiedensten Richtungen hin, sowie den Verfassern der von mir benutzten Werke und Abhandlungen für die mir dadurch gewordene Unterstützung.

Möge das Werk Jedem, der es in Gebrauch nimmt, die gewünschte Auskunft erteilen und bald als bewährter Ratgeber allseitig anerkannt werden.

Berlin, im März 1897.

Der Verfasser.

Einleitung.

Die Seide muss unbestritten als die schönste und kostbarste aller, dem Menschen von der Natur gegebenen Gespinstfasern bezeichnet werden. Die Beschäftigung mit dieser Faser gewährt dem Textiltechniker schon deswegen ein besonderes Interesse, weil sowohl die ganze Umsicht und Erfahrung in der Behandlung von Textilmaterial, als auch die Kenntnis der besonderen und trefflichen Eigenschaften der Seidenfaser dazu gehören, um dieselbe durch Erhöhung dieser ihrer Eigenschaften zu veredeln und dadurch für Webezwecke u. s. w. erst verwendbar zu machen. Bietet auch die mechanische und chemische Verarbeitung vom technologischen Standpunkte aus keine besonderen Schwierigkeiten, so wird dieselbe doch durch die delikate Natur und Kostbarkeit des Stoffes zu einer der kompliziertesten und daher auch interessantesten. Auch für die geschichtlichen Studien auf dem Gebiete der Textilindustrie bildet die Seide schon deshalb eine der wichtigsten Grundlagen, weil sie — abgesehen vom Leinen — bereits viel früher praktische Verwendung fand, als alle anderen Textilien. Denn obwohl die eigentliche Seidengewinnung erst um das Jahr 3000 v. Chr. fällt, so war doch die Seidenraupe schon in den vorgeschichtlichen Zeiten bekannt und wurde ihr flüssiges Sekret, das Fibroin, in Fadenform ausgezogen, zu Saiten und Angelschnüren verwendet. Jedoch nur ein einziges Volk, die Chinesen, war im Besitz dieser kostbaren Faser, und erst nach Christi Geburt beginnt deren eigentliche Entwickelungsgeschichte. Überall nahm die Seide unter den Textilien den ersten Platz ein, und auch auf die geschichtliche Entwickelung vieler Nationen war dieselbe von unverkennbarem Einfluss. Fast alle wichtigeren Phasen der Weltgeschichte fanden in dem Schicksal der Seide ihr Spiegelbild, und umgekehrt spielte in der Geschichte die Seide als Bekleidungs- und Handelsartikel nicht selten eine politische Rolle.

Der erste Abschnitt des vorliegenden Werkes behandelt die geschichtliche Entwickelung des Seidenbaues, der Seidenwebekunst und des Weltverkehrs im Seidenhandel von ihren Anfängen bis auf die Jetztzeit, während die Geschichte der einzelnen Gewerbe der Übersichtlichkeit halber am Eingang des betreffenden Kapitels besprochen wird. Diesen ersten Abschnitt habe ich mit besonderer Sorgfalt bearbeitet, und wenn auch die Schilderung notgedrungen eine sehr gedrängte sein musste, so hoffe ich dennoch keine wichtigeren Momente und Quellenangaben überschen zu haben, welche für denjenigen, der sich dem Studium einzelner Gebiete eingehender widmen möchte, von Wert sein könnten. Alsdann folgt die naturgeschichtliche Beschreibung der Seidenraupe, ihrer Zucht und Physiologie, sowie die Anatomie der seidenerzeugenden

Organe. Nach Besprechung der von der Raupe gelieferten Gespinste, der Kokons, wird die Gewinnung der Seidenfaser aus den letzteren, das Abhaspeln und die weitere Verarbeitung des einfachen Rohseidenfadens zu Seidengarnen eingehender erörtert. Der maschinelle Teil der technologischen Behandlung der Seide macht gegenwärtig eine Übergangs- und Entwickelungsperiode durch. Neue Maschinen und Apparate werden eingeführt in diese Industriezweige, die während Jahrhunderten unwandelbar an ihren alten überlieferten Geräten festhielten. Es erschien mir daher notwendig, neben den Maschinen und Verfahren, die allerorts und bereits in grösserem Mafsstabe sich in der Praxis eingeführt haben, auch solche aufzuführen, die sich erst Bahn brechen; ein aufmerksamer Leser wird diese Neuerungen von den in der Praxis bereits verwendeten Systemen leicht unterscheiden können.

Neben der echten Seide erfahren auch die sogenannten wilden Seiden wegen ihrer Wichtigkeit und des Interesses, das diese faserliefernde Insektenklasse in neuerer Zeit wachgerufen hat, eine ausführlichere Besprechung. Der Vollständigkeit halber sind auch die künstlichen Seiden, sowie Spinnen- und Muschelseiden hier behandelt worden. Ein besonderes Gewicht wurde auf die in der Neuzeit so mächtig aufgeblühte Industrie der Seidenabfälle gelegt. Dem Konditionieren und Titrieren der Gespinste und der Untersuchung derselben auf ihre Gleichmässigkeit, Festigkeit und Duktilität sind mehrere Seiten gewidmet, jedem Zweige der Seidengewinnung und -verarbeitung eine Statistik beigefügt worden. Als eine Art Übergang von der mechanischen zur chemischen Technologie dient der Abschnitt über die physikalischen und chemischen Eigenschaften der Seidenfaser. Die eigentlichen Veredelungsgeschäfte, das Abkochen, Bleichen, Färben etc. finden eingehende Besprechung. Nicht auf möglichst detaillierte Angaben über dieses oder jenes Verfahren und auf die Aufzählung einer möglichst grossen Anzahl von Rezepten wurde dabei das Hauptaugenmerk gerichtet, sondern, ausgehend von dem Standpunkte, dass nur das Verständnis einzelner Vorgänge beim Färben, Erschweren etc. den Färber über den Wert eines Verfahrens und die dabei stattfindenden Reaktionen aufzuklären vermag, wurde versucht, deren rationelle Erklärung auf chemischer Basis zu geben. Konnte dies auch öfters nur in Form einer ziemlich vagen Hypothese erfolgen, so möchte ich immerhin doch den empirischen Versuch: die praktischen Ergebnisse der in der Seidenfärberei erzielten Wirkungen mit der wissenschaftlichen Begründung von deren Ursachen in Einklang zu bringen, nicht als verfehlt angesehen wissen. Als Anhang sind einige Methoden zur Untersuchung der erschwerten Seiden beigegeben. Jedem Kapitel ist ausserdem die einschlägige Journal-, Bücher- und Patentlitteratur beigefügt worden, und in einem besonderen Anhang wird die Geschichte der Seidenzölle bis auf die Gegenwart geschildert. Am Schluss des Werkes endlich befinden sich speziellere statistische Tabellen, die hauptsächlich auf die neueren Daten Bezug haben und vorzugsweise für ökonomisch-kaufmännische Betrachtungen von Wert sein dürften.

Inhaltsverzeichnis.

____

Erster Abschnitt.

Die Geschichte der Seidenkultur, des Seidenhandels und der Seidenwebekunst von ihren Anfängen bis auf die Gegenwart.

Zweiter Abschnitt.

Die Seide in naturgeschichtlicher Hinsicht.

Dritter Abschnitt.

Die wilden Seiden.

Vierter Abschnitt.

Die Gewinnung der Rohseide und Zubereitung der Gespinste.

- - -

Errata.

Seite 11 Zeile 10 v. o. statt bombycinas, lies bombycina.

"	17	"	8	v. u.	statt depectent tenui a Seris, lies depectant tenuia Seres.
"	18	"	1	"	statt Aeliae, lies Aeliae.
"	63	"	4	"	und 9 v. o. statt Ibn-Foszlar, lies Ibn-Foszlan.
"	64	"	1	"	statt Die, lies De.
"	71	"	10	"	statt plantiores lies plantiores.
"	71	"	10	"	statt mucosae lies muscosae.
"	71	"	11	"	statt sovere lies severe.
"	85	"	2	"	statt Realin, lies Realm.
"	118	"	19	"	statt 600000000, lies 650000000.
"	136	"	17	"	statt Tschigi, lies Totschigi.
"	150	"	7	v. o.	statt Moras, lies Moros.
"	239	"	4	v. u.	statt 4581, lies 7581.
"	351	"	20	v. o.	statt Schuijt, lies Schuijt.

Sach-Register.

Erster Abschnitt.

Die Geschichte der Seidenkultur, des Seidenhandels und der Seidenwebekunst von ihren Anfängen bis auf die Gegenwart.

Die Seide ist eine Gespinstfaser, welcher mehr als jeder anderen beschieden war, im Kulturleben der Menschheit eine hervorragende Rolle einzunehmen, und als die edelste unter den zur textilen Verarbeitung gelangten Stoffen sehen wir sie sowohl zu königlichen und liturgischen, wie zu den würdeabzeichenden, üppigen und reichen profanen Gewändern Verwendung finden. Jede Kunstepoche, jede Strömung der Kultur und jedes Jahrhundert, ja sogar die Weltgeschichte spiegelt sich in ihrer Entwickelung wieder, und ihre Existenz sowie die Art ihrer Verarbeitung ist viel länger bekannt, als bei jeder anderen Textilfaser. Die Seide weckte überall bei ihrem Auftauchen, sowohl im Orient, wie im jugendfrischen Kulturleben des Abendlandes, den Erfindungsgeist auf technischem und künstlerischem Gebiete; die allgemeine Kunstgeschichte, und nicht nur die der Textilkunst, musste mit diesem hochgeschätzten Material rechnen.

Und welcher Wert und Einfluss wurde den Seidengeweben beigelegt! Alexander ward durch ein medisches Seidengewand besiegt, Julius Caesar durch Seide von seiner Modestia abgelenkt, und in der späteren Geschichte bildet die Seide nicht selten den Brennpunkt, um den sich politische und wirtschaftliche Staatsinteressen zu konzentrieren pflegen. Es ist daher begreiflich, wenn auch die Dichter die Seide zum Gegenstand einer liebe- und pietätvollen Betrachtung machen. In pomphaften Sätzen hebt der geistliche Dichter der „Monumenta moguntina" seinen Lobgesang der Seide an, Vida widmet dem Seidenwurm ein ganzes Gedicht „Bombyx"; Tonelli da Castel Franco schildert in beredter Weise und hochtrabendem Stil das Leben und Schaffen des kleinen Wurmes. Tesaura besingt im Epos „La sereide" die

Seide und Seidenraupe. Franz v. Traucat, Cellius und Racine, sowie viele andere italienische, französische und deutsche Dichter widmen dem kleinen, mysteriösen Insekt die erhabensten Gedichte.

Die mannigfaltige Art und Weise, wie das Seidengewerbe bei den verschiedenen Völkern gepflegt wurde, ist ein für die betreffende Nation und ihren Kulturgeist höchst charakteristisches Merkmal. Bei den Chinesen galt es als obligatorische Industrie für die Bauern, da die Landbevölkerung für den Hof und Staat arbeitspflichtig war; demgemäss sehen wir sie hier von kleinen Anfängen an in demselben Mafse, wie die Alleinherrschaft und Staatsgewalt immer mehr an Ausdehnung gewannen, zu einer eminenten nationalen Industrie heranwachsen; das Wohl und Wehe Chinas war mit den Erfolgen der Seidenkultur, der Seidenweberei und des Seidenhandels eng verknüpft, und die leisesten politischen Unruhen inmitten des Landes vermochten diesen auf eine absolute Ruhe angewiesenen Kulturzweigen in kurzer Zeit einen sehr fühlbaren Schaden zuzufügen. In Byzanz wurde das Seidengewerbe durch die selbstsüchtige Prachtliebe Justinians und sonstige Ursachen staatsökonomischer Natur zum fast ausschliesslichen Vorrecht der Krone und vermochte sich unter der drückenden Last des ärarischen Regime hier ebensowenig, wie ein Jahrtausend später in westeuropäischen Staaten, durch ähnliche Wirtschaftspolitik beeinflusst, zu einer wirklich lebensfähigen Industrie zu entfalten. Byzanz mit seiner seidengewerblichen Thätigkeit liefert einen der schlagendsten Beweise dafür, dass eine Industrie sich weder durch staatliche, noch private Mafsregeln ebensowenig gewaltsam wie aus freien Stücken einführen lässt, sondern vielmehr aus natürlichen Umständen, die durch den Kulturzustand, das materielle und geistige Vermögen der Nation und ihre Handelsbeziehungen bedingt werden, entspriesst und in langsamer aber sicherer Entwickelung aus dem Gewerbe zum Grossbetrieb wird. Bei den Römern erfreute sich die Seide eines ungewöhnlich grossen Verbrauchs und kaum ein zweites Volk hat seitdem diesen Seidenluxus zu überschreiten vermocht; nichtsdestoweniger findet die geringe Entwickelung einheimischer Seidenindustrie ihre Erklärung darin, dass die Ausübung des Gewerbes der geistlosen Sklavenarbeit überlassen und nicht von einem so lebensvollen, nationalen Drang beseelt wurde, wie dies beispielsweise bei den Arabern der Fall war. Dazu kam noch, dass die Römer die Völker ausserhalb der engeren Reichsgrenzen, als Barbaren, des Tragens seidener Prachtgewänder für unwürdig hielten und obwohl sie auch damit dem Konsum des eigenen Landes einen national Charakter verliehen hatten, so beraubten sie die Industrie eines mächtigen ihre Lebensfähigkeit bedingenden Impulses, des auswärtigen Handelsverkehrs. Wesentlich anders verhielt es sich mit dem charaktervollen Araberstamm, der dem Seidengewerbe auf religiöser Basis einen hochkulturellen Charakter verliehen hat.

Die Seide, obwohl ein Luxusartikel, vereinigt mit dem Schönen zugleich das Nützliche; thatsächlich giebt es kein anderes Webmaterial, das ein so einnehmendes und glänzendes Äussere neben ebenso wertvollen inneren Eigenschaften aufweisen könnte. Es lässt sich nicht verhehlen, dass das in der ganzen Geschichte der Seide hervortretende Streben der Völker nach dem Besitz dieses wertvollen Materials mehr dessen äusserer Pracht gegolten hat und demnach nur luxuriöse Begierde war; dieser Luxus trat aber zugleich mit der Kultur ein und gab später Veranlassung zur industriellen Thätigkeit. Erst in neuerer Zeit hat man auch die inneren guten Eigenschaften der Seide, ihre Dauerhaftigkeit u. s. w. erkannt und bestrebt sich, dieselbe als Bekleidungsmaterial den breiten Schichten der Bevölkerung möglichst zugänglich zu machen. Die Seidenkultur, sowie die Gewinnung und Verarbeitung der Seide, beschäftigen heutzutage viele Millionen Menschen und zählen für viele Länder zu den wichtigsten Mitteln zur Förderung des Wohlstandes der Völker.

Mythologische Angaben über den Ursprung der Seide und die Anfänge der Seidenkultur und des Seidengewerbes giebt es in zahlloser Menge, doch mögen hier nur die interessantesten Erwähnung finden. Eine der chinesischen Überlieferungen erzählt vom Tschin, dem Sohn des Japhets, welcher seine Kinder unterrichten sollte, Kleiderstoffe aus Seide anzufertigen[1]). Eine andere Legende schreibt die Schöpfung des Seidenwurmes einer japanischen Jungfrau zu, aus deren Augenbrauen er entstanden sein soll. Nach einer öfters wiedergegebenen romantischen Überlieferung Japans wurde ein von seiner Stiefmutter Kuang-ki (Furcht der Strahlen) verstossenes Königskind des Lin-i (Hass des Regens) aus Indien, das „junge Mädchen mit goldenen Haaren", nachdem es wilden Löwen und Adlern preisgegeben und von diesen unberührt geblieben, auf eine einsame Insel verbannt, von der es ein Fischer mit seinem Kahne befreite. Alsdann wurde es lebendig im Schlosshofe vergraben, wobei es jedoch stets unversehrt blieb und schliesslich in einem hohlen Maulbeerbaume dem Meere überlassen, durch welches es an die Küste Japans verschlagen und hier, indem es gleich darauf seinen Geist aufgab, in eine Seidenraupe verwandelt wurde[*]). Durch die allegorisch dargestellten Qualen und den Schlaf des jungen Mädchens, aus welchem es wieder trotz des scheinbaren Todes erwachte, wird in dieser Fabel der Lebensgang der Seidenraupe, ihre vier Häutungsperioden, angedeutet. Damit übereinstimmend werden in Japan die Häutungen der Maulbeerraupe als die Zeiten des Löwen (sischi-no-oki), des Adlers oder des Falken (takano-oki), des Kahnes (fune-no-oki) und des Hofes (niwa-no-oki) bezeichnet. Es scheint, dass diese Allegorie die Herkunft der Seidenraupe mit einem königlichen Nymbus zu umgeben sucht und gleichzeitig Anspielung auf die Schwierigkeiten macht, welche die Seidenzucht zu überwinden hatte, bevor sie nach Japan gelangen konnte. Verlassen wir indessen das Gebiet des Fabelhaften und wenden uns den geschichtlichen Thatsachen zu.

---

[1]) d'Herbelot, Bibliothèque orientale, Paris, 1697 (Kapitel Sin).

[*]) Uokaki-Morikuni, Jo-san-fi-rok (Die Seidenzucht in Japan), L'art d'élever les vers à soie au Japon. Übers. Hoffmann-Bonnafous, Paris & Turin 1848.

1*

Die Geschichtsforschung hat der gewerblichen Thätigkeit alter Kulturvölker, namentlich der Chinesen, Indier, Perser, Ägypter u. A. erst in der
jüngeren Zeit grössere Beachtung geschenkt. Von diesen Völkern, unter
welchen viele ausgedehnte technologische Kenntnisse besassen, haben einige
in den Gräbern und Denkmälern, andere in ihrer Litteratur Schätze hinterlassen, die der Nachkommenschaft ein Bild über deren Kulturzustand verschaffen; doch sind hier leider fast durchgehends nur spärliche Angaben
über die Textilindustrie im allgemeinen, und das Seidengewerbe im speziellen
vorhanden. Umso wichtiger und bezeichnender in dieser Hinsicht ist die technologische Litteratur der alten Chinesen, deren Studium erst ganz neuerdings aufgenommen wurde [1]) und die namentlich für die Geschichte der Seidenindustrie
deswegen von bedeutendem Interesse erscheint, weil unter allen Völkern des
Altertums es ausschliesslich die Chinesen waren, denen die Seidenzucht
seit allerlängster Zeit bekannt war und welche allein die Kunstfertigkeit der
Seidenverarbeitung besassen. Es sei damit nicht gesagt, dass die Natur in
der Verteilung der Flora und Fauna andere Länder mit Maulbeerbaum
und Seidenraupe übersehen hat, sondern nur vorausschickend betont, dass
die von den Chinesen verarbeitete Seide keine andere, als die echte weisse
Maulbeerseide war, dass die letztere ausschliesslich in China ihre Heimat
gehabt zu haben scheint und dass sie von hier uns nach allen übrigen
Ländern verbreitet worden ist. Schon aus der citierten Überlieferung vom
„Mädchen mit goldenen Haaren", worunter zweifellos die gelbe Seidenrasse
zu verstehen ist, und aus seiner chinesischen Bezeichnung „kin-kül-tsen"
— das Kind der goldenen Fahne — geht mit Sicherheit hervor, dass die
gelbe, damals wohl nur halbkultivierte oder gar wilde Seidenrasse eher in
Indien, als in China ihre ursprüngliche Heimat besass, und dass sie
in China nicht seit so vielen Jahrtausenden, wie die weisse, mit vieler
Sorgfalt gezüchtete Rasse bekannt war; denn die Bezeichnung und das
Signum der goldenen Fahne (kin) ist erst im VIII. Jahrhundert vor Chr.
aufgetaucht und festgestellt worden [2]). Wie geschichtliche Forschungen
ergeben haben, ist China im allgemeinsten Sinne des Wortes als das Heimatland der echten weissen Maulbeerseide aufzufassen, und dem chinesischen
Volke gebührt das Verdienst, den Anfang zu einer regelmässigen und mit
Kunst betriebenen Seidenzucht und Seidenindustrie gelegt zu haben. Es möge
daher in erster Linie die Geschichte der Seide in China erörtert werden.

Der Maulbeerbaum und die Seidenraupe erscheinen in den allerältesten
Denkmälern der chinesischen Nationallitteratur. Die Seidenzucht und die
Verarbeitung der Seidenfaser hat im Kulturleben der Chinesen stets einen
so wichtigen Platz eingenommen, dass hierüber nicht nur die Geschichtschreiber Chinas die genauesten Angaben geliefert haben, sondern auch die

---

[1]) Die Kollektion: „Mémoires des missionaires sur la Chine. Pauthier, L'histoire
de la Chine. Klaproth, Les tableaux historiques de l'Asie. The Chinese miscellany
on the silk manufacture and cultivation of the mulberry. Shanghai.

[2]) Pariset, L'histoire de la soie.

Volkssitten und Religionsgebräuche durch die Ausübung des Seidengewerbes beeinflusst worden sind.

Schon vor dem Jahre 3000 vor Chr., berichtet das geschichtliche Werk Tschu-king[1]), war Shin-nong, der Nachfolger Kaisers Fohi, bestrebt, die Kultur der Maulbeerbäume und die Seidenraupenzucht möglichst zu verbreiten, um das Gewerbe der Anfertigung von Angelschnüren zu fördern, die aus dem Darminhalt der Raupen, etwa wie Glasfäden, gezogen wurden. Fohi selbst hatte die auf diese Art erzeugten Seidenfäden als Saiten für ein musikalisches Instrument „kin" verwendet, dessen klangvoller Ton berühmt war. Die eigentliche, gegenwärtig übliche Verarbeitung der Kokongespinste vermittelst des regelrechten Abhaspelns soll durch die Kaiserin Si-lung-shi, Gemahlin des Hoang-ti, nach anderen Angaben durch dessen Tochter Lui-tseu, im Jahre 2698 vor Chr. eingeführt worden sein, die, nachdem sie eine spinnende Seidenraupe beobachtet, auf den Gedanken kam, den Seidenfaden von dem Kokon in umgekehrtem Sinne wieder abzuwinden und als Textilfaser zu verweben. Diese Idee wurde alsbald mit ausgezeichnetem Erfolg verwirklicht; die erfinderische Kaiserin wurde in Anerkennung ihrer Verdienste gleich nach ihrem Tode in die Reihe der Gottheiten aufgenommen und als „Geist des Maulbeerbaumes und der Seidenraupe" geweiht; ein Sternbild (Konstellation des Skorpions), in welchem Si-lung-shi als Protektorin der Seidenzucht versinnlicht wird, ist ihr unter dem Namen „tsau-fang" (Seidenhäuschen) geheiligt worden[2]). Alsbald ist die Seidenzucht zu einem regelmässigen Gewerbe geworden, bestimmt, in der ganzen politischen und ökonomischen Geschichte Chinas eine unverkennbar bedeutende Rolle zu spielen, indem sie dazu geeignet schien „die Sittlichkeit des Volkes zu erhöhen und die Armut zu bekämpfen"[3]), als auch in den späteren äusserlichen Beziehungen Chinas zum Brennpunkt der politischen Fragen und zur Grundlage des Handelsverkehrs zu werden.

Die zusammenhängende Geschichte der chinesischen Seidenindustrie ist in einem besonderen Werke „Hawai-nan-tsé", Klassik des Seidenwurmes, aufgezeichnet. Eine Menge von Citaten über die Seide in den geschichtlichen Werken Chinas zeugt von der Wichtigkeit des emporblühenden Seidengewerbes. So berichtet Konfucius über die Erbauung grossartiger Seidenhäuser im Jahre 2357 sowie über die Anlage der Schutzdämme gegen Überschwemmungen des Flusses Yao, an dessen Ufern ausgedehnte Maulbeerplantagen lagen. Der chinesischen Seidenstoffe findet man zuerst im Jahre 2255 vor Chr. Erwähnung gethan, zu welcher Zeit sie von der Provinz Shantung, die auch als eigentliche Heimat der Seide im engeren Sinne betrachtet wird, als Gabe und Huldigung an den kaiserlichen Hof des Shun-tieu geliefert worden sind[4]). Im Jahre 2200 vor Chr. erscheint im Buche Tschu-

---

[1]) „Tshu-king", Übers. von de Guignes, Paris 1770.

[2]) Jo-san-fi-rok, S. 135.

[3]) Wardle, The wild silks of India, nach Rosny.

[4]) de Guignes, Tshu-king, S. 14.

king die erste Nachricht über die Seidenfärberei, in welcher die Verwendung
gefärbter Seidenstoffe beschrieben ist; auch schildert uns Konfucius die
roten und schwarzen Seidenzenge, die als Tribut an den Kaiser Ju (2022)
geliefert wurden. Die Hauptverwendung der Seidengewebe jener Zeit bestand in
der Anfertigung von Fahnen und Schirmen, welche als Abzeichen der Würde
dienten, indem verschiedene Farben bestimmten Rangstufen entsprachen.
Das Gelb war die ausschliessliche Farbe des Kaisers, das Violett die seiner
Nebenfrauen, Blau, Roth und Schwarz wurden dem verschiedenen Range der
Ritter beigelegt[1]). Aus den geschichtlichen Schilderungen dieser Epoche geht
mit Sicherheit hervor, dass das Seidengewerbe und der Gebrauch der Seide
während seines ersten Aufblühens einigermassen das Vorrecht des kaiserlichen Hofes (der Kaisersfrauen) und der Adeligen war. Auch die Aufzählung der den Seidenbau betreibenden Provinzen[2]) lässt darauf schliessen,
dass der der Seidenzucht zugewiesene Raum ziemlich spärlich und ihr Betrieb noch gering war; unter dem Volke war sie noch gar nicht verbreitet.
Die Herrscher und der Adel habeu dagegen einen Luxus mit Seidengeweben
entwickelt, der ganz kolossale Dimensionen annahm und geradezu in die
Geschicke Chinas einzugreifen anfing; wer die Geschichte des chinesischen
Seidenbaues schreibt, erzählt fast zugleich die Geschichte der chinesischen
Dynastien. Erst durch die liberalen Verordnungen des weisen Kaisers Ju
(2205) hat die Seidenkultur auch unter dem chinesischen Volke Platz gegriffen, indem durch Bepflanzung weiter Strecken mit Maulbeerbäumen
und Verteilung von Raupeneiern für ihre weitere Verallgemeinerung Sorge
getragen wurde. Das seit dem XII. Jahrhundert in China auftauchende
Lehensfürstentum vermittelte in hohem Grade die Verbreitung der seidengewerblichen Thätigkeit, indem jeder von den fürstlichen Höfen (zur
Zeit des Konfucius 125) dem Beispiel des kaiserlichen folgte und den
Seidenbau bei sich einführte. Mit der Zeit entfaltet das Gewerbe einen
immer höher steigenden Luxns; es erscheinen Goldbrokate (VIII. Jahrh.
vor Chr.) und ähnliche kostbare Seidenstoffe, in welche man als Schmuck
sogar bunte Vogelfedern einzuweben pflegte. Eine poetische Sammlung „Shi-
king" schildert die Schönheit broschierter und anderer Gewebe in überschweng-
licher Weise. Die nationale Seidenindustrie nimmt indessen nur beschränkte
Dimensionen an, indem noch immer, dem Beispiel der Königin und der Hof-
damen folgend, sich nur die höheren Volksklassen an ihr beteiligten und
der Seidenbau nur in der einen Provinz Shantung zur Entwickelung gelangte.
Das „Buch der Vorschriften" (Tscheu-li) enthält eine Schilderung der Seidenzucht, wie sie zu jener Zeit (XII. Jahrh.) von der Kaiserin und den Prin-
zessinnen ausgeübt wurde.

In dieser Weise verflossen über zwanzig Jahrhunderte, ohne dass das
Seidengewerbe die Grenzen seiner Heimatstätte Shantong überschritten hätte;
es ist im Grossen und Ganzen auf derselben Höhe geblieben, wie zur Zeit

---

[1]) de Guignes, a. a. O. S. 339.
[2]) Pauthier, Übers. des „Tshu-king" in Panthéon littéraire.

der Einführung. Wenn auch seit dem XI. Jahrhundert vor Chr. ein vorübergehender Aufschwung wahrzunehmen ist, so hemmten doch der unter
Jeu-hang (781 vor Chr.) entstandene Anarchismus, politische Zwiespälte
und grenzenlose Sittenlosigkeit während der ganzen Zeitperiode vom VIII.
bis zum III. Jahrhundert vor Chr., das Emporkommen des Seidengewerbes,
eine Zeit, welche treffend als „das Mittelalter Chinas" bezeichnet worden
ist [1]). Weder die Seidenindustrie noch irgend welcher Handelsverkehr mit
Seidenstoffen kamen zur Geltung [2]), nur folgende Ereignisse sind von einiger
Bedeutung. 806 gab Hientong die Verordnung, dass jede Provinz des
Reiches eine bestimmte Anzahl Maulbeerbäume zu pflanzen und zu erhalten
habe — und Hiawuti (454) und Wuti (265) sorgten für die Erbauung
grosser Seidenzüchtereien.

Gerade in diese untröstliche Periode fiel die epochemachende gesetz-
geberische Thätigkeit des Konfucius (551—478 v. Chr.) und anderthalb
Jahrhunderte später die des Mencius. Der erstere erwähnt einmal in
seinem Buche Lougo, dass er lieber seidene Mützen trage, als die leinenen,
weil die Seide ein Vorrecht der Patrizier sei, ohwohl sie billiger ist, als
Leinen. Wenn sich aus dieser Angabe auf eine zur Zeit bereits ausgedehnte
Seidenkultur schliessen lässt, die aller Wahrscheinlichkeit nach von den Bauern
als Frondienst geleistet wurde, so lag es nicht im Sinne des Konfucius, diese
zum freien nationalen Gewerbe zu erheben und der Seide ihre privilegierte
Stellung zu nehmen. Mencius scheint dagegen mehr von der demokratischen
Idee des Gemeinwohls durchdrungen gewesen zu sein; er empfahl den Landes-
fürsten, mit denen er zusammenkam, Maulbeerbäume am Gehege der Bauern-
güter pflanzen zu lassen, „damit die Älteren sich mit Seidentuch warm und
bequem bekleiden können [3])", und die künftige Bedeutung des Seidengewerbes
für China mit klarem Blick erkennend, förderte er es durch ausgedehnte
Privilegien und Schutzgesetze. Seit diesem Zeitpunkt scheint demnach
die volkstümliche Verbreitung der Seidenkultur festen Fuss gefasst zu haben,
so dass nunmehr jegliche Naturalsteuer in Seide erhoben werden konnte,
ein Gebrauch, der sich bis in das XIII. Jahrhundert erhalten hat.

Über den damaligen Seidenhandel finden sich in den Geschichtsbüchern
Chinas nur spärliche Angaben, aus welchen jedoch mit Sicherheit hervorgeht, dass bis zum III. Jahrhundert vorchristlicher Ära weder ein
Handelsverkehr, noch andere Beziehungen zwischen China und den übrigen
Kulturvölkern Asiens bestanden haben. Die durch natürliche und politische
Hindernisse und sittliche Originalität bedingte Absonderung Chinas wurde
auf die Dauer dadurch bekräftigt, dass die mittelasiatischen Barbaren dem
weiteren Umsichgreifen der fortschreitenden chinesischen Kultur unüber-
windlichen Widerstand leisteten [4]). Die allgemeine Kultur und im speziellen

[1]) de Guignes, Histoire des Huns, Bd. I, § 79.
[2]) Ed. Biot, Journal asiatique 1845.
[3]) Mentze, Bd. I. cap. 1, S. 3.
[4]) Pauthier, Histoire de la Chine, S. 69.

die Seidenindustrie der Chinesen waren bis zum Beginn unserer Zeitrechnung von der übrigen Welt vollständig abgeschlossen, und so kam es, dass
der Besitz und die Kenntnis der Seide fast ganze drei Jahrtausende das
Privilegium eines einzigen Volkes geblieben sind.

Die infolge politischer Unruhen entstandene Auswanderung der chinesischen Bevölkerung brachte diesem Monopol den ersten verhängnisvollen
Schlag. Auf diese Weise wurde der Seidenbau einfach durch chinesische
Ansiedler, die das Heimatland nach dem Fall der Dynastie Thsin verliessen, nach der Halbinsel Korea (200 vor Chr.) übertragen.

Über die Zeit der Einführung der Seidenkultur nach Japan sind die
Angaben japanischer Geschichtschreiber widersprechend; nur das ist festgestellt, dass ihr Ursprung daselbst erst späteren Datums ist (jedenfalls
nicht vor Chr.) und dass sie nach Japan durch Vermittelung der Koreaner
gelangte. Nach der chinesischen Überlieferung des Historikers Man-tun-lin
bestand der Seidenbau in Japan bereits im ersten Jahrhundert vor Chr.,
nachdem der Kaiser Won-Ti die kriegsgefangenen koreanischen Seidenzüchter
nach Japan übersiedeln liess. Nach einer anderen Überlieferung kann dieser
Zeitpunkt auf das Jahr 199 nach Chr. verlegt werden, wo ein chinesischer
Prinz Kohman bei einem Besuch am japanischem Hofe unter Anderem auch
Raupeneier als Huldigungstribut dargebracht haben sollte. Die verbreitetste
und zuverlässigste Ansicht, die von Nippon-ki, besteht indessen darin, dass
chinesische und koreanische Einwanderer im Jahre 289 unserer Zeitrechnung die Seidenzucht nach der Insel Kiu-Siu eingeführt haben und dann
im Jahre 310 durch Hinzuziehung verwandter chinesischer Handwerker
der Anfang japanischer Seidenweberei gelegt wurde. Schon im fünften
Jahrhundert unserer Ära hat Japan einen mächtigen Aufschwung der seidengewerblichen Thätigkeit zu verzeichnen gehabt. Der regierende Mikado
Yuliah (472) förderte in jeder Weise die Seidenkultur; an seinem Hofe
selbst wurde dieselbe in grossem Mafsstabe betrieben. Er befahl, dass die
im Lande zerstreuten Einwanderer fortan ihre Steuer in Seide zu entrichten
hätten. Im VI. Jahrhundert wurde die japanische Seidenzucht allgemeines, nationales Gewerbe, das von der Regierung aufs eifrigste unterstützt
und gefördert wurde und immer mehr an Ausdehnung gewann. Der
Seidenbau soll in einigen Teilen Japans sogar so mächtige Verhältnisse
erreicht haben, dass die hierdurch verursachte Vernachlässigung anderer
Kulturen, besonders der Reiskultur, das Ausbrechen einer Hungersnot befürchten liess, wodurch zeitweise in entgegengesetztem Sinne wirkende Mafsnahmen zur Geltung gebracht wurden[1]. In einigen Fürstentümern wurde
dann die Seidenzucht ganz aufgegeben und das Tragen seidener Kleider
dem gemeinen Manne untersagt; in anderen Provinzen wurde das Seidengewerbe monopolisiert und die erzeugten Gewebe ausschliesslich für den Gebrauch des Hofstaates und als Geschenke für befreundete Herrscher verwendet.

---

[1] Bavier, Japans Seidenzucht, Seidenhandel und Seidenindustrie. Zürich 1874.

Befassen wir uns jetzt mit dem Ursprung der Gewinnung und Verarbeitung der Seide bei Asiens übrigen Völkern jener Zeiten. Der Maulbeerbaum existierte, obwohl nur in wildem Zustande, in ganz Westasien, seit allerältesten Zeiten; ebenso waren die Seidenraupen in den östlichen Teilen Indiens und in Persien heimisch und sogar sehr verbreitet; doch waren ihre Rassen und daher auch ihre Eigenschaften von denen Chinas sehr verschieden; auch wurden sie keiner so regelmässigen und sorgfältigen Zucht unterworfen, wie bei den Chinesen. Diese Seidenraupen lieferten nur minderwertige Produkte in Form von unabwickelbaren oder durchlöcherten Kokons, die von den Eingeborenen gesammelt und wie Flachs verzupft und versponnen wurden, ein Verfahren, das natürlich im Vergleich zu dem Glanz und der unübertroffenen Gleichmässigkeit der abgehaspelten Seidenfaser nur ein minderwertiges, unansehnliches Gespinst ergab. Wie schon aus der Überlieferung vom „Mädchen mit goldenen Haaren" und seiner Herkunft aus Indien hervorzugehen scheint, besass die gelbe Seidenraupe ihre Heimat in Westasien; geschichtliche Forschungen der neueren Zeit haben auch thatsächlich bewiesen, dass vorwiegend in Persien, in geringerem Mafse in Indien und Syrien, die gelben Kokons der Maulbeerraupe in oben geschilderter Weise seit allerältesten Zeiten verwertet wurden. Als im VI. Jahrhundert unserer Ära auch die weissen Seidenwürmer nach Westasien verpflanzt wurden, war die Art der Verarbeitung einheimischer Kokons immer noch die alte, d. i. nicht die durch Abhaspeln, nach chinesischer Art, sondern durch Verzupfen, und zwar erst nach dem Ausschlüpfen der Schmetterlinge. Soweit unsere Kenntnis reicht (die sich über dreizehn Jahrhunderte erstreckt), ist in Indien beispielsweise die Seide oder im wahren Sinne des Wortes die abgehaspelte Kokonfaser, vor ihrer direkten Einführung aus China nie zur Anwendung gekommen. Einige Originalangaben über das Seidengewerbe Indiens sind seit dem Erschliessen der Sanskritsprache für das Studium zugänglich geworden, doch verbreiteten sie immerhin so wenig Licht über den Ursprung des Seidengewerbes und die Art des verwendeten Rohmaterials, dass hierüber noch heutzutage Meinungsdifferenzen der Gelehrten bestehen bleiben[1]). Wenn auch z. B. die bei der Schilderung der Festgeschenke in den religiösen Heldendichtungen Ramayana und Mahabhârata das eine bestimmte Gespinstfaser bezeichnende Wort „kâucêya", kaum anders als durch „Seide" übersetzbar ist, so kann sich dasselbe, wie die Forschung ergeben hat, entweder auf die durch Verspinnen der durchbrochenen Kokons gewonnene minderwertige Florettseide der Maulbeerraupe, wie dies auch in Assyrien und auf der Insel Kos der Fall war, beziehen, oder auf die noch weniger schöne Seide wilder Seidenspinner, mit denen Indien reichlich begabt war.

Nach zuverlässigen Nachrichten besass Indien (Himalaya) bereits in den frühesten Zeiten eine seitdem im Laufe der Zeit ausgestorbene ein-

---

[1]) Pariset, L'histoire de la soie. Bd. I. 39.

heimische gelbe Maulbeerraupenrasse, die zur Seidengewinnung wohl durch Verzupfen nach dem Ausfliegen des Schmetterlings nud Verspinnen dieser Watte am Spindelrade verwertet wurde. Die Gesetzgebung Manu (12—8. Jahrh. vor Chr.) erwähnt sogar eine regelmässig und mit grosser Sorgfalt betriebene Seidenzucht, von welcher jedoch mit Gewissheit anzunehmen ist, dass dabei das Töten der Puppen, das Dörren der Kokons und somit auch das Abhaspeln nicht stattfinden konnte, da zur Zeit, als das Dörrverfahren durch die Chinesen zur allgemeinen Kenntnis gelangte, dasselbe als durch die Religion verpönt, nicht angewendet werden konnte. Ein in Sakuntala[1]) unzweifelhaft die echte, glanzvolle Maulbeerseide bezeichnender Ausdruck „Tschina amsuta" (Chinas Seide) weist darauf hin, dass das Attribut der äusseren Pracht zum Unterschied von dem weniger bestechenden einheimischen Produkt lediglich der chinesischen Seide beigelegt wurde und dies zu einer Zeit, wo das von den Chinesen monopolisierte Verfahren der Seidengewinnung bereits aufgehört hatte, ein Geheimnis zu sein.

Die Verarbeitung wilder Kokons durch Spinnen zu Fäden und zu Geweben, die zwar nicht den Glanz und die blendende Weisse der echten Seide besassen, aber sich durch ihre Dauerhaftigkeit und Weichheit auszeichneten, war in Indien (Bengal) seit Urzeit im Betriebe[2]). Bei den regen Beziehungen Indiens zn den alten Ägyptern, Römern und Phöniziern würde es übrigens auffallend erscheinen, wenn ein so prachtvoller nud wichtiger Textilstoff, wie Seide, in Indien verarbeitet und verwendet worden wäre, ohne so aufmerksamen Schriftstellern, wie Herodot, aufzufallen und von diesen beschrieben worden zu sein. Diese Thatsache wird in den Angaben chinesischer Pilger erwähnt, welche Indien bereisten und in ihren Berichten unter den Landeserzeugnissen die indische „kiao-tshé-yé", die „wilde Seide" aufführen, eine Bezeichnung, die übrigens unfehlbar auf das sanskritische „Kaucêya" hindeutet und zur Genüge die Art der indischen Seidenfaser charakterisiert[3]). Noch im II. Jahrhundert, als die echte chinesische Seide bereits grossen Absatz in Westasien erlangt hatte und somit die Möglichkeit eines Vergleichs des prachtvollen chinesischen Produktes mit dem unansehnlichen einheimischen gegeben war, kam es den Indiern nicht in den Sinn, ihren einheimischen wilden Maulbeerspinnern, als einer Quelle des Nationalreichtums, mehr Anfmerksamkeit und Sorgfalt zuzuwenden und durch regelmässige Seidenzucht und entsprechende Behandlung der Kokons ein dem chinesischen ebenbürtiges Gespinst zu erzeugen. Dies geschah aus sehr einfachen, weiter unten angegebenen Gründen, und so ist es nicht zu verwundern, dass Indien, trotz seines Überflusses an Seidenraupen und trotz seiner thatsächlichen Seidegewinnung in allen geschicht-

---

[1]) Kálidâsa, Dichtungen (6. Jahrh. nach Chr.).

[2]) Latreille, Diction. d'hist. natur. appl. aux arts (Kap. Bombyx). Forbes-Watson, The textile manufactures and the costumes of the people of India. London 1867.

[3]) Voyage des pélerins bouddhistes, I. liv. 2. Vie de Hiouen-tsang, S. 253. Ab. Rémusat, Nouveaux mélanges asiatiques, I. 254. Girand, Les origines de la soie.

lichen Angaben als ein die Seide zwar verbrauchendes, nicht aber erzeugendes Land citiert wird [1]). Bei dem frappanten Unterschied, der zwischen der echten Maulbeerseide Chinas und der indischen wilden Seide bestand, greift nämlich die ganz natürliche Erklärung Platz, dass die Judier in der blendendweissen, glänzenden Faser der Chinesen nichts weniger als ein Produkt einer Seidenraupe ahnten, umsomehr als die Chinesen selbst den Ursprung und die Gewinnung der Seide verheimlichten und die letztere meist in entbastetem, d. i. nicht mehr ganz natürlichem Zustande auf den Markt brachten. Die von den Indiern durch Verzupfen der Kokons und Verspinnen angefertigten Gespinste und Gewebe trugen den Namen „bombycinas", βομβύκια, und wurden in mannigfaltigster Weise verwendet [2]). Wie die assyrischen und namentlich koischen Bombykien, so zeichneten sich die indischen durch eine besondere Leichtigkeit ihrer Textur aus, welche beinahe an Durchsichtigkeit grenzte [3]). Ein derartiges Gewebe indischer Herkunft scheint meiner übrigens mit allem Vorbehalt vertretenen Ansicht vorzuliegen in dem einer ägyptischen Grabstätte entnommenen durchsichtigen Byssusgewebe mit reizend stylisierten Pflanzenmotiven, Rosetten und Vögelchen [4]), über dessen textile Beschaffenheit bis jetzt noch nichts näheres bekannt ist. Die ursprüngliche indische Ornamentik war von durchaus selbständigem originellen Gepräge und ebenso schwungvoll und reichhaltig, wie die weiter unten besprochene assyrische, mit welcher sie wenigstens in der textilen Industrie der Bombykien viel gemeinsames besass. Erst nachträglich wurde sie durch die formell konventionelle und lebenslose Kunstweise der Ägypter und die verzerrt phantastische Ornamentik der Chinesen entstellt.

Alles Gesagte zusammenfassend, kommt man zu dem Ergebnis, dass eine regelmässige Seidengewinnung verbunden mit Seidenbau, im Altertum weder in Indien noch in den benachbarten Ländern bestanden hat, und dass die echte Maulbeerseide, wenn man darunter den abgehaspelten Faden verstehen will, vor dem III. Jh. v. Chr., also bis zur Zeit, wo die Beziehungen Chinas zu Indien begannen, wederdaselbst noch im übrigen westlichen Asien bekannt war [5]).

Wie den Indiern, so ist auch den Persern die echte Seide nicht eher bekannt geworden, als bis sie dieselbe von den Chinesen erhalten haben. Zwar giebt uns Dichter Firdusi im Buche der Könige (Schach-Nameh) eine Schilderung der Seidengewebe, die von Dschemschid (30—23. Jahrhundert vor Chr.) angefertigt sein sollten; es lässt sich aber leicht nachweisen, dass dies nur auf der phantastischen Einbildung des im X. Jahrb. lebenden Dichters beruht, der mit dieser prankvollen Schilderung seinen Gebieter, Schach Mahmud, zu erfreuen hoffte [6]). Aus vielen Gründen muss

[1]) d'Herbelot, Bibliothèque orientale.
[2]) Aristot. Hist. animal. lib. V. cap. 19.
[3]) Adam, The Roman Antiquitys, übers. v. Meyer. Erlangen 1808. Bd. II. S. 179.
[4]) Karabacek, Katalog der Theodor Graf'schen Funde in Ägypten. Wien 1883.
[5]) Pariset, L'histoire de la soie. I, 62.
[6]) Martin, Les civilisations primitives en Orient. S. 333.

man ebenfalls auf die Überlieferungen griechischer Geschichtschreiber verzichten, wenn man genau verbürgte Angaben über die Seidengewebe Mittelasiens zu gewinnen sucht. Die von Herodot vielfach erwähnten „medischen Gewänder" und die Bezeichnung „sericum", worunter man Seide hat verstehen wollen, bestanden vielmehr aus pflanzlichen Gespinstfasern[1]; übrigens macht Herodot über die Natur und Beschaffenheit der Gewebe keinerlei Mitteilungen und beschäftigt sich ausschliesslich mit deren äusserer Form[2]. Das hebräische Wort „serikojs", das unwillkürlich an die chinesische Bezeichnung der Seide erinnert, und einer ägyptischen Weberkaste beigelegt war, wird wohl mehr die Operationen des Kämmens („ma-serik" = Kamm) oder Hechelns bedeuten, oder, wie Andere haben wollen, eher auf bunte Leinwand und überhaupt auf sehr feines Leinen, als auf die Seidenfaser zurückzuführen sein[3], obwohl u. A. auch Fuller[4] die Bedeutung des Wortes mit dem arabischen „al serik" = Seide identifiziert. Der Geschichtschreiber Procop legt den medischen Gewändern mit Bestimmtheit den Namen „Seidenstoffe" bei[5]. Salmasius stimmt damit überein, indem er sagt, dass die Perser ihre Seide aus Indien bezogen haben[6]. Man ist indessen über diese Angaben noch nicht im klaren und dürfte es schwer fallen ihre Richtigkeit zu prüfen, obwohl es andererseits wieder möglich und sogar wahrscheinlich ist, dass darunter die aus wilden Seiden hergestellten Bombykiagewebe zu verstehen sind.

Forschen wir nun nach dem Vorkommen der Seide bei den übrigen Kulturvölkern des abendländischen Asiens, so lässt sich leicht beweisen, dass auch hier weder der Rohstoff, noch die Seidengewebe bekannt waren. Es würde zu weit führen, wenn wir alle Untersuchungen auf diesem Gebiete wiedergeben würden; kurz gefasst: es wurde festgestellt, dass alle im alten Ägypten und Babylon gebräuchlichen Gewebe lediglich aus Baumwolle und Leinen bestanden[7]. Übrigens sollen die beiden letzteren Gespinstfasern in so vollkommener Weise zubereitet gewesen sein, dass sie im äusseren der Seide wenig nachstanden[8]. Es ist auch nicht wahrscheinlich, dass das in der Bibel zitierte mosaische Wort „schesch"[9], welches Luther mit Seide übersetzt, etwas anderes als nur ein feines Leinengewebe bezeichnet, denn schon hebräische Propheten[10] unterscheiden zwischen schesch (Leinen, Byssus) und meschi (Seide). Unter der letzteren wird wohl die

[1] Forster, Liber singularis de byaso antiquorum. London 1776. S. 26.
[2] Herodot, lib. VI, VII. Xenophon, Cyrop, lib. VIII.
[3] Isaiah, XIX. c. 9.
[4] Miscellanea sacra, II. c. 11.
[5] De bello persico, lib. 1. De bello vandal. lib. II.
[6] In Tertullium librum De pallio Notae. Paris 1622. S. 195.
[7] Herodot, lib. II, cap. 86. Rouelle, Mém. de l'Acad. des sciences 1750. Forster, De byaso antiq. S. 8, 71. Wiesner, Rohstoffe des Pflanzenreiches S. 330.
[8] Plinius, Hist. nat. lib. XIX. Herod. lib. III. cap. 47.
[9] Exodus, Cap. XXXV.
[10] Ezechiel, XVI. 10.

assyrische Bombykia zu verstehen sein. Es möge hier beiläufig bemerkt werden, dass sich das Wort „schesch" ebenso gut auch auf die Zahl Sechs beziehen kann, und dass die in allen Geschichtsquellen gewöhnlich citierte Stelle (Cap. XXVI.) gerade die letztere, unrichtige Bedeutung auffasst.

Indessen besass Westasien so gut wie Indien eine Textilfaser, die der echten Seide sehr nahe stand und der indischen Bombykia analog war. Es waren dies die assyrischen wilden und halbgezüchteten Maulbeerseidenarten, die in ähnlicher Weise, wie die indischen durch Verzupfen der Kokons, Spinnen und Weben verwertet wurden. Ausser der assyrischen kam auf der Insel Cos noch eine von dem wilden Seidenspinner, Bombyx Otus, erzeugte Bombykia vor, welche das Rohmaterial der vielverbreiteten und berühmten koischen Gewänder bildete, die vorzugsweise mit Purpur gefärbt, zur ausschliesslichen Bekleidung vornehmer Römerinnen dienten[1]). Die Ansicht, dass auf der Insel Cos bereits in vorchristlicher Zeit, und zwar seit Jahrhunderten eine regelmässige Verwertung einheimischer Seidenraupen stattfand, hat in Pariset und Yule würdige Vertreter gefunden, denen sich indessen Bock und Hirth[2]) mit aller Bestimmtheit entgegenstellen. Bock stimmt mit dem gelehrten Braunius überein, der sich dafür ausspricht[3]), dass auf Cos keine Seidenkultur betrieben worden ist, sondern dass durch syrische Kaufleute Kokons aus Indien gebracht und hier verarbeitet worden[4]). Ziemlich unwahrscheinlich erscheint die Annahme, dass die regelmässige Kultur des koischen Bombyx, welche Aristoteles zuerst ausführlich erwähnt und deren Alter bis in die frühesten Zeiten reichen mag, im Mafse der steigenden Einfuhr chinesischer Prachtgewebe an Bedeutung abnahm und nur bis zur Zeit des Plinius betrieben wurde[5]), denn die koischen Bombykien besassen nach der Aussage der Zeitgenossen frappante Ähnlichkeit mit den chinesischen Seidenarten und ihr Aussehen und Gebrauch machten noch eine geraume Zeit hindurch der echten Maulbeerseide Konkurrenz[6]). Mit weniger Bestimmtheit lässt sich über die von Plinius citierte assyrische Bombykia berichten; aller Wahrscheinlichkeit nach wurde dieselbe nicht aus wilden, sondern aus den durchbissenen Kokons des gelben, ungezüchteten Maulbeerspinners angefertigt — eine Annahme, die dadurch ihre Bekräftigung findet, dass gerade in Assyrien diese Seidenrasse ihre Heimat besass, und weil bereits von Plinius angedeutet wurde, dass die assyrische Bombykia bedeutend feiner war, als die koische. Der Handel mit assyrischen Bombykiageweben wurde schon im IV. Jahrh. vor Chr. äusserst rege

---

[1] Michele Rosa, Delle porpore e delle materie vestiarie presso gli antichi, S. 335.
[2] China and the Roman Orient, p. 259.
[3] De vestibus sacerdotum Hebraeorum, lib. I. cap. VIII.
[4] Bock, Gesch. der liturgischen Gewänder, I. cap. I. S. 27.
[5] Yoshida, Entwickelung des Seidenhandels und der Seidenindustrie vom Altertum bis zum Ausgang des Mittelalters. Heidelberg 1595. S. 22.
[6] Mahudel, Mémoire sur l'origine de la soie. (Acad. des Inscript. et Belles-Lettres, Bd. V.)

betrieben[1]). Die Berichte über die Herstellungsweise und Ornamentik der Bombykiagewebe sind äusserst spärlich und beruhen auf nicht immer verbürgten Angaben. Aller Wahrscheinlichkeit nach besitzen wir in den Sammlungen von Originalgeweben auch nicht ein einziges Stück davon; es liegt jedoch die Vermutung nahe, dass einige nicht bestimmt als Seide bezeichneten Geweberesten bei ihren abweichenden chemischen und physikalischen Eigenschaften aus Bombykinfaser bestehen können, da auch ihr äusseres weniger glanzvoll ist. Die Ornamentik der Bombycinas war allem Anschein nach der assyrisch-persischen resp. der ägyptischen Stilrichtung angepasst und dürfte mit Vorliebe, wenn nicht beinahe ausschliesslich, die durch Religion geheiligten Pflanzen, Thiere und geometrischen Motive gewählt haben. Die assyrische Ornamentik, deren Glanzperiode in das VI. bis VII. Jahrhundert vor Chr. fiel und bekanntlich grosse Prachtliebe verriet, äusserte sich weniger in der geläuterten Form des Ornaments, als in der Anwendung reichen Farbenschmucks, in der Verwendung von Sternen, Kreisen, Linien, Zickzacks u. s. w. verbunden mit dem Tier- und Pflanzenreiche entliehenen Figuren. Die etwas matte Beschaffenheit der Bombykiagewebe eignete sich zur farbenreichen Ausschmückung ganz besonders und brachte infolge der besonderen Feinheit der Textur Effekte zustande, deren Schönheit uns in den überschwenglichen Ausdrücken indischer und griechischer Dichter geschildert wird. Im speziellen weisen einzelne Motive, wie die häufig geschilderten Palmetten- und Volutenformen, auf die grosse Neigung für lebensvolle schwellende Dekoration, im Gegensatz zur strengen Gebundenheit anderer gleichzeitiger Ornamentweisen, beispielsweise der Ägypter, und der gezerrten, schwunglosen Musterung der Chinesen. Die in Rede stehenden Stoffarten kommen als ostasiatische Bastgewebe in neuerer Zeit wieder zu Ehren, und es wäre interessant und von praktischem Wert, sie mit den originellen assyrisch-persischen Ornamenten auszustatten.

* * *

Der Anfang des III. Jahrhunderts vor Chr. hat in China eine politische Umgestaltung mit sich gebracht, die auch für die Geschichte der Seide von folgenschwerer Bedeutung war. Unter der gewaltigen Hand des Shi-hoang-ti (249 vor Chr.), des Gründers der Dynastie Thsin, welcher nach der Vereinigung der sieben einzelnen Königreiche das Werk der Civilisierung der das damalige China umgebenden wilden Stämme begonnen hat, fangen sowohl die innere Ruhe und Ordnung, wie auch der regelmässige Handelsverkehr an Platz zu greifen. Erst seit diesem Zeitpunkte findet man in der schriftlichen Hinterlassenschaft der Chinesen die ersten Andeutungen über fremdländischen Verkehr und die Völker Westasiens[2]).

---

[1] Menander. Excerpt.
[2] Klaproth, Tableaux historiques de l'Asie, S. 39. Rémusat, Recherches sur l'extension de l'empire chinois etc. (Acad. des Inscr. et Bell.-Lettr. BJ. VIII.)

Etwa ein Jahrhundert später wurde ein den Chinesen verwandter Volksstamm, der Skythische (Yuetschi), durch die Hunnen aus seinen Wohn-
sitzen verdrängt (165 v. Chr.). Nachdem derselbe noch durch die Horden
der Ousun weiter gegen Westen verschoben worden war und Länder in Besitz nahm, die den Namen Bactria führten, gründete er an den Ufern des
Indus ein neues, von den Griechen und Römern indoskythisch benanntes
Reich in unmittelbarer Nähe der Perser[1]). Dieses von den Hunnen stets
bedrohte Volk war bestrebt mit China gute Beziehungen aufrecht zu erhalten, wodurch auch die Erzeugnisse der Chinesen, namentlich die Seide,
zum erstenmal in Mittelasien bekannt und alsdann durch Vermittelung der
parthischen Kaufleute nach Europa gebracht wurden.

Um dieselbe Zeit (Ende des II. Jahrh. vor Chr.) begannen die Beziehungen Chinas mit Kothan[2]), die für die weitere Verbreitung der Seidenzucht von der grössten Bedeutung zu werden bestimmt waren, und gleichzeitig ward der Handelsverkehr mit Indien angeknüpft.

Über die Zeit, wann die ersten Seidenstoffe nach Europa gebracht
worden sind (denn nur in Form von Geweben gelangte anfänglich chinesische
Seide nach dem Abendlande), lässt sich nichts Bestimmtes behaupten. Zwar
berichtet uns Salmasius, dass schon zur Zeit Alexanders des Grossen
unter der Kriegsbeute persischer Feldzüge sich Seidenzeuge befanden, jedoch
nicht, welcher Art dieselben waren. Anlässlich des Alexanderzuges nach
Centralasien hören wir nämlich, dass einer seiner Feldherren, Nearchos
(IV. Jahrhundert vor Chr.), die „serischen" Seidenstoffe erwähnt, welche
von Indien und zwar aus dessen nördlichen Gegenden kommen.[3]). Aus
dieser Thatsache auf ein Bestehen seidengewerblicher Thätigkeit in Nord-
indien und Centralasien schliessen zu wollen, wobei natürlich die echten
Seidengewebe gemeint sind, wäre zu gewagt, da solche Stoffe wohl
auch als durch Barbaren in chinesischen Grenzprovinzen eroberte Kriegsbeute nach Indien gelangen konnten. Nach den Angaben von Aristoteles resp. Plinius sollten chinesische Seidengewebe in der ersten Zeit ihres
Auftauchens wieder aufgetrennt, die Fäden in einzelne Fädchen gespalten
und die letzteren zu umfangreicheren, feineren, beinahe durchsichtigen Geweben verwoben worden sein. Zieht man die Seltenheit und den damaligen
enormen Preis der echten Seide in Betracht, so kann man dieser Überlieferung eine gewisse Wahrscheinlichkeit nicht absprechen. Mit voller Sicherheit
lässt sich der Gebrauch chinesischer Seidenstoffe in Rom aus den Angaben
von Tacitus feststellen, der ausführlich den hohen Luxus schildert, welcher
mit den als Kriegsbeute nach Rom gelangten Seidengeweben getrieben wurde[4]).
Die Bemusterung chinesischer Seidengewebe bestand in einer zügellosen Phan-

[1] Klaproth, a. a. O, S. 182.
[2] Abel Rémusat, Histoire du Khotan.
[3] v Richthofen, China, I, S 443.
[4] Tacit. Annal. Lib. II, cap. 33.

tasie und ohne zu grosse Geschicklichkeit in der Erfindung und Ausführung stilisierter Motive. Eine höhere Veredelung und künstlerische Durchführung der in der Aussenwelt vorhandenen ornamentalen Vorbilder zu erreichen, dazu war die chinesische Ornamentik niemals befähigt, und auch ihre
modernen kunstgewerblichen Leistungen zeigen bekanntlich nur einen geringen Fortschritt in dieser Richtung. In ihrer erstarrten Form vermochte
sie daher weder den sich regenden Geist der abendländischen Kulturwelt
zu bannen, noch die sich Bahn brechende Musterung zu beeinflussen. Diese
Erwägung giebt eine Aufklärung darüber, warum trotz der Überflutung
mit chinesischen Vorbildern die abendländische Ornamentik selbstständige
Wege betreten konnte.

Bei ihrem Auftauchen in Rom riefen die prächtigen, glanzstrotzenden
Seidengewebe ungemeines Aufsehen hervor und wurden eine Zeit lang
ausschliesslich zu den Prachtgewändern verwendet. Der Kaiser Helioga-
bal erscheint bei seiner Thronbesteigung im J. 217 nach Chr. als Sonnen-
priester in prächtigem Purpurmantel. Später, als der überhandnehmende
Luxus anfing gefährlich zu werden, erachtete man das Tragen der Seide
als Verweichlichung und verbot den Männern deren übermässigen Gebrauch.
Dem schwelgerischen Caligula, der sich ausschliesslich in Seide kleidete,
wurde der Spottname „der Seidene", sericatus, beigelegt. Nach und nach
griff der allgemeine Luxus, und im speziellen mit den kostbarsten Seidenstoffen in solcher Weise um sich, dass der Senat sich veranlasst sah Verbote
zu erlassen; den Männern wurde der Gebrauch der Seidenzeuge ganz untersagt und Tacitus konnte nicht oft genug wiederholen: „ne vestis serica
viros foedaret". Die strengsten Erlässe vermochten aber dem fortwährend
steigenden Konsum der Seide keinen Einhalt mehr zu thun. Schon in
der ersten Hälfte des I. Jahrhunderts lässt sich der grosse Luxus und
der Überfluss an kostbaren Seidengeweben aus den überschwänglichen
Schilderungen der Religions- und Nationalgebräuche ersehen[1]). Neben der
originell chinesischen Seide findet die assyrische Bombykia ausgedehnte Verwendung[2]). Wie die Lebenden so schmückte die römische Üppigkeit auch
die Toten und setzte sie, wenigstens bei den höheren Volksklassen, in präch-
tige Bestattungsgewänder (Funeralstoffe) eingehüllt bei. Man ward dadurch gezwungen gegen die Leichenschänder, für die das Ausgraben der im
Preise dem Golde gleichkommenden Seidenzeuge zu einem ausserordentlich
lohnenden Geschäft geworden, mit strengen Gesetzen vorzugehen[3]). Bekanntlich bestand diese Sitte auch bei den alten Kopten seit den frühesten Zeiten,
und die zahlreichen Gräberfunde u. A. in Koptus (Oberägypten) förderten
auch eine gewisse Anzahl von seidenen Leichentüchern zu Tage, anscheinend
persischer Herkunft (IV.—V. Jahrh.)[4]). Wir werden später auf diese Funde

---

[1]) Dio Cass. lib. XIX.
[2]) Plinius, Hist. nat. lib. VI, XI.
[3]) Lex salica, tit. 17. Lex Wisigoth, lib. XI. tit. 2.
[4]) Bock, Katalog frühchristlicher Textilfunde des Jahres 1886. S. 73.

ausführlicher zurückkommen. Trotz des steigenden Verbrauchs behalten die Seidentextilien zu gewissen Zeitperioden derart unerschwingliche Preise, dass es nicht befremdet, wenn selbst Kaiser Aurelianus seiner Gemahlin, die ihn um einige Seidenmäntel bittet, die Antwort giebt, er sei weit entfernt davon, die Seide mit Gold aufzuwiegen (absit ut auro fila pensentur) und auch Vopiscus sagt „libra auri tunc, libra serici fuit". Nach einer Ausrechnung Pariset's stellte sich ein Kilogramm Purpurseide zu jener Zeit auf 5157 Frcs.[1]) Übrigens waren die Seidenpreise in Rom stets schon deswegen grossen Schwankungen unterworfen, weil China, namentlich seit dem Schluss des zweiten Jahrhunderts, als die Macht der Han's ihrem Ende nahte, mit kurzen Unterbrechungen bis zur Gründung der ordnungsschaffenden Dynastie Tang (Anfang des VII. Jahrh.) zum Schauplatz innerpolitischer Wirren wurde, die den regelmässigen Handelsverkehr störend beeinflussten.

Erst nach der Anknüpfung des direkten Verkehrs mit China sinken die Preise allmählich, und im IV. Jahrh. giebt es keine Völkerklasse mehr in Rom, die sich den Luxus seidener Gewänder nicht erlaubt hätte[2]).

Kehren wir zu den Aufängen des Vorkommens von Seide im Abendlande zurück, so erscheint es von Interesse, nachzuforschen, welche Begriffe die europäischen Völker sich von deren Ursprung und ihrer Herkunft gebildet haben könnten.

Im dritten Buche spricht Herodot bezüglich der Bombykia von der Wolle eines wilden Baumes in Indien, Theophrast hält die Seide für das Erzeugnis einer Pflanze; ebenso hat sich vermutlich auch Servius geirrt, wenn er bei einem Vers des Virgil[3]) die Seide mit der Wolle verwechseln lässt. Strabo[4]) glaubte die Abstammung der Seide von der roten Rinde eines Baumes ableiten zu können; Aristoteles[5]) giebt zuerst die Beschreibung eines Insektes, das mit dem Bombyx einigermassen übereinstimmt und sich auf die nahe verwandte Species des koischen Seidenspinners bezieht; vierhundert Jahre später wiederholt Plinius[6]) dieselben Angaben: „...auf der Insel Cos werden die vom Regen abgeschlagenen Blüten der Cypresse, Terebinthe und anderer Gewächse beseelt und so in Seidenwürmer verwandelt." Die Beschreibung, welche einige Jahre später von Pausanias geliefert wurde, ist in einigen Stücken verschieden; Clemens von Alexandrien[7]), Pollux[8]), Servius[9]) und Tertullian[10]) scheinen über die Verwandlungen der Seidenraupe besser unterrichtet gewesen zu sein, als Pau-

---

[1]) L'histoire de la soie, I. 142.
[2]) Nazianz, De rebus suis carmina. Paris 1630. II. 32.
[3]) Georg. B. II. „Velleraque ut foliis depectent tenui a Seris".
[4]) Strab. lib. XV.
[5]) Hist. Animal. c. 18 v. 217.
[6]) Bd. XI. cap. 22.
[7]) Clem. Alex. Paedagog. lib. II. cap. 10.
[8]) Onomasticon, lib. VII. 17.
[9]) Tertull., De vestibus feminarum.
[10]) Comment. Virg. Georg. lib. II.

sanias; unterdessen sprechen Mela, Seneka, Silius Italikus, Plinius
selber, Solinus sein Kopist, Arrian, Ammianus Marcellinus, Virgil
und gar Claudius im vierten Jahrhundert n. Chr. immer noch von sehr
feinem Wollgewächs, das auf den Baumblättern hervorkomme und das man
mit Wasser anfeuchte, um es los zu wickeln. Achilles Tatianus ist der
Einzige, der eine übrigens ziemlich originelle Vorstellung von der animalischen Herkunft der Seide gefasst hat; sie sei, nach seiner Aussage, ein
feiner Flaum, den die Vögel auf den Blättern zurücklassen und den die
Inderinnen sehr sorgfältig sammeln. Im grossen und ganzen galt somit
die Seide eine geraume Zeitlang hindurch als ein baumwollartiges Gewächs;
die dann aufgetauchten dunklen Nachrichten über die an Maulbeerbäumen
hängenden Kokons bekräftigten die Annahme, dass die letzteren für Früchte
gehalten wurden. Man darf auch nicht ausser Acht lassen, dass sowohl die
Chinesen, wie die handelvermittelnden Völker es absichtlich nicht unterlassen hatten, derartige Fabeln und falsche Nachrichten über die Herkunft der Seide zu verbreiten, um das Geheimnis der Raupenzucht zu
wahren. Folgendermafsen berichtet Ammianus (214 n. Chr.) über die Seidengewinnung bei den Chinesen: „... unter den Bäumen sitzend, welche
Flocken der feinsten Wolle hervorbringen, die, nachdem sie mit Wasser
besprengt worden sind, abgestreift, gesponnen und zu den feinsten Geweben,
den serischen Gewändern verarbeitet werden." Die Meinung, dass die serische
Seide von einem spinnenden Insekt geliefert werde und durchaus animalischen, nicht pflanzlichen Ursprungs sei, bürgert sich erst im II. Jahrh. endgiltig ein. Die Homilien des hl. Basileus enthalten die ersten wahrheits-
getreuen Angaben über den Seidenwurm. Einige vergleichen die Thätigkeit
der Maulbeerraupe mit der einer gewöhnlichen Spinne [1]). Der hl. Basileus
und Joh. Chrysostomus vergleichen die Metamorphosen der Seidenraupe, ihre
Verwandlung in den Schmetterling, mit der irdischen und der ewigen Wan-
delung der Menschenseele. Einer der ersten, der die Seidenraupe als ein
wichtiges, nutzbringendes Insekt erkannt hat, war Pausanias (zweite Hälfte
des II. Jahrh.), der auch eine ziemlich umfängliche, wenngleich an Irr-
tümern reiche Beschreibung der chinesischen Seidenkultur hinterlassen hat [2]):
„... es giebt bei den Serern ein Tierchen, von dem die Seide herrührt,
welches den Spinnen gleicht und von den Serern ernährt wird, indem sie
ihm passende Häuser im Winter und im Sommer einrichten. Seine Arbeit
offenbart sich in einem feinen Gespinst, welches es mit seinen Füssen zu-
dreht. Man zieht es vier Jahre (lies Lebensperioden d. i. Häutungen) mit
Hirsennahrung gross. Im fünften — denn man weiss, dass sie nicht länger
leben — giebt man ihm grüne Zweige zu fressen; dies ist des Tieres
liebste Nahrung und vollgestopft damit, platzt es vor Dicke: in dem abge-
storbenen Tiere findet man dann reichlich Fäden."

---

[1]) Heliod. Aethiop. lib. X.
[2]) Aeliae. lib. VI. 26.

Nachdem wir nun die Geschichte der Einführung der Seide nach dem Abendlande studiert haben, wenden wir uns zu einer pragmatischen Erörterung der Wege, vermittelst welcher die Seidenerzeugnisse des Orients zu den Völkern des klassischen Altertums zu gelangen pflegten, einer Betrachtung, die im Gang der Weltgeschichte jener Zeit eine notwendige Stütze finden soll.

Man wird kaum fehlgehen, wenn man annimmt, dass die Bombykien Westasiens schon in den homerischen Zeiten durch Phönizier nach Europa gebracht wurden, denn assyrische und indische Erzeugnisse bildeten einen der ältesten und bedeutendsten Artikel des phönizischen Handels [1]).

Wie man mit Sicherheit annehmen darf, dass chinesische Seidenwaren noch in vorchristlicher Zeit nach Europa gebracht worden sind, so ist es andererseits sicher, dass sie hierher durch Vermittelung Indiens gelangten. Durch bequeme Landstrassen mit dem Partherreiche und durch Indus und Ganges mit dem Meere verbunden, sowie von sonstigen natürlichen Verhältnissen begünstigt, werden die nördlichen Gegenden Indiens alsbald nach dem Inkrafttreten der Handelsbeziehungen mit China zu einem Stapelplatz der Seidenerzeugnisse. Jedoch war der Mafstab dieses Seidenverkehrs verhältnismässig nur gering. Erst unter der Dynastie der Han's (II. v. Chr. —II. n. Chr.) kommt die Seidenproduktion Chinas derart in Aufschwung, dass sie nicht nur dem Luxus im Innern des Landes einen bis dahin unerreichten Mafsstab verleiht, sondern zum Suchen nach Absatzgebieten und zur Anknüpfung neuer Handelsbeziehungen mit den Völkern Westasiens direkte Veranlassung giebt. Im Jahre 114 v. Chr. ging die erste Handelskarawane von China nach dem Lande der An-si ab, eines Volkes, unter welchem man mit grosser Wahrscheinlichkeit die später so gefährlichen Nachbarn des Römischen Reiches, die Parther, vermuten kann. Der Handelsverkehr scheint indessen in nichts weniger als gesicherten Bahnen getreten zu sein, indem die vereinzelten chinesischen Handelszüge nicht selten den Raubanfällen zum Opfer fielen und gewiss auch solche verübt haben. Erst zu Beginn unserer Zeitrechnung gewinnt der Verkehr der siegreich nach dem Westen Asiens vorrückenden Chinesen mit den Parthern den Charakter eines regelrechten Handels. Wenige Jahrzehnte nach dem Erscheinen der Chinesen auf den östlichen Märkten, nachdem im J. 61 v. Chr. das mit den Reichtümern des Orients so reich versehene Syrien durch Pompejus römische Provinz wurde, ist es, dass bei den klassischen Schriftstellern die erste direkte Kunde von einem Volke der Serer auftaucht, über deren Wohnsitze jedoch zur Zeit noch fast vollständiges Dunkel herrscht. Laut Florus soll zur Zeit Augustus eine chinesische Gesandtschaft am römischen Hofe erschienen sein, mit welcher ein Handelsvertrag abgeschlossen wurde; doch darf man dem im allgemeinen wenig glaubwürdigen Florus um so

---

[1]) Herod. I. 1. III. 197.
Hüllmann, Handelsgeschichte der Griechen. 94 ff.

weniger trauen, als sowohl die Schriftsteller des klassischen Altertums, wie
auch später die Geschichtsschreiber des byzantinischen Zeitalters den Namen
Serer irrtümlich nicht nur den Erzeugern der Seide allein, sondern auch
den damit handeltreibenden Völkern beizulegen pflegten. Die ersten Angaben über Chinas Land und Erzeugnisse findet man bei den Griechen um
das Jahr 46 v. Chr., wo es als Serikien, das Volk als Serer, Σῆρες, citiert
wird [1]), Ausdrücke, die dem chinesischen sse und koreanischen sir, wahrscheinlicher aber dem mandschurischen sirghe und mongolischen sirket offenbar nachgebildet wurden. Der Hauptartikel der Serer, die Seide und ihre
Fabrikate, wurden dementsprechend mit σηρικόν benannt und in dieser letzteren Form, als sericum, serica vellera, gelangte die Benennung auch an die
Weströmer.

Die Beziehungen der Parther zu den Chinesen gestalten sich mit der
Zeit zu einem regelrechten Handelsverkehr; für die letzteren sind die Perser
die Vertreter des mächtigen, mit Reichtümern gesegneten, grossen Römischen
Reiches, von dessen Metropole die Chinesen wohl etwas Näheres zu erfahren
gewünscht haben mögen, wenn nicht die Parther alle Kräfte daran gesetzt
hätten, die ausschliessliche Vermittelung des gewinnbringenden Seidenverkehrs mit Europa in ihren Händen zu behalten. Wenn daher die nach
Asien vorrückenden Römer schon im I. Jahrh. v. Chr. mit der Herkunft des
bestechenden Textils vertraut worden und das Bestreben zeigten, mit China in
unmittelbaren Verkehr zu treten, so ist es andererseits begreiflich, wenn diese
Bemühungen von den Parthern mit unermüdlichem Eifer vereitelt wurden.
Sogar mit den letzteren scheinen die Römer keinen unmittelbaren Verkehr
gepflegt zu haben, denn in misstrauischer Vorsicht verweigerten sie jedem
Fremden den Eintritt in ihr Territorium [2]). Aber schon im I. Jahrh. n.
Chr. trieb der Drang nach Ruhm und Gewinn zwei griechische Kaufleute,
unter Überwindung vieler Gefahren, die Erforschung der Verkehrswege mit
China zu unternehmen. Der Eine von ihnen ist Maes Titianoe, der eine
Schilderung der Handelsstrasse von den Euphratthälern bis Baktrien, von
da über einen der Gletscherpässe des Jaxartesthales quer durch Centralasien,
das er bereits als Serica bezeichnete, bis in das eigentliche China, entworfen
hat [3]). Bemerkenswert ist es, dass die geographischen Namen, die Maes
verzeichnet, teilweise indischen Klang haben. Der zweite Kaufmann ist der
unbekannte Verfasser des „Periplus maris Erythraei", der auch zuerst den
Namen Chinas Hauptstadt, Θῖναι, nennt, unter welchem Klaproth das
heutige Canton vermutet [4]), und weiter berichtet, dass viel Seide, Garne
und Gewebe nach Barygaza über Baktrien zu Land geführt werden. Wie
unbedeutend die Ergebnisse dieser Reisen in kommerzieller Hinsicht auch

[1]) Klaproth, Tableaux historiques de l'Asie, p. 56.
[2]) Montesquieu, Esprit des lois, liv. XXI.
[3]) v. Richthofen, China, I. 466 ff.
[4]) Mémoire sur les noms de la Chine (Journal asiatique 1827).

sein mochten, so brachten sie nach Europa die ersten verbürgten Angaben über das seidenerzeugende Land. Das früher übliche Σήρ wird durch Θίνα, im lateinischen *sines*, ersetzt, welcher Wortstamm chinesischen, nach richtigerer Ansicht Schraders[1] sanskritischen Ursprungs sei und eine Nachbildung von Thsin = China bedeute. Wenn Strabo und Plinius nur unbestimmte Begriffe über die geographische Lage und ungefähre Entfernung Chinas besassen, so giebt uns Ptolomäus im II. Jahrh. schon weit genauere Auskunft. Von den Sereru selbst berichtet Plinius[2], dass sie gross seien, rötliche Haarfarbe, blaue Augen und eine rauhe Stimme hätten, so dass man fast in Versuchung kommen möchte, zu bezweifeln, ob die eigentlichen Chinesen, deren Äusseres kaum dem geschilderten gleicht, den westlichen Handelsvölkeru jemals zu Gesicht gekommen sind. Schon Seneka[3] nimmt an, dass mit den Serern kein unmittelbarer Handel betrieben wurde; auch wird von neueren Forschern[4] die Vermutung ausgesprochen, dass die Henennung Seres andere ostasiatische Völker, wahrscheinlich die Yuë-tschi oder Indoskythen betreffen dürfte. Über die Ausdehnung des Sererlandes meint Hüllmann[5], dass es durch das transgangetische Indien südlich, das östliche Tibet und die kleine Bucharei westlich begrenzt war. Der Ort, wo der Handelsverkehr stattfand, befand sich in der heutigen kleinen Bucharei, auf der Ostseite des Kettengebirges Mus-tag, etwa 96° östl. L.; hier waren Vorkehrungen getroffen, denen es anzusehen ist, dass sie auf einen daselbst vor sich gegangenen Völkerverkehr zurückzuführen sind, indem in dem hohen steinernen Gebäude, welches ganz vereinzelt stand, eines von den nicht seltenen morgenländischen Karawan-Serai's zu erkennen ist[6]. Der Verkehr fand im Gebiete der Saker statt, die von den Zusammenkünften gewisse Abgaben bezogen haben; der Ort war von China sieben Monate weit entfernt[7], was jedoch übertrieben erscheint. Die Art und Weise, wie der Warenaustausch vor sich ging, war die primitivste Form des Handelsverkehrs, der sogenannte stumme Handel, wie ihn schon Herodot[8] zwischen den Karthagern und den Ureinwohnern der Nordwestküste Libyens, dann Plinius und Pomponius Mela auf Taprobanis (Ceylau) und im Sererlande jenseits des Himalaia, schliesslich in viel späterer Zeit Abulfeda beim Pelzhandel der sibirischen Wilden mit den Russen[9], geschildert haben. Von dem Handel der Serer wird berichtet, dass sie ihre Waren auf Treue und Glauben aus-

---

[1] Linguistisch-historische Forschungen zur Handelsgeschichte und Warenkunde. Jena 1886. S. 235.

[2] Hist. nat. VI. 22, 24.

[3] De benef. VII. 9.

[4] Schrader, a. a. O. S. 324.

[5] Handelsgeschichte der Griechen, S. 207.

[6] Ptolom. I. 12. VI. 13.

[7] Ptolom. I. 2.

[8] Herod. IV. 196.

[9] Abulfeda, éd. Reiske.

legten, nachdem sie jeden Ballen mit einem Zeichen des Inhalts und Wertes versehen hatten; hierauf zogen sie sich zurück. Nun traten die Einkäufer herbei, beurteilten die Forderung und die Ware, legten den dafür gebotenen Gegenwert daneben und zogen sich ihrerseits zurück. Waren die Serer mit dem Tausch einverstanden, so nahmen sie ihn und liessen ihre Ladungen dafür zurück. Als Überbleibsel des stummen Handels ist der sprachlose Verkehr mit Hilfe von Fingern zu betrachten, wie er nachträglich auch bei den Serern stattfand und der noch 1652 von dem Reisenden Tavergnier in Golcouda und vor 200 Jahren von Scharden um Ispahan beobachtet wurde. Die Käufleute hielten dabei ihre rechten Hände mit einem Gurt verdeckt, unter welchem durch Anfassen und Druck bestimmter Finger Zahlen, wie Tausende, Hunderte u. s. w. ausgedrückt wurden.

Das römische Kaisertum entwickelte einen bis dahin unerreichten Seidenluxus; das Bestreben, in unmittelbaren Verkehr mit China zu treten, wird immer dringlicher und nachhaltiger, und die Geldsummen, die an die handelsvermittelnden Parther und Skythen gezahlt werden, wachsen zu immer grösserer Höhe heran. So wurden zur Zeit Plinius des Älteren jährlich Beträge von ca. 50 Millionen Sesterzien (10 Millionen Frcs.) nach Indien allein, und über 100 Millionen Sesterzien nach Indien, China und Arabien verausgabt[1]). Nach den Angaben des chinesischen Geschichtschreibers Man-tua-lin gelangte im J. 165 die erste römische Gesandtschaft im Auftrage des Kaisers An-tun (Marcus Aurelius) an den Hof von Huanti[2]). Nach einer langwierigen und gefahrvollen Reise landeten die kühnen Seefahrer in Kattigara, welches von den neueren Forschern[3]) als mit Kiautschi (Tonkin) identisch erkannt worden ist. Über die Schicksale der Mission ist man ohne Nachrichten geblieben, denn die römischen Annalen schweigen merkwürdigerweise über dieses wichtige Ereignis; es ist fast sicher, dass die Expedition nach Rom nicht mehr zurückgekehrt ist. Nach einer sehr plausiblen Meinung Hirths war diese angeblich kaiserlich römische Gesandtschaft nichts anderes, als eine Anzahl verkleideter syrischer Kaufleute. Die damals ausgebrochene Epidemie — die schrecklichste, von der die Geschichte des Altertums zu berichten weiss, durch welche der mittelasiatische Verkehr gestört worden ist —, das Fehlen jeglicher Angaben in den römischen Geschichtsquellen und die sonst bewahrheitete Unternehmungslust syrischer Handelsleute und Seefahrer, lassen diese Vermutung thatsächlich gerechtfertigt erscheinen. Kurze Zeit darauf kommt der Seidenhandel auf dem Seewege über Ägypten nach dem Abendlande und gelangt zu grosser Blüte.

In dem Mafse, wie sich die Beziehungen der Serer zu den handeltreibenden Nationen zu immer umfangreicheren und gesicherteren gestalten, gewinnt auch der Seidenhandel an Mannigfaltigkeit und Grösse. Nach und

---

[1]) Plinius, VII. 18.
[2]) Geschichtliche Annalen „Ven-hien-tung".
[3]) v. Richthofen, China, I. 503.

nach werden mehrfache Wege eingeschlagen und die Zahl der Handels-
vermittler nimmt allmählich zu[1]). Kurze Zeit nach der Anknüpfung des
direkten Verkehrs mit China erlangte Indien eine dominierende Stellung
im Seidenhandel, die es hauptsächlich seiner geographischen Lage zu verdanken hatte; die Häfen Minnagora (heute Almansora an der Indns-
mündung), Muziris (heute Mangalore an der Malabarküste) und Barygaza
(im Cambaygolf) waren eine geraume Zeit lang die wichtigsten Seideumärkte
für den äusseren Verkehr. Mit dem Aufkommen der regelmässigen chinesischen Seefahrt gewinnt Taprobanis (Ceylon) an Bedeutung und geniesst
in der Zeitperiode vom IV. bis VI. Jahrh. ununterbrochen den Ruhm des
wichtigsten neutralen Mittelpunktes für den Tauschhandel mit China und
des bedentendsten Stapelplatzes für Seide[2]). Eine der ersten Landhandels-
strassen für Seide war der Karawanenweg durch die Thalebene Sogdiana
und Turkestan bis Marakanda (Samarkand), wo sie von Parthern in Empfang genommen und weiter übermittelt wurde. Den wichtigsten Anteil an
diesem Verkehr hatten naturgemäss die Sogdianer, welche ihre Verträge
hauptsächlich in den Handelsstädten am Nordrand des persischen Erans
und in den Häfen Artaxata, Kallinicum und Nisibis abschlossen[3]). Zu diesen
letzteren gelangte die Seide sowohl durch Landkarawanen, wie auf dem
Wasserwege vermittels des persischen Golfes und Euphratns, und zwar entweder von der indischen Küste oder unmittelbar von Ceylan. Die Parther
behaupteten die Hauptroute der Landkaruwauen über Pendschab und die
Pässe Hindukusch und dominierten ausserdem über die Segelfahrt des Eu-
phratus und Tigris; ihre wichtigsten Handelsstädte waren Obollah und Kte-
siphon. Andere Handelsstrassen sind in späterer Zeit durch christliche
Aethiopier und Griechen von Abdulis und Hafen Klisma am Roten Meer
(jetzt Kolsum bei Suez) aus nach Indien eröffnet worden; ihre Bedeutung
tritt jedoch weit hinter den anderen zurück. In Persien war die Provinz
Mesena mit ihrer Hauptstadt Schiraz am Küstenlande des persischen Golfes
für den Seidenhandel von Wichtigkeit; durch ihre Vermittelung bezogen die
Römer während des Zeitraums vom II. bis zum IV. Jahrh. die Seide fast
unmittelbar von den Serern[4]). Im IV. Jahrhundert bemächtigen sich die
siegreichen Sassaniden auch der Seefahrt, und mochte nun die Seide auf
dem einen oder anderen Wege nach den Stapelplätzen des abendländischen
Seidenverkehrs gelangen, so waren es stets die Parther, die sie zuerst in
Empfang nahmen und streng darüber wachten, dass die Römer sie ausschliesslich nur durch ihre Vermittelung erhielten. An der Monopolisierung
nahmen auch teilweise die Syrer Teil, die mit dem weströmischen Reiche

---

[1]) Geogr. graeci minores, Ed. Müller, 1855.
[2]) Cosm. Indicopl. Opin. de mundo, lib. XI.
[3]) Ammian. Marcell., 14, 9.
   Procop, De bello persico. 2, 12.
[4]) Pariset, L'histoire de la soie, I. 94.

rege Beziehungen unterhielten und die Handelsvermittelung für Seidenwaren, die nach Rom geführt werden sollten, übernommen haben [1]). Die sassanidische Herrschaft des Seidenhandels dauert mit kurzen Unterbrechungen vom IV. bis in das VII. Jahrh., wo das Abendland durch den für die Neugestaltung der westasiatischen Welt so bedeutungsvollen arabischen Einbruch von den gewinnsüchtigen Rivalen unabhängig gemacht wurde.

Auf Grund ziemlich weitgehender Forschungen ist man zu dem Ergebnis gekommen, dass alle Seidentextilien während des beinahe sechs Jahrhunderte langen Zeitraums von ihrer Einführung nach dem Abendlande bis zum IV. Jahrh., im Handelsverkehr lediglich im verwobenen, zum grössten Teil auch im entschälten oder gefärbten Zustande vorkamen. Es hat indessen den Anschein, als ob schon seit dem II. Jahrh., namentlich seit der Eröffnung der Seerouten, auch die Strangseide zum Handelsartikel geworden sei; sie verliess jedoch nicht den asiatischen Boden, sondern wurde in babylonischen und phönizischen Webereien, als ein neues unschätzbares Material zur Erzielung prächtiger Effekte auf buntfarbigen Decken und Wandtapeten verwendet. Eine Benennung, mit welcher die Seidengespinste der Alten gewöhnlich bezeichnet werden, ist μέταξα, metaxa oder mataxa. Während jedoch mataxa im lateinischen und auch den übrigen romanischen Sprachen (ital. matassa, franz. mateau) nur allgemein den Strang, strähnartig gewundene Fäden bedeutet und in diesem Sinne bereits vom Dichter Lucilius (II. Jahrh. v. Chr.) erwähnt wird [2]), so hat es dem gegenüber im ganzen Osten des römischen Reiches direkt die Bedeutung Strangseide und wird auch in Justinians Pandekten unter den ausländischen steuerbaren Waren verzeichnet, während es in den römischen Annalen schon im IV. Jahrh. erwähnt wird. Was die Herkunft des Wortes anlangt, so soll es sich nach Schrader auf das persische māt-shin = Gross-China beziehen, woraus matassin hervorging; anderer Meinung nach hängt seine innere Bedeutung mit der äusseren Form des Seidenstranges zusammen, der cylinderförmig zusammengewunden war, eine Form, die noch heutzutage in den persischen Rohseiden vorzukommen pflegt. In den späteren Angaben findet sich noch eine andere Bezeichnung für Seidengespinst, νῆμα σηρικόν, aus welcher deutlich hervorgeht, dass es am Zwirngestell zubereitet wurde, so dass von Einigen der Schluss gezogen worden ist, mit μέταξα wäre lediglich die ungezwirnte Rohseide (Grège) bezeichnet gewesen.

Fragen wir nun nach dem Aufängen der Seidenverarbeitung ausserhalb der Grenzen Chinas, so bestand, wie wir sahen, sowohl in Indien, wie in Assyrien und auf Cos einheimische Seidenweberei seit den allerältesten Zeiten. Von diesen ursprünglichen Gewerben wäre in erster Linie das der Insel Cos zu erwähnen, nicht weil es dem Umfang nach bedeutender, als die anderen war, sondern weil seine Erzeugnisse der echten Maulbeerseide am nächsten

[1]) Zonaras, Annal.
[2]) Luc. Satur. reliq. Ed. Müller, S. 16.

standen. Über den Zeitpunkt seiner Entstehung können nur Vermutungen ausgesprochen werden, sehr wahrscheinlich ist es jedoch, dass es dahin durch die Phönizier oder vielmehr durch die Karier während der grossen Völkerwanderung vom aramäischen Hochland um die Jahre 2000—1500 v. Chr. verpflanzt worden ist. Ebenso wäre es nicht unmöglich, dass die als einheimisch erkannte wilde Varietät Bombyx (Pachyposa) Otus von dem assyrischen Maulbeerspinner herstammt. Laut Movers[1] stand die Fabrikation der Bombykien auf der Insel Cos im Zusammenhang mit dem daselbst verehrten phönizisch-assyrischen Herakles, dem die Mythe ein aus durchsichtiger Bombykia gefertigtes Kleid beilegte, und den sie sonst in mehrfacher Weise mit der Färbung der Gewänder zusammenbrachte. Die ersten Nachrichten über die koische Seidenindustrie giebt uns Aristoteles, dessen Angaben von Plinius wiederholt und vervollständigt werden[2]); sie berichten, dass das Rohmaterial zu Fäden abgewickelt wurde, um zu feinen Geweben verarbeitet zu werden. In sprachlicher Hinsicht besteht unter den Gelehrten noch insofern eine Unsicherheit, als man nicht weiss, ob das besagte Rohmaterial Kokons oder fertige serische Gewebe waren, die man wieder in einzelne Fäden auftrennte. Während Heeren[3] und Yates[4]) sich für das Abhaspeln der Kokons erklärt haben, tritt Semper[5], der sich dafür auf andere Quellen stützt[6]), für das Auftrennen von Geweben ein. Meiner Ansicht nach ist die letztere Auffassung die richtigere, denn man besitzt keinerlei Anhaltspunkte dafür, dass das Verfahren des regelrechten Kokonhaspelns vor dem VI. Jahrh. n. Chr. bekannt wäre. Vielmehr geschah die Gewinnung der Faser durch Verzupfen der Kokons zu Watte und Verspinnen der letzteren am Spinnrade. Die koischen Seidenstoffe, sogenannte Coae vestes, waren von äusserst feiner Textur, beinahe durchsichtig, was bei den sittenstrengen Kritikern jener Zeit nicht wenig Anstoss erregte; sehr oft wurden sie mit Purpur oder Scharlach[7]) gefärbt und mit Gold durchwirkt[8]). Ebenso fein und durchscheinend waren die Bombykien (bombycinae vestes), was jedoch nicht ausschliesst, dass sie in anderer Weise, und zwar aus der einheimischen Seidenart, hergestellt wurden. Es scheint nämlich, dass die Bezeichnung Coa vestis sich auf eine bestimmte Art derjenigen Gewebe bezogen hat, die aus den serischen Halbseidenstoffen durch Trennung der Seide von der Baumwolle und nochmaliges Verweben

---

[1] Phönizier II. 3., S. 266.
[2] Aristot. Hist. anim. V. 17. 6.
   Plin. XI. 26. 76.
[3] Ideen über die Politik etc. I. 1., S. 111.
[4] Textr. antiquorum. S. 163 ff.
[5] Der Stil in techn. und tekt. Künsten, I. 149.
[6] Lucan. Phars. X.
[7] Propert. II. 1, 5.
[8] Horat. Od. Carm. IV. 13, 13.
   Tibull. II. 3. 53.

der ersteren erzeugt wurden. Denn würde dieser Gattungsname alle der
Insel Cos entstammenden Seidenfabrikate umfasst haben, so müssten, da das
Bombykiengewerbe seit uralten Zeiten betrieben wurde, auch die Angaben
über die koischen Stoffe viel älter sein; man hielt aber allem Anschein nach
die koischen Bombykien für sogenannten Byssus, d. i. sehr feines Leinen.
Diese Annahme erklärt die Thatsache, dass — bis auf die erwähnte Notiz
des Aristoteles — die koischen Stoffe erst von römischen Schriftstellern des
I. Jahrh. n. Chr., besonders von Dichtern des augusteischen Zeitalters, erwähnt werden [1], wohl weil das Rohmaterial, d. i. die serischen Stoffe, vor
diesem Zeitpunkt unbekannt waren. Plinius der Ältere ist der letzte, der
der koischen Stoffe gedenkt, anscheinend, weil dadurch, dass die chinesischen Gewebe billiger und weniger selten wurden, zu der sparsamen,
ausserdem aber sehr zeitraubenden Fabrikationsart keine Veranlassung mehr
gegeben war; doch zeigt der hohe Preis, den die koischen Gewänder bis
zur Einführung der Seidenkultur nach Europa unter Justinian beibehalten
haben, dass ihre Erlangung stets mit bedeutenden Schwierigkeiten verknüpft
war. Die eigentlichen Bombykien wurden dagegen nach wie vor in grösseren
Mengen fabriziert und erfreuten sich eines ausgedehnten Verbrauchs.

Der Anfang der Seidenverarbeitung auf dem römischen Boden kann in
das IV. Jahrh. verlegt werden, nachdem die Seidengespinste den Römern
zugänglich wurden. Wenn man aber anderen Angaben Glauben schenken
will, so bestand bereits um die Mitte des I. Jahrh. eine als vicus Tuscus
oder Tosco serica bezeichnete Ortschaft in Rom, wo die Seidenwirkerei betrieben werden sollte [2], aller Wahrscheinlichkeit nach war dies jedoch eine
Ansiedelung der Seidenhändler.

Wenngleich im Laufe der Zeit sich die Anzahl chinesischer Ausfuhr-
artikel vergrössert und von den Rohmaterialien nicht nur die entschälten,
sondern auch rohe Seidengespinste in die Handhabung abendländischer Färber und Weber gelangen, so bleibt doch die Bezugsquelle für solche stets eine
und dieselbe: weit hinaus in das Mittelalter, als die abendländischen Seidenmanufakturen bereits in hoher Blüte standen, behauptete China das Monopol
in der Seidenproduktion. Die Beziehungen mit dem weit entfernten Lande
sind aber auch nach der Einführung des unmittelbaren Verkehrs nicht
wesentlich vereinfacht worden und der sonst infolge der langwierigen und
gefahrvollen Reise unbequeme Seidenhandel war durch die damit verbundenen
Unkosten nicht Jedermanns Sache. Stellen wir uns die damalige Ver-
kehrsweise abendländischer Kaufleute vor, wie diese nach Zurücklegung einiger
tausend Meilen bei tropischer Hitze und unter Lebensgefahr durch die

[1] Marquardt, Röm. Privataltert. II. 103 ff.
  Propert. I. 2, II. 1.
  Ovid. Art. amat. II. 298.
  Persius, V. 135.
[2] Martial. lib. XI. epig. 27. 11.

Nomadenvölker Mittelasiens oder die Piraten endlich nach dem Hauptmarkt, Sera metropolis[1]) (Kua-tscheu, nach anderer Meinung Sin-gan-fu in der Provinz Sheusi) gelangen und vergegenwärtigen wir uns die Schwierigkeiten des Verkehrs mit den unzugänglichen Serern, so darf es nicht Wunder nehmen, wenn die Kaufleute für ihre Mühe grösseren Gewinn beanspruchten und die Seide auf den abendländischen Märkten überhohe Preise erlangte. Da die Chinesen jedem Fremden das weitere Vordringen in ihr geheimnisvolles Land verweigerten, so wird es andererseits erklärlich, wie es China möglich war, das gewinnbringende Geheimnis der regelmässigen Seidenraupenzucht während der vielen Jahrhunderte seines unmittelbaren Verkehrs mit anderen Kulturvölkern aufs strengste bewahren zu können.

Was indessen ganzen Generationen kluger Kaufleute und forschender Reisenden nicht gelingen wollte, vermochte ein schlauer Mädchenkopf: China den Vorrang auf immer zu entreissen. Im IV. Jahrhundert unserer Zeitrechnung gelang es nämlich, den regelrechten Seidenbau nach dem unmittelbar an China grenzenden, kleinen in Buchara gelegenen Fürstentum Khotan zu verpflanzen, und ihm hier alsbald einen mächtigen Anschwung zu geben. Zu dieser Zeit wurde die Ehe des khotanischen Fürsten mit einer chinesischen Prinzessin geschlossen, die im geheimen benachrichtigt wurde, dass die Hauptbeschäftigung chinesischer Damen, die einträgliche Seidenzucht, in ihrer neuen Heimat nicht ausgeübt werde. Um sich dennoch die gewohnte Zerstreuung und den unbeschränkten Gebrauch an Seidenstoffen zu ermöglichen, entschloss sich die junge Prinzessin, die Raupeneier des Maulbeerspinners, deren Ausfuhr aus China bei Todesstrafe verboten war, in den Blumenkelchen ihres Kopfputzes nach Khotan einzuschmuggeln und daselbst den ersten Sitz ausserchinesischer Seidenkultur zu gründen[2]). Dieses Ereignis ist für die Entwickelung derselben von weitgehendster Bedeutung geworden, denn von Khotan aus verbreitete sich die Seidenzucht allmählich über ganz Centralasien und von hier gelangte sie nach Europa.

Der Verbrauch an Seidengeweben wuchs unterdessen in Rom, Byzanz und Persien in allen Volksklassen in beträchtlichem Grade, wie dies aus den Schilderungen zeitgenössischer Schriftsteller (Ende des IV. Jahrh.) ersichtlich ist[3]). Vergebens haben die Päpste den übertriebenen und verderblichen Seidenluxus gebrandmarkt, doch die Mahnungen hatten nur eine entgegengesetzte Wirkung, da jeder nicht in Seide Gekleidete als menschenscheuer Mönch angesehen wurde[4]).

---

[1]) Plin. lib. VI. — Amm. Marc. lib. XXIII.
[2]) Ab. Rémusat, Hist. de la ville de Khotan. S. 34, 55.
[3]) Amm. Marc. lib. XXII, XXIII.
  Panegyrici, Theodos. cap. 13, 14.
  Nazianz, De rebus suis carmina, II.
  Willemin, Costumes des anciens peuples.
  Lebeau, Hist. du Bas. Emp. liv. 26.
[4]) Hieron. epist. XIX. ad Marcellum

Seit dieser Zeit wurden auch die Barbaren des mittleren Europas mit der Seide bekannt.

Die grossen Völkerwanderungen am Ausgang des Altertums, die eine viel- und mannigfache Berührung der Barbaren mit den Kulturvölkern Europas und Asiens zu stande brachten, waren für die Verbreitung der Seide unter den ersteren von Wichtigkeit. Schon gegen Mitte des II. Jahrh. n. Chr. erfolgten die Bewegungen der deutschen Stämme gegen Rom, dann die der Hunnen im IV. Jahrh.; die Wanderungen der keltischen Stämme nach den Donauländern, Italien und Kleinasien und weit mehr noch die Züge der Cimbern, Teutonen und Goten vermittelten die erste Bekanntschaft des heidnischen Europas mit dem neuen, glanztrotzenden Bekleidungsmaterial [1]. Wiewohl es sich nur um vereinzelte Gewänder handelt, also um einen Luxus, den sich nur die Vornehmsten gestatteten, so geht daraus doch hervor, dass die Kenntnis unserer Faser im mittleren Europa ebenso alt, wenn nicht älter ist, als die aller anderen textilen Erzeugnisse derzeitiger Kulturvölker. Für die Germanen mochten die prächtigen Seidenzeuge zu den kostbarsten Bestandteilen der Beute gehören, die sie im Süden machten. So forderte Alarich im J. 409 für seinen Abzug von Rom ausser Gold die Lieferung von 4000 Seidengewändern. Man findet des öfteren Angaben über die Seidengewebe der Hunnen, die zwar nur als Kriegsbeute und Geschenke in ihren Besitz kamen [2]; doch gewann immerhin der regelmässige Seidenhandel des inneren heidnischen Europa mit politisch friedlichen und christlich civilisatorischen Völkern mehr und mehr an Umfang.

*   *   *

Beachtet man die Routen des Seidenhandels und die Länder der Seidengewinnung und -verarbeitung, so springt ebenso in frühesten, wie in späteren Zeiten die Thatsache ins Auge, dass die Seidenmanufaktur stets den Hauptstrassen des Seidenhandels gefolgt ist. Wie keine andere Industrie, war und bleibt sie noch heutzutage auf das Rohmaterial des fernen Orients angewiesen; ihre Gründung, ihr Bestehen und Fortschritt bleiben zum grössten Teil von den regelmässigen und gesicherten Handelsverhältnissen abhängig. Aus diesem Grunde ist die Entwickelung dieser beiden Kulturzweige, des Handels und der Verarbeitung, in der Geschichte der Seide eng miteinander verknüpft und steht dieselbe mit diesen, den internationalen Verkehr beeinflussenden Faktoren, d. i. mit der allgemeinen Völker- und Kulturgeschichte, in engerem Zusammenhange, wie in jeder anderen Industrie.

Durch einen ungewöhnlich starken Konsum begünstigt, entwickelte sich

---

[1] v. Wietersheim, Geschichte der Völkerwanderung, Leipzig 1859—64.
   Dahn, Gesch. der Völkerwanderung. Leipzig 1880--91.
[2] Prisci Historia S. 171.

das ausserchinesische Seidengewerbe in erster Linie im parthischen Reiche zur weltberühmten Grösse [1]). Die erste Stätte dieser Industrie war Phönikien und später auch Persien, wo sich die Weberei noch umfangreicher gestaltete, da das Rohmaterial durch die aufblühende einheimische Seidenzucht in grösseren Quantitäten beschafft werden konnte. Im oströmischen Reiche bestanden schon im IV. Jahrh. einige Seidenwebereien, die nach phönikischer Art eingerichtet und betrieben wurden; die byzantinische Seidenindustrie hatte dagegen von Anfang an mit Mangel an Rohmaterial zu kämpfen, weil die handelvermittelnden Parther es vorzogen, die an sie gelangende Rohseide in ihren eigenen Webereien verarbeiten zu lassen. Die Seidenmanufakturen von Byzanz, sogenannte Frauenhäuser (Gynäceen), wurden vom Staate bevormundet und unter Aufsicht der kaiserlichen Schatzmeister (comites largitionum) gestellt [2]). Einer gut begründeten Ansicht Buchers gemäss dürften die Gynäceen nicht als im modernen Sinne eingerichtete und verwaltete Fabrikanlagen, sondern als ein vom Staate begründeter Weberverein der Sklavenfamilien aufzufassen sein.

Kaiser Justinian hatte die grosse Bedeutung der Seidenindustrie für Byzanz erkannt und sie durch allerlei Mittel zu fördern gesucht, aber indem er dieselbe als Kronmonopol erklärte, gab er ihrer Entwickelung von vornherein eine engbeschränkte Richtung. Die Privatindustrie hatte unter diesen Umständen sowohl infolge der drückenden Konkurrenz bevorzugter staatlicher Manufakturen, als auch unter dem grossen Steuerdruck zu leiden und schritt nur langsam voran. Bereits in der ersten Hälfte des VI. Jahrhunderts traten die Folgen ärarischer Spekulationen Justinians hervor, die den Wohlstand vieler Stätten des Seidengewerbes in Frage stellten.

Infolge ungeheuerer Ausgaben für Kriegszwecke und der dadurch hervorgerufenen finanziellen Krise wurde unter anderem. auch die syrischphönikische Seidenindustrie mit so hohen Steuern belegt, dass ihr Fortbestehen ernstlich in Frage gestellt wurde; aus dieser hoffnungslosen Lage und dem sie bedrohenden Ruin wurde sie aber durch den arabischen Einbruch und dessen weitere Folgen gerettet. Die Weber wanderten aus den blühenden Sitzen des Seidengewerbes, von Tyrus und Berytus zu Tausenden nach Persien aus [3]), wo zunächst keine Beschränkungen obwalteten; später ahmten auch die sasanidischen Perserkönige das Beispiel römischer Cäsaren nach und suchten die Privatindustrie durch ärarisches Monopol stark einzuschränken. Justinian kannte die traurige Lage byzantinischer Seidenweberei, aber er führte sie auf Schwierigkeiten in der Beschaffung der Rohseide zurück und sann beständig, aber vergebens nach Abhilfe.

Der Bedarf nach Rohmaterial für die byzantinische Seidenmanufaktur

---

[1]) Reinaud, Mém. sur l'Inde (Acad. des Inscript. et Belles-Lettres, Bd. XVIII.)
[2]) Cod. Theodos. lib. X.
[3]) Procop. Hist. Arcana, cap. XXV.

und der fortwährende Mangel desselben war eine Hauptursache der häufigen
Kriege, welche das Reich mit den Parthern zu führen genötigt war. Die
Versuche Justinians, die Seide durch Vermittelung der befreundeten
Aethiopier, in deren Besitz sich die alten Handelswege über das rote
Meer befanden, aus indischen Häfen zu beziehen, schlugen größtenteils
fehl, da die Parther als altgewohnte Kunden die Seidenmärkte vollständig
beherrschten. Der Hauptzweck, den Justinian auf dem Gebiete der
Seidenpolitik verfolgte: die Emancipation vom persischen Seidenmonopol,
konnte insofern also von ihm nicht erreicht werden. Ausserdem brach infolge
der Kriege im Seidenhandel eine wirtschaftliche Krise aus, wodurch die
wenigen Webereien wegen gänzlichen Mangels an Rohmaterial in Stillstand
gerieten und die Seidenpreise unerschwinglich hohe wurden. Nach einer Umrechnung der damaligen Geldwährung auf unsere heutigen Verhältnisse
betrug der Preis eines Kilogramm Seide zur Zeit Justinians nicht weniger
als 17 190 frcs.[1], für die purpurfarbige dürfte er das vierfache betragen
haben. Ihrer Kostbarkeit wegen wurde die Seide daher jetzt selten allein,
sondern mit wohlfeileren Textilfasern verwoben, so dass in den Urkunden
jener Zeitperiode die reinseidenen „holoserica" beinahe gar keine Erwähnung
finden.

Unter solchen Umständen wird es leicht erklärlich, mit welcher Begeisterung Justinian den Vorschlag zweier Perser entgegennimmt, die ihm
den kühnen Plan entfalten, die Seidenkultur nach Byzanz einzuführen und
das letztere dadurch hinsichtlich der Rohseide nicht nur von Parthern,
sondern auch von China selbst unabhängig zu machen[2]. Diese beiden Perser,
angeblich Mönche vom Orden des hl. Basileus, die durch ihre missionären
Reisen in Ostasien mit der Seidenzucht bekannt geworden waren, kannten
die unermesslichen Vorteile einer Verpflanzung der Seidenkultur nach
Europa und, nachdem sie dem Kaiser die Aufzucht des Seidenspinners aus
den Raupeneiern, die Verspinnung der Raupe und die Behandlung der
Kokons beschrieben hatten, waren sie erbötig, die Eier der Maulbeerraupe
nach Byzanz zu bringen und hier aufzüchten zu lassen. Der Kaiser ent-
liess die Perser mit den weitgehendsten Versprechungen, und schon im folgenden Jahre (552) kehrten die kühnen Unternehmer nach Byzanz zurück
und brachten in hohlen Bambusstöcken eine grosse Menge Raupeneier. Es
ist nicht mit Sicherheit festgestellt, aus welcher Gegend die Mönche ihre
Raupeneier entnahmen; Procop bezeichnet das Land als Serindia, worunter
Forster mit Recht Kleinthibet (Khotan) vermutet, wo zu jener Zeit nach
chinesischer Art betriebene Seidenzucht in voller Blüte stand. Die
mit der Aufzucht asiatischer Raupeneier angestellten Versuche berechtigten
zu den schönsten Hoffnungen und eröffneten die Aussichten auf eine vollständige Unabhängigkeit vom Orient; es verging indessen noch manches

---

[1] Pariset, L'histoire de la soie, I. 151.
[2] Procop, De bello gothico, lib. IV, cap. 13.

Jahrzehnt, bevor die Seidenindustrie der Griechen ihren gewaltigen Bedarf ganz durch einheimische Rohseide zu decken vermochte. Ausserdem beging Justinian von neuem den Fehler einer Verstaatlichung der Seidenkultur und hemmte ihre freie Entwickelung unter den breiteren Volksmassen. Immerhin nahm die byzantinische Seidenzucht im Laufe der Jahre genügend an Umfang zu, um dem fortbestehenden Mangel an Rohseide einigermaassen abzuhelfen. Namentlich im Peloponnes nahm sie einen bedeutenden Aufschwung, der dadurch gekennzeichnet ward, dass dieses Land infolge der vielen Maulbeerplantagen seinen Namen in Morea umwandelte.

Nach dem Emporschwingen des mächtigen türkischen von den Chinesen Tu-kiu genannten Sogdianerstammes veränderte sich die Situation im Rohseidenhandel insofern zu Gunsten der byzantinischen Industrie, als diese dadurch von den Parthern unabhängig wurde. Jenes Volk, welches fast ganz Turkestan bis zu den Grenzen Chinas beherrschte[1]), besass eine nicht unbedeutende Kultur und übernahm mit Erfolg die Vermittlerrolle im Seidenhandel Chinas mit dem Abendlande. Wie die Türken diese Beziehungen angeknüpft haben, geht aus dem Folgenden hervor. Menander[2]) erzählt uns den Besuch Maniakhs, des Gesandten des Türkenhauses Dizabul am persischen Hofe, wo er eine sehr unfreundliche Aufnahme gefunden haben soll; der Perserkönig Chosroes erkaufte bei der türkischen Gesandtschaft den gesamten Seidenvorrat und liess ihn öffentlich verbrennen, um den Beweis zu liefern, dass Persien der türkischen Rohseide nicht bedürfe. Der wirkliche Thatbestand lag jedoch darin, dass die sassanidischen Könige in jeglichem Verkehr mit jenem eroberungsüchtigen Volke eine Gefahr für das Bestehen ihrer Herrschaft erblickten; sie verboten daher den Unterthanen irgend welche Beziehungen mit den Sogdianern zu unterhalten, wodurch ihr eigener Seidenhandel in Stockung geriet. Die leistungsfähigen Sogdianer suchten nach diesem Misserfolge andere Absatzgebiete auf und so gelangten sie, wie Menander schildert, nach einer mühevollen Reise über den Kaukasus und durch das südliche Russland (die Seewege hatten die Parther überall für sie verschlossen) nach Byzanz (568). Es sind Anzeichen vorhanden, dass, entgegen der Meinung Klaproths[3]), der von Maniakh befolgte Weg über das südliche Russland, trotz seiner Unbequemlichkeit, später als wichtiger Handelsweg, vermittels dessen die Seide nach Europa gelangte, während längerer Zeit benutzt wurde[4]). Mit stolzem Selbstbewusstsein konnte Justinian dem Maniakh, zum grossen Erstaunen des letzteren, Seide eigener Zucht vorzeigen und von ihm das Zugeständnis ihrer vollkommenen Güte erlangen. Der Handelsvertrag wurde abgeschlossen und längere Zeit hindurch führten

---

[1]) Klaproth, Tableaux historiques de l'Asie, S. 112.
[2]) Men. Excerpt. Ed. Niebuhr. S. 295.
[3]) Klaproth, Tableaux historiques du Caucase, Paris 1827.
[4]) Gamba, Voyage dans la Russie méridionale, Paris 1826.

die Sogdianer chinesische Rohseide und Seidengewebe auf dem Karawanenwege, ohne Persien zu berühren, durch Russland den Byzantinern
zu. Freilich wurde dieser Verkehr öfters durch politische Unruhen der
Nomadenvölker Mittelasiens gestört, doch schon der Schluss des VI. Jahrhunderts brachte den politischen Verfall der Sassaniden und gleichzeitig
das Ende ihres Handelsmonopols.

Die byzantinische Seidenkultur entwickelte sich unterdessen zu immer
höherer Blüte, besonders als sie nach der durch geeignetes Klima begünstigten Insel Cos verlegt wurde. Auch die byzantinische Seidenweberei
bietet zu Beginn des VII. Jahrhunderts ein vielversprechendes Bild, obwohl sie sich fast ausschliesslich auf Konstantinopel beschränkte, wo die
antike Purpurfärberei eine Stätte der Wiedergeburt gefunden hatte. Die
Technik entwickelte sich fortgesetzt, und strebte man den Preis zu verbilligen, indem man andere Fasern mit verwebte. Reinseidene Stoffe
werden Holoserica genannt, im Gegensatz zu Tramoserica (Dramioserica),
in denen Leinenkette mit seidenem Einschlag verwoben war[1]). Die Sub-
serica (Stamoserica) enthielten seidene Kette und leinenen oder baumwollenen Einschlag. Der Gebrauch dieser letzteren Gewebe war wegen
ihres bedeutend billigeren Preises nach der Aussage von Ammianus Mar-
celinus sehr ausgedehnt.

In der Zeitperiode vom VII. bis zum XI. Jahrhundert behauptete in
kommerzieller Beziehung Konstantinopel die weltberühmte Rolle des Stapelplatzes für Seidengewebe und als der bedeutendste Seidenmarkt des Kontinents, im Austauschhandel des Abend- und Morgenlandes. Konstantinopel,
sagt Montesquieu, betrieb einzig und allein den Welthandel zur Zeit, als
die eindringenden Goten und Araber überall den Verkehr unmöglich
machten[2]). Zur gleichen Zeit bemächtigten sich die Griechen der Seewege
und führten den Gebrauch der Seide bei den Völkern und wilden Stämmen
ein, mit denen sie in dieser Zeitperiode in politischen Verkehr traten.
Indessen, so weit Byzanz auch in kommerzieller Hinsicht vorgeschritten war,
seine industrielle Entwickelung stand weder in technischer noch quantitativer
Leistung auf der Höhe der Zeit, und es wäre ein Irrtum, anzunehmen,
die Zufuhr orientalischer Erzeugnisse sei entbehrlich gewesen. Zwar
lieferten die Gynäceen in Konstantinopel eine beträchtliche Menge Seidenstoffe für den Bedarf des Hofes und des Staates, aber die reichsten und
besten, z. B. die zur Ausschmückung der Paläste verwendeten Gewebe waren
orientalischer Herkunft, wie dies deutlich ihre Benennungen beweisen[3]).
Der Luxus des kaiserlichen Hofes und des Adels nahm, wie einst im weströmischen Reiche, mit der Zeit immense Dimensionen an und wenn auch

----

[1]) Isidor. Orig. lib. XIX. cap. 21.
   Pardessus, Mém. sur le commerce de la soie chez les anciens. p. 16.
[2]) Grandeur et décadence des Romains, chap. 23.
[3]) Constant. Porphyr. De ceremoniis. S. 468. 706.

die Umgestaltung der alten Welt eine momentane Stockung im Verbrauch der Seide mit sich brachte, die Seidenindustrie und der Seidenhandel findet bald einen mächtigen Beschützer und Absatz im Christentum, d. i. in der Kirche. Wenn die Laienwelt der byzantinischen und romanisch-germanischen Länder in den ersten Jahrhunderten des Mittelalters sich den kostbaren Luxus der Seidengewebe nur spärlich gestattete, so entfaltete die Kirche und Geistlichkeit, wie in anderen so auch in dieser Beziehung eine pompöse Pracht in liturgischen Gewändern. Schon unter den ersten Päpsten besass Rom Seidenstoffe, deren Pracht seither kaum übertroffen wurde. Während bis dahin der lange Talar, die Stola etc. nur aus feiner Leinwand bestand, wurden diese nunmehr aus den kostbarsten Seidenzeugen hergestellt.

* * *

Beim vergleichenden Studium klassischer Ornamentstile ergiebt sich ein fast staunenerregender Synchronismus und wunderbarer Zusammenhang, zumal wenn man die zeitlichen und räumlichen Grenzen, durch welche die Völker des Altertums getrennt waren, hierbei in Betracht zieht; denn diese mussten der sich unabhängig von einander äussernden Übereinstimmung nicht nur einer so verfeinerten Ausdrucksweise des kulturellen Lebens, wie der Ornamentik, sondern schon der gleichartigen Entwickelung der weit prägnanteren Symptome eines solchen entschieden hinderlich sein. Die altgriechischen Stilrichtungen, der pelasgische Stil bis zur Einwanderung der dorischen Stämme (1000 v. Chr.), und der dorische bis zur Unterjochung Griechenlands durch Rom (150 v. Chr.) haben für uns kein specielles Interesse, da sie in der Seidenwebekunst nicht zum Ausdruck gelangt sind; nichtsdestoweniger mag hervorgehoben werden, dass die wenigen erhaltenen Überreste frühgriechischer Ornamentik, durch die Schilderungen griechischer Dichter ergänzt, uns dahin belehren, dass sie mit der Zierweise Asiens und namentlich Assyriens viel Gemeinsames besass. Ebenso zeigt die etruskische Stilrichtung Mittelitaliens (1000 v. Chr.) in ihrer ersten Periode einen entschieden assyrischen Charakter, wenn auch in der zweiten Epoche der griechische Einfluss zur Geltung gelangt ist. Diese nahe Verwandtschaft räumlich weit entfernter Kunstweisen bei dem dazumal verhältnismässig schwachen Völkerverkehr findet ihre Erklärung in dem stark entwickelten Nachahmungssinn der damaligen Welt, auf die alles Fremde, Weitentfernte auch in den Einzelstücken hohen Reiz ausgeübt und ihre Kunstweise beeinflussen mochte. Bei Besprechung der Granatapfelmusterung des Mittelalters werden wir noch Gelegenheit haben, die Verwandtschaft der indischen und der nenitalienischen Musterungsweise zu konstatieren.

Von kulturell hoher Bedeutung ist für uns das Studium des dritten der klassischen Kunststile, des römischen, der aus den beiden anderen hervorging. Wie die spätgriechische Ornamentik ein bewusstes Streben zum Ausdruck brachte, die Naturformen mit freiem künstlerischen Schwung zu stilvoller Schönheit zu entfalten und die etruskische ein gewisses phantastisch frivoles Element enthielt, so vereinigte der römische Stil die beiden Grundsätze und zeitigte eine Richtung, die sowohl in der Zeichnung, wie im Farbensinn als künstlerisch vollendet bezeichnet werden mag. Die Motive aus dem Pflanzenreiche wurden mit figürlichen Elementen von entweder naturalistischem oder sinnbildlichem, symbolisch-allegorischem Charakter vereinigt und zu einer höchst eigentümlichen, zarten, von feinerem Form- und Farbengefühl geleiteten Zierweise ausgebildet.

Über die Herkunft und Stilisierung der Seidengewebe jeder Epoche liegen in kultur- und kunstgeschichtlichen Werken, Urkunden und Schilderungen umfassende und detaillierte Angaben vor und zwar schon über die ältesten Seidengewebe. Die für uns zuverlässigsten Forschungsquellen, die Gräberfunde, brachten uns indessen nur Gewebereste, deren Alter das V. und höchstens das III. Jahrh. unserer Ära nicht überschreitet. Doch scheint man in einem dem Domkapitel der Valeriakirche zu Sitten (Schweiz) entnommenen Gewebefragment[1]), das eine auf einem seehundartigen Untier sitzende weibliche Figur vorstellt, einen aus der vorchrist-

Fig. 1. Vorchristliches Seidengewebe römischen Ursprungs. Original zu Sitten, Ergänzung nach Semper „Der Stil".

Fig. 2. Ältestes nachchristl. Seidengewebe (III.— IV. Jahrh.) aus den ägyptischen Funden. Original zu Krefeld (Königl. Gewebesammlung).

lichen Zeit stammenden Seidenstoff von angeblich römischer Herkunft zu besitzen. Desgleichen wird von einigen [2]) die einer südrussischen Gräberstätte (bei Kertsch) im Jahre 1842 entnommene seidene Totenhülle in das III. Jahrh. v. Chr. zurückversetzt. — Die Seidentextilien der altrömischen Zeit sind äusserst selten. Ausser den liturgischen Gewändern besitzt man eine Wirkerei, welche die Anbetung des Bacchus vorstellt[3]). Die ganze im echt römischen Geiste vollendete Komposition ist mit klassischem Rankenornament von Löwen, Panthern und Hasenfiguren umrahmt und verrät durchaus klassischen Ursprung. Es giebt nur wenige Orte, wo

---

[1]) Dieses sowie die nachfolgenden Stoffmuster sind der interessanten Abhandlung von P. Schulze „Über Gewebemuster früherer Jahrhunderte", Leipzig 1893, entnommen.

[2]) Stephani, Compt. rend. pour les années 1878—75. St. Petersbourg 1881.

[3]) Forrer, Römische und byzantinische Seidentextilien aus den Gräberfunden von Achmim-Panopolis. Strassburg 1891. Taf. L.

die Gräberfelder neben den unverwüstlichen thönernen und metallenen Gegenständen auch noch Stoffreste enthalten, welche gewöhnlich schon in wenigen Jahrzehnten nach der Bestattung dem vernichtenden Einflusse der Feuchtigkeit anheimfallen; die Gegenden aber, wo trockene und sonstige Bodenbeschaffenheit zur Konservierung von Textilien besonders geeignet ist, sind sehr selten und — wenn man von vorgeschichtlichen Funden aus den schweizerischen Pfahlbauten und keltischen Gräbern, wo selbstredend von Seidentextilien nicht die Rede sein konnte, absieht — bis jetzt nur in Ägypten, Peru und Südrussland (Krim u. a. O.) angetroffen worden. Im Jahre 1801 wurden Stoffreste und Gewandteile aus einem Leichenfelde nächst Sakkarah in der Provinz El-faï-jum in Mittelägypten ausgegraben, zu denen dann quantitativ sehr bedeutende Funde des Jahres 1881 hinzukamen, die jedoch eine äusserst geringe Menge von Seidenüberresten ergeben haben. Die Funde aus dem Gräberfelde von Akmin oder Achmim in Oberägypten, einer an den Katarakten am rechten Ufer des Nils an der Stätte des alten Panopolis gelegenen Stadt, ergaben ebenfalls eine Menge von Textilien, worunter sich jedoch, der geringen Luxusliebe der Ägypter entsprechend, Seidengewebe nur in mässiger Anzahl vorfanden, hauptsächlich dagegen als Funeraltücher dienende Decken, Überzüge, Obergewänder, Tuniken u. s. w. aus der Zeitperiode vom V. bis VIII. Jahrh.[1]), die meisten dem VI. und VII. Jahrh. entstammend, darunter auch Purpurgewebe. Im speciellen ergab die Stätte südlich von der eigentlichen Nekropole bei dem koptischen Kloster Deir, wo sich die Gräber aus byzantinischer Zeit befinden und wo wahrscheinlich hauptsächlich Priester beigesetzt worden sind, reiche Ausbeute an Seidentextilien. Die Musterungsart dieser Seidentextilien entspricht jeweilig ihrer Herkunft, mithin der byzantinischen, alexandrinischen oder sassanidischen, und besteht aus inmitten radförmiger Kreise angeordneten Jagdscenen, Romben mit Vögelgestalten, achtblättrigen Rosen u. s. w. Durch die Gräberfunde von Achmim Panopolis und anderwärts in Oberägypten scheinen sicherer Forschung nach auch die Seidengewebe des III. Jahrh. n. Chr. entdeckt worden zu sein[2]). Die Texturuntersuchung dieser der Zeitperiode vom III. bis VII. Jahrh. entstammenden Funde ergiebt eine bemerkenswerte Unsicherheit in der Ausführung; zieht man daher also in Betracht, auf welch hoher Stufe die Textilkunst der hellenistisch-römischen Zeit in der Verarbeitung anderweitiger Rohstoffe stand, so darf man aus der geringen technischen Vollkommenheit jener ältesten uns erhaltenen Seidenstoffe die natürliche Schlussfolgerung ziehen, dass man es in der Seidenweberei mit einem ganz neuen Rohstoffe zu thun hatte, der eine veränderte, noch nicht genügend studierte Technik erheischte.

---

[1]) Bock, Katalog frühchristlicher Textilfunde des Jahres 1886 an der Ausstellung zu Düsseldorf 1887.

[2]) Forrer, Die Gräber- und Textilfunde von Achmim-Panopolis. Strassburg 1891.

Aus dem eingehenderen Studium der Ornamentik ägyptischer Textilfunde geht, wie beiläufig vorausbemerkt werden mag, auch unzweifelhaft hervor, dass nicht nur die spätsassanidische, sondern auch die arabische Gewebemusterung von der hellenisch-spätrömischen Antike abzuleiten sei [1]) und dass der durch die Entwickelung der Seidenwebekunst hervorgerufene Stilwechsel bereits vor der Konsolidierung der arabischen Weltmacht wenigstens in allem wesentlichen angebahnt, wo nicht vollzogen war.

Es ist als sicher anzunehmen, dass sich in der Zeit vom IV. bis VIII. Jahrh. jener Umschwung in der Geschichte der Textilkunst vollzogen hat, der, wie Riegl bezüglich der taurischen, aus dem III. bis V. Jahrh. vorchristlicher Ära stammenden Funde dargethan hat [2]), vom Wirkereistil des Altertums zum Seidenstil geführt hat. Die Kunstweberei ahmte ursprünglich unwillkürlich die eingeführte Handhabung der Wirkereitechnik nach und erzeugte Effekte, die eber an eine mit der Nadel als mit dem Weberschiffchen erfolgte Bindungsart erinnert. Dass man bei der Herstellung der Musterung in Geweben über die Taffetbindung hinausschritt, ist leicht begreiflich, doch ging man später nach einigen Versuchen mit anfänglich unregelmässigem Atlas zu der Köperbindung über, der auch die Rolle zufiel, bis weit in die gotische Zeit eine dominierende Stellung zu behaupten. Es ist hervorzuheben, dass die Ornamentik der ältesten Seidenstoffe kein Anzeichen des ostasiatischen Einflusses zeigt und einen streng individuellen Charakter trägt; es ist also sicher, dass durch das gesamte römische Reich von Spanien bis Mesopotamien zur Zeit des Unterganges des weströmischen Reiches und drüber hinaus bis ins VII. Jahrh., ein einheitliches System der Textilornamentik verbreitet war [3]).

Vielfach wird die Frage erörtert, aus welchem Grunde sich insbesondere die Kunstweberei der Seide bemächtigt hatte, während die Wirkerei die Erzielung komplizierter Musterungseffekte in weit einfacherer Weise gestattete. Trotz der auftretenden Schwierigkeiten in der Behandlung des neuen Textilmaterials war man stets und überall bestrebt, die Wirkerei mit der Weberei zu vertauschen. Die Beantwortung dieser Frage ist ziemlich einfach. Die Wirkung eines Seidengewebes ist bekanntlich um so prägnanter, je gleichmässiger und voller die Fäden nebeneinander liegen, je einheitlicher sie das auffallende Licht zur Ausstrahlung zu bringen vermögen; die Erzeugung solcher Flächengebilde war aber schlechterdings mit der Wirkerei nicht gut zu erreichen. Bezüglich der Frage, in welchem Teile der ausgedehnten byzantinisch-westasiatischen Kulturwelt der oben geschilderte Übergang von der Wirkerei zur Seidenkunstweberei sich vollzogen hat, war man geneigt, das neupersische Sassanidenreich als die Wiege der ausser-

[1]) Riegl, Die ägyptischen Textilfunde im k. k. österreich. Museum. Wien 1889.
[2]) Bucher, Gesch. der technischen Künste.
[3]) Riegl, Die Textilkunst in Buchers Geschichte der technischen Künste. Stuttgart 1893.

chinesischen Seidenwebekunst anzusehen, doch ist man eher zu der Ansicht berechtigt, dass namentlich Syrien (Antiochien), die Grundstätte war, von der aus bereits im IV. Jahrh. eine grosse Anzahl von Seidenwebern als kostbare Kriegsbeute von Sapor I. ins persische Reich versetzt wurden.

Kommen wir nun auf das archäologische Thema alter Seidentextilien zurück. Das Breslauer Museum schlesischer Altertümer verwahrt die Gräberfunde aus Sanran, die wahrscheinlich aus der ältesten Eisenzeit Schlesiens herstammen (Anfang bis Ende des III. Jahrh.) nud in einem mit Stoffresten umwickelten Kästchen bestehen. Nach den Untersuchungen von Cohn enthält dieses Gewebe Seide, wenigstens gleicht sein chemisches Verhalten dem der Seide[1], anderer Ansichten nach dagegen der Wolle[2].

Sehr selten stösst man auf die Überreste der sassanidischen Periode, deren Höhepunkt in das VI. Jahrhundert füllt, übereinstimmend mit der politischen Glanzperiode des neupersischen Reiches. Khosroes I. (531— 579), der mit Indien rege Beziehungen unterhielt, förderte die Seidenweberei des eigenen Landes in hohem Mafse. Von sassanidischen Geweben jener Zeit sind noch Überbleibsel vorhanden, welche als Umhüllungen von Reliqaien aus dem Morgenlande gebracht wurden. Die unter den Sassaniden ausgebildete neubabylonische Ausdrucksweise des Ornaments lässt sich zwar unschwer von der orientalisch-byzantinischen Stilrichtung unterscheiden, aber sie wird trotzdem öfters mit der letzteren verwechselt.

Fig. 3. Sassanidisches Gewebe aus dem IV.—V. Jahrh. nach Semper „Der Stil".

Die sassanidische Musterung zeigt ein originelles, rein orientalisches Gepräge, indem Löwen, Adler, Strausse und andere phantastische Figuren der bizarren Tierwelt, zuweilen auch menschliche Bildformen in einer Ausdrucksweise auftreten, welche die neupersischen Webekünstler dem alten assyrischen Ornamentenschluss entnommen haben.

Der Sieg des Christentums fiel mit dem Verfall der römischen Kunst zusammen, und da ein überreicher und verfeinerter dekorativer Schmuck das Kennzeichen der letzteren war, so verlangte die mehr auf das Überirdische

---

[1] Ber. der Antropol. zu Stettin und Nürnberg im Korrespondenzblatt, Jahrg. XVII und XVIII.

[2] Buschan, Über prähistorische Gewebe und Gespinste. Braunschweig 1889 S. 15, 30.

gerichtete Christuslehre grösstmögliche Schmucklosigkeit. Die gesamte frühchristliche Verzierungskunst trägt den Charakter des Strebens, bestimmte Hindeutungen auf das Leben und den Opfertod des Heilands, ferner die von der neuen Lehre geheiligten Glaubenssätze durch dem Tier- und Pflanzenreiche entnommene Zeichen zu versinnlichen und mit ihren geheimnisvoll symbolischen Beziehungen auf die Seele der Gläubigen zu wirken. Die allegorischen Symbole sind demnach das Kreuz, durch verschiedenartige Motive gebildet, z. B. vier um eine grosse Mittelscheibe gereihte Kreise, von welchen die kleineren die vier Evangelisten, der grosse Mittelkreis den Heiland symbolisierten. Der gute Hirt, das Lamm, der Hirsch, Pfau, Fisch, die Schlange, Aureole, der Weinstock u. s. w. wurden als beliebte Symbole des Heilands, die Bilder des Engels, Löwen, Ochsen und Adlers als solche der Evangelisten verwendet. Der inneren Bedeutung nach hat die frühchristliche Ornamentik mit der ägyptischen Ähnlichkeit; wie bei dieser wurde die Formenschönheit dem symbolischen Inhalte der angewendeten dekorativen Elemente untergeordnet und auch sie bevorzugte einzelne in das allgemeine Verständnis übergegangene Symbole. Das im XI. Jahrh. eintretende Schisma, die Spaltung der bis dahin einheitlichen Kirche, führte alsdann zu jener besonderen Entwickelung der Künste im byzantinischen Reiche, die berufen war, die Seidenweberei des weströmischen nicht nur quantitativ zu überflügeln, sondern ihr eine ganze Epoche hindurch einen stark individualistischen Charakter aufzuprägen.

In der Übergangsperiode von der klassischen zur altbyzantinischen Kunstweberei (vom IV. bis VI. Jahrh.) sehen wir während eines langen Zeitraumes Anklänge an die römische Periode hervortreten. Da auch die byzantinische Kunst ursprünglich nichts anderes war, als eine auf dem oströmischen Boden und in seinen besonderen Verhältnissen aufgewachsene spätantike Stilrichtung, so wurde ihr von einigen jegliche Selbständigkeit der Ursprungsformen abgesprochen[1]). Die grosse Prachtliebe der ersten oströmischen Kaiser, welche die vorzüglichsten Seidenwebekünstler des Morgen- und Abendlandes nach ihrer neuen Residenz zogen, ferner die geographische Lage ihres Reiches und insbesondere Konstantinopels, die es zum Hauptverkehrsplatz für die Völker des Westens und Ostens eignete — und das erklärt die zahlreichen orientalischen Anklänge im byzantinischen Kunststil — begünstigten ungemein die rasche Entwickelung der neuen eigenartigen Stilrichtung. Die byzantinische Ornamentik versuchte in erster Linie die weitere Entwickelung der anfänglich eingeführten weströmisch-antikisierenden Formen in eigentümlicher Weise; zu den römischen Ornamentmotiven traten hinzu orientalische und speciell symbolisch christliche Elemente, auch geometrische einfache und würfelförmige Figuren, Kreuze, Kreise u. s. w. Dagegen war die Farbenwahl eine durchaus selbständige und glückliche; das am häufigsten verwendete Rot hob sich mit Blau und Grün prachtvoll kon-

---

[1]) Riegl, Stilfragen, S. 273.

trastierend vom hellen Goldgrunde ab. Zu Beginn der justinianischen
Epoche ist das vorherrschende Merkmal altbyzantinischer Kunstweberei eine
erhöhte Stilisierung der Zeichnung. Die Verstaatlichung der Seidenweberei
ist auch auf die Gewebemusterung nicht ohne Einfluss geblieben, indem die
letztere einen eigenartigen Charakter, sogar eine gewisse Einförmigkeit erhielt. Stets ist es die Kleinornamentik, welche Rhomben, Kreise, Herzen,
Kreuze u. s. w. in Form von Streumustern und in den verschiedensten Kombinationen verwendete. Schon bei den alten Griechen war die Streuorna-
mentik ihrer Gewänder sehr im Gebrauch, wie die alten Vasengemälde
veranschaulichen; von ihnen ging sie auf die Römer über. Ausserdem macht
sich das Netzornament geltend, das durch seine Einförmigkeit in die ganze
Richtung vortrefflich passte und in
seltsamer Weise von der phantasie-
vollen Musterung der vorherigen und
nachfolgenden Kunstperioden absticht.
Allerdings wurden die Streu- und
Netzmotive mit grosser Virtuosität, sowohl im Kolorit wie in der Form behandelt, so dass diese frühbyzantinischen Muster noch heutzutage für die
modernen Stoffe kopiert werden.

Die Glanzperiode altbyzantinischer
Seidenweberei erstreckt sich vom VI.
bis zum IX. Jahrh. unserer Ära; sie
verleiht der Gewebeornamentik die altorientalische Darstellung der auf my-
steriös stilisierten fabelhaften Tierwelt
beruhenden Musterung, obwohl, wie
gesagt, anfänglich die Netzzierweise
mit eingesetzten Streumustern noch in
der nachjustinianischen Periode einen
lebhaften Anklang fand und weiter
ausgebildet wurde. In der Stilisie-

Fig 4. Byzantinisches Gewebe, VII.—VIII. Jahrh.
Original zu Chur.

rung findet man den sich schon regenden Geist der neuen Welt; die
Figuren sind mehr dem wirklichen, als dem phantastischen Leben angepasst;
Löwen mit kraftvollen Kopfwendungen, geflügelte Drachen, Adler und flat-
ternde Pfauen zeugen von der sich entwickelnden Selbständigkeit. Die
specielle Ausführung der Musterung und ihrer Gruppierung beruhte mit
wenigen Ausnahmen auf einer symmetrischen Anordnung ornamentaler
Grundformen, obwohl die absolute Symmetrie dem Sinne der klassischen
Antike nicht entsprechen mochte und eines der Elemente war, die aus dem
Orient in die hellenistische Kunst eingedrungen sind. Doch kam der Seidenwebekunst das System der symmetrischen Anordnung sehr zu statten, da dadurch die Technik ungemein erleichtert wurde.

In Deutschland werden altbyzantinische Seidengewebe in einigen älteren
Kirchen aufbewahrt, so im Domschatze zu Chur, der ein aus dem VI. bis
VII. Jahrh. stammendes Gewebe mit Löwenkämpfern besitzt[1]). Natürlicherweise übten auf die Musterungsart auch die technischen Fortschritte der
Weberei grossen Einfluss, und die Entwickelung der letzteren erreichte bereits beim Nachfolger Justinians, Justinus II., einen solchen Grad der Vollkommenheit, dass Gewebe dieser Epoche in ihrer technischen Vollendung
den chinesischen Erzeugnissen kaum nachstanden. So verfertigte man z. B.

Stoffe mit einem durchsichtigen
Einschlag, durch welchen effekt-
volle Tierfiguren derart eingewebt waren, dass sie beim Fal-
tenwurf besonders wirksam her-
vortraten. Öfters wurden in die
Musterung orientalisch stilisierte
Arabesken eingeschaltet; die uns
erhaltenen Überreste zeigen auch
nicht selten biblische und sym-
bolisch-christliche Darstellungen.
Am Ende der Epoche nehmen
neben den religiösen Scenerien
auch profane, aus dem Leben
und der Geschichte gegriffene
Motive Platz in der Ornamentik
ein. Im Germanischen Museum
zu Nürnberg befindet sich ein
teppichartiger, im Grabe des
Bischofs Günther zu Bamberg
vorgefundener Stoffrest, wahrscheinlich ein Geschenk des Kaisers Konstantin XI. Dukas (XI.
Jahrh.); das Ornament zeigt die
Figur des Kaisers zu Ross, um-

Fig. 5. Byzantinisches Gewebe, X. Jahrh. Original zu
Magdeburg (Domcapitel).

geben von zwei weiblichen Figuren[2]). Eine sehr oft, besonders in Priestergewändern wiederkehrende Musterung bestand in der Verbildlichung eines
griechischen Kreuzes im Kreise. Die in zahlreich vorgefundenen Kirchen-
ornamenten und Priestergewändern stark auftretende Tiersymbolik lässt
andererseits insofern keine bestimmte Schlussfolgerung über den specielleren
Ursprung zu, da dieses Gepräge, wie erörtert, sowohl den rein orientalischen,

---

[1]) Bock, Geschichte der liturgischen Gewänder. Bonn 1858, Bd. I, Tafel 2.
[2]) Kalesse, Die Geschichte der Seidenwebekunst vom Mittelalter bis zum Rokoko.
Leipzig 1893.

wie altbyzantinischen Erzeugnissen zukam[1]). Die Benutzung des Goldes in Brokaten erscheint in byzantinischen Geweben erst nach dem X. Jahrh. durch Umwickeln des Leinens mit vergoldeter Membrane, nachdem eine neue Fabrikationsart der Goldfäden diese Gespinstart in allgemeineren Gebrauch gebracht hatte. Was die Technik des Verwebens anlangt, so ist charakteristisch, dass die Musterung stets vermittelst des Einschlags auf dem Kettengrund hervorgebracht wurde.

In das konstantinische Jahrhundert fiel der Einbruch der Sassaniden unter Sapur II. in das römische Reich und die Entführung der Seidenweber aus Mesopotamien nach Susa; ob hierdurch die parthische Seidenweberei in ihrer Kunstrichtung beeinflusst worden ist, wie einige bemerkt haben wollen, lässt sich nicht beweisen. Dagegen ist festgestellt worden, dass die byzantinische Stilrichtung einen grossen Einfluss auf die arabische nahm, welche durch die bilderfeindliche Lehre Mohammeds beeinflusst, sich zu eigentümlicher Selbständigkeit entwickelte und ihrerseits wieder die spätere byzantinische Ornamentik vieler Länder zu neuer phantasievollerer Entwickelung begeistert hat.

Über die Textur der alten Seidenstoffe haben wir durch damalige Schriftsteller nur ungenaue Kunde erhalten, aber desto reichhaltiger liegen uns die mannigfaltigen Benennungen vor, die ihre Herkunft mit Deutlichkeit bezeichnen. Wenn man in den Namen auroclavum, chrysoclavum (Goldbrokat), storacinum, blatthin, imizillus, fundatum (Synonym des blatthin, goldgewebtes Purpurgewand), triblatthin, dimitum, tri- und hexamitum etc. zweifellos die griechisch-byzantinischen Bezeichnungen erkennt, so sind andererseits solche Gewebe, wie cata-samitum, cata-blatthin, catasfittulum unstreitig chinesischer Herkunft (Cataï, damaliger Name des westlichen Chinas), aus welchen sich wenig über ihre Beschaffenheit bestimmen lässt. Andererseits bezieht sich aber die Benennung des Seidengewebes, abgesehen von der Verwendungsart, ausschliesslich auf seine Musterung. Der Presbyter Bibliothekarius Anastasius liefert in seinen Berichten über die Seidengewebe der Päpste, mit deren Lebensgeschichte[2]) er sich befasst hat, die Namen der byzantinisch-stilisierten Stoffe, welche deutlich ihre Ornamentik hervorheben. Die von ihm citierten Gewebe: pallia leonina (Löwengewand), cum historia de elephantis (die Casel mit den Elefanten), vela serica aquilata (Adlergewand), velum pavonatile (Pfauengewand) u. s. w., deuten auf Ornamentik aus Löwen-, Adler-, Pfauengestalten u. s. w. Je nach der Umrahmung der Tierfiguren oder für die polygonisch gemusterten Gewebe findet man die Bezeichnungen quadruplum (viereckiges Ornament), hexapulum, octapulum etc.

Unter allen farbigen Geweben behaupten die sogenannten Purpurgewänder unstreitig die hervorragendste Rolle. Der Purpur nimmt in der

---

[1]) Bock, Gesch. der liturg. Gewänder, 1. S. 9.
[2]) Lib. pontif. seu de gestis Roman. Pontific. (Rer. ital. script. III.).

Geschichte der Seide eine hervorragende Stelle ein, die seine nähere Besprechung rechtfertigt. Schon die alten Phönizier betrieben Purpurfärberei
und gelten auch als Erfinder des Verfahrens, die Purpurfarbe vermittelst
der drei Färbemittel zu erzielen: der Purpurschnecke (purpura, πορφύρα),
der kleinen Trompetenschnecke (murex, buccinum, κήρυξ) und der Scharlach-
beere (coccus), die nichts anderes als Kermes war und von den Alten für
ein vegetabilisches Produkt gehalten wurde. Die Purpurfärberei der Alten
teilte sich in zwei Arten, in die Herbarien- und die Conchylienfärberei. Die
erstere benutzte die Färbemittel aus den vegetabilischen Substanzen des
Landes, die zweite entnahm die Farbstoffe ausschliesslich dem Meere. Ebenso
aus diesem Umstand, wie ferner aus der sprachlichen Verwirrung und der umfangreichen Nomenklatur der Purpurfarbe geht hervor, dass sie keinen einheitlichen Farbenton hatte, sondern dass es üblich war, durch Nuancieren
des eigentlichen Purpurfarbstoffs mit anderen Färbemitteln eine ganze chro-
matische Skala von Blau bis Violettrot zu erzeugen. Schon die Alten haben
es verstanden, dreizehn einzelne, scharf definierte Töne des Purpurs herzustellen; merkwürdigerweise werden auch grüne und gelbe Purpura erwähnt [1]),
doch scheint dies, wie weiter unten erklärt werden wird, auf der Identifi-
zierung des Gewebes mit der Farbe (blatta) zu beruhen. Es existierten
demnach die mannigfaltigsten Benennungen für den Purpur; es gab tyrischen,
tarentinischen, lakädemonischen u. s. w. Purpur, welche sich in ihrer Her-
stellungsart von einander unterschieden und solche, wie color conchylius,
coeruleus, welche lediglich die Nuance kennzeichneten etc.

Es scheint endgültig festgestellt zu sein, dass die Purpurfärberei mit
der Indigoküpe identisch war [2]). Schon Aristoteles, Plinius und Plutarch [3]) erwähnen öfters die „Blume", welche die Oberfläche des Purpur-
bades zeigte. Weiter wurde einerseits der Zusatz von alkalischen Mitteln,
wie faulem Urin [4]) und Bohnen [5]), nur ihres Ammoniakgehaltes halber benutzt,
und andererseits wurden Reduktionsmittel, wie Honig und Öl, empfohlen [6]).
Eine Untersuchung der purpurfarbigen Totenhülle des im IX. Jahrhundert
beigesetzten hl. Ambrosius führte zu dem Ergebnis, dass zur Färbung des
Gewandes Indigo und ein Kermes- oder Lac-dye-ähnlicher Farbstoff benutzt
worden ist [7]). Schon früher ist von Bizio darauf hingewiesen worden, dass
zwischen Indigo und Purpur Beziehungen vorhanden sind, welche die Iden-

[1]) Codinus, De officialibus, éd. Niebuhr, S. 16.
[2]) Witt, Chem. Technologie der Gespinstfasern, S. 17. — Schunck, Berichte der
deutschen chem. Gesellschaft. 1879, S. 1358.
[3]) Plutarch, lib. de Oracul.
[4]) Boerhaave, Chimica. Bd. 2, S. 2.
[5]) Haller, Elementi della Fisiologia, lib. 36, ser. 3, § 7.
[6]) Cavalucci, Del modo di tingere la porpora. Perugio 1766.
[7]) Frapolli, Lepetit u. Padulli, Gazetta chimica 1872, II, 79.
       A. und O. de Negri, ibid.
       Carnelutti, Rendiconti dell'Instituto Lombardo, 1864, 546.

tität der beiden Farbstoffe kaum mehr bezweifeln lassen [1]). Auch die Prüfung anderer Priestergewänder und vergleichende Versuche mit dem einge-
trockneten Safte einiger Schneckenarten ergaben, dass das Pigment des der
dunklen, amethystfarbenen Art des antiken Purpurs entsprechenden Murex
trunculus (Punicin) in allen Stücken den vegetabilischen Indigofarbstoffen
(Indigoblau mit geringer Menge des Indigorot) gleichkommt.

Der alte phönikische Purpur war eine Mischfarbe des echten Farbstoffs
der Purpurschnecke mit verschiedenen unechten, meist roten Pigmenten.
Der höchste Aufschwung und zugleich das letzte Stadium der antiken Purpurfärberei trat ein, als man durch Vereinigung der Land- und Seefarben,
der sogen. Purpur- und Kräuterfärberei im Hysginischen Purpur (ὕσγινον)
den Gipfel der Kombination erreichte. Zu den Griechen gelangte der Purpur als blatta (βλάττη), das im weiteren Sinne der „purpura", d. i. den aus
reinem Purpursaft entstandenen Farben entsprach, und diese Bezeichnung
wurde, wie das adjektive „blatteus", mit allen üblichen sprachlichen Varia-
tionen den purpurfarbenen Seidengeweben beigelegt. Dass die byzantinische
Purpurfärbekunst direkt von der phönikischen abstammte, dürfte die durchaus
berechtigte Vermutung beweisen, dass das Wort blatta phönikischer und überhaupt asiatischer Herkunft sei und als Nuancenbezeichnung etwa der Farbe
des geronnenen Blutes entsprechen würde [2]). Die innere Bedeutung des
„blatta" begreift ein parasitisches, Farbstoff lieferndes Insekt und diese Bezeichnung wurde lediglich als solche in die färberische Terminologie aufgenommen [3]). Es liegt nun der Gedanke nahe, dass in der neubyzantinischen
Purpurfärberei nicht die Purpurschnecke, sondern der Kermes, bekanntlich
eine auf dem Kaktus lebende parasitische Schildlaus, die Hauptrolle spielte,
und dass im XII. Jahrh. die antike dunkelviolette Purpurnuance überhaupt
durch ein fast reines Rot, die byzantinische Lieblingsfarbe, verdrängt wurde.

Die weissen chinesischen Seidenstoffe wurden alsbald nach ihrem Auftauchen im Abendlande mit Purpur gefärbt und stellten als solche nicht
nur die kostbarsten Gewebe vor, sondern sie wurden schon unter den römischen Cäsaren zum Regal und Abzeichen der höchsten Staatswürden erhoben. Zur Zeit Diokletians betrug der Preis der purpurfarbigen Strangseide (μέταξα βλάττη), wie aus einem seiner Edikte vom Jahre 301 hervorgeht, 150000 Denare, gleich 3700 Mark pro Pfund [4]). Auch in Byzanz
war der Purpur ein Privilegium des kaiserlichen Hofes und alle Purpur-
färbereien standen unter der strengsten Staatskontrolle. Indessen scheint
nur der Purpurmantel, das „indumentum regale", welchem später in Ostrom

[1]) Bizio sen., La porpora degli antichi etc. Venezia 1832. — Scoperta del prin-
cipio purpureo etc. Ann. delle Scienze del R. Lomb. Veneto. 1833.
[2]) Schmidt, Forschungen auf dem Gebiete des Altertums. Die griech. Papyrusurk.
der K. Biblioth. zu Berlin. Berlin 1842, S. 139—143.
[3]) Karabacek, Süsandschird; die persische Nadelmalerei, Wien.
[4]) Becker und Marquardt, Handbuch der römischen Altertümer. S. 123.

„purpur imperialis", auch „ostrum imperiale", entsprach [1]), als Abzeichen
der Kaiserwürde gedient zu haben, während andere purpurfarbene Gewänder
auch im privaten Verkehr vorkamen [2]). Spätere Gesetze verboten nur gewisse Gattungen, nämlich das sogenannte oxyblatta (tyrisches Purpur) und
hyacinthina [3]), welche Farben den Namen des heiligen Purpurs (sacer murex) trugen [4]). Eine als „dibapha" (doppelfarbig) bekannte Abart des kaiserlichen Purpurs wurde durch wiederholtes Anffärben in besonders tiefen,
dunkelvioletten, fast ins Blauschwarze spielenden Tönen hergestellt, wozu
vorwiegend der Saft des Murex regnis verwendet wurde. Mit der Zeit ver-
schmilzt sich die Idee des blatta als der Nuance mit dem Ausdruck der
„Farbe" derart, dass man den aus mehrfarbigen Garnen verwebten Seidenstoffen die Namen diblattiou, triblattion u. s. w. zuteilt. So beschreibt u. a.
Konstantin Porphyrogenetus ein solches Seidengewebe, den kaiserlichen
Purpurmantel, aus purpurfarbiger Kette und grünem Einschlag [5]). Später
hat sich die Idee des Purpurs überhaupt mit der des Seidengewebes identifiziert und bestand nun kein sprachlicher Unterschied zwischen den Seidenwebern und Purpurfärbern (bombycinare, gleichbedeutend mit pur-
puram facere) [6]).

Beiläufig mag erwähnt werden, dass schon zur Zeit der Römerherrschaft
in Deutschland, namentlich in Bayern und zwar zu Regensburg, dem alten
Ratisbon, eine Art Purpurfärberei betrieben worden ist, allem Anschein
nach mit einheimischen Coccusarten (Kermes) [7]).

In Byzanz gelangte die Purpurfärberei seit dem IX. Jahrhundert zur
neuen, weltberühmten Blüte. Die Körperschaft der Purpurfärber (murile-
guli) genoss weitgehende Privilegien, ihr Gewerbe war indessen, was das
echte Purpurverfahren anlangt, verstaatlicht und das Geheimnis des
letzteren streng bewahrt. Trotz des regen Verkehrs zwischen den beiden
Metropolen, konnten sogar fertige Purpurgewebe nur auf ungesetzlichem
Wege des Schmuggels nach Rom eingeführt werden [8]). Laut dem russisch-
griechischen Vertrag von 944 war den russischen Kaufleuten streng untersagt, Seidenstoffe, wohl Purpurgewänder, deren Preis 50 Goldsoldi überstieg,
um die es sich stets hauptsächlich handelte, auszuführen. Infolge solch
strenger Mafsnabmen und des durch das Regal beschränkten Absatzes ver-

---

[1]) Anastas. Biblioth. 100. V. Benedict. III.
[2]) Ammian. lacl. divin. Just. IV. 7.
[3]) Cod. Justinian. IV. 40.
[4]) Cod. Just. de vest. bol. 11, 8.
[5]) De cerem. S. 440.
[6]) Francisque-Michel, Recherches sur le commerce, la fabrication et l'usage
des étoffes de soie, d'or et d'argent et autres tissus précieux en Occident, principalement
en France pendant le moyen âge. Paris 1852, II. 17.
[7]) Gumpolsheimer, Geschichte von Regensburg, S. 240.
[8]) Apud. Muratori (script. rerum Ital. II. 487).

liert die byzantinische Purpurfärberei nach und nach an Umfang und Bedeutung, um schliesslich im XII. Jahrhundert gänzlich zu erlöschen.

* * *

Auf den Trümmern der persischen Macht erhebt sich um die Mitte
des VII. Jahrhunderts die neue politische Welt der Araber, jenes um die
Verbreitung der Kultur so hochverdienten Volkes. Dank den Arabern ist
die Seidenindustrie Mittelasiens, die zur Zeit des Einbruchs dieses Volks-
stammes in vollster Blüte stand, von ihnen in dem fortschreitend siegreichen
Zuge nach dem Westen verpflanzt und hier auf europäischem Boden,
zugleich mit der alten Kultur und Kunst auch das Seidengewerbe durch
Gründung neuer Industriestätten auf die jugendfrische Welt des Abendlandes übertragen worden. Die Seidenzucht, die Seidenindustrie und der
Seidenhandel haben durch die Araber seit dem VII. Jahrhundert einen
solchen Umschwung erhalten, dass es notwendig erscheint, ihren Stand zur
Zeit des arabischen Einbruchs zu besprechen, bezw. etwas weiter zurückzu-
greifen, und dies um so mehr, als der letztere eine neue Ära ihrer geschichtlichen Entwickelung eröffnet hat.

In Byzanz ist nach vorübergehender Blütezeit ein Stillstand des Seidengewerbes zu verzeichnen. Die bis in das X. Jahrh. fortdauernde Verstaatlichung der Seidenindustrie hemmte deren Emporkommen und die freie
Initiative; nicht nur die Seidenzucht und -weberei, auch die Purpurfärberei
wurde, wie erwähnt, durch Staatsmonopol eingeschränkt. Stand das byzantinische Seidengewerbe in seiner Verstaatlichung und sklavischen Be-
schränkung mit der freien, nationalen Industrie des Orients in starkem
Kontrast, so konnten die Folgen der fortwährend anwachsenden asiatischen
Konkurrenz noch vor dem arabischen Einbruch nicht ausbleiben. Rechnet
man noch die allgemeine Armut der Bevölkerung und die politischen Unruhen
hinzu, so ist ersichtlich, dass der Verfall der byzantinischen Seidenindustrie
nur eine Frage der Zeit war. Infolge der arabischen Invasion verlor Byzanz
das den Rohstoff erzeugende Land Syrien, wo die Seidenzucht damals
schon in beträchtlichem Umfange betrieben wurde. Bei der allgemeinen
Schwäche vermochte Byzanz auch nicht aus dem Verfall der konkurrierenden
parthischen Seidenindustrie den gehörigen Nutzen zu ziehen. Wenn, wie
mehrere Geschichtsschreiber anführen, im IX. Jahrh. in Morea Seidenzucht
und -industrie geblüht haben soll, so liegt hier offenbar eine Verwechslung der
Seide mit sehr feinen leinenen und baumwollenen Geweben vor [1]. Andererseits stimmen die arabischen Schriftsteller darin überein, dass Griechenland noch im X. Jahrh. aus Spanien die Seide bezogen hatte [2]. Auch
Anastasius der Bibliothekar, der äusserst sorgfältig und gewissenhaft die

[1] Pariset, L'histoire de la soie, II. 26.
[2] Franc.-Michel, Recherches sur le commerce etc. S. 291.

Herkunft der Seidenstoffe seiner Epoche studiert hat, erwähut nirgeuds der peloponnesischen Gewebe [1]). Byzanz versucht zwar Syrien durch die kleiuasiatischen Produktionsläuder zu ersetzen, es verbleibt indessen betreffs des Rohmaterials in beiuahe gänzlicher Abhängigkeit von China, und zwar fortdauernd bis zum XI. Jahrh., einem Zeitpunkt, wo sich seine Seidenmanufaktur nach der Aufhebuug der Verstaatlichung zur ungeabnten epochemachenden Grösse emporschwingt.

Der später zum typischen Ausdruck gelangten spätsaracenischen Musterungsweise bot die frisch aufblühende Webekunst Byzantiens unschätzbare Belehrung und brachte sie im X. uud XI. Jahrh. in volle Abhängigkeit von deu spätrömisch-byzantinischen Vorbildern. Erst vom XII. Jahrh. ab übernimmt das persische Element die Führerrolle, die es während der nächsten zwei Jahrhunderte vollauf behauptet.

Der Zurückgang der byzantinischen Kuustweberei ist durch die steifen und plumpen Formen charakterisiert. Der Verfall der Feinheit und Leichtigkeit der Zeichnung, der sein Heil in immer bedeutenderer Vergrösserung der Muster und Verstürkung der Konturen suchte, lässt sich besonders auffallend im IX. und X. Jahrh. wahrnehmen und dauert bis in das XI. Jahrh. fort. Dieser Verschlechterung der Zeichnung wurde durch Erhöhung der Farbeneffekte abgeholfen, die sich anfangs durch eine wahrhaft übermässige Grellheit auszeichnete. Die Form galt nichts mehr, die Farbe alles; man könnte diese Ornameutik mit Recht die textile Farbenmosaik benennen. In der Epoche des Wiederemporblühens byzantinischer Seidenweberei lag dagegen eine besondere Kunst, denn die wunderbaren Nuancen, wie auch die eigenartig geschmackvollen Farbenzusammenstelluugeu verraten eine Vollkommenheit, wie sie noch heutzutage kaum erreicht wird. Diese merkwürdige Erscheinuug findet ihre natürliche Erklärung im Auftreten der Araber, deren jugendfrische, orientalisch originelle Kunstbegriffe in befruchtender Weise die alterschwach gewordene abendländische Seidenweberei beeinflusst haben. Das Vorherrschen der gelben Farbe (Lieblingsfarbe Allahs) ist für diese byzantinisch-arabische Periode charakteristisch, obgleich auch Rot, Grün und Blau vorkommen und sich hier und da Schwarz bemerkbar macht. Die Ornamentik selbst besteht hauptsächlich in mystisch-komplizierten Linienverschlingungen.

Der Anfang des VII. Jahrh. wurde, wie für Westasien, so auch für China zur Epoche; es gelang Lijueu, dem Gründer der mächtigen Dynastie Tang (617), endlich in dem durch Bürgerkriege zerrütteten Reiche iunere Ordnung einzuführen. Die Seidenkultur und -weberei erhielt durch ihn einen so starken Antrieb, dass im Zeitraum vom VII. bis zum X. Jahrh. chinesische Rohseide und Seidengewebe den wichtigsten Artikel im mittelasiatischen Handel bildeten. Um sich eine Vorstelluug davon zu machen, welchen Mafsstab der Verbrauch von Seideustoffen in China selbst erreichte,

---

[1]) De vit. Roman. Pont. (Rer. ital. script. III, 231).

genügt es, einige geschichtlich erwiesene Ereignisse zu citieren. Im Jahre 819 bringt der Statthalter der Provinz Houan dem Kaiser Hien-Tsang 8000 Stück Seidengewebe als Huldigung des Volkes und bietet ihm die noch vorhandenen 100000 für später au [1]). 825 schenkt ein Mandarin dem Kaiser King-Tsong eine Million Seidenzeuge [2]). Das verschwenderische Umgehen mit der Seide lässt auf ihre unermesslichen Vorräte und den üppigen Luxus damaliger Zeit schliessen, da die Seidenzeuge, wie wir hören, sowohl beim hohen Adel wie im gemeinen Volke zu etwas alltäglichem geworden sind. „In einem Festaufzuge", berichtet Hiuen-Tsang [3]), „zählte man über 1500 Wagen, die mit goldgestickten Seidenbrokaten bedeckt waren, 300 kostbare Seidenschirme u. s. w." Die seidengewerbliche Thätigkeit wurde von der Regierung in jeder möglichen Weise unterstützt und durch öffentliche Ausstellungen und Prämiierungen der besten Erzeugnisse dem Fortschritt freie und aussichtsreiche Bahn eröffnet.

Auch in Japan entwickelt sich das Seidengewerbe in der gleichen Zeitperiode zu immer höherer Blüte. Wie jedoch bei den römischen und byzantinischen Herrschern das Interesse bei der Einführung der Seidenkultur und Seidenindustrie sich um den dadurch ermöglichten Prunk des Hofes bewegte, so meinten die japanischen Kaiser dadurch den Wohlstand des Volkes, vor allem aber des Bauernstandes zu fördern, und thatsächlich beweist eine Menge von Verordnungen der japanischen Gesetzgebungsperiode vom VII. bis VIII. Jahrb., dass für die Verallgemeinerung der Seidenzucht die grösste Sorge getragen wurde, ja, sogar Zwangsgesetze in Anwendung gekommen sind.

Im V. Jahrb. erhielt Mittelasien die nach chinesischer Art gehandhabte Seidenzucht durch Vermittelung des Khotans; welche Entwickelung dieselbe kurz darauf genommen hat, lässt sich daraus ersehen, dass in Khotan, Kuscham, Kaotschaug u. a. Gegenden Kleinthibets die Seide schou im VII. Jahrh. das anschliessliche Bekleidungsmaterial der Bevölkerung bildete [4]).

Bei den Turkomanen kommt die Seide ebenfalls seit dem VII. Jahrb. in allgemeineren Gebrauch; der Volksstamm Hakas steht als eine Rohseide erzeugende Nation im IX. Jahrb. mit Arabern im regen Verkehr. Die zwischen Khorassan und China ihren Wohnsitz einnehmenden, kulturell vorgeschrittenen Stämme der Uiguren (Hei-hu) betrieben sowohl die Seidenzucht wie die Seidenweberei, besonders Fabrikation kostbarer Brokate. Sie stand in ihrem Lande auf hoher Stufe der Vollkommenheit, als es im X. Jahrb. durch den Gesandten Chinas, Sam-yé-té, bereist wurde [5]). Durch Vermittelung aller dieser Völker gelangte mit der Seidenweberei auch die chinesische

---

[1]) Mém. des Missionaires sur la Chine. XVI, 178.
[2]) ibid., S. 198.
[3]) Vie de Hiouen-Tsang. Übers. Stan. Julien.
[4]) Documents géogr. sur la dynastie de Thang, Übersetzung von Stan. Julien.
[5]) d'Hérbelot, Bibliothèque orientale. Suppl.

Seidenkultur nach dem abendländischen Asien, wo sie, durch geeignetes
Klima und ausgedehnte Maulbeerwälder begünstigt, zur Blüte kam. Wie
schon erwähnt, besass Persien (gebirgige Umgegend des Kaspischen Meeres)
einheimische gelbe Seidenarten. Im VII. Jahrh. wurde die chinesische
Methode der Seidengewinnung auch auf diese bisher nur in primitiver
Weise verarbeiteten Kokons ausgedehnt, und seit jener Zeit erscheint auch
die persische gelbe Rohseide, wie von Theophilaktes angegeben wird,
im allgemeinen Handelsverkehr. Das nördliche Persien erwies sich für die
Seidenzucht vorzüglich geeignet. Der alten Handelsstrasse von der Bucharei
nach Persien folgend, hatte sich die Seidenkultur in Merw eingebürgert, aus
welchem die Bewohner anderer persischer Ortschaften die durch ihre Güte
berühmt gewordenen Raupeneier bezogen. Von da verbreitete sie sich
unter dem sarazenischen Einflusse nach den reichen, das Kaspische Meer
umgebenden Gegenden, wie Tabaristan, Kirmân, Dschordschau und Djebal.
Die Geographen Istakri und Ibn-Haukal beschreiben uns diese Gegenden
Persiens und Syriens, wo die Seidenzucht vortrefflich gedieh. Dschordschan
führte nach den benachbarten Seidenzüchtereien Raupeneier aus, Tabaristan
war nach der Aussage Ibn-Haukals das produktionsfähigste Land des
Erdballs. Amul Berddba'a und Asterabad waren die wichtigsten Märkte
für Rohseide, die Bewohner der letzteren Stadt galten ausserdem für sehr
geschickte Verarbeiter der Flockseide [1]).

Die Unterjochung persischer Provinzen, wo ausser der Seidenzucht
auch überall die Seidenmanufakturen rege Thätigkeit entwickelten, brachte
die Araber mit einem Schlag in den Besitz von Webereien, nach deren
glänzenden Erzeugnissen sich die schon damals der einfachen, patriarcha-
lischen Lebensweise entwöhnten Wüstensöhne gesehnt hatten. Die Araber
begünstigten die persische Industrie durch regen Seidenhandel und Befreiung der Seidenzüchter von jeglichen Abgaben, so dass sich ihre Thätigkeit auf politisch-geographischem Gebiete auch dahin geäussert hat, dass
die Hauptstätte der Seidenverarbeitung von Syrien nach Mesopotamien
(Bagdad) und Persien verlegt worden ist. Seit dem IX. Jahrh. tritt sowohl
persische wie syrische einfache und gezwirnte Rohseide in solchem Überfluss
auf den Seidenmärkten auf, dass sie mit der chinesischen in Konkurrenz
eintritt. Die persische Seidenweberei, welche nunmehr gänzlich unter dem
arabischen Einfluss steht, produziert die weltberühmt werdenden Atlas- und
Sammetgewebe. Die Manufakturen von Chûzistân und Fars, welche schon
unter den Sarazenen kraftvolle Entwickelung genommen haben, dann Tuster
und Sûs bewahren auch fernerhin den Ruhm der besten Atlas- und Sammetfabrikation. Damaskus erzeugt die stilvoll gemusterten Seidenstoffe seines
Namens, Antiochien die prachtvollen glatten und moirierten Gewebe und
Goldbrokate [2]). Mit den berühmten susischen Fabrikaten dürfen indessen

---

[1]) Mukkadasi, Geogr. S. 358.
[2]) Edrisi, Vol. II, S. 191.

nicht die gleichnamigen Erzeugnisse der nordafrikanischen Súsa (Tunis) verwechselt werden, die ebenfalls sehr zarte und kostbare Seidenzeuge lieferte. Während das persische Sûs zugleich mit seiner politischen Bedeutung auch die seidengewerbliche Thätigkeit verlor, behauptete Tuster seinen Ruhm auch dann noch, als bereits der grösste Teil seiner Atlasarbeiter nach Bagdad verzogen war. Es ist nicht sicher bekannt, wann der Anfang zu der späterso mächtig aufgeblühten bagdadischen Seidenindustrie gelegt wurde: doch lässt sich aus einigen uns erhaltenen biographischen Daten mit Bestimmtheit auf eine Bagdader Kolonie tusterischer Seidenweber schon im X. Jahrh. schliessen [1]). Die Bedeutung Tusters dauert fort bis in die Mitte des XIV. Jahrhunderts.

Die arabisch-persische Stilrichtung zeigt einen weniger reichen Kombinationsgeist, als die spätere arabisch-spanische. Das Rankenwerk neigt sich einer mehr naturalistischen Richtung zu und die Tiergestalt wird häufiger als Motiv verwendet, was seine Erklärung darin findet, dass die persischen Schiiten das arabische Bilderverbot nicht anerkannt haben. Die Farben sind mit Vorliebe sekundär gewählt und sowohl in Ton wie in Zusammenstellung mit viel Gefühl behandelt.

Bei Betrachtung des arabischen Einflusses auf die Entwickelungsgeschichte des Seidengewerbes lassen sich im allgemeinen zwei Perioden unterscheiden. In der unruhigen Eroberungszeit und infolge des Glaubensfanatismus vermochte die Seide, als durch den Koran untersagter Luxus, nur schwer Eingang in das soziale Leben des Arabervolkes zu gewinnen, fand jedoch eine um so freundlichere Aufnahme nach der im VIII. Jahrh. erfolgten Umwandelung sowohl der Sitten, wie der der Kultur der eroberten Länder nachgeahmten staatlichen und gewerblichen Verfassung. Dadurch wird das bei politischer Ruhe, wachsendem Wohlstand und Luxus emporblühende Seidengewerbe zur Nationalindustrie der Araber. Aber ihre überwältigende politische und sittliche Macht lenkte nicht nur die Seidenverarbeitung Westasiens in neue, fruchtbarere Bahnen, sondern brachte auch im Seidenhandel eine gänzliche Umgestaltung hervor. Die Araber boten alles auf, um ihren christlichen Rivalen im Abendlande auch auf merkantilem Gebiete den Rang abzulaufen. Ihren Webereien erwuchsen, abgesehen von dem Aufschwung der eigenen Seidenkultur, aus der Anknüpfung des unmittelbaren Handelsverkehrs mit China auf dem Land- und Seewege unermessliche Vorteile.

Gleich bei Beginn ihrer Herrschaft zeigen die Araber rege Beteiligung am Seidenhandel Byzantiens und Persiens mit China und erringen darin eine allmählich immer grössere Selbständigkeit. Nach dem Verfall der griechischen Seefahrt behaupten die Araber auf ihren anfänglich äusserst primitiven Fahrzeugen die altgewohnte Handelsroute und dringen mit unerschrockener

---

[1]) Karabacek, Über einige Benennungen mittelalterlicher Gewebe. S. 28.

Kühnheit nach einer gefahrvollen Seereise bis an die Ostgestade des chinesischen Meeres vor, wo sie in Kanfu einen Handelsverkehr zu stande
bringen, der einen ebenso kolossalen Maßstab annimmt, wie der auf dem
bis dahin üblichen Seidenmarkt Kan-tscheu im Westen Chinas [1]).

Eine besonders glückliche Schicksalswendung für die Araber war es,
dass der Anfang ihrer Beziehungen mit China mit der gegen die Mitte des
VII. Jahrh. eingetretenen Blütezeit politischer und kultureller Macht des
letzteren zusammenfiel. Die sich zu gleicher Zeit in Centralasien ein-
bürgernde innere Ruhe und der friedliche Handelsverkehr könnten die
Schlussfolgerung zulassen, dass der Seidenhandel auf den altgewohnten parthischen Landwegen hierdurch einen besonderen Aufschwung erhalten habe,
welche Ansicht auch durch Pariset vertreten wird; indes ist man zu der
Annahme berechtigt, dass sich der Seidenhandel nunmehr vorwiegend dem
Seeverkehr zugewendet habe [2]). Die Veranlassung hierzu lag erstens darin,
dass sich der Schwerpunkt chinesischer Seidenkultur immer mehr von den
Nordwestprovinzen nach den östlichen und südöstlichen verschob, aus
Gründen, die sich ohne weiteres nicht angeben lassen: dass dazu, wie
einige behaupten, die Eröffnung der Seeroute beigetragen haben sollte,
ist nicht erwiesen. Alsdann kam der mächtige Aufschwung arabischer
Handelskolonien und Häfen an der Malabarküste dem Seehandel speciell
zu gute. Von dem Zielpunkten früherer persischer Seefahrer wissen wir.
dass von der Zeit der sogenannten römischen Gesandtschaft bis zum III.
Jahrh. diese Rolle dem Tonkiu zufiel, bis gegen das IV. Jahrh. Kanton
dem fremdländischen Verkehr zugänglich wurde [3]). Dass dann der friedliche
Handel durch Ausschreitungen seitens der Perser und Araber, denen es
doch auf möglichst gesicherte Ruhe ankommen sollte, durch Überrumpelung
und Beraubung einheimischer Stadteinwohner gestört worden sei [4]), erscheint
eigentlich schwer begreiflich, vielmehr würde dieses verhängnisvolle Ereignis als ein Akt der Notwehr seitens der den Chicanen eifersüchtiger
Chinesen ausgesetzten Fremdlinge aufzufassen sein. Infolge dieser Tumulte
verliessen 758 die arabischen und persischen und 795 sämtliche ausländischen
Kaufleute Kanton und gründeten in Kanfu einen neuen Stapelplatz für
überseeischen Seidenverkehr. 878 fiel auch Kanfu der Rachsucht chinesischer Rebellen zum Opfer, nachdem sie seine Bevölkerung niedergemetzelt,
die Maulbeerplantagen in der Umgegend vernichtet [5]) und so einem regelmässigen Verkehr mit dem Abendlande auf Jahrhunderte hinaus zum guten
Teil lahmgelegt hatten. Als endlich im X. Jahrh. die den Fall der Dynastie
Tang begleitenden politischen Unruhen in China den freien Zutritt an die

[1]) Reinaud, Introduction à la géographie d'Aboulfeda, S. 393.
[2]) v. Richthofen, China, I, 578.
[3]) Hirth, Chinesische Studien, S. 23 ff.
[4]) v. Richthofen, China, I, S. 570.
[5]) v. Richthofen, Verh. der Gesellschaft für Erdkunde. III. 95.

Meeresküste und den Seeverkehr überhaupt ganz unmöglich machten, erlitt der arabische Handelsverkehr insofern eine Umgestaltung, als der Hauptstapelplatz für Seide von neuem nach der Insel Ceylon, die seit dem VII. Jahrh. von ihrer früheren Bedeutung stark eingebüsst hatte, verlegt wurde. Nachträglich wird der Seidenhandel Ceylons, wie überhaupt der Inseln des Sunda-Archipels, noch reger betrieben und erreicht im XII. Jahrh. den Höhepunkt seiner Blüte. In der weiteren Folge der arabischen Periode des Seidenhandels lässt sich indessen eine langsame, aber stetige Abnahme des Seeverkehrs wahrnehmen. Die seit dem X. Jahrh. sicher gewordenen Karawanenwege Mittelasiens ziehen den Schwerpunkt von Chinas Seidenhandel an sich und übertragen durch Vermittelung der Araber die Märkte und Stapelplätze allmählich von den Grenzen Chinas nach dem Westen und so nach und nach bis an die Gestade des Kaspischen und des Schwarzen Meeres. Schon im VII., und besonders im VIII. Jahrh. blühten die arabischen Handelskolonien an der Westküste Indiens[1]). Vielbesuchte Stätten waren Bassora (Basra) und Syrâf, sowie Hormûz-Syrâf, der bequeme Häfen besass und die Rolle des die einheimische Weberei versorgenden Rohseidenmarktes[2]) einnahm; auch als Hauptstapelplatz für chinesische Seide und Seidenstoffe beeinflusste er seiner Zeit den gesamten europäischen Seidenverkehr. In der Stadt Basra war es zuerst, dass gegen das deutlich ausgesprochene Verbot des Propheten ein Araber seidene Kleider anzulegen wagte[3]). Im gleichen Zeitraum, vom VII. bis zum XII. Jahrh., verliert der nördliche Teil Indiens seine frühere Bedeutung im Seidenhandel, indem die altgewohnten Handelswege über Hindukusch und Kabul gänzlich in Vergessenheit geraten; das südliche Indien dagegen erlangt, obwohl es seine Beziehungen zu den Arabern aufrecht erhalten hatte, erst im neuen Zeitalter Interesse für die Geschichte des Seidenhandels. Aden, dessen Hafen von dem vielgereisten Mukkadasi[4]) (985) als die Vorhalle Chinas (dehliz-es-Sin) bezeichnet wurde, behielt wie bisher stets besondere Bedeutung als Eingangspunkt in das Rote Meer für den Seidenhandel auf dem Seewege.

In dem Mafse, wie sich Westasiens Seidenbau zu immer höherer Blüte emporschwingt, werden die kommerziellen Beziehungen des Abendlandes mit China, als natürliche Folge des kleineren Bedarfs, immer unbedeutender. Nicht nur, dass die Seidenmärkte nach den Häfen Trapezunts verlegt werden, wonach sich die chinesischen Kaufleute richten müssen, sondern auch was den Handelsgegenstand, die Seide, anlangt: es taucht seit dem IX. Jahrh. die kleinasiatische Rohseide in ungeheueren Mengen auf und verdrängt das seit fast einem Jahrtausend den Seidenhandel und

---

[1]) v. Kremer, Kulturgeschichte des Orients unter den Chalifen. Wien 1875—77. Bd. II, S. 276.

[2]) Reinaud, Rel. de voyages faits par les Arabes etc. S. 81.

[3]) Karabacek, Über einige Benennungen mittelalterlicher Gewebe. Wien 1882. S. 18.

[4]) Mukkadasi, éd. de Goeje, S. 65, 426.

die Industrie beherrschende chinesische Produkt. Im XII. Jahrh. endlich
verschwindet die chinesische Rohseide gänzlich aus dem abendländischen
Verkehr.

Begünstigt durch den Verfall des Staatsmonopols und durch bequeme
Beschaffung des Rohmaterials, erhebt sich die seidengewerbliche Thätigkeit
von Byzanz im XI. Jahrh. wieder zu gewaltiger Grösse. Die Manufakturen von Korinth, Athen und Theben werden weltberühmt. Die kommerziellen Beziehungen mit den Nomadenvölkern Südrusslands, den Khasaren,
Uzen, Petscheniegen, Bulgaren und den civilisierten Völkern Asiens einerseits, sowie den Venetianern andererseits machten aus Konstantinopel unmittelbar vor der folgenden, für die Geschichte der Seide im Abendlande
bedeutungsvollen Epoche der Kreuzzüge, den wichtigsten Stapelplatz und
das Handelscentrum für Rohseide und Seidengewebe. Der Anfang dieser
zweiten Blüte Byzantiens beginnt unter Theophilus (829—847) und Konstantin Porphyrogenetus (911). Um diese und die nachfolgende
Blütezeit der byzantinischen Seidenwebekunst gelangten durch die Bischöfe
von Mainz, Köln, Salzburg u. a. zahlreiche byzantinische Stoffe nach
Deutschland, wie z. B. das Seidengewebe der Casula des Bischofs Willigis
von Mainz, welches, als die im Jahre 1011 beigesetzte Leiche später exhu-
miert wurde, nach Jahrhunderten noch völlig neu erschien. Die Vermählung Ottos II. mit der griechischen Prinzessin Theophanie führte
den byzantinischen Luxus auch nach Deutschland ein; Otto schwärmte für
alles griechische, und so erklärt sich das unverhältnismässig häufige Vorkommen orientalischer, speciell byzantinischer Seidenprachtgewebe in den
deutschen Kirchenschätzen und Museen. So stellt z. B. eine Anzahl Blätter
des in Trier als Weihgeschenk der Kaiserin angefertigten Evangeliars von
Echternach, jetzt in Gotha, geradezu Kopien griechischer Gewebe jener
Zeitperiode vor. Eine besonders rege Thätigkeit byzantinischer Gynäceen
tritt ein, als die ersten Anzeichen des bevorstehenden Falles des Reiches sich
bemerkbar machen. Einerseits war diese Periode durch allgemeines Aufblühen
aller technischen Künste und des Handelsverkehrs ausgezeichnet, andererseits aber benötigten die Kaiser für ihre Hilfskontingente und die aus
allen Teilen Nordwestenropas herbeiströmenden Söldner vieler kostbarer
Geschenke, unter denen die Seidenstoffe eine Hauptrolle spielten.

Als sehr thätige Vermittler im Seidenhandel kommen sowohl bei den
Arabern, wie in Byzanz die Israeliten vor, die vorwiegend seit dem VIII.
Jahrh. in den Vordergrund treten. In allen Sitzen des Seidenverkehrs,
sowohl in Khanfu und auf Ceylan, wie in den Stapelplätzen Kleinasiens,
ebenso unter den Kulturvölkern, wie unter den Barbaren betreiben sie ihre
ausgedehnten Geschäfte. Sogar in Bordeaux, Tours und Orleans besassen
sie Geschäftshäuser, die die Kirchen und den Hofstaat des merowingischen
Europas mit Seide versorgten.

Die siegreich nach dem Westen fortschreitenden Araber tragen inzwischen auch die morgenländische Seidenkultur in die eroberten Länder,

wo sie dieselbe aufs sorgfältigste pflegen. So wird sie nach der Berberei eingeführt, welche die erste Etappe bildet; von hier aus verbreitet sich der Seidenbau rasch über Algerien, Tripolis und Marokko, wo er von mildem Klima und den Bodenverhältnissen begünstigt wird [1]. Dass diese Seiden im Verkehr Mitteleuropas vorkamen, davon zeugen die Stellen in den Epen, wie z. B. im Nibelungenlied, wo die schneeweissen arabischen Seiden erwähnt werden:

Die arabischen siden wiz alsô der snê
Unde von Zazamanc der gruenen sô der klê
(Nibelungen Not, str. 353.),

ebenso wie die noch genauer bezeichneten

Von Marroch dem lande und ouch von Libiân
Die aller besten siden die ie mer gewan.

Bereits im XI. Jahrh. wird von Edrisi das blühende Gedeihen der Seidenzucht in der Provinz Kabes geschildert. Auch Italien hat in diesem Jahrhundert, oder nach einigen Autoren sogar noch früher [2]) die Seidenzucht durch Vermittelung von Kabes erhalten, aus welcher Provinz sie von den Arabern nach Sicilien übertragen wurde. Die Meinung von Fr.-Michel wird dadurch bestätigt, dass in Kalabrien schon im IX. Jahrh. der Seidenbau betrieben wurde [3]), nachdem er dorthin durch Morgenländer (artefici orientali) eingeführt worden war. Nach der Republik Venedig hat die Seidenzucht unter dem Dogen Dandolo (1204) Eingang gefunden, der griechische Seidenzüchter und Webekünstler herbeizog [4]). Welche Entwickelung sie im Süden Italiens genommen hat, lässt sich daraus ersehen, dass schon im XIII. Jahrh. die Produktion Kalabriens die Seidenwebereien von Lucca versorgte [5]). In Bologna (im XIII.) und in Modena (im XIV. Jahrh.) sollen wichtige Kokonmärkte nud Haspelanstalten bestanden haben [6]).

Ebenfalls durch arabische Vermittelung gelangte die Seidenkultur nach Spanien [7]) (Almeria und Sevilla), wo sie in Andalusien zur raschen Entwickelung kam, so dass bereits im X. Jahrh. unter der Dynastie der Omejjaden die spanische Seide ein wichtiger Exportartikel war [8]). Im XII. Jahrh., zur Zeit ihrer höchsten Blüte, wird die almeirische Seidenzucht und die sich in gleichem Mafse entwickelnde Seidenmanufaktur nach Murzia, Malaga und Granada verpflanzt; gleichzeitig wird nach den arabischen Kolonien Spaniens der originelle, kraftvolle Ton der orientalischen Seidenwebekunst übertragen, um hier eine grossartige Entwickelung zu erreichen

[1]) Stüwe, Handelszüge der Araber.
[2]) Franc.-Michel, Recherches etc.
[3]) Marinoola, Statuti dell' arte della seta in Catanzaro. 1880.
[4]) Cornalia, Monographia del Bombyce del Gelso. S. 16.
[5]) Bini, Su i Lucchesi a Venezia, S. 49.
[6]) Bongi, Della mercatura dei Lucchesi nei secoli XIII e XIV. 1884.
[7]) Abu-Zacharia, Libro de agricoltura ed. Banqueri. Madrid 1802.
[8]) Conde, Historia de los Arabes de España.

und der schon bestehenden abendländischen Webekunst ein neues, charakter-
volles Gepräge zu verleihen.　Almerias berühmteste Fabrikate waren golddurchwirkte Seidenbrokate und sogenanntes „holol", ein äusserst dünnes
Gewebe, dann „Ispahn" und „Iskulaton".　Als Eigentümlichkeit der Ornamentik ist hervorzuheben, dass die Farben meist kräftiger auftreten, als in
den orientalischen Urmustern, und dass das Schachbrettquadrat die weiteste
Verwendung findet.　Edrisi schildert uns den mächtigen Aufschwung der
Seidenindustrie in Spanien während des XIII. Jahrh.[1] und sein ungewöhnlicher Reichtum an Prachtgeweben lässt sich aus den zahlreichen litterari-
schen und geschichtlichen Überlieferungen des XIV. und XV. Jahrh. ersehen[2].

Nach der Eroberung Siciliens durch die Normannen (Anfang des XII.
Jahrh.) wurde die daselbst bestehende maurische Seidenmanufaktur von
Roger in grossartiger Weise gefördert, so dass dadurch selbst der mäch-
tige byzantinische Seidenhandel in eine Krise geriet und einen Krieg zwischen
Normannen und den mit den neidischen Venetianern verbundenen Griechen zur
Folge hatte.　Roger ging aus demselben siegreich hervor, nahm die besten
Seidenweber aus Theben und Korinth nach Palermo mit (1146) und verlieh so
der muselmännischen Seidenweberei neuen Zuwachs und Verjüngung[3].　Es
scheint indessen, dass auch Roger, der byzantinischen Seidenpolitik nach-
ahmend, die Seidenmanufaktur verstaatlicht hat[4].

Die sicilianischen Webeanstalten, die ihrem Charakter nach mehr als
Hofliebhaberei, denn als industriell-kommerzielle Etablissements aufgefasst
werden können, trugen den Namen „thirazza" oder „hôtel de Tiräz" und
zerfielen in einzelne Abteilungen oder Werkstätten.　Die eine befasste sich
mit der Herstellung einfachster Gewebe, der glatten und buntfarbigen Taffete (amita, dimita, trimita); eine andere fertigte Sammete und Atlasse an;
die dritte die geblümten Zeuge von grüner Farbe, die vierte Brokate, Goldstoffe und reiche Buntgewebe.　Speciell gewann die Sammetweberei hier
eine grosse Ausdehnung.　Die Kathedralen in Le Puy, Halberstadt, Braunschweig, Danzig u. a. besitzen zahlreiche Überreste dieser prächtigen Stoffe.
Die Sammete wurden ausserordentlich schwer und dicht in einfacher Bindung
hergestellt; die Fabrikate alten Datums sind doppelfarbig, die jüngeren
purpurrot, violett oder grün und meist mit Golddurchwirkung.

In diese Zeitperiode fällt auch der höchste Aufschwung und zugleich
die letzte Blüte der rein arabischen Seidenwebekunst, die schon seit dem
Anfang ihres Bestehens mit so glänzender, sonnenstrahlender Polychromie

[1] Edrisi, ed. Dozy, S. 240.
[2] Francisque-Michel, Recherches etc. S. 297.
　Maulde-Renou, Introduction des procédés relatifs à la fabrication des étoffes
de soie. Paris 1838.
[3] Ottonis Frising. episc. (Germaniae histor. illustr. Bd. 1. Francofurdi 1585.)
[4] Fr.-Michel, Recherches etc. S. 76.

ihrer Musterungsart auf dem Schauplatze der Textilkunst erschienen ist,
dass selbst die Byzantiner sie eifrig zu kopieren begannen. Die arabische
Stilrichtung ist, wie bereits früher angedeutet, aus den frühbyzantinischen
und orientalischen Vorbildern hervorgegangen. Das strenge Gesetz der Lehre
Mohammeds, welche auf dem poetischen und zugleich sinnlichen Volkscharak-
ter der Araber ausgebildet, die Nachbildung beseelter Gestalten verbot und
so die üppige Phantasie des arabischen Volkes zur reichen und höchst
eigentümlichen Ausbildung der Pflauzenformen führte, bedingte, dass das

Fig. 6. Arabisches Gewebe, XII.—XIII. Jahrb. Original zu Danzig (Marienkirche).

malerische Prinzip, verbunden mit dem Farbenschmuck, das ursprüngliche
Ornament beherrschen musste. Die Grundelemente arabischer Ornamentik
sind an und für sich ziemlich gering; nur ihre aussergewöhnlich reiche
Variierung brachte eine bis dahin fast unbekannte Mannigfaltigkeit in der
Behandlung der Stofffläche. Im speciellen unterschieden sich die geometrischen Motive der Bandverschlingung von dem europäischen Romanismus
durch mehr gebrochene, als runde Konturen. Die Einteilung grosser Flächen
durch gerade und wellenförmige Linien in regelmässig wiederkehrende,
grösstenteils geometrische Felder, deren Füllungen mit symmetrisch angeordneten Arabesken durchzogen wurden — unter dieser Bezeichnung versteht man ein streng stilisiertes Rankenwerk mit bei aller Symmetrie reichster Anordnung der Motive — verlieh der Ornamentik bei aller Einförmigkeit

ein durchaus wirksames und gefälliges Gepräge. Neben geometrischen Figuren verwendet die Musterung grösstenteils Pflanzenmotive, Blätter, Knospen, Pinienzapfen, Orangenknospen, Granatapfel, Farren, Schlingpflanzenformen u. s. w., in der Hauptsache jedoch bewegt sich die Pflanzenverzierung in den mannigfachen Wellenranken, lappig gegliedertem Akanthusblatt und dem ungegliederten Herzblatt, ferner zwei- oder dreifaltigen lanzettförmigen Ausläufern der Ranken, worunter als grössere Einheit eine kelchförmige Blüte, umgeben von stilisierten Blättern, vorherrscht. Sehr selten und erst später trifft man Tiergestalten an. Ein wesentliches Element bildete dann die ornamental stilisierte Schrift, welche in das Rankenwerk verwebt wurde oder über demselben hinlief und in poetischen Sprüchen die Bestimmung des Gewebes verdeutlichte. Die arabische Ornamentik befolgte im allgemeinen das Prinzip einer vom Mutterstamme ausgehenden Strahlung und tangentenförmigen Krümmung der Linien, sie folgte also gänzlich dem Geiste der klassischen Stile. Die Farbe erfüllte eine hochwichtige Aufgabe, denn ihr war zum Teil die harmonische Lösung des oft überreichen und sehr verwickelten Rankenwerkes übertragen. Gegen Ende der Epoche überwiegt im Ornament die Tierwelt, wie Pferde, Elefanten, Pfauen etc., womit auch die Benennungen der Gewebe (mochajjal, motawwas) übereinstimmten. Auch hier traten symbolische Darstellungen, Inschriften und Namen der Khalifen (tiraz) auf.

Bei den Arabern, deren Hang zum Mystischen und Geheimnisvollen in tausendfältigen Erscheinungen zu Tage trat, gelangten die Ideen vermittelst der Lebensformen in eigenartig tiefsinniger Ornamentik zum Ausdruck. In ihrer Webekunst war selbst die Idee der Musterung, d. i. das Erzeugen der Zeichnung auf dem Grunde schon an und für sich eine symbolische Darstellung. In den für Kultuszwecke verwendeten Geweben war der Grund des Stoffes als die Idee des Raumes versinnlicht, über welchen sich das Muster als Symbol der Zeit, des Unermesslichen hervorhebt. Unter den tierischen Symbolen war u. a. das „khi-lin" (augenscheinlich chinesischer Abstammung), das „vom Hirsche ein Leib, vom Ochsen den Schweif und ein Horn hatte" die Versinnbildlichung der Königswürde, die in Staatskleidern auftrat. Die Jagdhunde haben noch in der Sassanidenperiode ihren Ursprung und deuten die Idee des Ruhms und der Ehre an (izz) [1]. Unter den pflanzlichen Motiven spielt die noch von den alten Parthern überlieferte Symbolik des heiligen Baumes (hom), des paradiesischen Baumes des Lebens, die hervorragendste Rolle [2]. Unter den Blumen haben die Darstellungen von Veilchen, Anemonen und Wasserlilien ihren tiefgedachten Sinn.

Auch in die indische Seidenwebekunst brachten die Araber den Geist

[1] Sammlungen des Berliner Kunstgewerbemuseums.
   Hinz, Die Schatzkammer der Marienkirche zu Danzig. 1870, II. Taf. 42.
   Fischbach, Ornamente der Gewebe.
[2] Karabacek, Die persische Nadelmalerei, S. 152.

ihrer symbolisch verklärten Musteruugsart, die sich mit der einheimischen
mystisch fabelhaften Zierweise zu einem höchst originellen Ganzen ver-
schmolz. Diese maurisch-iudische Stilrichtung datiert seit der endgiltigen
Unterjochung Indiens im XII. Jahrh.; im Grundprinzip der maurischen folgend, entwickelte sie die naturalistische Richtung in noch schärferem Mafse,
als die neupersische, und brachte schwellendere Formen zum Ausdruck. In den
charakteristischen indischen Palmetten mit umgebogenen Spitzen, sowie im
ganzen Geranke, wie dies noch heutzutage an den Borduren der Kaschmir-
shawls beobachtet werden kann, wie endlich überhaupt im gesamten indischen
Flacbornament herrschte zu jener Zeit ein bewunderungswürdiger Reichtum
an Erfindung und harmonischem Farbensinn, an dessen Entwickelung die
üppige Pflanzenwelt des indischen Bodens gewiss nicht geringen Anteil
unhm. Diese äusserst leichte und dennoch wunderbar komplizierte Musterung
von farbenreichster Ausschmückung ist bis auf den heutigen Tag von keiner
anderen auch nur annähernd erreicht worden; nur einzelne Motive wurden
hie und da verwertet, ohne jedoch die Wirkung des Gesamteindrucks indischer Originale erreichen zu können. Man könnte jene Zierweise ein
Linienornament neunen, indem glatte einfarbige Flächen so gut wie gar
nicht vorzukommen pflegen. Um solche schwierige Musterung zu stande
zu bringen, war eine vorzüglich ausgebildete Webereitechuik notwendig.

Wie angenehm die sinnige Ausdrucksweise und technische Vollkommenheit der arabischen Ornamentik den Sachkundigen auch von jeher
berühren mochte, so liegt doch das schwerwiegendste Werk der Araber
weniger in dem Verdienst, neue Kunstweisen geschaffen zu haben, — denn der
Umschwung und die Ausbildung antiker Formen wären auch ohne ihre Da-
zwischenkunft, freilich in anderer Richtung, erfolgt, — als darin, dass durch
sie überall, wohin sich ihre Weltherrschaft erstreckte, ein fast einheitlicher
Kunststil eingeführt worden ist. Es ist daher, wie mehrmals betont, heutzutage nicht mehr leicht, syrische und persische von ägyptischen, spanischen
oder sicilianischen Geweben zu unterscheiden, wo nicht etwa besondere Abzeichen oder Inschriften vorhanden sind.

Die stetige Nachfrage nach den Erzeugnissen arabischer Kunstweberei
im Abendlande brachte ihre Musterungsart in Fluss und machte alsbald die
Nachahmung derselben zu einem einträglichen Industriezweig, der speciell
in den Webereien Norditaliens seinen Sitz hatte. Solche im orientalischen
Stil gewebten Stoffe kamen u. a. auch im kirchlichen Gebrauch vor, und öfters
ereignete es sich, dass ein katholischer Priester den Gottesdienst in Mess-
gewändern vollzog, die mit orientalischen Kultussymbolen und Namen der
Sultane geschmückt waren. Die Bekleidungen der Altare zeigten ebenfalls
arabische Löwen, Greifen, Drachen u. s. w. Die auf uns überkommenen
imitierten sarazenischen Gewebe lassen sich von Orientalisten unschwer von
den echten unterscheiden, da die angewendeten arabischen Schriftzeichen von
der Sprache nicht kundigen Webezeichnern entweder gänzlich falsch oder
in inkorrekt symmetrischer Weise angeordnet wurden.

Mit dem XIII. Jahrh., dem Höhepunkt der politischen und kulturellen Mission des Arabervolkes, unmittelbar vor dem Beginn seines Niederganges, hat die Seidenwebekunst bereits eine hohe Stufe technischer Vollkommenheit erreicht. In façonnierten Stoffen und Goldbrokaten tritt die Doppelkette auf, von dem Köper ging man vorwiegend zu der strahlenden Atlasbindung über und die Sammetkunstweberei, sowie das Brochieren (Weben mit unter-

Fig. 1. Pseudoarabisches Gewebe (Italien), XIV. Jahrh.
Original zu Krefeld.

brochenem Einschlag) finden immer mehr Verbreitung. Diese Blütezeit islamitischer Seidenmannfaktur im XIII. und XIV. Jahrh., die so sehr in die Lebensverhältnisse aller Volksklassen eingriff, war begleitet von einer strengen polizeilichen Aufsicht der beteiligten Arbeiter, Fabrikanten und Händler, eine Gewerbeeinrichtung, welche die Araber von den Griechen homerischer Zeit, wo die Agoranomen die betreffende Aufsicht führten, übernommen zu haben scheinen. Eine Erklärung hierfür findet sich in einem auf der Wiener Hofbibliothek aufbewahrten handschriftlichen Werk[1]. Die Ateliers und Läden unterlagen häufigen Revisionen seitens der Muhtesib, d. i. Polizeibeamten, die darüber wachten, dass mit dem Käufer nicht auf betrügerische Weise verfahren würde, denn gar häufig wurde die Seide durch Zubereiten mit präparierter Stärke, Fett, Butter oder Olivenöl vor dem Kochen (Entschälen) im Gewicht erschwert.

Unter den arabischen Bezeichnungen für Seide in ihren verschiedenen Zubereitungsarten sind folgende von Interesse. Unter Ibrisam verstehen die Quellen entweder die einfache oder die gezwirnte Rohseide, die, je nachdem sie schwächer oder stärker gedreht war, die Namen sadâ (Kette) oder lúhme (Einschlag) führte. Der heutzutage übliche Name Organzin stammt vom

---

[1] Scheich en-Nabrawî, Nihâjet etc. Bl. 28a, citiert von Karabacek, Die liturgischen Gewänder mit arabischen Inschriften aus der Marienkirche in Danzig. Wien 1870. S. 21.

Seidenmarkt Urgendsch in China, der in Europa im Mittelalter als Organzi bekannt war. Es scheint, dass die Bezeichnung Ibrisûm sowohl für gehaspelte, wie für aus den Abfällen gewonnene Seidengarne gegolten hat. Entbastete Ibrisams nannte man harir. Um die zahlreichen Benennungen der Erzeugnisse der Kunstweberei einigermaßen genau erörtern zu können, würde man sich gleichzeitig auf orientalische Sprachstudien einlassen müssen; begnügen wir uns also damit, nur die typischen Gewebe herauszugreifen.

Unter den reinseidenen Geweben war „dybûg", ein schweres Seidenzeug, durch seine bunte Musterung ausgezeichnet, deren Stil (grossblumige Verzierungen) sich bis in die Jetztzeit in den liturgischen Gewändern erhalten hat. „Cathifah" waren Sammete und „comash" brochierte Gewebe orientalischer, d. i. rein arabischer Herkunft. Ein leichteres Zeug war „ebazz", das unserem Atlas entsprechen zu haben scheint und speciell in Armenien erzeugt wurde[1]. Der Aufwand, welcher in der mohammedanischen Welt mit Dybûg (lies Dibâdsch), diesem kostbaren Atlasgewebe, getrieben wurde, ist fast unglaublich; für golddurchwirkte Tapeten, Vorhänge, Zeltbekleidungen etc. betrug er jährlich Hunderttausende. So liess sich der Châlife el-Mu'izz li-din im Jahre 964 eine immense buntfarbige Seidentapete (mâkta) aus Tusterseide anfertigen[2]. Wie aus der Auseinandersetzung im „Buch der Vorräte" (Kitâb eds dsachâ'ir) hervorgeht, stellte diese Tapete eine grosse Landkarte vor, auf welcher die Abbildungen der Erde, ihre Gebirge, Meere, Städte, Flüsse, Strassen etc. und die beiden heiligen Städte Mekka und Medina mit entsprechenden pietätvollen Wanderungslegenden, alles in Gold und Seide, vorhanden waren. Sie war in der kostbarsten blauen Farbe, der sogen. Asmûndschunijj oder Hyacinthenfarbe (Himmelsfarbe) ausgeführt und erreichte ihr Herstellungspreis die enorme Summe von 22000 Dinâr, nach heutigem Goldwert ungefähr 286000 Frcs. Die blaue Farbe wurde auch von den sassanidischen Persern vorzugsweise zu den königlichen Prunkstoffen verwendet. Um eine Nuance verschieden war die gleichgeschätzte Ardschewûnijj. Sehr begründeten Vermutungen nach sind diese Farben, die zuweilen von schwärzlichem Ton waren und ins Violettrote spielten, mit Purpur nahe verwandt und wurden auch von Einigen mit dem syrischen baltin und dem griechischen βλάττιον, blattin, identifiziert[3].

Bei dem regen Verkehr der Araber mit dem Abendlande und der dadurch gewissermaßen vereinigten Seidewebekunst des Orients und des Occidents ist es gekommen, dass die Originalbenennungen arabischer Seidengewebe, die in die europäische Geschäftssprache aufgenommen worden, mancherlei Sprachmodifikationen durchmachen mussten, welche oft nur schwer auf ihre ursprüngliche Abstammung hindeuten, und dies um so mehr, als die aus den sicilianisch-maurischen Seidenmanufakturen herstammenden Gewebe häufig

---

[1] Kremer, Kulturgeschichte des Orients etc. II, 290.
[2] Makrizi, Chitat etc. I. S. 417.
[3] Karabacek, Über einige Benennungen mittelalt. Gewebe. S. 33.

nicht nur arabische, sondern öfters ausschliesslich griechische Benennungen,
wie dimita, eximita, diapisti etc. erhielten [1]). Solche Erzeugnisse von nicht
genau bestimmter Herkunft werden wir bei der allgemeinen Besprechung
mittelalterlicher Gewebe kennen lernen.

Im XII. Jahrh. beginnt eine neue glänzende Ära abendländischer Seidenwebekunst, die sicilianisch-arabische Epoche, welche bis tief in das XIV.
Jahrhundert die Herrschaft behauptet und die spanische, sowie die süd-
italienische Webekunst umfasst. Alle Vorzüge der arabischen Ornamentik
gelangten bei den spanischen Mauren zur höchsten und bewussten Entwickelung; die Dekoration überrascht durch den Reichtum geometrischer
Kombinationen; die Pflanzenelemente bekunden bei aller idealen Stilisierung
die sorgfältigste Beachtung der Prinzipien, welche die Entwickelung des
vegetabilen Lebens bedingen, denn alles Blattwerk entspriesst organisch dem
Mutterstamme; niemals stösst man auf willkürlich eingeschobene Schnörkel.
Die Schrift ersetzte auch hier das symbolische Element der Ägypter, Byzantiner und Perser. Die Grundfarben Blau, Rot und Gelb (Gold) wurden
in einer der Verwendung und Natur des Stoffes angepassten Weise zusammengestellt: das Rot, als die stärkste, in die Tiefe resp. den Grund, Blau
für mehr dunkle, das Gold dagegen für die hervortretenden Konturen gewählt, die zartesten Verzierungen wurden mit Purpur, Grün und Orange
koloriert.

In Sicilien wurden die normannischen Könige die Erben der arabischen
Manufakturen, und so vereinte sich die sarazenische und griechische Webereitechnik. In der Kunst verschafften sich, wie dies früher in Byzanz der
Fall war, zuerst die archaistischen Tiermotive den Eingang, welche aber
zeitgemäss freier und prunkvoller stilisiert wurden. Die Symbolik der Gewebemusterung dieser Zeitepoche ist die nämliche wie bei den Arabern, denn
es wurden teils durch Unwissenheit der Webekünstler, teils absichtlich Symbole und pseudoarabische Inschriften eingewebt, um dem Gewebe das viel-
begehrte orientalische Gepräge zu verleihen. Wie der Löwe als Herrscher-
symbol in fürstlichen Gewändern auftritt und der im Ornament mit weit aus-
gebreiteten Flügeln aufsteigende Adler als eine Versinnbildlichung des Glückes
bei Festlichkeiten gegolten hat, so war wiederum der fallende Adler das Symbol
des Todes und Unglücks und fand für Funeralstoffe und Totentücher (käfan)
Verwendung [2]). Die Jagdscenerien sind in entsprechender Stilisierung ein öfters
benutztes Motiv, so z. B. auf dem zu Palermo im Jahre 1134 von arabischer
Hand gewebten Seidenstoff, der als Krönungsmantel der römisch-deutschen
Kaiser diente und auf dem Purpurgrunde einen Löwen darstellt, der ein
Kamel zerreisst. Auch das Breslauer Museum schlesischer Altertümer be-
sitzt ein derartiges, aus dem XIII. Jahrh. stammendes Seidengewebe mit
Jagdscenen.   *   *
                        *

[1]) Hugo Falcandus, Del Re cron. scrittori. Napol. I. 280.
[2]) Fischbach, Ornamente der Gewebe. Taf. 45.

Während im südlichen Europa das Seidengewerbe immer mehr an Ausdehnung gewann und die Seide allmählich sich in immer breitere Kreise Eingang verschaffte, bleibt sie in den übrigen Teilen Europas noch eine Seltenheit. Als erste Veranlassung zu ihrer Übertragung und Verbreitung treten hier, wie oftmals, die Kriege und Raubanfälle der Nomadenvölker Mitteleuropas in das römische Reich in den Vordergrund und vermitteln das erste Bekanntwerden mit der auffallenden Schönheit unserer Textilfaser. Mit der Entwickelung des politischen Verkehrs auf friedlichem Wege und der kommerziellen sowie der kirchlichen Beziehungen durch Vermittelung der Missionäre, verschaffen sich die Seidengewebe als Fürstengeschenke und Insignien der Staats- und Religionswürde eine in der Geschichte anerkannte Bedeutung. Welchen Preis sie immerhin behaupten, lässt sich z. B. ersehen, dass als der hl. Benediktus (674) König Egfried zwei Stück Seidenstoffe aus Rom mitbringt, er dafür im Tausch ein beträchtliches Grundstück erhält, auf dem er das berühmte Kloster gründet [1]. Unter den Festgaben und Geschenken nahmen die Seidenstoffe, die stets in erster Reihe genannt werden, den wichtigsten Platz ein und haben in mancher geschichtlichen Angelegenheit wichtige Rollen spielen müssen. So ist die Bitte des Kaisers Alexius an Heinrich III. (1081), den er um Hilfe gegen die Normannen ersuchte, dadurch bekräftigt worden, dass er derselben hundert Stück byzantinische Purpurgewebe beifügen liess [2]. Unter den Geschenken, welche von Tankred an Richard Löwenherz (1191) überliefert wurden, waren die Seidenstoffe die kostbarsten [3].

Man ist bisher wenig geneigt gewesen, den Normannen irgendwelche grössere Wichtigkeit in der Entwickelungsgeschichte des Seidenhandels etc. beizumessen, doch weisen alle Umstände darauf hin, dass die sich zwischen diesem eroberungslustigen Volke und den Arabern in vielfacher Hinsicht ergebende Parallele auch auf unser specielles Gebiet ausgedehnt werden kann. Ihre Kriegs- und Raubeinfälle im IX. Jahrh., später regelmässige Beziehungen mit den Ländern des Mittelmeeres, Spanien, Italien, Sicilien und Griechenland, und dem Norden Europas andererseits, konnten nur zur Folge haben, dass die splendiden Seidengewänder in ihren Besitz gelangten und durch sie nach allen nördlichen Ländern verbreitet wurden. Es ist geschichtlich festgestellt worden, dass die Beziehungen der russischen Städte Nowgorod und Pskow zu den Warägern, d. i. skandinavischen Normannen, noch vor der Gründung des russischen Reiches zu stande gekommen sind; viele skandinavische Sagen enthalten zahlreiche Andeutungen dieses Verkehrs. Wenn wir nun annehmen wollen, dass sich unter den von den Nor-

[1] Vita S. Ben. (Acta sancta ord., a. B. II. 1007).
[2] Gibbon, Geschichte des Verfalls des römischen Weltreichs, S. 2129.
[3] Rogeri de Hoveden, Ann. (Rer. Anglic. script. A. 1601, S. 688).

mannen im Mittelmeere erbeuteten Waren auch Seidenzeuge befanden, so
hätten die Völker des nördlichen Europas und insbesondere des nördlichen
Russlands (um das baltische Meer) ihre erste Bekanntschaft mit dem neuen
Textil den Normannen schon jener Zeit zu verdanken, wo die sich bildende
Verbindung russischer Stämme untereinander, mit Byzanz und dem weiteren
Oriente, die Seidenmärkte nach Kiew und Nowgorod verlegte und dem
Handelsverkehr eine umgekehrte Richtung gab: von Russland aus nach Nord-
westeuropa und Skandinavien. Im Jahre 1822 ist im Gouvernement Mo-
hylew eine grosse Anzahl arabischer Münzen aus den Jahren 639—815
vorgefunden worden, unter anderen viele afrikanischer und spanischer Herkunft, welche Thatsache kaum anders zu deuten ist, als dass die Münzen dorthin durch Normannen gebracht worden sind. Gewissen Vermutungen nach war
der erste russische Fürst Oleg, den es mit unwiderstehlicher Gewalt nach
Byzanz und seinen Reichtömern zog, kein anderer als ein normannischer
Häuptling. Die kulturhistorische Rolle der Normannen dürfte noch weiter
gegangen sein, indem sie allem Anschein nach ähnlich wie die Araber — wenn
wir von der sicilianischen Industrie gänzlich absehen wollen — auch für die
Verbreitung der Seidenverarbeitung Sorge trugen und indem die ersten Anfänge seidengewerblicher Thätigkeit in den nördlichen Teilen unseres Erdteils
durch ihre Vermittelung entstanden sind [1]).

Über das Vorkommen der Seide im spät- und frühmittelalterlichen
Russland giebt es leider keine geschichtlich verbürgten Angaben wie bei
den Völkern Westeuropas, haben doch das Christentum und die allgemeinere
Kultur hier erst im X. Jahrh. einigermafsen Eingang gefunden. Wir haben
bereits weiter oben die Thatsache beleuchtet, dass der zuerst von den Sogdianern im 6. Jahrh. befolgte Handelsweg nach Byzanz über den Kaukasus
und das südliche Russland während der nächsten Jahrhunderte von grosser
Wichtigkeit war. Da es nun sehr wahrscheinlich ist, dass diese Handelszüge
teils nicht selten von den Barbaren Südrusslands, den Chasaren, Petscheniegen u. a. angegriffen und der Seidenstoffe beraubt worden sind, andererseits
auch mit denselben in friedlichen Tauschverkehr traten, so kann mit
einiger Gewissheit auf das Vorkommen der Seide in Russland schon im
VI. Jahrh. geschlossen werden. Es ist ausserdem bekannt, dass die in
den grossen Ländereien Südrusslands an der Wolga zerstreuten Bulgaren
schon im frühesten Mittelalter mit Indien und Persien in Handelsverbindung
standen und orientalische Seidengewebe hauptsächlich aus Persien gebracht
haben. Im V. und VI. Jahrh. haben sich einige ihrer Stämme nach blutigen
Kriegen mit Byzanz in dem heutigen Bulgarien niedergelassen und damit
den deutsch-griechischen Handelsverkehr der Donau vermittelt. Besondere Bedeutung erlangt ihre Vermittelung zur Zeit, wo die Araber den

[1]) Depping, Histoire des expéditions maritimes des Normands. Paris 1843.
    Dondorff, Die Normannen und ihre Bedeutung für das europäische Kultur-
leben im Mittelalter.

unmittelbaren Verkehr Europas mit der Levante abschnitten und der
asiatisch-europäische Seidenhandel über Konstantinopel, Donau und Russland, oder mit Umgehung von Byzanz in gerader Linie vom Kaspischen
Meere über Kiew und Nowgorod nach der Ostsee geführt wurde. Dieser
letztere Handelsweg bestand bis zum XI. Jahrh., und dass er von nicht geringer Bedeutung war, bezeugt die grosse Menge der immer neu auf-
tauchenden Funde arabischer Münzen aus dem VIII.—XI. Jahrh. Durch
die Existenz dieser Handelstrasse wird ferner die Thatsache erklärlich,
dass der arabische Reisende Ibn-Foszlar bei den Slaven um das Jahr
900 mitten in den barbarischsten Zuständen Goldbrokate (Dybág) angeblich griechischer [1], wahrscheinlicher aber syrischer Herkunft vorfinden
konnte, obwohl wir wissen, dass die Ausfuhr der kostbareren Seidengewebe
aus Byzanz nach dem Norden zu jener Zeit untersagt war. Vermittelst
desselben Handelswegs gelangte die Seide zu den Litauern, Polen, Ostpreus-
sen, Finnen und Skandinaviern, welche Völker mit den Einwohnern Nord-
westrusslands, dem Gardarikenstamm, sehr frühzeitig Tauschverkehr angeknüpft hatten. Die natürlichsten und daher ältesten Handelswege des
westlichen Russlands nach dem Süden waren die Flüsse Dniepr (seit dem
IX. Jahrh. in gesichertem, regelmässigem Verkehr), ferner Dniestr, der
namentlich seit Swätoslaw (X. Jahrh.) als Verbindung mit den Donaustädten
grosse Bedeutung erlangt hat, und schliesslich, aber erst in späterer Zeit
(XIII. Jahrh.) der Don, an dessen Mündung die Handelsstadt Tana (jetzt
Azor) und weiter in der Krim Soldaia (Sudak) namentlich für den Transit-
verkehr von erster Bedeutung waren. Trotzdem die geschichtlich verbürgten
Angaben das Aufkommen des Seidenhandels in das IX. Jahrh. verlegen,
so glaube ich die Vermutung aussprechen zu dürfen, dass Kiew bereits
im VI., spätestens VII. Jahrh. ein Stapelplatz für orientalische und byzantinische Gewebe war, welch letztere allerdings nur durch Raub und
Schmuggel dorthin gelangen mochten. Einen erheblichen Aufschwung erhielt der Seidenhandel, als der Grossfürst Oleg im Vertrag von Konstantinopel (944) den Russen freien Handelszutritt erzwungen hatte. Die
Seidenzeuge kamen nun massenhaft auf die Märkte von Nowgorod und
Kiew; am meisten in Gebrauch waren sogenannte Pawoloki in verschiedenen Farben, auch in Purpur [2], die sogar als Werteinheit beim Sklaven-
handel gedient haben; ferner Kamka, ein persisches (Aleppo) oder grie-
chisches Damastgewebe, dann gold- und silberdurchwirkte Sammete, schliesslich - - für den kirchlichen Gebrauch — Atlasse, Taffete und Doppeltaffete.
Man besitzt noch aus dem Jahre 1103 eine aus buntgewirktem blauen
Seidenzeug gefertigte Kopfbedeckung des Erzbischofs Nikita. Nicht selten

---

[1] Frähn, Ibn Foszlars und anderer Araben Berichte über die Russen älterer
Zeit. St. Petersburg. S. 13.

[2] Aristow, Promysslennost' drewniej Rossi. (Die Industrie Russlands im Altertum.) S. 154.

kamen aus Byzanz sehr bedeutende Transporte kostbarer Seidengewebe
an den grossfürstlich russischen Hof; so schickte Manuel I. dem Rostis-
law im Jahre 1164 eine Menge Sammete und Pawoloki. Die fürstlichen
Höfe und Edelleute (Bojaren) liessen sich wie ihre byzantinischen Vorbilder den üppigsten Gebrauch der Seidengewänder angelegen sein, und der
hierin getriebene Aufwand setzte sogar die Gesandten Heinrichs IV.
(1075) in nicht geringes Erstaunen. Wiewohl von der Kirche, dem Staat
und den Bojaren sehr beträchtliche Mengen Seidenstoffe verbraucht wurden,
so blieb doch noch ein guter Teil für den auswärtigen Handel übrig. Die
Bedeutung des russischen Seidenhandels in der Zeitperiode vom IX. Jahrh.
bis zum Aufschwung der venetianischen Handelsmacht ist bisher noch
nicht genügend gewürdigt worden. Zur Zeit, wo die Handelsrepubliken
Italiens mit Syrien keinen direkten Verkehr betreiben konnten, war die
Handelsstrasse aus dem Orient nach Italien über Astrachan und Tana von
grosser Bedeutung; eine andere für die Völker an der Ostsee und Skandinavien wichtige Verbindung mit Asien war die Handelsroute über Nowgorod und Pskow. Die Blütezeit dieses Verkehrs war die Periode vom
XI. bis zum Schluss des XIV. Jahrh.; erst nach der Zerstörung von Astrachan
durch Tamerlan (1395) wurde von den Venetianern der Weg nach Indien
über Ägypten und Syrien angebahnt.

Von nicht geringerer Wichtigkeit war der Seidenverkehr über Nowgorod.
Schon zur Zeit von Swätoslaw und Wladimir kamen skandinavische Kaufleute nach Nowgorod, um sich mit Seidenzeugen zu versehen. Im XII.
Jahrh. (1158) knüpften die Bremer Seidenhändler Verbindung mit Pskow
und dann mit Nowgorod an. Es ist aber sehr wahrscheinlich, dass bereits
im Jahre 1060 eine Ansiedelung deutscher Kaufleute in Nowgorod bestanden
hat, die schon eine eigene Kirche besassen[1]). Die Vermittlerrolle russischer
Handelsstädte zwischen dem extremen Orient und Westeuropa erreicht
während der genuesisch-venetianischen Fehden im XIII. Jahrh. ihren Höhepunkt; während jedoch die Bedeutung der südlichen Städte mit der endgiltigen Befestigung der venetianischen Herrschaft und der Invasion der
Mongolen zu Ende war, bleibt Nowgorod unter dem Schutze der mächtigen
Hansa in seiner kommerziellen Wichtigkeit fortbestehen.

Über die Anfänge des Seidengewerbes bei den mittelalterlichen Slaven
lassen sich genaue Daten nicht aufstellen; nur ist es sicher, dass die Seidenwirkerei und -stickerei, namentlich aber die Goldstickerei auf Seide, im
Zeitraum zwischen dem X. und XII. Jahrh. Eingang gefunden haben, und
dass sie sich bald zu einer beliebten Hausindustrie entwickelte, die sowohl als
Kleingewerbe wie in den Nonnenklöstern, hauptsächlich zu kirchlichen Zwecken,
betrieben wurde. Auch in Privathäusern, namentlich den Teremen (Frauen-
räumen), wurde die Seidenweberei, vermutlich auch -wirkerei, mit vielem

---

[1]) Behrmann, Die Skra van Nougarden. Copenh. 1828. S. 93.

Eifer gepflegt, wozu hauptsächlich die völlig abgeschlossene Lebensweise der Frauen beigetragen haben mag. Dass namentlich die Südslaven sehr frühzeitig mit den Seidengespinsten bekannt wurden, beweist die Bezeichnung svila = Seide, von svivat' = winden abgeleitet, ein alter, im Mittelalter weitverbreiteter, noch jetzt im serbischen üblicher und durchaus unverfälschter Ausdruck.

Im ganzen germanisch-slavischen Norden Europas kamen die Seidengewebe zuerst unter dem allgemeinen Namen „gotaweppi" (althochdeutsch) in Aufnahme, und da sie in erster Linie wohl zu kirchlichen Zwecken Verwendung gefunden haben, so kam man zu der wohl annehmbaren Vermutung[1]), dass es von „Gottesgewebe" abzuleiten sei. Von den Deutschen scheint das Idiom dann zu allen ihren Nachbarn, namentlich den westlichen Slaven, übergegangen zu sein, denn die Seidengewebe heissen im altfriesischen godwob, im altslavischen godovabli, im tschechischen hedbav, im slovakischen hodbab, im polnischen jedwab' u. s. w.

In den Niederlanden soll die Seide bereits vor dem VII. Jahrh. bekannt gewesen sein, wohin sie durch die einen ausgedehnten Handel betreibenden Friesen gelangte[2]) und durch deren Vermittelung wurde sie auch nach England und nach den das baltische Meer umgebenden Ländern eingeführt. Mit Sicherheit ist nachgewiesen, dass die Seide im nördlichen Frankreich und in England schon im VIII. Jahrh. bekannt war; ebenso erscheint dies für Norddeutschland und Skandinavien wahrscheinlich. Die Eddalieder, welche zwar im XIII. Jahrh. verfasst wurden, ihrem Thema nach aber in das weit frühere Mittelalter zurückgreifen, erwähnen die Seide an zwei Stellen. In allen Fällen verschaffte sich die Seide gleichzeitig mit dem Christentum weiteren Eingang, und im Laufe des X. Jahrh. bedienten sich fast alle Völker Mitteleuropas schon der Seidengewebe zu kirchlichem Gebrauch, bei Festlichkeiten und feierlichen Akten. Die Überreste des Skandinavierkönigs Olaf II. (gegen 1030 gest.) wurden in purpurseidene Gewänder eingehüllt[3]). In den Königsgräbern bei Jellinge in Jütland (um das Jahr 950) fanden sich u. a. kostbare, meist in köperartiger Bindung hergestellte Seidenstoffe mit Gold- und Silberfäden vor[4]).

Die ersten Nachrichten über die Bekanntschaft der Deutschen mit der Seide reichen bis in das V. Jahrh. zurück. Die regen Handelsverbindungen der Deutschen an der Ostsee mit dem Morgenlande, hauptsächlich mit Byzanz, auf Land- und Wasserwegen, brachten naturgemäss einen so bedeutenden und kostbaren Artikel, wie die Seidengewänder, in allgemeineren Verkehr; dass vielfache Wünsche rege wurden, dieselben direkt aus dem fernen Orient beziehen zu können, beweist die Sage, dass Ingo, König von Mannheim,

---

[1]) Schade, Wörterbuch I. 2, 343.
[2]) Pariset. Histoire de la soie, II.
[3]) Konung Oláf Helges Haraldssons Saga, cap. 218. Historia regis Olavi (Scripta hist. Islandorum Vol. V. Hafniae 1833).
[4]) Arch. f. Anthropologie. XIV. S. 393.

seinem Sohne eine Flotte ausgerüstet haben soll, um damit Arabien und das Serikienland zu erreichen und Seide zu holen[1]). Karl dem Grossen scheinen, seinem Prinzip der peinlichsten Einfachheit entsprechend, die prunkvollen Seidenzeuge sehr wenig gefallen zu haben, denn er soll gelegentlich einer Hofjagd mit Purpur und Seide geschmückte Italiener nur ihrer Tracht halber allerlei Chicanen ausgesetzt haben. Im IX. Jahrh. wurden in Deutschland, wie in Frankreich, weisse Seidenzeuge gefärbt, und im Erzstift Mainz wurde im X. Jahrh. bereits Seide verwebt[2]). Freilich handelt es sich hier vorerst nur um Haus- bezw. Klosterarbeit für private und kirchliche Zwecke. Bis dahin waren die Seidengewänder Geschenke morgenländischer Fürsten an deutsche Könige gewesen und wurden als seltene Kostbarkeiten den Schatzkammern einverleibt. Als jedoch Heinrich II. den deutschen Handel durch Erteilung eines Schutzrechtes in sichere Bahnen lenkte, und Papst Urban II. (1095) sich zum obersten Schutzherrn der Kaufleute erklärte, wodurch dem kommerziellen Verkehr mit Italien, Frankonien und den Niederlanden grosser Vorschub geleistet wurde und die Handelsstrassen von Venedig nach Regensburg und Augsburg ausserordentliche Belebtheit annahmen, kamen Seidenstoffe in solchen Mengen auf die deutschen Märkte, dass nicht nur geschichtliche Chroniken, sondern unzählige Stellen in Gedichten und Minnegesängen der Seide Erwähnung thun[3]). So fehlen bei Hartmann von der Aue in jener reizenden Scene, wo Iwein schlafend im Walde von drei Frauen gefunden wird und diese für ihn Sorge tragen, auch die seidenen Kleider nicht. Ottokar von Horneck erwähnt bei Schilderung der Hochzeit Wenzels von Böhmen mit höchster Bewunderung und glänzender Beredsamkeit den Ankauf prachtvoller Seidenzeuge. Seit dem X. Jahrh. fördern die Züge Ottos des Grossen die Beziehungen mit Italien, wie den reichen Zufluss von Seidengeweben. Unter Heinrich II. (1000) wird der Kaufmannsstand vom Krämer streng unterschieden[4]). Man besitzt eine genaue Vorschrift hierüber in der Krämerrolle von Anklam, die der Rat dieser Stadt 1330 ausgegeben hat, ein Verzeichnis, das übrigens nur eine Wiederholung damals schon alter Rollen darstellt. Danach kann „von den Kauf-

---

[1]) Gervatius, Otia imperialia Dec. III. c. 55.
Ottonis dipl. a. 976.
Benecke, Anm. zum Wörterbuch zu Wigalois der Ritter.
[2]) Fischer, Gesch. der deutschen Handelschaft. I.
[3]) Hartmann von der Aue, Tristan und Isolde.
Nibelungenlied.
Wigalois der Ritter.
Weiss, Kostümkunde, III.
Zeune, Erdkundliches im Nibelungenlied (Der Seidenhandel im Mittelalter).
Schultz, Das höfische Leben zur Zeit der Minnesangs. Leipzig 1880, I. 249.
Weinhold, Die deutschen Frauen im Mittelalter. Wien 1882, II. 247.
Schacht, Über und aus. O. v. Horneck's Reimchronik. Mainz 1821. S. 300.
Klemm, Kulturgeschichte I, 108.
[4]) Fischer, Gesch. der deutschen Handelschaft. I. 327.

leuten niemand Köllnische Waare oder Gut von Seide oder flämisch Garn gemacht, anders als in ganzen Stücken feil halten, ... ebenso Sammet, Damast, Zindel, Tafft, Arras . . . . Seide und Seidenband nur in ganzen Pfunden."

Ein regelmässiger Seidenhandel wurde im mittleren und nordwestlichen Europa in der Zeitperiode vom VI. Jahrh. bis zu den Kreuzzügen nur in dem Mafse betrieben, soweit es der politisch-friedliche Verkehr und die Landesruhe gestatteten. Die Häfen des Mittelmeeres, besonders Marseille, Narbonne und die italienischen Seestädte spielen in diesem Verkehr die wichtige Rolle der Stapelplätze. Seit Eroberung des nördlichen Italiens durch die Normannen und Franken tritt im IX. Jahrh. ein regerer Verkehr ein, der indessen durch die nachfolgende Lehnsherrschaft beeinträchtigt wird. Zur gleichen Zeit eröffneten sich den italienischen Seidenmanufakturen und dem Handel neue Bezugsquellen, die sie einigermafsen unabhängig vom Orient machten: im X. Jahrh. beginnt der direkte Verkehr der Genueser und Pisaner mit den seidenerzeugenden Provinzen der Levante und die Monopolisierung der für den Seidenhandel so bedeutungsvollen Seefahrt des Schwarzen Meeres. Alsbald tritt auch Venedig als eine Seemacht ersten Ranges in Konkurrenz, und als Besiegerin Genuas bemächtigt sie sich des Seidenhandels auf dem Mittelländischen Meere und in der Levante. Was die Handelswege Mitteleuropas anlangt, so muss in erster Linie der Verkehr auf dem Landwege durch Pilgerzüge und Messen erwähnt werden; die letzteren waren schon im XI. Jahrh. in Mainz, Köln und Nürnberg als Seidenmärkte weit und breit bekannt. Für die südöstlichen Völker war es die Donau, die einen bequemen und sehr häufig benutzten Weg bildete, auf dem die Seidenstoffe Byzantiens durch Griechen und Bulgaren in das innere Europa eingeführt wurden. Die unmittelbar vor den Kreuzzügen in Mitteleuropa sich bemerklich machende Bewegung trug als neuer Faktor des inneren Verkehrs zur allgemeineren Verbreitung der Seide in bedeutendem Mafse bei.

Die Epoche der Kreuzzüge ward für die Geschichte der Seide im Abendlande von höchster Bedeutung. Schon in rein materieller Hinsicht erhielt die italienische Seidenindustrie einen bedeutenden Zuwachs, als nach der Eroberung Konstantinopels durch die Kreuzfahrer und Venetianer die letzteren als Lohn für ihre Beihilfe Epirus und den Peloponnes erhielten (1204) und so in den Besitz der wichtigsten Centren griechischer Seidenindustrie gelangten. Der christliche Kultus, der infolge der Kreuzzüge einen gewaltigen Aufschwung nahm, benutzte die Gelegenheit, die prunkvollen orientalischen Seidengewänder in noch grösserem Mafsstabe anzuwenden. Die Kirche gebrauchte in dieser Periode für die Ausschmückung der Altäre und Priestergewänder durch den vorschriftlich gebotenen Farbenwechsel an verschiedenen Festtagen grosse Vorräte bunter Seidenstoffe. Die durch die Kreuzzüge hervorgerufene innige Berührung des Abendlandes mit den blühenden Stätten der morgenländischen Seidenzucht und der Seidenindustrie zog in der Folge einen so weitgehenden Seidenkultus gross, dass nicht

5*

nur an den Fürstenhöfen und in den Ritterburgen, sondern auch in den
Bürgerhäusern eine Luxusentfaltung in Seidengewändern zu Tage trat, die
der orientalischen kaum nachstand; dadurch nahm der Seidenhandel mit der
Levante einen Mafsstab an, wie ihn die kühnste Phantasie zuvor sich kaum
hätte ausmalen können. Die Hauptsitze der Seidenindustrie während der
Kreuzzüge waren Konstantinopel, Antiochien, Damaskus, Beyrut, Tyrus,
Bagdad, Tauris, Satalia, Aleppo, Tammagusta und vor allem Alexandrien.
Was nun die Webekunst und den Handel anlangt, so war Alexandrien mit seiner für das Morgen- und Abendland gleich tonangebenden Stellung, in Verbindung mit seinem Weltmarkte und den benachbarten syrischen und ober-
ägyptischen Manufakturen, ein Hauptknotenpunkt für die reichsten
orientalischen Gewebe. Über Alexandrien und syrische Häfen führten auch
die Handelswege aus dem weiteren Orient, aus Indien und China, deren
eigenartige Erzeugnisse dem Abendlande von den Arabern zugeführt
wurden.

Die Herkunft und bisweilen auch die Art mittelalterlicher Seidengewebe
lassen sich am genauesten aus den damaligen kaufmännischen Notizbüchern,
Zolltarifen und Schatzinventarien ersehen. Überaus reiche Belege hierfür
finden sich in dem schon öfter angeführten Werke von Fr.-Michel[1]. Unter
dessen teilweiser Benutzung gebe ich nachstehend verschiedene Citate aus
mittelalterlichen Epen, Minnegedichten und Ritterromanen, welche zeigen
sollen, wie einige der wichtigeren Seidenstoffe hier von deutschen und französischen Sängern namentlich gepriesen werden.

Das Urbild mittelalterlicher Webekunst, die arabische Seidenweberei,
produzierte kostbare Stoffe, deren eigenartiges, unübertrefflich schönes Gepräge noch heutzutage als Muster gilt. Bagdad und Damaskus lieferten
die häufig erwähnten und beliebten „baldacs" (baldachino), einen meist
mit Gold durchwirkten reichen Seidenstoff, von welchem auch aus Lucca
zahlreiche Imitationen in den Handel kamen und der sich speciell in Frankreich und England grossen Ansehens erfreute.

Die Damaste (damaschino, drap de Damas) waren ursprünglich die
vielberühmten bunten und schweren Gewebe damascenischer Herkunft. Das
Prinzip byzantinischer Webekunst, die sich eifrig dieses Stoffes bemächtigte,
um mehr durch Farbeneffekte als durch Zeichnung zu wirken, verhalf der
griechischen Damastindustrie zu bemerkenswertem Aufschwung, sodass dieselbe ihre Ursprungsstätte Damaskus weit übertroffen hat. Es fehlt übrigens
nicht an Anzeichen, dass die Bezeichnung Damast später auch halbseidenen
Geweben beigelegt wurde, denen die originelle Musterungsart der Dama-
schinos eigen war.

Eine Hauptspecialität der Araber war Sammet (sciamito), syrischen
Ursprungs, der seiner Pracht und Kostbarkeit halber den privilegierten

[1] Fr.-Michel, Recherches sur le commerce etc. des étoffes de soie etc. en France
pendant le moyen âge. Paris 1852.

Stoff der Kirche und des Staates bildete. Er wurde später auch in Griechenland fabriziert und kam nach Deutschland als Geschenk des kaiserlich byzantinischen Hofes. Ausser dem echt arabischen Sammet von Beyrut, Damaskus und Alexandrien kamen auch andere unter der Bezeichnung „Samis de Romanie" im Handel vor. Speciell erfreute sich die grüne Farbe des Sammets, die durch die matte Beschaffenheit derselben besonders mild zum Ausdruck gelangte, grosser Beliebtheit.

> Sin wafenrok von borten was.
> Ein Samit grüne alsam ein gras[1].

Eine Abart von Sammet war Timit, ebenfalls von grüner Farbe:

> Ein timit grün alsam ein gras
> Was gebunden an sin sper[2].

Ausser dem Grün war das Rot eine beliebte Färbung und scheint, der Verwendung solcher Stoffe nach zu urteilen, als Symbol der Liebe gedient zu haben. Die Blütezeit der Sammetweberei fällt in die Periode vom XII. bis XV. Jahrhundert, doch lässt sich aus der Beschaffenheit einiger in der Theodulfusbibel erhaltenen Gewebereste auf die hohe Entwickelung der Technik schon im IX. Jahrhundert schliessen. Es ist die Meinung ausgesprochen worden, dass die Bezeichnung Sammet nicht ausschliesslich reinseidenen, sondern auch gemischten Geweben zukam, wie aus der Redensart: „in Sammet und Seyde eynhergehen" hervorzugehen scheint[3]. Beiläufig mag auch erwähnt werden, dass das Hexamitum (ἑξάμιτον), dessen Herstellung in Palermo (XII. Jahrh.) zuerst von Falcandus geschildert wird[4], mit dem Sammet nichts gemein hat[5]. Unter dem allgemeinen Ausdruck polymita verstand man buntgemusterte Gewebe, deren Fabrikation namentlich in Alexandrien geblüht hat; als Hexamitum dürften daher in sechsfarbiger Musterung ausgeführte Stoffe aufzufassen sein.

Ein äusserst seltener Seidenstoff war maramato (arramas), ein Goldbrokat arabischer Fabrikation, das aus Byzanz durch Venetianer und Genueser nach Mitteleuropa gelangte. Im Schatzinventare Karls V. ist maramato als Möbelstoff verzeichnet.

Ein allgemein zur Herstellung von Waffenröcken, Mänteln, Vorhängen u. dergl. angewandtes Gewebe bildete der goldgewirkte, meist rote Siglaton (Siklât), ein damastartiges Stoff mit gleichsam gravierten Grundlinien, der sowohl in Bagdad, Tauris und Alexandrien, wie in Almeria fabriziert wurde.

---

[1] Wigalois der Ritter mit dem Rade. Berlin 1819, S. 18
[2] ibid. S. 148.
[3] Fr.-Michel, Recherches etc. I. 170.
[4] Apud Murat. Rer. ital. Scr. VII. col. 256.
[5] Pariset, a. a. O. II. 878.

Ouch fûrt diu maget reine
Einen rok von pliâte.
Von rotem Siglate
Fûrte si ein kappen an ¹).

Das Wort Siklât ist in allen Schriften des mittelalterlichen Orients
und Occidents, sowohl prosaischen wie poetischen Inhalts, sehr verbreitet.
Im Mitteldeutschen siglât, sigilôt oder cyclât genannt, kommt es in
den romanischen Sprachen als siglaton, ciaclato, in der britischen als
syclatowne, chekelatoun vor. Das orientalische „siklâtûn“ tritt in
verschiedenen Schriften früher auf, als seine abendländischen Bildungsformen.
Das ebenfalls als vermutliches Synonym des Siglats auftretende sidschil-
lât hat etymologisch mit dem ersteren nichts zu thun ²). Siklât und Sig-
lâtûn sind zweifellos identisch; dies geht schon daraus hervor, dass der
„siklâtûn bagdadijj“ d. i. Bagdader Siklâtûn im Orient ebenso geschätzt wurde,
wie im Occident „von Babilône ein Sigilât“ ³). Der Bagdader persisch-
arabische Siklâtûn hat sich trotz der Konkurrenz der sehr geschickt imitie-
renden Seidenmanufakturen Almerias den besten Ruf bewahrt. Schon im
IX. Jahrh. sind seine Manufakturen in Tebriz berühmt, von wo aus er über
Bagdad, Alexandrien und Kairo seinen Weg nach Spanien fand, und dort
wahrscheinlich bereits im X. Jahrh., sicher aber zur Zeit Edrisis fabriziert
wurde⁴). In Bezug auf seine stoffliche Beschaffenheit scheint der Siklât eine
Art Vorläufer des Damastes zu sein, was auf seinen Ursprung aus China hinweist. Er war durch grosse Festigkeit und Dauerhaftigkeit ausgezeichnet;
häufig bestand die Kette aus ungebleichtem Leinen, der Einschlag aus
Seide. Das Dessin des Siklâts war vertieft auf einem Atlasgrunde. Die
üblichen Farben scheinen azurblau, pistazienfarbig und zinnoberrot gewesen
zu sein, mit welcher letzteren zumeist Goldbroschierung verbunden war.
Erst nachträglich treten buntfarbig gemusterte Siklâtûns auf. Zuerst nur
für kirchliche Zwecke, wie bischöfliche Messgewänder (casulae) angewendet,
verschaffte er sich rasch Eingang in alle Bevölkerungsklassen, was
um so begreiflicher erscheint, wenn man die ungewöhnliche Mannigfaltigkeit seiner Verwendungsarten ins Auge fasst. Es mag auch beiläufig erwähnt werden, dass von Einigen die Vermutung ausgesprochen worden ist,
Siklâtûn wäre kein mustergewebtes, sondern ein nach dem Zeugdruckver-
fahren hergestelltes Gewebe.

Das einfachste Seidengewebe, der Taffet (taftah), persischen Ursprungs,
war besonders gegen den Schluss des XIV. Jahrh. im Abendlande sehr
verbreitet.

Von rein arabischer Herkunft, wie sicher festgestellt, war der im Verkehr

---

¹) Wigalois der Ritter, S. 91.
²) Karabacek, Über einige Benennungen etc. S. 5.
³) Apollonius von Tyrland V. 225., Gedicht von Heinrich von Neustadt.
⁴) Edrisi, Description de l'Afrique et de l'Espagne, éd. Dozy & Goeje, S. 197.

als „pfellel" bezeichnete Seidenstoff, welcher mit dem französischen viel-
erwähnten „paile" identisch ist.

> ... ein iuncfrouwe in do naste
> in einen rok pfellin[1] ...
> ... das man vil wol bedechet vant
> mit pfelle von Alexandrie[2].

Wolfram von Eschenbach erwähut eines Pfellels, das so heiss an
Glanz war, dass ein Strauss seine Eier darau hätte ausbrüten können.
Pfellel, das im Grunde mit Atlas identisch war, hiess auch „salamander",
weil, wie uns der Dichter des „Wigalois" berichtet, dieser kostbare Mantel-
stoff im Feuer von Salamandern gewirkt sein sollte[3]): „die würme Sala-
mandrē worbten in in dem viure." Die Pfellel galten aus diesem Grunde
für unverbrennlich, wie aus folgendem Citat hervorgeht[4]):

> ... ich stach vor Agremuntin
> gein eime riter fiurin:
> wan min kursit salamander,
> uspindē min schilt der ander,
> ich waer' verbrunnen an der tjost.

Einige Autoren haben nun auf Grund des Vorstehenden die Pfellel als
„Salamander", „Salamander-Häute" resp. als „gegen Feuer geschützt" oder
als ein „Asbestpfellel" definiert. Laut Karabacek[5]) sind darunter
vielmehr die aus der Muschelseide oder Muschelbürten der Pinna ma-
rina (P. nobilis) angefertigten Gewebe zu verstehen. Nach anderer
Meinung verdankte diese Pfellelgattuug ihre Benennung der Musterungsart, die aus salamanderähnlichen Tiergestalten bestanden haben soll.

Die Anwendung der Steckmuschel für Webereizwecke, speciell zur
Herstellung der χλαμύς (Reitermäntel) war schon im Altertum bekannt.
So bespricht unter anderem auch der Talmud die Muschelseidengewebe
(kochlo)[6]).

Von deu Klassikern erwähnt zoerst Tertullian[7]) diese Seidenart, indem er die Gespinstfasern aufzählt: „uec fuit satis tunicam pangere et
severe, ni etiam piscari vestitum contigisset: nam et de mari vellera, quo
mucosae lanositatis plantiores conchae comant." Prokop[8]) berichtet, dass
unter den von römischen Kaisern den armenischen Satrapen erteilten In-

---

[1]) Wigalois der Ritter, S. 29.
[2]) ibid., S. 380.
[3]) Wigalois der Ritter, 7435.
[4]) Parzival, ed. Bartsch. XVI, 769.
[5]) Über einige Denennungen etc. S. 23.
[6]) Traktat Kilaim, cap. 9.
[7]) De Pallio, III p. 115, Rigaltii.
[8]) De Edif. lib. III c. 1.

signien sich aus Pinna angefertigte Chlamys befanden. Der hl. Basilius[1]) bewundert das goldene „Vliess" der Seeseide, das durch künstliche Färbung nicht erzielt werden könne. Im frühesten Altertum sind die Muschelseidengewebe, wenigstens die feinsten, in Indien angefertigt und dann nach Griechenland exportiert worden[2]). Der unbekannte Verfasser von „Periplus maris Erythraei" berichtet, dass Pinna in der Gegend von Colchi (Süd-Indien) verarbeitet wurde. Auch die Araber (Istachri, Mukkaddasi) sprechen darüber und nennen sie „Meereswolle"; die Griechen sagen für κάχλος auch ἔρια τὰ τῆς θαλάττης oder πόντιον ἔριον, und die Italiener lana penna. Die ommaijadischen Kalifen Spaniens liessen aus der bei Santarem gewonnenen Muschelseide Stoffe anfertigen, die sie unter Monopol stellten und von denen ein Stück „wegen seiner Pracht und Herrlichkeit" 1000 bis 10000 Goldstücke kostete. Deren Ausfuhr war verboten. Die Annahme, dass die im Parzifal angeführten Sulamander bez. Pfellel mit der Muschelseide identisch sein können, gewinnt noch dadurch an Wahrscheinlichkeit, dass „Agremuntin" wahrscheinlich den Berg Acremonte bei Palazzuolo in Sicilien zu bedeuten hat, wo thatsächlich die Muschelseide regelmässig gewonnen und verarbeitet wurde.

Von den Geweben morgenländischer Herkunft, deren Fabrikationsursprung jedoch im weitesten Oriente zu suchen ist, mögen folgende Erwähnung finden.

Unter dem Namen Kimkha (kim-chá) kam aus China lange Zeit hindurch ein damastartiges Gewebe in den Handel, das später sowohl in persischen und bagdadischen, wie alexandrinischen und griechischen Manufakturen mit vielem Geschick nachgeahmt wurde und sich im Abendlande grossen Verbrauchs erfreute. Im griechischen als καμουχάς, gelangte es als Camocato nach West- und als Kamka nach Osteuropa, namentlich Russland, wo es einen der am häufigsten erwähnten Stoffe bildete. Seiner Webart nach scheint Camocato mit Atlas nahe verwandt gewesen zu sein[3]).

Die Cendels (zendado), leichte, taffetähnliche Seidengewebe ebenfalls chinesischen Ursprungs, wurden in Alexandrien und dann in Mailand in erheblichen Quantitäten angefertigt und fanden in Europa zu Fahnen, Decken und als Futterstoff Verwendung:

... der trüc einen schapperun
gesmiten von fritschale;
mit rotem zendale
was er gefurrieret[4]).

Syndonus war die vorzüglichste Gattung des Cendals, wahrscheinlich indischer Herkunft, wogegen dieser Ausdruck nach anderem Dafürhalten[5])

[1]) Hexaëm. VII.
[2]) Yates, Textrinum antiquorum, London 1843, S. 155.
[3]) Karabacek, Über einige Benennungen etc. S. 12.
[4]) Wigalois der Ritter, S. 55.
[5]) Brandes, Jahresb. d. Ver. v. Fr. d. Erdkunde in Leipzig. 1863. S. 91 ff.

nicht ein bestimmtes Textil, sondern ohne Unterschied mantelartige Kleidungsstücke bezeichnete.

Cadas, Cardu oder Carduus war ein wahrscheinlich aus Seidenab-
fällen hergestellter Stoff geringerer Qualität, der für Priestergewänder Verwendung fand [1]).

Die Bezeichnung des byzantinischen Gammadions bezog sich auf sein
aus vier Buchstaben (Grossgamma) kreuzförmig gebildetes Musterungsmotiv.

Das ursprünglich zweifellos aus China importierte Atlasgewebe, Zetani
(satin), wurde in arabischen und griechischen Seidenwebereien in quantitativer Hinsicht zum wichtigsten Erzeugnis und erfreute sich wegen seines prächtigen Glanzes und der Vollkommenheit, mit welcher es erzeugt wurde, eines
vielverbreiteten Rufes. Seine Natur geht aus der italienischen Bezeichnung
„zetani raso" hervor, was ein „glattes" Gewebe andeutet und dem arabischen
„atlas" gleichbedeutend ist. Die Bezeichnung „satin" stammt von dem
Namen der Exportstadt Tsentung (jetzt T'swan-tschen-fu), woraus die Araber
Zeitün bildeten, das als „Aceituni" und „Setuni" nach Spanien und „Za-
touin" oder „Satin" nach Frankreich kam.

Im Spanischen hiess der Atlas auch raso, im Englischen rash, im
Deutschen Rasch, im Französischen ras. Ursprünglich war er in den
weitverzweigten Absatzländern nur als dibádsch bekannt, die arabisierte
Form des persischen dibáh (dip = glänzen). Im christlichen Europa ist
dieser Name nur von den Venetianern für ihre reichen Goldstoffe angenommen worden [2]).

Nacco (nacchetto) war ein Goldbrokat chinesischer Herkunft (nachiz),
auch von Arabern fabriziert. Mit dem Nacco anscheinend identisch war
ein als Acca bekannter Goldstoff des XIV. Jahrh. [3])

Schon der Name des Gewebes Tartaricus pannus weist auf seine
centralasiatische Herkunft hin. Es war ein goldgestreifter, kostbarer
Seidenstoff, der in Italien und England für kirchliche Zwecke verwendet wurde [4]).

Von rein griechischer Abstammung war „diaspre", vorzugsweise von
weisser Farbe. Eine Abart derselben, die sogenannten „draps", fabrizierte
Lucca im XIV. Jahrh. in grossem Mafsstabe.

Ein speciell in Deutschland gangbares Gewebe war Palmet (palmât
side), der an unzähligen Stellen deutscher Minnegedichte vorkommt; so erwähnt Wolfram von Eschenbach des Pahnets, indem er das Bettzeug
von Gänan schildert:

[1]) Rock, Textile fabrics forming that section of the South-Kensington Museum.
(Descriptive Catalogue). London 1870. S. 44.
[2]) Peyssonel, Traité sur le commerce de la mer noire I. 36. 40.
[3]) Rock, a. a. O.
[4]) Bock, Geschichte der liturgischen Gewänder.

... mit einem pfellel, runder golt
verre in heidenschaft geholt,
gesteppet ûf palmât[1]).

und weiter:

palmâts ein dicke matras
lac underm künege alda er saz.

Gottfried von Strassburg deutet die unvergleichliche Weichheit des
Palmets an, indem er das Fell des Hündleins Isoldens beschreibt:

un dichte Tristanden
dô er es handeln began
er griffe palmâtsîden an
so linde war es überal[2]).

Über die eigentliche Natur und Herkunft des Palmets ist ebenso schwer
zu urteilen, wie über das noch öfter erwähnte Seidenzeug Blyant (blyat,
pliat), welches in einem deutschen Wörterbuch aus dem Jahre 1482 als
„byssus jacinthus, edel seydengewandt", aufgeführt und in den späteren
Kommentaren der Minnegedichte kurzweg als „kostbarer Seidenstoff" bezeichnet wird.

Eine hübsche Zusammenstellung mittelalterlicher Stoffgattungen liefert
Heinrich von Veldecken in seiner Eneidt[3]):

... die culten von samite
die phelle vnd von timite
... Eynes lichtes baldekin
Vnd off eyn kateblatin[4]).

Von allen diesen prächtigen Seidengeweben des Mittelalters sind nur
wenige bis auf uns gekommen. Es sind dies in den Bibeln und Manuskrip-
ten eingeklebte Schon- und Schweisstücher (sudariola, sudarium), liturgische
Gewänder und Totenhüllen. Im ganzen dürften 250—300 Originalgewebe
aus der Periode vom VIII. bis XII. Jahrh. vorhanden sein[5]) und zwar in
den Domen zu Metz, Aachen, Chur, Mainz, Avignon, Le Puy, Paris, Bamberg, Danzig, Stralsund, Prag, Wien, Bromberg, Halberstadt u. s. w., ferner
in den Schatzkammern, Museen und Privatsammlungen. Von den Seidenstoffen aus der Frühzeit des Mittelalters, also aus der Zeit vom V. bis X.
Jahrh., sind uns, wenn man von den neueren noch wenig studierten Funden
absieht, nur geringe Reste erhalten geblieben, nämlich kleine Stoffstücke
in den Handschriften, zur Schonung der gemalten Initialen; dann die Totenhüllen (u. a. im Pariser Louvre Fragmente eines Gewebes aus dem

---

[1]) Parzival, ed. Lachmann, S. 261.
[2]) Tristan und Isolde. Dichtungen des deutschen Mittelalters. Bd. II., fol. 399.
[3]) Sammlung deutscher Gedichte etc. ed. Myller, Berlin 1785—84. I. S. 98.
[4]) Chinesischer Purpurstoff.
[5]) Bock, Geschichte der liturg. Gewänder. I. S. 71.

VII. Jahrh., und ein in der Kathedrale zu Sens aufbewahrtes Schweisstuch
der heiligen Kolumba, VII. Jahrh); schliesslich das bekannte Gewebe mit
dem Gladiator (wohl Samson), der die Löwen erwürgt, aus dem VII. Jahrh.,
dessen einzelne Stücke sich im South Kensington-Museum zu London, im
Domschatz zu Chur und im Germanischen Nationalmuseum zu Nürnberg
befinden. Eine unschätzbare Sammlung mittelalterlicher Gewebe ist in Form
von Schontüchern in der zu Le Puy aufbewahrten Bibel des Theodulfus
(IX. Jahrh.) enthalten, die 53 chinesische, arabische und griechische seidene
und halbseidene Gewebe enthält [1]). Merkwürdigerweise haben sich, wie beiläufig erwähnt werden mag, Bancel in Saint-Chamond (1817), Beauvais
in Lyon (1820) und Grangier in St. Chamond (1835) die Musterungsart
einiger in dieser Bibel vorhandenen Gewebe patentieren lassen.

In Holland besitzt u. a. der Maestrichter Domschatz ein gut erhal-
tenes Pontifikalgewand des hl. Servatius (XII. Jahrh.), dessen Ornamentik
menschliche Figuren (Kastor und Pollux) zeigt [2]). Ein ziemlich seltenes
Stück ist in der ehemaligen Abtei Siegburg dem grösseren Reliquienschreine
entnommen worden; es ist dies das Totengewand des Erzbischofs Anno II.
von Köln: auf einem Grunde von kaiserlichem Purpur sind in der natürlichen gelben Farbe der Rohseide sechs schreitende Löwen, mit einer griechischen Inschrift zwischen sich, eingewebt, die auf seinen Ursprung aus
der ersten Hälfte des X. Jahrh. hindeutet [3]). Diesem seltenen Falle der
Erhaltung eines inschriftlich datierten byzantinischen Stoffes gesellen sich
wenige nur entfernt ähnliche Beispiele zu. Genannt wird ein dem Papst
Nikolaus I. († 867) geschenktes reich figuriertes Seidenzeug mit Inschriften
und griechischen Kaisernamen [4]). Das scharlachrote mit Elefanten in bunten Medaillons geschmückte Gewand im Sarkophage Karls des Grossen zu
Aachen, nach dem Charakter der Buchstaben wohl dem XII. Jahrh. angehörig, führt in seiner Inschrift nur zwei in ihrer Lebenszeit bisher nicht
genau bestimmte kaiserliche Beamte an. Auch in Aachen, Eichstädt, Qued-
linburg, Braunschweig, Maestricht, Lüneburg (goldene Kammer des ehemaligen Königs von Hannover), ferner in Brauweiler, das eine wohlerhal-
tene Casula (oberstes Priestergewand) aus dem Jahre 1143 besitzt [5]), und
anderwärts werden ältere Gewebe aufbewahrt. Ein genaues Verzeichnis derjenigen Kirchenschätze, Museen und Sammlungen, in denen sich die Seidenstoffe in einem für das Studium geeigneten Zustande und in grösserer
Anzahl vorfinden, ist am Ende dieses Abschnitts beigefügt worden.

---

[1]) Hedde, Notice sur le manuscrit de Théodulphe (Ann. de la Soc. d'Agric. etc
du Puy, 1837—38, S. 169).
[2]) Bock und Willemson, Mittelalterliche Kunst- und Reliquienschätze zu Maestricht. Köln 1872. S. 29.
[3]) E. aus'm Weerth, Jahrb. d. Vereins von Altertumsfreunden im Rheinlande.
Heft XLVI.
[4]) Liber pontif. III. 167. 182.
[5]) Bock, Gesch. d. liturg. Gewänder.

Es unterliegt keinem Zweifel, dass seit den allerältesten Zeiten, namentlich bei den Kulturvölkern Asiens und speciell den Chinesen, die Seidengewebe mit farbigen Mustern bedruckt worden sind; auch im Occident war diese Manier schon früh bekannt und für minderwertige Stoffe gebräuchlich, während die kostbaren sich naturgemäss für diese Art der Bearbeitung weniger eigneten, und noch heutzutage findet der Zeugdruck, obwohl er auf der Höhe steht und ihm so ausgezeichnete Hilfsmittel zur Seite stehen, wie das Gaufrieren etc., mit den durch Musterweberei erzielten Effekten nur als minderwertiger Ersatz Verwendung. Die verhältnismässige Bequemlichkeit, mit welcher selbst sehr komplizierte Ornamente durch Aufdruck mittelst Formen dargestellt werden konnten, wurde aufgewogen durch die geringe Beständigkeit der Farben. Dass auch das Bemalen der Seidenzeuge seit frühesten Zeiten im Gebrauch war, bedarf keiner besonderen Erwähnung. Die ältesten uns erhaltenen Zeugdrucke reichen nicht über das VI. Jahrhundert n. Chr. hinaus; bekannt ist ein Seidenzeug der romanischen Epoche (VIII. Jahrh.) mit einem Muster nach sarazenischem Vorbilde[1]). Ausgedehnten Verbrauchs erfreuten sich seit dem XVI. Jahrh. die auf Seide gedruckten Marienbilder als Wallfahrtsandenken; noch heutzutage werden solche Seidendrucke an Wallfahrtsorten an die Pilger verkauft, ohne dass deren Zeichnung oder Ausführung eine der fortgeschritteneren Zeit entsprechendere geworden wäre. Im XVI. Jahrh. war es ausserdem Sitte, von einzelnen Kupferstichplatten die Erstabzüge auf Seide herzustellen und diese Seidendrucke als besondere Geschenke zu verwenden. Die meisten bekannten Seidenzeugdrucke stammen aus dem XII.—XIV. Jahrh., ihre Stilisierung trägt keinen ausgeprägten Charakter.

Zahlreiche alte und mittelalterliche Seidengewebe enthalten Goldgespinst, so dass das Studium des letzteren eigentlich zu unserem Thema gehört; es sei daher hier eine kurze, aber genaue Beschreibung dessen gegeben, was heutzutage über diesen Gegenstand bekannt ist.

Die Idee, die prachtvollste aller Textilfasern mit dem schönsten und edelsten aller Metalle in einem Gewebe zu kombinieren, lag ganz besonders nahe in einem Lande, wo diese beiden Stoffe zugleich bekannt waren, und so sehen wir namentlich bei dem Kulturvolke Ostasiens, den Chinesen, feine Gold- und Silberfäden seit uralten Zeiten als ein besonders effektvolles Textilmaterial in den Seidengeweben auftreten. Ihr Gebrauch verbreitete sich alsdann nach Japan, sowie den Ländern Westasiens und gelangte auch bald nach Europa, wo sich der verfeinerte Geschmack und Luxus mit besonderem Eifer dieser Gespinstart annahm.

Die Art und Weise der Anwendung von Gold zur Zubereitung von Gespinsten war sehr mannigfaltig und bis vor kurzem noch in ein Dunkel gehüllt, das einigermafsen zu lichten erst in neuerer Zeit gelungen ist;

---

[1]) Forrer, Die Zeugdrucke der byzantinischen, romanischen, gotischen und späteren Kunstepochen. Strassburg 1894. S. 15.

indessen macht sich selbst heute noch eine ziemliche Verworrenheit in der
betreffenden Terminologie bemerkbar. So weit unsere Kenntnisse reichen,
bestand in der ersten Fabrikationsepoche, bei Griechen, Römern, Byzantinern bis zur Mitte des XI. Jahrh., der bei allen Kulturvölkern gebräuch-
liche Goldfaden aus einem Leinen- oder Seidenfaden von starker Drehung,
der mit einem echten Goldlamell in einer Breite von 0,2—0,75 mm um-
sponnen war. In der zweiten Epoche von der Mitte des XI. Jahrh. bis zu
den Tagen der italienischen Renaissance (Mitte des XIV. Jahrh.) tritt aus
dem Orient, zunächst von der Insel Cypern herrührend, ein neues,
billigeres Goldgespinst auf, dessen innerer Kern aus gezwirntem Leinen-
oder Seidenfaden besteht, um welchen ein stark vergoldetes Darmhäutchen
in der Breite von 0,3—2,0 mm ziemlich unregelmässig gesponnen ist. In
der dritten Periode, die, hervorgerufen durch das Aufblühen der norditalienischen Seidenindustrie, ihren Ursprung in Italien nahm und sich von
den Tagen Dantes bis in die neueste Zeit erstreckt, setzt sich der Goldfaden aus einer Seele in Form eines goldgelben Seidenfadens zusammen, um
welch letzteren ein mehr oder weniger vergoldeter feiner Silberdraht gesponnen ist. Nach Entdeckung des neuen Seeweges nach Indien und
China kam ein, aus einem platten vergoldeten Papierstreifen gebildeter
Einschlagsfaden vorübergehend in Mode. Im merovingischen Europa war
ausserdem eine Art feiner, dem Muster entsprechend geschnittener Goldblätt-
chen, die, sei es durch Randstickerei, sei es vermittelst des heissen Eisens
oder des „Ausschlagens" an das Gewebe befestigt wurden, vielfach in Gebrauch — ein Verfahren byzantinischen Ursprungs. Schmale Goldblätt-
chen unter den Einschlag des Gewebes mehert, wie solche im Seidenstoff an den Gebeinen Karls des Grossen in Aix-la-Chapelle zu finden
sind, kamen in besonders kostbaren Geweben vor. Unter den uns überkommenen Seidentextilien trifft man auch eine Art der Goldarbeit, die
zwar in ein anderes Gebiet gehört, doch der Vollständigkeit halber hier
nicht unerwähnt bleiben darf. Es ist dies das gezogene Gold in Form feiner
Drähte, zuweilen irrtümlich als cyprisches Gold, „aurum cyprium", bezeichnet [1]), dessen Industrie im mittelalterlichen Italien, besonders in Lucca
(XIV. Jahrh.), Genua (XV. Jahrh.), dann Mailand und Florenz (XVI.
Jahrh.) in Blüte stand. Die aus gezogenen Metalldrähten oder damit überzogenen Fäden aus Seide etc. bestehenden Gespinste trugen nach der Stadt
Leon in Spanien, wo sie zuerst in Aufnahme gekommen sind, den Namen
leonischer Fäden; ihre Fabrikation ist nach Deutschland (Nürnberg) 1570
von Fournier übertragen worden. Als leonische Gespinste werden aber von
Einigen irrtümlicherweise auch andere Goldfadenarten bezeichnet, von denen
gleich weiter unten die Rede sein wird. — Die Mailänder Fäden, die sich

---

[1]) Unter dem „cyprischen Golde" verstand man, wie Karabacek laut Bock richtig
anführt (Die liturg. Gew. der Marienkirche zu Danzig, S. 11), überhaupt das aus dem
Oriente, im speciellen aus Ägypten eingeführte Goldgespinst.

im XVI. Jahrh. eines ebensolchen Rufes erfreuten, wie die leonischen, bestanden aus bloss vergoldetem Silberdraht, welchem sich in der zweiten Hälfte dieses Jahrhunderts der Lyoner Goldfaden, bestehend aus einem nach Mailänder Art durch „Schlagen" vergoldeten Seidenfaden an die Seite stellte. Diese letztere Bereitungsart ist schon frühzeitig bekannt gewesen, wie uns eine Schilderung des Goldspinnens in den Gynöceen von Pontius Leontius bei Sidonius Appolinarius vorführt. Der Lösung der Frage: nach welcher Methode die mittelalterlichen Fäden hergestellt wurden — ob durch unmittelbare Applizierung des weichgemachten Goldes, oder ob durch das Verfahren der Schlagarbeit (or battu), und zwar im letzteren Falle wieder, ob auf kaltem Wege unter Anwendung von Chlorgoldzunder oder durch Amalgamierung — vermag ich für meine Person nicht näher zu treten.

Der bei weitem grösste Teil mittelalterlicher Seidengewebe zeigt die oben zuerst erwähnte Goldfadenart, die zweifelsohne chinesischen Ursprungs war. Diese Goldfäden bestehen aus einem Seiden-, Leinen- oder Hauffaden, der mit einem schmalen mit Blattgold überzogenen Pergamentpapierstreifen oder tierischen Häutchen übersponnen wurde; in den Goldfäden chinesischer Herkunft trat als Grundfaden ausschliesslich nur die Seide auf. Zu welcher Zeitepoche die Perser und Araber die Membranvergoldung von den Chinesen übernommen haben, ist nicht bekannt; man findet sie aber schon in Geweben, die sicher vor dem X. Jahrh. angefertigt worden sind. In der Periode vom XI. bis zu Ende des XIII. Jahrh. ist der Gebrauch dieser Gespinste ein so allgemeiner, dass sie fast in allen byzantinischen, arabischen, sicilianischen, lucchesischen und spanischen Seidengeweben jener Zeitepoche anzutreffen sind. Die in Wien aufbewahrten Krönungsgewänder der deutschen Kaiser, welche in Palermo fabriziert worden sind (1133), enthalten davon prachtvolle Muster. Seit dem XIV. Jahrh., als die gezogenen Metalldrähte stark in Aufnahme gekommen waren, zog sich das Gewerbe der cyprischen Gespinste nach Deutschland zurück. Die Körperschaft „Fabrices capparum et clipeorum coloniense" nahm sich desselben mit solchem Eifer an, dass die Erzeugnisse rheinischer Seidenweber und -sticker jener Zeitepoche kaum andere Goldfäden enthalten. Zu Beginn des XVI. Jahrh. erlischt in Europa ihre Verwendung und dadurch auch die Fabrikation, um erst in neuerer Zeit ihrer Biegsamkeit und Dauerhaftigkeit, sowie ihres angenehmen, matten Glanzes halber, wieder mit Erfolg aufgenommen zu werden. Noch vor Jahren war man eifrig bemüht, das Fabrikationsgeheimnis cyprischer oder irakanischer Fäden, das sogenannte „mysterium auri filati" zu ergründen, jedoch vergeblich; erst 1882 gelangten die Münchner Professoren W. v. Miller und Harz zu dem Ergebnis, dass bei den cyprischen Goldfäden eine tierische Membrane die Unterlage des Goldes bildete. Dieses Häutchen, das in seinem anatomischen Bau als Peritoneum oder ähnliche Membrane bezeichnet werden konnte, erwies sich nach einiger Zeit als die Submucosa der tierischen Därme. Die Vergoldung ergab sich als eine Blattvergoldung und zwar in der Art, dass man Gold auf Silber im

Verhältnis von 1 : 2 ausgeschlagen hatte. Auf Grund dieser Thatsachen ist
es auch bald gelungen, diese Goldfadenart synthetisch zu erzeugen und sie
mit Erfolg in die Praxis einzuführen. Auch hat man neuerdings begonnen,
Seidenfäden auf galvanoplastischem Wege zu vergolden resp. überhaupt zu
metallisieren, worauf wir später noch zurückkommen werden.

Um mit den Erzeugnissen mittelalterlicher und späterer Webekunst
abzuschliessen, wäre noch der charaktervollen Teppiche, meist orientalischer
Herkunft, zu gedenken, obwohl diese Knüpfarbeiten eigentlich nicht in das
Bereich der Webekunst gehören. Die uns erhalten gebliebenen Seidenteppiche reichen nicht über das Ende des XV. Jahrh. hinaus, da der von
Karabacek als eine südpersische Arbeit des XIV. Jahrh. erklärte Teppich[1]
sich als viel späteren Ursprunges erwiesen hat. Nicht nur Persien,
sondern auch die Länder der osmanischen Türkei haben sicher im XVI.
Jahrh., wahrscheinlich schon früher, sich an der orientalischen Knüpfteppich-
produktion in ausgiebiger Weise beteiligt.

Die Musterung türkischer Luxusteppiche, die von Gold- und Silberfäden
durchwirkt sind, beruht auf dem als persisch erkannten Rankenwerk, dessen
Kennzeichen eine palmettenartige Blüte und gezacktes Lanzettblatt sind. In
diesen Arbeiten tritt es aber in einer, den europäischen Einfluss verratenden
Anordnung und in einer eigenartigen Umbildung auf, die den Gedanken an
rein persische Herkunft ausschliesst. Man hat diese trefflichen Seidenteppiche
mit den wenig verbürgten Nachrichten über das Knüpfgewerbe, das im
XVII. Jahrh. in Polen geblüht haben soll, in Zusammenhang gebracht und
sie darauf hin die Polenteppiche genannt; wahrscheinlicher ist es dagegen,
dass sie als Nachahmung der damals am Hofe zu Ispahan vielfach verwendeten Originalteppiche für den Hof von Stambul angefertigt worden
sind. Die originell persischen Seidenteppiche lassen sich ebensowenig über
das XVI. Jahrh. zurückverfolgen. Die Grundlage ihrer Ornamentik ist
gleichfalls vegetabilen Charakters, wenn auch vermengt mit animalischen Motiven. Das schön geschwungene Rankenwerk, das die ganze iranische Kunst
des neuen Zeitalters zu beherrschen scheint, besteht aus gezacktem Blatt
und palmettenartiger Blüte, die der stilisierten Seitenansicht einer Distel-
blüte nicht unähnlich ist. Das Motiv herrscht entweder allein in einheitlich entworfener Zeichnung, von einem spitzovalen Feld ausgehend, oder es
verbindet sich mit menschlichen und weit häufiger tierischen Figuren, wie
Drachen, Khilius und Paradiesvögeln, deren phantastische Gestalten der chinesischen Kunst entlehnt worden sind, welch letztere Persien vom XIII. bis
XVIII. Jahrh. stark beeinflusst hat; das Übrige sind einzelne Jagdmotive,
Löwen, Panther, Hasen, Adler u. s. w.[2]). Von Riegl ist, wie bereits
früher erwähnt, die Ansicht ausgesprochen worden, dass die neupersische

---

[1]) Die persische Nadelmalerei. Sûsandschird.
[2]) Riegl, Altorientalische Teppiche. Wien 1891.

und insbesondere die arabische Flachornamentik sich nicht aus orientalischen, d. i. assyrischen und achämenidischen Anfängen entwickelt habe, sondern dass die gesamte islamitische Musterung eine folgerichtige Ausbildung der um die Diadochenzeit (Anf. III. Jahrh. v. Chr.) eingeführten byzantinischen Zierweise ist. Inwieweit diese Ansicht, die hauptsächlich aus dem Studium der ägyptischen Textilfunde hergeleitet wurde, begründet ist, werden hoffentlich weitere Forschungen auf diesem Gebiete ergeben können; immerhin trägt dieselbe schon jetzt nicht wenig dazu bei, die vorerwähnte Eigentümlichkeit in der Musterung der persischen Teppiche in gewisser Hinsicht zu erklären.

*   *   *

Der Verfall und Niedergang der arabischen Macht (XIII. bis XIV. Jahrh.) sind naturgemäss nicht ohne Einfluss auf die Geschichte der Seide geblieben. Die Bahnen, in welche diese Nation den Seidenhandel und die Seidenindustrie gelenkt hat, behaupten zwar ihre Geltung noch einige Zeit, aber der Aufschwung der abendländisch-christlichen Seidenkultur und Weberei einerseits, und die Entdeckung des Seeweges nach Indien andererseits haben doch das Ende der maurischen Herrschaft auf diesem Gebiete wesentlich beschleunigt. So sehen wir, wie die europäische Seidenwebekunst das orientalische Gepräge allmählich abstreift und den Charakter einer freien unabhängigen Entwickelung annimmt. Es beginnt eine neue Epoche der Seidenweberei, die gotisch-italienische, welche vom XIV. bis in das XVII. Jahrh. hineinreicht.

Im Ursitze der abendländischen Seidenwebekunst, in Palermo, entwickelte sich dieselbe in einer Weise, welche uns Hugo Falcandus schildert, indem er mit Begeisterung von Brokaten, weichen Sammeten, feuerroten Diarrhodons, matten, grünlichen Diapistis und von Exarentamas erzählt, die mit kreisförmigen Mustern versehen, die grösste Fertigkeit im Weben erforderten[1]). Von Palermo wurde die Webekunst nach Norditalien verpflanzt, um hier Stätten der kraftvollsten Entwickelung zu finden, die Jahrhunderte lang in vollem Glanze erstrahlten, und von hier aus hat fast die gesamte europäische Seidenweberei der neuen Zeitepoche im allgemeinsten Sinne des Wortes ihre Kenntnisse und Geschicklichkeit geholt.

Die ersten ihrer Sitze waren Florenz und namentlich Lucca, dessen Initiative für die italienische Industrie bahnbrechend war. Man pflegt daher gewissermafsen Lucca als die Wiege italienischer Seidenkunstweberei zu bezeichnen, obwohl man mit einiger Sicherheit annehmen darf, dass seine Industrie nicht durch die eigenen Landsleute, sondern durch Pisaner begründet worden ist, sowie dass die Florentiner, nachdem sie Herren des die Rolle des Hauptstapelplatzes für Rohseide einnehmenden Pisaner Hafens

---

[1]) Hist. de rebus gest. in Sicilia. Parisiis 1550. S. 9.

wurden, diesen Vorteil zur Begründung ihrer eigenen Manufaktur ausgenutzt haben. Bini liefert zwar urkundliche Beweise[1]), wonach die seidengewerbliche Thätigkeit Luccas bereits im VIII. Jahrh. bestanden haben soll, doch war sie auf einen Maßstab beschränkt, der kaum den Namen einer Industrie verdient. Dagegen steht unbedingt fest, daß die mittelalterliche Seidenmanufaktur schon früher auf dem italienischen Boden festen Fuß gefasst hatte, denn schon im VIII. Jahrh., zur Zeit des Bilderstarmes in Byzanz, kamen brotlos gewordene griechische Seidenweber nach Rom und gründeten hier hauptsächlich der Herstellung von kirchlichen Paramenten gewidmete Kunstwebereien. Bereits im XII. Jahrh. ist eine beträchtliche Entwickelung lucchesischer Seidenmanufakturen zu verzeichnen, die im XIII. Jahrh. ihre höchste Blütezeit erreichte. Die Erzeugnisse Luccas, das mit England und Frankreich einen ausgedehnten Handel führte[2]), besaßen Weltruf und erfreuten sich auf den Messen zu Champagne, London und anderenorts einer sehr regen Nachfrage. Aller Wahrscheinlichkeit nach stammten die deutschen Seidengewebe meistenteils aus Lucca, was in seinem engen politischen Verbande mit Deutschland seine Erklärung findet. Durch politische Unruhen beeinflusst, verliert jedoch die Seidenweberei Luccas im Laufe des XIII. Jahrh. an Bedeutung, und anfangs des XIV. siedeln lucchesische Handwerker nach Florenz, Venedig, Bologna, Mailand und Lyon über, wo sie die Webekunst entweder einführen oder ihr fruchtbare Anregung geben.

Nach Florenz wurde die Seidenverarbeitung um d. J. 1204 eingeführt und erreichte im XIV. Jahrh. gleichzeitig mit der politischen Bedeutung der Stadt ihre Blütezeit, während welcher sie alle übrigen italienischen Städte übertraf. Im XV. Jahrh. wurde der toscanischen Manufaktur die Unterstützung der kunstsinnigen Medici zu teil. Man besitzt einen interessanten Aufsatz der florentinischen Seidenweber des XIV. und XV. Jahrh.[3]), der meist in Form eines Dialogs gehalten, uns genaue Angaben sowohl über Mulinieren und Färben der Strangseide, wie über die Technik und Webekunst der Seidenstoffe (Damaste, baldacs, Brokate u. a.) liefert.

In Venedig vermochte die ursprüngliche Seidenindustrie nicht mit dem kommerziell mächtigeren Genua zu konkurrieren; als aber 1204 Dandolo, der noch in seinem 95. Lebensjahre Konstantinopel eroberte, geübte griechische Seidenhandwerker und -züchter heimbrachte und den wegen seiner Erzeugung von Rohmaterial wichtigen Peloponnes der venetianischen Seidenweberei erschlossen hatte, ist derselben dadurch ein mächtiger Vorschub geleistet worden, dem nachträglich (1314) die Einwanderung der vor dem Usur-

---

[1]) I Lucchesi a Venezia.
[2]) Heyd, Die Geschichte des Levantehandels im Mittelalter. Stuttgart 1879. II, S. 698.
[3]) L'arte della seta in Firenze. Trattato nei secoli XV. ed. G. Gargiolli, Florenz 1868.

pator und Ghibellinen Castruccio fliehenden Luccheser zu stets wachsendem
Aufschwung verholfen hat. Die Ansiedelung flüchtiger lucchesischer Seidenhandwerker in Venedig gab der Industrie des letzteren eine ganz andere
innere Einrichtung und Verwaltung: statt der früher obwaltenden hausindustriellen Arbeitsteilung wurde ihr eine nach dem Vorbilde Luccas ge-
schaffene Zunftorganisation zu teil, die sowohl der Produktion wie dem
Handel zu gute kam. Die Manufakturen kamen unter Staatskontrolle,
jedes Seidenzeug wurde auf seine Güte geprüft und mit amtlichem Siegel
versehen[1]. Im Zunftstatut von 1278 findet sich ein genaues Reglement
über die Breite der Stoffe und die einzuhaltende Zahl der Gänge, welche
Einschränkungen jedoch infolge der stets wachsenden Konkurrenz 1410 teilweise aufgehoben wurden, dann wieder in Kraft traten und erst 1507 endgiltig annulliert wurden. Selbst die Ausübung der Kunstweberei wurde mit
grosser Strenge gehandhabt und überwacht; diese Mafsregeln lassen insgesamt darauf schliessen, dass Venedig ernstlich bestrebt war, sich im
Wettkampf mit den Schwesterstädten die Palme zu erobern. Eigene venetianische Seidenzeuge kamen indessen während des XIII. Jahrh. auf den
ausländischen Märkten noch wenig vor, obwohl die venetianischen Kaufleute mit orientalischen und sonstigen Seidenwaren im nördlichen Europa
regen Handel betrieben. Das XIV. Jahrh. brachte, ausser dem bereits erwähnten Impulse durch Einwanderung lucchesischer Flüchtlinge, noch das
günstige Ereignis, dass das letzte Bollwerk der Kreuzfahrerstaaten Akka am
Ende des XIII. Jahrh. in die Hände der Türken fiel, wodurch die Stapelplätze
des Rohmaterials nunmehr eine Verschiebung von Antiochien und Tyrus
nach Tana (Asowsches Meer) und Trapezund (Schwarzes Meer) erfuhren,
und mit diesen Gegenden stand Venedig in regem Handelsverkehr. Leider nahm die schutzzöllnerische Prohibitivpolitik Venedigs seit dem XV.
Jahrh. immer mehr überhand; es wurde u. a. verboten, ausländische Gewebe
zu importieren und zu tragen, der Zwischenhandel wurde untersagt, ferner
wurde verordnet, dass alle Rohseide von den Ortschaften der „Terra firma",
d. i. des Festlandes, zuerst nach Venedig gebracht werden sollte und nur
das, was hier nicht verkauft wurde, stand für die Ausfuhr frei[2]. Diese
einseitige Prohibitivpolitik hat sich an Venedig selbst in bitterer Weise ge-
rächt, weil die Unterdrückung jeglicher freien Konkurrenz eine Abnahme
des gegenseitigen Austausches und des Zwischenhandels nach sich ziehen
musste. Ein Merkantilsystem für ein so kleines auf den Export angewie-
senes Gebiet, wie die venetianische Republik, war überhaupt schwer an-
wendbar; ausserdem war es, wenn auch in der löblichen Absicht, die heimische
Industrie zu heben, zu überstürzt, als dass es die Früchte einer gesunden,
ungezwungenen Entwickelung hätte zeitigen können. Daraus, dass einige

---

[1] Marin, Storia del commercio de Veneziani.
[2] Broglio d'Ajano, Die venetianische Seidenindustrie und ihre Organisation bis
zum Ausgang des Mittelalters. Stuttgart 1893, S. 86.

Seidenstoffe, wie die neapolitanischen „canevas" und florentinischen „ormesin" von Eingangszöllen befreit waren, lässt sich indessen der Schluss ziehen, dass der Seidenhandel Venedigs grösser, als seine Produktion war. Italienische Sammete, Goldbrokate und Damaste fanden seit dem XIII. Jahrh., seitdem Venedig das Seidenhandelmonopol hatte, einen grossen Absatz im Orient.

Zu gleicher Zeit mit der Ansiedelung der Webekünstler in Venedig entstanden in dem reichen Genua die ersten Anfänge des Seidengewerbes, und schon im Laufe des XIII. Jahrh. kommen genuesische Stoffe unter dem Namen „pannus" in den Verkehr und finden zu kirchlichen Zwecken Verwendung[1]). Während des XV. Jahrh. teilt Genua mit Venedig die Führerrolle in der italienischen Webekunst.

In Bologna blühte die Seidenindustrie schon im XII. Jahrh., sie wurde durch Vervollkommnungen auf dem Gebiete der Seidenspinnerei weltberühmt. Nach Sienna wurde sie erst 1438 durch den unternehmenden Nello di Francesco übertragen und gelangte bald zu einer derartigen Blüte, dass es mit Florenz zu rivalisieren begann. Nach Padua, Verona, Vizenza und Bergamo wurde das Seidengewerbe während des XIV. Jahrh. durch wandernde Seidenhandwerker verpflanzt[2]).

Die Seidenindustrie gehört nicht zu den Kulturerrungenschaften, welche die römischen Nationen den Völkern des Abendlandes hinterlassen haben; daher Dank und Ehre den norditalienischen Staaten, welche die mittelalterliche, von antikem Geiste durchwehte, farbenstrotzende Webekunst auf die Neuzeit übertragen haben!

Wie die Seidenindustrie dem Seidenhandel, so folgte stets der Seidenbau der ersteren nach, und wo nur immer die seidengewerbliche Thätigkeit in etwas breiterem Mafsstabe sich zu entwickeln begann, da wurden auch — vorausgesetzt, dass die Boden- und Klimaverhältnisse der Einführung der Seidenkultur nicht hemmend im Wege standen — Versuche unternommen, die Beschaffung des Rohmaterials vom Auslande unabhängig zu gestalten. Die Seidenzucht Oberitaliens ist aber wahrscheinlich viel älter, als seine Seidenmanufaktur; denn schon unter Karl dem Grossen sollen daselbst ausgedehnte Maulbeerplantagen bestanden haben. Die Stadtrepubliken förderten zwar die Seidenkultur, aber dass ihre Handelspolitik der allgemeineren Verbreitung der Industrie nicht gerade günstig war, ersehen wir aus einer Verordnung Venedigs (1410), welche die Kokon- und Raupeneieraustuhr gänzlich verbot, und obgleich das Gesetz einige Jahre später teilweise aufgehoben wurde, so trat es doch 1475 wieder in Kraft. Das Anpflanzen der Maulbeerbäume im Staate selbst erfolgte indessen nur spärlich und auch deren Ausfuhr wurde 1505 streng untersagt[3]). Die emporkommenden mo-

---

[1]) Bock, Gesch. der liturg. Gewänder. I, S. 47.
[2]) Daru, Histoire de la république de Venise. Paris 1821.
[3]) Bujatti, Geschichte der Seidenindustrie Österreichs. Wien 1893, S. 30.

6*

narchischen Staaten Italiens, namentlich Neapel, Mailand und Turin, vermögen den Stadtrepubliken des XV. und XVI. Jahrh. bald eine stets wachsende Konkurrenz zu bieten, unter deren Druck die letzteren, namentlich Venedig, Lucca und Florenz sich zu einem industriellen Ringe im modernsten Sinne des Wortes alliierten. Freies Handwerk, ungebundene Konkurrenz, Unternehmungsgeist und freier Handel der neuen Königreiche boten dem immer festeren Boden fassenden Seidengewerbe manche Vorteile, die namentlich zu Tage traten und den Schwerpunkt der seidenindustriellen Thätigkeit nach Piemont und der Lombardei zu verlegen im stande waren, als die italienische Kunstweberei seit dem Aufkommen von Lyon und Tours wenigstens für den Weltmarkt ihre frühere Bedeutung verlor und gezwungen war, ihr Heil in der Seidenzucht, sowie dem Haspel- und Muliniergewerbe zu suchen. Die Mittelpunkte der letzteren Gewerbe waren Mailand und Turin, wo durch eine strenge aber einsichtige Gewerbepolizei für die Verbesserung der Technik und Hebung des Handelsverkehrs Sorge getragen wurde [1]).

Die spanische Seidenweberei behielt am längsten den orientalischen Charakter. Lissabon, Granada, Sevilla und Saragossa waren dauernd die wichtigsten Sitze der abendländisch-maurischen Webekunst. Almerias Seidenstoffe sind durch ihre Schönheit, wie uns Otto von Freising berichtet [2]), fast sprichwörtlich geworden. Im XIII. Jahrh. nimmt hier die Seidenindustrie einen solchen Aufschwung, dass die inländische Rohseidenproduktion nicht mehr ausreicht. Katalonien mit seiner Hauptstadt Barcelona, dem Sitze der spanischen Webekunst, tritt mit dem 1282 eroberten Sicilien in regen Verkehr und bezieht von ihm das Rohmaterial in grossen Quantitäten [3]).

Auch nach der Schweiz gelangten die Keime der sich überall regenden seidengewerblichen Thätigkeit und fassten hier fruchtbaren Boden. Schon gegen die Mitte des XIII. Jahrh. sind die Anfänge des Seidengewerbes zu finden, das sich im Laufe des XIV. Jahrh. mit Erfolg zu einer ziemlich ausgedehnten Industrie emporschwingt, mit Beginn des XV. Jahrh. jedoch den schweren Zeitverhältnissen der Freiheitskriege unterliegen muss, um erst in der zweiten Hälfte des XVI. Jahrh. durch die Lucarner wieder ins Leben gerufen zu werden.

Wie seit uralten Zeiten bei den Chinesen das Seidengewerbe eine meist den Frauen zufallende Beschäftigung bildete, so sehen wir auch in Europa die Frauenarbeit gleich von Anfang an in den Vordergrund treten, und zwar in allen Zweigen des Gewerbes: der Weberei, dann der Zwirnerei und schliesslich, als die Seidenkultur Eingang gefunden hat, in der Hasplerei. So

---

[1]) Eine Sammlung derartiger Verordnungen (18. Jahrh.) besitzt die K. Bibliothek zu Berlin unter dem Kollektivtitel „Industria di seta 1701—1786".

[2]) De gest. Frederici I. lib. II. cap. 13.

[3]) Depping. L'histoire du commerce entre le Levant et l'Europe etc. Paris 1830.

spricht das Lucchesser Statut vom Jahre 1308 [1]) nur von Weberinnen und Hasplerinnen; im älteren Züricher Seidengewerbe sind urkundlich vom XIII. bis XV. Jahrh. nur Frauen und Mädchen verwendet worden [2]), in Paris ist im XIII. Jahrh. nur von Seidenzwirnerinnen die Rede, und die Zunft der „ouvrières de tissuz de soie" ist älter, als die der „ouvriers de drap de soie" [3]); in England ist das gleiche der Fall [4]). Diese Erscheinung findet ihre Erklärung darin, dass die Ausübung des Seidengewerbes als eine zwar körperlich wenig anstrengende, aber dennoch geschickte und leichte Hände erfordernde Arbeit, seit jeher fast ausschliesslich eine Obliegenheit der Frauen bildete. Als nun im Laufe der Zeit der Übergang der Hausindustrie zum regelmässig betriebenen, geschäftlichen Gewerbe stattfand, waren die Unternehmer zunächst lediglich auf weibliche werkverständige Arbeiter angewiesen. Erst im XIV. und XV. Jahrh. gewinnt die männliche Arbeit allmählich die Oberhand, als der hohe Aufschwung der Hautelisseweberei eine besonders sachverständige und künstlerische Behandlung erforderte und an die Selbständigkeit des Webers die grössten Ansprüche gestellt werden musaten. In den Zubereitungsgewerben behielt dagegen die Frauenarbeit ihre Geltung bis auf unsere Zeit. Wir werden übrigens auf die Stellung der Frau in der modernen Seidenindustrie noch später kurz zurückkommen.

Trotz der mächtigen Entwickelung abendländischer Seidenweberei spielen die überseeischen Seidengewebe noch eine ziemlich bedeutende Rolle, und es dürfte wohl am Platze sein, einen Blick auf den derzeitigen Seidenverkehr im weiteren Orient zu werfen. China verblieb immer noch auf der alten Höhe der massenhaften Produktion, die jedoch seit dem XII. Jahrh. zum grössten Teil im Lande selbst aufgebraucht wird. Der Schwerpunkt des chinesischen Seidenhandels, der wohl ausschliesslich auf fertige Gewebe beschränkt, aber immerhin bedeutend war, ist nach dem Norden übertragen worden, wo die Stadt Kanbaligh zum Stapelplatz wurde. Der berühmte italienische Reisende Marco Polo (Ende des XIII. Jahrh.) veranschlagt in seinen Berichten das Quantum der Seide, welches täglich zu den Thoren Kanbalighs eingeführt wurde, auf tausend Karrenladungen.

Seit diesem Zeitpunkte (Ende des XIII. Jahrh.) übernimmt Indien Chinas Vermittlerrolle mit dem Abendlande in einer so vollständigen Weise, dass man die Reise nach China füglich unterlassen konnte, da Seide und alle anderen chinesischen Produkte in Indien in Hülle und Fülle zu haben waren. Die Blütezeit der mongolischen Dynastie in China (Ende XIII. und Anfang XIV. Jahrh.) war eine Periode des regsten kommerziellen Verkehrs zwischen China und Vorderindien [5]); zu dieser Zeit ist wahrscheinlich auch

[1]) Arch. storico ital. X. 58 ff.
[2]) Bürkli-Meyer, Die Gesch. der Seidenindustrie in der Schweiz, S. 15.
[3]) Depping, Réglements des arts et métiers de Paris rédigés au XIII* siècle. Paris 1837.
[4]) Statutes of the Realin, II, 374.
[5]) Heyd, Geschichte des Levantehandels.

die regelmässige Zucht des Maulbeerspinners nach Indien eingeführt worden. Die Seestädte der Malabarküste wurden zu Stapelplätzen chinesischer Rohseide und kostbarer Gewebe. Das damalige Calicut führte einen ausgedehnten Seidenhandel einerseits mit China, andererseits mit Alexandrien und Byzanz. Die ersten Europäer, die 1496 nach Calicut gelangten, fanden zu ihrem Erstaunen lucchesische Damaste und Samnete vor[1]). Kambaye betrieb lebhaften Handelsverkehr mit China und den Molukkeninseln, die in kommerzieller Hinsicht sich zu besonderer Wichtigkeit zu erheben beginnen. In den ersten Jahrzehnten des XV. Jahrh. ist die Malabarküste den Chinesen infolge eines Konflikts mit dem König von Calicut unzugänglich geworden, die Inseln Molukka, Java, Banda etc. gelangen unter solchen Umständen zu Bedeutung und werden Stapelplätze chinesischer Seiden. Aber neben der kommerziellen Grösse besass Kambaye auch Manufakturen für Taffete und andere reiche Seidenstoffe[*]). Aden galt als Berührungspunkt des Abendlandes mit dem Orient: chinesische, molukkische und bengalische Schiffe füllten seine Lager mit Seide, die der Beförderung nach Europa harrten. Seit dem XV. Jahrh. gelangte der Seidenhandel Adens zu einer solchen Blüte, dass die neidischen und gewinnsüchtigen ägyptischen Herrscher die Schiffe mit Gewalt zwangen, Adens Hafen zu umgehen und bis in das Rote Meer weiter vorzudringen. So kamen chinesische Schiffe bis an den Hafen Dschidda, den äussersten Punkt, den sie auf ihren Seefahrten nach dem Abendlande erreichten. Die entfernteren Stapelplätze für diesen Seidenverkehr waren Alexandrien, Schiras und die syrischen Häfen Beyruth und Tripolis.

Der durch den ungeahnten Aufschwung der abendländischen Seidenweberei hervorgerufene erhöhte Bedarf an Rohmaterial trieb die unternehmenden Italiener zur Auffindung neuer Bezugsquellen. Bereits im X. Jahrh. erforschen sie das Gebiet Kleinasiens und Syriens. Zu Ende des XIII. Jahrh. berichtet Marco Polo über das Auftreten der Genueser in Tauris, auf dem Kaspischen Meere und dessen Südgestaden: „und von daher kommt die ghilanische Seide", ein Beweis, dass die persische Seide von den Italienern bezogen wurde. Ob die letzteren noch weiter in das innere Kleinasien vorgedrungen sind, muss bei der Abgeschlossenheit jenes kaspischen Landes von dem übrigen Persien bezweifelt werden. Im XV. Jahrh. kam der Verkehr mit der Levante zu einer Entwickelung, die sich aus dem grossen Verbrauch kleinasiatischer Seiden im Abendlande ersehen lässt. Die toscanische Seidenindustrie verarbeitete in reichlichen Mengen die ghilanische Rohseide (seta ghella), die von Mazanderan (seta masandroni) und Amol (seta amoli). Ob die vielfach angeführte „seta stravagi" aus Strava (Asterabad) herstammte, ist nicht sicher festgestellt. Die von der Westküste des Kaspischen Meeres bezogenen „seta talina" (Talisch), „seta canare" und

---

[1]) Navigat. Je Vasco de Gama, Coll. de Ramusio. Vol. I.
[*]) Livro de Duarte Barbosa.

„seta sacchi" (Arran) waren geschützte Gattungen. Die vorzügliche, in
Lucca verarbeitete „seta gaugia" kam aus Gandscha (jetzt Elisabethpol);
die in Brussa erzeugte Rohseide wurde in den Sammetfabriken bevorzugt. Die
„seta merdacascia" stammte aus Buchara; die „seta soldania" (Sultaniah?),
„seta colusmin" und „seta colozani" waren persischen Ursprungs. Die „seta
soriana" bedeutet in den pisaner und lucchesischen Urkunden wahrscheinlich
die syrische Seide. „Seta turci" und „seta di Romania" weisen deutlich
auf ihren levantinischen Ursprung hin. „Seta chattuja" stammte offenbar
aus China (chatte, kata = China).

Schon oben ist erörtert worden, dass die Norddeutschen mit Nowgorod
bereits im X. Jahrh. in reger Handelsverbindung standen, bei den Süddeutschen dürfte indes die Vermittlerrolle im Seidenverkehr mit dem Orient
vor dem XIII. Jahrh. den italienischen Kaufleuten zugefallen sein. Seit dem
XII. Jahrh. entwickelt sich auch der direkte Verkehr der Deutschen mit
Südrussland; die Regensburger besuchen regelmässig das politisch und kommerziell wichtige Kiew, wo sie den Schutz des Grossfürsten geniessen; seit
dem XIII. Jahrh. gesellten sich dazu noch die Breslauer Kaufleute und erwarben grosse Mengen griechischer Seidenzeuge. Es ist ferner bekannt, dass
schon im XII. Jahrh., zur Blütezeit der byzantinischen Kunstweberei, in
Konstantinopel eine Ansiedlung deutscher Kaufleute bestanden hat und es
ist wohl möglich, dass die Seidenwaren von hier ab über die Handelsstädte
an der Donau, mit denen die Metzer, Kölner, Aachener und Passauer regen
Verkehr unterhielten, ihren Weg nach Süd- und Mitteldeutschland nahmen.

Um einen Einblick in die Seidenpreise am Ausgang des Mittelalters zu
gewinnen, mögen einige Daten angeführt werden. Im Jahre 1281 kostete
ein 6 Pfund 18 Den. schwerer Zendäl in Italien nach dem heutigen Geld-
wert 254,27 Lire, im J. 1333 ein gestreiftes Zeug zu Bettvorhang 221,28
Lire, 1365 ein rotes Seidengewand 123,99 L., 1366 eine Unze grüner Sei-
denfransen (36 venet. Soldi) 12,09 L., 1371 8 Denar Raupeneier 1,19 L.[1],
1378 eine Unze roter Seide 14,08 L., 1380 1 Pfund Seidenflocken (borra
di seta) 1,23 L., ebensoviel 1 Gran grüne Cordonnets zum Anhängen der
Siegel. Nach einer polnischen Rechnung des XV. Jahrh. kamen 3 Gran
farbige Seide auf 6 poln. Groschen oder 72 Pfg., ein Pfund schwarze Seide
auf 41,40 Mark zu stehen.

* * *

Mit Rohmaterial im Überfluss versorgt und durch steigenden Konsum
ihrer Erzeugnisse gefördert, nimmt die norditalienische Kunstweberei immer
mehr an Umfang zu. Die zwischen einzelnen Staaten und Republiken bestehende politische und kommerzielle Konkurrenz regte sie zur eifrigeren

---

[1] Cibrario, Della economia politica del medio evo. Torino 1842. Bd. III
S. 355 ff.

Thätigkeit an und veranlasste, wie wir sahen, strenge Verbote des intimeren Zwischenverkehrs [1]). Die Kriege der Guelfen und Ghibellinen und die Aufstände vertrieben indessen die friedlichen Weberfamilien von Stadt zu Stadt, und so verbreitete sich die anfänglich ohne Rivalen bestehende Seidenindustrie Lucca's nach und nach über ganz Norditalien und auch nach ausserhalb. Immerhin kann man behaupten, dass bis zum Schlusse des XIV. Jahrh. die Kunstweberei sich ausschliesslich auf die italienischen Manufakturen beschränkte. Sie hatten sogar einen gewissen politischen Einfluss; so sieht man z. B., dass, je tiefer Lucca in seiner Bedeutung sank, desto mehr hob sich Florenz, dessen Macht wesentlich durch die Ausdehnung seiner Seidenmanufakturen im XIV. Jahrh. bedingt wurde [2]).

Die italienische Webekunst erfreute sich, wie gesagt, nicht lange Zeit ihres Monopols. Die fortdauernden politischen Unruhen haben am meisten dazu beigetragen, die Auswanderung geübter Seidenweber, welche in wohlverstandener Absicht von einzelnen Industriestädten untersagt war, zu begünstigen. Die freundliche Aufnahme und der politische Schutz, der den Auswanderern in den benachbarten Staaten zu teil wurde, beförderten den weiteren Zuwachs italienischer Ansiedelungen, die in ihren neuen Heimatländern lebhafte webekünstlerische Thätigkeit entfalten. Schon im Laufe des XIV. Jahrh. sehen wir zahlreiche Weberfamilien ihr Gewerbe in der Schweiz, Flandern und Frankreich ausüben.

Auf französischem Boden ist das Seidengewerbe eigentlich schon um die Mitte des XIII. Jahrh. betrieben worden, wo es in Avignon, das noch zum Kirchenstaat gehörte, von Papst Gregor X. unter Zuhilfenahme lucchesischer, neapolitanischer und sicilianischer Weber gegründet wurde. Die richtige und fruchtbringende Grundlage wurde demselben aber erst im XV. Jahrh. gegeben, als die sich bildenden Weberkorporationen von der Regierung Aufmunterung, königliche Freibriefe und Privilegien erhielten. So befreit Ludwig XI. 1466 alle Seidenweber, die nach Lyon übersiedeln, während der ersten zwölf Jahre von jeglichen Abgaben [3]). Im J. 1470 zog er viele italienische Seidenweber an sich und errichtete in seinem Schlosse Plessis-les-Tours eine grossartige Seidenmanufaktur. Sechs Jahre später folgte Franz II. seinem Beispiele und gab den zu Vitré von den Florentinern angelegten Webereien ausgedehnte Privilegien [4]). Tours und Lyon streiten um den Vorrang in der Priorität; schon im J. 1470 sollen die Webereien in Tours thätig gewesen sein [5]), wodurch, wenn dies geschichtlich bewiesen worden wäre, Lyon, die heutige stolze Metropole der Seiden-

[1]) Höllmann, Städtewesen des Mittelalters. Bonn 1828/29.
[2]) Pagnini, L'arte della seta in Firenze.
[3]) Barret, Notes pour servir à l'histoire de la grande manufacture de Lyon, etc.
Lyon 1833.
[4]) Lobineau, Hist. de Bretagne. XIX. cap. 184.
[5]) Vic-Vaissette, Hist. gén. de Languedoc, II, 279.

webekunst, Tours gegenüber im Alter nachstehen würde. Der Streit hierüber ist noch heute nicht endgiltig entschieden, muss jedoch als ziemlich gegenstandslos erscheinen, da es sich hier höchstens um einige oder ein Dutzend Webstühle handelt, die noch keine Industrie ausmachen. Am Schluss des XIII. und anfangs des XIV. Jahrh. zerstreuten sich die italienischen Flüchtlinge in viele grössere und kleinere Städte Europas, namentlich Frankreichs, so dass man daselbst mehrere Orte finden würde, wo der Ursprung seidengewerblicher Thätigkeit denjenigen von Tours und Lyon im Alter weit überragen würde. Die Ehre des letzteren hat man zwar dadurch gerettet, dass man, auf Grund aufgefundener Patente Ludwigs XI., die Errichtung der ersten Lyoner Webereien auf vier Jahre früher, als der von Tours festzusetzen berechtigt ist[1]), obwohl es wieder einigen anderen Urkunden nach ziemlich wahrscheinlich ist, dass Tours bereits 1340, Lyon aber erst 1417 die ersten Seidenwebstühle besass.

Nach Nimes um 1441 eingeführt, erhielt die dortige Seidenmanufaktur unter Ludwig XII. 1498 durch Anlegung grosser Fabriken bedeutenden Zuwachs. Unter Karl VIII. gediehen die Manufakturen von Lyon und Tours vortrefflich, und als er bei seiner Rückkehr aus Neapel eine ganze Kolonie italienischer Seidenhandwerker mitbrachte, nahm die Seidenmanufaktur einen solchen Umfang an, dass, wie aus dem Erlasse von 1494 ersichtlich, alle in Lyon angefertigten Stoffe behufs Kontrolle mit dem Stadtsiegel versehen wurden und keine Seidengewebe getragen werden durften, die nicht im Lande selbst hergestellt worden waren. Auch in Tours kamen Schutzmafsregeln in Anwendung; die 1484 versammelten États Généraux setzten umfangreiche Statuten[2]) fest, die den Seidenhandel regelten und im allgemeinen auf Hebung der heimischen Industrie durch das Prohibitivsystem gerichtet waren[3]). Aus Tours kamen bald die berühmten Gros-de-Tours und Gros-de-Naples in den Handel. Franz I. war eifrig bestrebt, die einträgliche Gründung seiner Ahnen durch ausgedehnte Privilegien zu fördern. 1536 führte er mehrere Webekünstler aus Piémont, die die Kunst des Webens von Damasten und Sammeten beherrschen, nach Frankreich über. Eine Charte, vom Pariser Parlament im J. 1537 registriert, befreit alle Seidenweber Lyons von jeglichen Abgaben. Solche Privilegien konnten nicht umhin, Lyon bereits in der ersten Hälfte des XVI. Jahrh. zu einer Industriestätte ersten Ranges zu erheben, die den italienischen Vorbildern gleichkam; zu gleicher Zeit wird es ein Hauptstapelplatz für in- und ausländische Seidenfabrikate. Die Handelspolitik der Lyoner Seidenmanufaktur glich einigermafsen der der oberitalienischen Stadtrepubliken, doch wurde hier das Schutzzoll- und Prohibitivsystem unter wesentlich anderen Um-

---

[1]) Nouv. Archiv. du dép. du Rhône. II, 133.
[2]) Depping, Collection de Documents inédits sur l'histoire de la France.
[3]) Canestrini, L'arte della seta portata in Francia degli Italiani (Archivio storico italiano, Florenz 1857, N. S. Bd. 6, p. 2).

ständen angewandt, als dies in jenen kleinen Staaten geschehen konnte; denn
diese waren zum grossen Teil auf sich selbst angewiesen und mit ihrem durch
die Konkurrenz beschränkten Absatzgebiet standen sie im schärfsten Gegensatz
zu der zum Industriecentrum gewählten freien Stadt eines grossen Staates.
Bei Festlichkeiten jeder Art entfaltete das Lyoner Bürgertum den grössten
Prunk in Seidengewändern; beim Einzuge Heinrichs II. und seiner Gemahlin Katharina von Medici in Lyon (1548) sah man einen Zug von 446
Seidenfärbern, die in grauen und schwarzen Sammetkleidern einhergingen.
Bei einem späteren Aufzuge kommt es vor, dass die Florentiner und Luccheser mit den in Lyon ansässigen Genuesern und Mailändern wegen des
Vortrittes in Streit geraten. Bereits zu Anfang des XVI. Jahrh. bildeten
die in grosser Zahl zu Lyon angesiedelten Seidenbandwerker einzelne Zünfte;
so wurde die Färberzunft im J. 1501, die Bandweberzunft 1542 gegründet.
Mit der Seidenmanufaktor zu Lyon wetteiferte die Weberei in der Touraine,
die 1470 auf Anregung Ludwigs XI. neuen Zuzug italienischer und griechischer Webekünstler erhielt [1]). Wie ausgedehnt indessen die Privilegien
der Seidenweber in Tours und anderen benachbarten Städten auch waren,
mit Lyon vermochten sie doch nicht mehr zu rivalisieren, dem von französischen Königen im XVI. Jahrh. das alleinige Recht der Niederlage ausländischer Rohstoffe und Seidenfabrikate zuerkannt wurde. Im Jahre 1554
waren in Lyon bereits 12000 Webstühle in Gauge. Als Mailand 1523 erobert wurde, wirkte sein Fall ähnlich wie der Luccas im J. 1314; die
dortigen Webekünstler zogen massenhaft nach Frankreich und verbreiteten
die Kunst nach Paris, Orléans, Montpellier und Marseille; in Marseille
wurde die Seidenweberei indes schon im XIII. Jahrh. gepflegt, als es noch
zum sicilianischen Reiche gehörte. Die Bürgerkriege und nicht zuletzt die
Intriguen der auf ihr lukratives Monopol eifersüchtigen Lyoneser thaten indes
der Entwickelung der nordfranzösischen Webekunst Einhalt. Heinrich II.
erlässt Statuten über die Fabrikation der Seidenstoffe und gewährt auch
Unterstützung der immer mehr aufblühenden Seidenkultur, die unter
Heinrich IV. in eine neue Entwickelungsperiode tritt und anfängt, sich zu
einem wichtigen Zweige der Landeskultur zu entfalten. Der König soll denjenigen, welche nachwiesen, die Seidenzucht zwölf Jahre hindurch betrieben
zu haben, das Adelsdiplom verliehen haben. Um dieselbe Zeit erscheinen
zahlreiche Anleitungen über das Anlegen der Maulbeerplantagen und die
Seidenkultur. Unter Louis XIV. erkannte Colbert mit scharfem Blick
die Bedeutung der Seidenkultur namentlich für die südöstlichen Teile des
Reiches und förderte sie in jeglicher Weise; sein Werk wurde von den
späteren Regenten fortgesetzt. Während bis zum Schluss des letztverflos-
senen Jahrhunderts Europa lediglich die 552 eingeführten gelben, grün-

---

[1]) Champoiseau, Sur l'origine de l'industrie séricole en Touraine. Tours 1848.
S. 484.

lichen und weisslichen Rassen kultivierte, gebührt der Anregung seitens
Louis XVI. das Verdienst, die vorzügliche weisse Originalrasse „Sina"
direkt aus China eingeführt und verbreitet zu haben.

Neben Lyon, welches im XVI. Jahrh. den ruhmvollen Namen der Metropole der französischen Seidenindustrie erwarb, war Brügge in Flandern
am meisten vorgeschritten. Die Kunstweberei gelangte in den industrie-
reichen Städten Brügge, Brüssel, Gent u. a. bereits im XV. Jahrh. zu
hoher Blüte. Es waren hier wieder Italiener, vorzugsweise Venetianer und
Florentiner, die den Grund zu dem Seidengewerbe gelegt hatten. Wie überall,
ging auch hier ein reger Seidenhandel der Industrie voran; Brügge war schon
im XIII. Jahrh. Station für die lucchesischen Kaufleute, Gent eine solche im
XIV. bis XV. Jahrh.; ein Hauptplatz war jedoch Antwerpen, das im XIII.
Jahrh. mit Venetianern in lebhaften Beziehungen stand und im XIV.
Jahrh. einer der besuchtesten Stapelplätze für Rohseide war. Einigen
Autoren zufolge [1] soll die Seidenwebekunst Flanderns auf das XIII. Jahrh.
zurückzuführen sein, zu welcher Zeit sie ihren Ursprung in Ypern, Brügge,
Gent und Mecheln nahm und somit hier älter wäre, als in Frankreich.
Diese Angabe soll durch die Schilderung des Math. von Westminster [2]
ihre Bekräftigung finden; er beschreibt nämlich die Beziehungen Englands
zu Flandern und bezeichnet das letztere als das Land, welches den „Rohstoff Englands" verwebt; hierunter hat man Seide verstehen wollen,
was jedoch jeder Begründung entbehren dürfte. Aber erst im XVI. Jahrh.,
zur Zeit Karls V., erreichte die flandrische Seidenweberei der Atlasse,
Sammete und Goldbrokate ihren Glanzpunkt, der mit der grossartigen,
durch die dominierende Stellung des spanischen Welthandels bedingten
Entwickelung anderer Textilgewerbe Hollands zusammenfällt.

Wie in der Schweiz, so bestanden auch in England sehr frühzeitig
(XIII. Jahrh.) Anfänge des aus Oberitalien verpflanzten Seidengewerbes;
unter Eduard III. (1363) werden seine Statuten in Parlamentsakten erörtert; 1455 werden schon grosse Londoner Seidenwebereien citiert [3], die eine
bedeutende Produktionsfähigkeit besessen haben müssen, da laut Beschluss des
Parlaments (1454) die Einfuhr jeglicher Seidenfabrikate verboten worden
war. Heury VI. und Jacob I. widmeten dem einheimischen Seidengewerbe
grosse Sorgfalt; unter Henry VIII. bildeten die Seidenzwirner eine Zunftvereinigung (1529); unter Carl I. sorgte man (1630) durch Konfiskation
aller fremden Seidenzeuge für eine strenge Durchführung des Prohibitiv-
systems. Wilhelm III. verlieh den Seidenhandwerkern ausgedehnte Privilegien.

Die Seidenweberei Spaniens entwickelte sich inzwischen in ihrer eigen-
tümlich-archaistischen Art und bildete eine der Quellen des Nationalwohl-

---

[1] Bock, Gesch. der lit. Gewänder. I, 77.
[2] Flores historiarum etc. s. a. 1265.
[3] Madox, Firma Burgi, Cap. I, p. 33.

standes. Die Entdeckung Amerikas und die Reichtümer, welche Spanien von dorther erwuchsen, zogen aber eine fast gänzliche Vernachlässigung der einheimischen, seinerzeit von Arabern geschaffenen und grossgezogenen Industrie nach sich, und die Folge davon war auch der Verfall der Seidenwebekunst und der einst so blühenden Seidenkultur. Als schliesslich **Karl V.**, entgegen den wirtschaftlichen Mafsnahmen aller anderen Staaten, die Ausfuhr der spanischen Rohseide und die Einfuhr ausländischer Erzeugnisse freigab, konnte sie infolge des massenhaften Imports nicht mehr bestehen und kam bald (Anfang des XVII. Jahrh.) gänzlich in Verfall. Erst unter den bourbonischen Herrschern, die nach französischem Vorbild zu der alten Schutzpolitik zurückgekehrt waren und streng merkantilische Mafsregeln, u. a. ein strenges Verbot aller Rohseidenausfuhr, ergriffen, besserte sich der Zustand der spanischen Seidenindustrie von neuem. Zu Ausgang des XVIII. Jahrh. tritt Valencia sogar mit der Lyoner Manufaktur in einen Konkurrenzkampf[1]).

In die Zeitepoche vom XII. bis XV. Jahrh. fällt die Hauptentwickelung des deutschen Handels und der Manufaktur, die von Änéas Sylvius[2]) (Pius II.) in so beredter Weise geschildert wird. Die zur selben Zeit erfolgende Aufhebung der Frauen- und Sklavenarbeit und Begründung des freien Zunft- und Handwerkerwesens — welch letztere sociale Unabhängigkeit errangen — beförderte u. a. auch das unter den aufblühenden Städtegewerben einen der bedeutendsten Plätze einnehmende Seidengewerbe in hervorragender Weise. Schon im XIV. Jahrh. begegnet man der Seidenwebekunst in den reichen Handelsstädten Augsburg, Ulm, welche schon seit Anfang des Mittelalters mit Italien in Geschäftsverbindung standen, ferner Regensburg und Nürnberg, wohin sie nach dem Fall von Lucca (1314) durch U g u e c c i o F a g e o l a n o eingeführt wurde[3]) (und nicht, wie Einige haben wollen, aus Mailand, da das letztere nach dem Zeugnis des G a l v e a n o de l a F l a m m a erst um das Jahr 1341[4]) Kunstweberei erhalten hat), und schliesslich in den wendischen Städten. In Augsburg bestand bereits eine freie Zunftvereinigung der Sydenäer oder Seidenwirker[5]). Unter K a r l V. begünstigte der Zurückgang spanischer, des Vorwärtsstrebens entwöhnter Industrie die deutsche Seidenmanufaktur in nicht geringem Mafse. Nürnberg zog 1573 italienische Seidenfärber in seine Mauern. In Augsburg traten die Fugger, die allerdings zunächst nur Leinenweber waren, bald auch an die Spitze des lukrativen Seidenhandels und der Seidenmanufaktur. Bodin (XVI. Jahrh.) rühmt die Kunst und den Gewerbefleiss deutscher Städte und sagt, dass sie

---

[1]) **P a r i s e t**, Chambre de commerce de Lyon (1750). I. 57.
[2]) de' Picolom. de mor. Germ. c. 29.
[3]) Nic. Tegrin. in Vita Castruccii. Muratori script. rer. Ital. XI. 1321.
[4]) Muratori script. rer. Ital. XI. 1037.
[5]) **P a u l v. S t e t t e n**, Gesch. Augsburgs, I. 213.
G a l e t t i, Allgem. Weltgeschichte. Th. 56, p. 424.

darin alle europäischen Völker übertrafen. Köln wird als eine Stadt citiert, wo
die Seidenfärberei blühte und, wie Galetti behauptet, von der Behörde
beaufsichtigt wurde. In Berlin hat die rege Thätigkeit der Seidenmanufakturen in nicht geringem Maße dazu beigetragen, dass (1580) gegen den
überhandnehmenden Luxus polizeiliche Maßnahmen ergriffen werden mussten.
Um das Jahr 1670 gründet Langensalza seine Halbseidenmanufakturen; die
Raschmacher Formfeist und Schreiber kamen im J. 1668 von ihrer Wan-
derung aus der Schweiz zurück, wo sie sich viele Kenntnisse in der Halbseidenfabrikation erworben hatten, und verwerteten ihre Kunst in ihrer Vaterstadt Langensalza durch Herstellung von geblümten Taffeten, Atlassen
und anderen Seidenzeugen mit baumwollenem oder leinenem Einschlag.
Ihre Schüler und Nachkommen errichteten im Laufe des XVII. Jahrh.
weitere Manufakturen, und so kam das Gewerbe zu immer höherer Blüte
im J. 1720 war die Zahl der Seidenhandwerker Langensalzas bereits so
beträchtlich, dass sie vom Kurfürst August III. ein Innungsstatut erhielten[1]). Gottlieb Gräser führte daselbst auch die Fabrikation reinseidener Gewebe ein.

* * *

Nachdem wir in kurzen Umrissen die Entwickelung des Seidengewerbes
in Europa bis zum Schlusse des XVII. Jahrh. gezeigt haben, wird es von
Interesse sein, sich einen Überblick über den Verbrauch und Charakter der
Seidengewebe dieser Zeitepoche zu verschaffen.

Der sich unaufhörlich steigernde Verbrauch kostbarer Seidengewänder, sowohl bei dem hohen wie bei dem niederen Adel und dem Bürgerstande, veranlasste, wie zu Zeiten Roms, strenge Erlässe gegen den ebenso üppigen
wie unnötigen Aufwand. Ein Bild mittelalterlicher Üppigkeit und Ver-
schwendung liefert u. a. das reich illustrierte Werk der Kostümkunde
Hefners[2]). Welchen unglaublichen Konsum an Seidenstoffen die Kaiser-
höfe aufzuweisen hatten, lässt sich aus zeitgenössischen Berichten ersehen;
bei Hoffesten mussten z. B. alle Gäste in grünseidenen Gewändern erscheinen und grosse Säle waren ganz mit Sammet ausgeschlagen[3]). Ein
venetianischer Gesandter berichtet (1564), dass Frankreich allein mehr
Seide und Goldstoffe verbrauche, als Konstantinopel und ein grosser Teil
der Levante zusammen. Gleichzeitig nahm die Verwendung von Seide für
die liturgischen Gewänder und für den Kirchenschmuck zu, und über welche
Reichtümer man verfügte, lässt sich aus den mittelalterlichen Schatzinven-
taren grösserer Kirchen ersehen.

---

[1]) Hagenbruch, Journal für Fabrik etc. Leipzig 1802, Bd. 22, 313.
[2]) Trachten des christlichen Mittelalters nach gleichzeitigen Kunstdenkmälern.
Mannheim.
[3]) Journal etc. de Henry III. éd. 1720. I. S. 17.

Fragen wir nach der Stilisierung der Gewebeornamentik der italienisch-französisch-flandrischen Epoche der Seidenwebekunst, so können hier einige Perioden unterschieden werden. Wie in jeder Übergangszeit, so machten sich auch in der jungen italienischen Weberei zuerst mehrere Richtungen geltend, bevor sie einen definitiven Charakter annahm. Die Kreuzzüge haben bei aller den Seidenhandel fördernden Kraft die üble Nachwirkung gehabt, dass die Webekunst trotz des sich regenden Geistes ihren orientalischen Typus nicht so rasch abstreifen konnte. Die Reisen nach dem Orient brachten die morgenländischen Gewebe so in Mode, dass die abendländischen Webereien gezwungen waren, dieselben als Vorbilder in der Ornamentik zu benutzen. Die Kirchenschätze von Danzig, Stralsund, Brandenburg, Halberstadt, Braunschweig etc. besitzen zahlreiche Exemplare solcher Gewebe aus dem XIII. und XIV. Jahrh., meist orientalischer Herkunft, oder italienische imitierte Kompositionen. Bis tief in das XIV. Jahrh. hinein macht sich die Vorliebe für sarazenische Tierornamentik und Symbolik geltend, und phantastische Tiergestalten wiederholen sich in tausendfältigen Formen und Modifikationen. Einen stark orientalischen Charakter trugen auch die im XIII. Jahrh. aufgenommenen gestreiften Gewebe. Ein Vergleich mit der vorigen Epoche zeigt indessen sowohl in der Bemusterung dieser Arabesken (ineinander verschlungene Tier- und Pflanzenmotive), wie in der Farbenkomposition und Technik des Gewebes grosse Fortschritte. Die Tierornamentik beherrscht die ganze erste Hälfte dieser Kunstperiode, die sogenannte romanische, und setzt sich noch einige Zeit in die gotische fort. Da die romanische Stilrichtung (seit Beginn des XII. Jahrh.) aus römisch-christlichen, byzantinischen und mohammedanischen Elementen im germanischen Geiste aufgebaut worden ist, so wurde sie lange Zeit mit der rein byzantinischen verwechselt. Die Bemusterung ihrer ersten Erzeugnisse weist auf eine wenig glückliche Nachahmung antiker Kunst hin; den griechischen Palmetten ähnlich sind die breiten romanischen Blätterformen, und sind der Mäander, das Akanthusblatt u. s. w. in anderen Verzierungen leicht zu erkennen. Die Ornamentik nahm einen steifen und dabei willkürlichen Charakter an, der Phantasie war der freieste Spielraum gelassen, und fabelhafte Tier- und Menschengestalten, Drachen, Schlangen, Vögel etc. durchzogen alles Rankenwerk. Erst gegen Ende des XII. Jahrh. erhielt die romanische Ornamentik ihre stilvolle Ausbildung, die auf eine selbständigere, genauere Naturbeobachtung gerichtet war. Das befolgte Prinzip bestand darin, dem Gewebe nie durch malerische Schattierung des Ornaments den Charakter einer ebenen Fläche zu nehmen, und die Naturvorbilder aus dem Pflanzen- und Tierreiche nicht in naturalistischer Nachahmung, sondern in freier künstlerischer Stilisierung zu verwenden. Man befolgte hier die glückliche Idee der Araber, die auch gegenwärtig wieder allgemein anerkannt wird. Ein prachtvolles Werk romanischer Webekunst ist die Dalmatik des Kaisers Heinrich II. im Nationalmuseum zu München, deren breite Bordüren in sarazenischer Weise kleine und grössere Medaillons mit Greifen zieren. Erst in der Mitte des

XIV. Jahrh., als die Kunstweberei Italiens einen solchen Aufschwung nahm, dass sie ihrer Lehrmeisterinnen entbehren konnte, hört die konventionelle Nachahmung der phantastischen Tierornamentik auf; nach und nach finden einheimische, mehr zeitgemässe Motive endgiltig Eingang. Bei Beginn der gotischen Kunstperiode erlischt der Einfluss orientalischer Vorbilder hinsichtlich der Musterung und Farbenkomposition auf immer, und die volle Einwirkung neuer germanisch-christlicher Formenbildungen auf das seitherige romanische Ornament macht sich geltend. Die Webekunst verlässt teilweise das Gebiet der Arabeskenmotive und wendet sich von neuem, aber in erhöhtem Sinne, der Symbolik zu. Lange Zeit hindurch ist die historisch figurierte Darstellung biblischer und profaner Motive, allegorischer Figuren, von Scenerien aus dem Leben des Heilandes in den für kirchliche, wie für profane Zwecke bestimmten Seidengeweben vorherrschend. Bei der Vorliebe für die bildliche Musterung finden grosse figurierte Ornamente, Wappen, Kampfscenen u. s. w. rasch Eingang in diese moderne Kunstweise.

Auf jene, bis zum Schluss des XV. Jahrh. andauernde Periode der Rückkehr zur figürlichen Ornamentik folgt nun die zweite, die dem sich überall Bahn brechenden, rein dekorativen Pflanzengeranke (sarazenischen Vorbildes nach Semper) den Platz einräumt. Gewöhnlich zeigt sich die einer gewissen Kunstperiode eigene Zierweise auch in der Gewebeornamentik; es ist daher als sehr bezeichnend anzusehen, dass sie das architektonische Prinzip nun fernhielt, so sehr dasselbe auch die übrigen Künste überwucherte, und ebenso verschmähte sie den überall eindringenden Naturalismus; es war, als ob sich eine ganz eigene, vollständig unabhängige und isolierte Gewebemusterung entwickele und ihre eigenen Bahnen verfolge, deren Ursprung, wenn man von den reichen und wirkungsvollen, aber stilistisch verschiedenen arabisch-maurischen Stoffen absieht, beinahe als sporadisch bezeichnet werden könnte. Die Elemente sind, wie erwähnt, die Pflanzenmotive, die jedoch in so mannigfacher Weise ausgebildet werden und zur Verwendung gelangen, dass man kaum noch das Urbild zu entdecken vermag. Dies gilt z. B. von der typischen Granatapfelmusterung, deren mannigfaltige Wiedergaben dem Original in der Natur so unähnlich sind, dass sich ihre Benennung etwa wie eine Tradition unter den Archäologen fortpflanzt. Mit dem Auftauchen der durch die medicäische Anregung wieder zu Ehren gelangten antik-klassischen Kunstformen, weicht im XV. Jahrh. der frühere italienisch-germanische [1]) oder richtiger italienisch-christliche Typus der sogenannten neuitalienischen Kunstweise zurück; die Gewebe zeigen vorwiegend einen auf der antiken Ornamentik beruhenden Stil.

Nachdem wir nun den allgemeinen Charakter der ganzen italienisch-französisch-flandrischen Epoche flüchtig berührt haben, wenden wir uns ihren speciellen Ornamentmotiven zu.

---

[1]) Bock, Gesch. d. lit. Gewänder, I. S. 96.

Mit der Gotik (seit dem XV. Jahrh.) verschafft sich der Granatapfel,
„pomme d'amour“, als Musterungsmotiv Eingang in die Seidenweberei, ein
Motiv, dessen Ursprung aller Wahrscheinlichkeit nach im weiteren Orient
(Indien oder China) zu suchen ist. Ein indisches aus dem XI. Jahrh. her-
stammendes Gewebe [1]) zeigt z. B. ein Ornament, das lebhaft an die Granatapfelmusterung erinnert und auch im allgemeinen den Charakter der spät-
italienischen Kunstperiode trägt. Wenn somit der Granatapfel nach einiger
Meinung, und auch ich bin dieser Ansicht, als westasiatischen Ursprunges
anzusehen ist, so ist er nach Anderen [2]) das letzte Glied einer Entwicke-
lungsreihe, die von der selbständigen Blattfigur der späten Antike ausgehend,
diese letztere in der Zeitperiode vom X. bis XII. Jahrh. in streng gebundener Weise vervielfältigt, und im XV. Jahrh. innerhalb dieses Vervielfäl-
tigungsschemas den ovalen Kern mit einer Anzahl radialer Blüten umgeben
hat. Ein genaueres Studium der gleichzeitigen Ornamentstile Italiens und Indiens
führte den Verfasser zu der Überzeugung, dass das letztere auf die Entwickelung der gotischen Gewebemusterung von unmittelbarem Einflusse war; dazu
mag der rege Handelsverkehr nach der epochemachenden Weltreise Vasco
de Gamas oder sonstige Beziehungen, oder schliesslich die Verwandtschaft
der Kunstanschauungen und der „Völkergedanken“ beigetragen haben —
die Analogie der spitzen Linienverschlingungen lässt sich nicht verleugnen,
wenn auch in Europa unter dem Eindruck der klassischen Überbleibsel eine
gewisse Regelmässigkeit und Symmetrie der Kunstformen Platz gegriffen
haben.

Das Granatapfelmuster behauptet sich mit dauerndem Erfolg in unendlich vielen Modifikationen und bei aller Mannigfaltigkeit mit erstaunlicher Stilstrenge der Form das ganze Jahrhundert hindurch und wird
meist mit gotisch-stilisiertem Blätterwerk, im Stil einer vielblättrigen Rose,
umgeben. Diese Darstellung soll auch einer symbolisch-christlichen Bedeutung nicht entbehren, indem, wie einige haben sehen wollen, der Granatapfel heisse, aufopfernde Liebe versinnbildlicht, welche Früchte bringt zum
ewigen Leben; diese letztere wird in Form einer schwebenden Krone sym-
bolisiert. Wie bei den Griechen die Palmette, sagt Fischbach [3]), so
ist der Granatapfel das typische Ornament des Mittelalters. Bei beiden
Ornamenten ist die strahlende Entfaltung aus und um einen Kern das Wesentliche; aber während bei den Griechen nur die Schönheit der Bewegung
der schwankenden Ranke vorherrscht, so ist bei dem germanischen Ornament
der gesunde, kraftstrotzende Kern und das reiche Blühen betont. Um den
blühenden Apfel bildet das Schema der Rose die Einrahmung. Alle Teile
stehen zu einander in Beziehung, alles ist nach dem Prinzip der gotischen
Konstruktion geordnet und durchdacht. Wie die Filialen an einem Dome

---

[1]) Fischbach, Ornamente der Gewebe, Taf. XIII.
[2]) Riegl in Buchers Gesch. der technischen Künste. Stuttgart 1893, S. 376.
[3]) Die Geschichte der Textilkunst, Hanau 1883.

die Steinmasse zu einem scheinbar wachsenden Organismus gestalten, so
wächst auch in dem Granatapfelmuster eine Form aus der anderen. Überall ist blühendes, reich sich entfaltendes, ja oft überquellendes Leben.
Knospe, Blüte, Blatt und Frucht ordnen sich in reichster Fülle.

In den Sammlungen verschiedener Museen giebt es viele morgenländische Seidengewebe mit Granatapfelmusterung meist aus dem XII. Jahrh.
In denselben soll dieses Ornament die Königs- und Herrscherwürde sym-
bolisiert haben und Geschenke in der-
art bemusterten Stoffen galten als Zeichen der ehrfurchtsvollsten Huldigung.
Als die eigentliche Heimat des Granat-
apfels auf europäischem Boden sind
aus zahlreichen altkölnischen Bildern des XIV. und XV. Jahrh. der
Niederrhein und Brabant ermittelt worden, wo der Granatapfel zu jener Zeit
die mannigfaltigste Anwendung fand.
In seiner Stilisierung gingen folgende Metamorphosen vor sich. Zu
Anfang des XVI. Jahrh. erfährt das
ursprünglich einfache Motiv eine Weiterausbildung dadurch, dass die Zweige,
welche früher die Zwischenräume der
einzelnen Blumen ausfüllten, besonders stark betont und als selbständigere Ornamentstreifen ausgebildet
werden. Im späteren Verlaufe (XVI.
Jahrh.) werden aus diesen Streifen reich
ornamentierte Bänder, welche die Mu-

Fig. 6. Granatapfelmusterung. Original zu
Danzig.

sterung schräg durchziehen; in noch späterer Zeit nehmen diese Bänder
einen noch vorherrschenderen Platz in der Gruppierung ein. In dieser
Form erhält sich das Motiv bis in das XVII. Jahrh. Auffallend schön und
stilistisch rein tritt der Granatapfel in den kostbaren, farbenreichen, gold-
durchwebten Seiden- und Sammetgeweben der burgundischen Epoche auf.
Die moderne Industrieornamentik brachte das Ornament in dieser Form
wiederum zu Ehren; sowohl in den Wandbekleidungen, Tapeten, wie in
den Möbelstoffen findet es die häufigste Verwendung. Zu Beginn des XVI.
Jahrh. verliert der Granatapfel seine Selbständigkeit des Auftretens und
macht nach und nach dem zuerst in Norditalien aufgetauchten Streublumen-
ornament Platz.

Abgesehen von dem Granatapfelmotiv zeichnet sich die gotische Ornamentik dadurch aus, dass ihre Motive nicht einem fremden, dem römischen
oder byzantinischen Stile, sondern grösstenteils und oft unter dem Einfluss
symbolischer Beziehungen der heimatlichen Pflanzenwelt entnommen wurden,

so das Eichenblatt mit oder ohne Eichel, Buchenlaub, Weinblatt, Klee,
Epheu, Stechpalme, Rose, Distel, Cichorie, Geranium, Veilchen, Malve, Ranunkel, Mohn, Erdbeere u. s. w. Erst in der Spätzeit der gotischen Stilperiode traten antikisierende Elemente im Blattwerk auf, die ihren Verfall kennzeichneten. Der konventionell-phantastische Stempel der romanischen
Kunstrichtung ist entschwunden und der treuen Nachahmung der Naturmotive gewichen. Das

Fig. 9. Granatapfelmusterung aus dem XVI. Jahrh. Original zu
Krefeld.

figürliche Element in Form
einzelner Gestalten oder
ganzer Scenen tritt jetzt
überwiegend hervor. Im
XV. Jahrh. endlich schwindet die treibende Kraft,
welche die Werke der
Blütezeit durchzog, mehr
und mehr, und an Stelle
ernster und stilvoller Kombination treten Willkür,
Erstarrung und trockener
Schematismus auf.

Die gewaltigen Fortschritte der Kultur infolge
der Reformation, sowie
Gutenbergs Erfindung und
des dadurch geweckten
Geisteslebens, der Entdeckung Amerikas und
des dadurch hervorgerufenen Wohlstandes zeitigten
eine Umwälzung auch auf
dem Gebiete der allgemeinen und speciell der

Textilornamentik, die in stark realistischer, kraftstrotzender Färbung im
Gegensatze zu jenem mysteriös-religiösen Zug, welcher die gesamte mittelalterliche Kunst und namentlich die Werke der Gotik kennzeichnete, zum
Ausdruck kam. In durchaus prägnanter Weise äusserte sich der Einfluss des neu erwachenden Lebens ebenfalls in der Wahl und Zusammenstellung der Farben, wozu auch die technischen Fortschritte der Färberei
beigetragen haben mögen. Mit matten, gebrochenen Farben ist keine Pracht
zu erzielen, sagt mit Recht Jacob Falke [1]), aber auch lebhafte und kräftige Farben vermögen nicht den imposant erhebenden Eindruck hervorzurufen, wenn sie in zu kleinen Teilen räumlich durcheinander gemengt sind.

---

[1]) Geschichte des modernen Geschmacks. Leipzig 1866, S. 33.

Sie werden wohl so einen zarten, unter Umständen höchst harmonischen Schimmer bilden, wie die indischen Kaschmirgewebe, einen grossen Eindruck aber nicht hervorrufen. In derselben Weise wird ein zu zart gezeichnetes Ornament, wenn auch von vorzüglicher Ausbildung, auf dem breiten Grunde verschwinden und von der Farbe gedrückt werden. Eine überreiche Kombination, von besonders grellen Nuancen, kann begreiflicherweise bei dem von Haus aus glänzenden Seidengewebe kaum zur Erzielung der Harmonie beitragen: vielmehr ist es notwendig, dass wenige kräftige Farben, die sich lebhaft voneinander abheben, aber unterstützt von entsprechend gewählten matteren und trüberen Tönen, in verschiedenen Schattierungen in verhältnismässig breiten Flächen gegeneinander gestellt werden, und zwar in der Weise, dass weder der Grund noch das Ornament einen überwiegenden Einfluss erreicht. Dann ist es Sache des Künstlers, das Ornament selbst in schwung- und ausdrucksvollen Formen zu zeichnen, und darauf verstanden sich die Ornamentisten des XV. Jahrh. in einer Weise, die noch heutzutage als mustergiltig und ausschlaggebend bezeichnet werden darf. Sie verwendeten zu den rein ornamentalen Geweben selten mehr als zwei Farben, meistens Gold oder Silber, entweder als Grund oder als Musterung einer anderen Farbe gegenübergestellt, und sie wussten das

Fig. 10. Blumenvasenmusterung (XVI. Jahrh.). Original zu Krefeld.

oben angedeutete Verhältnis in solcher Weise anzuwenden, dass weder das Gold die Farbe, noch die letztere das Metall beeinträchtigen konnte. Um jedoch den Effekt der Faser zum besseren Ausdruck zu bringen und das Imponierende des Kolorits zu verstärken, bedurfte es der grandiosen Behandlung, wie wir sie in der Grossmusterung der damaligen Brokate, Sammete und Damaste finden können.

Der wichtige Übergang mittelalterlicher Kunst zur Renaissance vollzog sich zu Beginn des XV. Jahrh. in Süditalien (Florenz) und bedeutete das Wiederaufleben der antiken, heidnisch-klassischen Kunstweise, vorzugsweise der römischen Periode. Die Kunstrichtung der Frührenaissance von der Mitte bis zu Ende des XV. Jahrh. charakterisiert sich daher im Bestreben, die klassischen Traditionen der neuen Geistesströmung anzupassen und die

7 *

antiken Formen in wechselvoller Weise geistig zu verjüngen; der Symbolismus wird gänzlich verlassen, das klassische Ornament realistischer gestaltet — Bestrebungen, welche jedoch vom stilistischen Standpunkte aus nicht immer von Erfolg begleitet waren.

Die Epoche der Renaissance hat somit die Grundidee der voraufgegangenen weiter verfolgt, aber zugleich in der Ornamentik eine gewisse Verwirrung verursacht; denn, wenn man auch in der zweiten Hälfte des XVI. und im XVII. Jahrh. die früher üblichen Pflanzenmotive in Form von den Gewebegrund durchstreifenden Umrandungen beibehalten sieht, so lässt sich andererseits in denselben kein reiner Stil entdecken. Unter dem Einflusse der Renaissance schwand aus der Gewebeornamentik das rein gotische Prinzip,

Fig. 11. Streuornament (erste Hälfte des XVII. Jahrh.)
Original zu Krefeld.

um nicht selten geistlosen, nachgeahmten oder unverstandenen Bildformen den Platz einzuräumen. Zwar erkennt man in dem klassischen Renaissancemuster des XVI. Jahrh., der Blumenvase mit dem Pflanzengeranke, einen Nachklang aus der vorhergehenden Epoche; im allgemeinen ist aber das Ornament ein entstelltes Blumen- und Laubwerk, in welchem eine im antiken Stile abgefasste Pflanzenmusterung mit meist misslungenen Nachbildungen maurischer und byzantinischer Motive wechselt. Gleichzeitig greift aber eine in anderem Sinne bessere Richtung Platz; statt der gross entworfenen Zeichnungen bricht sich die Kleinmusterung Bahn, die speciell auf dem Gebiete der Pflanzenornamentik sehr erwünscht war, so dass die zweite Hälfte des XVI. und die erste des XVII. Jahrh. die alleinige Herrschaft des Streuornaments mit sich brachte, das meist in stilisierten Blüten und Blätterzweigen, auch in kleinen konventionellen Verzierungen ohne naturalistisches Vorbild zum Ausdruck kam; daneben bleibt der grosse regelmässige Granatapfel in gebundener Vervielfältigung, häufig in akanthisierenden Umbildungen andauernd in Gebrauch. Die zweite Periode der Renaissance, vom Beginn bis zu Ende des XVI. Jahrh., die sogenannte Hochrenaissance (Cinquecento), verfolgte dagegen die Idee der grössten Stilreinheit, und dieses Streben nach der Erreichung höchster ästhetischer Schönheit tritt in den Geweben gerade dieser Periode unverkennbar hervor. Die vielfach gewundene und verschlungene Arabeske mit stilisierten Blüten bildet das Hauptmotiv der Ornamentik, und durch freie Behandlung und hohen Schwung erreicht sie eine unübertroffene Ausbildung.

Von der Mitte bis zum Schluss des XVII. Jahrh. geht die Stilisierung vollständig verloren, und die Musterung italienischer wie französischer Seidenstoffe zeigt in freiester Behandlung von Frucht- und Blumenmotiven beinahe ein naturalistisches Ornament. Man nimmt gleichzeitig, unter Überwindung technischer Schwierigkeiten, darauf Bedacht, den Glanz durch Atlasbindung mehr zur Geltung zu bringen, während früher nur Taffet und Köper abwechselten. Vorübergehend tritt in der zweiten Hälfte des XVII. Jahrh. die Spitzenmusterung auf; sie wurde hervorgerufen durch das schwungvolle Aufblühen der durch Colbert geförderten Spitzenindustrie.

Die Renaissance entartete zuerst in Italien; Prunksucht und Willkür verdrängten die vornehme Regelmässigkeit aus der auf der Antike basierenden Ornamentik des Cinquecento. Das Streben nach malerischer Wirkung und nach überraschenden Effekten verband sich mit einem Hange zum Bizarren und führte endlich zum Barockstil und Rokoko, d. i. zur gänzlichen Entartung der Kunstanschauungen.

Mit dem Aufkommen des Barockstils (Ende des XVII. Jahrh.) unterwirft sich auch die Musterung der Seidengewebe dieser üppigen Ornamentik. Der Ba-

Fig. 12. Spitzenmusterung, XVII. Jahrh. Original zu Krefeld

rockstil war mehr auf grossen Effekt, als auf harmonischen Eindruck berechnet. Überschwengliche, sehr komplizierte Blumenranken, Guirlanden, reiche Rosensträusse, welche fast den Fond des Gewebes verschwinden lassen, behalten den Vorrang, um in der nachfolgenden Rokokoperiode einer Umgestaltung in das kleinmusterige Blumenornament anheim zu fallen, das in Form von zerstreuten unzähligen Rosen, Blättern und Knospen zur Geltung kommt. Dem Barock gehören die besseren, an die Epoche der Renaissance erinnernden Gewebe der letzten Hälfte des XVI. und aus dem Beginn des XVII. Jahrh. an. Die Rokokostilrichtung entstand in der zweiten Hälfte des XVII. Jahrh. in Frankreich und wird wegen ihrer Unwahrheit und Geschmacklosigkeit als Perücken- oder Zopfstil bezeichnet. Wohl wurden im Rokoko wie in der Renaissance viele antike Motive verwendet, die Mehrzahl derselben aber zu langgewundenen Schnörkeln und willkürlichen Figuren verzerrt, mit welchen man in phantastischer Weise Frucht- und Blumengewinde, reichen Schild- und Baudschmuck, Fackeln, Füllhörner, Vasen, Muscheln, Draperien mit Quasten und Frausen, Genien, Masken u. s. w. verbaut. In der Übergangsperiode zwischen dem Barock und Rokoko (zweites Viertel

Fig. 13. Barockmusterung, XVII. Jahrh. Original zu Krefeld.

Fig. 14. Naturalistische Musterung, XVIII. Jahrh. Original zu Krefeld.

des XVII. Jahrh.) kam eine Zeit lang die chinesische Musterung in Mode, die unter Ludwig XV. Eingang gefunden hat. Dann folgte das Muschelmotiv, von einem Lyoner Künstler ausgeführt. Nach und nach aber gelangte wieder das Blumenornament zur Geltung, jedoch schon in einer ausgesprochen naturalistischen Weise, welche es der Lyoner Industrie verdankt.

Mit dem XVII. Jahrh. büßt die italienische Seidenweberei ihren Nimbus als Schulmeisterin der modernen Webekunst ein und tritt den Vorrang an Frankreich ab, wo sowohl ihre technischen wie künstlerischen Fortschritte der Lyoner Industrie, die bereits im XVI. Jahrh. namhafte Bedeutung erlangt hatte, eine bis auf unsere Zeit tonangebende Stellung verschafft haben. Die mächtige Entwickelung der französischen Seidenmanufaktur, sowohl durch das Aufblühen der Seidenkultur, wie durch die technischen Fortschritte auf allen Gebieten der Seidenverarbeitung gefördert,

zog alle besseren individuellen Kräfte nach der französischen Metropole.
In ornamentaler Hinsicht versucht sich die französische Webekunst unter
Louis XIV. in den buschigen, lärmenden Mustern der italienischen Barock-
weise in konventioneller Zusammensetzung, sie gewinnt indes alsbald ihre
Selbständigkeit des specifisch französischen Charakters des XVIII. Jahrh. wieder,
und zwar in den bunten, hellen, naturalistischen Blumen, die sie entweder
in Sträuschen über die Fläche zerstreut oder in geschlängelten Guirlanden
aneinanderreiht. In technischer Beziehung gilt diese Stufe als der Höhepunkt der Seidenkunstweberei vor der Heranziehung der Maschine. Das
Hauptgebiet behauptet die Damastweberei mit bunter Broschierung, wogegen
Sammet mit seinen kräftigen, tiefen Farbentönen in weit geringerem Mafse
zur Anwendung gelangt. Der Gräcismus der nachfolgenden klassischen
Periode konnte der Kunstweberei wenig bieten, und dadurch fiel die Erfindung des Jacquardstuhles zeitlich mit einer nu und für sich unfrucht-
baren Periode der Textilornamentik zusammen. Die Kleinmusterung des
dritten und vierten Decenniums unseres Jahrhunderts unterscheidet sich von
derjenigen der unmittelbar nachfolgenden Jahrzehnte durch ihre natürliche,
gefällige Färbung. Die Jacquardmaschine hat aber auf die künstlerische
Seite der Seidenweberei bis heute noch keinen prägnanten Einfluss aus-
zuüben vermocht.

* * *

In gleichem Schritt mit dem Verfall seiner Kunstweberei gewinnt Italien in der Produktion der Rohseide den Vorrang. Seit dem XVI. Jahrh.
ist die Seidenzucht allmählich zu einem nationalen Gewerbe herangewachsen,
das berufen ist, eine immer grössere Ausdehnung und in den wirtschaftlichen
Verhältnissen Italiens eine bedeutende Rolle zu gewinnen. Im XV. Jahrh.
werden schon vielfache Rassen der grünen, gelben und weissen Kokons gezogen[1]) Später wandte man sich vorzugsweise der gelben Rasse zu, welche
auch im Laufe des XVII. und des XVIII. Jahrh. (ausser einigen Gegenden
in Piémont und Ligurien) ausschliesslich kultiviert worden ist[2]).
Die Widerrufung des Ediktes von Nantes (1685) gab der bis dahin
in stetigem Wachstum begriffenen Seidenindustrie Frankreichs einen heftigen
Stoss. Über 80000 geübte Handwerker siedeln nach England und Deutschland über, wo sie namentlich in Berlin, Stuttgart, Crefeld, Dresden. Hanau
und anderwärts dem daselbst bestehenden Seidengewerbe fruchtbare Anregung
mitbringen. Es mag an dieser Stelle hervorgehoben werden, dass die land-
läufige Meinung: Deutschland, Holland, England und die nordischen
Reiche hätten ihre Seidenindustrie erst durch die französischen Refugiés
erhalten, nach meinen früheren Ausführungen keineswegs haltbar und nur

---

[1]) Lazzarelli, Bombyx. A. 1500.
[2]) Cornalia, Mon. del Bombyce del gelso.

insofern richtig ist, als die Auswanderer der einheimischen Industrie quantitative Stärkung und Anregung in Bezug auf neue Artikel, guten Geschmack und verbesserte Technik verliehen haben. Um dieselbe Zeit (XVI. Jahrh.) sehen wir die Anfänge deutscher Seidenkultur auftauchen. Grosse Sorgfalt verwendete Wallenstein auf dieselbe, und man darf annehmen, dass nach seinem Beispiel viele andere Edelleute sie auf ihren Gütern eingeführt haben. Er schrieb an seinen Inspektor in Gitschin: „müsset schauen, wie alle Arten auf Gitschin introducirt werden von Seiden- und Wollarbeiten; ehe die Maulbeerbäume gross geworden, so kann man Seda cruda aus Welschland kommen lassen"[1]. 1595 befasst sich Prinzessin Elisabeth, Tochter Joachims II. von Brandenburg mit der Seidenzucht, wohl mehr aus Liebhaberei, als in ernsterem Sinne. 1598 baut Liebauf in Rothenburg an der Tauber mit gutem Erfolg Seide. 1601 errichtet Friedrich I., Herzog von Württemberg, in Stuttgart grössere Kulturanlagen. Nach dem dreissigjährigen Kriege fängt der Seidenbau von neuem an festeren Boden zu fassen. Baesine lehrt uns in seiner Schwester Martha, die er eine „altera Pallas" nennt, eine eifrige Beförderin des Seidenbaues kennen und berichtet über ihre Versuche, die Seidenraupen mit Salatblättern zu füttern[2]. Maria Sibylla Graefia schreibt ein Werk über die wunderbaren Verwandlungen der Seidenraupe[3]. Johannes Colerus und Salmasius empfehlen die Seidenkultur aufs angelegentlichste. In Bayern wurden unter Kurfürst Max I. (1598—1651) ausgedehnte Maulbeerplantagen angelegt. Schon aus den Zeiten Wilhelms VI. (1508—1559) und Albrechts V. (1550—1579) existieren Gartenrechnungen, in denen Maulbeerbäume erwähnt sind. Max I. beabsichtigte auch die Seidenzucht einzuführen und erkundigte sich im Lande überall nach Maulbeerplantagen; die verheerenden Kriege der damaligen Zeit verhinderten jedoch die weiteren Versuche. Unter dem Kurfürsten Ferdinand Maria (1651—1679) war man wieder bestrebt, die Seidenzucht zu heben und durch materielle Unterstützung zu fördern. Im Jahre 1664 entstand unter Joachim Becher ein ausgedehnter Seidenbauverein, der jedoch aus Nebengründen bald auseinander ging. Kurfürst Max Emanuel (1679—1726) errichtete in München eine Seidenfabrik und Max II. liess 1740 daselbst ein am Hofgarten gelegenes Schloss für eine Seidenmanufaktur einrichten. Aber erst unter Max III. (1745—1777) begann eine allgemeinere Verbreitung des Seidengewerbes. 1759 wurden auf fürstlichen Befehl unter vielen Geldopfern in München, Straubing, Landshut, Burghausen Plantagen angelegt und aus dem Auslande Seidenzüchter und -haspler berufen. 1760 wurde eine sogenannte Seidenkommission ernannt und andere Anstalten getroffen, um den Seidenbau zu fördern; das ganze

---

[1] Valentini, Hist. simpl. ref. III, 42, 1.
[2] Baesii liber de re vestitiaria, V.
[3] Sibylla Graefia, nota Mariana, L. de Educarum mirabile transmutatione.

Unternehmen scheiterte indessen aus finanziellen Gründen, da die private Initiative dabei in thunlichster Weise eingeschränkt wurde. Der Regierungsantritt Karl Theodors brachte keine Besserung, die verheerenden Kriege trugen vielmehr dazu bei, das unrühmliche Ende der bayerischen Seidenzucht zu beschleunigen. Es wurden zu dieser Zeit über 600000 Stück Maulbeerbäume gepflanzt, aus denen nur ein klägliches Quantum Rohseide hervorging. Zu gleicher Zeit rief das Misslingen der Seidenernte in der Pfalz den Unwillen der Bevölkerung gegen die Seidenkultur hervor, so dass in der Erbitterung sämtliche Maulbeerbäume zerstört wurden. Eine neue Periode begann für Bayern 1823—1834 unter der Regierung des Königs Maximilian I. und baute sich unter König Ludwig I. weiter aus. Eine Reihe von Staatsmännern, u. a. von Hazzi, nahmen sich der Seidenzucht eifrig an, Gesellschaften für weitere Kreise (Seidenbauvereine) wurden gegründet und Prämien ausgesetzt. Die Beteiligung war eine äusserst lebhafte. Im Jahre 1832 sollen in Bayern über 4 Millionen Maulbeerbäume gestanden haben, indessen entsprachen die pekuniären Resultate des Unternehmens nicht allen Ansprüchen, so dass der Eifer bald beträchtlich nachliess; 1838 waren nur noch 400000 Bäume vorhanden. 1843 wurde in Regensburg eine Seideninspektion unter dem um die Sache wohlverdienten Premier Ziegler errichtet; ferner wurden Pflanzungen und unter Aktienbeteiligung Raupenzüchtereien angelegt. Trotz der interessanten Vorträge und Broschüren war das allgemeine Interesse nach den gemachten Erfahrungen nur noch ein sehr schwaches; 1844 standen noch 24674 Bäume, 1845 nur 8006 im ganzen Königreiche [1]. Ebensowenig vermochte der 1847 ins Leben gerufene mit grösstem Eifer betriebene „Frauen-Verein für Seidenzucht" dieses Gewerbe aufzurichten; mit wechselndem Erfolge bestand der Verein 10 Jahre lang, die Produktion sank inzwischen, von 5 $\frac{1}{2}$ Centnern Kokons im Anfangsjahre, nach und nach auf ein Minimum und erlosch in den allgemeinen Krankheitsjahren der Seidenraupe (1856—1860) gänzlich. Der Hauptgrund des Misslingens der Seidenzucht in Bayern, sowie überhaupt in ganz Deutschland, liegt in einem zu grossen Wohlstand der ländlichen Bevölkerung einerseits, dem zu kleinen Ertrag und zu grosser Mühe des Seidenbaues andererseits; ausserdem auch in den ungünstigen Klima- und Bodenverhältnissen, da der Maulbeerbaum 10—20 Jahre alt sein muss, um gute Blätter zu liefern.

In Sachsen wurden, obwohl man auf ein viel früheres Bestehen der Seidenkultur als häusliches Gewerbe schliessen kann, erst zu Beginn des XVIII. Jahrh. Maulbeerplantagen in grösserem Maſsstabe angelegt, namentlich in den Gegenden von Leipzig, Grimma, Wolkau, Meissen, Rochlitz, Torgau u. a. O.

Sowohl hier wie in Brandenburg fanden die ausländischen Seidenhandwerker seit jeher jegliche Unterstützung; die viel verheissenden Anfänge wurden jedoch durch den 30jährigen Krieg zerstört, und was davon

---

[1] Dr. Hars, Bayr. Ind.- u. Gewerbeblatt, 1892 S. 583.

übrig blieb, war nicht lebensfähig genug, um sich von neuem aufzurichten. Als sich in deutschen Landen die Anschauung zu verbreiten anfing, es sei Aufgabe des Staates, die Industrie zu unterstützen, fand der Nationalökonom Becher, in dessen Plänen die Seidenkultur und -industrie eine bedeutende Rolle spielten, Anklang bei dem Kurfürsten Karl Ludwig von der Pfalz; die guten Pläne scheiterten jedoch an den unglücklichen Kriegsereignissen. Auch der Kurfürst Johann Philipp von Mainz betrieb bei Würzburg mit Erfolg die Seidenzucht. Alsdann rief Becher in Wien und München Seidenmanufakturcompagnien ins Leben, die anfänglich zwar gut gediehen, bald jedoch infolge der mangelhaften Subsistenzmittel eingingen. In Sachsen hatte dagegen das Seidengewerbe festen Fuss gefasst, wie beispielsweise in Langensalza, und der Hauptmarkt zu Leipzig besass schon allein deshalb Lebensfähigkeit, weil man damals die französischen Fabrikate aus politischen Gründen sorgfältig mied. Zu Beginn des XVIII. Jahrh. wurde auch in Leipzig von Apel und Böttcher die erste grosse Seidenmanufaktur errichtet.

Neben der sächsischen und hamburgischen Industrie arbeiteten sich die württembergische, die hessische in Hanau und die pfälzische Industrie empor und erfuhren durch die Ansiedelung französischer Auswanderer (der Hugenotten und Waldenser) kräftigen Zuwachs.

Die Anfänge der Hamburger Seidenmanufaktur reichen an das Ende des XVI. Jahrh., wo niederländische Reformierte die Sammet- und Taffetfabrikation nach der charakteristischen Antwerpener Art eingerichtet haben. Der dreissigjährige Krieg, der das übrige Deutschland in wirtschaftlicher Entwickelung um ein Jahrhundert zurückwarf, berührte die Hamburger Industrie nicht oder kam ihr vielmehr zu gute, weil gerade infolge des Krieges die Ausfuhr nach den übrigen deutschen Ländern einen bedeutenden Aufschwung erhielt; in das Ende des XVII. und die erste Hälfte des XVIII. Jahrh. fällt die Zeit ihrer höchsten Blüte.

In Österreich hatte Becher in Wien, wohin er in Sachen der bayerischen Compagnie gekommen war, die Gründung einer österreichischen Seidencompagnie übernommen, was man ihm indessen in Bayern sehr verübelte, so dass man sich sogar dazu hinreissen liess, seine Bandmühle zu zerstören. Becher blieb in Österreich und errichtete (1666) in Walpersdorf die erste „seydene Fabrica und Manufactur". In dem sogenannten Manufakturenhaus auf dem Tabor in Wien, das 1676 angelegt wurde, bestand auch eine Abteilung für Seidenmanufaktur, zwei Bandmühlen für „puren Seidenbandt" und eine für „Floretgladtbandt"; das Haus ist bei der zweiten Belagerung Wiens (1683) niedergebrannt und ist seitdem jede Spur von ihm verloren gegangen.

In Preussen hatten die Hohenzollern mit richtigem Scharfblick die Bedeutung der Seidenindustrie für den Staat und die demselben hieraus erwachsenden pekuniären Vorteile erkannt; ihre Einführung wurde als eine handelspolitische Pflicht erachtet, der sich der fortschreitende Staat nicht entziehen durfte. Durch

das Beispiel Frankreichs und Sachsens angeregt, nahm sich der Grosse Kurfürst
des Gewerbes eifrig an; doch blieben die Unternehmungen der einheimischen
Industriellen lange Zeit ohne Erfolg und erst die Einwanderung französischer Refugiés 1686 brachte eine entscheidende Wendung. Zwar fehlte es
den Einwanderern fast stets an Kapital, doch scheute der Kurfürst sich nicht,
neue Anlagen finanziell zu unterstützen und bald blühten in den hugenotti-
schen Zufluchtsstätten, besonders in Magdeburg, neue Fabriken auf. Die
seidengewerbliche Thätigkeit fand in Preussen allerdings nur in Berlin einen
fruchtbaren Boden, wo der Pariser Jean Blot 18 Stühle aufstellte. Nebenbei traten viele kleinere Betriebe ins Leben, denen es jedoch an Kapitalien
fehlte und die dadurch nicht über das Kleingewerbe emporkamen. Erst
unter Friedrich Wilhelm I. trat seit 1713 insofern eine Besserung ein,
als derselbe der Seidenzucht selbst einen grösseren Wert beizulegen gewillt
war. Ausserdem suchte der König durch Einfuhrverbote und hohe Protek-
tionszölle die inländische Industrie nach Möglichkeit zu schützen; es gelang
ihm jedoch nicht, trotz der einigen grösseren Fabriken in Potsdam, Berlin und
Magdeburg erteilten Privilegien, derselben eine dauernde Fortentwickelung zu
sichern. „Die Ausführung des Werkes erwies sich doch für die Kräfte des
jungen Staates zu schwierig; nur sehr langsam, Schritt für Schritt, konnten die vorgesteckten Ziele erreicht werden" [1].

Unter wesentlich anderen Verhältnissen entwickelte sich das Seidengewerbe unterdessen in einem entlegenen Winkel des Staates, nämlich in
dem damals nur 1900 Einwohner zählenden Städtchen Crefeld. Zuerst wurde
hier die durch Niederländer eingeführte Leinenweberei betrieben; allmälich
aber verlor diese bei der kraftvollen Initiative der Begründer der Crefelder
Seidenindustrie, der von der Leyen, immer mehr an Boden. Heinrich
von der Leyen, ein holländischer Mennonit, erwarb im J. 1668 das Bürger-
recht in Crefeld; im J. 1670 wurden schon Gallons, ein Jahrzehnt später auch
Sammetbänder gewebt; von Heinrichs Bruder wurde alsdann eine Zwirnerei, von
anderen Brüdern Sammetfabriken angelegt. Der Betrieb war hausindustriell,
jedem Meister wurden Gesellen zugeteilt. Im Jahre 1724 wurde die erste

---

[1] Acta borussica. Denkmäler der preussischen Staatsverwaltung im XVIII. Jahrh.
Die preussische Seidenindustrie im XVIII. Jahrh. und ihre Begründung durch Friedrich
den Grossen. Bearbeitet von G. Schmoller und O. Hintze. Berlin 1892. 3 Bde. —
1. Band: Urkunden und Aktenstücke: I. Von der Aufnahme der Refugiés bis zum
Regierungsantritt Friedrichs II. (1686—1740). II. Vom Regierungsantritt Friedrichs II.
bis zum Ausbruch des siebenjährigen Krieges (1740—1756). III. Vom Beginn des siebenjährigen Krieges bis zur Überwindung der grossen Absatzkrisis nach dem Kriege (1756
—1768). — 2. Band: IV. Von Überwindung der grossen Krisis bis zum Tode Friedrichs
des Grossen (1769—1786). V. Vom Tode Friedrichs des Grossen bis zum Ende des
alten Systems (1786—1806). VI. Statistische Beilagen. VII. Zur Entwickelung der Crefelder Seidenindustrie im XVIII. Jahrh. — 3. Band stand mir ursprünglich nicht zur
Verfügung; ich war daher auf die Skizze in der „Leipz. Monatschrift für Textilind." Heft
1, 2, 3 (1893) verwiesen.

Seidenfärberei errichtet [1]). 1750 gelang es, im rheinpreussischen Gebiet die
Befreiung der Rohseide von allen Zöllen, Licenten und Accisen zu erwirken.
Aus Frankreich und Italien wurden gewandte Handwerker verschrieben, und
als einmal Audreae in Mülheim den Versuch machte, einen solchen aufzuhalten, wandte sich von der Leyen an Friedrich d. Gr., der die kate-
gorische Epistel erliess: „wofern die Mülheimer den Kerl nicht freilassen,
sollen meine Soldaten ihn holen". Auch Maschinen und Geräte liessen die
von der Leyen aus Holland und Frankreich kommen. 1759 erhielt die
Firma ein Monopol auf Band- und Zwirnmühlen, während sie auf Foulards
schon früher ein Patent erhalten hatte. Nach dem siebenjährigen Kriege
wandten sich die Konkurrenten an den König mit der Bitte um Freihandel-
erlass, indem sie anführten, dass durch „viele Fabriken die Aemulation und
die Güte der Arbeit verbessert, das Land peuplirt, Accisen und Zölle vermehrt werden"; die Gesuche blieben jedoch erfolglos. Erst nach dem Ein-
marsch der Franzosen im J. 1794 waren die Monopole von selbst gefallen
und viele neue Fabriken wandten sich deren nunmehr freigelassenen Ausbeutung zu. In den sechziger Jahren beschäftigte von der Leyen 15—18
Zwirnmühlen mit 300, 200 Bandmühlen mit 1000 und 500 Webstühle mit
1500 Arbeitern, wovon 140 auf Sammet, 118 auf façonnierte Tücher, 102
auf einfache Tücher, 97 kleinere Stühle auf Bänder, 43 auf Soesjes etc.
Gebr. Floh hatten 100 Sammet-, und Preyers & Co. 30 Sammet- und
209 Sammetbandstühle. Es wurde, um die zeitweilige Auswanderung der
Weber zu verhüten, auch in den schlechten Jahren, wenn auch auf Lager,
gearbeitet, so z. B. im J. 1787, wo die Erhöhung der Rohseidenpreise um
50%, eine Stockung des Betriebes herbeigeführt hatte. Das Städtchen hob
sich von 866 im J. 1722 auf 4500 meist in der Seidenindustrie beschäftigte
Einwohner und zählte 1787 deren 5928; eine grosse Anzahl Werkstätten ar-
beitete ausserdem in der Umgegend im Dienste der Firma von der Leyen.
Der Verfall der Seidenindustrie in Holland brachte der Crefelder einen unschätz-
baren Vorteil. Ganz im Gegensatz zu Preussen beruhte hier die Industrie,
ohne staatliche Unterstützung, auf privatem Unternehmungsgeist und verfügte über ausgedehnte Verbindungen im Auslande, besonders in Holland
und Polen.

Über Viersen finden sich Nachrichten aus dem J. 1786 [2]) über Sammet-
bandweber (Lindwirker); sie verdienten viel und protzten gern mit ihren
Kronenthalern, zum grossen Ärger ihrer ländlichen Nachbarn; als aber 1812
das Sammetband ausser Mode kam, hörte der Wohlstand auf und die Weber
zerstreuten sich überallhin in andere Fabriken.

Inzwischen wandte sich in Preussen gleich beim Antritt der Regierung
Friedrich d. Gr. der Seidenindustrie zu, „da itzo alle auswärtigen Staaten
und fast die ganze Welt sich auf Manufacturen befleissigen". Der Chef

---

[1]) Keussen, Geschichte der Stadt Crefeld. 1865.
[2]) Schröteler, Herrlichkeit und Stadt Viersen. 1861. S. 323.

des sogen. „fünften Departements für Commercien und Manufacturen",
v. Marschall, versuchte die Wiederbelebung der Seidenzucht, die er unter
anderem in den Waisenhäusern betreiben liess. Freilich gaben diese Mafsnahmen und auch die pekuniäre Unterstützung des Staates dem Seidengewerbe
nicht den erhofften Aufschwung, doch war, als v. Marschall 1749 starb, ein
bedeutender Fortschritt zu verzeichnen. In Berlin arbeiteten schon ca. 1000
Stühle, in Potsdam 100—200. Der Seidenbau erstreckte sich zuerst nur
auf die Kurmark, seit 1750 dehnte er sich auch auf Pommern, die Neu-
mark, Magdeburg und Halberstadt aus, wo zumeist Geistliche und Schul-
lehrer sich damit befassten. Für besondere Erfolge wurden Prämien ausgesetzt, und eine Anzahl von „Plantageninspektoren" beaufsichtigte die
in stetigem Wachstum begriffene Kultur. So gab es zu Beginn des
siebenjährigen Krieges 100000 ertragsfähige Bäume; die Seidenproduktion betrug 1754 schon 2637 Pfund, von welchen die Kurmark allein 1835 Pfund
geliefert hatte. Die einheimische Seidenweberei wurde gleichzeitig durch Marschall, Gotzkowsky und schliesslich den König selbst unterstützt und
durch grosse Zölle, sowie 1756 durch das endgiltige Einfuhrverbot aller fremden Seidenwaren und die Ausfuhrprämien von 4—8% in aussergewöhnlicher
Weise zu fördern gesucht.

Der siebenjährige Krieg berührte naturgemäss auch die Seidenindustrie,
welcher noch schlimmerer Schaden durch finanzielle Krisen im Auslande
und die Bankerotte inländischer Seidenmanufakturen zugefügt wurde. Die
durch den König veranlassten Mafsnahmen hinderten jedoch ihren günz-
lichen Stillstand. Diese Mafsnahmen bestanden in der Regelung des Verhältnisses zwischen den Verlegern und den Meistern, der Einrichtung eines Ge-
werbegerichtes sowie der Gewerbepolizei, der Arbeiterentlassungsscheine und der
Aufstellung eines Reglements für die Seidenfabriken, das nach dem Vorbilde
des in Lyon geltenden entworfen war. Auch pekuniäre Unterstützungen
liess der König dem Seidengewerbe zu teil werden; dahin gehört zunächst
ein Zuschuss von 10% für alle auf der Frankfurter Messe verkauften
Waren, und später eine Prämie von 8% des Wertes für die produzierten
im „bureau du poids des soieries" gewogenen, auf ihre Güte geprüften
Seidenzeuge. Die Konterbande und sogar die Einfuhr der Hamburger und
Crefelder Waren wurde streng überwacht. Durch Einrichtung sogenannter
Seidenmagazine sollte der Fabrikation die Beschaffung des Rohmaterials,
das vom Staate aus Italien bezogen wurde, erleichtert werden. Unter den
Staatsmännern bestand zur Zeit eine scharfe Meinungsverschiedenheit, die
durch die dabei beteiligten Parteien der Fabrikanten einerseits, und der
Seidenkaufleute andererseits zu einem erbitterten Kampfe geschürt wurde.
Es wurde vorgeschlagen, die Einfuhr fremder Seidenfabrikate freizugeben,
dieselbe jedoch mit hohen Abgaben zu belasten; die Unzulässigkeit dieser
Mafsregel unter den damaligen Verhältnissen wurde jedoch bald er-
kannt, denn bei hoher Veranschlagung der Einfuhrzölle würde der
Schmuggel beträchtlich gefördert, bei niedriger ihr eigentlicher Zweck ver-

fehlt worden sein. Die andere Partei, welcher mehr Erfolg beschieden war, verfocht die Erlangung eines gänzlichen Einfuhrverbots [1]). Das Verbot der Einfuhr fremder Fabrikate rief natürlich auch in den Nachbarstaaten, besonders in Sachsen und Österreich, gleiche Mafsregeln hervor. Österreich verbot 1765 die Einfuhr fremder Seidenwaren, weil Maria Theresia damals in ähnlicher Weise wie Preussen, die inländische Seidenindustrie zu fördern suchte. Die andauernde Fürsorge, welche Friedrich der Grosse dem Seidengewerbe widmete, war jedoch keine Nachahmung, sondern ein Ausdruck der allgemein merkantilischen Bestrebungen und Ziele seiner Gewerbepolitik, die auf die Erweckung und Ausnützung aller produktiven Kräfte des Landes ausging. Seine handelspolitischen Mafsnahmen zeitigten auch alsbald die Erscheinung, dass die fremden Fabrikate allmählich vom Markte verschwanden. 1772 waren auf den Messen noch an 660000 Ellen fremder Fabrikate verkauft worden, zehn Jahre später war es nicht mehr ein Drittel davon, während der Absatz einheimischer Waren von 235000 Ellen auf 456000 gestiegen war. 1775 waren in Potsdam 118 Seiden- und 55 Sammetwebstühle in Thätigkeit, 1780 144 und 73; in Berlin arbeiteten 1783 deren 2316.

Zu Beginn der achtziger Jahre geriet der Absatz und somit auch die Fabrikation aus mannigfachen politischen Gründen (u. a. Verbot Dänemarks, fremde Seidenfabrikate einzuführen und verminderter Absatz nach Russland und Polen), sowie infolge von Arbeiterunruhen in Stockung.

Trotz aller staatspolitischen Mafsnahmen Friedrichs des Grossen konnten die Preise der Seidenstoffe infolge des teuren Rohmaterials und der hohen Arbeiterlöhne mit den französischen nicht in Konkurrenz treten. Nach und nach entwickelten sich jedoch zugleich mit der Fabrikation teurer Gewebe auch die Halbseidenindustrie und die Specialgewerbe, wie die Gazenfabriken, Strumpfwirkereien, Bandwebereien, Blonden- und Spitzenfabriken, Stickereien u. s. w. In den Seidenmanufakturen der Kurmark waren gegen Ende der Regierung Friedrichs des Grossen (1785) 2935 Stühle thätig, auf denen für 2197734 Thaler produziert wurde; in denen der östlichen Provinzen, ausschliesslich Schlesiens, 3122 Stühle mit einer Produktion von 2302507 Thalern. Das Herzogtum Magdeburg kam mit 152 Stühlen und einer Produktion von 93691 Thalern in Betracht. In den anderen Provinzen war das Seidengewerbe unbedeutend: in Stettin und Königsberg wurden Bänder, in Schidlitz bei Danzig seidene Schärpen, in Schlesien Bänder und Posamente, und in Berlin specielle nach dem Crefelder Muster gewebte Bänder gefertigt.

Die Seidenkultur wurde weiter in jeglicher Weise gefördert, sowohl durch Anlegung von Maulbeerplantagen, wie durch Prämien, so dass der Ertrag von 2540 Pfund i. J. 1765 auf 11500 Pfund i. J. 1782 stieg. 1773 wurden in Preussen 653329 Maulbeerbäume zur Seidenkultur herange-

---

zogen[1]), nachdem 1768 der erste Damast aus preussischer Seide gewebt worden war. In Berlin wurde eine Centralhaspelanstalt angelegt sowie eine Zwirnerei, die namentlich Nähseide herstellen sollte, und im Jahre 1781 wurde aus Preussen bereits Seide im Werte von 1 137 043 Thalern ausgeführt.

Nach Friedrichs des Grossen Tode blieben zwar im grossen und ganzen seine trefflichen Einrichtungen bestehen, obwohl sich schon Gegenströmungen geltend machten. Besonders sorgte Struensee noch einige Zeit für die Erhaltung des Seidenbaues und erliess 1792 eine Schrift zur Belehrung der Seidenzüchter; allmälich aber schwand das Seidengewerbe wie die Seidenkultur immer mehr und mehr, und nur vereinzelt sah man Frauen und Kinder in Bauerngehöften ihre freie Zeit der Pflege von Seidenwürmern zuwenden. Friedrich Wilhelm III. vernachlässigte die Seidenindustrie. Indessen kam sie, dank den schweren wirtschaftlichen Verhältnissen in Lyon, trotzdem nochmals wieder in Aufschwung, um jedoch nach kurzer Zeit schon wieder abzunehmen.

In den süddeutschen Staaten schritt das Seidengewerbe inzwischen langsam, aber in sicheren Bahnen vorwärts, und wenn auch die Produktion zur Ausführung von Fabrikaten zu gering war, so genügten die letzteren doch vollkommen für den inländischen Verbrauch. In Augsburg wollte man 1713 das Seidenkämmen, also die Verarbeitung der sich bei Kultur, Hasplerei u. s. w. ergebenden Abfälle einführen, wogegen jedoch die Bortenwirker Einsprache erhoben, weil sie die Konkurrenz des neuen Rohmaterials und Verbilligung der Fabrikate befürchteten. Gegen die Mitte des XVIII. Jahrh. erhielt Augsburgs Seidenmanufaktur durch Anlage neuer Webereien unter Hinzuziehung von tiroler und italienischen Handwerkern einen nicht unbedeutenden Vorsprung; obwohl bald nach dem Tode des Begründers Münch die neuen Fabriken eingingen, so wurden 1793 von Pelloux und Brentano dafür andere gegründet, die von sehr gutem Erfolg begleitet waren.

Nicht so erfreulich erging es dem mitteldeutschen Seidengewerbe, das einesteils weniger unabhängig war und unter dem ungünstigen Einfluss preussischer Merkantilpolitik stand, andererseits aber unter den Wirren der Kriegszeit zu leiden hatte. In Sachsen, und zwar zu Meitschen bei Torgau, war auch während des siebenjährigen Krieges eine sehr grosse, nach italienischer Art betriebene Seidenhasplerei und -zwirnerei von Rabe im Betrieb, die der König durch Militärbesatzung schützen musste. Sie ging jedoch ebenso, wie viele andere Manufakturen, zu Leipzig, Langensalza, Chemnitz, Dresden, Meissen u. a. O., ganz wie in Berlin, in demselben Mafse zurück, wie sich das Seidengewerbe in Crefeld und Elberfeld, und im Süden in Wien, zu immer höherer Blüte emporschwang.

Die Verhältnisse in Crefeld, das seit 1794 sich in den Händen der

[1]) Boxhorn, Inst. polit.
Beckmann, Gesch. d. Erfind.
Poppe, Gesch. d. Technologie.

Franzosen befand, bewirkten, dass die Crefelder Waren nur schwer Eingang in andere Provinzen fanden, so dass ihre Konkurrenz die anderen
deutschen Manufakturen nicht gerade unmittelbar drückend beeinflusste. Die
staatlichen Unterstützungen Preussens erfuhren unterdessen bedeutende Ein-
schränkung, und auch der Seidenbau litt unter den Missernten und man-
gelnder Fürsorge des Königs. Die Katastrophe von 1806 brachte die bran-
denburgische Seidenindustrie teilweise in gänzlichen Verfall und in den
siebziger Jahren hat sie schliesslich endgültig aufgehört zu existieren. Nur
die Färberei ist geblieben. Speciell die Franzosen und Israeliten erwarben
sich, wenn auch in selbstsüchtiger Absicht, um die Emporbringung der
preussischen Seidenmanufaktur nicht geringe Verdienste.

Während die Ereignisse von 1806 die Berliner Industrie zu Grunde
richteten, entwickelte sich die Crefelder Fabrikation unter französischer
Herrschaft immer mehr und gelangte unter dem Walten der alles gleich-
machenden Republik, dank der Beseitigung der Monopole, alsbald zu einer
glänzenden Existenz und nach und nach zu ihrer gegenwärtigen, in der
deutschen Seidenindustrie dominierenden Stellung.

Seit 1845 kam in Preussen ein regeres Interesse für Seidenkultur zum
Ausdruck, das auf jede mögliche Weise durch Verteilung von Raupeneiern
und Maulbeersamen, Herausgabe unzähliger belehrender Schriften über den
Seidenbau, öffentliche Vorträge u. s. w. gefördert wurde und von Rammlow, v. Türk, Friedheim, Wagner, Bolzani, Töpfer, Heese u. a.
mit seltener Ausdauer geleitet wurde. Noch bis vor einem Jahrzehnt bestanden zu Potsdam, Steglitz bei Berlin, Trebbin, Paradies, Bunzlau, Prettin
und a. O. nicht unbedeutende Haspel- und Mulinieranstalten, ebenso in der
Rheinprovinz zu Crefeld und Barmen, die aber sämtlich der zur Grossindustrie emporwachsenden ausländischen, namentlich der französischen und
italienischen Konkurrenz unterliegen mussten.

In den übrigen deutschen Ländern bestand zu Anfang unseres Jahrhunderts noch hie und da die Seidenmanufaktur, welche, wie alle Industrien,
sich der modernen Entwickelung anzupassen suchte; in einigen Städten
fasste sie auch festeren Boden und brachte es in einigen Specialitäten
zu einer nicht geringen Vollkommenheit. 1852 waren in Augsburg über
200 Webstühle in Thätigkeit, die ausser den einfachen Stoffen auch Damaste, Sammete und moirierte Gewebe erzeugten. In der bayerischen Pfalz
(Kaiserslautern) wurde 1858 eine grosse Seidenweberei gegründet, die Atlasse
und geblümte Zeuge anfertigte. 1875 waren in Bayern insgesamt 154
Webereien in Thätigkeit.

In Österreich wurden die Bestrebungen um die Hebung der Seidenindustrie seit dem Beginn des Jahrhunderts sehr energisch aufgenommen,
wobei sich hauptsächlich das Seidenhaus Chwalla nicht geringe Verdienste
erworben hat.

Auch nach den Niederlanden brachten die französischen Auswanderer
dem Seidengewerbe fruchtbare Anregung und erhoben es in kurzer Zeit

zur hohen Blüte. Zwar wurde schon früher (1682) in Amsterdam eine
Weberei mit einer für jene Zeit des hausindustriellen Betriebs sehr erheblichen Anzahl von 110 Webstühlen errichtet, doch gelang es erst mit Unterstützung der Refugiés, in Utrecht eine Fabrik anzulegen, die 500 Arbeiter
unterhielt und ausserhalb noch 1100 Webstühlen Beschäftigung gab, sowie
für eigenen Bedarf 32 Seidenmühlen betrieb; erst 1816 ging dieselbe ein [1]).
In Haarlem wurden grosse Seiden-, Halbseiden- und Gazefabriken, in Utrecht
und Naarden Sammetwebereien angelegt. „Die Holländer, sagt Davenant
(1697), haben eine solche Seidenmanufaktur in ihrem Lande, dass wir von
dort mehr Seide importieren, als wir von Indien hierherbringen; .... der
grösste Teil der Sammete kommt aus Holland" [2]). Auf dem spanischen
Markt vermochten die holländischen Seidenstoffe sogar die französischen
Fabrikate zu verdrängen [3]). Die Seidenindustrie Haarlems gab noch zur
Zeit ihres späteren Verfalls 15000 Menschen Beschäftigung. Wie gross der
Vorteil war, den die neuen Manufakturen dem Lande brachten, zeigt u. a.
eine Berechnung, dass von 1688—95 der Nationalreichtum der Niederlande
sich um 7700000 £ vermehrt hat [4]). Die Gewerbeverfassung hat durch
strenge Gesetze auf die Güte der Fabrikate hingearbeitet; u. a. mussten die
Seidenfärber in Amsterdam die Versicherung abgeben, dass sie die Seide
nicht erschweren würden [5]). Die Gewebe wurden amtlich untersucht und
mit dem Stadtsiegel versehen, welches bei der vorzugsweise entwickelten
Hausindustrie dem Käufer dieselbe Garantie bot, wie ein renommierter
Firmenstempel in jetzigen Zeiten. Aber schon im ersten Viertel des XVIII.
Jahrh. lassen sich sichere Anzeichen des bevorstehenden Verfalls der Seidenmanufaktur, wie überhaupt der gesamten niederländischen Gewerbethätig-
keit konstatieren; auf dessen Ursachen will ich hier nicht näher eingehen: hohe Arbeitslöhne, drückende Steuer, Verbot des Betriebs auf dem
flachen Lande, unzweckmässige Zollpolitik und schliesslich mangelhafte Zufuhr des Rohmaterials durch die ostindische Compagnie (seit 1750) können
als solche genannt werden. In der Denkschrift eines Seidenfabrikanten
von 1774 heisst es: „Früher erhielten durch die Seiden- und Seidenstoff-
fabriken mehr Menschen Arbeit, als durch die ganze ostindische Compagnie" [6]). Zwar wurden auch Mittel in Vorschlag gebracht, um die unter-
gehende Seidenindustrie zu heben, doch zu spät, um mit der von Frankreich, England und dem Niederrhein erwachsenen Konkurrenz einen irgendwie aussichtsreichen Kampf aufnehmen zu können.

In Russland liess Peter der Grosse, durch das Beispiel Preussens an-

---

[1]) Utrechtsch tijdschrift, 1835, S. 226.

[2]) Essay on the East India trade. Works I. 109.

[3]) Boislisle, Correspondance des contrôleurs généraux I. No. 1608.

[4]) Davenant, a. a. O. 415.

[5]) Wagenaar, Amsterdam, IV, 1, 442.

[6]) Stukken betreffende...... de Zijdofabrioken te Amsterdam. 1774 (Stadtarchiv
Amst. L. Z. 9 No. 8, citiert von Pringsheim in Schmollers Forschungen 1890).

geregt, ausgedehnte Maulbeerplantagen anlegen, ein Werk, das von Katharina, Paul und den späteren Regenten fortgesetzt wurde. Die russischen Bauern zeigten jedoch für dieses grosse Sauberkeit und umsichtige Behandlung erheischende Gewerbe wenig Verständnis, und obwohl 1807 ca. sieben Millionen Maulbeerbäume vorhanden waren, gewann man nicht mehr als 14560 Pfund Rohseide. Auch die Seidenmanufaktur fand unter Peter I. unter Hinzuziehung französischer Kräfte wieder lebhafteren Eingang; 1714 war eine stattliche Anzahl von Sammet- und Brokatwebereien in Moskau, Wladimir und Jaroslaw im Betrieb, 1809 waren 194 mit 4996 Stühlen thätig und produzierten 7110000 lf. Arschin (1 Arsch. = 0.71 m) Seidenstoffe, 505 Stück andere kostbare Gewebe, 400000 lf. Arschin Seidenbänder, 6400 Stück Tüllgewebe und 12000 Paar Handschuhe. 1812 ist die Anzahl der Webereien infolge der Kriegswirren auf 105 herabgesunken, um jedoch 1818 wieder auf 210 zu steigen. 1823 fand der Jacquardstuhl Eingang. In der Zeitperiode 1826—29 erzeugte man jährlich ca. 5 Millionen lf. Arschin Stoffe und 115000 Stück Goldbrokate, 1845 belief sich der Produktionswert auf sechs, 1850 auf sechsundeinhalb Millionen Rubel.

Über die Seidenmanufaktur anderer nordischer Länder Europas im XVIII. Jahrh. lässt sich nichts Erspriessliches berichten. Schweden erhielt dieselbe gegen Ende des XVII. Jahrh.; im Jahre 1751 waren 2474 Webstühle thätig, um 1768 auf 962 herabzusinken [1]).

Die im letzten Viertel des vorigen Jahrhunderts überhandnehmende sociale Gährung in Frankreich war der Entwickelung und Stärkung der Seidenindustrie wenig günstig, und so sehen wir auch die von der Lyoner Industrie beschäftigte Anzahl Webstühle von 8381 (1739) auf 12000 (1765) und 15000 (1788) heranwachsen, bald jedoch durch die Revolution beeinflusst auf 9335 (1788) und 2500 (1800) herabsinken. Die politischen Wirren Frankreichs kamen anderen Staaten zu gute; so fällt in das Jahr 1760 der Ursprung der Elberfelder Seidenmanufaktur und entfalteten seitdem auch die übrigen rheinischen Seidenmanufakturen überhaupt eine sehr rege Thätigkeit. In Elberfeld wurden hauptsächlich die Stapelartikel für Nationaltrachten aufgenommen. In Mülheim existierten schon weit früher einige Seidenfabriken; so wurde hier im Jahre 1744 einer Firma das Monopol auf Florettseidenband, 1764 auf Sammet, dann einer anderen auf alle Arten Seide erteilt. Die Fabrikanten waren von Steuern befreit und mit Privilegien ausgestattet; 1782 wurde die Einfuhr der Crefelder Ware untersagt.

Das XVIII. Jahrh. hat auch in der Technik der Seidenweberei gewaltige Fortschritte gezeigt, die für die Geschichte der allgemeinen Webekunst von Bedeutung geworden sind. Daugnon, Galantier, Blache, Falcon, Regnier, Vaucanson, Kay, Ponson, Revel, Lasalle, Kartwright

---

[1]) Flintberg, Bruks Idkares, Stockholm 1789.

und schliesslich Jacquard (1805) beschäftigten sich speciell mit der Weberei und haben sich um dieselbe in hohem Grade verdient gemacht; nicht nur in der Geschichte der Seidenindustrie, sondern auch in der Textilindustrie sind dieselben unsterblich geworden.

* *
*

Zu Beginn des XIX. Jahrh. ist die Seidenindustrie zum Gemeingut fast aller Länder Europas geworden und in einigen derselben zu hoher Blüte gelangt, doch behält Frankreich und im speciellen Lyon, der alte Sitz der Seidenmanufaktur, das althergebrachte Scepter. Im Nachstehenden findet man die Entwickelung der Seidenindustrie im XIX. Jahrh. und ihre gegenwärtige Lage, zumeist auf Grund statistischer Daten, erörtert.

Die Metropole der Seidenindustrie, Lyon, weist seit dem Beginn der neuen Epoche folgenden Zuwachs seiner Weberei auf:

	Handstühle	Kraftstühle
1800	2500	—
1812	12000	—
1827	27000	—
1852	65000	—
1861	116000	—
1872	115000	5000
1876	105000	10470
1881	100000	18828
1888	70000	20000
1890	72000	20000

Der Charakter der Lyoner Manufaktur war von jeher hauptsächlich auf die Prachterzeugnisse der Webekunst gerichtet, und als um die sechziger Jahre, wo die Produktionsfähigkeit ihren Höhepunkt erreicht hatte und über 3,5 Millionen kg Rohseide verarbeitet wurden, neue Moderichtungen aufkamen, welche die grossblumig façonnierten Gewebe gänzlich zu verdrängen schienen, geriet sie eine Zeit lang in ernste Stockung. Mit bewundernswerter Geschicklichkeit und Ausdauer hat sie sich jedoch den neuen Konsumverhältnissen angepasst und die Krisis überwunden. Die Umgestaltung ging hauptsächlich auf dem Gebiete der façonnierten Gewebe, Failles, sowie der reinseidenen Atlasse vor sich, die stetig zurückgingen, während die Armures ein Hauptartikel wurden. Diese Wendung lässt sich aus den Produktionswerten einiger wichtigeren Artikel verfolgen:

	1879	1889
Schwarze und farbige Failles	90 Mill. Frcs.	25,5 Mill. Frcs.
Reinseidene Façonnés . . .	30 „ „	17 „ „
Reinseidene Atlasse . . .	55 „ „	15 „ „
Halbseidene Atlasse . . .	24 „ „	38 „ „
Armures	4 „ „	59 „ „

Noch deutlicher geht der Verfall der Fabrikation von Prachtgeweben aus folgenden Ausfuhrzahlen Frankreichs (in Mill. Frcs.) hervor:

	1855	1867	1872
Glatte Stoffe . .	142	294	308
Gemusterte Stoffe .	39	9	1,75
Gemischte Gewebe	49	18	17
Bänder	117	61	110
Besatzartikel . .	11	40	51
	358	422	488

Zu den vorübergehenden Krisen der Lyoner Manufaktur muss auch die zum Teil infolge des Erfrierens der Maulbeerbäume in ganz Südeuropa (am 14. April 1876) entstandene Kalamität genannt werden. Trotz der enorm gestiegenen Rohseidenpreise wurde allerorts unverhältnismässig viel produziert, und als infolge der allgemeinen wirtschaftlichen und politischen Verhältnisse des Jahres 1876 die Moderichtung den Seidenverbrauch ausserordentlich herabsetzte, kam es zu einer schweren Krisis, die hauptsächlich über Lyon (1877) hereinbrach und durch welche 15—20000 Webstühle in Stillstand gesetzt wurden.

Der Produktionswert der Lyoner Industrie zeigt folgende Evolution:

1872	460000000 Frcs.	1887	377000000 Frcs.
1876	454000000 „	1892	382400000 „
1882	371000000 „	1894	365350000 „

Zur richtigen Beurteilung dieser Zahlen darf jedoch nicht ausser Acht gelassen werden, dass der Preis, sowohl des Rohmaterials, wie der der fertigen Fabrikate, ganz bedeutend gesunken ist, beispielsweise Organzin von 115 Frcs. im J. 1871 auf 58 im J. 1887. Was daher die Produktionsmenge anlangt, so hat sie eher zu-, als abgenommen, namentlich in den billigeren Geweben. Über die speciellere Einteilung der Lyoner Seidenfabrikate sowie die anderer Industriestaaten mögen die am Ende des Werkes beigefügten statistischen Tabellen Aufklärung geben, hier sei nur im grossen und ganzen der gegenwärtige Produktionswert der Lyoner Industrie in einzelnen Stoffarten angeführt und hervorgehoben, welche überwiegende Rolle den glatten Geweben zukommt.

	1890	1891	1892	1893	1894
			(Millionen Francs)		
Glatte Reinseidenstoffe .	140,5	131,7	156,0	165,0	155,55
Façonnierte „	38,7	37,1	35,5	30,8	35,0
Glatte gemischte Stoffe .	131,3	113,5	123,3	125,3	116,05
Façonnierte „ „	24,45	24,0	24,0	21,1	18,25
Crêpes, Gazen, Mousselines	17,9	17,7	28,6	24,0	26,7
Spitzen, Tülls	15,2	14,6			
Posamente, Goldstickereien	13,0	13,0	10,5	7,5	8,0
Orientstoffe mit Gold .	3,9	5,8	4,5	5,5	5,8
	384,95	357,6	382,4	379,2	365,35

Die Lyoner Manufaktur beschäftigt gegenwärtig bis zu 65000 Handstühlen (12000 in der Stadt und 53000 in der Umgegend) und 25000 Kraftstühle; da die Produktionsfähigkeit der letzteren dreifach so gross ist, als die der Handstühle, so verfügt sie im ganzen über 140000 Stühle, eine Zahl, die bereits 1870 erreicht war. Lyon verbraucht 2700000 kg gezwirnte Gespinste, 980000 kg Rohseide (Grège) und 850000 kg Abfallseide (Schappe).

Die Lyoner Nachbarstadt, Saint-Etienne, betreibt als Specialität die Bandfabrikation, die bis vor wenigen Jahrzehnten in hoher Blüte stand, aber nach und nach infolge der immer stärkeren Konkurrenz schweizerischer und rheinischer Fabriken beträchtlich zurückgegangen ist. Der Produktionswert belief sich:

1805	auf	17000000	Frcs.
1834	„	50000000	„
1872	„	120000000	„
1886	„	80000000	„
1891	„	79191000	„
1893	„	80540000	„

Namentlich hat die Schutzzollpolitik der Vereinigten Staaten Amerikas die Saint-Etienner Industrie stark beeinflusst, wie folgende Ausfuhrzahlen beweisen:

1872	21000000	Frcs.
1873	9300000	„
1885	2400000	„
1890	13000000	„
1892	6340000	„ (Mac Kinley Bill).

In sehr deutlicher Weise tritt auch hier der Umschwung der Seidenindustrie der neuern Zeit hervor und ihr Bestreben, die Fabrikate durch Vermengung mit anderen Fasern zu verbilligen. Es wurden produziert:

	halbseidene Bänder		reinseidene Bänder	
1888	18988000	Frcs.	63962000	Frcs.
1891	30430000	„	40795000	„
1893	33214000	„	37727000	„.

Die Zahl der Webstühle beträgt ca. 22000.

Saint-Chamond besitzt 700000 Mulinierspindeln und 15000 Webstühle und erzeugt jährlich für 15 Mill. Frcs. Posamentierseiden, wovon trotz der immer stärker werdenden deutschen Konkurrenz drei Viertel exportiert werden. Calais findet in der Verarbeitung der Rohseide zu Tüll-, Gaze- und Spitzengeweben seine Specialität. Paris erzeugt seine eigenartigen, mit den Richtungen der Mode verknüpften Fabrikate, die sogenannten „articles de Paris", wie Gazen, Besatzartikel, Fantasiebänder etc., die einen Produktionswert von 80 Mill. Frcs. repräsentieren. In Nimes, Avignon, Roubaix, Tours (Möbelstoffe) werden einige unbedeutende Specialartikel für den inländischen Konsum angefertigt. Die gesamte französische Industrie verarbeitet ca. 5500000 kg Seidengespinste. Nachfolgende Zahlen veranschaulichen im allgemeinen den Gang der Seidenverarbeitung in Frankreich.

	Import	1894	Export
Rohstoffe und Gespinste	266208000 Frcs.		146436000 Frcs.
Gewebe und Fabrikate	44559000 „		235431000 „
	300767000 Frcs.		381867000 Frcs.

Der Gewichtsmenge nach belief sich (1893) der Handelsverkehr Frankreichs in Seidengeweben auf:

Import		Export
aus Europa	aus Asien	
414155 kg	736884 kg	2697063 kg.

Nach den Angaben des Ministeriums für Handel und Gewerbe belief sich (1889) der Produktionswert einzelner Industriestätten in den Seidenfabrikaten, welche Zahlen auch für die Gegenwart gelten, auf:

Lyon	400000000 Frcs.
Saint-Etienne	103000000 „
Calais, Caudry	93000000 „
Roubaix, Bohain, Amiens	25000000 „
Saint-Chamond	12000000 „
Troyes	12000000 „
Tours	7000000 „
Nimes	4000000 „
Le Puy	4000000 „
Im ganzen	600000000 Frcs.,

wovon ca. 260 Mill. dem Export zufallen. Der Hauptvorteil der französischen Seidenindustrie liegt darin, dass Lyon der Weltmarkt für Rohseide, und Paris der für Seidenfabrikate ist, so dass die französischen Industriellen das Rohmaterial zu billigeren Preisen haben können, als ihre ausländischen Konkurrenten und mit den Richtungen der Mode stets Fühlung haben. Trotz der französischen Konkurrenz erhob sich die Seidenindustrie namentlich im letzten Vierteljahrhundert sowohl in europäischen wie überseeischen Staaten zu immer höherer Blüte, so dass die Zeiten, wo Frankreich das fast ausschliessliche Monopol der Grossindustrie innehielt, als längst entschwunden zu bezeichnen sind. Es lässt sich nicht verkennen, dass in gewissen Genres der Fabrikation, namentlich da, wo es nicht auf Massenproduktion ankommt, die französische, im speciellen die Lyoner Industrie den Vortritt nicht so bald einbüssen wird, doch tritt ihr die ausländische Konkurrenz bereits auf vielen Gebieten mit Erfolg entgegen. In einigen Richtungen ist man ihr schon überlegen, wie die deutsche Sammet- und Plüschweberei und die schweizerische Taffetfabrikation. Die Handelspolitik Frankreichs, die, um den zeitweise auftretenden Industriekrisen vorzubeugen, zu streng merkantilischen Massnahmen greift und bereits zu Zollkriegen (in letzterer

Zeit mit Italien und der Schweiz) geführt hat, schadet in nicht geringem Mafse der einheimischen Seidenindustrie.

Namentlich im letzten Vierteljahrhundert hat der französische Exporthandel grosse Einbussen erlitten, wie aus folgenden Zahlen zu ersehen ist.

	Einfuhr	Ausfuhr
	(Millionen Francs.)	
1860	3,9	454,8
1865	11,2	428,5
1870	27,4	485,1
1875	37,2	376,7
1880	42,3	234,3
1885	41,2	221,9
1890	63,9	273,9
1892	60,5	254,0

Die deutsche Seidenindustrie nahm im XIX. Jahrh. einen ruhigen, aber stetigen Entwickelungsgang. Im Jahre 1809 zählte Crefeld 11 Fabriken für Seidenstoffe, die 6264 Arbeiter beschäftigten und für 5 ½ Millionen Frcs. produzierten; im gesamten übrigen Roërdepartement gab es 21 kleinere Fabriken mit 2000 Arbeitern und einem Umsatz von 2 Mill. Frcs. Nach anderer Abschätzung waren in Crefeld (1804) 12000 Seidenarbeiter thätig [1]).

Die Industrie des Wupperthals beschäftigte 1809 im Elberfelder Bezirk 14 Seiden- und eine Plüschfabrik, in dem Barmer und Remscheider Bezirke je eine Bandfabrik. Im Herzogtum Berg (Elberfeld, Barmen und beide Mülheim) wurden von 7—8000 Arbeitern für 7—8 Mill. Frcs. Seidenwaren und für etwa 10 Mill. Seidenband- und Sammetstoffe produziert, die nach Polen, Russland, Italien, Frankreich und Deutschland gingen [2]). Im Kreise Elberfeld waren 1816 thätig: 1541 Stühle für Seide und Halbseide, gegenüber 945 für Baumwolle, im Jahre 1842: 5206 für Seide und 1245 für andere Stoffe. Durch politische Ereignisse in dem wichtigen Absatzgebiet Polen, und durch Konkurrenz anderer Städte beeinflusst, verliert die Elberfelder Manufaktur seit der Mitte des Jahrhunderts von ihrer früheren Blüte; 1852 wurde hier die erste mechanische Weberei angelegt, doch fällt die Zahl der Webstühle von 2359 Hand- und 430 Kraftstühlen im Jahre 1861, auf 1617 Stühle im Jahre 1875. Immerhin blieb Elberfeld ein Centrum für diese Industriezweige, und in neuerer Zeit nimmt die Seidenfabrikation daselbst wieder an Umfang zu.

In Crefeld blieb die Seidenweberei trotz zeitweise auftretender Krisen in ungeschwächtem Fortschreiten. Im Jahre 1840 gingen 3000 Stühle für Seidenstoffe und Halbseide, 1500 für Sammete, 1000 für Plüsche, 800 für

---

[1]) Dorsch, Statist. du Dép. de la Roër.
[2]) Thun, Die Industrie am Niederrhein, in Schmollers Forschungen, 1879. II, 3, 260.

Sammet- und 150 für Seidenbänder, insgesamt 6450 Webstühle; im Jahre
1862 sind es schon 15000. Um das Jahr 1845 trat aus verschiedenen
Gründen eine Industriekrise ein, deren Folgen durch die Unruhen des
Jahres 1848 wesentlich verschlimmert wurden. Gegen Ende der sechziger Jahre (seit 1868) hat sich die Mode der glatten Ware, einer Specialität Crefelds, zugewandt; unerwartet grosser Bedarf, vorübergehende Kalamität der Lyoner Fabriken, sowie allgemein günstige Verhältnisse verliehen der
Crefelder Industrie einen gewaltigen Impuls; zahlreiche Etablissements
wurden neugegründet, die jedoch zwar viel, aber in geringer Qualität produzierten. Die günstige Konjunktur erreichte um das Jahr 1872 ihren
Höhepunkt, schlug dann aber plötzlich um und schien bei der Krise um das
Jahr 1878 in ihrem Rückgang endlich zum Stillstand gelangt zu sein.
In dieser Blütezeit mag die rheinische Seidenweberei mindestens 50000
Webstühle mit 150000 Arbeitern beschäftigt haben. In dem Mafse, wie
die Crefelder Manufaktur an Ausdehnung gewann und zum Grossbetrieb wurde,
hat sie dieselbe Erscheinung, wie seiner Zeit die Lyoner, aufzuweisen, nämlich,
dass sich der Sitz des hausindustriellen Betriebs weit nach ausserhalb der
Stadt verlegt. Schon 1750 wurden von v. d. Leyen in Geldern und Alde-
kerk Filialen eröffnet; zu Beginn unseres Jahrhunderts werden die Sammetbänder schon allgemein auf dem Lande gewebt[1]), während Sammetstoffe
in der Stadt selbst gemacht werden. In den vierziger Jahren kommt auch
der Sammetstoff aufs Land. In Viersen ist die Zahl der Fabriken von 3
im Jahre 1838 auf 16 im Jahre 1851 gestiegen; nach und nach bevölkerten
sich Dülken, Süchteln, Grefrath, Kempen, St. Tönis, Vorst, Anrath, Hüls
u. a. mit Weberfamilien. Unter dem Drucke der schweizerischen Konkurrenz hat die Weberei ihre einfachsten Gewebe bis an die Mosel und
über die holländische Grenze an das Landvolk verteilt; diese Strömung hat nun
150 Jahre gedauert, doch wohl bald ihre Grenzen erreicht, denn die wesentlich anderen Bedingungen der modernen Industrie und das Umsichgreifen
der mechanischen Weberei haben schon jetzt eine teilweise Centralisierung
in der Grossstadt herbeigeführt.

Die deutsche Seidenindustrie hat ihren vornehmlichen Sitz am Niederrhein, wo die Städte Crefeld, Elberfeld, Barmen und Umgegend in gewissen
Zweigen, wie in der Sammet-, Plüsch- und Halbseidenfabrikation sich einen
Weltruf verschafft haben. Die Fabriken befinden sich in Crefeld und Barmen-
Elberfeld selbst, dann in Weisen, Ronsdorf, Ohlig, Langenberg; die Mehrzahl der Stühle ist bis ins Siegener Land zerstreut, nach Bielefeld und auf
dem linken Rheinufer. Crefeld fabriziert reinseidene und gemischte Stoffe,
bedruckte Zeuge, Façonnés auf Jacquards, glatte und gemusterte Sammete
und Plüsche, alle Gattungen Bänder, sowie Möbel- und Kirchenstoffe. Elberfeld erzeugt glatte seidene und halbseidene Gewebe und Façonnés für Möbel,

---

[1]) Ladoucette, Voyage dans le pays entre Meuse et Rhin. 1818.

Barmen gemischte Stoffe und Bänder, Mülheim Sammete und Bänder, Chemnitz Wirkereien, Langenberg Stoffe und einige Bändersorten, Viersen und Dülken Sammete und Bänder; reinseidene Gewebe werden ausserdem in Brandenburg und Stuttgart, gemischte Stoffe in Rheydt, Sammete in Büchteln, Bänder in Lobberich, Ronsdorf und Wermelskirchen, bedruckte Zeuge in Mülhausen i. E. und Hilden hergestellt. Grössere Etablissements finden sich auch zerstreut im Fabrikrayon des Wupperthals, im Elsass und Baden, wo Mannheim seine Specialität der Tüll-, Spitzen und Posamentenfabrikation zur grossen Blüte gebracht hat. Als Hausindustrie wird das Seidengewerbe namentlich in den süddeutschen Staaten ausgeübt. Nach den am 1. Januar 1876 und 5. Juni 1882 vorgenommenen Gewerbezählungen waren im Deutschen Reiche thätig:

	1876		1882	
	Anstalten	Personen	Anstalten	Personen
Konditionieranstalten	3	133	4	55
Seidenfilanden (Haspelanstalten)	2463	5542	501	1074
Abfall- und Shoddyspinnereien	162	4738	3443	9408
Webereien	32982	63992	41091	76264
Färbereien und Druckereien .	200	2919	248	3293

Der hausindustrielle Gewerbestand betrug (1882):

Seidenhaspelanstalten . . .   420, wovon
     in Elsass - Lothringen   146,
     in Baden   137,
     in Berlin . . . .   44.

Seiden- und Shoddyspinnereien   4780, wovon
     im Rheinlande . . .   4415.

Seidenwebereien . . . . .   53286, wovon
     im Rheinlande . . .   49022.

Die Entwickelung der hausgewerblichen Seidenweberei ergiebt sich aus folgenden Zahlen. Sie beschäftigte:

1797	2316	Webstühle
1850	34000	,,
1855	42000	,,
1873	68000	,,
1881	72000	,,

Diese statistischen Angaben erscheinen jedoch auf alle Fälle als zu hoch gegriffen, abgesehen davon, dass sich die Zahlen seitdem ohnehin stark vermindert haben und für die Weberei vielleicht 8—10000 Stühle begreifen würden. In dem Hausgewerbe wiegt die Frauenarbeit vor, in

der Spinnerei 88 %, der Hasplerei 97,9 %, nur in der Weberei macht sie
23,8 % aus[1].

Die maschinellen Fortschritte der Seidenweberei fanden bis vor zwei
Jahrzehnten in die rheinische Industrie nur sehr langsam Eingang, während
sie in anderen Staaten bereits in grossartigem Umfange Anwendung
gefunden haben. Namentlich bei den Sammeten und den gemusterten
Stoffen wird die Handarbeit vorgezogen, weil das mechanische Aufschneiden
des Flors den Glanz verdirbt, bei den anderen, weil die Vorrichtung der Jacquardmaschine im Verhältnis zur Länge der Kette viel Zeit in Anspruch
nimmt, besonders bei oft wechselndem Muster. Dagegen hat sich die Bandfabrikation der mechanischen Webstühle bemächtigt. Die wirtschaftlichen
Verhältnisse und die immer wachsende Konkurrenz thun aber auch hier
das ihrige, um die Zahl der Handstühle von Jahr zu Jahr herabzumindern,
um so mehr, als die Hauptspecialität des Grossbetriebs, die Sammetweberei,
an Bedeutung für den Export von Jahr zu Jahr abnimmt. Am besten
wird dieser, vielleicht vorübergehende Rückgang aus den Verhältnissen
der Crefelder Industrie ersichtlich, die ausführlicher angegeben werden soll.

Im Jahre 1875 verarbeitete Crefeld auf 30000 Webstühlen 322000 kg
Seidengespinste und 180000 kg Schappe. In den letzten Jahren war
folgende Anzahl von Etablissements thätig, wobei zwar einige auswärtige
Fabriken von Crefelder Häusern, nicht aber die Webereien in Crefeld,
welche für auswärtige Häuser arbeiten, angegeben sind:

	1890	1893	1894
Sammetfabriken	41	34	33
Stoffwebereien	75	70	77
Sammet- und Stoffabriken	—	10	6
Färbereien	31	49	46

welche folgende Anzahl von Webstühlen beschäftigten:

	Sammet	Stoffe	Sammetbänder	Bänder	Total
1867	11551	6498	2111	289	20449
1870	14774	10613	2472	354	28213
1872	19114	12371	1410	415	33310
1873	13857	10992	1336	351	26535
1875	17010	11648	709	377	29674
1877	14794	11567	405	277	27043

		1887	1890	1893	1894
Für Sammet	Handstühle	14438	6920	3092	1608
	Kraftstühle	2261	2907	2781	2212

[1] Stieda, Die deutsche Hausindustrie, in Schriften des Vereins für Socialpolitik
1889. Bd. 38—42.

		1887	1890	1893	1894
Für Sammetbänder	Handstühle	329	964	570	282
	Kraftstühle	37	197	180	162
Für Stoffe . . .	Handstühle	11729	14263	9607	9211
	Kraftstühle	1522	2484	3316	3453
Für Bänder . .	Handstühle	—	. .	—	5
	Kraftstühle	106	337	110	85

Folgende Mengen an Rohmaterial wurden am Webstuhl verarbeitet (kg):

	Robseide	Schappe	Baumwolle
1867	228000	34000	193000
1870	280000	81000	394000
1871	365000	101000	509000
1874	312000	141000	434000
1877	283065	150598	536657
1884	432336	355529	1018751

		1890	1893	1894
Seide . .	für Sammet	75134	66563	494828
	„ Stoffe	400964	431247	
Schappe .	für Sammet	465202	366636	272448
	„ Stoffe	1349	5408	
Baumwolle	für Sammet	637000	590699	991765
	„ Stoffe	699059	490016	
Wolle . .	für Sammet	—	31000	58607
	„ Stoffe	—	4778	

Im Jahre 1845 waren in Crefeld 20 Seidenfärbereien thätig, die 405000 Pfund verarbeitet haben; ihre Zahl stieg dann auf 29 (1864), 34 (1870), 44 (1876) und 49 (1893). In der Färberei wurden veredelt (Seide und Schappe):

	für Crefeld	nach auswärts
1870	350000 kg	239000 kg
1872	482000 „	317000 „
1875	455000 „	320000 „
1877	420000 „	275000 „

		1887	1890	1893	1894
für Crefeld . .	Seide	369276	421442	393967	430225
	Schappe	490256	392883	339321	293738
	Baumwolle	1071027	1007883	815533	704458
nach auswärts .	Seide	223958	275411	319861	354218
	Schappe	265804	227183	149981	135454
	Baumwolle	281506	247901	319796	263596

In stückgefärbten Stoffen:

	1893	1894
Ganzseiden	14314 kg	12692 kg
Halbseiden	395314 „	425028 „

Die rheinische Seidenindustrie entwickelte sich in kommerzieller Beziehung unter ganz eigenartigen Verhältnissen, indem z. B. Crefeld erst in neuerer Zeit den Absatz seiner Waren selbst in die Hand genommen hat. Die von der Leyen verkauften ihre Zeuge nur neben anderen Waren auf den Messen, auch das reiche und durch vielseitige Handelsbeziehungen ausgezeichnete Elberfeld führte Crefelder Waaren. Während der ersten Hälfte unseres Jahrh. waren für den Absatz nach Osten die Leipziger, nach Süddeutschland die Frankfurter Messen, nach Skandinavien und für den überseeischen Verkehr Hamburg und Bremen von Wichtigkeit; für Amerika spielte Paris die Vermittlerrolle, erst seit 1838 besitzt man dort eine eigene Vertretung. Gegenwärtig ist Crefeld überall bekannt, es fehlt indessen an einem tonangebenden und kauffähigen Markt im Inlande; ausserdem ist Deutschland seit jeher auf Pariser Moden angewiesen. In engerem Sinne liegen die Handelsverhältnisse Crefelds so, dass dort der Seidenfabrikant von jeder rein technischen Thätigkeit durch allerhand Lohnanstalten völlig entlastet ist, sein Wirken erstreckt sich auf den Vertrieb der fertigen Ware. Wesentlich andere Verhältnisse liegen in Lyon vor, wo der Fabrikant ein Fachmann ist, der bestimmte Artikel als seine Specialität betreibt und die Ware an Pariser Kommissionshäuser absetzt. Die Vereinigung von Fabrikant und Kaufmann in Crefeld hat den Vorteil, dass die jeweilig gangbarsten Artikel mit grosser Leichtigkeit aufgegriffen werden können, eine hohe technische Vollendung wird unter diesen Umständen jedoch schwer erreichbar. Die Handelsumsätze Crefelds bezifferten sich im J. 1864 auf 31 Mill. Mark, wovon die Hälfte auf den Zollverein, ein Drittel auf England und der Rest auf Amerika und Frankreich entfiel. Im J. 1872 belief sich der Wert auf 77 Mill., wovon 31 Mill. auf Deutschland, 25,4 auf England, 11,7 auf überseeische Länder, 3,4 auf Frankreich und 5,6 auf das übrige Europa kamen. In den letzten Jahren stellten sich die Zahlen auf (Mark):

Absatzgebiet		1890	1893
Deutschland	Sammete	14652262	9136321
	Stoffe	24146079	23918945
Österreich	Sammete	127700	124600
	Stoffe	1309606	1291318
England	Sammete	11475900	8642664
	Stoffe	10658479	8709828
Transport		62470026	51833678

Absatzgebiet		1890	1893
	Übertrag	62470026	51833678
Frankreich . .	Sammete	2050727	2014302
	Stoffe	1718673	2095464
Andere europ.	Sammete	1243991	1194693
Länder	Stoffe	2998807	2590754
Aussereuropäische	Sammete	10514922	11565328
Länder	Stoffe	12088361	7889296
	Zusammen	92885507	79173513

Im Jahre 1894 belief sich der Gesamtumsatz auf 66015849 M., das niedrigste Niveau seit 1878. Der Rückgang ist hauptsächlich auf Sammete, weniger auf Stoffe zurückzuführen; einem Umsatz in Sammeten von 22546400 M. stehen 32677908 M. im J. 1893, in Stoffen 43469449 gegen 46495605 im J. 1893 entgegen.

In Elberfeld und Umgegend (Barmen, Ronsdorf), sowie im Grossh. Baden beläuft sich der Produktionswert bei einer Zahl von 15000 Webstühlen auf ca. 45 Mill. Mark jährlich.

Die Entwickelung des deutschen Handelsverkehrs in Seidenfabrikaten lässt sich aus folgenden Daten ersehen:

	Import kg		Export
	reinseiden	halbseiden	—
1864	279950	169250	1597250
1868	271150	207750	1904050
1872	422005	274900	1990100
1876	425300	304200	1696950
1894	365000	143000	3799000

Im Jahre 1892 stand der Einfuhr von Gespinsten und Geweben von 5604000 kg im Werte von 6423000 M., eine Ausfuhr von 6423000 kg im Werte von 180412000 M. gegenüber. Die Hauptartikel des Exports sind (1894):

	kg	Wert in Mark
Halbseidenzeuge einschl. Sammete	2663000	69200000
Halbseidenbänder	491000	9800000
Seidenstoffe	171000	7700000
Halbseidenposamente	290000	5200000
Seidenwirkereien	51000	3300000
Halbseidenwirkereien	114000	3000000
Seidenbänder	70000	2500000

Die Entwickelungsgeschichte der schweizerischen Seidenmanufaktur in der neueren Zeit hängt mit der Handelspolitik Frankreichs zu Beginn des XIX. Jahrh. eng zusammen. Napoleons erfolglose Versuche, Englands Handel zu zerstören, trugen nämlich zu ihrem Aufblühen bei: die neu entstandenen Fabriken am Züricher See waren aus Mangel an Baumwolle genötigt, zur Seidenverarbeitung zu greifen, und sie thaten dies mit Energie und Erfolg, so dass sie in wenigen Jahren mit den deutschen in Konkurrenz traten [1]). Nach der Restauration des bourbonischen Thrones in Frankreich siedelten viele flüchtige Seidenbandwerker nach der Schweiz über. Der Aufschwung der schweizerischen Seidenindustrie im XIX. Jahrh. lässt sich aus folgenden Daten ersehen; sie beschäftigte im industriellen Rayon Zürich:

	Handstühle	Kraftstühle	Jacquards
1812	7000	—	—
1856	25290	400 (1867)	—
1871	27531	927	—
1883	29716	4007	—
1885	20724	4129	193
1891	20977	7173	—
1893	20472	8625	1209

Gegenwärtig dürfte die Industrie Zürichs und der Umgegend über ca. 35000 Webstühle, wovon 10000 mechanische, verfügen.

Als Folge des Umsichgreifens der mechanischen Weberei tritt auch hier, wie überall, ein stetiger Rückgang der Arbeiterzahl ein; sie betrug

	1883	1893
Webereiarbeiter	43265	36967
In der gesamten Seidenverarbeitung beschäftigte Personen	51451	45690

Das Verhältnis der Zahlen von weiblichen und männlichen Arbeitern ist 3,12 : 1.

Der Verbrauch an Rohmaterialien belief sich im Fabrikrayon Zürich auf (kg):

	1885	1891	1893
Grège und Ouvrées . . .	88064	} 845122	111740
Gefärbte Seide und Schappe	660994		967456
Baumwolle	—	426184	—
Wolle	—	22290	—

Die Produktion war:

1881	28421263	lauf. m.
1889	32802031	„ „
1893	33539204	„ „

Sehr bedeutende Fortschritte zeigt seit dem XIX. Jahrh. die Bandweberei Basels [2]). Ihre Produktionszahlen, deren bedeutende Schwankungen mit der Handelspolitik der Absatzländer, namentlich Amerikas, zusammenhängen, waren folgende:

[1]) Bürkli-Meyer, Die Geschichte der Seidenindustrie in der Schweiz vom Schlusse des XIII. Jahrh. bis in die neuere Zeit. Zürich 1884.
[2]) Köchlin-Geigy, Die Entwickelung der Seidenbandfabrikation in Basel. 1884.

1846	20 000 000	Fres.
1859	45 000 000	„
1864	31 000 000	„
1872	57 101 000	„
1878	39 187 000	„
1880	33 752 000	„

Neben den beiden wichtigsten Centren Zürich und Basel bestehen in den benachbarten Kantonen Zug, Schwyz, Unterwalden, Bern, Glarus etc., namentlich in Bern, Schaffhausen und St. Gallen ziemlich bedeutende Manufakturen für Florence, Crêpe, Taffete und Schirmstoffe. In den Taffeten, sowohl glatten, wie gestreiften und gemusterten, hat sich die schweizerische Seidenweberei in vorzüglicher Weise vervollkommnet. In der ganzen Manufaktur überwiegt die hausindustrielle Unternehmungsform, und in der Fabrikation des Beuteltuchs für Müllereizwecke geht dieselbe ausschliesslich in häuslichem Betriebe vor sich. Im grossen und ganzen dürfte man den Produktionswert der Schweiz in Seidenfabrikaten auf 150 000 000 Fres. beziffern können. Die Handelsverhältnisse ergeben sich aus folgenden Zahlen (kg):

	Import		Export	
	1893	1892	1893	1892
Reinseidene Stoffe . .	38 400	64 000	966 700	1 106 500
Halbseidene „ . .	29 000	48 500	507 200	486 700
Müllerbeutelgaze . .	—	200	24 800	30 400
Reinseidene Bänder . .	19 100	24 900	89 500	94 400
Halbseidene „ . .	23 100	44 100	1 080 400	1 282 100
Stickereien	900	1 500	20 200	54 200
Spitzen	5 500	8 200	1 700	3 700
	116 000	191 400	2 690 500	3 058 000

Im letzten Vierteljahrhundert schwankten die Ausfuhrzahlen folgendermafsen:

	kg	Wert in Fres.
1871	2 740 000	—
1875	3 165 000	—
1880	3 243 000	—
1885	2 384 000	99 157 000
1890	2 898 000	120 269 000
1892	3 058 000	127 693 000.

Die Hauptabsatzgebiete sind England, Ver. Staaten Amerikas, Deutschland und Frankreich.

Die Seidenmanufaktur Englands erhielt durch die Ansiedelung der Refugiés erheblichen Zuwachs. Ihre Zufluchtstätten waren das Herzogtum von Norfolk, wo 300 flämische Familien sich niederliessen, und Spitalfields, wohin die Franzosen zogen; später fand ein Zuzug von Flamländern und Hugenotten nach London, Kent und Essex statt. Der Zeitraum von 1773 bis

1824 kann als die eigentliche Entwickelungsperiode der englischen Seidenindustrie betrachtet werden, die durch Protektions- und sogar Prohibitivsystem, Ausfuhrprämien und Monopolisierung des Kolonialhandels unterstützt wurde. Ihre vornehmlichen Sitze waren London, Spitalfields, Coventry, Dublin, Derby, Macclesfield, Manchester und Middleton. Gegen Ende des XVIII. Jahrh. waren in London und Umgegend 8000 Webstühle thätig. Seit Anfang des XIX. Jahrh. beginnt der durch politische Verhältnisse des Kontinents und Schutzzölle begünstigte gewaltige Aufschwung englischer Seidenmanufaktur zu einer Grossindustrie, die mit der französischen fast gleichen Schritt hielt und sie während der Wirren der Revolutionszeit und der Kontinentalkriege sogar überflügelt hat. 1861 verfügte sie über die enorme Anzahl von ca. 90000 Stühlen (10709 mechanische) und verarbeitete 1870000 kg Rohseide. Nach Arlés Dufour belief sich die Zahl der Webstühle auf:

1850	1855	1861
100000	110000	150000

Die grossartige Entwickelung des überseeischen Handelsverkehrs, wodurch einerseits der Bezug des Rohmaterials, andererseits der Absatz der Fabrikate in den fernsten Ländern erleichtert wird, und die staunenswerte Umgestaltung der Technik, sowie endlich die überhandnehmende Einführung schnellarbeitender Kraftstühle, haben statt der mutmafslichen günstigen Folgen die ganz entgegengesetzte Wirkung gehabt, indem sich dieselben einer gesund fortschreitenden Entwickelung hemmend in den Weg stellten. Die namentlich durch das überstürzte und unverhältnismäßig rasche Umsichgreifen der mechanischen Seidenweberei (1870 waren schon 12378[1]) Kraftstühle im Betrieb) hervorgebrachte Massenproduktion und die dadurch verursachte Verschlechterung der Fabrikate haben die englische Seidenweberei in Misskredit gebracht, aus dem sie kaum so leicht wird herauskommen können. Um die Mitte unseres Jahrhunderts erfolgte auf Anregung staatsökonomischer Reformen von Peel und Russel eine Rückkehr zur Politik des freieren Handelsverkehrs, und die Herabminderung der Zölle auf 15% brachte der Seidenmanufaktur den ersten Schlag. Die socialen Verhältnisse und teuere Handarbeit, sowie der Mangel an selbständiger, künstlerischer Anschauungsweise, vor allem aber das von Cobden weiterverfolgte Prinzip des Freihandels (system of libre exchange), und die gänzliche Aufhebung der Einfuhrzölle auf französische Fabrikate thaten das übrige, um die Industrie von ihrem Höhepunkt um die sechziger Jahre in raschem Schritt einem unaufhaltsamen Niedergange anheimfallen zu lassen. Der Import französischer Seidenfabrikate, der gegen 1859 ca. 37 Mill. betrug, stieg auf 220 Mill. 1870. Im J. 1872 waren noch vorübergehend 62000 Webstühle thätig, wovon 12000 mechanische; 1885 ist deren Zahl auf ein Zehntel der früheren herabgesunken, in Coventry z. B., einem früher blühenden Sitz englischer Seidenmanufaktur

---

[1] Misc. statistics of the United Kingdom. 1872. Part. VIII.

betrug sie 1500 gegen 9000, in Spitalfields 2000 gegen 24000 im Jahre 1825. Erst in neuerer Zeit ist man in England eifrig bestrebt, der Seidenweberei eine industrielle Bedeutung im grösseren Stil zu verleihen und der beträchtlichen Einfuhr zu gunsten der heimischen Industrie Einhalt zu thun. Um den Konsum inländischer Fabrikate zu fördern, sind die „Ladies National Silk Association" und „Silk Association of Great Britain and Ireland" gebildet worden, die einen möglichst ausgiebigen Verbrauch einheimischer, und die Verpönung ausländischer Fabrikate verfolgen. Permanente Ausstellungen führen seit 1890 (London, Stafford, Manchester) die Erzeugnisse heimischer Seidenindustrie dem Publikum vor Augen, u. a. die mit vielem Pomp im Mai 1894 eröffnete „National Silk Exhibition", welcher im April 1895 eine solche in Macclesfield gefolgt ist; sie beeifern sich, die Konsumenten von der Güte und Billigkeit der Fabrikate zu überzeugen. Trotzdem ist es sehr wahrscheinlich, dass die Abhängigkeit Englands von den Industriestaaten des Kontinents (Schweiz, Frankreich, Deutschland) und ebenso der Import von 12 Mill. £, dem nur 1,5 Mill. Export gegenüberstehen, in absehbarer Zeit· keine nennenswerte Einbusse erleiden werden. 1891 beschäftigte die Fabrikation

der Failles, Atlasse, Sammete und Bänder   47882 Arbeiter
die Seidenfärberei   1750   „
die Crêpe- und Gazeweberei   915   „
und . . . .   880 Kaufleute
          Im ganzen 51427 Personen.

Ein Centrum der Seidenindustrie giebt es in England nicht, vielmehr ist diese in vielen Industriestädten zerstreut, hauptsächlich in Macclesfield (Foulards, Façonnés, Krawattenstoffe), Spitalfields (Schirmstoffe) und Manchester; Tüll, Spitzen und Posamenten werden in Nottingham, Bänder in Coventry, Crêpe in Norwich, Plüsche in Rochdale, Borten in Leek, Sammete in Bradford und Foulards in Glasgow erzeugt. Der gesamte Produktionswert beläuft sich auf 90000000 Frcs.

Folgende Zahlen liefern einen Aufschluss über den Seidenhandel Englands, wobei nicht nur Fabrikate, sondern auch Rohprodukte mitangeführt werden, um über den Umfang der Verarbeitung urteilen zu können (für 1894 in £).

	Import	Export und Reexport
Gespinste und Abfälle	1856628	476188
Gewebe und Fabrikate	11749035	1221961
	13605663	1698149,

mithin ein Mehrimport von 11907514 £ = 297687840 Frcs.

Für die seit dem XVII. Jahrh. fast im Erlöschen begriffene Seidenweberei Italiens ist im letzten Viertel des XIX. Jahrh. eine neue Ära der Entwickelungsgeschichte eingetreten. Namentlich in der Lombardei und den benachbarten Provinzen hat sie festen Boden gefasst. In ihrem Hauptsitz, Como, stieg die Zahl der Webstühle allmählich von 60 im Jahre 1714 auf 275 im Jahre 1772, 1333 im Jahre 1795, 2450 im Jahre 1836, 2600 im Jahre 1852, 3000 im Jahre 1860, 6500 im Jahre 1872, 7500 (700 Kraftstühle) im Jahre 1886 und 8500 im Jahre 1890 — wie man ersieht, eine zwar langsame, aber stetig fortschreitende Entwickelung. Insgesamt wurden 1860 von der Industrie 8000 Stühle beschäftigt, welche Zahl um die siebziger Jahre vorübergehend auf 12—13000 stieg, um dann wieder auf 8—10000 zu sinken, auf welcher Höhe sie sich bis auf die neuere Zeit erhalten hat, wo ein kräftiger Aufschwung seidengewerblicher Thätigkeit stattfand. Nach einigen, übrigens nicht zuverlässigen Angaben soll ihr ehemaliger Umfang grösser gewesen sein, als gegenwärtig; so waren laut der, anlässlich der Landesausstellung 1861 veröffentlichten Statistik zu jener Zeit in Italien 30756 Webstühle im Betrieb, thatsächlich aber, das Hausgewerbe inbegriffen, 18—20000. 1872 waren in Italien und auf Sicilien 22000 Webstühle thätig, wovon 14000 im Grossbetrieb (8000 in der Lombardei, 3500 in Piemont und 2500 in Venedig). Einer verbürgten Aufzeichnung nach waren im Jahre 1890 179 Webereien in Betrieb und beschäftigten:

	Handstühle	Kraftstühle	Jacquards
Lombardei . . .	8253	2330	1166
Ligurien . . .	1254	2	29
Campagna . . .	463	65	81
Piemont. . . .	320	72	232
Andere Provinzen	533	--	83
Im ganzen	10823	2469	1591

Sie produzierten 675000 kg Gewebe im Werte von 55 Mill. Lire. Nach amtlichem Ausweis waren 1890 14959 Webstühle mit 20214 daran beschäftigten Personen thätig[1]), wovon etwa die Hälfte dem hausindustriellen Betrieb zufallen soll. Trotz der billigen Arbeitskraft bürgern sich die Kraftstühle immer mehr ein, und von einigen wird sogar angenommen, dass die italienische Seidenweberei in der Anwendung motorischer Kraft hinter derjenigen von Crefeld oder Zürich nicht wesentlich zurückstehe[2]). Gegenwärtig dürften im ganzen 20—22000 industriell betriebene Webstühle vorhanden sein, wovon 4000 mechanische. Die Hausindustrie verfügt über 10000 Handstühle. In Como arbeiten 9—10000 Stühle, in Mailand 1800 Kraft- und 1200 Handstühle für Stoffweberei, und 500 Kraft- und 600 Handstühle für Bandfabrikation; Genua besitzt 1500 Handstühle u. s. w. Como erzeugt glatte Gewebe, Schirm- und Krawattenstoffe, Schärpen u. dergl.; Mailand ausserdem Möbelstoffe, Bänder und Besatzartikel; Genua ausser glatten Stoffen Sammete und Plüsche; Turin teuere Kleiderstoffe, Paramenten, Möbelstoffe und Wirkereien, Caserta (S. Leucio)

---

1) Statistica industriale etc. Roma 1891. Fasc. 37.
2) Sombart im Archiv f. sociale Gesetzg. und Statistik. 1893. IV. 189.

Brokate, Damaste und reiche Möbelstoffe; auf Sicilien werden Bänder angefertigt. Neapel, Venedig, Vicenza, Florenz, Udino und Sienna besitzen einige unbedeutende Webereien. Die Seidenmanufaktur wird in Italien ausschliesslich im Grosshändlertum betrieben. Von der Produktion, die sich auf 70—75000000 Lire beziffern lässt, werden 60 % im Lande verbraucht, der Rest (ca. 350000 kg) hauptsächlich nach der Schweiz und England exportiert. Folgende Tabelle zeigt die Entwickelung des Handelsverkehrs Italiens in Seidenstoffen und seine Emanzipation von der ausländischen Einfuhr.

	Import	Export
1865	279630 kg	24809 kg
1870	185994 „	68694 „
1875	289956 „	78360 „
1880	280729 „	101605 „
1885	484764 „	174034 „
1890	270784 „	262380 „
1891	260880 „	270101 „

Aus der Geschichte des österreichischen Seidengewerbes in der zweiten Hälfte unseres Jahrh. lässt sich der Übergang des Handwerks in den motorischen Maschinenbetrieb kapitalistischer Unternehmer insofern in anschaulicher Weise verfolgen, als hier die Seidenmanufaktur eine von den grossen Strömungen des Welthandels und den Industriekrisen unbeeinflusste Entwickelung genommen hat. Die gesamte Weberei Österreichs beschäftigte[1]:

	1841		dagegen 1890
Handwerksmässige Webereien	40444	Webstühle	7709 Webstühle
Fabrikbetriebe	401	„	1058 „

Die Zahl der Betriebe in Wien[2] belief sich auf:

	1852	1856	1860
Seiden- und Sammetfabriken	—	406	340
Seidenzeugmacher allein . .	386	260	—

Die Seidenmanufaktur hat in Österreich-Ungarn keinen vornehmlichen Sitz, sondern wird in mehreren Industriestädten betrieben. Sie liefert einige Specialitäten, hat aber für den Weltmarkt keine Bedeutung. Im J. 1872 waren in Wien im Betrieb 2600 Webstühle, wovon 500 mechanische für Bänder, die für 22 Mill. Frcs. produzierten und 6500 Hand- und 200 Kraftstühle für Stoffe, die 250000 kg Seide verbrauchten und für 35 Mill. Frcs. erzeugten. 1885 arbeiteten ca. 6000 Hand- und 3500 mechanische Stühle, 1892 4423 Handstühle, wovon 3145 für glatte und 1278 für façonnierte Gewebe, sowie 1892 Kraftstühle, wovon 415 Jacquards und 1477 für glatte Stoffe; der Produktionswert belief sich auf 12047400 fl., wovon 7258700

---

[1] Schwiedland, Kleingewerbe und Hausindustrie in Österreich. Leipzig 1894. S. 127.

[2] Ber. der Wiener Handelskammer. 1861.

auf gemischte Gewebe entfällt. Die Sitze sind ausser Wien und Umgegend
(St. Pölten): Böhmen (Reichenberg, Eger, Pilsen, Budweis), Mähren
(Brünn und Olmütz) und zum geringeren Teil auch Tirol (Innsbruck, Roveredo), Vorarlberg (Feldkirchen), Bezirk Troppau in Schlesien und Galizien
(Lemberg). Bänder werden in Wien, Linz, Innsbruck, Reichenberg, Pilsen,
Brünn, Olmütz und Troppau fabriziert. Die Gesamtproduktion belief sich
auf 40000000 Frcs. im J. 1880, 50000000 Frcs. im J. 1890, und dürfte
gegenwärtig 60000000 Frcs. nicht übersteigen. Der Handelsverkehr Öster-
reich-Ungarns in Seidenfabrikaten ergiebt sich aus folgender Tabelle:

	Import		Export	
	kg	Wert in fl.	kg	Wert in fl.
1881	379500	18571000	190300	2801000
1885	288900	12634000	382000	4240000
1890	296600	12230000	508300	6115000

Das russische Reich zeigt in der letzten Zeit ein eifriges Bestreben,
der heimischen Seidenindustrie durch Merkantilpolitik zu einer zeitgemässen
Entwickelung zu verhelfen. In Moskau, St. Petersburg, Riga, Bialystok,
Warschau und Lodz bestehen, meist unter französischer Leitung, bedeutende
Stoff-, Tüll-, Spitzen- und Bandfabriken. Moskau allein besitzt 15000 Stühle
und erzeugt neben anderem auch reiche Brokate und golddurchwirkte Gewebe. Die Gesamtproduktion Russlands beziffert sich auf 120000000 Frcs.,
wovon 96 Mill. auf Stoffe, 14 Mill. auf Bänder und 10 Mill. auf Posamenten
entfallen. Über den Fortschritt der Industrie belehren folgende Zahlen:

Einfuhr
in Pud von 16,38 kg

	Gespinste (Grège n. Ouvrées)	Ganz- u. Halb-seidengewebe	Wirkereien u. Besatzartikel	Wert der Fabrikate in Rs.
1877	10227	2500	700	1627000
1881	25786	3100	2300	2239000
1885	23482	3400	1200	1955000
1889	39396	3100	1300	1821000
1891	44900	2500	1000	1368000
1892	47356	2137	?	?
1894	59000	?	?	?

Auch in Schweden entwickelt sich zur Zeit eine rege Thätigkeit in der
Gründung von Seidenmanufakturen. In Stockholm sind gegenwärtig ca. 1000
Webstühle in Betrieb.

In Holland stand die noch aus dem XIV. Jahrh. stammende Seidenmanufaktur bis zum Ausgang des XVIII. Jahrh. in ziemlich hoher Blüte,
ist aber seitdem, von der ausländischen Konkurrenz überflügelt, fast gänzlich in Verfall geraten. Sie beschäftigt heutzutage kaum noch 500 Webstühle.

Belgien betreibt in nennenswertem Mafse nur die Spitzenfabrikation.

Die Einfuhr der Fabrikate übersteigt die Ausfuhr um ein Bedeutendes; sie betrug im J. 1887 152638 kg gegen 13605 kg der Ausfuhr.

Die einst so blühende seidengewerbliche Thätigkeit Spaniens lag bis unlängst, infolge der allgemeinen wirtschaftlichen Schwäche des Landes, gänzlich darnieder; erst in neuerer Zeit lässt sich ein Aufleben der Seidenmanufaktur konstatieren, und alles weist darauf hin, dass Spanien dem Beispiel Italiens folgen und in absehbarer Zeit wieder nicht nur seinen inländischen Bedarf decken, sondern auch am Export, namentlich nach seinen Kolonien, regen Anteil nehmen dürfte. Die altherkömmlichen Webstühle englischen Ursprungs werden nach und nach abgeschafft und durch moderne schweizerische ersetzt. In der am meisten in Betracht kommenden Provinz Katalonien werden hauptsächlich schwarzfarbige glatte Stoffe, Atlasse, Failles, Cachemires, weniger die Façonnés, hergestellt. Barcelona erzeugt Stoffe und Posamenten, Saragossa Bänder, Valencia und Murcia Tülle, leichte Modeartikel, Foulards etc. Die Weberei verfügt über 10—12000 Stühle, wovon 1600 mechanische, und produziert für 30—35000000 Frcs. Der Handelsverkehr Spaniens in Seidenfabrikaten lässt sich aus folgender Tabelle ersehen (für 1893, Wert in Pesetas = Francs).

	Einfuhr	Ausfuhr
Gewebe	3779000	1518000
Tüll, Spitzen . . .	2166000	76000
Sammete	1468000	—
Halbseidenfabrikate .	2587000	—
	10000000	1594000

Portugal verwebt Seide in Lissabon und Oporto und verfügt über ca. 800 Stühle.

In den Balkan-Staaten bildet die Seidenweberei ein ziemlich verbreitetes Gewerbe, über dessen Ausdehnung sich jedoch eine genaue Aufstellung nicht geben lässt; doch dürfte die mutmassliche Anzahl von 16000 Webstühlen, wovon 6000 dem Fabrikbetrieb angehören, der Wirklichkeit wohl annähernd entsprechen; mechanische Stühle fanden bis vor kurzem nur schwer Eingang, doch steigt ihre Zahl, dank den immer regeren Beziehungen mit Deutschland und England, stetig und dürfte gegenwärtig 3—500 betragen.

Es fällt schwer, über die Seidenweberei Asiens ebenso zahlenmässig zu berichten, wie über die abendländische, weil dieselbe hier, wie die Seidenzucht, zur vielverbreiteten Hausindustrie gehört, deren Produktionsgrösse sich jeder genaueren statistischen Schätzung entzieht. Dies gilt in erster Linie für die kleinasiatische Seidenmanufaktur, deren Dimensionen gewöhnlich unterschätzt werden; dass ihre Produktionshöhe indessen keineswegs gering ist, lässt sich daraus ersehen, dass im Vilayet Diarbekir allein ca. 3000 Webstühle thätig sind. Die kleinasiatischen Seidengewebe zeigen die eigenartige, bunte Kleinmusterung und werden meist mit Gold und Silber-

Fäden broschiert und lanciert. Die sogenannten „kaffiehs" (Kopfbedeckung), dann Abojas (syrische Mäntel), Shawls etc. von Beyruth, Damaskus und Aleppo erfreuen sich auch in Europa grosser Beliebtheit.

Indien erzeugt einige Specialitäten, die hinsichtlich ihrer Technik nicht ohne Interesse sind. Die reichen, mit edlen Metallfäden durchwirkten Seidenstoffe Bengals werden in Benares, Ahmedabad und Delhi (Stickereien) erzeugt und kommen öfters unter der Bezeichnung „trinkhalls" auf den europäischen Märkten vor. Die bedruckten Gewebe „sari" (surah), „patolo", „bandannas" u. a. sind zuweilen von musterhafter Ausführung. In Lahore und Multan werden façonnierte Gewebe angefertigt. Die Tussahweberei hat in Raipore, Godavery und Sambalpore ihre industriellen Sitze. Nach Europa werden vorzugsweise die Corahs, Surahs, Choppahs, Romals und Tussores exportiert, nur wenig bestechende und einfache, taffetartige, aber sehr dauerhafte Gewebe, die übrigens in Europa durch Färben und Bedrucken weiter veredelt werden. Folgende Zahlen geben einigen Aufschluss über den auswärtigen Handel Indiens mit Seidengeweben (in engl. Pfund von 0,453 kg):

	Export		Import	
	reinseidene	gemischte	reinseidene	gemischte
1879—80	1983574	117120	6721033	932079
1884—85	3120578	108363	9199725	1672560
1887—88	3170276	189704	10581361	3573355

Die Ausfuhr der Bengalgewebe, Pongees, Tussores, Surahs und Corahs belief sich laut den Handelskammerberichten:

1878	auf	1481000	Yards
1880	„	2203791	„
1886	„	3728213	„
1888	„	3522528	„
1890	„	2330360	„

Im Geschäftsjahre 1892/93 wurden Stückgüter im Werte von 1650000 Rupien (1 Rupie = 2,05 M.) verschifft, was der Quantität nach eine Abnahme von 37 % im Vergleich zum Durchschnitt der letzten 10 Jahre bedeutet. Die Ausfuhr 1892/93 betrug 1768165 Yards gegenüber einem Durchschnitt von 3469807 Yards in den Jahren 1884—88. Nach England ging für eine Million, nach Frankreich für 300000 Rupien. Es sei hier beiläufig bemerkt, dass die Exportabnahme indischer Fabrikate, beispielsweise nach China, als Folge der Einführung der Goldwährung in Indien zu betrachten ist. Dieser Umstand, welcher dem europäischen Handel und der Industrie zu Nutzen kommt, indem er Indien auf westliche Absatzgebiete verweist und in grössere Abhängigkeit von Europa bringt, war andererseits bis auf die jüngste Zeit auch für die japanische Seidenindustrie von Vorteil, da sich China nun genötigt sah, sich der letzteren zuzuwenden. Es sind alle Anzeichen vorhanden, dass nun jetzt, wo der japanisch-chinesische Krieg

und seine Folgen eine engere kommerzielle Verbindung dieser beiden Länder
zur Unmöglichkeit gemacht hat, die chinesische Seidenindustrie, der wohl
ganz gewaltige Produktionsmittel, nicht aber die modernen kunstgewerblichen und technischen Fortschritte zu Gebote stehen, unter dem etwaigen
anregenden Einfluss europäischer Staaten auch in dieser Richtung den Weg
einer zeitgemässen Entwickelung wird einschlagen können.

Die Abnahme des indischen Exports nach Europa lässt sich auch dadurch erklären, dass man die jetzt so modern gewordenen Bastgewebe in
Europa aus indischem Gespinst in viel vollkommenerer Weise selbst erzeugt. Die ausserordentliche Höhe des Verbrauches ausländischer Seidenfabrikate auf den indischen Märkten, ein Umstand, der nicht gerade dazu
beiträgt, die einheimische Seidenindustrie zu fördern, ist aus der ersten Tabelle
ersichtlich. Die Einfuhr der Stückgüter übersteigt die Ausfuhr um das Zehnfache und beläuft sich auf ca. 15 Mill. Rupien; die Menge stieg von 10,5 Mill.
Yards im letzten Decennium auf 12,5 Mill. im Jahre 1893, also um 21 %.
Die Hälfte dieser Quantität liefert China, ein Drittel England und ein Zehntel
Frankreich. Halbseidenwaren wurden 1892/93 für 2750000 Rupien eingeführt; der weitaus grösste Teil dieses Bedarfs wird durch Frankreich gedeckt. Wir haben der Besprechung obiger Verhältnisse aus dem Grunde
mehr Raum gewidmet, weil die indischen und ostasiatischen Verhältnisse in
letzterer Zeit das Interesse der europäischen Industriestaaten vielfach auf sich
gezogen haben, und weil angesichts des immer schwerer werdenden Absatzes
nach den amerikanischen Staaten die Wahrscheinlichkeit vorliegt, dass sich
dort der Abfluss europäischer Überproduktion in überwältigender Weise
konzentrieren und, mit technischer Vollkommenheit ausgerüstet, in einen siegreichen Konkurrenzkampf mit den einheimischen Erzeugnissen nicht nur bezüglich der Qualität, sondern auch bez. des Preises eintreten wird.

China besitzt eine sehr bedeutende Anzahl Seidenwebstühle. Speciell
im Norden blüht die Kunstweberei, wo in Schen-si und Sa'-tschuen Sammete von hohem Werte erzeugt werden. Atlasse und Crêpes webt man
in Shanghai, Houpeh, Hu-tscheu-fu und Ningpo; Bänder in Houpeh
und Shanghai, schliesslich broschierte und façonnierte Gewebe in Kiangsu,
speciell im Departement Kiang-nin-fu (Nankin). Die meisten der fabrizierten Gewebe werden im Lande selbst verbraucht, nur wenige finden im
Export Absatz, wie z. B. die „pongees", leichte foulardähnliche, taffetartige
Stoffe. Die Ausfuhrwerte in Geweben beliefen sich auf:

1875	29 900 000	Frcs.
1878	33 800 000	„
1881	34 500 000	„
1883	33 300 000	„

Die Seidenweberei Japans bildet im eigentlichen Sinne des Wortes
eine Nationalindustrie, d. i. ein allgemeines Hausgewerbe, indem jede Weber-
familie eigene Webstühle, übrigens von ziemlich primitiver Bauart, besitzt.

und ihre Fabrikate unmittelbar an Kaufleute abgiebt. Nur für façonnierte Stoffe kommen Jacquardmaschinen bereits stark in Anwendung [1]). Die technische Unvollkommenheit der Werkzeuge wird jedoch aufgewogen durch die Hingabe, mit welcher die Weber ihrem Handwerk obliegen und die ihnen ermöglicht, die Ausführung der schwersten und kompliziertesten Werke der Kunstweberei zu bewältigen. In Kioto, dem Hauptsitze japanischer Seidenmanufaktur, sind einige industrielle Etablissements grösseren Mafsstabs vorhanden. Kioto erzeugt Façonnés, Brokate, schwere Crêpes, Taffete und Foulards, in Kirin und Dschoshiu werden leichte glatte und gestreifte Stoffe, in Nagahama Sammete gewebt, Saitama, Fukushima u. a. fabrizieren Atlasse, Pongées, leichte gekreppte und bedruckte Foulards u. s. w. Die glatten taffetartigen Pongées werden Habutai genannt, von deren Abarten „tirilled" Habutai (Köper) und „figured" oder „gemusterte Habutai (Mon) zu bemerken sind. Kaiki sind Stoffe aus Abfallseide. Die Stoffe haben gewöhnlich eine Länge von 11,36 m und eine Breite von 37,8 cm; bei gemischten Geweben ist die Länge in der Regel geringer. Die Gürtel werden in Rollen in den Verkehr gebracht, die für Männer 3,53 m lang und 20—30 cm breit sind, für Frauen 3,15 m und 70—80 cm messen. Im Jahre 1887 wurden 3192777 Tan (Stück) reinseidener Gewebe, d. i. reichlich 36 Mill. Meter im Werte von 7908621 Yen erzeugt, wovon auf den Bezirk Kioto 675995 Tan im Werte von 2477880 Yen, auf Yamanashi 600512 Tan im Werte von 1211540 Yen und auf Gonma 510658 Tan im Werte von 1182116 Yen entfallen. In gemischten Stoffen belief sich die Produktionsmenge auf 2423546 Tan (26 Mill. Meter) im Werte von 3638580 Yen, wovon Kioto 592692 Tan, im Werte von 1768699 Yen, und Tschigi 620777 Tan, im Werte von 619353 Yen fabrizierten. Von den Gürteln wurden in reiner Seide für Männer 162570, für Frauen 193974 Rollen im Werte von zusammen 1893220 Yen produziert; halbseidene 586279 Rollen (die Hälfte für Männer) im Werte von 955571 Yen (alles für das Jahr 1887). Der Produktionswert belief sich dann in Reinseidenstoffen auf (1 Yen = 1 Piaster = 1 Dollar = 4,18 M.):

	Kleiderstoffe	Gürtel
1886	5639000 Yen	1196000 Yen
1889	10263000 „	2049000 „
1891	12544000 „	2581000 „

in Halbseidenstoffen auf:

1886	2156000 Yen	406000 Yen
1889	4154000 „	1591000 „
1891	5168000 „	2790000 „

Es hat jedoch den Anschein, dass der wirkliche Gesamtproduktionswert mit Einrechnung der Hausbetriebe ein bedeutend grösserer ist. Aus

---

[1]) Meyer, Die amerikanische Seidenindustrie und die Seidenindustrie auf der Weltausstellung in Chicago 1893. Bern 1894. S. 68.

folgenden, den amtlichen Berichten entnommenen Zahlen ergiebt sich die
Entwickelung und der jetzige Umfang des japanischen Handels in Seidengeweben. Am meisten in Betracht kommen hierbei die Foulards (Cachenez),
die zum grössten Teil (90%) nach Amerika gehen, und die Habutaistoffe.
Es wurden exportiert im Werte von:

	Foulards	Seidenstoffe
1887	1146280 Yen	135224 Yen
1890	2516946 „	1167868 „
1893	3899646 „	4074993 „
1894	3628128 „	8430000 „

Der Menge nach waren es (1894) 570774 Stück Gewebe gegen 255199
im Vorjahre, und 1435674 Dutzend Foulards gegen 643480 im Vorjahre.
Das unverhältnismässig rasche Wachstum der japanischen Seidenmanufaktur
im letzten Decennium ist die direkte Folge der europäischen Moderichtungen.
Die staunenswerte Produktionsfähigkeit dieses Landes ergiebt sich aus der
Thatsache, dass es möglich war, in einem Zeitraum von vier Jahren (1884
bis 1888) die Ausfuhr von Gespinsten, Abfällen und Fabrikaten von
2516464 kg auf 6967038 kg zu steigern. Die Weberei, die sich bisher
vorzugsweise auf die oben bezeichneten Stoffgattungen beschränkt hat, fängt
an, auch reiche Damaste und Façonnés von feinstem Geschmack, Atlasse,
Brokate und kleingemusterte Gewebe zu exportieren. Bei der anerkannten
Fähigkeit der Japaner für die Zeichenkunst und angesichts der stetigen Fortschritte der Technik lässt es sich voraussehen, dass Japan auch in denjenigen Artikeln, die jetzt ein Monopol der europäischen Industrie sind,
mit der letzteren in einen nicht zu unterschätzenden Konkurrenzkampf
wird eintreten können. Die grossartige Entfaltung des Seidenverkehrs
Japans im letzten Vierteljahrhundert ergiebt sich aus folgenden Zahlen:

	Export	Import
1869	15553473 Yen	10693072 Yen
1880	28395387 „	36626601 „
1890	56603506 „	81728580 „
1894	113246086 „	117481955 „

Der Aufschwung der Seidenverarbeitung und die Überflutung aller
Weltteile mit deren Erzeugnissen ist auch die Folge der niedrigen Arbeitslöhne in Japan, sowie des steigenden Missverhältnisses zwischen dem Wert
von Gold und Silber, das einen billigen Absatz japanischer Fabrikate in den
Ländern gestattet, die Goldwährung haben.

Wenn man von den Industrien der Nähseidenfabrikation und verwandter Zweige, die in den betreffenden Kapiteln ihre Besprechung finden
werden, absieht, so fallen die ersten beachtenswerten Versuche, die Band- und
Stoffweberei in den Ver. Staaten Amerikas einzuführen, in die fünfziger
Jahre, obwohl schon früher (1836) kleinere Betriebe bestanden haben. Der

Secessionskrieg von 1861—65 und die im Laufe desselben in die Höhe gegangenen Schutzzölle verhalfen der jungen Industrie zu raschem Aufschwung;
dazu kamen noch die Freilassung der Einfuhr von Rohseide und ein ungewöhnlich hohes Goldagio, das die Importartikel verteuerte. Folgende Zahlen
zeigen die Steigerung der Eingangszölle im letzten halben Jahrhundert:

	Grège	Ouvrées	Fabrikate
1841—42	20°/₀ v. Wert		
1843—45	50 Cents pro Pfund	2 $ pro Pfund	
1846—56	15% v. Wert	30% v. Wert	30°/₀ v. Wert
1857—60	frei (asiatische)	24°/₀ „	24°/₀ „
1861—63	„ „	30°/₀ „	40% „
1864—80	„ „	30°/₀ „	60% „
1881—94	„ „	36°/₀ „	50% „
1895	„ „	30°/₀ „	45°/₀ „

Gleich von Anfang an wandte sich die amerikanische Weberei den asiatischen Rohseiden zu und brachte namentlich China dazu, dass es immer
sorgfältiger gehaspelte und leichter zu windende Gespinste lieferte; der
grösste Teil der „rereeled", d. i. umgehaspelter Grège, sowie Canton filature
und bessere Qualitäten Tsatlees werden stets von Amerika aufgekauft. Der
Import chinesischer Grège betrug im Jahre 1876 9244 Ballen und stieg
dann rasch 1880 auf 19201. Die japanische Rohseide kam erst seit den
achtziger Jahren in namhafter Menge in Aufnahme und bildet gegenwärtig
den Hauptanteil. Im J. 1876—78 wurden durchschnittlich jährlich 656 Ballen importiert, 1878—81 bereits 4371 u. s. f. Nach dem American Silk
Journal belief sich die Rohseideneinfuhr nach den Ver. Staaten im letzten
Decennium:

Herkunft	1883,84	1886,87	1880,90	1892,93
Europa, Ballen à 100 kg . .	3803	5793	6480	9921
Asien über Europa, Ballen				
à 50—60 kg	327	476	3	452
Yokohama, B. à 60 kg . .	10097	14150	20860	27360
Shanghai, B. à 50 kg . . .	3458	6096	7525	8395
Canton, B. à 60 kg . . .	5382	5449	8898	8766
Im ganzen Ballen	23067	31974	43766	54894

In den letzten drei Jahren wurden importiert (Ballen à ca. 60 kg):

1892 58816 im Werte von 37610757 Doll.
1893 30981 „   „   „ 19491958 „
1894 54924 „   „   „ 24728163 „

Vergleicht man den gegenwärtigen Konsum von über 3,3 Mill. kg Rohseide, die 900000 kg Abfallseide nicht mitgerechnet, mit dem von vor
25 Jahren, im ganzen 600000 kg, so muss man zugeben, dass Amerika in
riesigen Schritten vorwärts ging und einzelne Länder Europas in quantitativer Hinsicht bereits überflügelt hat.

Die wichtigsten Sitze der Seidenindustrie befinden sich ausschliesslich in den nordöstlichen Staaten, namentlich New-Jersey, Pennsylvanien, New-York, Connecticut (South-Manchester) und Massachusetts, weniger in Maine und Virginien. Das Charakteristische amerikanischer Webereien ist, dass die meisten keine Specialartikel liefern, sondern neben den Sammeten auch Atlasse, neben den Bändern Besatzartikel anfertigen u. s. w. Die meisten betreiben ferner zugleich die Zwirnerei und stellen ihren Bedarf an Organzin und Trame selbst her. Ähnlich wie in England besteht eine „Silk Association of America", deren Aufgabe es ist, die Schutzzollpolitik in dem nötigen Sinne zu beeinflussen. Infolge der teueren Handarbeit verwendet die Weberei fast ausschliesslich die mechanischen Stühle. Nach einer amtlichen Aufstellung waren im Betriebe

	für Stoffe		für Bänder		für Posamenten etc.	
	1880	1890	1880	1890	1880	1890
Handstühle	1629	413	—	—	1524	1334
Kraftstühle	3103	14866	2218[1])	4389	—	1567
	4732	15279	2218	4389	1524	2901

Die Stoffhandstühle sind in fortwährender Abnahme begriffen. Gegenwärtig dürften im ganzen 25—28000 Kraftstühle betrieben werden, von jenen 18—19000 der Stoffweberei, der Rest der Band- und Litzenfabrikation zufallen, neben etwa 3—4000 Handwebstühlen, die für Besatzartikel noch einige Bedeutung beibehalten haben.

Der Charakter der amerikanischen Seidenmanufaktur ist von dem der europäischen in vieler Hinsicht verschieden. Infolge hoher Arbeitslöhne werden aus ökonomischen Rücksichten gröbere Gespinstnummern verwendet; es wird auch weniger dicht gewebt. Die zeitraubende Operation des Stoffreibens wird nur selten ausgeübt. Die Stoffe werden stark gummiert, wodurch sie an Gefühl und Schönheit des Faltenwurfs verlieren. Die Gespinste werden in der Regel nicht unbeträchtlich erschwert. Die Qualität der Arbeit selbst ist weniger sorgfältig, als in Europa; im allgemeinen sind die Fabrikate von ziemlich guter Qualität, aber unverhältnismässig hohem Preise.

Der Produktionswert belief sich 1890 auf 69154599 $ (Maschinen-Näh- und Stickseiden mit 8917844 $ mitgerechnet) gegen 34519723 im J. 1880. Die wichtigsten Artikel, deren Fabrikation im Aufschwung begriffen ist, sind

Bänder mit	. . .	17081447 $
Kleiderstoffe mit	.	16183134 „
Besatzartikel mit	.	8321966 „
Sammete, Plüsche mit		3141026 „
Futterstoffe mit	. .	3011437 „
Litzen	. . . . .	2771382 „ u. s. w.

---

¹) Für Bänder und Posamenten zusammen.

Im J. 1890 wurden verarbeitet:

Grège . . . . .   6376881 Pfund
Abfallseide . . .   1357618 „
Andere Seiden . .   744223 „
                       ─────────
                       8478722 Pfund und z. T. daraus erzielt:

Organzin und Trame . . . .   3305372 Pfund
Maschinen- und Nähseide . . . 1119825 „
Stick-, Wirk- und Florettseide. 329637 „

Dem Produktionswert von

Seidenfabrikaten und Nähseide   69154599 $
Ouvrées . . . .   16880366 „
Florettseide . . . .   1263489 „
                                 ─────────
                                 87298454 $

gleich 436472270 Frcs. im J. 1890, stehen folgende Zahlen des J. 1872
gegenüber:

Seidenfabrikate . . .   27130000 Frcs.
Nähseide . . . . .   30600000 „
Posamentseiden . . .   16610000 „
Ouvrées . . . . .   17200000 „
                        ─────────
                        91540000 Frcs.,

d. i. die Produktion hat während eines Zeitraumes von nicht ganz 20 Jahren
eine Steigerung von 375% erfahren.

Wie bereits erwähnt, ist in Amerika eine Arbeitsteilung in Weberei
und Zwirnerei nur in wenigen Fällen zu konstatieren und fällt es daher schwer,
eine genau getrennte Statistik zu führen; die nachfolgenden Daten, welche
die innere Entwickelung amerikanischer Seidenmanufaktur zeigen, umfassen
sowohl die Weberei, wie auch die Zwirnerei und verwandte Gewerbe, d. i.
die gesamte Seidenindustrie, während bei den statistischen Angaben betreffs
anderer Länder in diesem Teile des Werkes lediglich die Verarbeitung im
Webstuhl berücksichtigt wurde.   Es waren thätig:

	Fabriken	Arbeiter	Produktion in $
1860	67	1723	1809406
1870	139	5435	6607771
1875	86	6649	12210662

Im J. 1860 waren 382 Seidenfabriken im Betrieb, die mit 8474 Webstühlen und ca. 425000 Spindeln, bei einem Betriebskapital von 95626500
Frcs. arbeiteten und für 205165225 Frcs. produzierten; ein Decennium
später arbeiteten 472 Fabriken (121 Webereien, 52 Färbereien etc.) mit
22569 Webstühlen und ca. 1055000 Spindeln bei 255037685 Frcs. Betriebskapital und 436492270 Frcs. Produktionswert. 1880 entsprach ein
Frank Betriebskapital 2,14 Frcs. Produktion, im J. 1890 trotz der vorge-

schrittenen Technik nur 1,71, eine Abnahme, welche sich durch den Rückgang der Rohseidenpreise, und der Werte infolge der steigenden Konkurrenz, erklären lassen dürfte. Die Arbeiterzahl stieg im gleichen Zeitabschnitt von 31 337 auf 50 913, d. i. um 70 %, während der Zuwachs der Webstühle 280 % betrug, eine Folge der technischen Vervollkommnungen, welche einem Arbeiter gestatten, 2—3 und mehr Stühle gleichzeitig zu beaufsichtigen.

Die Produktionskosten beliefen sich 1890 auf 74 944 366 Doll., wovon auf Rohmaterialien 65 %, Arbeitslöhne 23,7 % und allgemeine Spesen 11,3 % entfallen.

Es lag in der Natur der Dinge, dass zugleich mit dem Aufschwung der inländischen Industrie die Einfuhr fremder Fabrikate allmählich sank; während Frankreich in den sechziger Jahren für 130 Mill. Frcs. importierte (gegen 35 Mill. in den dreissiger Jahren), so waren es 1870 nur 85 Mill., und im Durchschnitt des verflossenen Decenniums 55 Mill. Frcs. Anders verhält es sich freilich mit der Gesamteinfuhr der Fabrikate, die nicht nur zähe sich auf derselben Höhe erhielt, sondern sogar noch stetig weiter zunimmt. Gegen 25 350 000 Doll. im J. 1865/66 und ca. 24 Mill. im J. 1870/80, betrug der Durchschnitt im verflossenen Decennium 32 Mill. Doll. Nach den Berichten der Silk Association of America stieg der Import von 23 087 000 Doll. im J. 1870 auf 33 305 000 Doll. im J. 1880 und 38 515 000 Doll. im J. 1890, ein Beweis, dass die amerikanische Industrie nicht alle Artikel zu bewältigen imstande war. In Kleiderstoffen und Bändern ist die Einfuhr in den Jahren 1880/90 von 19,3 auf 15,3 Mill. Doll. gesunken, dagegen in Halbseidenstoffen, Plüschen, Sammeten, Spitzen, Wirkereien etc. von 10 Mill. auf 19,7 gestiegen. Immerhin lässt sich voraussehen, dass Amerika in absehbarer Zeit sich ungleich mehr emanzipieren wird, als es dies bis jetzt gethan hat, namentlich in Artikeln der mechanischen Fabrikation, während die Zufuhr von Prachtgeweben und andererseits von leichten Stoffen und Halbseidenatlassen Europa und vielleicht Japan wird überlassen bleiben, da deren Herstellung am Platze in Rücksicht auf die teueren Arbeitskräfte wenig lohnend erscheint. Der Import fiel auf 31 208 399 Doll. im J. 1892, hob sich auf 32 440 035 Doll. im J. 1893 und fiel abermals, infolge der derzeitigen Krise Amerikas, auf 22 783 696 Doll. im J. 1894. Die Beteiligung einzelner europäischer Industriebezirke an der amerikanischen Einfuhr ergiebt sich aus folgender Tabelle (für 1892/93):

Lyon	52 979 797 Frcs.
Crefeld	19 866 734 ,,
Zürich	12 772 253 ,,
Barmen, Elberfeld	11 618 590 ,,
Horgen	7 522 771 ,,
Basel.	7 022 711 ,,
St. Gallen, Bern .	1 419 146 ,,
	113 202 002 Frcs.,

gleich 22 640 500 Dollars.

Gelegentlich der Erörterung der Arbeitsverhältnisse im Mittelalter sahen wir, dass die Frauennrbeit fast in allen Ländern der Männerarbeit voranging, und dass erst in dem Mafse, wie die Seidenindustrie aus dem Hausgewerbe zum regelmässigen Betriebe heranwuchs und an die Selbständigkeit des Webekünstlers grössere Anforderungen gestellt werden mussten, die letztere wieder Oberhand gewnnn. Dazu kam ferner, dass die Ausübung der Webearbeit om Handstuhl, als sich seine Konstruktion wiederum der horizontalen Kette zuwandte, grössere physische Kräfte erforderlich machte. Erst im XIX. Jahrh. tritt ein Umschwung resp. Rückschritt znr weiblichen Arbeit ein, infolge der maschinellen Fortschritte namentlich bei der Weberei, welche die Heranziehung von Personen mit geringerer technischer Ausbildung ond physischer Kraft ermöglichen, und infolge des immer schwerer werdenden Konkurrenzkampfes, der die wesentlich billigeren weiblichen Arbeitskräfte unumgänglich nötig macht. Ausserdem ist die weibliche Arbeit in vielen Produktionszweigen der Seidenindustrie von besonderem Wert, weil die Mädchen sich aufmerksamer, gelehriger und geschickter, als die männlichen Arbeiter erweisen; so können dieselben z. B. in der Seidenhasplerei durch die letzteren kaum ersetzt werden. Namentlich aber ist die verheiratete Frau, die in Rücksicht auf ihre Familie behufs Erwerb des nötwendigen Lebensunterhaltes zur äussersten Kraftanstrengung gezwungen ist [1]), für die peinlich aufmerksame und sanbere Behandlung des Materials bei der Seidenverarbeitung besonders geeignet. Auch die jüngeren Kräfte, die im Vollbesitz ihrer körperlichen und geistigen Fähigkeiten, des nötigen Scharfblicks, der Geschicklichkeit und Gewandheit sind, werden in der Seidenindustrie beschäftigt. Infolge der neuen Gewerbeordnungsbestimmnngen fast aller Kulturstaaten [2]), welche die Arbeitszeit jugendlicher Arbeiterinnen einschränken und die Fabrikarbeit schulpflichtiger Kinder ganz untersagen, ist dem in socialer und hygienischer Beziehung nicht unbedenklichen Umsichgreifen der Ausbeutung weiblicher Arbeit Einhalt gethan. Laut Angaben des „Bund" waren im Jahre 1886 in der schweizerischen Seidenindustrie 11771 Männer und 51362 Frauen beschäftigt. In der amerikanischen Industrie waren thätig:

	Frauen	Kinder	Männer
1880	16396	5566	9375
1890	29049	2866	18998

In Italien stellt sich das Verhältnis auf (1891):

Frauen und Kinder . 156972
Männer 15384

---

[1]) Marx, Das Kapital, 4. Aufl. I. Band.
  Bebel, Die Frau und der Sozialismus, 1895. S. 203.
[2]) Deutsches Reichsgesetz v. 13. VII. 1878 und die Novelle v. 1. VI. 1891.
  Französisches Staatsgesetz vom 2. November 1892.
  Amerik. Staatengesetze (factory acts), Zürich. Kantonalg. v. 18. VI. 1894, etc. etc.

Das italienische Gesetz vom 11. Februar 1886, welches gleichfalls den Kindern unter 9 Jahren die Fabrikarbeit verbietet und für solche unter 12 Jahren auf 8 Stunden beschränkt, hat, wie es scheint, nur dahin gewirkt, dass, soweit nicht die allgemeine Verminderung der Arbeiterzahl durch Ausschluss kleinster Kinder bewirkt ist, mehr erwachsene Frauen eingestellt werden. Für die Provinz Como, den Hauptsitz der Seidenweberei, ergeben sich folgende Ziffern:

	Kinder	Frauen	Männer
1879	22152	14852	3103
1891	9503	20695	2070

Die gesamte Seidenweberei unseres Erdballs dürfte, die hausindustriellen Betriebe eingerechnet, zur Zeit 800000 Webstühle beschäftigen, wovon 80—90000 mechanische. Folgende Tabelle veranschaulicht die Mengen des von der Seidenindustrie aller Länder verarbeiteten Rohmaterials, (wobei jedoch lediglich die echte Maulbeerseide gerechnet wird) sowie den Produktionswert der erzeugten Seidenfabrikate.

Asiatische Länder .	6800000 kg	820000000 Frcs.
Frankreich . . .	3900000 „	560000000 „
Ver. St. Amerikas .	3200000 „	420000000 „
Deutschland . . .	2100000 „	320000000 „
Schweiz	1700000 „	170000000 „
Russland	1000000 „	120000000 „
England	900000 „	110000000 „
Italien	700000 „	85000000 „
Österreich-Ungarn .	500000 „	65000000 „
Spanien	200000 „	35000000 „
Div. europ. Staaten	600000 „	50000000 „
Alle übrigen Länder	900000 „	80000000 „
Im ganzen	22500000 kg	2835000000 Frcs.

Die europäischen Länder produzieren für 1515000000 Frcs. und exportieren für 500 Mill. Folgende Tabelle zeigt die Ausfuhrzahlen der Seidenfabrikate verschiedener Staaten Europas:

(Wert in Millionen Mark.)

	1886		1892	
Frankreich . . .	195,8	37,6 %	201,5	40,4 %
Deutschland . .	179,7	34,7 „	142,0	28,6 „
Schweiz	87,2	16,9 „	105,4	21,2 „
England	44,6	8,7 „	33,1	6,6 „
Österreich-Ungarn .	10,2	2,0 „	14,4	2,9 „
Belgien	0,4	0,1 „	1,0	0,3 „
	518,0	100,0 %	497,0	100,0 %

* * *

Schon früher sind die Ornamentstile der Seidengewebe jeder Kunstepoche und bei allen in Betracht kommenden Völkern so eingehend, wie irgend angängig, erörtert worden; es möge deshalb nur noch eine allgemeinere Besprechung dessen folgen, was in unserer Epoche des zielbewussten Strebens bei Musterung der Seidenstoffe zu berücksichtigen ist.

Die Musterung des Gewebes, als eines Gegenstandes, der sowohl für Bekleidungszwecke des Menschen, als auch für die Ausschmückung seiner Wohnräume dient, hat sich seiner künstlerischen Fürsorge von jeher mehr denn alles andere zu erfreuen gehabt und spiegelte gleichzeitig das Charakteristische seines Kulturzustandes und der Kunstrichtung auf das Getreueste wieder. Ja, der Gewebemusterung wird von vielen eine hochkulturelle Bedeutung beigemessen; und der Grundgedanke des jetzt zwar veralteten, aber für seine Zeit bahnbrechenden Werkes Gottfried Sempers „Der Stil in technischen und tektonischen Künsten": die Theorie vom Bekleidungswesen als den Ursprung aller monumentalen Baukunst anzusehen, deckt sich mit obiger Ansicht, obwohl wieder von anderer Seite der folgenschwere Lehrsatz von der ursprünglichen Identität der Flächenverzierung und Textilornamentik in Abrede gestellt wird [1]. Wie dem auch sein mag, so lässt sich nicht leugnen, dass in der Gewebemusterung, und namentlich in der der Seidenstoffe, das höchste Streben der Webekunst zum Ausdruck gelangt; nicht nur der Zeitgeist und Charakter der Nation, sondern auch ihr Religionskultus spiegelt sich wieder. So erkennen wir in der spärlichen, hieroglyphischen Zierweise der ägyptischen Gewebe die mystische Auffassung der Pflanzen- und Tierwelt und ihrer Beziehungen zum Kultus; in den altpersischen Ornamentformen und ihrer gravitätischen Regelmässigkeit weht uns an der Geist der in Selbstbewunderung versunkenen Macht, sowie der tiefen und zugleich starren Religionsideen; und welch' hohe symbolistische Bedeutung endlich lässt sich der arabischen Gewebemusterung beimessen!

Fragen wir nach den Ursprungsquellen, aus denen die Gewebemusterung hervorgegangen ist, so ist die gewöhnlich erfolgende Antwort, dass dies die Naturformen seien, also lebende oder bewegungslose Naturerzeugnisse. Das ist aber nur insofern richtig, als einerseits das vorherrschende Streben der Menschheit dahin ging, die tüchtigste und vielseitigste Musterzeichnerin der Allwelt, die Natur, in allen ihren sichtbaren Erscheinungen zu kopieren, und als andererseits dem Kulturmenschen von altersher jede Künstelei fernlag. Im Gegenteil, es darf gesagt werden, dass die Phantasie und Schaffenskraft schon zu jener Zeit, und gerade dann zum stärksten Ausdruck gelangt sind, als von einem Kopieren der immerhin ziemlich komplizierten Naturformen aus technischen Gründen noch Abstand genommen werden musste. Geometrische gerade und krumme Linien, später einfache und zusammengesetzte Figuren, Dreiecke, Zweige, dann Kurvenverschlingungen u. s. w., als Naturkonturen gar nicht denkbar, treten uns

---

[1] Riegl, Stilfragen. Berlin 1893.

in den allerprimitivsten Gewebeverzierungen entgegen. Einen rascheren
Schritt als die Weberei that aus erklärlichen Gründen die Stickerei, da
ihr die Erzeugung eines gewissen, auch verwickelten Musters bei weitem
leichter fiel; aber auch hier sehen wir zuerst die geometrischen, regelmässigen Motive den freier stilisierten Naturformen vorangehen. Der Entwickelungsgang der Ornamentik unterlag nämlich gewissen Gesetzen, die
nun einmal sowohl in der Ideenrichtung einer gewissen Zeitperiode, wie in
der ausgeübten Technik begründet waren, und deren Vorhandensein aus
der frappanten Analogie der ursprünglichen Ornamentik der verschiedenen
Länder unverkennbar hervorgeht. So zeigt z. B. die altperuanische Gewebemusterung [1] grosse Ähnlichkeit mit der altgriechischen, — was einige
(Fischbuch) veranlasst hat, auf eine Länderverbindung Europas mit Amerika, und auf eine zu jener Zeit gemeinsame Zierweise zu schliessen —, und
in noch stärkerem Mafse mit der ägyptischen des I. Jahrh. unserer Zeitrechnung [2]. Hier und da sieht man den Übergang von den einfachsten
geometrischen Figuren zu den komplizierteren vogelkopfähnlichen Viel-
ecken, sowie das Bestreben, die letzteren durch das Hinzufügen gewisser
lebenschaffender Attribute, z. B. augenartiger Punkte, in tierische Formen
umzuwandeln. Die Vorliebe der Kulturvölker für die tierische Ornamentik,
im Gegensatz zu der pflanzlichen, mag vielleicht darin ihre Erklärung
finden, dass diese als lebendige Darstellung mehr zu fesseln vermochte,
und ausserdem die Formen als symbolische Ideenversinnlichung deutlicher
und kräftiger zum Ausdruck zu bringen gestattete. Mit Ausnahme der
Ägypter, bei denen bekanntlich die Lotosblume als Motiv eine hervorragende
Rolle spielte, und allem Anschein nach der Altindier, die sich vorwiegend
auf das Pflanzenornament gelegt hatten, findet man in der Urornamentik
der Alten meist nur tierische Motive vor, deren Ausdrucksweise, wie bereits
erwähnt, jeweilig ihrem Kulturzustand entsprach, indem sich beispielsweise
die phantastisch umherschweifenden, fast überirdischen Gestalten bei den
Chinesen mit ihrer Lehre von den bösen und guten himmlischen Geistern ebenso
deckten, wie die ernsten, verheissenden Figuren der Anhänger Zoroasters.
In engerem Sinne war die Ausdrucksweise den Mitteln der Webereitechnik
überlassen und von dieser, da die Gesamtwirkung des Musters in gleichem
Mafse sowohl aus der beabsichtigten Zeichnung, als auch aus ihrer Ausführung hervorging, auf das prägnanteste beeinflusst, derart, dass dadurch
nicht selten die eigentliche Stilrichtung in diese oder jene Bahnen einzu-
lenken genötigt war. Die zu gewissen Zeitepochen benutzten Bindungsarten trugen nicht minder dazu bei, die Musterung mehr oder weniger natur-
und stilgetreu zu gestalten, abgesehen davon, dass selbst die Wahl der relativen Figurengrösse davon abhing; zur Zeit, wo nur wenig Bindungsarten
bekannt waren, bedurfte es zur Hervorbringung eines gewissen Effektes be-

---

[1] Reiss und Stübel, Das Totenfeld von Ancon. Berlin 1880.
[2] Holmes, Textile fabrics of ancient Peru. Washington 1889.

Silbermann, Die Seide. 10

deutend grösserer Gestalten, deren Konturen sozusagen in die Augen
sprangen, während man später, nachdem zu der Taffetbindung noch Atlas,
Köper und Sammet hinzugekommen waren, selbst kleine Flächengebilde
lediglich durch eine andere Textur scharf voneinander abzugrenzen vermochte.

Die Behauptung, dass die Färberei auf die Art der Musterung und
auf die Stilisierung Einfluss geübt habe, wäre wohl etwas gewagt; dass sie
aber eines der wichtigsten Hilfsmittel zur Gestaltung der letzteren bildete, ist
unbestritten und ebenso erklärlich, wie dass der zielbewussten Polychromie
in den Zeiten des Stilverfalls die Retterrolle zufiel, ist der Umstand,
dass unter der Voraussetzung der Möglichkeit einer naturalistischen Richtung
in der Anfangsperiode, dieselbe aus dem einfachen Grunde nicht eingeschlagen
werden konnte, weil die zu solcher Darstellung unentbehrlichen zahlreichen und
lebhaften Farbennuancen nicht zur Verfügung standen. Als nun im Laufe
der Zeit und durch die stetig fortschreitende Technik der Webe- und Färbe-
kunst beliebige Linien- und Toneffekte hervorgebracht werden konnten, trat
allmählich eine der natürlichen Erscheinungswelt mehr angepasste Stilrichtung
hervor, besonders als die ‚haute lisse' an Stelle der schematisierenden, ein
Kunstverständnis weniger erfordernden Weberei mit der horizontalen Kette,
speciell für die Meisterwerke getreten war und in der Gobelinweberei, die
sich ein getreues Kopieren der Natur zur Aufgabe stellt, ihren Gipfelpunkt
erreichte. Man wird mit einer gewissen Bestimmtheit als erwiesen behaupten
können, dass die Gewebemusterung einen Entwickelungsgang durchgemacht
hatte, der darauf hinausging, unter Beibehaltung der tonangebenden Stilrichtung der Epoche in der realistischen Ornamentik aufzugeben. In dem
Mafse, wie die Textiltechnik fortschreitet, zeigt sich der merkwürdige Übergang von der zwar lebendigen, aber formenschweren Tierornamentik zur zier-
licheren, farbenreicheren Pflanzenwelt, die schon deswegen ein willkommenes
Objekt bot, weil sich ihre Motive für eine freier stilisierende Schaffenskraft
der Ornamentkünstler ganz besonders eigneten.

Wir gelangen nun zu der Frage, was als charakteristisches Merkmal unserer eigenen Kunstepoche aufzufassen sei, und welche Grundregeln
für eine zeitgemässe, stilgerechte Musterung zu befolgen wären. Es mag
gleich bemerkt werden, dass dieses Thema insofern keinen dankbaren Gegenstand für ästhetische Erörterungen bietet, als es zu vielfachen Kontroversen
geführt hat. Wie wenig aber überhaupt eine Theorie für oder gegen eine
bestimmte Auffassung der Stilgerechtigkeit zum Ziele führen kann, geht
schon daraus hervor, dass sie, als der Phantasie und Natur zugleich entstammend, auf unser Empfinden wirken soll und sich keinesfalls für eine
kleinliche Zerfaserung mit dem Verstande eignet. Die Realisten sprechen den
früheren Stilrichtungen jedes Recht auf Berücksichtigung in der modernen
Ornamentik ab und erstreben lediglich die Verwendung von Naturvorbil-
dern. Wiewohl dies auch, als gewissermafsen hervorgehend aus dem Geiste
der jeden Rückblick auf die Vergangenheit und ihr unbeholfenes Schaffen
verpönenden, rastlos vorwärts strebenden Epoche eigentlich berechtigt er-

scheint, so darf doch dem Naturalismus nicht das alleinige Monopol eingeräumt werden. Zwar gehen die Bestrebungen gegenwärtig überall dahin, das ornamentale Studium auf ein möglichst eingehendes Anschauen der Naturformen zu lenken; die Erkenntnis, dass die grossen Stilperioden der Kunst, die Antike, das Mittelalter und die Renaissance, einen wesentlichen Teil der Schönheit und Eigenart ihrer tieferen Auffassung der Motive der tieferen Auffassung der Naturformensprache zu verdanken hatten, lässt thatsächlich dieses naturalistische Streben erklärlich erscheinen [1]).

Die überlieferten alten Stile zu verwerfen, wäre jedoch schon deswegen unpraktisch, weil der Naturalismus, abgesehen von der notwendig stilgetreuen Ausführung vieler Ausstattungsgewebe, nicht überall angebracht ist, wie beispielsweise in den kirchlichen Paramenten. Es lässt sich immerhin nicht leugnen, dass eine einfache Übernahme und Weiterausbildung der bis auf uns gekommenen Ornamentstile unseren heutigen Schaffensbestrebungen allein noch nicht jene Ausdrucksfähigkeit und Originalität zu gewähren vermag, deren jede Kunstepoche für ihre besonderen Bedingungen und wechselnden Formgedanken bedarf, und wenn in allen Stilperioden stets viel Schönes gefunden werden kann, was in neuer Ausführung (unter der letzteren verstehe man nicht nur die äussere Form, Farbe und Zeichnung, sondern auch die Textur, d. i. die Bindungsart und Webeeffekte) vorzügliche Wirkung haben könnte, so muss hier eben an der Hand des Naturstudiums die idealisierende Beeinflussung vor sich gehen. Aus diesem Grunde ist eine genaue Kenntnis der Eigenarten alter Musterungsweisen nicht nur vom archäologischen, sondern auch vom rein praktischen Standpunkte aus von besonderem Wert; zahlreiche Musterwerke, Vorlagen, Museen und Privatsammlungen bieten für ein derartiges Studium ausgiebiges Material. Die stilisierten Ornamente alter Webekunstperioden sind in neuerer Zeit infolge der grossen Fortschritte der Textiltechniken leichter und vervollkommneter herzustellen, sowohl in der den Stoff wie die Farbe und Zeichnung beherrschenden Ausführung. Letztere ist nun in den Stand gesetzt, Kontraste und Analogien des Flächengebildes, d. i. der Bindungsarten, des Kolorits und der Musterung auf das Vorteilhafteste auszunützen; die alten Stile sind schon deswegen von Wert, weil sie höchst originell sind und sich in einer unserer heutigen Kunstanschauung durchaus angepassten Weise modifizieren lassen. Hierzu tritt noch ein Umstand von besonderem Reiz, nämlich die Erwägung, dass die überlieferten Motive, als an eine noch unbeholfene Textiltechnik gebunden, notwendigerweise nicht in der von den Webekünstlern beabsichtigten Ideen-

---

[1]) Unter den neueren, auf die Anweisung dessen, wie die Naturformen aufzufassen sind, wie man am sichersten zur Erkenntnis und Benutzung ihres ornamentalen Gehaltes gelangen kann, gerichteten Vorlagewerken verdienen die „Pflanzenformen, vorbildliche Beispiele zur Einführung in das ornamentale Studium der Pflanze" von Meurer, besondere Beachtung, da ihr Grundgedanke in der überaus engen Beziehung des technischen Naturstudiums zu einer verständnisinnigen Auffassung der überlieferten Kunstformen gipfelt.

reinheit ausgeführt werden konnten, wodurch vielfache Effekte verloren gingen;
die moderne Webekunst dagegen überwindet alle technischen Schwierigkeiten
spielend und beherrscht sowohl den Stoff, wie Zeichnung und Kolorit bis auf
das Geringste. Als sprechendes Beispiel dafür, wie ausserordentlich fördernd
die Fortschritte der Weberei und Appretur auf die Musterungseffekte zu wirken
vermögen, mag das Moirierverfahren dienen: wie unendlich vorteilhafter
sticht ein aus Tiermotiven, z. B. Vögeln, gebildetes Ornament von einem
hellen moirierten Grunde ab, als vom glatten, und wieviel Leben verleiht
dieser gleichsam bewegliche, luftige Grund dem gesamten Flächengebilde!
Machen wir daher unser heutiges Wissen und Können der Textiltechniken
der Gewebemusterung zu Nutzen, um auf Grund des Altüberlieferten Neues
zu schaffen. Eben aus dem Grunde, dass man durchaus etwas Originelles
zu bringen bestrebt ist, vergisst man, dem Altbewährten genügend Platz
einzuräumen und neben dem Schönen auch das Zweckmässige zu pflegen. Es
ist undenkbar, dass einer oder mehrere Ornamentkünstler eine neue Stilrichtung aufzustellen vermöchten, die dann vollgiltig wäre. Der Stil, und
im prägnantesten Sinne der der Gewebeornamentik, beruht auf einem stetigen
Wandel des Geschmacks und ist begründet in den grossen allgemeinen Wand-
lungen der Kultur; er kann somit nicht mit einem Male geschaffen werden oder
dem Kopfe Einzelner entspringen; andererseits unterliegt aber die Gewebemusterung mehr, wie jede andere Kunstweise den Launen wechselsüchtiger Mode
und wird oft zur Sklavin einer verdorbenen Geschmacksrichtung. Fügen wir
noch hinzu, dass unsere heutige Seidenwebekunst nicht selten darauf angewiesen ist, nicht nur einheimische, sondern verschiedene Völker mit ganz
anderen Kunstanschauungen durch überseeische Märkte zu versorgen und für
dieselben eine eigene Musterungsart zu üben, so wird es klar, dass eine
einheitliche, allgemeine Stilweise, wie eine solche in früheren Jahrhunderten,
aus dem Zeitgeist und der technischen Vollkommenheit der Völker ent-
sprungen, in durchaus charakteristischer Weise zum Ausdruck gelangte,
heutzutage eine das Gesamtgebiet umfassende, verallgemeinernde Geltung
nur schwierig und langsam erreichen kann.

Der allgemeine Charakter der heutigen Seidenwebekunst hat sich der
Zeit vollständig angepasst; auch hier that die französische Revolution das
ihrige und hat eine neue Ära eröffnet. Unter ihrem Einfluss schwand die
überschwengliche Kostbarkeit und bunte Pracht der Seidengewebe, um sich
dem Geschmack der neuen Kulturströmung, der anfangs jede Prunkentfal-
tung fernstand, anzupassen und um einer strengen Geradlinigkeit der Kunstformen, verbunden mit einem durchaus matten Kolorit in der Gewebeornamentik, zu weichen. Unter dem belebenden Einfluss des neuen Jahrhunderts,
seiner technischen und künstlerischen Fortschritte, hat alsdann die naturalistische Richtung Eingang gefunden. Die Entwickelung der Farbenindustrie
ermöglichte es, die glänzendsten Töne leicht darzustellen; dies hat gleichfalls dazu beigetragen, dem Ornament, das sich vorwiegend auf dem Gebiete des Pflanzentums bewegte, einen naturgetreuen Charakter zu verleihen.

Die heutigen Kunstwerke der Seidenweberei gleichen den gemalten Bildern. Gleichzeitig mit dieser Strömung nach vorwärts, ist auch eine Rückkehr zur früheren Kunstepoche bemerkbar, und hunderte von stilisierten Seidengeweben werden absichtlich mit den getreu wiedergegebenen Ornamenten vergangener Jahrhunderte versehen. In anderer Hinsicht musste die Seidenindustrie ganz anderen wirtschaftlichen und socialen Verhältnissen Rechnung tragen. Wie vor der Revolution die Seide in Europa gewissermafsen das privilegierte Bekleidungsmaterial bildete, so ist sie im XIX. Jahrb. zum Allgemeingut geworden. Die Kunstweberei hat von ihren Traditionen, von ihrer künstlerisch tonangebenden Bedeutung schmerzlichen Abschied nehmen müssen, um für die Zukunft in der alltäglichen, fabriksmässigen Massenproduktion angesichts neuer wirtschaftlicher Verhältnisse und Moderichtungen Ersatz zu suchen. Und wenn auch noch heutzutage kostbare golddurchwirkte Façonnés, die Meisterwerke der Kunstweberei und Ornamentik, königliche Brokate und Sammete erzeugt werden, so gilt doch der Meistverbrauch der Seide den einfachen seidenen und halbseidenen Geweben, dem alltäglichen Konsum. Neben den Seidengeweben, deren Preis dem des Goldes gleichkommt, produziert man Stoffe, deren Fabrikation in den vierziger Jahren noch nicht bekannt war; sie sind dem Aussehen nach den seidenen, und im Preise beinahe den baumwollenen gleich. Sowohl infolge der technischen Vervollkommnungen, wie durch die Hinzuziehung massenhafter Produktion asiatischer Rohseide und der wilden Seidenarten, sind die Preise der Seidenfabrikate derart gefallen, dass deren Verbrauch ein ganz allgemeiner wurde, und ist wohl anzunehmen, dass derselbe auch fernerhin sich noch weiter steigern werde.

Bibliographischer Anhang.

1. Geschichte einzelner Zweige des Seidengewerbes.

Salmasius in Koment. Tertull. de Pallio. Lugd. Bat. 1656.
— Exercitationes Plinianae in Solinum. Paris 1629.
— Notae ad Historia Augustae Scriptores. Paris 1620.
Johannes Colerus. De Bombyce. Giessen 1665.
Godofr. Dan. Hoffmanni, Observationes circa Bombyces, Sericum et Moras et antiquitatum, historiarum etc. Tubingae 1757.
Neue Seidenmanufaktur etc. Leipzig 1693.
Betti, Dissertazione istorica intorno la seta (Il baco da seta), Verona 1765.
Bertholon, Du commerce et des manufactures distinctives de la ville de Lyon, Montpellier 1887.
Lardners Cabinet Cyclopaedia, Silk manufacture. London 1831.
Beaulieu, L'histoire du commerce, de l'industrie et des fabriques de Lyon depuis leur origine jusqu'à nos jours. Lyon 1838.
Cecchetti, Dell' introduzione dell' arte della seta in Venezia. Venezia 1866.
Champion, Industries de l'empire chinois. Paris 1869.
Bachofen-Merian, Kurze Geschichte der Bandweberei in Basel, zusammengestellt aus den Urkunden. Basel 1862.
Dolder, Die Fabrikation von Seidenstoffen im Kanton Zürich. Zürich 1851.
Grothe, Bilder und Studien zur Geschichte der Industrie des Spinnens und Webens etc. Berlin 1875.
Grand Paul, Notice sur la fabrication des étoffes de soie pour meubles à Lyon. Lyon 1867.
Hehn, Kulturpflanzen und Hausthiere in ihrem Übergang aus Asien nach Griechenland und Italien, sowie in das übrige Europa. Berlin 1874.
Blümner und v. Schorn, Geschichte des Kunstgewerbes. Bd. III. Die Textilkunst. Leipzig 1885,88.
Giraud, Les origines de la soie, son histoire chez les peuples d'Orient. Lyon 1883.
Gli incunabuli dell'arte della seta in Verona. Venezia 1886.
Zamboni, Monografia del Setificio Veronese. Verona 1885.
Canestrini, L'industria della seta portata in Francia degli Italiani (Arch. storico italiano N. S. II. 1, VI. 2).
Latreille, Eclaircissement de quelques passages d'auteurs anciens, relatifs à des vers à soie (Annales des sciences naturelles. Paris XXIII (1881) p. 58—84.
v. Cauwenbergha, L'industrie de la soie à Anvers depuis 1532 jusqu'à nos jours (Bull. de la Soc. royale de géogr. d'Anvers 1887, p. 105—146).

Grothe, Die Gesch. der Seidenzucht und der Seidenmanufaktur (Deutsche Viertel-jahrsschrift 1864, S. 44—120).

Wolowski, Sur l'introduction de l'industrie de la soie en France (Compt. rend. de l'Ac. Sc. XXXIV, 33 ff.).

Rosa, Histoire de la culture des vers à soie en Europe (Journ. de l'Agric. 1870).

Ott, Historisches über die Seidenzucht in Amerika (Wiecks Deutsche illustr. Gewerbeztg. 1870).

Swayne, The silk culture in England (The technical repository by Gill, 7, 9).

Quatrefages, Essai sur l'histoire de la sériculture, Paris 1860.

Duseigneur, L'histoire des transformations du cocon du ver à soie du XVI° siècle au XIX° siècle. 1867.

Cobb, Manufacturing industries, Silk.

Donot, Étude historique sur les origines de la fabrication des rubans, des lacets etc. Lyon 1889.

Greef, Mitth. über die Lage der deutschen Halbseidenindustrie. Viersen 1885.

Clugnet, Géographie de la soie. Lyon 1877.

De Gasparin, Histoire de l'introduction du ver à soie.

Hedde, Éphémérides de la production de la soie.

Liotard, Memorandum on Silk in India.

Loménie, Mémoires sur les vers à soie.

Morand, La fabrique lyonnaise de soieries et l'industrie de la soie en France 1789—1889.

Rondot, L'industrie de la soie en France. Lyon 1894.

Pinchetti, L'industria della seta sul finire del secolo XIX. Como 1894.

Storck et Martin, L'industrie de la soie à travers les âges. Lyon à l'Exposition universelle de 1889. Paris 1890.

Pariset, Les industries de la soie. Lyon 1890.

Schmoller, Die preuss. Seidenindustrie im XVIII. Jahrb. München 1892.

2. Geschichte des Seidenhandels.

Pagnini, Della decima, della moneta e della mercatura de' Fiorentini fino al secolo XVI. Lucca 1765,66.

Fischer, Geschichte des teutschen Handels, Hannover 1793, 1875.

Anderson, Origin of commerce etc. London 1801.

Jackson, Reflections on the commerce of the Mediterranean. London 1804.

Hüllmann, Gesch. des byzantinischen Handels bis zu Ende der Kreuzzüge. Frankfurt a. O. 1808.

Morean, Rise and progress of the silk trade in England from the earliest period to the present time. London 1826.

Nischwitz, Handels- und Industriegeschichte von der älteren Zeit bis auf unsere Tage. Leipzig 1855.

Kiesselbach, Der Gang des Welthandels etc. im Mittelalter. Stuttgart 1860.

Ungewitter, Gesch. des Handels, der Industrie und Schifffahrt von den ältesten Zeiten bis auf die Gegenwart. Leipzig s. a.

Handelsstatistik der Vertragshäfen Chinas. 1863—72.

China imperial maritime customs. Silk. 3 ser.

Pöhlmann, Die Wirtschaftspolitik der Florentiner Renaissance. Leipzig 1878.

Richter, Handel und Verkehr der wichtigsten Völker des Mittelmeeres im Alterthume. Leipzig 1886.

Rondot, Le commerce, l'industrie et le prix des matières textiles. Paris 1880.
Hirth, China and the Roman Orient. Leipzig 1885.

3. Altertümer, Kostümkunde, Gewebesammlungen.

Bock, Catalogus pannulorum holosericorum textura et antiquitate memorabilium. Coloniae 1859.
Otte, Handbuch der christlichen Kunstarchäologie.
Geiger, Notizen über den Stoff, Gestalt und Grösse der hl. Geräthe und Gewänder.
Pugin, Glossary of ecclesiastical Ornament and Costume, rev. von Smith.
Schmidt, Kirchenmöbel und Utensilien aus dem Mittelalter und der Renaissance. Trier 1851.
Becker und v. Hefner-Alteneck, Kunstwerke und Geräthschaften des Mittelalters und der Renaissance. Frankfurt 1852.
Bock, Reliquienschatz des Liebfrauenmünsters zu Aachen.
   · Karls des Grossen Pfalzkapelle und ihre Kunstschätze. Aachen 1866.
Falke, Die deutsche Trachten- und Modenwelt.
Floss, Gesch. Nachrichten über die Aachener Alterthümer.
Waagen, Vornehmste Kunstdenkmäler in Wien, II. 406.
Jaquemin, Iconographie du Costume du 4me au 19me siècle.
Malliot und Martin, Gallerie der Sitten, Gerätschaften u. s. f. der vornehmsten Völker des Alterthums und der Franzosen bis auf das XVII. Jahrh. (Übers.)
Siegel, Handbuch der christl. Alterthümer.
Wagner, Trachtenbuch des Mittelalters.
Weiss, Kostümkunde, Gesch. der Trachten und des Geräthes im Mittelalter vom IV. bis zum XIV. Jahrh. Stuttgart 1881—83.
Dock, Goldstickereien und -webereien alter und neuer Zeit. Nürnberg 1884.
Pabst, Die Sammlungen des Kunstgewerbemuseums zu Berlin. Leipzig 1884.
Essenwein, Kunst- und kulturgeschichtliche Denkmale des Germanischen Nationalmuseums. Leipzig 1877.
Robinson, Eastern carpets. London 1882.
Lassen, Indische Alterthumskunde, I, 317— 322.
Marquardt, Römische Privatalterthümer, II, 85 159.
Hinz, Die Schatzkammer der Marienkirche zu Danzig. Danzig 1870.
Aus'm Weerth, Kunstdenkmäler des Mittelalters in den Rheinlanden, Bd. III.
Karabacek, Katalog der Theodor Graf'schen Funde in Ägypten. Wien 1883.
— Die Th. Graf'schen Funde in Ägypten etc., die textilen Gräberfunde. Wien 1883.
Longpérier, Le Musée Napoléon III. Paris 1861.
Riegl, Die ägyptischen Textilfunde im k. k. österreich. Museum. Wien 1889.
Gersbach, Les tappisseries coptes. Paris 1890.
Forrer, Die frühchristlichen Alterthümer aus dem Gräberfelde von Achmim-Panopolis, nebst analogen unedirten Funden aus Köln etc. Strassburg 1893.
— Mein Besuch in El-Achmim, Reisebriefe aus Ägypten. Strassburg 1895.
— Versuch einer Classification der antik-koptischen Textilfunde. Strassb. 1889.
Klein, Handbuch der germanischen Alterthumskunde.
v. Sacken, Über die sogenannten burgundischen Kirchengewänder in der K. K. Schatzkammer zu Wien, in Mittheil. der K. K. Centralkommission, 1858, Maiheft.

Essenwein, Spätklassische Seidengewebe im Anzeiger des German. National-
museums. II. 8. 9.
Cahier u. Martin, Mélanges d'Archéologie, II, Pl. X ff. (über die Seidentücher
aus dem Grabschreine Karls des Grossen zu Aachen).
Floss, Aachener Heiligthümer, p. 190 (über die Stoffreste in der Sakristei des
Aachener Domes).
Dock, Organ für christl. Kunst, 1864, p. 175, 235 (über die Gewebe aus dem
Dreikönigenschrein zu Köln).
Mitth. der antiquar. Gesellschaft in Zürich, Bd. XI. 1. 7 (über die Reliquien
des Domes zu Chur).
de Linas, Mémoires lus à la Sorbonne en 1865 (über die Reliquienschätze von
Verdun).
Stübel, Über altperuanische Gewebemuster. Dresden 1888.
Armbruster, Spécimens des soieries et tissus faisant partie des collections du
Musée Lyonnais. Paris 1890.

Kirchenschätze [1]).

Der Münsterschatz zu Aachen besitzt zahlreiche Gewebe aus dem VIII.—XV.
Jahrh.
Die Marienkirche zu Danzig verwahrt ägyptische Originalgewebe und ihre nord-
italienischen Nachahmungen aus der ersten Hälfte des XIV. Jahrh., palermi-
tanische, lucchesische und norditalienische Stoffe aus dem XIII.—XV. Jahrh.
Citer der ehem. Domkirche zu Halberstadt, XI.—XV. Jahrh.
Dom zu Brandenburg, Sammete, XIII.—XV. Jahrh.
St. Servatius-Kirche, ehem. Stiftskirche „Unserer Lieben Frau" zu Maestricht,
mittelalterliche Stoffe.
Ehem. Stiftskirche zu Tongern (Belgien).
Kirche der Calandsbrüder zu Stralsund, norditalienische Gewebe.
Domschatz zu Bamberg, Purpurstoffe und Goldstickereien des XI. Jahrb.[2]).
Dom zu Regensburg, orientalische, altägyptische Gewebe.
Dom von St. Veit zu Prag, mittelalterliche Stoffe.
Pfarrkirche zu Cornelymünster bei Aachen, genuesische Stoffe.
Sakristei der Pfarrkirche zu Siegburg, byzantinische Stoffe, X.—XII. Jahrh.
Ehem. Stiftskirche des hl. Victor zu Xanten am Niederrhein, XIV.—XV. Jahrh.
Diöcese Münster [3]).
Dom zu Brixen (Tirol), byzantinische und mittelalterliche Gewebe.
Dom zu Augsburg, orientalische Stoffe.
Schlosskapelle zu Aschaffenburg.
Dom zu Hildesheim, XVII.—XVIII. Jahrh.
Dom zu Mainz, XVI.—XVIII. Jahrh.
Abteikirche St. Johann Baptist zu Burtscheid bei Aachen, venetianische Stoffe
des XIV.—XV. Jahrh.
Ehem. Abtei Michelsberg zu Bamberg.

---

[1]) P. Schulze, Verzeichnis von Ornament- und Vorlagewerken für die Textilindustrie. Berlin 1886.
[2]) Bock, Die Kleinodien des heiligen römischen Reiches deutscher Nation. Wien
1864.
[3]) Katalog der Ausstellung westphälischer Alterthümer und Kunsterzeugnisse,
Münster, Juni 1879.

Abtei zu Benedictbeurn (Oberbayern), vielfarbiger Purpurstoff mit Samson und Löwen.

Ehem. Abteikirche zu Brauweiler, XII. Jahrh.

Hauptpfarrkirche St. Columba zu Cöln a. Rh., XV. Jahrh.

Stiftskirche zu Füssen bei Hohenschwangau, orientalische Stoffe.

Pfarrkirche St. Stephan zu Mainz, XI. Jahrh.

Dom zu Metz, hochrothes tarentinisches Purpurgewebe vom Kaisermantel Karls des Grossen.

Abteikirche zu Iburg, Diöcese Osnabrück.

Sakristei der ehem. Stiftskirche zu Maaseyk.

Kirche zu Hasselt (Belgien), Lyoner Gewebe des XVI.—XVIII. Jahrh.

Museen, Privatsammlungen.

Das Königliche Kunstgewerbemuseum zu Berlin besitzt die unstreitig reichhaltigste, ca. 10000 Nummern umfassende Sammlung der Seidengewebe aus dem IV.—XIX. Jahrh., die zum grössten Teil der Thätigkeit Prof. Lessings zu verdanken ist. Den Hauptschatz bilden die frühmittelalterlichen Stoffe vor dem Erblühen der Weberein in Ägypten und Sicilien: während das eine und das andere Museum davon nur vereinzelte Stücke besitzt, finden sich hier hunderte z. T. vorzüglich erhaltene Muster. Überaus zahlreich sind die arabischen Seidengewebe verschiedener Perioden und ihre italienischen Nachahmungen, meist in grossen Stücken vertreten, ebenso die italienischen des XV. und XVI. Jahrh. Grössere Gruppen bilden die chinesischen und japanischen Stoffe, denen sich kostbare Stickereien und orientalische Teppiche anreihen.

Das South-Kensington Museum zu London enthält die zweitgrösste Sammlung meist der Zeitepoche vom X. bis XVIII. Jahrh. angehörenden Seidenstoffe.

Königliche Gewebesammlung zu Crefeld umfasst ca. 5000 Exemplare aus der Zeitepoche vom XI. bis XVIII. Jahrh.

Textilsammlung im Börsenpalais zu Lyon.

K. K. Gewebesammlung zu Wien.

Musée pour l'Art et l'Industrie zu Paris.

Bayerisches Kunstgewerbemuseum zu Nürnberg enthält mittelalterliche und Renaissancegewebe.

Germanisches Nationalmuseum zu Nürnberg. Hier befindet sich ein Bruchstück des mehrfach erwähnten spätrömischen Seidengewebes (V.—VI. Jahrh.), Gladiatoren oder Samson im Kampfe mit Löwen darstellend, dann ein sassanidisches Gewebe (VI.—VII. Jahrh.) mit Straussen an Palmbäumen, streifenweise in bunten Farben ausgeführt, Gewebe mit Papageien, Löwen aus dem IX. Jahrh., orientalische Stoffe mit stehenden Drachen (XIII. Jahrh.) und viele andere Seidentextilien der Zeitperiode XIV.—XVI. Jahrh.

Kunstgewerbemuseum zu Dresden, meist italienische Muster.

Herzogliches Museum zu Braunschweig.

Museum für Kunst und Industrie zu Rom.

Städtisches Museum zu Bologna.

Suermondt-Museum zu Aachen, XII.—XVIII. Jahrh.

Museum schlesischer Altertümer zu Breslau.

Kunstgewerbemuseum zu Leipzig.

Textilsammlung im Hôtel Cluny zu Paris.

Textilsammlung der Webeschule zu Zürich, italienische, Renaissance u. Louis XIV.

Museum von Castle zu Nottingham (Spitzengewebe).
Erzbischöfliches Museum zu Cöln a. Rh., mittelalterliche Gewebe.
Textilsammlung der Grossherzogl. Centralstelle für Gewerbe zu Darmstadt.
Museum am Porte de Hal zu Brüssel, Lyoner Gewebe des XVII.—XVIII. Jahrh.
Gewerbemuseum zu Düsseldorf, Renaissancegewebe.
Sammlung der Kunstgewerbeschule zu Frankfurt a. M.
Hamburgisches Museum für Kunst und Gewerbe.
Pfälzisches Gewerbemuseum zu Kaiserslautern.
Textilsammlung des Kunstgewerbevereins zu Karlsruhe.
Königl. Maximilianeum zu München, XII.—XIII. Jahrh.
Bischöfliches Museum zu Münster.
Bischöfliches Museum zu Trier.
Nordböhmisches Gewerbemuseum zu Reichenberg i. B.
Städtisches Museum zu Manchester.
Gewerbemuseum zu Edinburgh. — Gewerbemuseum zu Dublin.
Musée du Louvre zu Paris.
Textilmuseum zu Florenz, XIV.—XVIII. Jahrh.
Museum Poldi Pezzoli zu Mailand, spätitalienische Gewebe.
Kunstgewerbemuseum zu Turin, mittelalterliche Stoffe.
Historisches Museum zu Bern.
Kunst- und Gewerbemuseum zu Genf.
Auch zahlreiche Privatsammlungen sind vorhanden, worüber meistens Mono-
graphien veröffentlicht worden sind, auf die wir verweisen.

4. Allgemeine Geschichte der Kultur und Gewerbe.

Lancellotti, l'Hoggidi ovvero il mondo etc. Venezia 1636. II. 457.
Meister, Beiträge zur Geschichte der Künste und Gewerbe. Zürich 1774.
Rawlinson, The five great monarchies of the ancient eastern world. London
    1862—67.
Poppe, Geschichte aller Erfindungen etc. von den frühesten Zeiten bis auf
    unsere Tage. Stuttgart 1837.
Mascher, Das deutsche Gewerbewesen von der frühesten Zeit bis auf die Gegen-
    wart. Potsdam 1866.
Riegl, Die Textilkunst. Berlin 1893.
Berlepsch, Deutsches Städtewesen und Bürgerthum in Beziehung zu den Ge-
    werken und deren Innungen.
Höllmann, Städtewesen des Mittelalters.
Klein, Kulturgeschichte des christlichen Europas.
Schrader, Allgemeine Chronik der Handwerke, Zünfte und Innungen.
Marquardt, Das Privatleben der Römer, II, 477.
Blümner, Technologie und Terminologie der Gewerbe und Künste bei Griechen
    und Römern. Leipzig 1875/87.
    — Das Kunstgewerbe im Alterthum. Leipzig 1885.
Darcel, Les arts industriels du moyen âge en Allemagne. Paris 1863.
Labarte, Histoire des arts industriels au moyen âge et à l'époque de la re-
    naissance. Paris 1864—66.
Bucher, Geschichte der technischen Künste. Stuttgart und Berlin 1875—86.
Karmarsch, Geschichte der Technologie seit der Mitte des XVIII. Jahrh.
    München 1872.
Bourdeau, Histoire des arts utiles. Paris 1884—93.

Poppe, Geschichte der Technologie seit der Wiederherstellung der Wissenschaften bis an das Ende des XVII . Jahrh. Göttingen 1807—10.

Trautmann, Kunst- und Kunstgewerbe vom frühesten Mittelalter bis Ende des XVIII. Jabrh. Nördlingen 1869.

Blümner, Die gewerbliche Thätigkeit der Völker des klassischen Alterthums. Leipzig 1869.

Büchsenschütz, Die Hauptstätten des Gewerbefleisses im klassischen Alterthum. Leipzig 1869.

Reblen, Geschichte der Gewerbe. Leipzig 1855.

Poppe, Alphabetisch - chronologische Übersicht der Erfindungen etc. Frankfurt 1881.

v. Scherzer, Die Anfänge menschlicher Industrie. Berlin 1883.

v. Cochausen, Das Spinnen und Weben bei den Alten. Aachen 1891.

Rosenthal, Litteratur der Technologie. Berlin 1795.

Theile, Bibliothek der Technologie. Leipzig 1807.

Gracklauer, Verzeichniss sämmtlicher Schriften über Gewerbelitteratur etc. Leipzig 1881.

Bleunard, Histoire générale de l'industrie. Paris 1894.

Comptes rendus de l'Exposition universelle de 1878. Paris 1879. Bd. 23.

Leonori, Le industrie italiane alla esposizione nazionale di Milano nel 1881. Roma 1882.

Esposizione generale italiana di Torino 1884. Milano 1886/88.

Colonial and Indian Exhibition 1886. London 1886.

Ritter, Erdkunde, VIII. 679—710.

Movers, Phönizier, II. 3, 1 p. 263 ff.

Guiffrey, Müntz, Pincbart & Vidal, L'histoire générale de la tapisserie. Paris 1878 ff.

Heierli, Die Anfänge der Weberei, im Anzeiger für schweizerische Alterthumskunde. V. 423, 455.

Falke, Über Weberei und Stickerei bei den Alten vom Standpunkt der Kunst, in v. Lützows Zeitschrift für bildende Kunst. III. B., H. 3. 4.

5. Die Stillehre und Ornamentik.

Lübke, Kunstgeschichte.

Burty, Chefs-d'œuvre des arts industriels. Paris.

Hoffmann, Les arts et l'industrie. Paris 1854.

Davioud, L'art et l'industrie. Paris 1874.

Fenchère, L'art industriel. Paris 1857.

Wyatt, The industrial arts of the nineteenth century. London.

v. Falke, Gesch. des deutschen Kunstgewerbes. Berlin 1888.

Girand, Les industries d'art à Lyon. Lyon 1890.

Riegl, Stilfragen. Berlin 1893.

Champeaux, Les arts du tissu. Paris 1891.

v. Falke, Geschichte des modernen Geschmacks. Leipzig 1866.

Heere, Stillehre für das Kunstgewerbe. Berlin 1898.

Rouaix, Les styles. Paris 1898.

Guillaume, L'histoire de l'art et de l'ornement. Paris 1886.

Boullemier & Develly, Ornements de différents styles. Paris 1835.

Metzmacher, Portefeuille historique de l'ornement. Paris 1842.

Sallembier, Principes d'ornements. Paris.

Zahn, Ornamente aller klassischen Kunstepochen. Berlin 1832—48, 1853 und 1870.

Lièvre, Les arts décoratifs à toutes les époques. Paris 1868.

Wornum, Analysis of ornament. An introduction to the study of the history of ornamental art. London 1882.

Jones, The Grammar of ornament. London 1856.

— Grammatik der Ornamente. Leipzig 1865.

Kanitz, Katechismus der Ornamentik. Leipzig 1870.

Fischbach, Ornamente der Gewebe. Hanau 1874.

Dupont d'Auberville, L'ornements des tissus. Paris 1877.

Schulze, Über Gewebemuster früherer Jahrhunderte. Leipzig 1893.

— History and development of pattern designing in textiles. London 1893.

Meyer, Handbuch der Ornamentik. Leipzig 1888.

Hulme, The birth and development of ornament. London 1898.

Shaw, The Encyclopaedia of ornament. London 1842.

Chefs-d'oeuvre de l'art antique. Paris, Levy, 1867.

Gell and Gandy, Pompeiana. London 1824—32.

Leconte, Mélanges d'ornements divers. Paris 1838.

Engelhorn, Flachornamente, Stuttgart.

Racinet, Das polychrome Ornament, übers. v. Reinhardt u. Mecklenburg. 2 Serien.

Chenavard, Album de l'ornemaniste.

Javet, Dessin industriel.

Christy, Motifs des décorations usuelles.

Dresser, Studies in design.

Flaquet, Compositions décoratives.

Han, Compositions ornementales.

Prignot, La tenture moderne.

Rey, Choix de compositions.

Martin, Riester &c., Ornements tirés des quatre écoles.

Umé, L'art décoratif (XV.—XVIII. Jahrh.).

Polisch, Dekorationen.

— Neue Dekorationsmotive.

Loir, Ornamente.

Beunat, Recueil de dessins, d'ornements etc. Paris.

Boetticher, Ornamentenschule, Berlin 1838 sq.

Braun, Recueil de dessins. Paris 1842.

Chenavard, Recueil de dessins, Paris.

— Nouveau recueil de décorations. Paris 1835.

— Album de l'ornemaniste. Paris 1845.

Hilaire-Guesnn, Nouveau recueil d'ornements. Paris 1841.

Jacobsthal, Die Grammatik der Ornamente. Berlin 1874.

— Ornamentale Studien. Berlin 1883.

Kolb, Der Ornamentenschatz. Stuttgart 1883.

Leconte, Album de l'ornemaniste. Paris 1836.

— Mélanges d'ornements divers. Paris 1838.

v. Mauch, Klassische Verzierungen. Berlin 1887.

Joubert de l'Hiberderie, Le dessinateur pour les fabriques d'étoffes d'or, d'argent et de soie. Paris 1765.

Cravant et Dessaigne, Inspirations du dessinateur des fabriques. Paris.
Day, Instances of accessory art.
Liénard, Specimens der Decoration und Ornamentik im XIX. Jahrh.
— Ornamentale Entwürfe und Motive.
Pequegnot, Vieilles décorations.
Petit, Motifs variés.
Reyebeaud & Oyex, Album du dessinateur.
G. Boetticher, Originalkompositionen zu Flachmustern. Dresden 1877/78.
Andel, Das polychrome Flachornament. Wien 1840.
Herdtle, Biermann u. Kolb, Schule des Musterzeichners.
Kolb u. Högg, Vorbilder für das Ornamentzeichnen.
Meyer, Ornamentale Formenlehre.
Petit, Collection de dessins d'ornements. Paris.
Plock, Ornamente im neuen Stil. Karlsruhe 1858.
Poppe, Sammlung von Ornamenten. Berlin 1845.
Racinet u. Reinhardt, Das polychrome Ornament. Stuttgart 1880.
v. Zahn, Vorlagen für Ornamentmalerei. Leipzig 1873.
Thürlemann, 270 originelle Decorationsmotive aus allen Kunstepochen. Zürich 1889.
Ungewitter, Sammlung mittelalterlicher Ornamentik in geschichtlicher und systematischer Anordnung. Leipzig 1866.
Heideloff u. Görgel, Die Ornamentik des Mittelalters. Nürnberg 1838.
Höfling u. Merckel, Die Künste des Mittelalters. Bonn 1857—62.
Draham, Geometrische Ornamente für die Zwecke der Flächendecoration, mit besonderer Berücksichtigung der Textilindustrie. Wien 1888.
Herdtle, Flachornamente. Wien 1892.
Fischbach, Stilistische Flachornamente, entlehnt den Sammlungen des K. K. österr. Museums für Kunst und Industrie. Wien 1866.
Christiansen, Neue Flachornamente. Altona 1892.
Egenolff, Modelbuch aller Art Nehewerks und Stickens, Frankenfort am Mayn. Neue Aufl. Facsimile 1880.
Graff, Schülerarbeiten der K. Kunstgewerbeschule zu Dresden. V. Abth.
Alte kunstgewerbliche Arbeiten der Leipz. Kunstgewerbe-Ausstellung 1879.
Photogr. Aufnahmen aus der Dresdener Ausstellung alter kunstgewerblicher Arbeiten. VII. Abth.
Lessing, Altorientalische Teppichmuster nach Bildern und Originalen des XV. bis XVI. Jahrh. Berlin 1877.
Robinson, Eastern Carpets.
Les étoffes anciennes. 3 Serien. 186 Tafeln.
Le musée de Milan.
Le musée de Munich.
Darcel & Guichard, Les tapisseries décoratives du Garde Meuble. Gobelins.
Sammlung Ongonia (Stickereien, Brüsseler Spitzen, — L'art ancien à l'Exp. de Bruxelles 1884).
Dentelles anciennes.
Sammlung von Spitzenmustern.
Cabier & Martin, Suite aux mélanges d'Archéologie (vgl. Abth. 3).
Ornamente, gezeichnet von Heinrich Aldegrever 1502—1555.
Quentel, Musterbuch für Ornament- und Stickmuster. 1527.
Fischbach, Album für Stickerei.

Hirth, Album für Frauenarbeit.

Antonini, Manuale di vari ornamenti tratti dalle fabbriche e frammenti antichi. Roma 1781—90.

Bouchet, Compositions antiques. Paris 1851.

Bussler, Verzierungen aus dem Alterthume. Berlin 1805.

Guichard, Les tissus anciens.

Clerget & Martel, Encyclopédie universelle d'ornements etc. Paris.

Ewald, Farbige Dekorationen alter und neuer Zeit. Berlin.

Smith, A collection of ornamental designs after the manner of the antique. London.

Magazzari, Raccolta de' piu scelti ornati sparsi per la città di Bologna. Bologna 1827.

Trzeschtik, Katechismus der Farbenharmonie. Wien.

Chevreuil, De la loi du contraste simultané des couleurs et de ses applications. Paris 1839.

Guichard, Harmonie der Farben.

Lecoute, Ornements gothiques et de la renaissance. Paris 1886.

Schreiber, Gemalte gothische Ornamente im Farbendruck. Karlsruhe 1871.

Schatz u. Ungewitter, Gothisches Musterbuch. Leipzig 1856, 1861.

Thomas, Specimens of Gothic Ornament. London.

Ungewitter, Entwürfe zu gothischen Ornamenten. Glogau.

Dupont d'Auberville, Sammlung von Decorationen, Stickereien und Stoffmustern aus der Blüthezeit der Renaissance (übers. v. Reinhardt). Stuttgart 1881.

Bock, Der Musterzeichner des Mittelalters.

Teirich, Ornamente aus der Blüthezeit italienischer Renaissance. Wien 1873.

Meurer, Italienische Flachornamente aus der Zeit der Renaissance. Karlsruhe.

Lacroix & Seré, Le moyen âge et la Renaissance. Paris 1848—51.

Labarte, Histoire des arts industriels au moyen-âge et à l'époque de la renaissance. Paris 1864—66.

Arnold, Die Renaissance. Leipzig 1860.

Herdtle, Flächenverzierungen des Mittelalters und der Renaissance. Stuttgart 1869—75.

Nicolai, Das Ornament der italienischen Kunst des XV. Jahrh. Dresden 1882.

Clerget, Dupuis & Brevière, Motifs d'ornements du XVIe siècle. Paris 1840.

Jessen, Das Ornament des Rococo und seine Vorstufen. Leipzig 1894.

Pillement & Boucher, Panneaux avec figures chinoiseries. Rococo.

Pillement, Fleurs baroques.

Ebe, Akanthus, Handbuch der ornamentalen Akanthusformen aller Stilarten. Berlin.

Gallet, Fleurs chinoises, indiennes, arabes et de fantaisie. Paris.

Gallet, Bail & Bouis j., Anthologie des fleurs de la renaissance et du moyen âge. Paris.

Herdtle, Stilisirte Blumen aus allen Kunstepochen. Stuttgart 1870.

Maucherat de Long-Pré, Renaissance de la fleur. Paris.

Krumbholz, Das vegetabile Ornament. Dresden.

Hoffmann, Blätter und Blumen für Plüschendekoration. Leipzig.

Gerlach, Die Pflanze in Kunst und Gewerbe. Wien 1887.

Gerlach, Blumen und Pflanzen zur Verwendung für kunstgewerbliche Deco-
    rationsmotive. Wien 1892.
Cagniard &c., Fleurs à la manière large. Paris.
Metzger, Ornamente aus deutschen Gewächsen. München 1841.
Page, History and guide for drawing the Acanthus and every other disposition
    of ornamental foliage. London 1839.
Herdtle, Blätter, Blumen und Ornamente auf der Grundlage einfacher geo-
    metrischer Formen. Stuttgart 1870.
Woenig, Pflanzenformen im Dienste der bildenden Künste. Leipzig 1881.
Meurer, Pflanzenformen. Vorbildliche Beispiele zur Einführung in das orna-
    mentale Studium der Pflanzen. Dresden 1895.
Moser, Handbuch der Pflanzenornamentik. Leipzig 1893.
Luthmer, Blüthenformen als Motive für Flächenornament.
Dopff, Croquis et bouquets.
Dumont, Fleurs.
Dusurgey, Fleurs.
Favart, Flowers and Plants.
Giacomelli, Ailes et fleurs.
Haite, Plant studies for artists.
Hulme, Plant form.
— Plants their natural growth and ornamental treatment.
— Suggestions in floral design.
Lelong, Études de fleurs.
Léonce, Plantes et Oiseaux.
Marchese, La fleur décorative.
Monnoyer, Le livre de toutes sortes de fleurs d'après nature.
Muller, La Flore pittoresque.
Picard, L'ornementation fleurie.
Capcinick, Farbige Blumen.
— Tableaux et Panneaux décoratifs de fleurs.
Vouga, Flore du midi, Les champs et les bois, &c.
Reichelt, Blumenstudien.
Redouté, Le cours de fleurs. Paris. Groupes des fruits &c.
— Alphabet flore. Paris.
Vincent, Fleurs et fruits.
Bodmer, Faune et Flore.
Berthault, Attribute (Musik, Jagd etc.).
Watteau, Vier Panneaux.
Lasinio, Florentinische Arabesken.
Ilg u. Gerlach, Allegorien und Embleme. Wien.
Demengeot, Dictionnaire du Chiffre Monogramme.
Le Normand, Nouveau recueil en divers genres d'arabesques &c. Paris.
Queverdo, Panneaux, frises et sujets arabesques. Paris.
Didier, Cahier de fouillis, de décorations, oiseaux, fleurs &c. Paris.
Schubert v. Soldern, Das Stilisiren der Thier- und Menschenformen. Leip-
    zig 1892.
Heiden, Motive. Leipzig 1892.
Prisse d'Avesnes, L'art arabe und La décoration arabe.
Bourgoin, Les arts arabes. Paris 1868.
Simakoff, Les arts décoratifs de l'Asie centrale.

Collinot & Beaumont, Encyclopédie des arts décoratifs de l'Orient. 250 Taf.

Jones, Examples of chinese ornament selected from objects in the South Kensington Museum. London 1867.

Cutler, A Grammar of japanese Ornament and Design.

Fraipont, L'album japonais.

Japanischer Ornamentenschatz.

Japanisches Wappenbuch.

Stassoff, L'ornement slave et oriental. St. Petersburg 1884.

de Boutowsky, Histoire de l'ornement russe du X⁰ au XVIᵉ siècle. Paris 1870.

Simakoff, L'ornement russe dans les anciens produits de l'art industriel. St. Petersburg 1882.

Stassoff, L'ornement national russe.

Lay, Ornamente südslavischer nationaler Haus- und Kunstindustrie.

Lay u. Fischbach, Südslavische Ornamente.

Fischbach, Südslavische Ornamente. Hanau 1871.

— Ungarische Hausindustrie.

Ornamente ruthenischer Hausindustrie. Lemberg 1880.

Zweiter Abschnitt.

Die Seide in naturgeschichtlicher Hinsicht.

Die Seide ist ein Absonderungsprodukt verschiedener Arten von Seidenraupen, deren Umwandlung in die provisorische Lebensform, die Puppe, mit dem Einspinnen in ein Gehäuse, den Kokon, verbunden ist. Die Seide ist, morphologisch betrachtet, die einfachste aller Textilfasern, denn sie ist ihrem Ursprunge nach eine erhärtete Flüssigkeit. Da es eine ganze Reihe seidenspinnender Raupen giebt, so ist es natürlich, dass auch die Seiden unter sich in verschiedenem Mafse Unterschiede ihrer äusseren und inneren Eigenschaften zeigen müssen.

Die seidenerzeugenden Raupen gehören der umfangreichen Gattung der Nachtschmetterlinge (Lepidoptera nocturna) an, im speciellen einigen Familien der letzteren, den Bombyciden und Saturniden, deren Stellung im grossen Klassifizierungssystem des Tierreichs aus folgender Übersicht hervorgeht:

Typus III. Articulata
Abteilung II. Arthropoda
Klasse VIII. Insecta
Unterklasse III. Metabola
Gattung X. Lepidoptera
Untergattung I. Heterocera
Gruppe Bombycina
Familie VIII. Saturnidae
Familie X. Bombycidae.

Alle Saturniden sind Seidenspinner, nicht aber alle Bombyciden. Sowohl die eine wie die andere Familie ist sehr zahlreich. Das Britische Museum besitzt allein ca. 300 Species der Saturniden.

Unter dem Namen „Seide" (holländisch zijde, italienisch seta, lateinisch serica, spanisch seda, englisch silk, französisch soie, dänisch silke, ungarisch

11*

selyem, poluisch jedwab', böhmisch hedrábi, schwedisch silke, russisch szeolk, griechisch βόμβυξ) versteht man indessen üblicherweise nur das Produkt eines Insektes aus der Familie der Bombyciden, der gewöhnlichen Maulbeerraupe, Bombyx mori. Ihr Lebensgang ist wie der der anderen seidespinnenden Insekten, kurz folgender. Aus dem Ei entwickelt sich die Seidenraupe, eine ungeschlechtliche Form des Tieres, welche ihre Nährpflanze in grossen Mengen verzehrt und das für die späteren Lebensformen nötige Material in ihrem durch schnelles Wachstum sich auszeichnenden Körper aufspeichert. In ihrer Reife verwandelt sie sich in die Puppe, eine Übergangsform zum Schmetterling, wobei sie diese als vollständig unbeweglich und wehrlos in vorsorglicher Weise mit einem festen Gehäuse, dem Kokon, umspinnt. Im Innern des Kokons nun geht die Metamorphose weiter vor sich, und nach einiger Zeit kriecht aus demselben ein Schmetterling aus — die geschlechtliche Lebensform —, dessen kurze Lebensdauer ausschliesslich dem Fortpflanzungsgeschäft gewidmet ist. Die seidespinnenden Lepidopteren unterscheiden sich von einander durch ihre Grösse, sowie durch Farbe und Zeichnung ihrer Flügel, die in den meisten Fällen mit solcher Pracht ausgestattet sind, dass das Studium und Kollektionieren auf diesem Gebiete der Naturgeschichte, abgesehen vom wissenschaftlichen Nutzen, schon vom ästhetischen und künstlerischen Standpunkte aus besondere Reize bietet. Ausser dem Bombyx mori gehören derselben Familie der Bombyciden noch die folgenden Seidenspinner an, deren Erzeugnisse versuchsweise zur Seidengewinnung herangezogen wurden. Einige von ihnen sind in unseren Wäldern und Gärten heimisch und schädigen vielfach die Bäume. Diese ziemlich umfangreiche Familie wird mit dem allgemeinen Namen Gastropacha bezeichnet. Gastropacha (Lasiocampa) ist die Glucke oder Pelzspinner. Bombyx (wie die folgenden auch Gastropacha genannt) neustria (Fabrizius)[1] oder der gewöhnliche Ringelspinner ist eine gesellige Art der Seidenraupen, die weiche, eiförmige, gelbliche Kokons liefert und sich zur Seidengewinnung eignet. B. rubi L., der Brombeerspinner, B. lanestris L., der Birkenspinner, B. quercus L., der Eichenspinner und B. pini L., der Kiefernspinner, die als schädliche Insekten allgemein bekannt sein dürften, haben keine technische Wichtigkeit. Die Kupferglucke (Gastropacha quercifolia) schliesst sich dem vorigen an, ebenso der Weissdornspinner (G. crataegi) und der Pappelspinner (G. populi). Eine Unterfamilie der Bombyciden, Liparina, enthält einige interessante Abarten, wie Liparis dispar (Fabr.), die gesellige Art Cnethocampa processionea, den Prozessionsspinner, B. pythiocampa, Porthesia auriflua und P. chrysorrhoea, schöne Insekten, jedoch zur Seidengewinnung ungeeignet; eine andere Untergattung ist Dasychira, aus welcher der Rotschwanz, auch Buchenspinner genannt (D. pudibunda), schöne weisse Seide liefert. Der Lastträger (Orgyia anti-

---

[1] Cuvier, Le Règne animal (Insecta). S. 267.

qua L.) erzeugt kleine Kokons, auf denen das ausgeschlüpfte flügellose
Weibchen sitzen bleibt, um hier nach der Begattung Eier zu legen und zu
sterben. Unter anderen Bombyciden liefern noch der gemeine Sackspinner
(Psyche unicolor Hfn.), die Nonne oder der Fichtenspinner (Ocneria monacha),
ferner die Dicranura, der Buchenspinner (Stauropus fagi) etc. Gespinste,
die indessen kein weiteres Interesse beanspruchen.

Einen anderen Typus der seidespinnenden Insekten bildet die Gruppe
der Nachtpfauenaugen, deren Abkömmlinge sich wesentlich von denen des
B. mori und seiner Abarten unterscheiden. Schon bez. ihres Äusseren sind
die Tiere im Vergleich zu den letzteren ungewöhnlich gross und buntfarbig;
ihre Flügel sind meist mit charakteristischen runden, augen- oder halb-
mondförmigen Zeichnungen versehen. Auch die Flügelschuppen, d. i. diejenigen staubähnlichen Teilchen, welche sich vom Flügel durch Berührung
ablösen, sind in ihrer Form charakteristisch, so dass man unter dem
Mikroskope hiernach die Species des Insektes unterscheiden kann. Während nun die Schuppen des B. mori schmal und scharf zugespitzt sind, zeigen
dieselben bei den Saturniden eine rundlich dreieckige Form. Die Saturniden
sind über die ganze Erde verbreitet und auch in unseren Wäldern heimisch.
Ohne näher auf dieses, im Kapitel der wilden Seiden ausführlich erläuterte
Thema eingehen zu wollen, möchte ich einige einheimische Nachtpfauenaugen erwähnen, die zwar zur Seidengewinnung nicht geeignet sind, doch als
seidespinnende Insekten immerhin angeführt werden müssen. Das grosse
Nachtpfauenauge (Attacus pavonia major L.) und das kleine Nachtpfauenauge
(At. p. minor L.), bräunliche Schmetterlinge, sind in Mitteleuropa wohl-
bekannt. Das erstere, auch Saturnia pyri (Borkh.) genannt, liefert im
südöstlichen Deutschland und in Österreich umfangreiche, harte Kokons, die
an einem Ende eine Öffnung besitzen. Das andere (Sat. carpini) liefert ein
ähnliches Produkt. Der Nagelfleck (Aglia tau) gehört ebenfalls zu den Saturniden. Auf andere, technisch sehr wichtige Nachtpfauenaugen kommen wir,
wie gesagt, später zurück.

Unter allen bekannten Seidenwürmern liefert nur der B. mori ein
Produkt, das schon in natürlichem Zustande den Glanz und die Pracht
der Seidenfaser besitzt. Ob diese vortreffliche Eigenschaft ihm von Natur
aus stets eigen gewesen oder erst durch sorgfältige und geeignete Zucht
beigebracht und entwickelt worden ist, lässt sich nicht sicher bestimmen.
Nur so viel scheint festzustehen, dass die Heimat der weissen Rasse im
östlichen, die der gelben dagegen im westlichen Asien zu suchen ist,
worauf schon bei Betrachtung der geschichtlichen Entwickelung hingewiesen wurde. Es darf nicht ausser Acht gelassen werden, dass die
Eigenschaften einer bestimmten Rasse wesentlich von der Nährpflanze, dem
Boden und dem Klima abhängig sind und sich den letzteren anpassen, ein
Umstand, der bei den Saturniden noch lebhafter zu Tage tritt. Bei einigen
Rassen lassen sich durch geeignete Zucht mehrere Generationen resp. Ernten
in einem Jahre erzielen; es sind dies die sogenannten mehrentigen Rassen,

und liegt es nur der Fürsorge des Menschen ob, bei solcher Zuchtart für
genügende und geeignete Nahrung zu sorgen. Aber auch bei den völlig in
freiem Zustande lebenden Seidenwürmern entwickelt sich nur dann eine
zweite Generation, wenn die betreffende Nährpflanze im gleichen Jahre noch
eine zweite Blüte trägt oder ihre Blätter so lange anhalten, dass davon
noch die nachfolgende Generation ernährt werden kann; dies trifft z. B.
bei der zweierntigen Varietät der Theophila Huttoni in einigen Gegenden
Himalayas zu [1]). Diese Anpassungsfähigkeit an die natürlichen Lokalver-
hältnisse äussert sich auch in anderer Hinsicht. Wie bekannt erhielt Japan
seine Maulbeerspinner aus China; übereinstimmend mit dem Gesagten haben
dieselben im Laufe der Jahrhunderte Eigenschaften angenommen, die von
den ursprünglichen sehr verschieden sind. Diese Thatsachen beweisen andererseits, wie empfindlich die Maulbeerraupe ist, und wie Natur und Eigenschaften der Rasse sowie ihrer Produkte durch geeignete Zucht beeinflusst
werden können.

Ausser den beiden typischen Maulbeerspinnern, dem weissen chinesischen und dem gelben assyrischen, scheint noch eine dritte, ebenfalls
gelbe Art in Himalaya ihre Heimat gehabt zu haben. Bezüglich der ersteren
muss übrigens erwähnt werden, dass ihr ursprünglicher, geschichtlich fest-
gestellter Typus lediglich auf ziemlich späten Überlieferungen beruht, und
es wohl möglich sein dürfte, dass die ursprüngliche Art des Maulbeerspinners auch in China nicht weiss, sondern farbig war, um so mehr als
man bewiesen hat, dass die natürliche, ungezüchtete Urart des Maulbeerspinners blassgelbe Seide erzeugt hatte [2]). Andererseits schreiben einige
Gelehrte die vollständige Farblosigkeit der echten Maulbeerseide, als eines
Naturproduktes, der Degenerierung und Abschwächung der Rasse zu [3]).
Was diese chinesische Originalrasse, Sina, anbetrifft, so scheint sie aus einem
bestimmten Orte, nämlich aus der Umgegend des Sees Taï-hu in der Provinz Tschekiang hervorgegangen zu sein, wo sie noch heutzutage in wildem
Zustande lebt und „tien-seng-tsan" (Raupe des Himmels) genannt wird [4]).
Der Wurm ist kleiner, als der Bombyx mori und erzeugt zweimal jährlich
graue oder weissliche Seide, die den Namen „tien-sbin-sse" (natürliche
oder wilde Seide) führt. Ob die jetzige gelbe Rasse Chinas originell, d. i.
einheimischen Ursprungs sei, kann dagegen nicht bewiesen werden; man
hat sogar festgestellt, dass gelbe Seidenwürmer, nach einigen Gegenden
Chinas eingeführt, beinahe farblose Nachzucht ergaben, und es geht daraus

---

[1]) Hutton, Notes on the silkworms of India, S. 43.
[2]) Hutton and Moore, On the asiatic silk producing moths (The Trans. of the
Entom. Soc. of London 1862—64, Bd. I.).
[3]) du Sauvages, Mém. sur l'éduc. des vers à soie. 1763.
Pommier, Traité sur la manière d'élever les vers à soie. 1763.
Hutton and Moore, a. a. O.
[4]) Rondot, L'art de la soie, I, laut Kleinwächter.

hervor, dass die klimatischen und Nahrungsverhältnisse Chinas der Erhaltung
einer gelben Rasse ungünstig sind[1]); die Annahme, die chinesische gelbe
Originalrasse könnte sich während der Jahrtausende dort erhalten haben,
erscheint deshalb ziemlich unwahrscheinlich. Dagegen könnte wohl zutreffend
sein, dass China seine gelben Seidenwürmer in Form einer primitiven aber
lebenskräftigen Rasse aus den östlichen Gegenden Indiens bezogen, und
unter günstigen Klima- und Aufzuchtverhältnissen zu einer so vollkommenen
Gattung ausgebildet hat, wie sie gegenwärtig in Sa-tschuen, Shantung,
Schen-si etc. kultiviert wird. Die ursprüngliche himalayaische Rasse Indiens
ist entweder infolge verschiedener Umstände ganz verschwunden, oder sie
ist im ganzen von den Chinesen nach China und Assam verpflanzt worden.
Dagegen hat Indien, und zwar nicht vor dem II. Jahrh. unserer Ära[2]),
seinerseits die Seidenraupen aus fremdem Lande, wie Einige behaupten, aus
China durch Vermittelung von Assam[3]), oder auch die Rassen Bactrias
und Kaschmirs, erhalten[4]). Es ist ausserdem sicher, dass die heutige sogenannte Bengalrasse keine ursprüngliche und reine ist, wenn man auch
ihre ganz originelle äussere Form anerkennen muss; sie ist sogar nicht rein
asiatischer Herkunft, denn, wie man annimmt, wurde die Bengalrasse von
Engländern und Italienern mit einigen aus Europa mitgebrachten Rassen
gekreuzt. Die Rasse der Seidenraupe im allgemeinen und der Maulbeerraupe im speciellen ist zahlreicher und mannigfaltiger Modifizierungen
fähig und zeigt thatsächlich in jedem einzelnen Produktionslande nicht
unbedeutende specifische Eigenschaften, die noch mehr zu Tage treten
würden, wenn man nicht von Zeit zu Zeit, wie es jetzt üblich ist, die
Verjüngung der Rassen durch Kreuzung miteinander vorzunehmen gezwungen wäre.

Es ist selbstverständlich, dass nicht nur die Art der Aufzucht, sondern
hauptsächlich auch die Nährpflanze auf die Eigenschaften der Seidenwürmer
und ihrer Erzeugnisse von zweifellosem Einfluss sind. Der Spinner der
echten Seide, B. mori, nährt sich vorwiegend von den Blättern des Maulbeerbaumes, Morus, von welchem mehrere Varietäten existieren.

Die Heimat des Maulbeerbaumes ist, wie die der Seidenraupe, Asien;
während jedoch im ganzen Osten dieses Erdteiles, in Indien, Assam und China,
die weisse Varietät verbreitet ist, kommt in den westlichen Ländern ausschliesslich der schwarze Maulbeerbaum vor. Die Ursprungsstätte des letzteren
scheinen die Regionen südlich vom Kaukasus und schwarzen Meere zu sein[5]);
jedenfalls ist der Baum aber auch in Babylonien frühzeitig heimisch gewesen, da er in der bekannten Sage von Pyramus und Thisbe erwähnt wird.

[1]) Pariset, L'histoire de la soie. I. S. 75.
[2]) Hutton, Notes on the silkworms of India, S. 11.
[3]) Geoghegan, Some account of silk in India.
[4]) Helfer, Journal of the Asiatic Society of Bengal. IV. 40.
[5]) De Candolle, Ursprung der Kulturpflanzen. 1884, S. 190.

Dagegen ist es nicht gelungen, die Urheimat des weissen Maulbeerbaumes zu finden. Das Wort tút, welches vorwiegend diese Varietät bezeichnet, scheint von den armenisch-iranischen Ländern auszugehen, doch kommt es auch im Indischen vor. Fragen wir, wann der Maulbeerbaum aus seinem asiatischen Vaterlande zuerst nach Europa verpflanzt wurde, so verweisen uns einige zufällig aufbewahrte Dichterstellen auf die Zeit der attischen Tragiker, andere ein Jahrhundert später auf die der mittleren und neuen Komödie. Im weiteren Verlauf der Zeiten ist die ursprünglich eingeführte Varietät Morus nigra, womit die Seidenraupe gefüttert wurde, durch einen späteren Abkömmling aus dem centralen und östlichen Asien ersetzt worden, die M. alba, einen Schwesterbaum von kleinerem Wuchse und zarteren Blättern, der gegen Ende des Mittelalters in Europa erscheint[1]). Eine noch zweckdienlichere Art Morus, M. alba multicaulis, ist in neuerer Zeit aus Manilla, wohin sie aus China gekommen war, in Europa eingeführt worden.

Die Gattung Maulbeerbaum (Morus) steht nach dem Linnéschen Pflanzensystem in der vierten Ordnung der 21. Klasse (Monoecia Tetrandria) und gehört dem natürlichen System zufolge in die Familie der Urticeen (nach Jussieu) oder der Artocarpeen (nach Bartling). Bekannt sind gegenwärtig folgende Maulbeerarten:

I. Der weisse Maulbeerbaum (M. alba).
1. Der gemeine oder wilde Maulbeerbaum ist die ursprüngliche Form, aus welcher alle anderen hervorgegangen sind.
2. M. rosea, mit rosenrotem Blattstiel.
3. M. moretti.
4. M. elata oder hoher Maulbeerbaum.
5. M. romana vel ovalifolia, der römische Maulbeerbaum.
6. M. macrophylla vel latifolia, der grossblättrige Maulbeerbaum.
7. M. pumila vel nana, der Zwergmaulbeerbaum.
8. M. collumbassa.
9. M. multicaulis, der vielstengliche Maulbeerbaum.
10. M. venosa, M. nervosa vel subalba nervosa, der Maulbeerbaum mit stark gerippten Blättern.
11. M. italica, (M. i. rubra).

II. Der schwarze Maulbeerbaum (M. nigra) und seine Spielart der geschlitztblättrige Maulbeerbaum (M. laciniata).
III. Der rote Maulbeerbaum (M. rubra, M. virginica oder M. pennsylvanica und M. caroliniana).
IV. Der tatarische Maulbeerbaum (M. tatarica).

---

[1]) Hehn, Kulturpflanzen und Haustiere in ihrem Übergang aus Asien nach Griechenland und Italien, sowie in das übrige Europa. Berlin 1874. S. 334.

V. Der indische Maulbeerbaum (M. indica).
VI. Der türkische Maulbeerbaum (M. constantinopolitana vel byzantica).
VII. Der scharfblättrige Maulbeerbaum (M. scabra vel canadensis).
VIII. Der breitblättrige Maulbeerbaum (M. latifolia rubra).
IX. Der maskarenische Maulbeerbaum (M. latifolia rubra).
X. Morus australis.
XI. M. insularia (Polynesien).
XII. M. Hahnensporn (M. calcar galli, N.-S.-Wales).
XIII. M. celtidifolia.
XIV. M. corylifolia (S.-Amerika).

China besitzt einige Abarten des Maulbeerbaumes, der hier, ebenso wie die Seidenwürmer, entweder kultiviert oder in wildem Zustande ver-

Fig. 21—23. Blattformen der 1. M. nigra, 2. M. rubra, 3. M. multicaulis.

wendet wird. Unter den Gattungen der ersteren Art sind M. a. latifolia (vielstielig) und M. a. indica die üblichen; andere in China vorgefundene Abarten, wie M. nigriformis, M. stylosa sind nicht chinesischen Ursprungs[1]). Die verbreitetsten Gattungen werden in China „lu-sang" und „king-sang" genannt, wovon die erstere ausschließlich für die jungen Raupen bis zur dritten Häutung reserviert wird. Andere Arten des Maulbeerbaumes, die deshalb von Interesse sind, weil die Seide danach benannt wird, sind nach Kleinwächter die folgenden. Unter den gezüchteten: „péh-pi-sang", „schan-sang", „kieu-lin-sang", „tsing-pi-sang" etc.; unter den wilden (yéh-sang): „tsé-pi-sang" (M. latifolia), „ki-kio-sang", „ma-sang" u. a. Den wilden Abarten gehören auch die M. bungeana und M. mongolica an. Assam und Indochina besitzen den weissen Maulbeerbaum

---

[1]) Rondot, L'art de la soie, I. S. 213.

und seine Varietät M. a. indica. In Indien ist der Maulbeerbaum zweifellos
ursprünglich einheimisch und sehr verbreitet. Am häufigsten trifft man
M. alba und seine Abarten M. a. indica, serrata, cuspidata etc. an. Ausser-

Fig. 24—28. Verschiedene Abarten der Morus alba.

dem existiert hier eine dritte Morusart, die M. rubra. In Italien und Frankreich wird vorzugsweise der weisse Maulbeerbaum kultiviert.

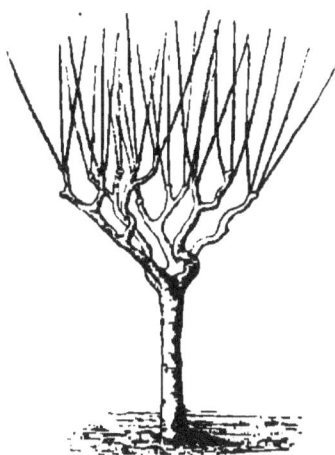

Fig. 29. Kultivierter Maulbeerbaum.

Der Maulbeerbaum wüchst
60 Jahre und liefert das beste
Futter in seiner Reife, vom 20.
bis zum 40. Jahre des Wachs-
tums, in einer Quantität von
durchschnittlich 100 bis 125 kg
Blätter pro Jahr und Baum. Die
zwergige Gattung liefert etwa
10000 kg pro Hektar der Anpflanzung. Er wird aus Schöss-
lingen gezogen, die reihenweise
gepflanzt werden. Da die aus
einer Unze Raupeneier hervor-
gehenden 36000 Stück Seidenwürmer ca. 700 kg Maulbeerblätter verbrauchen, so sind, um
ohne Schädigung der Bäume
über dieses Futterquantum verfügen zu können, etwa 1000 elf-
jährige, oder 350 dreizehnjährige,
oder 120 fünfzehnjährige, oder
90 siebzehnjährige, oder 20 zwan-
zigjährige, oder 18 fünfundzwanzigjährige, oder endlich 16 dreissig- bis
vierzigjährige Maulbeerbäume erforderlich.

Frische Maulbeerblätter enthalten 80 %, einige Tage nach dem Pflücken
65 % Wasser; die chemische Zusammensetzung ihrer Asche hängt wesentlich
von ihrem Alter ab und enthält Kieselsäure, Kalk, phosphorsaure Magnesia,
Phosphorsäure, Kohlensäure etc. Während die jungen Blätter vorwiegend

Phosphorsäure und phosphorsaure Magnesia enthalten, sind die alten an
Kieselsäure und Kalk reich. Da nun die Raupen hauptsächlich Phosphorsäure und Magnesia neben Kali assimilieren, so sind junge Blätter vorteil-

Fig. 30. Wilder Maulbeerbaum.

hafter. Das Pflücken, Sammeln und Aufbewahren der Maulbeerblätter erfordert gewisse Vorsichtsmafsregeln in Bezug auf die Verhütung über-

Fig. 31—33. Surrogate des Maulbeerbaumes. 1. Broussonetia papyrifera. 2. Maclura aurantiaca,
3. Cudrania triloba.

mässiger Feuchtigkeit u. dergl., die lediglich Sache der Erfahrung sind und
hier übergangen werden müssen.

Ausser dem Maulbeerbaume lässt sich noch eine ganze Reihe anderer

Nährpflanzen zur Fütterung der Maulbeerraupe verwenden. Inwiefern aber diese Surrogate auf die Eigenschaften der Rasse und der Seidenfaser einwirken, ist bis jetzt noch nicht allgemein festgestellt worden.

Isnard[1]) fand, dass die Blätter der Rose, des Weissdornes, der Brennnessel und der Ulme geeignet sind den Maulbeerbaum zu ersetzen, jedoch nur für einige Zeit, während auf die Dauer die Rasse der Seidenraupe dadurch geschwächt wird. In Lyon hat man zuerst Salatblätter als Surrogat bei einem verfrühten Auskriechen der Raupen angewendet[2]). Diese Ersatzmittel sind indessen unzulänglich, wie Dandolo und Bonafous, zwei berühmte Seidenzüchter, bald ermittelt haben[3]). Bonafous fand ferner, dass der Papierbaum (Br. papyrifera), obwohl nicht allzu nahrhaft, doch im allgemeinen geeignet ist, die Seidenraupe im fünften Lebensalter zu ernähren. In Deutschland wurde eine Unmasse von Nährpflanzen versucht[4]), so unter anderem die Acerarten, mehrere Salix, Tilia, verschiedene Ribes etc. Nach Hazzi[5]) soll man in Schweden in den Blättern des weissfrüchtigen Himbeerstrauches ein passendes Surrogat entdeckt haben. Infolge einer journalistischen Fabel, nach welcher ein Baron in Riga mit Rosenblättern gute Kokons erhalten haben soll, fingen überall die Versuche von neuem an; es wurden Löwenzahn, Endivie, Schwarzwurzel, Vogelknöterich u. s. w. gefüttert, doch stets blieb der Erfolg ein negativer. In allerjüngster Zeit erschien wiederum eine Zeitungsnachricht, laut welcher die Maulbeerraupe ausschliesslich durch die Blätter der Orange, sowie des in Südeuropa einheimischen immergrünen Kreuzdornes (Rhamnus Alaternus) erzogen werden könne. Es mag dies für das südliche Europa von Belang sein, für Deutschland und nördliche Länder hat es kein Interesse. Der asiatische Seidenwurmdorn (Cudrania triloba), ein 7—8 Meter hoher Baum, seit 1872 in England eingeführt, dürfte sich infolge seiner unangenehmen Dornen ebenfalls nicht gut eignen[6]). Nach vielen Versuchen mit einheimischen Pflanzen, wie Löwenzahn (Taraxacum officinale), Ulme, Spinat, Endivie etc., ist Prof. Harz[7]) zu dem Ergebnis gekommen, dass die Schwarzwurzel (Scorzonera hispanica) bei systematischem Verfahren den Maulbeerbaum zu ersetzen vermag. Die Zuchtversuche in Bayern und Baden haben zu aussichtsreichen Erfolgen geführt. Auch in Feuerbach hat Schrader mit der

---

[1]) Nach einem anonymen, im J. 1756 bei Nicolai in Berlin erschienenen, aus dem Französischen übersetzten Werke.

[2]) Compt. rend. des trav. de la Soc. d'agric. Lyon 1820. S. 148.

[3]) Dandolo, L'art d'élever les vers à soie, trad. Foulaneilles. Lyon 1825.
   Bonafous, De l'éducation des vers à soie. Paris 1824.

[4]) Wochenschr. d. landw. Ver. in Bayern, 1825, S. 310.

[5]) Lehrbuch des Seidenbaues. München 1826.

[6]) Chemn. Tageblatt, 7. Dez. 1890.

[7]) Dr. Harz, Eine neue Züchtungsmethode des Maulbeerspinners Bomb. mor. L. mit einer krautartigen Pflanze. Stuttgart 1890.

Schwarzwurzel eine zufriedenstellende Ernte erzielt[1]), desgl. Schüle in Winnenden. Im Dresdener Zoologischen Garten erhielt Schöpff mit derselben Pflanze neben der Salsifie Resultate, die, trotz des ziemlich unbedeutenden Maſsstabes der damit gemachten Versuche, darauf hinweisen, daſs die Seidenkultur von den Maulbeerplantagen unabhängig gemacht werden kann und daſs ihrer allgemeineren Einführung nach den mitteleuropäischen Ländern nichts im Wege steht. Wenn auch damit der europäischen Seidenkultur keine neue Ära eröffnet wird und Deutschland, sowie andere Länder des mittleren und nördlichen Europas wohl nie die Seidenzucht in grösserem Maſsstabe bei sich einführen werden, so kann doch in diesen Versuchen der Beweis erblickt werden, der für die Fähigkeit des tierischen Organismus, sich den Nahrungsverhältnissen anzupassen spricht; damit wäre die Ansicht widerlegt, die Maulbeerraupe könne ohne Maulbeerbaum nicht bestehen. In den Vereinigten Staaten Nordamerikas nährt man B. mori von den Blättern der Maclura aurantiaca und erzielt eine der gewöhnlichen durchaus ebenbürtige Seide[2]). In Kolumbien ist die dortige Varietät der Ramie als Nährpflanze mit günstigem Erfolg versucht worden. Auch in Frankreich ergaben die mit dieser Nährpflanze angestellten Versuche vortreffliche Resultate[3]). In der englischen Provinz Birmah (Indien) ersetzt man zuweilen den Maulbeerbaum durch den Papierbaum (Broussonetia papyrifera)[4]); die erzielte Seide soll indessen minderwertiger Qualität sein. Das chinesische Surrogat „tsche", mit welchem die Zucht vielfach betrieben wird, ist Cudrania triloba (Hance)[5]). Nach gewissen Angaben wird unter Anwendung dieser Nährpflanze die weisse Rasse in die gelbe verwandelt[6]). Laut Kleinwächter ist diese Seide spröde, so dass sie nicht zum Verweben, sondern nur zu Besatzartikeln und Saiten benutzt werden kann. Schliesslich kann die Seidenraupe noch mit „wu-kiu" (Stillingia sebifera) und mit dem in Nordchina heimischen wilden Ölbaum „tsé" (Zizyphus Lotus) genährt werden.

* * *

Das Ei des Seidenwormes ist ein ovales, hirseförmiges Körnchen, dessen Gewicht soviel beträgt, dass etwa 40000 Stück eine Unze von 31 g ausmachen. Gelblich im Moment des Legens, wechselt es seine Farbe bis zum nächsten Frühling, wo das Auskriechen stattfindet, und geht in bläulichviolett, ins gelbliche und grauweisse über; die violette Farbe des Eies geht unter der

[1]) Gewerbeblatt aus Württemberg 1894, Nr. 1.
[2]) Riley, The silkworm, 1879, S. 29.
[3]) Bonafous, Traité de l'éduc. des vers à soie, 1840.
[4]) Geoghegan, Some Account of Silk in India, 1878, S. 106.
	Boitard, Traité de la culture du mûrier etc., 1828, S. 136.
[5]) Rondot, Rapport sur l'Expos. universelle de 1878. Paris 1885, S. 372.
[6]) Moorhead, Report, Silk, 1881.

Einwirkung des Kleinenberg'schen Reagens (Schwefelsäure, Pikrinsäure
und Kreosot) in eine rote über [1]). Physiologisch ist das Ei ein Embryon-
organismus, an welchem die Funktionen des Atmens leicht wahrnehmbar
sind; sein Gewicht wird infolge der ständigen Sauerstoffabsorption, die
seine organischen Bestandteile in flüchtiges Wasser und Kohlensäure oxydie-
rend verwandelt, immer kleiner, so dass es durch Liegen in 10 Monaten
über 12—13 % an Gewicht verliert und zwar im ersten Monat 2 %, im
zweiten 1 %, in den nächsten sechs 1 % und im zehnten 9 %. Duclaux
veranstaltete eingehende Versuche, um die Respirationsfähigkeit der Raupeneier zu bestimmen und kam zu dem Ergebnis, dass die erzeugte Kohlensäure-
menge, die als Mafs der Lebensfunktionen des Embryo gelten kann, bis
zum siebenten Monat nur gering ist und fast konstant bleibt, um alsdann
betrachtlich zu steigen und im neunten
Monat ihr Maximum zu erreichen. Es ist
bemerkenswert, dass das Raupenei vor dem
Auskriechen der Kälteeinwirkung unterworfen werden muss, mit anderen Wor-
ten, der Entwickelungsprozess des Embryo
erfordert eine Überwinterung; bei den Chinesen sind die Eiskammern, in welchen
die Raupeneier, speciell die der einerntigen
Rasse aufbewahrt werden, in stetigem Gebrauch. Auch in der Lombardei existieren
grosse Etablissements, wo das Überwintern

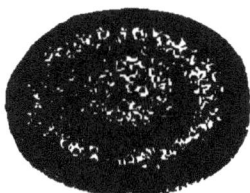

Fig. 51. Das Raupenei des Bombyx mori
(stark vergrössert).

der Eier vermittelst kälteerzeugender Maschinen veranstaltet wird. Die künstliche Überwinterung gestattet, das Ausbrüten der Raupeneier in 15—20 Tagen
nach dem Legen durch nachträgliche passende Erhöhung der Temperatur
zu bewirken; ein anhaltendes Bearbeiten der frisch gelegten Raupeneier
mit steifen Bürsten soll das Auskriechen binnen kurzer Frist (15 Tagen)
ermöglichen. Es erhellt daraus, dass man die Raupeneier beliebig lange
Zeit konservieren kann, um sie dann im passenden Moment zum Ausbrüten
zu bringen. Dieser Umstand ist von grosser Wichtigkeit, denn er ermöglicht es, nicht nur einerntige, sondern auch zwei- und mehrerntige Rassen zu
züchten, oder richtiger gesagt, aus einer einerntigen Rasse, wie es die
meisten europäischen sind, in einem Jahre zwei oder mehrere Bruten resp.
zwei Kokonernten zu erhalten, was in ökonomischer Beziehung ungeheuren
Vorteil bietet. Ferner lässt sich aber auch, wie Dr. Crivelli dargethan hat,
im Falle ungünstiger Witterung oder schlechter Blätterernte, das Auskriechen auf eine günstigere Zeit verlegen. Diese Methode wird bereits
mit grossem Erfolg bei Mailand in Via Romagnosi in der Aufzüchterei
von Filippo Antongini angewendet.   •

---

[1]) A. Tichomiroff, Développement du ver à soie du mûrier dans l'œuf. (Bulle-
tins du Labor. de Lyon). 1891, S. 159.

Verson beobachtete 1874 die Einwirkung der Elektrizität als Beschleunigungsmittel des Auskriechens; Duclaux bewies dann, dass die Wirkung lediglich der elektrostatischen Entladung und nicht etwa der dynamischen Elektrizität zukommt. Er zeigte ebenfalls, dass das künstliche Überwintern, starkes Bürsten und Elektrizität genau dieselben physiologischen Veränderungen im Embryo verursachen, und dass ein Bad aus verdünnter Schwefelsäure in dieser Hinsicht noch wirksamer ist. 1877/78 bewiesen Bolle, Verson und Quajat, dass Salzsäure, Salpetersäure und sogar destilliertes Wasser bei 50° dieselbe Eigenschaft besitzen; in allen diesen Fällen wird die Farbenmetamorphose des Eies in der natürlichen Reihenfolge (violett, blau etc.) beobachtet. Schliesslich hat Rollat[1]), indem er

Fig. 35. Ausbrüteapparat.

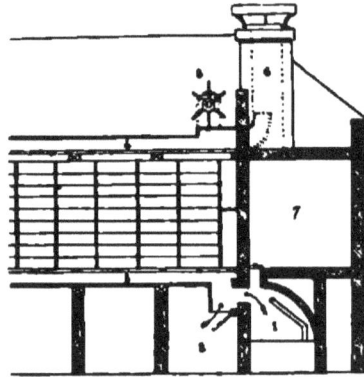

Fig. 36. Aufzüchterei System Darcet (1. Heizofen, 2. Luftzug, 3., 4. Luftkanäle, 5. Ventilator, 6. Abzug, 7 Brutraum).

die Raupeneier einige Tage einem Luftdruck von 3—4 Atm. bei 25—28° aussetzte, die Bemerkung gemacht, dass ein derartiges Komprimieren im Embryo dieselben physiologischen Veränderungen hervorrufe, wie alle früher genannten Mittel. Am geeignetsten erwies sich ein Druck von 6—8 Atm. während 15 Tagen, bei einer Temperatur von 15—16°; unter diesen Verhältnissen gelingt der Versuch zu jeder Jahreszeit.

Das spezifische Gewicht eines gesunden Raupeneies ist nach Haberlandt 1,08; die mangelhaften sind leichter als Wasser. Nach Péligot enthalten 100 g Raupeneier 1 g 285 Asche und zwar:

---

[1]) Compt. rend. 1894, p. 612.

Phosphorsäure . 53,8 %
Kali . . . . 29,5 %
Magnesia . . . 10,3 %
Kalk . . . . 6,4 %

Diese Aschenzusammensetzung stimmt mit der der Getreidekörner überein und zeigt die wichtige Rolle der Phosphorsäure. Es würde zu weit führen, hier eine genaue Embryologie des Raupeneies geben zu wollen; man begnüge sich daher mit einem Hinweis auf die hierauf bezüglichen allgemeinen und speciellen Studien (siehe bibliographischen Anhang).

Das Auskriechen der Eier findet statt bei 20—26° Wärme und wird in passend eingerichteten Brutkammern vollzogen. In den neueren vervoll-

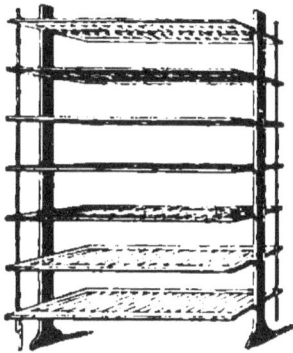

Fig. 57. Hürdengestelle für Raupenzucht.

kommneten Apparaten wird die Heizung durch Wasserdampfröhren bewirkt, und ein beständiger bequem regulierbarer Luftstrom erhält die Atmosphäre auf dem nötigen Feuchtigkeitsgrade; die Gasheizung wird häufig mit dem Schlesing schen Regulator versehen, der die Temperatur innerhalb bestimmter Grenzen automatisch auf konstanter Höhe erhält. Der Feuchtigkeitsgehalt wird nahe bei 70 Hygrometergraden erhalten, die Temperatur von 17,3° am ersten Tage ganz allmählich zum Steigen gebracht; am fünften Tage beträgt sie $21\frac{1}{4}$°, am achten 25° und am zehnten 27,5°. Bereits am fünften Tage werden die Eier weisslich und bedecken sich mit kleinen schwarzen Punkten, am zehnten beginnt das Auskriechen und ist während der folgenden drei Tage am lebhaftesten (von 4 bis 10 Uhr vormittags). Eine Unze von 25 g liefert 36000 junge Raupen, die im ganzen etwa 17 g wiegen, nebst 5 g leeren Eierschalen und 3 g des verdunsteten Wassers. Die frisch ausgekrochene Raupe misst etwa 2—3 mm und wiegt 0,00045 g. In der Lebensdauer der Maulbeerraupe werden mehrere Perioden unterschieden, welche durch je eine Häutung von einander getrennt sind; der gemeine Maulbeerspinner (Bombyx mori) erlebt vier Häutungen bezw. fünf Lebensperioden.

Sofort nach dem Auskriechen werden die jungen Raupen auf Geflechte übertragen, deren Rauminhalt genau der Anzahl der Raupen entsprechen muss. In der ersten Lebensperiode verlangen die aus einer Unze von 31 g ausgebrüteten Raupen einen Raum von 1,3 Quadratmeter. Die nachfolgende Tabelle verzeichnet die üblichen Temperatur-, Raum- und Feuchtigkeits-

verhältnisse in allen fünf Lebensperioden der Maulbeerraupe, deren Nicht-
beachtung zu einem vollständigen Misslingen der Aufzucht führen kann.

Periode	Dauer	Temperatur	Feuchtigkeit	Flächenraum	Nahrung in kg
I.	5 Tage	19° C.	75—80°	1,3 qm	5,5
II.	5 „	20° C.	75°	3 „	15,5
III.	6 „	22° C.	80°	5 „	75
IV.	8 „	23° C.	75—80°	12 „	150
V.	7 „	21° C.	—	25 „	850

Unverzüglich nach der ersten Häutung werden die Raupen auf frische
Hürden gebracht, wobei die peinlichste Sauberkeit beobachtet werden muss, da

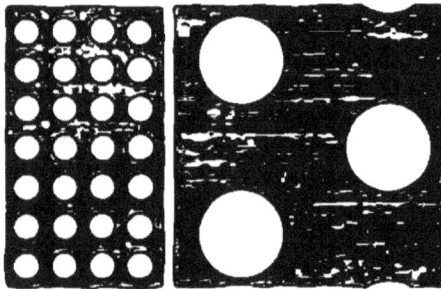

Fig. 34—39. Aushebeunterlage nach der 1. und 4. Häutung.

dieselbe zur gedeihlichen Entwickelung der Seidenraupe von grösster Bedeutung ist. Um die Ausdünstungen der Exkremente und eine Fäulnis der toten
Raupen nach Möglichkeit zu verhüten, ist von Lavolard der Vorschlag
gemacht worden, die Hürden mit trockenem Torfpulver zu bestreuen, das
bekanntlich die Eigenschaft besitzt, alle Abgangsstoffe geruchlos zu machen
und ihren Zersetzungsprozess aufzuhalten, indem alles zu einer kompakten
Masse eintrocknet. Während der nachfolgenden Periode werden die Unterlagen einigemal gewechselt, wobei der für die Aufzucht einer bestimmten Menge
Raupen zugemessene Raum durch Hinzuschaltung frischer Hürden stets
vergrössert wird, wie in der obigen Tabelle angegeben ist. Eine ge-
hörige Ventilation der Aufzuchträume ist eine Hauptbedingung; man
bedenke, dass die Maulbeerblätter über 65% Wasser enthalten und der
ganze Dunst samt der erzeugten Kohlensäure abgeführt werden muss.
Die Minimalwerte für die nötigen Luftmengen sind folgende: für etwa
30000 Raupen 104 cbm reiner Luft pro 24 Stunden in der ersten Periode,
390 cbm in der zweiten, 866 cbm in der dritten, 2080 cbm in der vierten
und 8736 cbm in der fünften Periode.

Das Wachstum der Raupe im Verhältnis zur verzehrten Nahrung ergiebt sich aus folgender Tabelle:

	Grösse	Gewicht	Verzehrtes Quantum Blätter
Nach dem Auskriechen	3 mm	0,00045 g	—
Ende I. Per.	8 „	0,00675 „	0,104 g
„ II. „	18 „	0,04230 „	0,312 „
„ III. „	28 „	0,18000 „	1,036 „
„ IV. „	45 „	0,7326 „	3,110 „
„ V. „ reif	87 „	4,0000 „	18,720 „

Einer anderen Untersuchung zufolge weisen nachstehende Zahlen dasselbe Ergebnis auf; 36000 Stück (25 g) Raupeneier liefern:

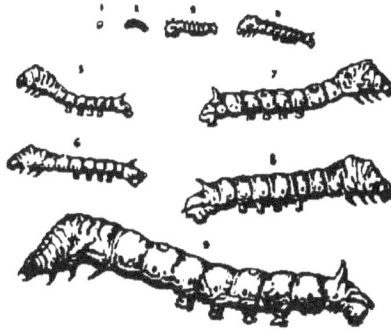

Fig 40—48 Maulbeerraupe in ihrer Entwickelung. 1. Ei, 2 nach dem Auskriechen, 3. erste Häutung, 4. zweite Häutung, 5. und 6. vor und nach der dritten Häutung, 7. und 8. vor und nach der vierten Häutung, 9. spinnreif.

Ausgebrütete Raupen	. . .	17 g schwer und verzehren:		}	3,5 kg
Nach der 1. Häutung	. . .	255 „	„ „ „		
„ „ 2. „	. .	1,598 kg	„ „ „		9,8 „
„ „ 3. „	. .	6,800 „	„ „ „		32,2 „
„ „ 4. „	. .	27,676 „	„ „ „		95,2 „
Während „ 5. Periode	.	161,500 „	„ „ „		560 „
In der Reife	.	131,920 kg.			

Sie liefern Kokons   (472 im kg) 76,250 kg schwer,

     „   „   Puppen   66,300 „   „

     „   „   Schmetterlinge   99,865 „   „

Nach dieser Berechnung erfordern somit 36000 Stück Raupen bis zu ihrer Reife 700,7 kg Blätter; thatsächlich werden aber nur ca. 360 kg verzehrt (Dandolo). Obige Zahlen stellen gewissermafsen die physiologische

Ökonomie des Raupenlebens dar.   Vergleichen wir miteinander die elementare Zusammensetzung der Seidenraupen, sowie der Exkremente einerseits, und der Maulbeerblätter andererseits, so erhält man folgende Zusammenstellung [1]):

	Blätter	Raupen	Exkremente
Kohlenstoff	43,73	48,10	42,00
Wasserstoff	5,91	7,00	5,75
Stickstoff	3,32	9,60	2,31
Sauerstoff	35,44	26,30	36,14
Mineralstoffe	11,60	9,00	13,80

Verrechnen wir diese Zahlen auf die einer bestimmten Menge Raupen entsprechenden Quantitäten von Blättern und Exkrementen, so ergiebt sich, dass folgende Mengen einzelner Elemente aus dem Lebensprozess hervorgehen:

	Blätter	Raupen	Exkremente
C	56,41	9,69	41,16
H	7,63	1,41	5,62
N	4,28	1,93	2,26
O	45,62	5,30	35,11
Mineralstoffe	14,93	1,81	13,52
	128,87	20,14	97,97

Ein grosser Teil des Kohlenstoffs wird also als Kohlensäure beim Atmungsprozess ausgeschieden, ebenso der Wasserstoff und Sauerstoff in einem der Wasserzusammensetzung entsprechenden Verhältnis; auch ersieht man, dass sich eine beträchtliche Menge Stickstoff im Körper der Raupe aufspeichert. Von den Mineralstoffen assimiliert die Seidenraupe hauptsächlich phosphorsauren Kalk und Magnesia, während Kieselsäure und Kali exkretiert werden. Nach der Ansicht von Péligot erfolgt der Atmungsprozess der Seidenraupe ohne Mitwirkung des atmosphärischen Stickstoffs. Der Entwickelungsprozess der Raupe geht gleichzeitig mit der Assimilierung eines bestimmten Anteils der in den Maulbeerblättern befindlichen stickstoffhaltigen Substanzen vor sich, wobei jedoch die chemische Zusammensetzung ihres Organismus während der ganzen Lebensdauer fast unverändert bleibt. Es wurde seiner Zeit auf die wesentliche Bedeutung des Stickstoffgehalts der Maulbeerblätter für eine hinreichende Ernährung der Raupen hingewiesen und die Möglichkeit ausgesprochen, dass die Raupenkrankheiten infolge unzureichenden Stickstoffgehaltes der Blätter entstehen können [*]). Die Untersuchung turkestanischer Maulbeerblätter erwies in denselben einen genügenden Prozentsatz (3,5—4 %) Stickstoff[3]); dasselbe war bei den chi-

---

[1]) Péligot, Compt. rend. LXI, 866.
[*]) J. Liebig, Buchners Report. XVI, 290.
    Reichenbach, Ann. d. Chemie u. Pharm. CLIII.
[3]) — Ann. d. Chemie u. Pharm. CLVIII. 92.

nesischen und japanischen Blättern der Fall, und bekanntlich traten in
diesen Gegenden die Raupenkrankheiten nur äusserst selten auf. Nach
einem Vorschlage Liebigs soll daher der Maulbeerbaum mit stark stickstoffhaltigen Stoffen gedüngt werden. Nach neueren Untersuchungen ist dagegen der Stickstoffgehalt der Blätter allein für ihre Nährkraft nicht
maßgebend [1]).

Um mit der Chemie der Seidenraupe abzuschliessen, möge noch die
Zusammensetzung der Raupenhaut angeführt werden. Péligot ana-
lysierte die Haut einer normalen Seidenraupe und hat mittelst des
Schweizerschen Reagens Cellulose vom Chitin getrennt; er betrachtet
das Chitin als eine Verbindung der Cellulose mit Proteïnstoffen, wobei er
sich auf die von Berthollet bewirkte Umwandlung des Chitins in Trauben-
zucker stützt [2]). Nach Staedeler ist das Chitin ein Glycosid, welches
beim Kochen mit Säuren in Zucker und Lactamid gespalten wird; nach
anderen Untersuchungen ist das Chitin ein quaternäres Individuum (enthält
C, H, N und O). Da Péligot im Chitin freie Cellulose fand, so ist man
der Ansicht, dass die Haut des B. mori, zuerst von Odier als Chitin bezeichnet, ein der Cellulose nahe verwandter Körper ist, von der er sich
dadurch unterscheidet, dass Schwefelsäure keine Glycose liefert, und dass
mit Salpetersäure keine den Nitroäthern der Cellulose analoge Produkte
erhalten werden.

Der Wassergehalt der Maulbeerblätter übt einen grossen Einfluss auf
das Endresultat der Zucht, weil, je nachdem die Raupe mit trocknen oder
nassen Blättern gefüttert wurde, die Puppe und somit der Kokon dementsprechend leicht oder schwer ausfallen wird. Die Kokonhülle, d. i. die
Seidenfaser, ist jedoch in allen Fällen von demselben Wassergehalt.

Das Übertragen der Raupen auf frische Hürden behufs Erweiterung
der Fläche und im Interesse der Reinlichkeit ist mit viel Zeitverlust
und Unbequemlichkeiten verbunden, die dem praktischen Seidenzüchter
allzugut bekannt sind. In einigen Gegenden Persiens, Friauls und Italiens
wird infolgedessen die Zucht auf Maulbeerzweigen, die in geeigneter Weise
untergebracht und befestigt werden, vollzogen. Auch war man in
neuerer Zeit bemüht, die Seidenzucht, was die Zeit und Ausnutzung des
Raumes anlangt, ökonomischer zu gestalten. Die Methoden von Bonoris
und Cavallo sind am besten geeignet, sich in der Praxis einzubürgern;
die erstere besteht aus einem durch einige gleichlaufende Stöcke E gebildeten halbkreisförmigen Schwibbogen A B C, der an den Ketten R aufgehängt wird; die letzteren tragen in radialer Richtung Ringe, in denen
die Stöcke befestigt werden können. Das Gewölbe wird oberhalb mit
Zweigen und Blättern bestreut und den Raupen überlassen. Dem Wachstum
der letzteren entsprechend werden vorrätige Stöcke oberhalb der ersten Wöl-

---

[1]) Quajat & Jordanoff, Moniteur des soies, 1891, Nr. 1630 ff.
[2]) Ann. de chim. et de phys. LVIII. 83.
     Compt. rend. XXXIII, XXXIV.

bung an den Ringen befestigt und mit frischem Laub versehen; die Raupen klettern dann von selbst auf die neue Hürde. Da die Ketten und Ringe radialförmig angeordnet sind, so ist es klar, dass der Flächeninhalt des Gewölbes von selbst immer grösser wird. Das Entfernen der unteren Wölbung samt Inhalt wird rasch und bequem durch Auseinandernehmen der Stöcke bewirkt. In der Einrichtung von Cavallo sind die Stöcke auf senkrechten Gestellen a, b, c, d, e verstellbar, das Überkriechen der Raupen geschieht von selbst, und der den Raupen zugewiesene Flächenraum kann von Etage zu Etage allmählich vergrössert werden. Das rasche

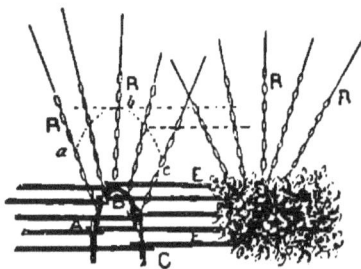

Fig. 49. Raupenzucht nach System Bonnris.   Fig. 50. Raupenzucht nach System Cavallo.

Wachstum der Seidenraupe und der nicht ausdehnungsfähige Charakter ihrer Haut bilden beide einfache physiologische Ursachen der Häutung; dieser Prozess greift jedoch derartig in die allgemeine Physiologie der Raupe ein und erheischt, zu seiner vollen Erklärung, Hinweis auf so viele anatomische Einzelheiten, dass wir uns damit begnügen müssen, auf die Specialwerke (s. bibliogr. Anhang) zu verweisen.

Wie erwähnt, erfordert der gewöhnliche Gang der Seidenzucht vom Auskriechen bis zur Reife der Raupe etwa einen Monat. Die Entwickelung steht naturgemäss in direktem Verhältnis zur Menge der aufgenommenen Nahrung, und diese hängt ab von der grösseren oder geringeren Wärme in den Zuchträumen. Man hat es demnach in der Hand, durch Erhöhung der Temperatur die Fresslust der Raupe zu steigern; die Dauer der Lebensperioden wird abgekürzt, eine Häutung folgt in wenigen Tagen der anderen, und etwa 20 Tage nach dem Auskriechen ist die Raupe reif und spinnfähig[1]. Nach der Methode von Beauvais kann die Zuchtdauer sogar bis auf 24 Tage abgekürzt werden. Die Temperatur, die am Tage des Auskriechens 24° R. beträgt, wird mit jedem folgenden um 1° vermindert,

---

[1] Luppi, Éducation hâtée des vers à soie.

so dass sie in der ersten Periode 20° ist und auf dieser Höhe konstant
erhalten bleibt. Die nach dieser Art aufgezüchteten Raupen sollen kräftiger sein und seidenreichere Kokons liefern. In Spalato (Dalmatien) werden
jährlich über 4000 Unzen Raupeneier nach der Schnellzuchtmethode erzeugt;
die Temperatur wird konstant auf 26° erhalten; fast jede Stunde wird
frische Nahrung verabreicht, so dass die Raupen zusehends wachsen.

In China und Japan ist die Seidenzucht ein nationales Gewerbe, das
in ungeheurem Mafsstabe und mit der grössten Sorgfalt betrieben wird.
Es ist hier üblich, die Raupeneier vor dem Ausbrüten in kochsalzhaltiges

Fig. 51. Aufzüchterei in China.

Fig. 52. Behausung der Zuchträume in China.

Wasser einzutauchen, eine Behandlung, die sien-tsan (Bad der Seidenraupe)
genannt wird. Das Auskriechen wird durch Einlegen der Eier in warme
Bettdecken, Kleidungsstücke, Küchenräume u. s. w. bewirkt. Die jungen
Raupen werden mit äusserster, bis an Pedanterie grenzender und öfters
geradezu lächerlicher Sorgfalt gezogen, die indessen im Interesse der Reinlichkeit gerechtfertigt erscheint. Eine Anleitung zur Seidenzucht, Nong-Sang-
Thong-Kiué, giebt uns ein klares Bild über das Verhalten des Seidenzüchters; so dürfen z. B. mit dem Stampfen des Reises beschäftigte Personen, unlängst entbundene Frauen, Trunkenbolde etc. sich nicht in der Nähe
der Raupen aufhalten. Als erste Bedingung gilt die peinlichste Beobachtung der Mafsregeln, die zur Erhaltung der Sauberkeit, frischer Luft, reinen
Futters u. s. w., dienen und durch quantitativ ausgezeichnete Resultate der
chinesischen Seidenzucht ihre Bewährtheit zeigen.

* * *

Die ausgewachsene reife Seidenraupe ist von milchweisser Farbe und besteht aus 10 bis 12 Leibesringen, deren vorderster einen grauen oder bräunlichen Kopf und 3 Paar schuppige Vorderfüsse trägt; die letzteren besitzen die gleiche Farbe, wie die von der Raupe gelieferte Seide, sind also weiss, gelblich oder grünlich. Die vier mittleren, sowie der letzte Ring tragen die zum Ansaugen eingerichteten, biegsamen und häutigen Füsse, auf dem vorletzten erhebt sich ein hornartiges Gebilde, wie bei den meisten Schwärmerraupen. Die Form des Kopfes ist ovoidal, von oben nach unten abgeplattet; seine Grösse beträgt 3 mm Länge, 3—3,5 mm Breite und 2,5—3 mm Dicke. Es würde den Rahmen des vorliegenden Werkes überschreiten, wollte man eine genaue Anatomie der Seidenraupe geben; eine Aufzählung der betreffenden Litteratur möge genügen. (S. Bibliogr. Anhang S. 268 u. ff.)

Unmittelbar unter der Rückenhaut liegt das röhrenförmige Blutgefäss und schlägt normal etwa 40—50 Mal pro Minute, indem es durch das Hin- und Zurückziehen das gelbliche Blut nach der Kammer befördert, die, durch Darmfellmembrane gebildet, den Verdauungskanal umgiebt. Die Pulsierung

Fig 53. Schnitt durch die Seidenraupe (1. Blutgefäss. 2 Darmkanal, 3. Seidendrüse).

des Gefässes schwankt je nach der Lufttemperatur und beträgt 6—8 Schläge bei 12—15°, und 30—40 pro Minute bei 22—25°, oder wenn die Raupe viel Bewegung macht; die Zahl steigt auf 60—65 im Moment des Einspinnens. Die an beiden Seiten der Körperringe sichtbaren 18 schwarzen Punkte sind Öffnungen der Respirationsorgane (Atemlöcher, Stigmata), durch deren Verzweigungen die Luft in das Innere der Raupe eindringt, um mit dem Blute in Verbindung zu treten. Die Raupe kann ohne Schaden einige Stunden im Wasser verbringen; bestreicht man indessen die Atemlöcher mit Öl, so erstickt sie in wenigen Minuten. Nach der Berechnung von Regnault und Reiset (1849) absorbiert 1 kg spinnreifer Seidenraupen 0,763 g Sauerstoff pro Stunde. Das motorische System der Raupe ist ausserordentlich zahlreich und besteht aus über 5000 bekannten Muskeln.

Gleichlaufend mit dem Darmkanal liegen an beiden Unterseiten des Körpers der Maulbeerraupe zwei seidenerzeugende Drüsen, die einen beträchtlichen Rauminhalt einnehmen. In denselben lassen sich drei Teile unterscheiden: der bildende oder sekretierende Teil, der sammelnde oder reservierende Teil und der absondernde oder exkretierende Teil. Im allgemeinen besitzen die Seidendrüsen der Maulbeerraupe und anderer analoger Insekten in physiologischer Beziehung grosse Analogie mit den Speicheldrüsen. Der sekretierende Teil besteht aus einem 14 bis

15 cm laugen und 1 mm dicken, stark gewundenen Kanal und geht nach 12 bis 15 Umbiegungen ohne merkliche Abgrenzung in den sammelnden Teil, die sogenannte Sammeldrüse (Reservoir) über. Wenngleich in anatomischer Beziehung kein scharfer Übergang zu bemerken ist, so ist doch infolge der physiologischen Unterschiede ein schwaches äusseres Merkmal an der Stelle wahrzunehmen, wo die der Sammeldrüse eigentümliche Färbung ihren Anfang nimmt. Die zur Aufspeicherung der erzeugten Seiden-

Fig. 54 Seidendrüse des B. mori (1. Sekretierteil, 2 Sammeldrüse, 3. Exkretierteil, 4. Filippis Drüsen).

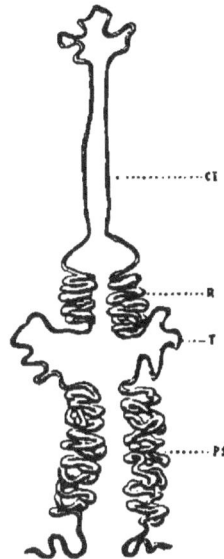

Fig. 55. Seidendrüse der Antheraea Pernyi (PS Sekretionsteil, T Verbindungskanal, R Sammeldrüse, CE Exkretionsteil.)

substanz bestimmte Sammeldrüse hat eine Länge von 6—7 cm und einen Durchmesser von 2,5—3 mm, der bis zur zweiten Biegung wächst und dann abnimmt. Den exkretierenden Teil endlich bildet ein 5 cm langer und 0,3—0,4 mm dicker Kanal, der von der Sammeldrüse ohne merkliche Grenze ausmündet. Nach einigen schwachen wellenförmigen Biegungen dringt er in den Kopf der Seidenraupe und nähert sich seinem Doppelgänger, um sich an ihn anzulegen, ohne sich jedoch mit ihm in einen Kanal zu verschmelzen. Der gebildete Doppelkanal biegt sich scharf und mündet in die Spinnwarze, deren anatomischer Bau, der übrigens noch nicht völlig aufgeklärt ist, weiter unten beschrieben wird; es mag auch vorläufig bemerkt werden, dass hier die beiden exkretierenden Kanäle zu einem einzigen verschmelzen. Der seidenerzeugende Apparat nimmt infolge der vielfachen Biegungen trotz seiner bedeutenden Länge (ca. 40 cm) einen verhältnismässig geringen Raum ein; sein Volumen beträgt etwa 1 cc. oder $^2/_3$ des Gesamtvolumens, ein Verhältnis, das nur bei der Maulbeerraupe auftritt, während andere Seidenraupen ein beträchtlich kleineres zeigen. Das specifische Gewicht der Seidendrüse ist nur wenig grösser wie 1, ihr Gewicht beträgt etwas über 1 g, gleich $^1/_5$ des Gesamtgewichts der Raupe. Das Verhältnis der Seidendrüse zu dem übrigen Organismus der Raupe ist folgendes. Der Anfang des Sekretierungsorgans, das ein feines Netz vorstellt, verzweigt sich unter den Luftkanülen unweit der Nervenkette; die

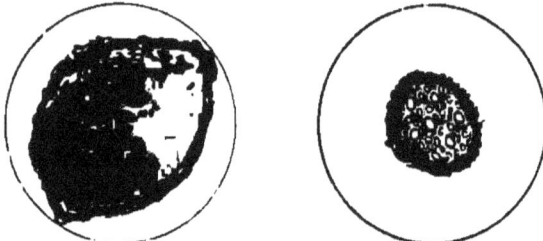

Drüse selbst ist mit Abzweigungen der Tracheen (Luftkanüle) umflochten und wird durch ein fettähnliches Gewebe an der inneren Wandung des Körpers festgehalten; die grosse Zahl von Luftgefässen, die von den Stigmaten aus sich in zahlreichen Verzweigungen an der Oberfläche der Drüsenzellen ausbreiten, ohne jedoch in das Innere der Wandzellen zu gelangen, führt eine bedeutende Menge Luft hinzu, die für die rege physiologische Thätigkeit des seidenerzeugenden Apparates unumgänglich nötig ist.

Der für uns interessanteste Teil der Seidendrüsen, die Spinndrüse, ist erst vor kurzem gründlich erforscht worden[1]). Die Vorstellung früherer Naturforscher über die Art, in welcher der Seidenfaden erzeugt wird, entsprach durchaus nicht immer den Thatsachen. Das Spinnen sollte, wie das erste grössere Werk über den inneren Bau der Seidenraupe von Aldrovandi besagt, durch den Mund der Raupe geschehen. Fünfzig Jahre später widerlegte Goedartius[2]) diese Meinung, ohne jedoch über das Wesen der Bildung des Seidenfadens Aufklärung geben zu können. Malpighius gebührt das Verdienst, zuerst die Spinnrüssel erkannt zu haben; Réaumur und Linné[3]) bestätigten später diese Entdeckung. Rösel von Rosenhof be-

---

[1]) Blanc, Bulletin du Laboratoire de Lyon, 1889/90.
[2]) Goedartius, Metamorphosis insectorum etc., Medioburgi 1662.
[3]) Amoenitates Academicae, Erlangiae 1788.

zeichnet genau die Stelle derselben in der Mitte der inneren Lippe: „..,
in der Mitte ist die Warze, aus welcher der Seidenfaden herauskommt.

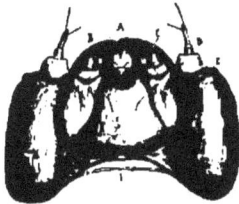

Fig. 58. Kopf der Seidenraupe B. mori, Unterseite (A Kiefer, unter der Lippe D hervorstehend,
C Kinnbacken, D Fühlhörner, E Augen, F Vorder-
grundfläche des Grundbeines, H Grundbein,
I Zungenbein, K Vorderhauptwände).

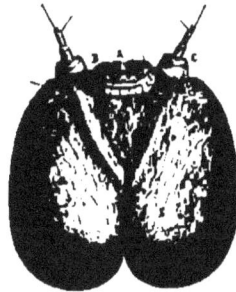

Fig. 59 Kopf der Seidenraupe B. mori, Ober-
seite (A Kiefer, B Lippen, C Fühlhörner, D Zwi-
schenfläche des Vorderhaupts K).

welche ich Zieh-Warze nenne, gleich wie man bei denen Dratziehern
dasjenige Eisen, durch welches der Drat gezogen wird, das Zieh-Eisen
heisset". Lyonnet studiert den Spinnapparat des Cossus ligniperda, der

Fig. 60—62. Die Spinnrüssel und ihre Umgebung (Aa Gipfel
der Rüssel, b Seitenwand, c Basis, d Leier, e Kiefer,
f Taster, Ba Gipfel der Rüssel, b Seitenwand, c Unterwand, d Basis, e Oberwulst, Ca Unterwand, bb Seiten-
wände).

Fig. 63. Das Innere des Kopfes von B. mori
(A Speiseröhre, B Exkretionskanal der rechten
Seidendrüse, C Unterlippe, D Kinnbacken, E
Fühlhörner, F Unterseite der Vorderhaupt-
wand, H Drüsen von Filippi, I Nervenknoten
a, f, h, k Ziehmuskel des Kinnbackens,
g, g Kaunerven).

dem von Bomb. mori sehr ähnlich ist. Unter den neueren Forschern befassten sich Robinet, Auzoux, Filippi, Cornalia, Helm, Barthélemy, Gilson und Blanc mit dem Studium der Spinnöffnung.

Die beiden cylindrischen, den zwei Seidendrüsen entsprechenden Kanäle
F mit einem äusseren Durchmesser von 0,8 mm und einem inneren von 0,23 mm
gelangen einzeln in den Kopf der Seidenraupe und vereinigen sich hier zu einem
gemeinsamen Kanal D, der in die Spinnrüssel ausmündet. Alle diese Kanäle zeigen den üblichen histologischen Bau, von dem später die Rede sein
wird. An der Grenzstelle ergiessen sich die durch Kanälchen E von den
Filippischen Drüsen kommenden Säfte. Die Spinnwarze ist eine birnenförmige Masse von 0,65 mm Länge, deren Bau aus der Fig. 64 ff. zur Genüge erhellt. Mit den Exkretionskanälen verbindet die Spinnwarze C der

Fig. 64. Spinnwerkzeuge v. B. mori (A Spinnöffnung, D Verbindungskanal, C Spinnwarze, D gemeinsamer Exkretionskanal,
E Kanal der Filippi Drüsen, F rechter Exkretionskanal, b, c, d, e, f Öffnungen der
Kanäle, l Rückgrat, k Infundibulum, l Aus-
fluss der Filippischen Flüssigkeit).

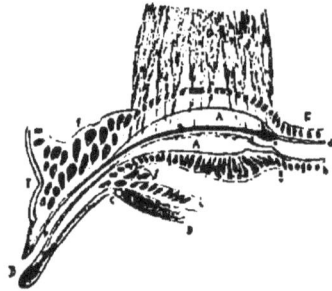

Fig. 65. Längsschnitt des Spinnwerkzeuges v. B. mori (A Spinnwarze, B Spinnrüssel, C D Leier, F Zunge, E gemeinsamer Kanal, G oberer Spinnmuskel, a Rückgrat, c Infundibulum, d Co-
ticula, eb Epithelium des Kanals E, ef Epithelium der Spinnwarze, ff Epidermiswulst der Rüssel, fl Epidermis der Leier,
o Öffnung des Spinnkanals. op Centralkanal der Leier und der
Rüssel).

Kanal D, sie mündet ihrerseits durch die Spinnrüssel in die Spinnöffnung A.
Der Spinnrüssel besteht aus der vorderen Wand A, der unteren B und der
seitlichen C; durch einen Zwischenraum von der äusseren Hülle getrennt,
zieht der innere Kanal D, in welchem deutlich die Teilung des Seidenfadens wahrzunehmen ist (Fig. 66).

Von den hier in Frage kommenden Muskeln des Exkretionsorgans sind
die der Spinnwerkzeuge hervorzuheben, die in Form kontraktiler Bündel
den seitlichen Wandungen des Raupenkopfes entstammen und den Spinnapparat, ähnlich wie die Schliessmuskeln, derart bethätigen, dass sie denselben im Moment der Exkretion durch Kontraktion abplatten und verstopfen.

Das Drüsenpaar von Filippi sind Organe, deren anatomische Struktur
zwar genau bekannt, deren physiologische Bedeutung jedoch noch nicht
völlig aufgeklärt ist; sie sind klein, kugelförmig und übermitteln ihren
Inhalt vermittelst kurzer Kanälchen an die Exkretionsstelle des Seiden-

fadens. Ihre Anordnung zeigt die Fig. 68, in welcher E die beiden Exkretionskanäle, F die Spinnwarze und G Filippis Drüsen sind. Die Zellen
der letzteren zeigen die Eigentümlichkeit, dass ihr Protoplasma durch zahlreiche Vacuolen ausgehöhlt ist, die ein flüssiges Sekret enthalten, welches von
unbekannter Zusammensetzung und daher auch von unbestimmter Wirkung
ist. Coronlia war der irrigen Ansicht, dass Filippis Drüsen der Seidenfaser
den wachsartigen Überzug zu liefern haben. Helm teilt der Filippischen
Flüssigkeit die Rolle zu, die Seidenfäden mit einander zu verbinden; An-
zoux und mit ihm Gilson meinen, sie koaguliert die Seidenflüssigkeit

Fig 66. Querschnitt der Spinnrüssel (A Vorderwand,
B Innenwand, C Seitenwand, D Innenkanal mit Seidenfaser, E Zwischenraum).

Fig 67. Querschnitt der Spinnwarze (A obtitudem
Wand, a Höhlung des Exkretionskanals, b Rückgrat
der Hirnschale, B oberer Muskel, C seitlicher Muskel, D E Epidermisschicht von A sekretiert).

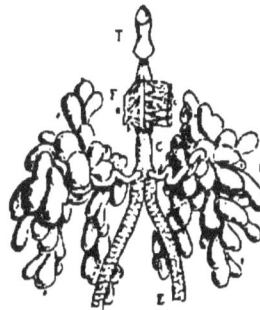

Fig. 68. Drüsen von Filippi (E Exkretionskanäle,
C gemeinsamer Ausführkanal, F Spinnwarze, T Spinnrüssel, G Filippis Drüsen, e Läppchen, d ihre Exkretionskanäle, c oberst, b unterer und e seitlicher
Spinnmuskel).

und macht die Faser unlöslich. Diese letztere Meinung scheint die wahr-
scheinlichste zu sein, und die Filippische Flüssigkeit den Zweck zu haben,
zu der Erhärtungsfähigkeit des Fibroins (Seidensubstanz) an der Luft beizutragen; nach Blanc soll sie dagegen nur den Durchgang des Fadens
erleichtern. So lange indessen ihre Zusammensetzung nicht bekannt ist,
sind alle Hypothesen über ihre Funktionen gewagt. Die Filippische
Flüssigkeit ist in den Zellen wasserhell, farblos und besitzt keine passiv
tinktoriellen Eigenschaften; man begegnet jedoch öfters in dem Kanal, der
nach der Spinnöffnung führt, einzelnen Fädchen, die aus dieser Flüssigkeit
durch Koagulierung hervorgegangen sind und im Ganzen die Eigenschaften
der Seidenfaser zeigen, u. a. sich gut färben lassen.

Wenden wir uns jetzt dem histologischen Studium der Seidendrüsen zu.

Bereits Robinet gab 1844 einige Notizen über die mikroskopische
Anatomie des seidenerzeugenden Apparates[1]). Vor ihm haben schon Ly-

----

[1]) Formation de la soie. 1844.

onnet[1]) und Andouin[2]) diese Drüsen bei anderen Insekten untersucht.
Jedoch vermochten diese Forscher ebensowenig, wie später Cornalia
(1856) in den äusseren Wandungen der Seidendrüsen eine zellenartige
Struktur nachzuweisen, obwohl sie schon zehn Jahre früher von Meckel
angedeutet worden ist. Auf Grund der vergleichenden Histologie gelangten
die Naturforscher zwar zur Erkenntnis der Zellen auch bei dem Bomb.
mori, ohne jedoch positive Beweise dafür zu bringen; erst den Studien von
Raulin und Sicard, Helm und Blanc gebührt das Verdienst, den histologischen Bau der Seidendrüsen aufgeklärt zu haben[3]). Die Wandung der
Drüse besteht aus drei übereinander liegenden Membranen: die äusserste
(tunica propria) ist sehr dünn und fixiert Farbstoffe nur äusserst schwer;

Fig. 69. Schema des seidenerzeugenden Ap-
parates der Maulbeerraupe (a sekretierende
Drüse, b Sammeldrüse, c Exkretionskanal,
Pb Drüsen Filippia, d Spinnwarze).

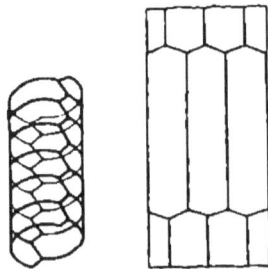

Fig 70—71 Schema der Zellenlagerung in den
Wandungen der Seidendrüse

die innerste (cuticula interna vel intima) verhält sich wie die erste, und
ist von chitinartiger Struktur und alkalibeständig; die mittlere, von beträchtlich grösserer Dicke, ist zellenartiger Struktur und zeigt im Mikroskop
(nach der Ausfürbung) ein körniges Protoplasma mit radialer Streifung.
Sie enthält eine Unmasse von Kernen mannigfaltigster Gestalt, zwischen
denen jedoch keine abgrenzenden Linien, welche auf die Anwesenheit von
Zellen schliessen lassen würden, zu beobachten sind; bei oberflächlicher Untersuchung konnte hier somit die Ansicht entstehen, dass eine Symplaste
vorliege.

Die Membrane der Seidendrüse besteht aus zellenartigen Schuppen

---

[1]) Traité anat. de la chenille, qui ronge le bois du saule, 1760.
[2]) Histoire de la Pyrale, 1842.
[3]) F. F. Helm, Zeitschr. für wiss. Zoologie 1876.
  Sicard & Raulin, De la soie dans l'intérieur de l'organisme (Bull. du Labor.
de Lyon 1887).
  L. Blanc, Étude sur la sécrétion de la soie (ibid. 1887/88).

von sechseckig länglicher Gestalt; dieselben sind sehr regelmässig aneinander gereiht und bilden die Wandung in einer einzigen Schicht. Es genügen zwei solcher Zellen, um das Organ völlig zu umhüllen, so dass an den beiden Seiten der Seidendrüse und -kanäle eine zickzackartige

Fig. 72. Bild der Zellen im Punkte 12 der
Seidendrüse (s. Fig. 50).

Fig 73. Bild der Zellen im Punkte 10 der
Seidendrüse.

Bindungslinie entsteht, die nach einer kurzen Behandlung der Organe mit konzentrierter Essigsäure sogar mit blossem Auge beobachtet werden kann. Die Grösse der Zellen variiert natürlich je nach ihrer Stellung in der Drüse; in dem Exkretionskanal beträgt sie 0,3 mm in der Länge und

Fig 74. Bild der Zelle des Exkretionskanals

Fig 75. Hälften der Zellen im Punkte 2 der
Seidendrüse.

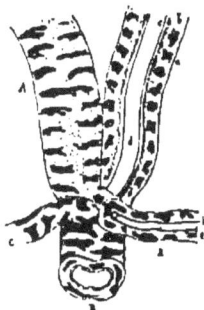

Fig. 76. Endung des Exkretionskanals (A rechter
Kanal, B gemeinsamer Kanal, a Membrana, b Cellularschicht, c Cuticula, d Öffnung. C Filippis Kanal, a Wandung, b Cuticula, h Öffnung).

0,1 mm in der Breite, während sie in der Sammeldrüse 3,7 mm auf 0,5 mm misst. Die Dicke der Zellenelemente ist natürlich ebenfalls schwankend; in der Mitte der Sammeldrüse beträgt sie 23 μ (mikromillimeter = 0,001 mm), ist aber beträchtlich grösser gegen das Ende derselben, sowie im Sekretionsorgan und erreicht daselbt 60—70 μ. Wie schon erwährt, sind die Zellen kernartig, der Kern weicht indessen von der Struktur aller übrigen intracellularen Gebilde ab. Die Zellenkerne verschiedener spinnender Insekten sind nicht, wie gewöhnlich, rund, oval etc., sondern zeichnen sich durch zweigartige Auslassungen aus[1]; bei Bombyx mori zeigen sie eine ausserordentlich stark entwickelte Verästung, die zuweilen bis zur gänzlichen Zersplitterung führt. Die Kompliziertheit der Windungen steigt in der Richtung vom Absonderungsorgan nach dem anderen Ende des Apparates zu und ist im Sekretionsteil am grössten. In den Zellen des Exkretionsorgans, und besonders bei der Mündung der Drüse besteht der Kern aus einem unterbrochenen, homogenen, lichtbrechenden Faden von variabler Dicke inmitten eines Protoplasmas, in welchem er in Form von Verzweigungen, die durch keine Membrane von dem letzteren

Fig. 77. Cuticula der Sammeldrüse in starker Vergrösserung.

Fig. 78. Eine von der Cuticula befreite Zelle (a Protoplasma, c Fäden der Cuticula, d Verzweigungen der Cuticula, e Cuticula, f Fäden).

gesondert sind, in ganzer Ausdehnung der Zelle sich hindurchzieht. In anderen Teilen des Organs besitzen die Kerne analoge Gestalt und weichen nur insofern von einander ab, als die einzelnen Elemente, je näher die Zelle dem Ursprung des Organs liegt, kürzer und gedrängter werden und die Gestalt von Knoten annehmen. Im Sekretionskanal z. B. sind dies schon einzelne gekrümmte im Protoplasma eingebettete Fragmente, aber auch in solcher Zerteilung zeigt der Kern keine Nucleola. Wie sonderbar auch diese Einrichtung erscheinen mag, so steht doch fest, dass sie sowohl in der Jugend, wie in der Reife der Seidenraupe zu finden ist und immer darauf zielt, eine möglichst intime Berührung zwischen dem Kern und dem Protoplasma herbeizuführen. Welche Rolle dabei die sich verzweigenden Kernfäden spielen, ist dagegen noch nicht aufgeklärt worden.

Wir kommen nun zu den beiden anderen Schichten: der äusseren und und inneren Umhüllung der jetzt beschriebenen Zellenschicht. Die äussere Hülle ist durchsichtig und sehr dünn, zugleich aber sehr fest und elastisch.

[1] Leydig, Traité d'histologie, 1866.
Robin, Anatomie et physiologie cellulaire, 1873.
Lanessan, Le Microscope, 1876.

Sie ist gänzlich strukturlos, homogen und stark lichtbrechend. Die innere Haut besitzt einen interessanten Bau, indem sie vom allgemeinen Typus der Cuticula, einer kompakten und gleichförmigen Beschaffenheit, wenigstens zum grossen Teil abweicht. Diese Membrane zeigt, flach betrachtet, das in Fig. 77 wiedergegebene Bild; es sind dies einzelne zylindrische, dünne Fäden (0,7 μ), die in Form von Spiralen, ähnlich wie die Tracheen, herumgehen; ihre Entfernung von einander beträgt durchschnittlich 3—4 μ, in Wirklichkeit aber ist sie äusserst gering, da die Verzweigungen einzelner

Fig. 79. Querschnitt des Exkretionskanals (a äussere Wandung, d Cuticula).

Fig. 80. Querschnitt der Sekretionsdrüse im Punkte 12.

Fäden sich mit den benachbarten kreuzen, ohne jedoch Verbindungsstellen zu besitzen. Aus dem Verhalten gegen Farbstoffe und Alkalien, gegen welche sich sowohl die Hauptfäden der Cuticula, wie die Verzweigungsäste sehr inaktiv verhalten, ist abgeleitet worden, dass beide desselben Ursprungs sind. Die erwähnte Disposition lässt sich mit grosser Klarheit nur in der Cuticula der Sammeldrüse erkennen, während in dem sekretierenden Teile die Verzweigungen durch eine Schicht des Fibroins teilweise verdeckt sind. Am entgegengesetzten Ende des Organs erleidet die Cuticula insofern eine Umge-

Fig. 81. Querschnitt des Exkretionskanals im Punkte 2 (a Wand, b Protoplasma, c Verzweigungen der Zellenkerne, d Cuticula).

Fig. 82. Länglicher Querschnitt durch die Sekretionsdrüse von A. Peroyt.

staltung, als sie sich von der Grenzstelle der Sammeldrüse und des Exkretionskanals ab immer mehr dem allgemeinen Typus nähert und, indem sich die einzelnen Verzweigungen miteinander verschmelzen, eine homogene, nur durch die Hauptfäden durchzogene Beschaffenheit annimmt. Die Dicke der Membrane nimmt gleichzeitig zu, erreicht im Anfang des Exkretionskanals 15 μ und bleibt bis zur Absonderungsstelle konstant. Diese Einrichtung ist physiologisch leicht erklärlich. Wie wir später sehen werden, geht auf dem ganzen Umfang der Seidendrüse, im sekretierenden Teil und in der Sammeldrüse ein Diffusionsprozess vor sich, für welchen die Membrane eine durchlässige siebartige Struktur besitzen muss.

Die flüssige Masse, aus der die Seidenfaser gesponnen wird oder das sogenannte Fibroin, wird ausschliesslich von dem sekretierenden Teil des Organs erzeugt, und zwar nur von der zelligen Schicht der Umhüllung. Es ist sogar möglich, auf den durch Färbung mit pikrokarminsaurem Ammoniak oder Methylgrün entsprechend präparierten Querschnitten die Bildung des Fibroins zu beobachten; man bemerkt einzelne Kügelchen, die zwischen den Kanülen der Nucleola entstehen und sich zu traubenförmigen Gruppen vereinigen; die Grösse dieser Fibroinelemente ist meist äusserst gering, doch

Fig. 83. Querschnitt der Sekretionsdrüse, die Bildung des Fibroins zeigend (c Wand, p Protoplasma, n Kerne, g Fibroinkörperchen, a und b Fibroinschichten, f Fibroinmasse).

Fig. 84. Querschnitt der Sekretionsdrüse (c Wand, d Cellularschicht, h einzelne Fibroinkörner).

erreichen manche eine Dicke von 6—9 μ. Die einzelnen Kügelchen verschmelzen sich untereinander zu grösseren, indem gleichzeitig eine Bewegung der letzteren in der Richtung nach der Mitte des Kanals zu stattfindet, wo sich nun alle ansammeln, beständig miteinander verschmelzen und schliesslich als homogene Masse in den Kanal eintreten. Entsprechend dem vorhandenen Druck gestalten sich die Kugeln nach und nach zu flachen Ellipsoiden, deren einzelne Schichten man, bevor sie vom Inhalt des Kanals aufgenom-

Fig. 85. Querschnitts durch Sammeldrüse (a Wandung, b Bast, c Fibroinmasse, d Bruchstücke des Fibroins.)

Fig. 86. Querschnitt durch Sammeldrüse von A. Pernyi (a Wandung, b Bast, c Fibroinmasse mit Luftbläschen).

men werden, leicht unterscheiden kann. In einigen gut gelungenen Präparaten, in denen die Hülle vom inneren Kanal getrennt worden ist, lassen sich einzelne Konglomerate des Fibroins, am Centralkanal haftend, beobachten. Das erzeugte Fibroin fliesst in die Sammeldrüse, in welcher es von einer frischen, in der letzteren selbst entstehenden Substanz umhüllt wird. Der Ursprung dieser letzteren Materie, des sogenannten Bastes oder Sericins, liegt an der Stelle, wo der sekretierende Kanal in die Sammeldrüse ausmündet. Der Bast der Sammeldrüse besteht aus einer das Fibroin

Silbermann, Die Seide. 13

umgebenden Schicht, deren Dicke bis zur Mitte der Drüse (Nr. 5, 6, 7 der Fig. 69) ständig wächst und dann bis zur Mündung des Exkretionskanals ebenso ständig abnimmt. Nachfolgende Tabelle zeigt:

Fig. 87. Fibroïnmasse des Maulbeerspinners.   Fig. 88. Fibroïnmasse des wilden Seidenspinners.

Gegend des Organs	Dicke der Basthülle	Durchm. des Fibroïnkanals
1	9 μ	76 μ
2	19 „	512 „
3	47 „	998 „
4	47 „	1024 „
5	66 „	1330 „
6	66 „	1520 „
7	66 „	1804 „
8	46 „	1424 „
9	28 „	1174 „
10	9 „	1140 „
11	4 „	1040 „

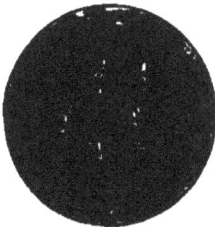

Fig 89. Querschnitt der Seidenfaser von B. mori   Fig 90. Querschnitt der Seidenfaser von A. Pernyi.

Das Verhältnis der beiden Elemente ist, wie man sieht, an verschiedenen Stellen der Drüse durchaus nicht gleich, vielmehr überwiegt nach dem Vorderteil des Organs zu die Dicke der Basthülle, woraus sich die Thatsache erklären lässt, dass der zuerst von der Raupe gesponnene Teil des Kokonfadens verhältnismässig am meisten Bast enthält.

Mikroskopisch betrachtet zeigen Bast und Fibroin keinen merklichen Unterschied, obwohl der erstere nicht ganz so durchsichtig wie Fibroin ist. Die Eigenschaft des Bastes, für die künstlichen Farbstoffe mehr Affinität zu besitzen, als das Fibroin, lässt sich hier behufs genauerer Präcisierung benutzen; nur die Pikrinsäure zeigt das umgekehrte Verhalten. Die zusammengesetzten Farbstoffe, wie das pikrokarminsaure Ammonium oder besser das Pikrococcinin sind in dieser Hinsicht besonders wertvoll, da der Bast nur das rote Pigment fixiert, während das Fibroin durch die Pikrinsäure gelb gefärbt wird. Das Methylgrün ergiebt ebenfalls gute Resultate; man färbt damit den Querschnitt der Drüse und behandelt sie dann mit Alkohol. Zuerst entfärbt sich das Fibroin, dann der Bast und endlich die Umhüllungsmembrane. Man kann auch das Millonsche Reagens benutzen, um eine Doppelfärbung des Bastes und des Fibroins zu erzielen. Schliesslich kann der verschiedene Löslichkeitsgrad in Alkalien zur Unterscheidung und Trennung der beiden Bestandteile der Seidendrüse dienen.

Die Frage, wie der Bast physiologisch erzeugt wird, lässt sich kurzer Hand nicht beantworten, um so genauer dagegen der Ort angeben, wo seine Sekretion stattfindet. Die Sammeldrüse sondert das Sericin in ihren hinteren zwei Dritteilen ab, während das vordere Drittel anderen Zwecken dient. Merkwürdigerweise zeigt die Hülle der Sammeldrüse keine absonderliche Zellenstruktur, der man die Erzeugung des Bastes, als einer vom Fibroin verschiedenen Substanz, zuschreiben könnte; vielmehr scheint die Rolle der Sammeldrüsen nicht eine erzeugende, sondern eine modifizierende zu sein. Wie man bei Besprechung der chemischen Zusammensetzung des Bastes und des Fibroins sehen wird, unterscheidet sich der Bast vom Fibroin chemisch nur durch den Mehrgehalt an Sauerstoff, was Bolley seiner Zeit zur Aufstellung einer Hypothese veranlasste, laut welcher der Bast durch Oxydation an der Luft aus dem Fibroin hervorgehen sollte. Dass diese Voraussetzung irrtümlich ist, dürfte bereits aus dem Vorstehenden einleuchten; es ist jedoch nicht unwahrscheinlich, dass der Bast aus dem Fibroin dennoch durch einen Oxydationsprozess im Innern des Organs, und zwar auf folgende Weise hervorgeht.

Bei seinem Eintritt in die Sammeldrüse kommt das Fibroin mit einer geräumigen, dünnen Membrane in Berührung, welcher eine grosse Anzahl Tracheen ununterbrochen frische Luft zuführen. Unter der Ein-

Fig 91. Längsschnitt der Endung der Sammeldrüse (c Cuticula).

Fig. 92. Längsschnitt des Exkretionskanals der A. Pernyi. (a Zellenwand, b Bast, c Faser).

13*

wirkung des Luftsauerstoffs, mit welchem das Fibroin fast in unmittelbaren
Kontakt kommt, und unter dem direkten Einfluss des Zellenlebens wird es in
dem Mafse, wie es in die Sammeldrüse einfliesst, oberflächlich und teilweise
in eine Substanz verwandelt, die, weil der Lufteinwirkung bereits ausgesetzt und einigermafsen durch die nochmalige Zellenarbeit kondensiert,
für eine nachträgliche Wirkung der Atmosphärenluft unempfindlich gemacht wird. Diese Hypothese der Bastentstehung trägt zugleich sowohl
dem chemischen Verhältnis der beiden Komponenten der Seidenfaser, wie
der Anatomie und Histologie des Organs Rechnung. Zuweilen lassen sich
in der Bastschicht einzelne Bruchteile des Fibroins entdecken, die vom
Zentralkanal getrennt im Bast herumschwimmen (Fig. 85) und später zur Bildung sekundärer Seidenfäden Veranlassung geben. Das quantitative Verhältnis des Bastes zum Fibroin ist in der Sammeldrüse ein grösseres, als im

fertigen Kokonfaden: während der letztere durchschnittlich 25% Bast ent-
hält, verlieren die Drüsen beim Entschülen (Entbasten) über 35% ihres
Gewichtes [1]).
   Ausser dem Fibroin, Sericin und der Filippischen Flüssigkeit gesellt
sich bei der Absonderung der Seidenfaser noch eine vierte, erst in neuerer
Zeit ermittelte Substanz hinzu, die den Namen Mucoidin erhalten hat[2]).
In den Teilen 2, 3, 4 des seidenerzeugenden Organs lässt sich auf vorher mit
Methylgrün entsprechend präparierten Querschnitten zwischen der Bastschicht und der äusseren Hülle ein Körper beobachten, der sich von dem
Bast und dem Fibroin speciell dadurch unterscheidet, dass er die Farbstoffe
bedeutend energischer aufnimmt und von stark schleimiger Konsistenz
ist. Ursprünglich als eine Art Körner, tritt dieser Stoff weiter gegen das
Ende des Organs als homogene Schicht auf, welche den Seidenfaden bis
zu dessen Austritt aus der Spinnöffnung begleitet. Die Dicke der Mucoidin-
schicht verhält sich folgendermafsen:

[1]) Raulin & Sicard, Bull. du Labor. de Lyon, 1886, S. 43.
[2]) Blanc, L'histologie de l'appareil séricigène, Lyon 1889.

Gegend des Organs	Mucoidin	Bast	Durchmesser des Fibroins
1	4 μ	9 μ	76 μ
2	4 „	9 „	76 „
3	28 „	47 „	988 „
4	Spuren	47 „	1024 „

Der Mucoidinschleim ist eine ziemlich dicke, homogene Eiweifssubstanz; konzentrierte Essigsäure quellt ihn auf und löst ihn später; durch Alkohol wird er koaguliert. Seine Bildung beruht scheinbar auf einer direkten Absonderung: an entsprechenden Stellen nehmen die Zellen an Umfang beträchtlich zu, was auf ihre sekretierende Thätigkeit schliessen lässt. Das Mucoidin bildet sich im Moment der Entleerung der Seidendrüse und hat wahrscheinlich die Bestimmung, indem es die inneren Wandungen des Exkretionskanals benetzt, die Absonderung des Seidenfadens zu erleichtern.

Nach diesen physiologischen Betrachtungen möge der rein mechanische Prozess beim Spinnen Erörterung finden.

Über die Art der Bildung des Seidenfadens als solchen galten bis vor kurzem verschiedene irrige Ansichten; so behaupteten der berühmte Entomolog Strauss-Durckheim und dann Verson, dass der Faden bereits als solcher in der Sammeldrüse vorhanden sei, was jedoch von Robinet widerlegt wurde. Es steht jetzt fest, dass das Fibroin im Innern der Seidendrüse vollständig homogen ist, mit Ausnahme einiger wilden Seidenspinner, deren Fibroinmasse mit Luftbläschen durchfüllt ist. Im Innern der Maulbeerraupe besteht die Seide aus einer ziemlich dickflüssigen Masse. Durch die komprimierende Wirkung der Cuticula, sowie durch die allgemeinen Bewegungen und Kontraktionen der spinnenden Raupe wird diese Masse durch Vermittelung des Blutdrucks nach aussen gedrängt und gelangt dann in die Exkretionskanäle und die gemeinsame Leitung, wo sie das Produkt der Filippischen Drüsen erhält und wo sich die Basthüllen der beiden Fädchen miteinander verschmelzen. Zwar ist schon jetzt der Seidenfaden gebildet, doch hat er noch keine bestimmte äussere Form und kein inneres Gefüge. Beim Übergang in die Spinnöffnung erleiden die den Spinnfaden zusammensetzenden Teile infolge ihrer verschiedenen Dichten eine Kontraktion; am Ende der Sammeldrüse beträgt die Stärke der Mucoidin- und Sericinschichten und des Fibroins 18, 19 und 128 μ, im Absonderungskanal nur 4, 9 und 19 μ; die Kontraktion beträgt somit für das Mucoidin das 4,5fache, für den Bast das 1,2fache und für das Fibroin das 6,7fache.

Die Fädchen passieren den gemeinsamen Kanal und gelangen zur Spinnwarze, die durch eine Rückgratkante in zwei Furchen geteilt ist. Hier unterliegt der Seidenfaden komplizierten Muskelbewegungen der Spinnwarze, die den Zweck haben, die Öffnung der letzteren zu erweitern und so den Durchgang des Fadens zu ermöglichen, und die teils von der Raupe abhängig, teils reflektorisch sind. Da jedes der Seidenfädchen bedeutend dicker ist, als die Kanalöffnung der Spinnwarze, so folgt daraus, dass sie hier unter allen Umständen einen Druck zu erleiden haben, der ihre äussere Form beeinflussen muss. Die Muskelkontraktionen sind indessen ziemlich unregelmässig, bald rascher und stärker, bald langsamer und schwächer, und so wird auch die Form des Querschnitts des Seidenfadens unregelmässig und wechselnd: bald dreieckig, bald oval, bald mehreckig u. s. w. Der in der Spinnwarze vorhandene Druck ermöglicht der Raupe, den Kokonfaden kontinuierlich und entsprechend gespannt auszuziehen. Durch stärkere Kontraktion der Warzenmuskeln hört das Spinnen der Raupe auf. Von der Spinnwarze zieht der Seidenfaden in die Spinnrüssel und die Austrittsöffnung hinüber; der zum Austritt nötige Impuls wird ausser dem inneren Druck noch durch die Art des Spinnens, während dessen die Raupe den Faden anzieht und dehnt, unterstützt.

Nahe an der Austrittsöffnung gesellt sich die aus den Drüsen von Filippi kommende Flüssigkeit zu dem gebildeten Faden. Dass die Seiden-flüssigkeit teilweise, d. i. oberflächlich bereits vor der Vereinigungsstelle der beiden Exkretionskanäle koaguliert, d. i. erhärtet wird, geht daraus hervor, dass die beiden Fibroinfädchen im gemeinsamen Kanal sich nicht ver-schmelzen. In der Austrittsöffnung selbst sind die beiden sich fast un-mittelbar berührenden Fibroinfäden von einer gemeinsamen Bast- und

Fig. 94.   Erstgesponnene Kokonfaser.

Mucoidiumschicht umgeben. Beim Austritt an die Luft erstarrt das noch flüssige Fibroin momentan und bildet die fertige Seidenfaser; der Bast dagegen

Fig. 95.   Kokonfaser (1 Fibroin, 2 Sericin, 3 Spinnrüssel).

erhärtet nicht plötzlich, wie das Fibroin, sondern bleibt einige Zeit halbflüssig, was ihm ermöglicht, sich im Kokon mit den benachbarten Fäden zu einem festen Gewebe zu verbinden. Das Sericin spielt des-halb, als eine Substanz, welche das zum Aufbau des Kokons nötige Fasermaterial, das Fibroin, umhüllt und unter einander verbindet, eine für das Gefüge des Kokongespinstes wichtige Rolle. In industrieller Beziehung ist das Sericin anscheinend wertlos, da es als eine brüchige und trübe Substanz die Geschmei-digkeit und den Glanz der Seidenfaser beeinträchtigt; nichtsdestoweniger ist seine Anwesenheit beim Haspeln der Kokons äusserst nützlich, da es die Festigkeit des Fadens erhöht und die einzelnen für Verwebungszwecke un-geeigneten Kokonfädchen zu einem einzigen Rohseidenfaden zusammenfügt.

Die Seidenflüssigkeit im Innern der Raupe und die aus ihr gesponnene Faser sind zwei Substanzen, die sowohl physikalisch wie chemisch nicht so identisch sind, wie dies auf den ersten Blick scheinen möchte. Die der Drüse entnommene Seidenflüssigkeit löst sich zum grössten Teil im Wasser, Salzwasser (5—10%) und in alkalischen Flüssigkeiten, z. B. in einer zehnprozentigen Potaschelösung; maceriert man daher die Seidendrüse in frischem Zustande während 24—48 Stunden mit der letzteren Lösung, so bleibt nur die Membrane und der Bast zurück, während bekanntlich im fertigen Seidenfaden bei solcher Behandlung das Umgekehrte stattfindet. Es geht somit bei der Umwandlung der Seidenmasse in den Seidenfaden eine Veränderung des Fibroins vor sich, welche auf die Einwirkung verschiedener Nebensekrete und die Koagulierung des ersteren zurückzuführen ist. Dass diese Koagulierung nicht ausschliesslich durch die Drüsen von Filippi bewirkt wird, geht daraus hervor, dass der flüssige Inhalt der Seidendrüse von selbst erhärten kann, wenn man ihn der Raupe entnimmt; die Fabrikation der Angelschnüre beruht auf dieser Thatsache. Das Starrwerden des flüssigen Fibroins kann sogar inmitten einer alkalischen Flüssigkeit vor sich gehen und somit nicht nur, wie bei den übrigen Eiweissstoffen, durch eine Säure bewirkt werden. Die oben erwähnte Lösung des Fibroins in Potasche scheidet an der Luft bei 20—22° nach einiger Zeit geronnene Klümpchen aus, ähnlich wie sich das Fibrin (Blutfaserstoff) aus der Blutflüssigkeit ausscheidet, sobald dieselbe aus dem lebenden Organismus ausgetreten ist[1]); die Ausscheidung kann unmittelbar stattfinden, wenn man diese dem Serum analoge Fibroinlösung kräftig schüttelt. Begreiflicherweise gleicht der Niederschlag in seinen Eigenschaften dem koagulierten Fibroin, d. i. der Seidenfaser. In analoger Weise koagulieren die wässrige und die Kochsalzlösung des Fibroins. Es existiert somit eine ausgesprochene Analogie zwischen dem Fibroin und dem Blutplasma oder dem Plasmin von Denys, d. i. zwischen dem Fibroin und einem Gemenge von Globulinen. Im luftverdünnten oder luftleeren Raume geht eine partielle Koagulierung vor sich, d. i. nur insofern, als die vom Niederschlag abfiltrierte Fibroinlösung an der Luft nochmals eine Ausscheidung liefert. Man könnte also annehmen, dass die Luft insofern dazu beiträgt, das Fibroin starr und unlöslich zu machen, als sie in ihm vielleicht schon in der Seidendrüse, jedenfalls im Innern der Raupe, Veränderungen hervorruft und durch Oxydation einen Teil der Substanz in Produkte überführt, welche den im Blutplasma vermutlich vorhandenen Säuren und fibrinogenen Fermenten analog sind. Schon in der Seidendrüse unterliegt das Fibroinmasse der Wirkung des atmosphärischen Sauerstoffs, die zu ihrem Unlöslichwerden beim Anstritt aus der Spinnöffnung wesentlich beiträgt; das erste Stadium dieser Einwirkung, freilich unterstützt durch die Zellenarbeit, sahen wir bei der Bildung des Sericins in der Sammeldrüse. Auch ist es nicht ausgeschlossen, dass dem Bast seinerseits die Rolle zukommt, auf das von ihm umschlossene Fibroin katalytisch koagulierend einzuwirken. Es dürfte

---

[1]) Dubois, Bull. du Laboratoire de Lyon, 1889/90.

den Thatsachen wohl so ziemlich entsprechen, wenn man annimmt, die Erhärtung des Fibroins sei in analoger Weise auf die Anwesenheit einer fibroinogenen und einer fibroinoplastischen Materie zurückzuführen, wie die Koagulierung des Blutserums auf die Vereinigung von zweierlei Eiweisssubstanzen, der fibrinogenen und der fibrinoplastischen.

*   *

Die reine Seidenfaser, das Fibroin, ist weiss, durchsichtig und glänzend, der sie umgebende Bast ist indessen stets mehr oder weniger mit natürlichen Pigment behaftet. Diese Färbung schwankt vom hellsten gelblichen bis zum starken orangegelben Ton und hängt natürlicherweise sowohl von der Rasse der Seidenraupe, wie von ihrer Nährpflanze ab. Es giebt weisse, grünliche und gelbe Seidenraupen. Die Frage nach dem Ursprung des natürlichen Farbstoffs der Seide ist lange Zeit unbeantwortet geblieben, und erst die Arbeiten von Blanc[1]) und Dubois brachten darüber einige Aufklärung.

Auch die sorgfältigste Untersuchung des anatomischen Baues der weiss- und gelbspinnenden Raupen ergiebt nicht den geringsten Unterschied zwischen den beiden; ebenso ist die histologische Struktur der seidenerzeugenden Organe völlig identisch: also nicht in dieser Richtung muss die Herkunft des Pigments gesucht werden, sondern im Blute der Seidenraupe. Wird das Blut einer gelben Raupe durch Fällung mit Alkohol vom Eiweiss befreit, so erhält man eine gelbe Flüssigkeit, die alkoholische Lösung des Pigments; zieht man andererseits eine frisch exstirpierte Seidendrüse mit Alkohol aus, so erhält man ebenfalls eine gelbe Flüssigkeit; schliesslich liefert ein gelber Kokon mit Alkohol extrahiert eine gelbe Lösung. Die chemische Untersuchung aller drei Lösungen zeigt die vollständige Identität dieser Pigmente, ebenso absorbieren alle drei gleich das Violett und Indigo des Spektrums, womit dargethan wird, dass es lediglich der Blutfarbstoff ist, der der Faser die Färbung verleiht. Über die Art und Weise, wie das Blutpigment selbst erzeugt wird, liegen zwei Hypothesen vor. Die eine fasst seine physiologische Bildung in der Weise auf, wie z. B. das Haemoglobin der Wirbeltiere aus dem Lebensprozess der roten Blutkörperchen hervorgeht. Die zweite führt seinen Ursprung auf den Nahrungsstoff, die Maulbeerblätter, zurück, aus welchen der Farbstoff fertig gebildet in das Blut der Raupe übergehen soll; als Bestätigung der letzteren Vermutung führt man Experimente an, die man mit künstlich gefärbten Maulbeerblättern ausgeführt hat. Weissspinnende Raupen, welche mit durch Krapp gefärbten Blättern gefüttert wurden, lieferten gelbe Kokons, Indigopräparation ergab blaugrüne, ein Gemisch von Krapp und Indigo reingrüne Kokons, schliesslich Cochenille

---

[1]) Bull. du Labor. d'études de la soie de Lyon, 1886, S. 65.

eine orange Färbung der Kokonfaser. Man hat auch versucht, die Blätter mit künstlichen Theerfarbstoffen zu präparieren, die Raupen unterlagen jedoch dieser allzu stark „nüancierten" Lebensweise. Wo das Pigment nun auch seinen Ursprung haben mag, es steht fest, dass es mit dem Blute in das seidenerzeugende Organ eindringt, wo es das Fibroin anfärbt, und zwar ausschliesslich in der Ausdehnung der Sammeldrüse. Die mikroskopische Untersuchung der Zellen in der letzteren schliesst die Möglichkeit, dass der Blutfarbstoff durch sie modifiziert werden könnte, aus und lässt vielmehr annehmen, dass der Übergang aus dem Blute in das Fibroin nur auf einem Osmoseprozess beruht. Die Querschnitte der Sammeldrüse zeigen andererseits, dass der Farbstoff die Fibroinmasse gleichmässig durchtränkt und sich nicht etwa ringsum ablagert; die Zonen an der Peripherie zeigen indessen eine etwas stärkere Färbung.

In chemischer Beziehung ist der Farbstoff der gelben Seide in Wirklichkeit kein so einfacher Körper, wie dies von Roard und Mulder angegeben und später von anderen, freilich ohne weitere Nachforschungen, citiert wurde. Zwar bezeichneten Roard und Mulder den färbenden Bestandteil der Rohseide als „eine gummiartige braunrote Masse", doch enthält dieselbe u. a. auch mehrere krystallisierte Körper einheitlichen Charakters. Um die letzteren aus der Seidenfaser systematisch zu gewinnen, ist von Dubois folgendes Verfahren eingeschlagen worden. Die von den Larven befreiten Kokons werden mit einer Potaschelösung von 8% in einem luftleeren Raume einige Stunden maceriert, wobei die Lösung eine graue Färbung annimmt. Mit Essigsäure angesäuert, scheidet sie nach einigen Stunden einen Niederschlag aus, der aus goldgelben Blättchen und farblosen Krystallen besteht. Der im Kokon nach dieser Behandlung zurückgebliebene grössere Teil des Pigments wird durch eine mehrstündige Behandlung mit Alkohol von 94° bei gewöhnlicher Temperatur ausgezogen, wodurch die gelben Kokons nun vollständig entfärbt werden, während die alkoholische Lösung eine goldgelbe Färbung annimmt. Durch Verdampfen des Lösungsmittels gewinnt man den Farbstoff als einen gelbbraunen, in Benzol, Chloroform und Äther mit gelber Farbe löslichen Körper; um ihn in seine einzelnen Bestandteile zu zerlegen, wird seine Lösung in Schwefelkohleustoff verdunstet, der Rückstand mit absolutem Alkohol aufgenommen, filtriert und die Flüssigkeit der Krystallisierung überlassen. Nach einiger Zeit bildet sich ein Niederschlag, der sich aus folgenden Elementen zusammensetzt:

1. braunrote Krystalle, die gegen das Licht gehalten braungelb sind (Fig. 97 No. 2),
2. oktaëdrische Krystalle, die in ihrer Form und Farbe den Schwefelkrystallen ähneln (Fig. 96 No. 1),
3. hellgelbe Körperchen runder Form (Fig. 99 No. 4),
4. eine gelbliche Masse, wohl ein Gemisch der vorherigen Körper, deren äusserste Verteilung ihre Form nicht erkennen lässt (Fig. 98 No. 3),
5. farblose rautenförmige und hexagonale Krystalle (Fig. 100 No. 5),

6. prismatische Nadeln eines dunkelblaugrünen Farbstoffs (Fig. 101 No. 6).

Nach der Untersuchung von Dubois[1]) besitzt das Gemisch aller dieser Körper mit dem Pflanzenfarbstoff Carotin ($C_{26} H_{38}$), das aus der gelben Rübe (Daucus carota) oder den Blättern anderer Pflanzen durch Extraktion mit Schwefelkohlenstoff gewonnen wird, eine weitgehende Analogie. Der Farbstoff

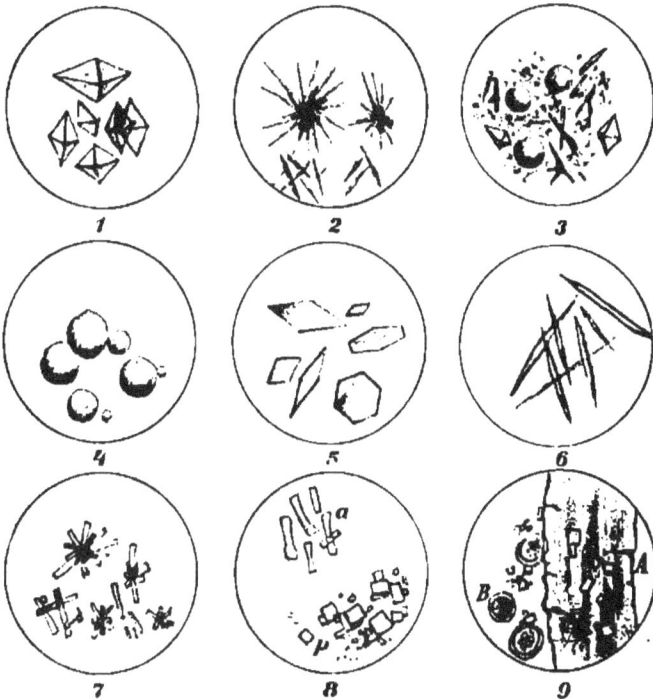

Fig. 96—104   Farbstoffkörper der echten und der Yamamayseide.

bildet rotbraune Krystalle vom Schmp. 168° und löst sich nicht im Wasser, schwer in Alkohol. Das Carotin ist im Pflanzenreiche äusserst verbreitet; es kommt fast in jedem Gewächs vor, wo es infolge seiner Oxydierbarkeit im Respirationsprozess eine wichtige Rolle einzunehmen scheint. Ob dem mit

---

[1]) Bull. du Laboratoire de Lyon, 1889/90, S. 347.

ihm fast identischen gelben Seidenpigment dieselbe Rolle des Sauerstoffträgers zukommt, lässt sich bezweifeln, da dies ja nicht in jeder Raupenrasse vorzukommen pflegt. Das Seidenpigment ist, wie das Carotin, an Luft und Licht veränderlich und besitzt dieselben Lösungsverhältnisse. Spektroskopisch verhalten sich beide Substanzen gleich: Spektrum ohne Streifen oder Bänder von A zu F, wie das des Xanthophylins. Auch andere Reaktionen, die im folgenden behufs Charakterisierung des Seidenpigments angeführt werden, weisen darauf hin, dass das letztere und das Carotin — sowohl das pflanzliche, wie das tierische, dessen Vorkommen u. a. beim Diaptomus baccilifer beobachtet wurde — beinahe identisch sind [1]). Der einzige Unterschied zwischen den beiden besteht darin, dass das Carotin in krystallisiertem Zustande einen schönen metallischen Glanz besitzt, der dem Seidenpigment abgeht.

Folgende Reaktionen sind dem Seidenpigment und dem Carotin gemein. Mit Schwefelsäure giebt das erstere eine indigoblaue, nachträglich grüne Färbung, die auf die Dauer verschwindet; durch Zusatz von Wasser erfolgt dies augenblicklich. Lässt man die Möhren oder die gelben Kokons mit absolutem Alkohol, dem $^1/_{50}$ konzentrierter Salzsäure zugesetzt wurde, macerieren, so erhält man, sowohl bei Licht wie im Dunkeln, schön grüne Lösungen. Im Spektroskop ergeben die beiden das oben erwähnte Bild. Wird diese alkoholische Lösung im Vacuum zum Trocknen verdampft, so erhält man einen in Schwefelkohlenstoff mit grüner Farbe löslichen grünlichen Rückstand. Wird die letztere Lösung mit Alkohol im Überschuss behandelt und ausgeschüttelt, so erhält man zwei Schichten; die untere Schwefelkohlenstoffschicht ist gelblich, die obere alkoholische Lösung farblos; säuert man jetzt mit Salzsäure an und schüttelt kräftig, so erscheint die grüne Färbung wieder, zerteilt sich aber bald in eine hellblaue obere Schicht und in eine goldgelbe untere. Bei Verwendung von Äther statt Schwefelkohlenstoff erhält man dasselbe Resultat, nur ist die Ordnung der Schichten eine umgekehrte. Für die Seide speciell empfiehlt sich die Anwendung von Äther. Eine andere Reaktion ist nicht minder charakteristisch. In verschlossenen Gefässen mit etwas Ammoniak oder Ammoniumkarbonat enthaltendem Alkohol maceriert, liefern sowohl das Carotin wie das Seidenpigment einen sehr angenehmen, an die Blüten von Cheiranthus erinnernden Geruch, der wahrscheinlich auf die Bildung einer Amidoverbindung zurückzuführen ist. Wie erwähnt, ist das Seidenpigment mit dem Blutfarbstoff der Raupe identisch; ob nun der letztere direkt aus dem in Maulbeerblättern enthaltenen Carotin hervorgeht, oder erst durch den Lebensprozess der Seidenraupe erzeugt wird, ist nicht genau bekannt.

Nach anderer Ansicht scheint das Seidenpigment dem Pflanzenfarbstoff, dem Chlorophyll, sehr nahe zu stehen. Wie bekannt, ist durch die

---

[1]) Blanchard, Mém. de la soc. zool. Bd. III. 1890.

Arbeiten von Frémy und Cloetz festgestellt worden, dass das Chlorophyll
kein einheitlicher Farbstoff ist, sondern aus zwei einzelnen Pigmenten, dem
Phylocyanin und dem Phyloxanthin (Xanthophyllin) besteht. Das Phylocyanin ist wenig beständig und kann an Licht und Luft farblos oder gelb
werden, indem es in das Phyloxanthein umgewandelt wird; das Phyloxanthin ist dagegen sehr beständig. Werden frische Blätter mit einer
Mischung von reiner Salzsäure (1 Vol.) und Äther (2 Vol.) ausgeschüttelt,
so färbt sich die Salzsäure blau (Lösung des Phylocyanins) und Äther gelb
(Phyloxanthin). Die gelbe Rohseide liefert, in dieser Weise behandelt, durchaus identische Erscheinungen. Ausserdem hat das Seidenpigment mit dem
Chlorophyll noch die Eigenschaft gemein, dass sie beide durch Salzsäure,
Eisensalze und Königswasser grün werden.

Das Seidenpigment schmilzt bei 30°, ist rotbraun, trocken und gelb-
grünlich in Lösung. Seine Lösungen werden am Lichte schnell entfärbt.

Der natürliche Farbstoff der der echten Maulbeerseide in morphologischer und chemischer Beziehung sehr nahe stehenden Seide des Yamamayspinners (Antheraea Yamamay) Japans, scheint wenigstens in einem Teile
und in den ausgesprochen grünlichen Kokons einen ganz anderen Ursprung
zu haben, als der der Maulbeerseide. Die grüne Färbung der Yamamaykokons ist nicht gleichförmig über die ganze Fläche derselben verbreitet;
sie ist sehr ausgesprochen an Stellen, die dem Sonnenlicht zugekehrt waren,
dagegen fast unmerklich, wo der Kokon am Blatte befestigt war; ausserdem ist sie dermassen oberflächlich, dass schon die zweite Fadenschicht im
Kokon gelblich ist, und den folgenden oft jegliche Färbung abgeht, was
bestimmt darauf hinweist, dass die Raupe einen farblosen Faden gesponnen hat. Die dem gefärbten Teil des Kokons angehörende Faser zeigt
besonders in ihrer axialen Richtung kleine, grüne Krystalle parallelepipe-
discher Form, einzeln (a) oder in Gruppen (p) (Fig. 103 No.8). Der Staub, welcher
den mit der Hand gedrückten Kokons entsteigt, besteht aus dieser mikroskopisch krystallinischen Masse. Neben der letzteren haften an den
äussersten Fadenschichten des Kokons, doch in kleinerer Quantität, auf den
Fasern A einzelne runde Körperchen B (Fig. 104 No. 9) mit ziemlich dicker
Membrane und sichtbarem Kern von blaugrüner Farbe. Sie scheinen den
Schmarotzeralgen aus der Gattung der Protococcen oder Cyanophyceen
anzugehören [1]; auch haften an ihnen zuweilen die oben gedachten Krystalle.

Was die Eigenschaften des grünen Yamamayfarbstoffes anlangt, so
scheint er ebenso, wie der der Maulbeerseide, kein einheitlicher Körper zu
sein. Behandelt man die Yamamaykokons mit kochendem Wasser, besonders
im Autoklaven bei 120°, so löst sich der grösste Teil des Farbstoffes schon
nach einigen Minuten auf; durch einige successive Behandlungen mit Wasser
bei 100° werden die Kokons vollständig entfärbt. Man erhält auf diese

---

[1] Dubois, Bull. du Labor. de Lyon, 1889/90, S. 359.

Weise eine schön grüne Lösung, die beim Verdampfen Krystalle ausscheiden lässt, welche mit den direkt auf der Faser beobachteten identisch sind. Die Krystallform kann indessen dadurch, dass die Lösung von der erstmaligen Behandlung herrührt und mit Bast gesättigt ist, eine von der obigen abweichende sein. Werden die Kokons nicht gänzlich durch kochenden Alkohol ausgezogen, so erhält man eine blaugrüne Lösung, welche hellgrüne Krystalle und einen blauen krystallinischen Körper ausscheidet. In reinem Zustande erhält man das blaue Pigment durch Behandlung der mit Wasser vom grünen Farbstoff befreiten Kokons mit Alkohol; aus der alkoholischen Lösung scheiden sich nach einiger Zeit hellblaue Krystalle, zuweilen in Form langer prismatischer Nadeln aus (Fig. 102 No. 7). Zieht man den Umstand in Betracht, dass diese Farbstoffe in Gemeinschaft mit den Algen auftreten, so lässt sich die Frage aufwerfen, ob nicht auch die Bildung des grünen Farbstoffs schmarotzerartigen Ursprungs sei, d. i. ob er denn wirklich in der Seidendrüse des Antheraea Yamamay vorhanden sei, um so mehr, als viele Kokons eine rein orangegelbe Färbung besitzen. Die spektroskopische Untersuchung der Lösungen ergiebt keine charakteristischen Absorptionsstreifen des Chlorophylls, auch ist der Yamamayfarbstoff in Äther unlöslich.

* * *

Die herangereifte Seidenraupe sucht sich einen zum Spinnen geeigneten Platz in den dürren Maulbeerreisern oder dem Gezweige des Ginsters, der Weide etc., welche ihr zu diesem Zwecke von dem Seidenzüchter dargeboten werden. Nach langem Umherkriechen findet sie eine zum Kokonspinnen geeignete Spinnhütte und sondert jetzt einige Tropfen einer Flüssigkeit ab, welche viel Kali, Harnsäure, etwas Ammoniak und Spuren von Chlor, Schwefel- und Phosphorsäure enthält. Nach den Analysen von Karmrodt[1]) weist die Flüssigkeit 9,4% Kohlensäure u. 45,5% Kali auf; das Sekret besteht somit in der Hauptsache aus harnsaurem Kali und Potasche. Es mag erwähnt werden, dass eine kaum ausgekrochene Raupe schon eine geringe Menge von Seidenfaser exkretiert und dasselbe bei jeder Häutung wiederholt; die Seidensubstanz scheint daher, allerdings in

Fig. 103. Spinnhütten (1 leer, 2 mit Kokons).

sehr minimaler Menge, bereits durch den Embryonalprozess gebildet zu werden. Mit Hilfe des Reichert'schen Mikroskops sind die Durchmesser dieser Seidenfasern ermittelt worden, und zwar:

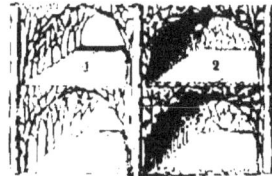

---

[1]) Chem. Centralblatt 1839, S. 1039.

	gelbe einheimische Rasse	weisse Japanrasse
ausgekrochene Raupe . .	1,06 μ	— μ
nach der ersten Häutung	1,59 „	1,37 „
„ „ zweiten „	2,01 „	2,22 „
„ „ dritten „	3,92 „	3,92 „
„ „ vierten „	12,72 „	9,64 „
Kokonfaser	27,45 „	24,80 „

Bevor die Raupe zur Anfertigung des eigentlichen Kokons schreitet, legt sie den Seidenfaden mehrere Male zickzackartig herum, bis aus diesen wirren

Fig 106. Hängematte des Kokons.   Fig 107. Fadennetz der Kokonhängematte.

Fäden eine Art Hängematte (bourrette, Flockseide) als Unterlage für den Kokon gebildet wird. Dann wird der Kokon selbst in höchst regelmässigen Windungen gesponnen, indem die Raupe ihren Kopf in schwingender Bewegung hin- und herzieht und den Faden wellenförmig anordnet. Sie sucht dabei ihre Lage, mit dem Kopf nach oben, möglichst senkrecht zu halten. Das anfangs durchsichtige, netzartige Kokongewebe wird nach und nach dichter und schliesslich verbirgt sich die Raupe den Blicken des Beobachters. Der Spinnprozess geht ununterbrochen weiter vor sich; wird die Raupe inmitten des Spinnens gestört, so stirbt sie kurze Zeit darauf. Die Temperatur soll während des Einspinnens konstant auf 17°, und die Luft möglichst trocken erhalten werden. Nach 3—4 Tagen ist der Kokon fertig, das durch den Spinnprozess zusammengeschrumpfte Tier wirft seine faltig gewordene Raupenhaut ab und verwandelt sich in eine gelbbraune Puppe. Nach der Metamorphose sondert die Puppe eine Flüssigkeit ab, die nach einigen Stunden erhärtet. Die für die weitere Aufzucht bestimmten Kokons werden am besten am 10., 11. und 12. Tage nach dem Einspinnen von den Zweigen abgenommen, weil zu dieser Zeit die Lebensthätigkeit der Puppe am geringsten ist.

Der aus Ringen bestehende Körperteil der Puppe ist beweglich; am vierten, fünften und sechsten Ringe sind flügelartige Gebilde wahrnehmbar, und lassen sich an allen die Öffnungen der Stygmata deutlich erkennen. Entgegen der allgemeinen Meinung, dass die Puppe leblos sei, vollzieht sich in ihr ein physiologischer Prozess: das Blut cirkuliert, die Puppe atmet und lebt.

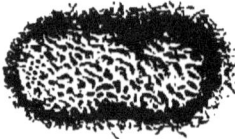

Fig. 108 Kokon des B. mori mit der änsseren Floconseide.

Fig. 109. Maulbeerraupe nach dem Einspinnen.

Nach einer Berechnung von Regnault und Reiset verbraucht 1 kg Puppen 0,242 g Sauerstoff pro Stunde. Unter Umständen geht dieser physiologische Prozess mit äusserster Langsamkeit vor sich, so dass die Puppe jahrelang in diesem Entwickelungsstadium verbleiben kann; dies geschieht z. B., wenn sie bei konstant niedriger Temperatur (bei etwa 2°) aufbewahrt wird;

Fig. 110. Schnitt durch Kokon nach der Verpuppung.

Fig. 111. Schnitt durch Puppe (1 Blutgefäss, 2 Nervenknoten, 3 Magen, 4 Blinddarm, 5 Eierstöcke).

bei 30—35° erfolgt das Ausschlüpfen des Schmetterlings schon nach 10 bis 15 Tagen. Raulin beobachtete eine natürliche Überwinterung der Puppen beim wilden Aylanthusspinner (Anth. Cynthia). Es besteht somit hier und auch in anderer Hinsicht eine weitgehende Analogie zwischen der Puppe und dem Raupenei, und man könnte wohl sagen, die Puppe sei das für den Schmetterling, was das Ei für die Raupe ist.

Eine Unze (25 g) Raupeneier liefert etwa 35 kg Kokons, d. i. ungefähr 18—19000 Stück. Theoretisch sollten sich 36000 Stück, also etwa 50 kg, ergeben; eine Ausbeute von 60—70% kann indessen stets als eine befriedigende betrachtet werden. Um den Verlust zu verhüten, den man dadurch erleidet, dass die Raupe einen Teil ihres Seidenvorrats unnützerweise zur Anfertigung der Hängematte verschwendet, benutzen Delprino und Sartori statt der Spinnhütten eine Reihe von Kartonzellen (5 cm lang und hoch), in welchen die Raupen das Einspinnen vollziehen können, ohne die

Flockfäden ausscheiden zu müssen; dieses Cellularsystem soll 10% mehr
Ausbeute liefern. Die Form des Kokons lässt auch das Geschlecht des künftigen
Schmetterlings erkennen; der weibliche Kokon ist eiförmig rund, der etwas
kleinere männliche ist in der Mitte schwach eingeschnürt. Zur Aufzucht
werden die schönsten, gleichmässigsten Kokons ausgelesen und in einem gut
ventilierten, trockenen, schwach belichteten Raume, der auf 18—20° C. erhalten wird, aufbewahrt. Etwa 2 Wochen nach Fertigstellung des Kokons streift der Schmetterling die Puppenhülle ab und erweicht den Ko-

Fig 112. Weibchen des Bombyx mori.   Fig. 113 Bombyx mori (Männchen).

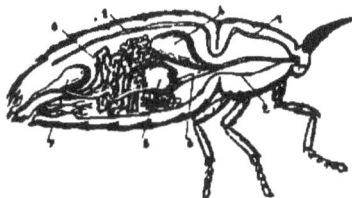

Fig. 114. Schnitt durch einen weiblichen Schmetterling (1 Blutgefäss, 2 Nervensystem, 3 Speiseröhre,
4 Saugblase, 5 Magen, 6 Eierstöcke, 7 Blinddarm).

kon an der Stelle, wo er ausschlüpfen will, mittels einer Flüssigkeit, die
aus zwei orangefarbigen, an den Seiten des Magens gelegenen Drüsen herstammt (Filippi) und folgende Zusammensetzung besitzt:[1]

    Harnsäure 56,830%
    Kali, Natron, Magnesia, Eisenoxyd, Kohlensäure,
        Schwefelsäure und Chlor 21,054%
    Schleim und Farbstoff 22,116%

Durch diese flüssige Entleerung verliert der Schmetterling 30—40% an
Gewicht. Nach einigen Minuten schiebt der Schmetterling die Kokonfäden
mit den Vorderfüssen auseinander und tritt an das Tageslicht; die noch dem
Ausschlüpfen noch wenig entwickelten Flügel entfalten sich unter fortwährend zitternder Bewegung in wenigen Stunden zur vollen Grösse.

─────────

[1] Karmrodt, Ber. der landwirtsch. Versuchsstation. 1869.

Während die Raupe die ungeschlechtliche Form des Tieres vorstellt, ist der
Schmetterling ausschliesslich dazu bestimmt, die Fortpflanzung des Ge-
schlechtes zu bewirken, und obwohl er mit Verdauungsorganen versehen
ist, nimmt er während seiner ganzen Lebensdauer, die freilich nur kurz ist,
keine Nahrung zu sich. Der mittlere Teil seines Körpers (thorax) besteht
aus drei einzelnen Ringen: prothorax mit einem Paar Füssen und Stigmaten,
mesothorax und metathorax, je mit einem Paar Flügel und Füssen versehen;
der untere Körperteil (abdomen) setzt sich aus 9 Ringen zusammen, von
denen die 7 ersten Stigmatenlöcher aufweisen. Der ausgebildete Schmetterling hat 40—45 mm Flugweite, ist weiss, an der Doppelreihe der Fühler-
zähne schwarz. Die Augen bestehen aus etwa 10000 mikroskopisch kleinen,
0,3 μ messenden Hornhäutchen. Das Weibchen besitzt 8 Eierstöcke, deren
jeder 80—90 Eier enthält. Man lässt die Schmetterlinge sich paaren und
unterbricht den Begattungsprozess nach 6 bis 10 Stunden, da dadurch erfahrungsgemäss die beste Ausbeute erreicht wird (Cornalia und Balbiani).

Fig. 115 Grainierzelle während des Eierlegens.   Fig. 116. Grainierzelle

Etwa 10 Stunden später legt das Weibchen 4—500 Raupeneier nieder;
90 Weibchen liefern eine Unze, 1 kg Kokons ergiebt somit durchschnittlich
2 bis 2,5 Unzen Raupeneier.

Ein Fortschritt von grösster Bedeutung war die Einführung der Zellengrainierung nach der Methode von Pasteur. Da die Ursache zu etwaigen
Krankheiten bereits im Schmetterling sich vorfindet, so wird der letztere nach
dem Legen der Raupeneier mikroskopisch untersucht, desgleichen die Graine
selbst. Zu diesem Zwecke wird jedes Weibchen in eine Zelle aus Karton
eingelegt, wo es bis zu Ende verbleibt und hiernach in eine Ecke der
Zelle eingeklemmt wird (Fig. 116). Die infizierten Zellen werden sorgfäl-
tigst ausgelesen und samt ihrem Inhalt vernichtet.

Wenn auch der allgemeine Gang der Seidenkultur an dieser Stelle
nur kurz geschildert werden konnte, so lässt sich doch ersehen, dass ihre
praktische Ausübung, als die eines zootechnischen Gewerbes, sehr viele Um-

sicht und Erfahrung benötigt, um nicht nur eine leidliche Ernte, sondern auch
gewissermafsen Fortschritte zu erzielen: das Ideal aller menschlichen Arbeit.
Über die Richtungen, in welchen die Vervollkommnung der Seidenkultur
vor sich gehen soll, mag Folgendes bemerkt werden. Man ist bestrebt,
die Rassen durch zeitweilige Kreuzung untereinander gegen die Krankheiten,
namentlich Schlafsucht, weniger empfänglich zu machen, ohne jedoch der
Gleichförmigkeit der Rasse Eintracht zu thun. Als weitere Ziele sind die
Erhöhung der Ausbeute der Kokons an Fasermaterial, und die Verminderung
der Anzahl von Doppelkokons, sowie des Gehaltes an Bast anzusehen. Von
den Mitteln zu dieser Vervollkommnung, der Rassenkreuzung und individuellen Zuchtwahl, wird sogleich die Rede sein.

Man hat sich vielfach und eingehend damit beschäftigt, die Heimat
der Raupenkrankheiten zu ermitteln und kam zu dem Ergebnis, dass sie
aus dem Orient (Indien und China) mit den nach Europa eingeführten
Raupeneiern verschleppt worden sind. Wenn auch die Keime der Raupenseuchen in Asien stets vorhanden sind, und die letzteren von Zeit zu Zeit
noch jetzt auftreten, so beschränken sich dieselben doch auf sporadische Fälle
und üben, bei der bekannten Standhaftigkeit und Gesundheit der asiatischen
Rassen, auf die Seidenzucht keinen merklich schädlichen Einfluss aus. Anders
verhält sich die Sache in Europa, wo der Bomb. mori zwar ein ausge-
zeichnetes Produkt liefert, sich aber nicht mehr in kräftigem Naturzustande befindet und daher den Seuchen in Unmassen zum Opfer fällt.
Aus diesem Grunde wurde auch nach dem Aufhören der Raupenkrankheiten
die Frage erörtert, ob es zulässig sei, ausländische keimhaltige Raupeneier,
die behufs ihrer Kreuzung mit europäischen importiert wurden, zu verwenden.
Wenn es einerseits beinahe unmöglich ist, von einem Raupenei von vornherein zu sagen, ob es gesunde Nachkommenschaft erzeugen werde und somit Vorsichtsmafsregeln in diesem Sinne fast überflüssig erscheinen, so lässt
sich andererseits behaupten, dass der Import asiatischer Raupeneier im allgemeinen, also die Kreuzung europäischer Rassen mit den ausländischen, aus
folgenden Gründen gerechtfertigt sein dürfte. Es ist begreiflich, dass in der
Zucht einer so engbegrenzten Rasse, wie der von B. mori, die Blutverwandtschaft im Laufe der Zeit in ihren Folgen nachteilig hervortreten
muss. Die Frage nach dieser Blutverwandtschaft ist schon vielfach von verschiedenen Gesichtspunkten aus erörtert worden; im allgemeinen aber sind
heutzutage zwei Ansichten vorherrschend. Die eine von Sanson bestreitet die
Schädlichkeit der Aufzucht unter blutverwandten Individuen, giebt jedoch
zu, dass dadurch die Empfänglichkeit für Krankheiten gefördert wird [1]).
Andere Naturforscher, wie Baron, führen dagegen aus, dass das fortge-
setzte Paaren der blutverwandten Schmetterlinge, wie es in der Seidenzucht
wirklich stattfindet, dazu führt, dass der Polymorphismus überhaupt, und
sogar der sexuelle Dimorphismus nach und nach zum Verschwinden ge-

---

[1]) Traité de zootechnie. Paris 1866.

bracht werden. und dass dann Produktionsunfähigkeit eintreten müsse. Die
Kreuzung einzelner Rassen untereinander ist somit unentbehrlich und zwar,
wie Coutagne richtig ausführt, eine energische Kreuzung zwischen verschiedenartigen Rassen von verschiedenen äusseren Eigenschaften. Wenn
dies auch vom rein theoretischen Standpunkte der Rassenreinheit aus nicht
ganz ohne Nachteil erscheint, so muss man doch zugeben, dass, da bei der
Kreuzung lediglich auf die Hauptsache, d. i. auf die Kokonhülle in qualitativer und quantitativer Hinsicht gesehen wird, diese Methode die einzig
rationelle ist, die den europäischen Seidenrassen ihre ursprüngliche Lebensfähigkeit, wenn auch mit einiger Ungleichmässigkeit verbunden, zu erhalten im stande ist. Die Befürchtung, die sonst jahraus jahrein gleichförmigen europäischen Rassen einem Polymorphismus auszusetzen, d. i. die
äusseren Formen der Produkte, die Gestalt und Farbe der Kokons ungleich-
förmig zu gestalten, thut bis jetzt der allgemeineren Verbreitung der
Kreuzungsmethode Einhalt. Übrigens ist es sehr wahrscheinlich, dass der
B. mori in seinem ursprünglichen Zustande polymorph, d. i. in verschiedenen
äusseren Gestalten vorkam, welche noch heutzutage in den Urwäldern
Indiens und Chinas als Abarten, B. croesi, B. sinensis etc. sich finden.
Durch natürliche Umstände und äusserst sorgfältige künstliche Aufzucht
ist seine Rasse mehr homogen im allgemeinen, weniger einheitlich und
charakteristisch im einzelnen geworden, indem gleichzeitig seine Widerstandsfähigkeit und Fruchtbarkeit verringert wurden. Es ist eine erwiesene
Thatsache, dass im Kampfe ums Dasein der wilden Seidenrassen die Ursache
ihrer Kraft liegt; auch sind sie zeugungsfähiger und dies selbst in den
Rassen, die mehrere Bruten im Jahre hervorbringen (mehrerntige Rassen
des B. mori); in den letzteren sind sogar einige Fälle der Parthenogenesis
(Selbstbefruchtung) beobachtet worden. Es lässt sich mit einiger Sicherheit behaupten, dass, wenn die Zellengrainierung bei mikroskopischer Untersuchung der Schmetterlinge fast volle Garantie betreffs der Fleckkrankheit
liefert, die Rassenkreuzung wahrscheinlich die Bekämpfung der Schlafsucht ermöglichen wird. Es wurde aus diesem Grunde die Kreuzung der
europäischen Rasse mit verschiedenen asiatischen vorgenommen und anscheinend mit gutem Erfolge durchgeführt; bald aber stellte sich heraus,
dass die gekreuzten Rassen von ihren asiatischen Grosseltern die störende
Eigenschaft geerbt hatten, doppelte Kokons (douppions) zu spinnen, sowie
ferner, dass diese Mestizen wohl in der ersten Generation verschmolzen
blieben, in den nachfolgenden aber der Atavismus jeder einzelnen scharf
hervortrat. Thatsächlich ist durch diese Versuche bewiesen worden, dass
bei der Kreuzung einfacher Rassen eine unter dem Namen „Rückschlag
zum Ursprungstypus" (retour aux types) bekannte zoologische Erscheinung
zu Tage tritt, laut welcher ein Teil der ersten Generation, wie bei der
Kreuzung der gelben französischen Rasse [1]), oder die gesamte zweite, dritte

---

[1]) Maillot, Leçons sur les vers à soie du mûrier, 1885, p. 261.

14*

und die nachfolgenden Bruten (gelbe Mailandrasse mit der weissen Japan)
nicht mehr die verschmolzenen Eigenschaften, sondern die jedes einzelnen
Typus zum Vorschein bringt, wodurch unerwünschte Mannigfaltigkeit (Polymorphismus) Platz greift. Nun hat man zur Kreuzung unter nur europäischen Rassen Zuflucht genommen gemäss der bekannten Thatsache, dass
eine oft wiederholte und leicht durchzuführende Kreuzung endgiltig bessere
Resultate ergiebt, als eine energische, aber seltener ausgeführte[1]. Eine
gekreuzte Rasse erzeugt erfahrungsgemäss bessere Ausbeute an Kokons, als
eine reine; die einzelnen verwendeten Rassen müssen indessen an sich vor-
wurfsfrei sein; denn sonst tritt leicht eine Verschlimmerung ihrer Eigenschaften ein. Leider ist es unmöglich, sich behufs Ermittelung der Güte
einer Rasse nach dem Äusseren der Kokons etc. zu richten, da eine Menge
schöner und grosser Kokons nicht immer im gleichen Verhältnis seidenreich
sind, und auf den letzteren Punkt kommt es doch hauptsächlich an. Nach dem
Vorschlage von Coutagne[2] ist eine rationelle Auswahl der Kokons die
einzige Methode der Melioration in diesem Sinne; sie scheint von einigen
fortschrittlichen Züchtern, die auf der Weltausstellung 1889 ausgezeichnete
Resultate derselben vorführten, schon praktisch erprobt worden zu sein
und besteht in folgendem. Von jeder Partie Kokons wird ein gewisser
Anteil abgehaspelt und die Partien, die bei dieser Prüfung die besten
Resultate liefern, werden für die weitere Aufzucht verwendet. Es ist selbstverständlich, dass man in diesem Falle, statt ganze Partien einer bestimmten gemeinsamen Aufzucht oder Rasse zur Prüfung zu verwenden, zur
Vereinfachung der Sache einige von jeder einzelnen Brut herstammende
Kokons prüft und alsdann die ganze Brut verwendet, angesichts des bereits
weiter oben angedeuteten Umstandes, dass die Eigenschaften der Kokons
einer und derselben Brut stets fast identisch sind. Eine noch weitergehende,
aber naturgemäss umständlichere und in grösserem Maßstabe kaum aus-
führbare Methode ist die sogenannte individuelle, wie sie mit grossem Erfolge im Pflanzenreiche in der Rübenproduktion angewendet worden ist[3].
Die individuelle Zuchtwahl geht in diesem Falle darauf aus, Seidenraupen mit möglichst grossen Seidendrüsen und somit erhöhter Ausbeute
an Gespinst zu erzielen und gelangt in der Weise praktisch zur Anwendung, dass jeder einzelne durch seine äusseren Eigenschaften hervorragende Kokon mit Vorsicht geöffnet, die Seidenschale gewogen, die Puppe
wieder eingelegt, der Kokon mit einer feinen Stecknadel wieder geschlossen
und zum Ausschlüpfen gebracht wird. Da zum Paaren alsdann Schmetterlinge
verwendet werden können, die den seidenreichsten Kokons entstammen, so
ergiebt sich bei dem mehrfach erwiesenen Atavismus der Seidenrasse die
Aussicht, auf diese Weise eine langsame, aber stetige Vervollkommnung

---

[1] Baron, Méthodes de reproduction en zootechnic.
[2] Bull. du Labor. de Lyon 1889 90.
[3] Vilmorin, Compt. rend. etc. 1856, 871.

der Ertragsfähigkeit zu erreichen. Die praktische Anwendung dieser Methode während eines Zeitabschnittes von sechs Jahren ergab eine Zunahme der Faserausbeute um 15—20%, ein Resultat, das an und für sich interessant ist und dieser Zuchtmethode eine aussichtsreiche Zukunft zu eröffnen scheint [1]).

* * *

Die Seidenzucht ist so mancherlei Gefahren unterworfen und erfordert daher vielseitige Erfahrungen und die peinlichste Sorgfalt. Schon in den Raupeneiern liegt die eventuelle Ursache eines schlechten Erfolges: zweifelhafte Herkunft, dürftige Ventilierung beim Transport, ungünstige Temperaturverhält-

Fig. 117. Mit Fleckkrankheit behaftete Raupe.

nisse üben auf die Güte der Nachkommenschaft grossen Einfluss aus. Eine unpassende Einrichtung der Zuchtanstalt, mangelhafte Lüftung, zu trockenes oder zu feuchtes Futter, Unsauberkeit der Räume u. s. w. führen leicht zu Krankheiten der Seidenraupen, welche ihre Untauglichkeit zum Einspinnen

Fig. 118. Fleckkrankheit (7 fach vergrössert).

und somit gänzliches Misslingen der Zucht nach sich ziehen können. Ausser diesen naturgemässen Folgen einer mangelhaften Zucht sind in Europa in den sechziger Jahren Raupenkrankheiten aufgetreten, die als wahrhafte Seuchen bezeichnet werden müssen. Die zahlreichen Untersuchungen von Crivelli, Bellotti, Susani, Cantoni, Cornalia, Filippi, Osimo, Vlacovich, Quatrefages, Guérin-Méneville und schliesslich von Pasteur

---

[1]) Contagne, Labor. d'études de la soie. Lyon 1893, p. 41, 72.

haben einiges Licht über dieses geheimnisvolle Übel verbreitet und zu dem
Resultat geführt, dass die meisten Raupenkrankheiten auf Pilzwucherungen
zurückzuführen sind. Auch in China und Japan sind diese Seuchen, wie
u. a. die Fleckkrankheit, festgestellt worden; im allgemeinen aber erleidet

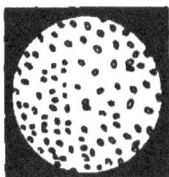

Fig. 119. Körperchen der Fleckkrankheit.   Fig 120. Graine, frei von Krankheitspilzen.

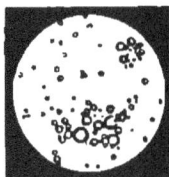

hier die Seidenzucht, infolge der grösseren Widerstandsfähigkeit der Rassen
gegen infizierende Körperchen, keine namhafte Einbusse.

Von diesen Krankheiten sind es namentlich zwei, die Fleckkrankheit
und die Schlafsucht, die wegen ihrer Ansteckungskraft und Erblichkeit

Fig. 121. Kranke Würmer (Fleckkrankheit).   Fig. 122. Gesunde Raupen nach der 4. Häutung.

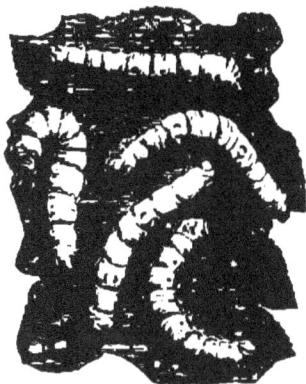

die grösste Gefahr bieten. In vielen Fällen entwickeln sich die Infektions-
organismen schon auf den Maulbeerblättern und gelangen mit der Nahrung
in die Raupe.

Die Fleckkrankheit (pébrine, gattine, Körperchenkrankheit) ist die Folge
der Infizierung innerer Organe der Seidenraupe durch den mikroskopischen
Pilz Nosema bombyci; er wurde zuerst i. J. 1849 von Guérin-Méneville
signalisiert und als Angehöriger der einzelligen Algen (psorospermatischen

Mikrosporidien Balbiani) festgestellt. Sein Durchmesser beträgt 3—4 μ. Nach den Untersuchungen von Halauer in Nizza soll die Fleckkrankheit durch Flechten (Lichenes) aus der Gattung der Antherozoiden, die auf den Bäumen und Blättern selbst wachsen, hervorgerufen werden. Die mit Fleckkrankheit behafteten Raupen verlieren die Fresslust und Lebhaftigkeit, bedecken sich vorwiegend nahe am Kopfe mit schwarzen Flecken und sterben binnen wenigen Tagen. Die Krankheit ist nicht heilbar und es bleibt nichts anderes übrig, als im Falle ihres Auftretens die Zuchträume mit Chlor und Kalkmilch zu desinfizieren, um wenigstens die gesunden Raupen zu retten.

Fig. 124. Körperchen der Schlafsucht

Fig. 123. Zweig mit kranken Würmern (Schlafsucht).

Fig. 126. Kokon und Puppe derselben.

Fig 125. Mit Kalksucht behaftete Raupe.

Die andere, nicht weniger gefürchtete Krankheit, die Schlafsucht (flâcherie), befällt die Raupen unmittelbar vor der Spinnreife und ist die Folge von schlechter Verdauung und übermässiger Wärme während der letzten Lebensperiode. Im Mageninhalt lassen sich zahlreiche vibrionenartige Mikrokokken (Cordyceps, Microzyma bombycis Béchamp) nachweisen. Die Krankheit ist ebenfalls ansteckend und erblich; die Vibrionen können der Kälte, Trockenheit und hoher Temperatur ausgesetzt werden, ohne etwas von ihren zymotischen Eigenschaften einzubüssen. Es ist wahrscheinlich, dass die Ursache zur Schlafsucht bereits im Futter gelagert ist; thatsächlich hat Guboni 1890 einen durch schwarze Blätterflecke gekennzeichneten Schmarotzer des Maulbeerbaumes entdeckt, welcher der Schlafsucht sehr ähnliche Krankheitssymptome verursacht [1].

Eine dritte Krankheit, die indessen minder gefährlich und in ihren Folgen weniger verheerend ist, ist die sogenannte Kalksucht (Verkalkung, Calcino, Muscardine). Bereits 1725 signalisierte Vallisneri die Seuche.

---

[1] Garbini, Su una malattia del gelso. Roma 1894.

Sie ist die Folge übermässiger Hitze und Feuchtigkeit, unter deren Einwirkung sich im Innern der Raupe ein Schimmelpilz entwickelt; dieser treibt
seine Sporen von etwa 2 μ Dicke in den ganzen Körper der Raupe, um erst
nach ihrem Tode an Luft und Licht zu gelangen und ein üppiges Gewebe
weisser, mit zahllosen Sporen bedeckter Fäden aufzutreiben[1]). Dieser weisse
Überzug wurde früher für Calciumphosphat gehalten, bis Bassi (Mailand
1835) nachwies, dass derselbe das Gewebe des Schimmelpilzes sei, der im
J. 1836 von Balsamo Crivelli als Botrytis Bassiannae bezeichnet wurde.
Derselbe ist dem Kartoffeltöter (Peronospora devastatrix) nahe verwandt. Die
Pulsierung wird bei dieser Krankheit äusserst heftig, indem gleichzeitig das
Blut saure Reaktion und rosige Farbe annimmt. Am besten wirkende
Präservativ- und Desinfektionsmittel sind Chlor, schweflige Säure, Kalk-
wasser und Kupfervitriol. Eine öfters vorgenommene Durchräucherung der
Zuchträume, als Präservativmittel gegen die Kalksucht, übt jedoch, wie neuere
Untersuchungen gezeigt haben, auf die Entwickelung der Seidendrüsen einen
ungünstigen Einfluss aus und befördert auch die Bildung von Bast. Die
an der Oberfläche des Raupenkörpers sitzenden Sporen werden vom leisesten
Winde fortgeführt und verursachen die Verbreitung dieser verwüstenden
Seuche. In leichteren Fällen gelingt es der Raupe noch, ihren Kokon zu
spinnen, die Puppe verwandelt sich indessen in ein pulveriges Gebilde; solche
Kokons (cocons plâtrés) werden, weil leichter, teurer bezahlt, als die gewöhnlichen.

Es giebt noch eine andere Art der Kalksucht, bei welcher die Raupe
nicht den weissen Sporen des Botrytis B., sondern roten Wucherungen des
von Prilleux und Delacroix als Botrytis tenella benannten Pilzes anheimfällt[2]).

Schliesslich sei noch die Fettsucht (grasserie) erwähnt, welche meist
während der Häutung auftritt; die kranken Raupen sondern eine trübe
Flüssigkeit aus, welche mit unzähligen polyedrischen Körperchen von 4 μ
Dicke, die den Albuminoidsubstanzen angehören, gefüllt ist. Die Krankheit
ist nicht ansteckend. Von anderen minder gefährlichen Krankheiten seien
genannt: die Gelbsucht (jaunisse), infolge des Wechselns in der Qualität des
Futters, ferner die Wassersucht, die Schwindsucht und der Durchfall, letzterer infolge zu nassen Futters und dumpfer Luft, wobei die Raupe einen
grünlichen Saft absondert, u. s. w.

Es ist erst seit den epochemachenden Untersuchungen von Pasteur
und mit seiner Methode des Ausbrütens in Zellen (grainage cellulaire) möglich geworden, die Seidenraupenkrankheiten einigermafsen zu beschränken
und schliesslich ganz zu verhüten. Da der Ursprung aller Seuchen bereits im Ei vorhanden ist, so werden die von jedem einzelnen Weibchen

[1]) Ciccone, Compt. rend. Ac. Sc. 1855.
[2]) Bull. de la Soc. d'agric. 1892.

gelegten Raupeneier so lange abgesondert aufbewahrt und nicht verwendet, bis die mikroskopische Untersuchung des betreffenden Schmetterlingsweibchens ein Freisein von jeglichen Mikroorganismen ergeben hat. Die Regel von Pasteur ist: bedient euch der Raupeneier, die von den mit Behendigkeit auf Spinnhütten aufgekrochenen Raupen resp. ihren Schmetterlingen herstammen und sich bei mikroskopischer Untersuchung frei von Körperchen (corpuscules) erweisen[1]). Dem Vorschlage von Raulin[2]) entsprechend wird die Zellenmethode von Pasteur auch auf die weitere Aufzucht ausgedehnt, indem man die aus einzelnen Bruten hervorgegangenen Raupen in Gruppen aufzüchtet und die Gruppen von einander isoliert hält. Hinsichtlich der Krankheiten, namentlich der Schlafsucht, hat diese Methode in der Praxis vorzügliche Resultate ergeben, indem gleichzeitig beobachtet wurde, dass die Nachkommenschaft einer Brut unter sich sehr ähnlich, und von den Raupen und Kokons der anderen Brut derselben Rasse ziemlich verschieden war. Auf diese Weise könnte man durch empirische Auswahl der Bruteier in einer bestimmten Rasse die gegebenen erblichen Eigenschaften der letzteren, nach der Art der Darwinschen Versuche, in immer ausgesprochenerem Mafse hervortreten lassen[3]). Wir haben übrigens auf diese Verhältnisse bereits weiter oben hingewiesen.

Zufolge der stetig wachsenden Fortschritte ist der Betrieb einer Seidenzuchtanstalt heutzutage bei weitem rationeller, als er noch vor dreissig Jahren war. Die richtige Zubereitung des Futters durch Schneidemaschinen, ferner passende luftige Räume zur Aufbewahrung grösserer Mengen Maulbeerblätter, sorgfältige Ventilierung der Räume, peinlichste Beobachtung der Sauberkeit u. s. w. haben dazu beigetragen, dass Raupenkrankheiten in bedeutend geringerem Mafse auftreten, als vor Jahren. Dank der Zellengrainierung ist die Fleckkrankheit nur in Ausnahmefällen zu befürchten, die Kalksucht und andere auf Luft- und Nahrungsverhältnisse zurückzu-

Fig. 127. Oestrus bomb. auf der Raupe Eier legend.

führenden Krankheiten lassen sich leicht verhüten; nur verursacht die Schlafsucht noch immer ziemlich bedeutende Verheerungen. Die Gewinnung wie die Verarbeitung der Seide ist nun ebenfalls Gefahren von seiten verschiedener Schmarotzer unterworfen, die entweder lebende Raupen

---

[1]) Études sur les maladies des vers à soie. 1870. t. I. S. 232.
[2]) Sitzungsprotokolle des Kongresses zu Udino 1871.
[3]) Maillot, Méthodes des sélections, 1876, S. 15.

angreifen, oder, indem sie es auf die Puppen absehen, die Kokons beschädigen,
oder endlich fertige Produkte, Gespinste und Gewebe, auffressen. Diese
schädlichen Insekten können in folgende Klassen eingeteilt werden.

I. Raupeneier fressende Hymenopteren. Proctotrupes sp. (A. Yamamay).

II. Hymenopteren, Schmarotzer der Seidenraupen:

Fig. 128. Seidenraupe mit 5 Eiern des Oestr. bomb.

1. Eumenes petiolatus (Fabricius) [1]). In Hazaribagh als „Bhonze" bekannt und zu den Hymenopteren, der Familie der Vespidae ge-
hörend; frisst von A. mylitta.

2. Icaria ferruginea (Fabr.); in Indien „Paschoya"; frisst von A. mylitta; zur Familie geselliger Wespen gehörig, ruft sie bei der Ver-
folgung seitens des Seidenzüchters eine Menge anderer Wespen
herbei, welche hilfsbereit den Verfolger angreifen [2]).

3. Pimpla pedator in Bengal; wie die vorige ein Feind des Tussahspinners.

Ausserdem Pelopoeus violaceus, Ophion maerurum, Paniscus
testaceus, Ophion sp.

Fig. 129. Tote Seidenraupe (nach dem Ausschlüpfen   Fig. 130. Die Aushöhlung durch Oestrus bomb.
des Oestrus bomb.).

III. Dipteren, Schmarotzer der Seidenraupen. Tachina (B. mori — Bengal).
In Kotschinchina lebt eine Fliegenart der Gattung Tachina, welche
der bengalischen ähnlich ist: sie verwundet und tötet die Raupen
oder verdirbt die Kokons nach der Art der japanischen Udschifliege. —
Tachina der Maulbeerraupe in Frankreich. In Japan ist die Seidenzucht der Plage eines parasitischen Insektes, der Schlupfwespe aus

[1]) Fabricius, Spec. Ins. 1. 1781.
— Syst. Piezatorum, 1804.
Latreille, Hist. nat. des Insecten, 1802.
Saussure, Monogr. de guêpes solit. 1852.
[2]) Saussure, Monogr. de guêpes sociales. 1853/58.

der Gattung der Dipteren, Gruppe Tachinidae, von den Japanern
„Udschi" genannt, ausgesetzt; dieselbe bohrt junge Seidenraupen
an und legt in ihr Inneres ihre Eier ab; die sich daraus entwickelnden Raupen leben im Innern des Seidenwurmes bis zur Verpuppung

Fig. 181. Oestrus Bombycis. Raupe.    Fig 182. Puppe des Oestr. bomb.

desselben parasitisch und durchbohren alsdann den fertigen Kokon,
um an das Tageslicht zu gelangen. Auch in Bengal hat die Seidenraupe ihren Feind im „Silkworm fly", Oestrus Bombycis, dessen
Lebensweise sich mit der der Udschifliege deckt.   Neuerdings ist
Doria meditabunda (Meinert), ein der Tachina verwandter Dipter,
signalisiert worden, das bis jetzt zwar nur in vereinzelten Fällen vorkam, jedoch grosse Acclimatisierungsfähigkeit zeigt und daher gefährlich werden könnte.

IV. Myriapoden, Schmarotzer der Seidenraupen.   Scolopendra sp. des
Malaischen Archipels.

V. Hemipteren, Schmarotzer der Seidenraupen.

1. Erthesina fulla (Thunberg)[1].   Im Distrikt Hazaribagh (Bengal)
ist sie unter dem Namen „Schiprée" bekannt; sie kommt auch
in China und Japan vor und gehört der Klasse der Hemipteren-
Heteropteren, der Familie der Pentatomiden (Schildwanzen) an;
frisst die Tusserraupen (A. mylitta).

2. Picromerus bidens (Linné), in Frankreich und Italien, ist von
derselben Species, wie Xylopertha picea (X. 3); verheert die Eichen-
plantagen und frisst die chinesische Tusserraupe (A. pernyi)[2].

3. Canthecona furcellata (Wolf)[3].   In Hazaribagh (Bengal) als „Sun-
rine" bezeichnet, auch im übrigen Indien und Java bekannt; gehört zu derselben Species, wie der vorige; frisst die Tusserraupe.
Ferner Reduvius personatus, Lyctocoris domestica.

VI. Coleopteren, Schmarotzer der Nährpflanzen.   Peritelus griseus, Melo-
lontha sulcipennis, Xylotrupes dichotomus, Popilia japonica, Passalus
dentanus, Aristobia clathrator.

VII. Hemipteren, Schmarotzer des Maulbeerbaums.   Diaspis sp. (Japan).

[1] Thunberg, Nov. Ins. Spec.
   Wolff, Icon. Cim. V.
   Fabricius, Syst. Rhyng.
   Rey, Bull. du Labor. de Lyon, 1887/88.
[2] Puton, Synopsis Pentatomiden; Mulsant, Pentatomides.
[3] Wolff, Icon. Cim. V.   Herr. Schaef. Wanz Ins. 7.

Ein neuerdings in Europa (Italien) aufgetauchter Schmarotzer
des Maulbeerbaumes (Diaspis pentagona) hat allgemeine Aufmerksamkeit erregt. Es ist dies ein der Gattung der Schildläuse an-
gehöriges Insekt, das drei Generationen jährlich erlebt, sich in
seiner Fruchtbarkeit der Schildlaus des Cochenillebaumes (Mytilas-
pis evonymi) und der Phyloxera an die Seite stellt und zu der Art
Hemiptera oder Rhynchotes, der Gattung Phytophtires, der Familie
der Schildläuse [1]) zu rechnen ist. Seine Existenz wurde 1885 zuerst in der Umgegend von Como festgestellt, von wo es sich rasch
in der Ober-Lombardei, besonders in den Gegenden von Mailand,
Como, Varese, Lecco, Seregno und in der ganzen Provinz Brianza
verbreitete. Die jungen Raupen dieses Insektes werden durch den
Wind fortgetragen, was ein rasches Umsichgreifen der Seuche zur
Folge hat. Das Insekt wirkt in schädlichster Weise auf den Maulbeerbaum ein, der schon nach einem Jahre dem Tode anheimfällt.
Als Gegenmittel empfiehlt und verwendet man in Italien Mischungen
von Soda mit Petroleum, das phenolsaure Natrium, Soda mit
schwerem Teeröl, eine Lösung von Bastseife in Amylalkohol (Fuselöl),
eine solche von Seife mit Tabaksaft u. s. w. Durch Ministerial-
erlasse wurden besondere Vorsichtsmaßregeln vorgeschrieben, um
durch energische Mittel dem Umsichgreifen der Seuche vorzubeugen,
was auch von Erfolg gekrönt war.

Ein weiterer gleichfalls neuerdings signalisierter Schmarotzer
des Maulbeerbaums ist Bacillus Mori [2]).

VIII. Lepidopteren, Schmarotzer des Maulbeerbaumes. Leucoma similis,
Spilosoma lubricipeda, Hypercompa caja, Redos marginalis.

IX. Coleopteren, schädlich für Kokons. Verschiedene Species Dermestes,
unter anderen:

1. Dermestes cadaverinus (Fabricius) [3]). Er ist aus dem fernen Orient
(Indien und China) mit den Kokons des A. mylitta, B. textor,
B. mori u. a. nach Europa importiert worden und frisst Raupen,
Puppen und Schmetterlinge.

2. Dermestes lardarius (Linné). Kommt in Kokons und Kokonabfällen vor. Dann Megatoma undata, Necrophorus vespillo, Atta-
genus, Anthrenus und andere.

X. Schädliche Insekten verschiedener Ordnungen:

---

[1]) Coutagne, Bull. du Laboratoire de Lyon 1891.
[2]) Moniteur des soies, 1894.
[3]) Fabricius, Syst. ent.
Panzer, Faun. Germ. 1797.
Linné, Syst. natur. Faun. Suecic.
Olivier, Entom. 1795.
Rey, Bull. du Labor. de Lyon 1886.
Vasco, Observations sur l'insecte qui ronge les cocons etc. Turin 1790.

1. Alphitobius diaperinus (Panzer). Ebenfalls aus dem Orient eingeführt.

2. Ptinus latro (Fabr.).
3. Xyloportha picea (Olivier). In Afrika und im Orient.
4. Anobium paniceum (Linné)[1]. Kommt überall vor und richtet grosse Verheerungen in Kokonspeichern an.
5. Trogoderma sp. In Kokons der Raupen Caligula japonica und Gonometa postica.
6. Bruchus sp. Am Kap der guten Hoffnung, wo er von Mimosa caffia frisst[2]).
7. Mantis sp. Frisst in Bengal die Tusserraupen.
8. Ichneumon. Frisst von der Raupe Platysannia Cecropia.
9. Undefinierter Schmarotzer der Raupe Cricula trifenestrata.
10. Pteromalus. Frisst von der Raupe Saturnia pyri. Äusserst fruchtbar.
11. Udschifliege der Raupe Gonometa postica; am Kap der guten Hoffnung. Dieser Schmarotzer wird seinerseits von einem anderen aus der Gattung der Hymenopteren angegriffen.
12. Motten, die zwar meist die Kokons angreifen, aber auch in Seidengespinsten Verheerungen anrichten. In den aus dem Orient kommenden Transporten lässt sich ihre Anwesenheit schon beim Öffnen der Kisten entdecken. Unter dieser Art ist die Tinea pellionella die gefährlichste, dann die gewöhnliche Motte, Tinea crinella.
13. Trogosita mauritanica (Linné) kommt zuweilen in Ballen vor, wohin sie mit den Schmarotzern, mit denen sie Kämpfe führt, gelangt.
14. Cremastogaster scutellaris ist eine Ameisenart, sehr gefährlich für Raupenzüchtereien.
15. Lasius emarginatus, L. umbratus, Pheidole pallidula und
16. Monomorium Pharaonis (Linné) fressen die Kokons und Seide mit Vorliebe.
17. Nach einigen Angaben soll der Zuckerwurm (Lepisma saccharina L.) in Seidengespinsten Verheerungen verursachen.

Um mit den krankheitlichen Faktoren der Seidenzucht abzuschliessen, möge noch folgender Fall Erwähnung finden. Kokons, welche der

[1]) Panzer, Faun. Germ. pl VI.
Sturm, Deut. Faun. 1837.
[2]) Rey, Bull. du Labor. de Lyon 1887/88.

Feuchtigkeit ausgesetzt sind, werden von einem Pilz befallen, der wahrscheinlich ein der Gattung Ascomyceten, der Familie der Perisporiaceen angehöriger Aspergillus ist [1]). Er teilt sich zuerst der Puppe mit und gelangt dann an die Hülle des Kokons, dessen Oberfläche schwarze und gelbe Flecke aufweist. Durch den biologischen Prozess des Pilzes wird die Kokonfaser derart affiziert, dass sie weder zum Haspeln noch zum Verspinnen brauchbar wird.

In allen Stadien des Lebens besitzt B. mori grosse Empfindlichkeit gegen gasförmige Gifte, dagegen um so weniger gegen feste und gelöste und sogar sehr energisch toxische Salze; die kleinsten Spuren eines Alkaloids lassen dagegen ihre unmittelbare Einwirkung auf den Organismus der Seidenraupe sofort erkennen. Bei der äussersten Verdünnung solcher Lösungen, wo manchmal die Feststellung der chemischen Reaktion unmöglich oder unsicher ist, könnte man sich daher der Seidenraupe bedienen, um aus verschiedenen Wirkungsgraden der Injektionsflüssigkeit den ungefähren Gehalt an Gift bestimmen zu können, u. a. in gerichtlich-chemischen Untersuchungen. Als Beispiel der Empfindlichkeit dieses lebenden Mediums möge erwähnt werden, dass Lösungen von 2 cg Atropin, 1 cg Strychninsulfat, 1 mg Akonitinsalz und ½ mg Nikotinsalz in einem Liter Wasser, eine noch äusserst energische physiologische Wirkung ausüben. Da zur Untersuchung indessen nur einige Tropfen, etwa 0,2 ccm genügen, so lassen sich folgende Giftmengen mit Sicherheit konstatieren, die durch chemische Analyse schwerlich zu entdecken wären: 0,004 mg Atropin, 0,002 mg Strychninsulfat, 0,002 mg Akonitin und 0,0001 mg, d. i. ein Zehnmillionstel g des Nikotins. Merkwürdigerweise hängt die Wirkungsfähigkeit von der chemischen Konstitution des Reagens ab und ist bei Isomeren eines und desselben Körpers öfters verschieden [2]); so wirken z. B. die Orthodiamine und Orthodiphenole bedeutend heftiger, als die Paraverbindungen, und diese wiederum stärker, als die Metaisomere.

* * *

Bevor wir zur geographisch-statistischen Betrachtung der Seidenkultur übergehen, möge eine auf geschichtlicher Grundlage ruhende Tabelle die Epochen angeben, in welchen die regelmässige Aufzucht der Seidenraupe in die verschiedenen Länder Eingang gefunden hat:

China (Shensi)	XXVI. Jahrh. v. Chr.	Kanton	IV.—V. Jahrh.
Korea	II. „ „	Khotan	V.—VI. „
China (Ss'tschuen)	I.—III. Jahrh.	Byzanz	VI. „
Indien (Kaschmir)	II. „	Syrien	VII. „
Japan	III.—IV. „	Persien (Ghilan)	VII.—VIII. „

---

[1]) Roux, Bull. du Labor. de Lyon, 1891.
[2]) Raulin, Bull. du Labor. de Lyon, 1891.

Kleinasien	VII.—IX. Jahrh.	Kambodscha	XIV. Jahrh.
Kaukasus	VIII.—X. „	Mittelitalien	XIV. „
Macedonien	IX. „	Frankreich (XIII. Jahrh.) XVI. „
Sicilien	IX. „	Piemont	XVI. „
Spanien	IX.—X. „	Deutschland	XVI. „
Italien (Calabrien)	XI. „	Birmah	XVII. „
Griechenland	XI. „	Bengal	XVIII. „
Indien (Pendschab)	XIII. „		

Befassen wir uns nun mit dem Studium des Vorkommens und der Verbreitung der Maulbeerraupe auf der Erdoberfläche, ihrer Rassen und Abarten, sowie mit der Statistik der Seidenkultur. Da im geschichtlichen Abschnitt dieses Werkes die Seidenkultur nur oberflächlich behandelt worden ist, so sei hier bei jedem Lande eine zusammengefasste Besprechung der Entwickelung dieses Gewerbes gegeben.

Die Anfänge der Seidenzucht Italiens fallen in das IX. Jahrh. zurück. Allem Anschein nach waren es kleinasiatische Rassen, die durch Araber zuerst nach Nord-Afrika, dann nach Sicilien verpflanzt wurden. Durch Dandolo sind dann im J. 1204 griechische Rassen hinzugekommen. In Oberitalien werden die Maulbeerbäume im XIII. und XIV. Jahrh. nur wenig erwähnt, da sie ziemlich selten und die Seidenkultur nur beschränkt war. Der schwarze Maulbeerbaum (il moro) ist im VIII. Jahrh. beobachtet worden; im XI. Jahrh. wurde derselbe allgemein Celso oder Gelso genannt. Die Seidenkultur muss gegen Mitte des XIII. Jahrh. im Gebiete von Bologna schon ziemlich ausgebreitet gewesen sein, da man 1249 in dieser Stadt den Handelsverkehr in betreff der Kokons geregelt hatte. Pietro Crescenzio, der berühmte italienische Landwirt, sagt in seiner Beschreibung der bolognesischen Campagna vom Maulbeerbaum: „er ist ein gewöhnlicher und wohlbekannter Baum ... die Zweige werden von den Weibern gesammelt, um die Würmer zu ernähren, damit sie Seide machen ...". Im J. 1306 erging an das Volk von Modena ein Aufruf, über die Einführung einer Kokonsteuer zu beratschlagen. In einigen Bezirken waren die Plantagen zahlreicher, in anderen seltener. Im Gebiete von Modena bestand im XIV. Jahrh. der Zwang, Maulbeerbäume zu pflanzen; gleiche Verpflichtung wurde den Landwirten zu Florenz im J. 1440 und in der Lombardei im J. 1470 auferlegt. Gegen Ende des XIV. Jahrh. war der Seidenbau bereits ein verbreitetes Gewerbe, doch nicht in allen Orten gleichmässig. In Lucca war er vor 1335 nicht bekannt, während die Bewohner des benachbarten Valdinievola und Pescia ihn zu dieser Zeit schon lebhaft betrieben hatten. 1380 schrieb Paganino in bolognesischem Dialekt ein kleines Buch über den Seidenwurm: „Tesoro dei rustici". Wir wissen aus den Rechnungen des Schatzmeisterantes von Bologna, dass 1364 die Steuer auf Maulbeerblätter einen ziemlich hohen Ertrag ergab. Lucca belegte die Kokons im J. 1373 mit einem Eingangszoll und 1399 ausserdem noch mit Ausgangszoll; schliesslich verbot man 1435 die Ausfuhr der Maulbeerblätter, der Kokons und Seide; 1488 verpflichtete man alle Züchter, den Ertrag ihrer Ernte anzugeben. Der weisse Maulbeerbaum ist, wie uns Bongi berichtet, im XV. Jahrh. durch Buonvicino nach Pescia in der Provinz Lucca gebracht worden. Das die Seidenkultur betreffende Prohibitivsystem wurde auch in Florenz 1443 angewandt. Alle diese Maßregeln sowie hohe Abgaben hatten zur Folge, dass sich die Bauern der Einführung der Kultur häufig widersetzten. Man beklagt sich über diese Gleichgiltigkeit noch im XVI. Jahrh.; andere, wie Mercuriali und de Forli, berichten in einem im J. 1570 publizierten Buche, dass die Fortschritte infolge Mangels an Maulbeerplantagen nur langsame seien. Dagegen wurde von Casola in dem Berichte über seine Reise nach Jerusalem im XV. Jahrh. der Aufschwung des Seidenbaues zu Vicenza hervorgehoben. Es mag auch beiläufig erwähnt werden, dass man im XVI. Jahrh. in Calabrien Seidenwürmer wilder Rasse fand und ihre Kokons abhaspelte. Erst gegen Ende des XVI. und im XVII. Jahrh. ging die allgemeine Verbreitung der Kultur vor sich, die Ernteerträgnisse wuchsen fortwährend. Le Tellier, Verfasser einer kurzen Abhandlung über die Art und Weise, Seidenwürmer zu nähren, sagt 1602: „Die Italiener haben sich, in Erkenntnis des hieraus erwachsenden Nutzens, dieser Kultur derart hingegeben, dass sie sich wie Schwämme mit Gold und Silber angefüllt haben, und andere Länder durch die bei ihnen erzeugte Seide beglücken!" Seit diesem Zeitpunkt hat der Seidenbau, der eine der reichsten Quellen des Nationalwohlstandes werden sollte, eine stetige Entwickelung genommen, jedoch nicht, ohne von Zeit zu Zeit auch wieder einen Rückschlag zu erleiden.

Unter den europäischen Ländern ist Italien für die Seidenzucht am wichtigsten. In der Provinz Lombardei, wo dieselbe am meisten betrieben wird, konzentriert sie sich um Mailand, Pavia, Cremona und Brescia, in der Provinz Venedig hauptsächlich um Verona und Udine; speciell ist es die Umgegend von letzterem (italienisches Friaul), die sehr geschätzte Produkte liefert; Kokonmärkte haben ihren Sitz in Mantua, Udine und Feltre. In Piemont ist die Zucht der Seidenraupe ein allgemeines, häusliches Gewerbe, und die Zahl der Märkte ist sehr zahlreich: Turin, Alessandria, Novara, Racconigi, Cuneo, Carmagnola, Saluzzo u. a. Auf Sicilien liegen die wichtigeren Centren in der Umgegend von Messina, Palermo und Catania, namentlich um Messina, Castroreale und Mistretta. Die Provinzen Marken, Umbrien und Calabrien haben ihre Kokonmärkte in Fossombrone, Osimo, Urbino, Spoleto, Reggio, Neapel, Cosenza, Benevento u. s. w. In Toscana sind die Thäler Arno, Chiana, Mugello und Siena von Bedeutung; Florenz, Pisa, Siena und Lucca sind ihre Märkte. Die italienische Seidenkultur erstreckt sich auf etwa 12000 von zusammen 17000 Gemeinden; hauptsächlich befasst man sich mit den einheimischen Rassen, sowohl für Kokonproduktion, wie zur Aufzucht, worüber folgende Tabellen, welche die Mengen der ausgebrüteten Raupeneier darstellen, Aufschluss geben (in Unzen von 27 g):

Ernte	Einheimische Rassen	Ausländische Rassen		Total
		originell importiert	im Inlande reproduziert	
1880	368483	637147	710960	1716590
1883	547533	229429	667317	1444279
1886	612947	124919	508748	1246614
1888	765226	116519	457991	1339736
1891	1008782	24197	174791	1207770
1894	1021947	17309	99274	1138530

Ihre speciellere Einteilung ergiebt sich aus folgenden Zahlen (1893):

Reine Rassen, Frankreich und Italien, gelb und weiss	566019
Gekreuzte Rassen, gelb	472659
Gekreuzte Rassen, Japan und China, reproduziert . .	120930
Reine japanische Rassen (Kartons)	20976
Im ganzen . .	1180584

Vor der Krankheitsperiode war Italien mit durchschnittlich 65, in guten Jahren 66 Millionen kg Kokons vertreten; infolge der Kalamität, welche durch die Raupenseuchen gegen Anfang der sechziger Jahre verursacht wurde, sank die jährliche Produktion jedoch auf die Hälfte und betrug 1863 35620000 und 1865 nur noch 26430000 kg. Dank der grossen Sorgfalt in der Rassenwahl und Einführung der Pasteurschen Cellular-grainierung, hob sich die Ernte auf 47700000 kg (1870) und 1874 sogar auf 51450000 kg. Diese forcierte Produktion erfolgte indessen auf Kosten der guten Qualität und auch, wie spätere Ernten bewiesen haben, zum Nachteil der Rassenstärke, denn bereits 1875 sank die Menge auf 46095000 kg. Erst im letzten Decennium zeigt die italienische Seidenkultur wieder bedeutende Fortschritte in qualitativer Hinsicht, neben dem erfolgreichen Bestreben, sich von der Einfuhr ausländischer Raupeneier zu emanzipieren. Folgende Zahlen mögen diesen Umschwung darlegen:

Ernte	Gelbe einheimische Rassen	Grüne reproduzierte Rassen	Grüne originelle Rassen	Total
		(kg Kokons)		
1880	11117923	16386861	14068405	41573189
1883	17145139	18692449	5787711	41625299
1886	21930982	15690656	3775705	41397323
1888	26138634	14181559	3579250	43899443
1890	—	—	—	40774410
1892	—	--	—	34641491
1893	—	—	—	47624398
1894	—	—	—	43124606

In speciellerer Einteilung (1893):

Reine Rassen, weiss oder gelb . . 23 337 183 kg
Gekreuzte Rassen, gelb . . . . . 19 348 242 „
Reproduzierte Rassen, grün . . . . 4 243 671 „
Originelle (ausländische) Rassen, grün   695 302 „
                                    _____
                                     47 624 398 kg

Hinsichtlich der Rassen finden, wie erwähnt, die Raupeneier inländischer Provenienzen, rein oder miteinander gekreuzt, immer mehr Eingang, und gewisse Anzeichen lassen darauf schliessen, dass sie die ausländischen mit der Zeit völlig verdrängen und die europäische Seidenkultur namentlich von Japan unabhängig machen werden. Wie aus obiger Tabelle hervorgeht, belief sich der Prozentsatz der ersteren gegenüber 13,8 % im Jahre 1877 auf 41,2 % 1883, ca. 60 % 1888 und ca. 90 % 1893. Daneben finden die Raupeneier japanischer Rassen, welche jedoch im Lande selbst erzeugt werden, ihrer Rassenstärke halber entsprechende Beachtung, obwohl auch sie in letzterer Zeit vernachlässigt werden. Am meisten hervorzuheben ist jedoch der Umstand, dass die Ausbeute in stetigem Wachsen begriffen ist; während 1878 etwa 20 kg Kokons pro Unze Raupeneier erzielt wurden, stieg die Ausbeute folgendermafsen:

1880	1883	1886	1888	1893	1894
24,22	28,82	33,21	32,77	40,34	37,88

Die einheimischen Rassen zeigen, wie aus nachfolgender Tabelle ersichtlich, eine relativ geringere Zunahme, als die ausländischen (mit Ausnahme des Jahres 1893, wo eine bis dahin unerreichte Ausbeute erzielt wurde), was auf die Notwendigkeit der zeitweiligen Kreuzung mit ausländischen Rassen zur Genüge hinweist.

Ernte	Inländische Rassen		Japan, originell	Japan, reproduziert
	gelb und weiss	gelb	grün	grün
	rein	gekreuzt		
1880	30,2		22,1	23,0
1883	31,4		25,6	28,1
1888	34,2		30,7	31,0
1890	33,31	31,92	29,03	29,61
1893	41,23	40,93	33,15	35,09

Im allgemeinen steht die italienische Seidenkultur gegenwärtig auf der Höhe der Zeit und wird in durchaus rationeller Weise betrieben; zwar sind ihre Produkte, die Kokons, im grossen und ganzen von keiner so ausgezeichneten Rassenreinheit und Zartheit, wie die französischen, doch sprechen alle Anzeichen dafür, dass italienische Rassen, wenn auch vorübergehend etwas meliert, dennoch robuster sind und einer weiteren Veredelung entgegengehen. Teilweise ist dies durch die Bodenverhältnisse veranlasst; die Rassen von

Piemont und Brianza sind, weil auf gutem, trocknem Boden kultiviert, den französischen ebenbürtig. Dafür besitzt Italien im Vergleich mit Frankreich bedeutend mehr bakologische Versuchsanstalten und Stationen, wo eine mustergiltige Aufzucht und mikroskopische Untersuchung der Raupeneier stattfindet. In Turin besteht ein specielles bakologisches Museum, wie überhaupt die Bevölkerung Italiens sich der Seidenkultur mit Sorgfalt und Sachkenntnis widmet. Die Aufzuchtperiode fällt in eine Zeit, wo der italienische Bauer keine anderen wichtigen Feldarbeiten zu besorgen hat. Obwohl die Kokonpreise in den letzten Jahren stark gesunken sind, so ist der Seidenzüchter dennoch so an die Raupenkultur gewöhnt, dass er, wenn auch mit geringen Aussichten auf pekuniären Erfolg, doch stets etwas Samen anlegen wird. Zur Erntezeit der Kokons, im Monat Juni, werden in jedem italienischen Städtchen, das in einer Gegend von Maulbeerplantagen liegt, Kokonmärkte abgehalten. Schon am frühen Morgen ist da alles in lebhaftem Verkehr; die zum Städtchen führenden Strassen sind von Karren und Bauersleuten überfüllt, die ihr Ernteertragnis auf den Markt bringen. Dieser wird gewöhnlich um 5 Uhr morgens eröffnet und ist um 7—8 Uhr schon zu Ende.

Im Jahre 1894 gab es in 5234 Gemeinden 571522 Seidenzüchter. Nachstehende Tabelle liefert ein Bild von der Verteilung einzelner Rassen in den Seidenbau betreibenden Provinzen Italiens zu dieser Zeit (kg Kokons):

	Reine gelbe und weisse europ. Rassen	Gekreuzte gelbe Rassen	Japan und China reproduziert	Japan originell	Total
Piemont . . .	4321042	1929759	575547	338658	7165006
Lombardei . .	5108849	10103086	1892862	100847	17205644
Venedig . . .	3147000	4586960	682591	41338	8457889
Ligurien . . .	170323	38560	6774	2394	218051
Emilien . . .	2247007	705513	26160	9155	2987835
Marken, Umbrien	1833056	379698	19440	6703	2238897
Toscana . . .	1366029	456571	10969	2420	1835989
Latium (Rom) .	160622	15976	—	—	176598
Abruzzen, Apulien	97893	33078	5945	325	137241
Neapel, Calabrien	1841404	506376	107310	32027	2487117
Sicilien . . .	170756	23963	11605	6367	212691
Sardinien . . .	1648	—	—	—	1648
Im ganzen	20465629	18779540	3339203	540234	43124606

Allgemein beziehen sich die Erntezahlen auf frisch gesammelte Kokons vor dem Backen; um die Mengen der trockenen Produkte zu ermitteln, dividiert man die entsprechenden Gewichte durch 3,33. Die im Handel vorkommenden Aufzuchtkokons werden üblicherweise nach dem Trockengewicht berechnet, obwohl sie dem Trocknen nicht unterworfen werden; bei den

für Seidengewinnung bestimmten Kokons wird deren Gewicht nach dem
Backen und Trocknen als Handelsgewicht festgesetzt. Nach den Berichten
der Turiner Handelskammer gestaltete sich der Verkehr der Kokonmärkte,
im Trockengewicht ausgedrückt, folgendermafsen (1892):

Gelbe einheimische Rassen	9210570	kg
Grünlich-weisse	„ 998110	„
Gekreuzte gelbliche	„ 1071820	„
„ grünliche	„ 168610	„
Verkalkte Kokons (plâtrés)	1195510	„
Im Privatverkehr	281600	„
Nicht registriert	711310	„
Im ganzen	13637530	kg,

entsprechend 45412965 kg frischgeernteter Kokons.

Der auswärtige Handel Italiens mit Raupeneiern und Kokons belief
sich nach Berichten der Direzione generale dell' Agricoltura auf folgende
Mengen (in kg):

	Import		Export	
	1890	1891	1890	1891
Raupeneier	8860	11600	2400	3380
Kokons	1315300	1094400	3367	2650

Die Kokonpreise schwanken je nach Ernte und Rasse und betrugen 1893
3,2 Lire für grüne und weisse Japan, 3,7 Lire für gekreuzte weisse und
gelbe, und 4,2 Lire für gelbe einheimische Rassen.

Um die Geschichte der französischen Seidenkultur kurz zu wiederholen, sei erwähnt, dass, wie de Gasparin bewiesen hat, zuerst die Provence
den Maulbeerbaum und die Seidenraupe erhielt. Im XIV. Jahrh. wurde
dieses Land vom Prinzen von Anjou regiert, der mit dem verwandten
Königshause Neapel rege Beziehungen unterhielt und das Gewerbe der
Seidengewinnung beförderte. Es ist jedoch wahrscheinlich, dass schon im
XIII. Jahrh. Kokons geerntet wurden, so in der Grafschaft Venasque. 1340
richtete Philipp VI., vermutlich an den Seneschall von Beaucaire, eine
die Seidenzucht betreffende Verordnung. Der König intervenierte auch,
um gewissen Seidenhasplern die Beobachtung der früher erlassenen Verordnungen ins Gedächtnis zu rufen. Im Jahre 1345 wurden für die
Königin Johanna von Burgund zu Montpellier 12 Pfund Provencer
Seide gekauft. In der zweiten Hälfte des XV. Jahrh. hatte die Seidenkultur
in der Provence, Languedoc, Dauphiné und Touraine schon einige Bedeutung gewonnen; nach den anderen Provinzen verbreitete sie sich jedoch
nur ausserordentlich langsam. De Camprieu, Konsul der Stadt Vigan,
brachte sie gegen 1650 in die Cevennen. Unter Ludwig XIV. betrug die
gesamte Kokonernte Frankreichs nicht über 100000 kg. Erst im XVIII.

Jahrh. befestigte sich der Seidenbau im Süden und nahm, durch die Entwickelung der Manufaktur begünstigt, einen schnellen und beträchtlichen
Aufschwung.

Frankreich ist für den Seidenbau das zweitwichtigste europäische
Land. Die Kultur ist fast im ganzen Süden verbreitet, doch haben eigentlich nur das Departement der Rhône und die Nachbargegenden industrielle
Bedeutung; Gard, Ardèche, Drôme und Vaucluse sind die am meisten
(80%) erzeugenden Provinzen. Die bedeutendsten Sammelpunkte (centres
séricicoles) sind Alais, Uzès, Nimes, Valence, Chomérac, Viviers, Cavaillon,
Avignon, Jonequières, Rochemaure u. a. Im Departement Hérault wird in
der Umgegend von Montpellier, am Fusse des Cevennengebirges die vorzügliche Cévennesrasse gezüchtet. Solche Erfolge in quantitativer Hinsicht, wie Italien, hat Frankreich freilich nicht aufzuweisen; die Raupenkrankheiten haben hier eine Wirkung ausgeübt, welche es der Seidenkultur
auf Jahrhunderte hinaus unmöglich machte, die Höhe wieder zu gewinnen,
die ihre Produktion vor der Krankheitskrisis erreicht hatte.

Gegen die fünfziger Jahre erntete Frankreich über 30 Millionen kg,
1856 nicht mehr als 10 Millionen und 1865 nur 6 Millionen kg Kokons,
obwohl ein Jahr später ausnahmsweise 16436000 kg erzeugt worden sind.
Zur Zeit der Ausstellung 1867 wurden sehr bedeutende Mengen Raupeneier
(1200000 Unzen) zum Ausbrüten verwendet mit der Absicht, wenigstens
einen guten Teil davon vor der Seuche zu beschützen; die Ausbeute stellte
sich jedoch auf nur 8 kg Kokons pro Unze, im ganzen auf 9—10 Millionen kg gegen 21 Millionen, die aus nur 700000 Unzen in den Jahren
1840/50 erzielt worden waren. Ein merklicher Umschwung zum Besseren
ist seit 1871 eingetreten, 1871 75 schwankte die Ernte zwischen 9—11 Millionen kg jährlich. Nach genauen Aufstellungen belief sich die Produktion
Frankreichs auf:

kg Kokons

Jahr	kg	Jahr	kg
1849 54	31800000	1870	10186000
1855 60	11060000	1873,78	7200000
1861/66	6656000	1875	10770563
1863	6500000	1876	2396385
1866	16436000	1879	4797700
1867/72	8184000	1880	6488496

Wie in Italien, so ist auch hier das Streben ersichtlich, ausländische
Raupeneier zu verdrängen, obwohl die Erfolge weniger günstig ausfallen.
Die Menge der zum Ausbrüten verwendeten Raupeneier konnte dank der
Fortschritte in der Aufzucht und der Zellengrainierung bedeutend vermindert
werden und zwar:

vor der Krankheit 944000 Unzen

1869/71	859098	„
1871	711209	„
1875	659577	„
1880	462893	„
1885	256951	„
1890	253915	„
1894	240796	„

Die ausländischen Rassen werden unaufhaltsam durch die inländischen verdrängt, welch letztere auch qualitativ im Fortschritt begriffen sind. Folgende Zahlen zeigen ihr gegenseitiges prozentuales Verhältnis:

	1872/74	1878/80	1883
Einheimische Rassen oder reproduziert	31,6	88,3	94,2
Japanische Kartons, originell	58,2	7,5	1,6
Andere ausländische Rassen	10,2	4,2	4,2

In Unzen ausgedrückt:

	1885	1888	1891	1894	1895
Inländische Rassen . . .	232876	254568	220200	230987	203855
Japan reproduziert . . .	7332	7011	5948	5473	5640
Japan originell	5718	2852	3082	1746	1308
Andere ausländische Rassen	11025	10793	6401	2590	1624

Bezüglich der Ausbeute lässt sich auch hier ein stetiger Fortschritt wahrnehmen, und zwar belief sich dieselbe in kg Kokons aus einer Unze Raupeneier auf:

1857,62	1871/76	1880	1884	1888	1893
12,46	12,1	14	22,2	34,7	38,47

In Hinsicht auf die Rassen gestaltete sich die Ausbeute wie folgt:

	1887	1890	1892	1894
Japan orig. Kartons .	38,25	23,72	28,46	29,46
Japan reproduziert	32,19	25,07	27,98	27,00
Andere ausländische	32,48	22,27	29,08	29,81
Einheimische Rassen	33,31	31,31	34,14	44,63
Im Durchschnitt	33,28	30,72	33,81	32,72

Die oben angeführten Departements erzeugen vorwiegend Kokons, welche zur Gewinnung der Robseide Verwendung finden, während die Basses-Alpes, Ost-Pyrenäen, Korsika und vor allem Var sich mit der Produktion besserer Qualitäten befassen, die speciell für die weitere Aufzucht bestimmt sind; ihr Preis ist der drei- bis vierfache der anderen. Die Raupeneier französischer Herkunft behaupten unausgesetzt eine ziemlich wichtige Rolle, sowohl im Inlande, wie grösstenteils ($^2/_3$) zur Deckung des ausländischen Bedarfs (Spanien, Levante, Italien). Nachstehende Zahlen lassen die Entwickelung dieses Industriezweiges ersehen:

	Zur Aufzucht verwendete Kokons kg	Erzeugte Raupeneier in Unzen (25 g)
1884	156991	474635
1886	168344	429383
1888	307790	903374
1890	304172	876996
1892	252481	663877
1894	261736	700959
1895	307846	903129

Folgende Tabelle stellt die Kokonernten Frankreichs in den letzten anderthalb Decennien dar:

1879	4797700 kg	1889	9549906 kg
1881	9275400 „	1891	6883587 „
1883	7659835 „	1893	9987110 „
1885	6617167 „	1895	9300727 „
1887	8575673 „		

Nach Rassen eingeteilt (kg):

	1887	1890	1892	1894	1895
Japan originell . .	111616	107706	73466	51448	50300
„ reproduziert .	258890	169695	181211	147759	219614
Andere ausländische	359974	183003	120396	77200	62391
Inländische . . .	7845193	7339019	7305086	10308084	8968422
	8575673	7799423	7680169	10584491	9300727

Die Bedeutung einzelner Departements ergiebt sich aus folgender Tabelle:

	1892		1894	
	kg	Ausbeute	kg	Ausbeute
Gard	2263119	39,1	2842140	45,4
Ardèche	1653366	32,2	2249718	43,6
Drôme	1145597	30,7	1796897	40,2
Vaucluse	1082187	36,2	1421550	47,8
Isère	297464	15,9	557921	39,6
Var	413946	49,3	536335	50,0
Bouches-du-Rhône . .	231448	30,6	334370	39,8
Zu Übertragen	7087127	—	9738931	—

	1892		1894	
	kg	Ausbeute	kg	Ausbeute
Übertrag	7087127	—	9738931	—
Hérault	191109	42,7	251401	46,7
Lozère	97668	36,9	105394	34,6
Basses-Alpes	113204	30,4	159094	49,4
Alpes-Maritimes . .	19552	32,4	32614	38,3
Savoie	31768	34,3	57445	46,0
Tarn	10084	23,2	24246	31,6
Pyrénées-Orientales .	23776	60,9	40959	67,6
Tarn-et-Garonne . .	24062	31,2	15770	28,9
Loire	2570	19,3	6961	46,7
Hautes-Alpes . . .	14955	50,0	20847	61,1
Ain	26982	32,9	48314	51,0
Aveyron	3996	27,5	5109	29,5
Korsika	31073	48,5	70416	51,6
Übrige Départements .	2243	—	6990	—
Im ganzen	7680169	33,8	10584491	43,9

Die Zahl der Seidenzüchter hat sich von 297130 im Jahre 1868 successive auf 165617, der Durchschnittszahl der Jahre 1881—85, und 154733 im Jahre 1894 vermindert.

Zur Förderung der Seidenkultur trat im Jahre 1892 ein Gesetz in Kraft, laut welchem für jedes kg geernteter Kokons seitens des Staates eine Prämie von 50 Centimes gewährt wird. Die Staatsprämie belief sich im Jahre 1892 auf 3840084 Frcs., im Jahre 1894 auf 5292246 Frcs.

Der Handelsverkehr Frankreichs in Kokons ergiebt sich aus folgenden Zahlen.

Es wurden importiert:

		1890	1892	1894
Kokons	aus Italien	1900 kg	13000 kg	600000 kg
	aus anderen Ländern	68100 „	169500 „	1788380 „

dagegen exportiert:

Kokons	nach Italien . . .	135600 „	165100 „	754430 „
	im ganzen . . .	159600 „	166100 „	938000 „

Der rasche Aufschwung seit 1892, namentlich der Einfuhr, beruht auf der staatlichen Prämiierung der Kokonverarbeitung (Hasplerei), worauf wir noch zurückkommen werden.

Die Ausfuhr der Raupeneier bewertete sich (1894) auf 1623000 Frcs. nach der Türkei und 3468000 Frcs. nach Italien. Die Preise der Raupeneier schwankten folgendermafsen (pro Unze):

1883	13,4 Frcs.		1890	10,8 Frcs.
1886	12,47 „		1892	9,97 „
1888	11,26 „		1893	10,37 „

Die Kokonpreise bewegten sich in den Grenzen:

1883	3,88 Frcs.		1892	3,25 Frcs.
1886	3,69 „		1893	4,36 „
1888	3,44 „		1895	2,82 „
1890	4,10 „			

der für die Aufzucht bestimmten dagegen:

1891	4,17 Frcs.		1893	5,09 Frcs.
1892	3,95 „		1895	3,53 „

Spanien ist das erste Land Europas, welches den Maulbeerbaum kultiviert, die Seidenraupe gezüchtet und die Seide gehaspelt hat. Durch die yeminitischen Araber eingeführt, blühte die Seidenkultur bereits im X. Jahrh., besonders unter dem Kalifen Abder-Rhaman III. der Dynastie Omaijaden, ferner im XII. Jahrh. unter den Almohaden und den maurischen Königen von Granada. Edrisi spricht von Djian (Jaen): „es hängen 3000 Dorfschaften davon ab, in denen man Seidenwürmer aufzieht". Abu Abdallah Mohammed I. förderte den Seidenbau und unter seiner Regierung (XIII. Jahrh.) wurden Seiden von Granada höher geschätzt, als diejenigen von Syrien. Die Seidenkultur war innig mit dem spanischen Volksleben verwachsen, und so konnte sie auch den mannigfachen Ursachen des staatlichen Ruines: der Vertreibung der Juden und der Mauren, den Härten der Inquisitionszeit, der Massenauswanderung nach Amerika und dem unerhörten Steuerdrucke erfolgreichen Widerstand entgegensetzen, ja sogar während der ganzen Zeit noch stetigen Gewinn abwerfen.

Die Kokonernten Spaniens beliefen sich vor der Krankheitsperiode auf etwa 10–12 Millionen kg jährlich, die fatale Krisis brachte aber auch den spanischen Seidenbau zum Wanken; die schönen und geschätzten Rassen von Cordova, Estramadura, Aragon und Katalonien sind gänzlich verschwunden. Italienische, später levantinische, schliesslich japanische Raupeneier vermochten weder die Rassen zu stärken, noch zu einem nennenswerten Aufschwung beizutragen, obwohl die gegenwärtig eingeführten französischen sehr günstige Resultate ergeben. In der am meisten in Betracht kommenden Provinz Valeucia haben die Züchtereien ihren Sitz in Alcira, wo auch mehrere Haspelanstalten thätig sind; vorwiegend werden dort gelbe Rassen gezüchtet. Die Kokonproduktion belief sich auf 4500000 kg i. J. 1861 und 810000 kg im J. 1881. Seit einem Jahrzehnt wendet die Regierung dem Seidenbau besondere Fürsorge zu, 1883 stieg die Ernte auf 1200000 kg und belief sich auf:

1885	673000 kg
1887	905000 „
1889	745000 „
1891	1026000 „
1893	903000 „
1894	1100000 „

Die einzelnen Provinzen lieferten:

Valencia, Aragon . .	375000 kg
Murcia, Orihuela . .	450000 „
Sierra-Segura . . .	18000 „
Almeria, Granada . .	40000 „
Estramadura	20000 „

Die spanische Regierung ist eifrig bemüht, der Seidenkultur durch Prämienverteilung und Anlegen bakologischer Stationen ihre frühere Bedeutung wiederzugeben, vor allem aber ihrem Verfall entgegenzuwirken; derselbe ist auf die in stetigem Sinken begriffenen Preise der Kokons zurückzuführen, was die Bevölkerung veranlasst, sich anderen, lukrativeren Kulturen zuzuwenden. Die Kokonausfuhr Spaniens gewinnt allmählich einige Bedeutung, namentlich nach Frankreich, und belief sich:

	1890	1894
Gewicht in kg	58299	816186
Wert in Pes.	52583	630996

Nach Portugal ist die Seidenkultur durch die Araber eingeführt worden, doch erfreute sie sich zu keiner Zeit der Gunst des Volkes. Die Ursache davon mag in den übermässigen Anforderungen, die von jeher an die Bauern gestellt wurden, begründet sein. So untersagte 1233 der Erzbischof von Braga den Landleuten von Ervedelo, Maulbeerblätter ausserhalb der Grenzen des Lehensgutes zu verkaufen; er bestimmte selbst die Preise und befahl den Züchtern, einen Teil ihrer Steuern nach einem von ihm festgesetzten Tarif in Kokons zu entrichten. Gegen Ende des XV. Jahrh. erlangte der Seidenbau einige Bedeutung, um dann bis zur Mitte des XVIII. Jahrh. gänzlich brach zu liegen. Seit der Mitte des XIX. Jahrh. hat man in den Provinzen Trazos-Montes und Beira in rationeller Weise Grainierungsanstalten angelegt. Portugal soll nach Duseigneur 1859 150000 kg Kokons, 1870 480000 kg geerntet haben; in der Periode 1871 bis 1881 schätzte man die Produktion auf durchschnittlich 45000 kg trockner Kokons jährlich, heutzutage dürfte die Ernte noch unbedeutender sein. Die den Seidenbau betreibenden Ortschaften sind Braganza, Villareal, Vizeu, Guarda und Lissabon, wo gute gelbe Rassen gezüchtet werden. Früher wurde mit den Kokons ein ziemlich umfangreicher Exporthandel getrieben, 1865 betrug die Ausfuhr 71520 kg trockner Kokons, 1872,74 28070, 1878,80 15360 und 1881 nur noch 7170 kg. Trotzdem scheint die Seidenkultur in Portugal guten Boden und sonstige günstige Voraussetzungen zu besitzen und nur zeitweise unter den obwaltenden socialen und ökonomischen Verhältnissen zu leiden.

Die Seidenkultur Englands ist durch einen im Jahre 1608 datierten Brief Jakobs I. an den Lord-Lieutenant, in welchem er die Seidenzucht ausserordentlich eingehend behandelt, jeder Grafschaft verbürgt. Es müssen

aber schon früher Versuche vorgenommen worden sein, denn das Buch von
Geffe[1]), das bereits 1607 erschienen ist, spricht von dem Segen der Seidenzucht für England. Der König leitete die Zuchten auf seinen Besitzungen
persönlich und versandte 1620 die Raupeneier seiner Aufzucht nach Amerika. In den Gärten von Oatlands wurden Maulbeerbäume gepflanzt und
seit 1606 Seidenraupen gezüchtet. Karl I. liess 1629 in einem grossen
Garten zu Saint-James, der ganz mit Maulbeerbäumen bepflanzt war, Zuchten vornehmen. Alle diese Versuche sind von vorzüglichem Erfolg begleitet
gewesen. In letzten Zeiten sind sie in Irland in der Grafschaft Cork, in
England in Cornwallis, Devon, Hamp und Kent wiederholt worden. Im
J. 1858 hat man bei Maidstone (Kent) in den Gesträuchen Kokons des
Maulbeerwurmes entdeckt, die in freier Luft auf den Brombeerstauden ge-
lebt haben, ein Beweis, dass das Klima die Kultur begünstigt. Die eigenartigen socialen Verhältnisse Englands bieten jedoch der Seidenkultur keinen
Anhalt. Nur vereinzelt widmen sich die Landleute dem Seidenbau für ihren
eigenen Bedarf und ist die Produktion kaum nennenswert.

Obwohl die österreichisch-ungarischen Länder von solchen Gegenden
begrenzt sind, in denen die Seidenkultur seit mehr als sechs Jahrhunderten
betrieben wird, so gewann sie in dem eigentlichen Österreich, den cisleithani-
schen Provinzen, erst in den letzten zwei Jahrhunderten eine industrielle
Bedeutung. Kaiser Ferdinand III. ermunterte den Seidenbau in seinen
Staaten und Graf von Zinzendorf, sein Minister, veröffentlichte 1653 Be-
lehrungen für die Seidenzüchter. Leopold I. ahmte diesem Beispiele nach.
Ein Jahrhundert später widmete Maria Theresia der Seidenkultur besondere Aufmerksamkeit und gewährte den Züchtern Staatshilfe, und nicht
minder der ihr folgende Joseph II. Die politischen Ereignisse machten
jedoch alle diese Bestrebungen zu nichte und erst seit 1855 wird ein neues
Aufblühen bemerkbar. Nach Ungarn ist die Seidenzucht in der ersten
Hälfte des vorigen Jahrhunderts durch einen Franzosen, de Mercy, eingeführt worden und ergab 1783 55000 kg. 1785 100000 und 1825 bereits
800000 kg Kokons.

Hinsichtlich der Seidenzucht könnte man Österreich-Ungarn in zwei
Teile abgrenzen: Italienisch-Tirol, das österreich. Küstenland (Görz, Gradisca,
Istrien), Ungarn sowie Dalmatien einerseits, wo sich die Seidenkultur zu einer
gewissen industriellen Bedeutung aufgeschwungen hat, und andererseits
die übrigen Provinzen, wo sie nur ein häusliches Gewerbe bildet. In
Ungarn wurden 1825 über 800000 kg Kokons erzeugt, im J. 1845 belief
sich die Ernte noch auf eine halbe Million, sank jedoch infolge der Krankheiten und Bürgerkriege auf 4—5000 kg in den Jahren 1867/72. Dank den
eifrigen Bemühungen der Regierung erholte sie sich jedoch wieder und ergab im Jahre 1876 schon ca. 15000 kg. Die Seidenzucht bildet in Ungarn

---

[1]) The perfectus silk Wormer. London 1607.

gewissermafsen ein Staatsmonopol, indem die Raupeneier fast ausschliesslich durch Vermittelung der Regierung ausgeteilt werden und die Kokonernte an die letztere abgeliefert wird. 1880 wurden 10132 kg [1]), 1883 schon 72243 kg gesammelt. Im letzten Decennium belief sich die Produktion Ungarns auf folgende Mengen:

Raupeneier in Unzen (25 g)	Kokons kg	Ausbeute
1885	8523	176337	20,7
1887	14929	451511	30,2
1889	29869	815659	27,3
1891	39910	1108446	27,8
1893	41262	873440	21,2
1894	50973	1127617	22,1

Trotz des Rückgangs in einzelnen der letzten Jahre, ist die Seidenzucht in Ungarn und Kroatien im grossen und ganzen im Fortschritt begriffen. Die Kokons werden zum grossen Teil von der Regierung angekauft und in den Haspelanstalten zu Neusatz (Ujvidék) und Pancsova verarbeitet; die bakologische Station zu Szekszard befasst sich mit der Raupeneierproduktion und ihrer mikroskopischen Untersuchung. Die meiste Bedeutung haben die Komitate von Bacs-Bodrogh und Tolna.

In Baiersdorf (bei Eggenberg, Styrien) existiert eine bakologische Versuchsstation, welche viel zur Hebung der inländischen Seidenkultur — deren Hauptsitze sich in der Umgegend von Graz, Eggenberg, Kranichsfeld, Marburg und Luttenberg befinden — beiträgt. In Kärnthen betreibt man die Zucht bei Klagenfurt, Wolfsberg und Feldkirchen. In der Bukowina, Böhmen, Mähren und Galizien war man bestrebt, die Seidenzucht einzuführen; leider ohne Erfolg: nach Harpke[2]) betrug die Ernte in diesen Ländern zusammen nur etwa 75000 kg im Jahre 1873. Dagegen ist die Produktion Tirols und der angrenzenden Gegenden eine bedeutende. Im südlichen Tirol steht die Seidenkultur in hoher Blüte; besonders im Thal von Adigo sowie in Trentino wird dieselbe mit grossem Eifer betrieben. Vor vier Decennien sollen über 3 Millionen kg Kokons gesammelt worden sein, im Laufe der Zeit ist die Ernte auf 900000 gefallen (1873). Hauptsächlich wird die einheimische gelbe Rasse und die grüne japanische eigener Reproduktion gezüchtet; der grösste Teil der Ernte wird nach Italien versandt. In Görz und Istrien sind die wichtigsten Centren Capo d'Istria, Görz, Pisino, Parenzo, von wo aus ein lebhafter Handel mit dem italienischen Friaul betrieben wird. Das österreichische Küstenland weist in Bezug auf Klima und Boden einen grossen Unterschied im Vergleich mit Tirol auf. Während das letztere in den Krankheitsjahren nur wenig gelitten hat, hat hier die Epidemie

---

[1]) Bezerédj, L'incremento della bachicoltura nell' Ungheria negli anni 1880/82.
[2]) Beiträge zur Geschichte der Gewerbe und Erfind. Österr.-Ung. von der Mitte des XVII. Jahrh. bis zur Gegenwart. 1873.

grosse Verheerungen angerichtet; seine gelben Rassen ergaben übrigens stets eine haarige Seide. Die Entwickelung der Seidenkultur in den obigen Provinzen ergiebt sich aus folgenden Zahlen:

	Produktion der Kokons in kg		
	Tirol	Küstenland	Total
Vor der Krankheitsperiode	3 500 000	700 000	4 200 000
1860	2 400 000	700 000	3 100 000
1873	2 600 000	700 000	3 300 000
1879/81	1 210 000	440 000	1 650 000
1881	1 400 000	620 000	2 020 000
1883	1 600 000	—	1 600 000
1884	1 300 000	—	1 300 000

Die Produktion des südlichen Tirols belief sich auf:

	Grüne Rassen	Gelbe Rassen	Total
1888	—	—	2 150 000
1890	1 000 000	700 000	1 700 000
1893	1 250 000	400 000	1 650 000
1894	1 130 000	400 000	1 530 000

Der weitere Fortschritt des Seidenbaues wird hier hauptsächlich durch das niedrige Niveau der Kokonpreise gehemmt.

In Dalmatien und Istrien ist die Seidenkultur infolge der Bestrebungen der dort angelegten Versuchsstation in blühendem Zustande; die Produktion betrug [1]:

1870/73	42 000	kg Kokons gelber Rasse			
1878/81	93 000	„	„	„	„
1881	114 000	„	„	„	„
1883	120 000	„	„	„	„
1889	88 300	„ (Istrien)	20 000	kg (Dalmatien)
1891	116 640	„	„	30 000	„	„
1894	92 000	„	„	8 000	„	„

In Friaul (Görz, Gradisca), wo ausschliesslich gelbe französische Rassen kultiviert werden, belief sich die Kokonernte auf:

1888	960 000 kg
1890	422 300 „
1893	375 000 „
1894	474 000 „

Die Gesamtproduktion von Österreich-Ungarn schwankte in den letzten drei Decennien folgendermassen:

---

[1] Bollo, L'Incremento della bachicoltura nell' Istria, 1862.

1866/68	1732880	kg Kokons	
1872/74	1841830	,,	,,
1875	994120	,,	,,
1878	1576680	,,	,,
1881	2124000	,,	,,
1886	2840000	,,	,,
1888	3873000	,,	,,

	grün	gelb	Total	
1889	1261000	2075000	3336000	kg
1891	950000	2449000	3399000	,,
1893	1250000	1723000	2973000	,,
1894	1130000	2102000	3232000	,,

Die Einteilung nach Provinzen war folgende (1893):

Süd-Tirol	1250000	400000	1650000	kg
Friaul	—	375000	375000	,,
Istrien, Dalmatien	—	75000	75000	,,
Ungarn, Kroatien	—	873000	873000	,,
Im ganzen	1250000	1723000	2973000	kg

Nach Galenius berichtet Cornalia, dass der erste Maulbeerbaum in Mittel-Europa durch den Pfalzgrafen Hermann im Garten der Abtei Brauweiler, gelegentlich der Vermählung desselben mit Mathilde, Schwester des Kaisers Otto III., im Jahre 988 gepflanzt worden ist. Eingeführt wurde die Seidenkultur aber erst im XV.—XVI. Jahrh. Weiter oben haben wir die Schicksale der deutschen Seidenkultur ausführlicher behandelt und dabei gesehen, dass während der Freiheitskriege zu Anfang unseres Jahrhunderts das Werk Friedrichs des Grossen gänzlich vernichtet wurde. Die Regierung hob die Gesetze, welche es begünstigten, auf, und die Bauern rissen die Maulbeerbäume aus. Aber seit 1820 werden durch einen Zeitraum von mehr als vierzig Jahren die lebhaftesten Anstrengungen gemacht, die zum Teil auch von Erfolg begleitet waren. Die Ernte von 80—90000 kg Kokons, in den Jahren 1774—1784[1]) gesammelt, ist jedoch seitdem nicht wieder erreicht worden. Man zählte in Preussen i. J. 1840 nahe an 500 Seidenzüchtereien; 1844 in der Berliner Ausstellung hatten 24 deutsche Seidenzüchter sehr gute Qualitäten Kokons und Rohseide ausgestellt. Im Jahre 1855 belief sich die Produktion in:

Brandenburg	auf	21900	Metzen	Kokons
Posen	,,	1682	,,	,,
Sachsen	,,	1483	,,	,,
Schlesien	,,	1471	,,	,,

[1]) Mayet. Des manufactures de soie et du mûrier, 1810.

Rheinland auf 1158 Metzen Kokons
Westfalen „ 99 „ „
Preussen „ 60 „ „

1861 wurden 24000 kg Kokons gesammelt, von denen 6000 für die weitere Aufzucht verwendet wurden. Die gegenwärtige, hauptsächlich mit italienischer Rasse betriebene Zucht, besitzt keine industrielle Bedeutung; sie bildet ein häusliches Gewerbe in Brandenburg, Posen, Schlesien, Schleswig-Holstein u. a. In der Mark Brandenburg sollen gegenwärtig im Südwesten von Berlin, auf Amt Barnim bei Potsdam, ferner in Bleskow und Fürstenberg Seidenzüchtereien in grösserem Mafsstabe betrieben werden. In der Provinz Posen sind Meseritz, in Pommern Stettin, in Schlesien Glatz, Neisse und Görlitz, in Pr. Sachsen Wilterda und Merseburg, in Westfalen Unna, schliesslich in der Rheinprovinz Aachen und Düren die wichtigsten Ortschaften der Seidenkultur. Auf Stawwelder bei Neustadt wird Rohseide in guter, für Sammetfabrikation geeigneter Qualität erzeugt. Reichenbacher Züchtereien liefern eine der Mailänder ebenbürtige Seide [1]. In Mecklenburg sorgt der Landesbauverein für Hebung und Verbreitung des Seidenbaues, der in Rostock (im städtischen Armenhaus) und in vielen anderen Städtchen der Umgegend betrieben wird; man züchtet weisse, gelbe und grünliche Rassen. Um die Maulbeerfütterung zu umgehen, sind in Deutschland vielfach Versuche gemacht worden, dieselbe durch andere Pflanzen zu ersetzen. In Bayern hat man durch schrittweises Vorgehen erreicht, die Maulbeerraupe ausschliesslich mit Löwenzahn und Schwarzwurzel füttern zu können, ohne die Eigenschaften der Produkte zu verschlechtern. Nach den Angaben des Königl. Stat. Bureaus zu Berlin betrug die Produktion der Kokons im preussischen Staate (1873):

Preussen (Danzig, Graudenz, Finkenstein)	105 Pfund
Brandenburg (Uckermark, Templin, Teltow, Niederbarnim, Angermünde, Bleskow, Jüterbog, Belzig, Brandenburg, Ruppin, Osthavelland) .	3106 „
Schlesien	2055 „
Sachsen	1203 „
Pommern	613 „
Rheinprovinz	277 „
Posen	148 „
Diverse	74 „
Total	4581 Pfund,

gegen 5307 im Jahre 1871. Gegenwärtig dürfte die Kokonproduktion Preussens 8000 kg nicht übersteigen. Die 1845 für Brandenburg und 1851

---

[1] Landw. Wochenblatt für Schleswig-Holstein, 1868.

für beide Mecklenburg gegründeten Seidenbauvereine trugen nicht wenig zur Verbreitung der Seidenkultur bei. Im Königreich Sachsen wurden i. J. 1864 Versuche angestellt, die Seidenzucht in grösserem Mafsstabe einzuführen, doch musste man nach einigen Jahren die Hoffnung, aus Sachsen ein seidenerzeugendes Land zu machen, aufgeben[1]). 1873 wurden einige hundert Pfund gesammelt, in der Umgegend von Zwickau, Gross-naundorf (bei Pulsnitz), Leipzig, Dresden, Weissenburg u. a. In Bayern dürfte die gegenwärtige Produktion nicht mehr als 5000 kg betragen. Auch in Württemberg wurde (gegen 1848) die Seidenzucht versuchsweise und mit gutem Erfolge betrieben, doch ist dieselbe (1860) infolge der Krankheiten in Verfall geraten. Endlich betreibt man auch in Hessen, Braun-schweig, Mecklenburg und Schleswig die Seidenzucht, allerdings in ganz unbedeutendem Mafsstabe; über ihre Produktionshöhe lässt sich jedoch etwas bestimmtes nicht sagen.

Die Seidenzucht der Schweiz konzentriert sich in den beiden an der italienischen Grenze liegenden Kantonen Tessin (Ticino) und Graubünden (Gri-zioni). In dem letzteren war die Raupeneierproduktion zur Zeit der Raupen-krankheiten, von denen die Schweiz verschont geblieben ist, ziemlich be-trächtlich; ihre Produkte wurden nach der Lombardei exportiert. Mayensfeld, Zizers, Haldenstein, Felsberg waren die wichtigsten Centren, Orte, denen heute nur noch wenig von ihrer früheren Bedeutung verblieben ist. Im südlichen Teile des Kantons, im Thale von Mirax, scheint die Seidenkultur reger betrieben zu werden; so in Roveralo, Leggio, St. Viehorn, Verdabbio, deren Produktion etwa 80000 kg Kokons betragen dürfte. Im Kanton Tessin gewinnt die Seidenzucht industrielle Bedeutung; die Aufzucht er-folgte hier früher mit Raupeneiern japanischer Herkunft, von denen 1873 über 8600 Kartons eingeführt wurden und die jetzt durch die im Lande selbst reproduzierten ersetzt werden. Im J. 1871 betrug die Produktion der Ko-kons 253607 kg, im J. 1872 war sie infolge ungünstiger Witterung auf 187943 gefallen[2]), um im nächsten Jahre wieder zu steigen und so mit wechselndem Erfolg bis auf den heutigen Tag. Gegenwärtig beträgt die Produktion Tessins etwa 300000 kg Kokons.

Die Kultur des Maulbeerbaumes und der Seidenbau waren nach dem Zeugnis von Guicciardini, der gegen 1565 schrieb, Gegenstand aufmerk-samer Sorgfalt zu Antwerpen und dessen Umgebung; bald wurden sie aber aufgegeben. Im J. 1607 machte Gramaye, einer der Schöppen von Brügge, erfolglose Versuche mit der Einführung der Seidenzucht. Später, 1769, wurde die Seidenkultur versuchsweise im Brabantischen eingeführt und die österreichische Regierung gewährte Prämien für die besten Erzeugnisse. 1830 wurde in Belgien von neuem versucht, dem Seidenbau, durch die

¹) Denkschrift über die Entwickelung der Seidenzucht in nördlichen Ländern. Wien 1874. S. 43.
²) Ann. du commerce extérieur No. 1692.

Unterstützung seitens der kgl. Seidenzuchtanstalten, in Uccle, einen volkstümlichen Charakter zu verleihen; trotzdem wurden 1850 nur noch 2600 kg Kokons gesammelt. Infolge verschiedener ökonomischer Einflüsse ist der Seidenbau Belgiens beinahe gänzlich verschwunden und dürfte trotz des geeigneten Klimas kaum je wieder aufgenommen werden.

Auch Holland liess sich nicht abhalten, Versuche mit der Seidenkultur anzustellen. Olivier de Serres hat sie als Beispiel citiert, wie „verschiedene fremde Tiere und Pflanzen bei zureichender Sorgfalt unter uns leben können". „Das liess sich kürzlich", sagt er weiter, „in der Stadt Leyden in Holland erkennen, wo 1583—85 die Frau Herzogin von Ascot mit Glück Seidenwürmer aufziehen und von der daraus gewonnenen Seide Kleider machen liess, welche die Fräuleins getragen, zum Erstaunen Derjenigen, die sie gesehen, in Anbetracht der Kälte des Landes." Gegenwärtig sollen in den Niederlanden stellenweise Maulbeerplantagen vorkommen und die Seidenzucht als ein häusliches Gewerbe betrieben werden.

Wie befremdend es auch erscheinen mag, so besitzt Schweden trotz seines kalten und scharfen Klimas doch Maulbeerplantagen, und wird die Seidenkultur an der Südseite der Insel Gottland (bei Visby), dann in der Umgegend von Stockholm und in Gripsholm gepflegt. Die Produktion dürfte jedoch 2—3000 kg Kokons nicht übersteigen.

Unter dem Namen Levante werden im Seidenhandel die europäische und die asiatische Türkei, die Balkanstaaten und Griechenland bezeichnet.

Man erntete gegen 1857 in den Ländern, die das Ottomanische Reich von Österreich trennen, 260000 kg Kokons. Der Maulbeerbaum kommt hier allerorten vor; man findet ihn selbst in wildem Zustande auf den Donauinseln. In den Jahren 1859/63 wurden diese Länder von Graineurs durchzogen, und die Industrie der Grainierung (stets ein Unglück für die Gegend, wo sie vorübergehend betrieben wird), wurde auf eine solche Höhe geschraubt, dass im Jahre 1863 mehr als 25000 kg Raupeneier erzeugt worden sind. Die Folge davon war der Untergang der rationellen Seidenkultur, und trotz aller seither gemachten Anstrengungen gelang es nicht, sie wieder auf ihre frühere Höhe zu bringen. Allerdings haben sich diese Bemühungen bis auf die neueste Zeit, wo sich die Regierungen der Sache annahmen, nur auf das Hausgewerbe beschränkt. In Bulgarien giebt es einige grössere Seidenzüchtereien in der Umgegend von Tirnova, Widdin und Wratza. Die Regierung hat sich oftmals ins Mittel gelegt, mannigfache Maßregeln zur Wiederbelebung der Seidenkultur ergriffen und Züchtungsversuche nach verschiedenen Systemen vornehmen lassen, die Resultate waren aber nichts weniger als günstig. Zur Förderung der Seidenkultur hat das Sobranje in einer seiner Sitzungen 1895 ein Gesetz votiert, laut welchem die Grainierung nach dem Zellensystem von Pasteur, sowie der Bezug von Samen aus dem Auslande nur unter Kontrolle der Regierung geschehen darf. Behufs Aufmunterung der Seidenzüchter wurden verschiedene Privilegien, wie Befreiung von allen Abgaben und Ein- und Ausfuhrzöllen, Gewährung von

Bonifikation, Prämien etc. festgesetzt. Die bereits erzielten Fortschritte lassen sich aus folgenden Ernteergebnissen konstatieren:

$$
\begin{array}{lr}
1890 & 60\,174 \text{ kg} \\
1892 & 222\,170 \text{ „} \\
1894 & 500\,000 \text{ „}
\end{array}
$$

In Rumänien zählte man vor einem Jahrzehnt 500000 Bäume und erntete 110000 kg Kokons, vornehmlich in der Walachei. Gegenwärtig dürfte die Ernte 250000 kg übersteigen.

Unter den an der Seidenzucht am meisten beteiligten Provinzen der europäischen Türkei ist Macedonien die wichtigste; hauptsächlich werden hier japanische Rassen gezüchtet, welche sich gegen die launenhaften Witterungseinflüsse beständiger, als die übrigen erwiesen haben. Die wichtigsten Distrikte sind: Avret-hissar, Kalameria, Pasarkü und Wardar; der bedeutendste Kokonmarkt und gleichzeitig Exporthafen ist Saloniki. Im J. 1874 belief sich die Ernte Macedoniens auf 885000 kg Kokons.

In Trakien datiert das Aufblühen der Seidenkultur seit 1836 und nahm letztere eine stetig wachsende Entwickelung bis zu dem Zeitpunkte, wo die verheerende Wirkung der Seidenraupenseuchen (1856) auch hier sich geltend machte. Im J. 1856 erzeugte Trakien nur noch 214000 Oken trockner Kokons und im J. 1865 nur 54000. Die Zucht konzentriert sich hauptsächlich bei Adrianopel. Die Adrianopelkokons, die durch Aufzucht der im J. 1836 importierten Brussakokons erzeugt werden, sind von ausnehmend guter Qualität und werden mehr geschätzt, als die von Smyrna und Saloniki. Den adrianopelschen in der Güte nahestehend sind die sogen. Gebirgskokons (montagnards), von sehr beständiger und kräftiger Rasse, deren Zucht nur wenig Sorgfalt beansprucht; ihre Farbe variiert von gelblichweiss bis tieforange. Man exportiert die Adrianopelkokons hauptsächlich nach Frankreich. 1874 erzeugten Adrianopel und Umgegend etwa 950000 kg Kokons.

Die der Produktionshöhe nach in dritter Linie stehende Provinz Thessalien hat ihre Hauptsitze der Seidenzucht in Volo, Larissa und Pharsala; ihre Produktion betrug 526000 kg im J. 1874.

Zur Zeit der Raupenkrankheiten war die Seidenzucht Albaniens im Aufblühen begriffen, weil die albanesische Rasse sich äusserst widerstandsfähig erwies; heutzutage jedoch ist sie wenig belangreich. Auf der Insel Kandia ist der Seidenbau dagegen in regelmässigem Betriebe; die Produktion wird teils im Lande selbst verarbeitet, teils werden die erzeugten Raupeneier nach Syrien versandt.

Im Jahre 1862 betrug die Gesamtproduktion der europäischen Türkei 7470000 kg Kokons (Rondot); in der Zeitperiode von 1872 bis 1882 schwankte die Ernte von einer bis zu anderthalb Millionen kg jährlich; 1883 erzeugte man:

	gelbe Rasse	grüne Rasse	Total
Adrianopel	160000	300000	460000
Saloniki	300000	570000	870000
Volo, Rumelien, Bulgarien	40000	130000	170000
Im ganzen	500000	1000000	1500000

An Stelle der früheren Rassen japanischer Herkunft werden gegenwärtig in Adrianopel, Volo und Rumelien fast allgemein französische Rassen gezüchtet. Die Produktion trockener Kokons war folgendermafsen nach den Provinzen verteilt:

	1889	1891	1893
Saloniki, Macedonien .	240000 kg	250000 kg	} 425000 kg
Volo, Thessalien . . .	100000 „	120000 „	
Adrianopel, Rumelien .	100000 „	110000 „	130000 „
Im ganzen	440000 kg	480000 kg	555000 kg,

entsprechend 1300000 kg frischer Kokons. Im Vilayet Saloniki sind 1893 55000 Unzen Raupeneier, wovon 35000 importierter französischer, 5000 italienischer und 10000 inländischer Produktion, ausgebrütet worden und zwar 85°/₀ gelbe, 10°/₀ weisse und 5°/₀ grüne Rasse. 1894 betrug die Ernte 1650000 kg frischer Kokons gegen 1530000 im Vorjahr. Im Rayon von Adrianopel verteilt sich die Ernte in 75—80°/₀ weisse bagdadische Rasse inländischer Aufzucht, 15—20°/₀ gelbe französische und 5°/₀ grüne. Die Gesamternte Adrianopels und Rumeliens von ca. 5—600000 kg trockener Kokons wird nach Mailand und Marseille exportiert.

Die Gesamtproduktion Europas beläuft sich gegenwärtig auf 50—55 Millionen kg frischer Kokons. Folgende Tabelle lässt ihren früheren Umfang ersehen:

	Durchschnitt der letzten 30 Jahre des lauf. Jahrh.	Maximum im laufenden Jahrh.
	(Millionen kg)	
Italien	40	65
Frankreich	10	25
Österreich-Ungarn .	2,5	4
Europäische Türkei .	1,6	7
Spanien	1,1	10
Griechenland . . .	0,4	1
Portugal	0,25	0,5
Schweiz	0,18	0,3
Rumelien, Bulgarien .	0,18	0,27
Im ganzen	56,21	113,07

Die asiatische Türkei hat erst in neuerer Zeit das bedeutende Interesse für die Seidenkultur wiedergewonnen, das dieselbe im Mittelalter für sich in An-

16 *

spruch nahm. Nach jahrzehntelanger Dekadenz zeigt sich hier ein neuer Aufschwung. Die relativ grösste Steigerung hat der Seidenbau im Exploatations-
gebiet der anatolischen Eisenbahnen erfahren. Die Regierung bekundet grosses
Interesse für den Seidenbau, der auch für die Staatseinnahmen von Wichtigkeit geworden ist. In den hauptsächlichen Centren der Kultur werden Muster-
grainierungsanstalten etabliert und in Brussa, Ismid und Adrianopel finden
jährlich Preisausschreiben statt. Der allgemeine Aufschwung ist aus der
Handelsstatistik zu ersehen. Einer Einfuhr von Kokons im Werte von
¹/₂ Mill. Piastern stehen 40 Mill. Ausfuhr, dem Import der Rohseide von
30 Mill. Piastern ein Export von 103 Mill. gegenüber. Allerdings werden
noch für 23 Mill. Seidenfabrikate importiert und nur für 30000 Piaster
ausgeführt.

Vor dreissig Jahren belief sich die Kokonernte der Levante auf 16 bis
17 Mill. kg; die Rassen waren weiss, zum geringeren Teile auch gelb, und
zeichneten sich durch ihren Seidenreichtum aus. Im J. 1883 belief sich die
Ernte auf 1,6 Mill. kg in der europäischen, 6,4 Mill. in der asiatischen
Türkei und 400000 kg in Griechenland.

In Anatolien ist die Umgegend von Brussa für die Seidenkultur von
Bedeutung; ausser Brussa selbst kommen in Betracht Guemlek, Bazar-Kuevi,
Schenishir, Sögüd, in weiterer Entfernung Biledschik, Bergamo, Erdek und
Kiutschia. Die wichtigsten Exporthäfen sind Guemlek, Panormo, Ismid
und Mudania, vermittelst welcher der Handelsverkehr mit Frankreich und
Italien gepflegt wird. Im J. 1863 belief sich die Produktion von Brussa
auf 1200000 Oken (1563000 kg) Kokons, 1874

in Brussa auf		1522196 kg Kokons
Umgegend „	 1426904 „ „
				2949100 kg Kokons.

Die Zusammensetzung der Ernte betrug 90% der originellen oder eigens
aufgezüchteten bagdadischen Rasse, 9,3% einheimischer gelber Rasse und
0,7% japanischer. Im Vilajet Aidin-Smyrna wird der Seidenbau bei
Smyrna, Aidin und Paliampol ausgeübt und hauptsächlich japanische Rasse
gezüchtet. Die Produktion des Vilajets Karaman wird grösstenteils vermittelst der Häfen Adalia, Mersina und eines der wichtigsten Seidenmärkte,
Tarsus (in Südanatolien, Vilajet Adana), nach Italien exportiert. In den übrigen
Teilen Anatoliens, wie in den Vilajeten Samsun, Trapezunt und Diarbekir, besitzt die Seidenzucht nur lokales Interesse, während die im Paschalyk von
Mossul und Bagdad produzierten Rassen als typisch sehr geschätzt und nach
Syrien exportiert werden. Die Entwickelung und der Zustand der Seiden-
zucht Anatoliens ergiebt sich aus folgender Tabelle:

1881	1020000 kg	{ 765000 grün
							{ 255000 gelb
1886	2560000 „

<pre>
1888   2 091 000 kg
1890   2 343 000 „
1893   2 643 000 „
</pre>

Die vorwiegende Raupeneierrasse Anatoliens ist die weisse bagdadische, die 1888 nur 20% ausmachte, in raschem Schritt aber alle anderen verdrängt hat, wie nachstehende Zahlen erläutern:

		1888	1890	1893
Weisse Bagdad reproduziert		20%	65%	93%
Grüne Japan	„	5 „	5 „	—
(Diarbekir)				
Gelbe Frankreich reproduz.		15 „	10 „	2 „
„ „ originell		55 „	20 „	5 „
„ Italien	„	5 „	—	—

Folgende Mengen Raupeneier sind zum Ausbrüten verwendet worden (Unzen):

	Ausländische		Inländische	
	1892	1894	1892	1894
Brussa	2686	278	83234	76992
Ismid	4621	525	21533	25995
Panderma	4801	575	11609	13150

Nach den Angaben der Verwaltung öffentlicher Schulden belief sich die Ernte Anatoliens auf kg Kokons:

	1892	1893	1894
Brussa	3 267 171	3 459 992	3 404 844
Ismid	259 020	892 698	896 606
Panderma	798 479	257 894	279 655
	4 333 870	4 610 584	4 581 105

Die Ausbeute betrug (in kg Kokons pro Unze) im Jahre 1894 44 bezw. 20,4 und 33,8 gegen 50,2 bezw. 17,9 und 35,5 kg im Vorjahre.

Auch die Raupeneierproduktion nimmt Aufschwung und wurden exportiert:

<pre>
1892   20 317 Unzen
1893   41 947   „
1894   44 179   „
</pre>

Die Kokons bagdadischer Rasse sind weiss und gross, jedoch weniger seidenreich, als die der gelben Rassen, und von ihrem Ursprungstypus vollständig degeneriert.

Die Zeiten, wo die Seidenzucht Anatoliens in althergebrachter, primitiver Art betrieben ward, sind längst vorüber und man kann heutzutage daselbst Bauernburschen begegnen, die die Handhabung des Mikroskops nach dem Pasteurschen Vorgang vorzüglich beherrschen. Die 1888 eröffnete Unterrichtsanstalt für den Seidenbau, sowie die seit 1893 eingeführten Prämien für die besten Erfolge, tragen nicht wenig dazu bei, diesem Kulturzweig eine immer grössere Ausdehnung zu geben. Der Aufschwung ist besonders der Förderung seitens der Staatsschuldenverwaltung, an deren Spitze der Engländer Caillard steht, zu verdanken, die daraus ein nicht geringes Einkommen zieht; sie erhält eine Abgabe von 11,5% auf Kokons.

Die Provinz Syrien hat für die Seidenzucht der Türkei die grösste Bedeutung. Die am meisten daran beteiligten Gegenden sind die von Beyruth, Tripolis, Saïda, Damaskus und im nördlichen Teile Syriens Aleksandretto mit dessen Kokonmarkt Aleppo. In kleinerem Mafsstabe wird die Zucht auf der Insel Cypern und auf dem Archipel des ägäischen Meeres betrieben. Die Produktion Syriens betrug:

	1881	1883
Grüne Rasse	1350000	1110000
Gelbe oder weisse Rasse	900000	2590000
	2250000 kg	3700000 kg

Diese Zahlen zeigen das Verschwinden der japanischen Rasse, welche heutzutage auch gänzlich durch die französische (Var, Korsika) ersetzt wurde. Die Raupeneiereinfuhr belief sich auf 200000 Kartons von 25 g über Beyruth und 25000 über Tripoli. Die Ernte der letzten Jahre stellte sich auf:

1886	3742126 kg
1888	2651961 „
1890	4636467 „
1892	4102000 „
1894	5389000 „

Im Jahre 1893 wurden auch hier von der Hohen Pforte Prämien für die qualitativ und quantitativ besten Erzeugnisse der einheimischen Seidenzucht ausgesetzt. Man unterscheidet drei Rayons der Seidenkultur in Syrien: die Ebene (plaine), welche die Distrikte Kesruan, Dschebail, Batrun und Kara umfasst und ⅓ der Ernte erzeugt, ferner die qualitativ und quantitativ wichtigste Ebene Bekaa (basse montagne) und schliesslich die ziemlich primitive Seidenzucht der Eingeborenen in den .Bergen bis zur Höhe von 1500—1800 m (haute montagne); die letztere ergiebt ⅛ der Gesamternte und weniger geschätzte Produkte.

In Griechenland betrieb man die Seidenzucht gegen die fünfziger Jahre in ziemlich bedeutendem Umfange; der Export allein betrug 1857 1493934 Oken trockner Kokons und die Produktion dürfte 2500000 kg überstiegen haben; während der Seuchenzeit erlitt sie, wie überall in Europa, grosse Verluste, und 1864 belief sich die Ausfuhr auf nur 32263 kg. Die Ernte betrug 1872 102000 kg, 1874 ca. 200000; nach anderen Angaben schwankte sie in diesen Jahren zwischen 310—320000 [1]). Gegenwärtig

---

[1]) Reports from her Majesty consuls. Patras. 1874.

haben noch die südlichen Provinzen Moreas, wie Messena, Lakonien und Peloponnes eine gewisse industrielle Bedeutung; die Märkte befinden sich in Kalamata, Sparta, Lepante und Patras. Die Ausfuhr der Kokons wird mit der Zeit infolge der Anlage von inländischen Haspelanstalten immer unbedeutender; sie ist von 100000 kg trockner Kokons 1867 auf 7000 kg 1877 gefallen. Der Export (nach Marseille) belief sich auf:

1880	23078 kg
1885	27628 „
1887	48219 „

hat aber dann wieder abgenommen. Man schätzt die gegenwärtige Produktion Griechenlands auf ca. 200000 kg trockner Kokons.

In Russland wird die Seidenzucht in allen südlichen Provinzen ausserordentlich durch die klimatischen Verhältnisse unterstützt; hauptsächlich betreibt man dieselbe mit Erfolg in vielen Orten der Gouvernements Bessarabien, Volynien, Podolien, Kiew, Ekaterinoslaw, der Krim und im Königreich Polen, industrielle Bedeutung besitzt im europäischen Russland indessen nur der Kaukasus. Die ersten Nachrichten über die Seidenkultur der nördlichen Gegenden des Kaukasus fallen in die Regierungszeit Aleksiej Michajlowitsch's (XVII. Jahrh.), der die Seidenzüchter aus Astrachan und Terek nach Moskau kommen liess. Peter der Grosse liess der Seidenkultur grosse Fürsorge zu teil werden, die namentlich in den Rayons Terskaja, dann Stawropol in stetigem Fortschritt begriffen war, bis zu den sechziger Jahren, wo die Seuchen alles zu nichte machten. Die Ernteergebnisse, infolge der geringen Sorgfalt meistens von der Witterung abhängig, waren von jeher grossen Schwankungen unterworfen, wie folgende Zahlen beweisen:

1864	1050000 kg Kokons
1867	206000 „ „
1870	618000 „ „
1872	1155000 „ „

Die wichtigeren Gegenden der Seidenkultur im Nordkaukasus sind Terskaja oblast' mit der Stadt Kizlar, weniger das Gouv. Stawropol. Im Transkaukasus blickt die Seidenzucht auf eine zehn Jahrhunderte alte Vergangenheit. Trotzdem wird sie hier noch in sehr primitiver Weise, meistens von den Frauen, ausgeübt; an die Zucht knüpfen sich unzählige phantastische Überlieferungen und abergläubische Gebräuche.

Die Sitze der transkaukasischen Seidenzucht befinden sich im Flussthal Kura, in den Ebenen Imkretiens (Kutais), an den Gestaden des Schwarzen und Kaspischen Meeres und in der Umgegend von Baku. Die bedeutendsten Märkte sind: Tiflis, Nukha, Erivan, Kutais, Kars, Dagestan, Poti, Elisabethpol, Baku, Schuscha und Zakatal. Im vorletzten Decennium stand die Seidenzucht im Kaukasus in hoher Blüte, und wenn sie später infolge politischer Ereignisse fast gänzlich in Verfall geriet, so befindet sie sich gegenwärtig dank der ihr zu Teil werdenden Unterstützung der russischen Regierung, die zahlreiche bakologische Stationen anlegt und den Unterricht im Seidenbau in den Volksschulen vornimmt, wieder auf dem Wege zum Fortschritt. Auch die Bestrebungen energischer und bemittelter Privatindustrieller, sowie die bakologische Versuchsanstalt und Aufzüchterei zu Tiflis befördern das Aufkommen der Seidenkultur, der auch die klimatischen Verhältnisse zu statten kommen. Der Maulbeerbaum ist überall in wildem Zustande zu finden, und nur selten sieht man künstlich angelegte Plantagen. Zum grössten Teil sind es sunnitische Mahomedaner, die sich der Seidenzucht gewidmet haben. — Die Geschichte der Rassenveränderung ist sehr lehrreich. In alten Zeiten zog man im Kaukasus mehrere Rassen kräftiger Würmer mit gelben und weissen Kokons und flaumiger Seide, unter anderen tatarische und lesghische (georgische) Rassen von Schirvan und Dagestan. Die Kokons der tatarischen Rasse waren sehr gross; sie hatten 6,25 cm Länge und 3,2 cm Durchmesser. Indes wollte man reichlichere Erträge und acclimatisierte eine mailänder Rasse. Man kreuzte dieselbe mit den einheimischen und widmete sich Ende 1860 der Grainierung, die bald einen solchen Mafsstab erreicht hatte, dass sie im Jahre 1864 eine Höhe von 40000 kg Raupeneier ergab. Aber schon 1866 war diese Quelle versiegt und die alten Rassen verloren; die Epidemie wütete allerorts. Man wandte sich nun, wie überall, der japanischen Rasse zu. Die hauptsächlich kultivierte Rasse ist die im Lande reproduzierte grüne japanische, der sich die gelben französischen und italienischen, jedoch nur zum geringen Teil, anreihen. Auf die einheimische legt man kein besonderes Gewicht und die typische weisse Korassenrasse scheint durch fortwährende Kreuzung mit der japanischen vollständig degeneriert zu sein. Seit einigen Jahren hat aber auch die weisse bagdadische Rasse sehr beträchtliche Aufnahme gefunden. Nukhadistrikt im Gouvernement Elisabethpol ist das wichtigste Centrum kaukasischer Seidenzucht. In den Jahren 1858—1865 hat dieser Rayon Frankreich und Italien mit Raupeneiern gelber Rasse versehen; über 30000 kg Raupeneier sind im Jahre 1863 allein ausgeführt worden. Von 1850 bis 1863 wurden im Kaukasus durchschnittlich 550—600000 Pud, = 9 —10000000 kg Kokons geerntet. Von diesem Zeitpunkt an verfiel die einheimische Rasse stetiger Dekadenz, trotz der Bestrebungen, sie durch französische Rassen zu verstärken. Nach erfolglosen Versuchen mit den Rassen von Khiwa und Vardanzy wandte man sich, wie gesagt, der japanischen zu, die auch mit Erfolg reproduziert wurde, doch wird jetzt die letztere allmählich durch die gelbe und weisse bagdadische ersetzt, von denen speciell Brussa sich besonderer Beliebtheit erfreut. Die Produktion des Kaukasus belief sich, gegen eine Durchschnittsernte von 3,2—3,5 Millionen kg in der Periode von 1870—1880, auf:

1886	2457000 kg
1888	1820000 „

1890   2 780 000 kg
1893   2 800 000 „

Nach gewissenhaften Erhebungen wird die gegenwärtige Durchschnittsproduktion des Kaukasus auf 300—350000 Puds oder 5—6 Millionen kg Kokons geschätzt, die indessen eine nur geringe Ausbeute an Grège (30 : 1) liefern. Die Ernte wird teils im Lande verarbeitet, teils nach Moskau ausgeführt.

Die Wichtigkeit Centralasiens für die Seidenkultur wird meistens sowohl in qualitativer wie quantitativer Hinsicht unterschätzt. Die hier in Betracht kommenden Länder umfassen einen Raum, der das zehnfache des von der Seidenkultur in Europa eingenommenen beträgt. Sowohl im russischen und im chinesischen Turkestan, wie in den kleineren Staaten Mittelasiens, wird die Seidenzucht regelmässig und eifrig betrieben. Zahlreiche Flüsse ziehen von den Gebirgen hinab und bilden weite, sehr fruchtbare Thäler. Man findet hier fast überall den wilden Maulbeerbaum, die M. alba und M. nigra, vorwiegenderweise den letzteren. Auch wilde Maulbeerraupen waren in den centralasiatischen Gebieten einheimisch. Wir wissen, dass die regelmässige Seidenkultur zuerst nach Khotan gebracht wurde; die weiteren Geschicke der Seidenzucht dieser Länder sind uns jedoch grösstenteils unbekannt; wahrscheinlich ist, dass bis zum Ausgange des XIII. Jahrh. die politischen Wirren auf dieselbe störend einwirkten. Unter dem Einfluss des italienischen und russischen Handels kam das Gewerbe empor, behauptete sich einige Zeit, bis zum Aufkommen der abendländischen Seidenkultur, und sank dann auf die frühere Höhe der Hausindustrie zurück. Erst im XVIII. Jahrh. sind erneute Versuche gemacht worden, die Kulturen zu erweitern. Ungeachtet der Unsicherheit und der Armut, wird fast in allen Thälern, die im allgemeinen sehr fruchtbar sind, der Maulbeerbaum gepflegt und der Seidenwurm aufgezogen. Die europäischen Graineurs unternahmen mehrere Expeditionen in diese fruchtbaren Gegenden, und 1863 wurden bekanntlich drei solche Italiener zu Bukhara dreizehn Monate in Gefangenschaft gehalten. Trotz der Kräftigkeit der Rassen ergaben die turkestanischen Raupeneier in Europa keine guten Resultate. Für die Grainierung werden diejenigen Kokons reserviert, deren Form als die regelmässigste und deren Oberfläche moiriert erscheint, weil diese am seidenreichsten sind. Nicht nur in Turkestan allein, sondern fast bei allen Völkern Centralasiens befolgt man die auf einer alten Überlieferung begründete Gewohnheit, alle drei oder vier Jahre die Raupeneier zu erneuern und frische Grains aus entfernten Orten zu beziehen. Man züchtet hauptsächlich einjährige Rassen mit gelben, weissen und grünen Kokons, von denen einige italienischen Ursprungs sind. Die ehemalige Bukhararasse ist noch nicht gänzlich eingegangen; bei der Ausstellung in Wien 1873 war dieselbe durch gelbe Seiden vertreten. Diese einerntige Rasse unterscheidet sich von den Rassen Chinas und Kaschmirs. Im Khanat von Khiwa erntet man gelbe und weisse Kokons zweierlei Rassen,

Tschillia und Mochria; die gelbe Rasse wird jedoch bevorzugt. In einigen Gegenden, wie in Kaschmir, züchtet man auf türkische Art, d. i. auf Zweigen des wilden Maulbeerbaumes. Die nördlich von Khotan, in der fruchtbaren Niederung des Ili gelegene Dzungarei ist eine der für die Seidenkultur geeignetsten Regionen Centralasiens; früher war die letztere sehr verbreitet und gedieh vortrefflich, wurde aber infolge der Kriege mit China in den Jahren 1863—67 vernichtet. Trotz des rauhen Klimas wird der Seidenbau in einigen Thälern Thibets, dieses Königreichs des Schnees, betrieben. In einer von zwei Chinesen geschriebenen Schilderung dieses Landes liest man, dass der Seidenwurm in einer der südlichen Provinzen gezogen wird. Das Auskriechen der Raupeneier wird durch die menschliche Wärme bewerkstelligt. Dieser alte Gebrauch, kleine Säckchen von den Frauen tragen zu lassen, war übrigens auch in Frankreich und Italien im XVI. bis XVIII. Jahrh. sehr üblich. Die Kokons Centralasiens sind zwar von weniger zarter Natur, als von feinkörniger und gleichmässiger Beschaffenheit, namentlich diejenigen von Khokand und Bukhara; auch sind sie meist sehr seidenreich. Man betreibt damit einen ziemlich ausgedehnten Handel nach Russland und Indien, und es ist nicht ausgeschlossen, dass die im Verkehr unter anderen Namen vorkommenden Kokons und Abfälle aus diesen Gegenden herstammen. Es fällt schwer, die Produktionszahlen aufzustellen, da eine Kontrolle aus leicht erklärlichen Gründen unmöglich ist. An anderer Stelle ist die approximative Produktion der russischen Gebiete angegeben worden, für das gesamte Centralasien dürfte die Menge der geernteten Kokons jenes Quantum um 50°/₀ übersteigen.

Über die Gesamtproduktion Russlands sowie Centralasiens liegen folgende statistische Daten vor, welche die bereits ausgesprochene Ansicht, dass hier die Seidenkultur sehr geeigneten Boden besitzt und weiterer Entwickelung entgegensieht, bestätigen.

Südgouvernements, Polen	2000	Pud
Kaukasus, Transkaukasien	320000	,,
Russisch Turkestan, Bukhara, Khiwa, Transkaspien	960000	,,
Im ganzen . .	1282000	Pud

Kokons entsprechend ca. 21000000 kg.
Im speciellen erzeugen (approximativ):

Bukhara	10000000	kg
Ferghanah . . .	3000000	,,
Kodschend . . .	2000000	,,
Kaschgar	1900000	,,
Khiwa	600000	,,
Taschkent . . .	400000	,,

In dem unbedeutenden Gebiet von Samarkand werden allein 250000 kg geerntet, die von etlichen hunderten kleiner Haspeleien mit einer Gesamtproduktion von 250000 Rubel verarbeitet werden. Trotz des bedeutenden Umfanges wird der transkaspische und turkestanische Seidenbau noch in sehr primitiver Art betrieben. Hauptsächlich befassen sich Weiber und Kinder mit demselben und zwar werden Ställe und Speicher zur Aufzucht bestimmt, worunter freilich die erforderliche Reinlichkeit leidet und Raupenkrankheiten nicht selten den Ertrag auf ein Drittteil reduzieren. Dabei besteht eine Menge abergläubischer Gebräuche; es darf z. B. unter keinen Umständen ein Fremder die Würmer sehen. Die russische Regierung ist eifrig bestrebt, dem Fortschritt freie Bahn zu öffnen und errichtete 1885 eine (Taschkent), nachträglich noch drei andere bakologische Stationen, die zur Aufgabe hatten, die einheimischen Rassen, hauptsächlich Bukhara, Khiwa und Vardanzy zu verbreiten, welche Bestrebungen jedoch infolge der aufgetretenen Krankheiten missglückten. Nachträglich kultivierte man eine Mischungsrasse der französischen mit der italienischen; gegenwärtig wiegt die japanische neben der korsikanischen vor.

Persien erfreut sich in einem Teile seines Reiches der Seidenkultur besonders günstiger Verhältnisse. Früher kam der schwarze Maulbeerbaum in wildem Zustande in grosser Zahl vor, wurde aber bald durch den weissen ersetzt, der, wenn nicht in Persien selbst, so doch gewiss in den Nachbarländern einheimisch war. Persien war eines der ersten seidenerzeugenden Länder Westasiens, da die Seidenkultur hier bereits im VII. Jahrhundert Eingang gefunden hatte. Die Kokonernten waren von jeher sehr bedeutend und man kann annehmen, dass sie im Laufe des XV.—XVIII. Jahrh. die Höhe von 30—40 Millionen kg erreicht haben. Später, und zwar noch vor dem Auftreten der Raupenkrankheiten, ist die Produktion gefallen; man erntete 1850 15 Mill., ein Jahrzehnt später nur 8 Mill. und 1865 3,5 Mill. kg Kokons. Persien besass ursprünglich gesunde Rassen, welche zwar Kokons von grosser Form ergaben, nach und nach aber schwächer wurden und der Epidemie nicht widerstehen konnten. Nach ihrem Aussterben wurden diese Rassen durch die von Japan und Khorassan ersetzt, die jedoch nur mittelmässige Produkte ergaben. Das Sinken der Seidenpreise und lokale Ursachen haben schliesslich das Fällen zahlreicher Maulbeerbäume veranlasst. An vielen Orten haben sich die Bauern statt dessen der Kultur des Mohnes behufs Opiumproduktion gewidmet. Die Zuchten werden in den Gebirgen noch in einer Höhe von 2000 Metern betrieben und findet man hierselbst ganze Wälder Maulbeerbäume. In den Ebenen der Centralprovinzen wird der Seidenbau nur an vereinzelten Punkten, die Maulbeerbaum-Oasen inmitten der Sandwüste darstellen, gepflegt, so in der Stadt Jezd und den umgebenden Dörfern.

Die Seidenzucht wird im wesentlichen in den gebirgigen Gegenden Ghilans und Khorassans und an den Ufern des Urmiahsees betrieben. Persien besitzt die für den Seidenhandel mit Russland wichtigen Häfen, Recht und

Laidschan; dagegen gelangen die nach Europa exportierten Kokons und
Rohseide auf dem Landwege nach Trapezunt. Über die Produktion Persiens liegen keine statistischen Angaben vor; die nachstehenden Zahlen
können nicht als unbedingt mafsgebend gelten.

Ghilan	3200000	kg Kokons
Mazanderan . .	280000	„ „
Adzerbeidschan .	240000	„ „
Khorassan . . .	126000	„ „
Kusistan, Fars .	98000	„ „
Im ganzen	3944000	kg Kokons

Die Seidenkultur Beludschistans ist von geringer Bedeutung, da das
Land wenig kultiviert wird, und nur in den an den Abhängen der Gebirge
gelegenen Dörfchen sind Maulbeerbäume in grösserer Menge vorhanden. In
Afghanistan wird der Seidenwurm in den nördlichen und westlichen Teilen, die man afghanisches Turkestan oder Khorassan nennt, kultiviert. Im
Norden des Hindukusch sind die weiten und fruchtbaren Thäler des Amu-
daria Sitze der Seidenkultur, weniger die Ebenen des Herirud und Ferrahrud
und das Thal von Herat. Die Produktionshöhe erreicht 2,5 Millionen kg
Kokons.

In Kaschmir soll die Seidenkultur ehemals in grösserem Umfange betrieben worden sein, sie ging jedoch im Laufe der Zeit ein. Erst in letzter
Zeit, und zwar seit den siebziger Jahren, lässt sich ein erneuter, bedeutender
Aufschwung verzeichnen, der aller Wahrscheinlichkeit nach dauernd sein
wird. 1879 ist dieses Gewerbe vom Staate übernommen worden, der es in
wirksamster Weise fördert und kontrolliert.

Britisch-Indien scheint auf den ersten Blick der Seidenkultur günstige
Bedingungen zu bieten, giebt es ja auf der ganzen Oberfläche des Landes ein
doppeltes Netz von Gebirgen und Wasserläufen und weite Hochebenen, die sich
durch ein verhältnismässig mildes Klima auszeichnen. Der Maulbeerbaum, und
zwar die weisse Varietät, wächst in wildem Zustande am Himalaya in ausgedehnten Wäldern. Man weiss, dass die Bevölkerung zahlreich und arbeit-
sam ist, die Handarbeit billig und geschickt ausgeführt wird. Und doch
herrscht in Indien, mit Ausnahme einer kleinen bergigen Region, während
des Sommers eine brennende Hitze und nur auf den Ausläufern und südlichen Abhängen des Himalaja, auf den Hochebenen der niedrigen Gebirgs-
züge im Osten und Westen, trifft man eine mässigere Temperatur, die der
Seidenkultur günstig ist. Die Bevölkerung ist daselbst ziemlich spärlich gesäet; die Mohammedaner, die sich in Indien der Seidenkultur am
willigsten widmen, sind hier nur schwach vertreten. Wie man ersieht,
steht Indien in eigenartigen klimatischen und ethnologischen Verhältnissen,
die auch auf die Seidenzucht einen unverkennbaren Einfluss ausüben. Die
in Indien am meisten verbreitete Rasse ist die „Dessi-polu" mit kleinem,

goldgelbem Kokon, die drei bis fünf Ernten liefert. Übrigens ist diese Rasse nicht rein, denn 1771 wurden Kreuzungen mit mehrerntigen chinesischen Rassen vorgenommen. Hundert Jahre später, 1879, sind Zuchten mit einerntigen Rassen Frankreichs, Italiens und Japans durchgeführt worden. Die Aufzucht der Maulbeerraupe ist nur in einigen Gegenden Indiens möglich, da das sehr unbeständige und regnerische Klima, wie in Centralindien z. B. in der Umgegend von Bombay und Madras, eine regelmässige Seidenkultur unmöglich macht. Deshalb ist dieselbe, im Gegensatz zu anderen Ländern Asiens, fast ausschliesslich auf eine Gegend beschränkt, und zwar in Bengal an der Mündung des Ganges, in Assam längs des Bramaputra, dann in Mussorien und in einigen Teilen der „Lower provinces"; Mussorien besitzt übrigens nur wenig Bedeutung. In anderen Provinzen Indiens, wie Kaschmir, wird die Produktion an Ort und Stelle verbraucht und kommt gar nicht in den Verkehr. Ausser den klimatischen Verhältnissen, fallen die Vorurteile der Buddhisten störend ins Gewicht, welche z. B. das Backen der Kokons nicht gestatten, wodurch jeder Grossbetrieb unmöglich wird. Dank den Bemühungen der indischen Regierung verschwinden jedoch diese Vorurteile nach und nach. Es ist bemerkenswert, dass weder in Indien, noch in Assam Kokonmärkte abgehalten werden; die Versorgung der ziemlich zahlreichen, teilweise schon nach europäischer Art eingerichteten Haspelanstalten erfolgt durch Vermittler, die sogen. „gomastas", welche, von Dorf zu Dorf ziehend, den einzelnen Züchtern den Vorrat abkaufen, der selten mehr als einige „Kahans" (Kahan = 1280 Stück) beträgt. In quantitativer Hinsicht war die indische Seidenkultur ehemals von nicht geringer Bedeutung, wenn auch ihre Erzeugnisse viel zu wünschen übrig liessen; zu Beginn unseres Jahrhunderts belief sich die Kokonproduktion auf 20—25 Mill. kg. Erst seit einigen Decennien verfiel sie einem unaufhaltsamen Niedergang, der vielfach erörtert wurde und dem entgegenzuwirken die indische Regierung ernstlich bestrebt ist. Der gegenwärtig von der regelmässigen Seidenkultur in Bengal eingenommene Flächeninhalt beträgt 284000 Acres, d. i. ungefähr 11,5 Mill. Hektar, während vor dreissig Jahren noch 35 Mill. bepflanzt waren. Als hauptsächliche Ursache des Verfalls wird die Kostspieligkeit des Areals angegeben, neben dem Umstand, dass zur erfolgreichen Zucht das zarte Futter des Zwergmaulbeerbaumes erforderlich ist, der naturgemäss viel Flächeninhalt einnimmt; die Strauchvarietät hat dafür den besonderen Vorteil, dass sie bereits drei Monate nach der Anpflanzung der Ableger ertragsfähig ist. Indien besitzt mehrere (6) Hauptrassen des B. mori, in ihrer Mehrheit vielerntiger Varietät. In den niedrig gelegenen warmen Distrikten liefert die Maulbeerraupe gelbe, auch grünliche Kokons, drei- bis fünfmal jährlich; die beste Qualität wird in der kalten Jahreszeit, vom Oktober bis Februar geerntet. In manchen Gegenden herrscht die einerntige Varietät mit gelben und weissen Kokons vor, der überwiegende Teil der Produktion gehört jedoch den mehrerntigen Rassen an, die acht bis neun Ernten ergeben, aber nur drei- bis viermal aufgezüchtet werden. Die Zeitdauer vom Auskriechen bis zum Einspinnen beträgt 20—22 Tage im Sommer und 45—50 im Winter, doch kann sie nach Alipore[1]) auf 16 bezw. 35 Tage reduziert werden, welcher Umstand hauptsächlich für diejenigen Distrikte, wo die Fleckkrankheit noch stark hervortritt, von Wichtigkeit ist, da diese Zeitdauer zu kurz ist, um ein irgendwie namhaftes Umsichgreifen der Seuche zu ermöglichen. Die Kasteneinteilung der indischen Bevölkerung ist das Haupthindernis für die erfolgreiche Einführung der einerntigen Rasse, weil sie dem Seidenzüchter nur vorübergehende Beschäftigung gestattet. Nach genauen Berechnungen ergiebt ein Acre Maulbeerplantage sechs Maunds (1 Maund = 33,5 kg) frischer Kokons jährlich, was eine Totalernte von 1 704 000 Maunds oder 57 000 000 kg Kokons ausmachen sollte; thatsächlich ergiebt derselbe aber nur den fünften Teil davon. Die Ausbeute beträgt 30 kg Kokons per Unze Raupeneier. 100 kg frischer Kokons liefern 37,50 trockner und 100 kg der letzteren 15 kg Rohseide, ein sehr ungünstiges Verhältnis. Aus dem Gesagten erhellt zur Genüge, dass bei den gegenwärtigen niedrigen Preisen der Rohseide, die indische Seidenkultur so lange kein lukrativer Erwerbszweig werden wird, als es nicht gelingt, die Rasse und deren Erzeugnisse in qualitativer Hinsicht bedeutend zu verbessern. Man befasst sich übrigens jetzt damit, die Strauchvarietät, M. indica, durch die grosse M. serrata zu ersetzen, im allgemeinen noch andere öfters vorkommende Nährpflanzen heranzuziehen, beispielsweise die M. aurantiaca, Boehmeria Nivea (Rhea), Ficus religiosa und andere, um die Kultur wohlfeiler und allgemeiner zu gestalten.

Die wichtigsten Distrikte der regelmässig betriebenen Seidenzucht befinden sich gegenwärtig in Rajshahi, Moorshidabad, Midnapoore, Maldah, Bardwan, Birbhum, Bogra, Schissore und in Assam — in der Umgegend von Goalpara. Wie bereits oben erwähnt, besitzt Indien (Bengal) keine ursprünglich einheimische Rasse; die jetzt gezüchtete wurde aus den nördlichen Gegenden Hindustans, wahrscheinlich über Bactria und Kaschmir[2]), oder aus China importiert. Dagegen besitzt Indien zahlreiche Abarten der gewöhnlichen Maulbeerraupe, die weiter unten aufgeführt werden sollen. Die regelmässig gezüchteten Rassen Bengals sind meist mehrerntig, nur selten einerntig; die ersteren können durch geeignete Aufzucht bis auf 6—8 Ernten jährlich gebracht werden, doch werden üblicherweise nur 3—4 gesammelt. Das beste Produkt scheinen die Ernten im Oktober, November und Februar zu liefern, dann die Märzernte und schliesslich die minderwertigste Qualität die Juli- und Augusternte (indische Regenzeit).

In Bengal, China, Annam, sowie in einigen anderen Distrikten Indiens sind mehrere im Freien lebende Bombyxarten heimisch, die ebenfalls vom Maulbeerbaum fressen und ihrer Lebensweise und entomologischen Anzeichen

---

[1]) The text. Manufacturer, 1894, p. 518.
[2]) Hutton, Notes on the Indian silkworms. S. 11.

nach, als Abarten resp. Prototypen des B. mori betrachtet werden können. Die Seide dieser Seidenspinner kommt zuweilen mit der echten Seide vermischt in den Handel, und auch die Rassen selbst werden öfters gekreuzt. Es ist wahrscheinlich, dass gewisse Gattungen der chinesischen Grègen, die unter der Bezeichnung Canton, Tsatlées im Verkehr vorkommen und stärker sind, als gewöhnlich, von diesen Abarten des Maulbeerspinners herstammen.

Die dem B. mori am nächsten verwandte Theophila Huttoni (Westwood), welche in wildem Zustande und einerntiger Varietät lebend, in Mussorien und Simla vorgefunden worden ist, wurde einige Zeit für die indische Urform der Maulbeerraupe gehalten; spätere Untersuchungen stellten indessen fest, dass die indischen Maulbeerspinner (auch die in halbwildem Zustande lebenden) nicht einheimisch, sondern importiert sind.

Bombyx textor (Hutton)[1] wird von den Eingeborenen in Gonatea, Serampore, Hughli als „boro poloo“ (grosser Wurm) bezeichnet, was thatsächlich unrichtig ist, denn er ist kleiner, als die echte Maulbeerraupe. Derselbe liefert ein-, unter Umständen zweimal jährlich in Bengal und Assam weisse zugespitzte Kokons. Diese Raupenart, welche in Bengal weisse Kokons spinnt, erzeugt in kälterem Klima Mussoriens indessen nur dann weisse Kokons, wenn die Raupeneier aus Bengal herstammen, dagegen gelbe, wenn die Aufzucht in Mussorien selbst erfolgt ist.

Im eigentlichen Sinne des Wortes regelmässig gezüchtet werden folgende Varietäten:

Bomb. fortunatus liefert in Sardah und Rajshahi mehrmals im Jahre kleine goldgelbe Kokons und wird von den Eingeborenen Dessi oder Chata poloo genannt, was den einheimischen resp. kleinen Wurm bedeuten soll. Trotz dieses Prädikats ist auch diese Raupenart nicht indischen Ursprungs, sondern stammt aus Assam her. Dass sich die Seidenrassen in Indien im Zustande der Dekadenz befinden, geht aus dem Umstande hervor, dass mit dem B. fortunatus gegenwärtig bei höchster Sorgfalt nur 3—4 Ernten erzielt werden, während früher sich mit Leichtigkeit 6—8 Generationen aufzüchten liessen.

B. meridionalis ist in Cuddapah, Madras und Koimbatore heimisch.

B. Croesi (Hutton)[2] ist chinesischer Herkunft und wird in ziemlich ausgedehntem Mafsstabe in Bengal, Rajshahi, Birbhum, Serampore und Assam gezüchtet; er ist mit dem assamesischen kleinen „pät“ identisch und wird als nistry oder madrassee poloo — ausländischer Wurm — in Bengal und als chôta poloo in Assam bezeichnet. Nach Indien wurde er um die Jahre 1820—30 eingeführt[2]. B. Croesi liefert in gänzlich wildem Zustande auf dem Maulbeer- und Feigenbaum mehrmals im Jahre (zuweilen 7—8) kleine, goldgelbe Kokons, die eine sehr feine Faser liefern (0,016--0,018 mm).

---

[1] Hutton, Notes on the Indian Bombycidae, 1871.
[2] Hutton, Notes on the silkworms of India.

Kultiviert dauert seine Brutzeit 8—9 Monate, weshalb ihn die Eingeborenen lehemia-pät — langsamer Wurm nennen.

B. arracanensis, in Birma einheimisch, ist mehrerntig und liefert weisse oder gelbe Kokons mit feinfädiger Seide.

Von den in Assam vorkommenden maulbeerfressenden Seidenspinnern lässt sich nicht, wie von den indischen, mit Sicherheit behaupten, ob sie originell oder importiert sind. Der grosse oder langsame Wurm (lehemia-pät) ist wahrscheinlich eine Abart des B. mori; während Hutton u. A. denselben für B. textor erklärt haben [1]), halten ihn Andere für die originell assamesische Ursprungsform des B. mori. Der „boropoloo" von Assam spinnt gelbe Kokons, welche aber nach Eintauchen in alkalische Lösungen weiss werden. Der kleine „pät" von Assam oder „chota poloo", B. Croesi nach Hutton, liefert weisse Kokons, deren Seide minderwertiger ist, als die der vorherigen Seidenraupen; er ist mehrerntig.

Trotz, oder richtiger infolge des grossen Reichtums an halbwilden Maulbeerraupen, fehlt es der noch sehr unvollständig ausgebildeten und mangelhaft geleiteten indischen Seidenkultur an der nötigen Vollkommenheit, um sowohl ihre natürlichen Reichtümer auszunutzen, als diese in passender Weise zu verwerten [2]). Die Gesamtproduktion Indiens dürfte auf folgende Mengen abgeschätzt werden:

Bengal . . .	4 800 000 kg Kokous		
Mussorien . .	400 000	„	„
Assam . . .	2 900 000	„	„
Lower Provinces	300 000	„	„
Im ganzen	8 400 000 kg Kokons.		

Auf der indochinesischen Halbinsel ist die Seidenzucht beinahe überall verbreitet. In Tonkin gehören die Maulbeerplantagen fast zu jeder Hauswirtschaft; infolgedessen ist die Seide eines der hauptsächlichsten Erzeugnisse. Man züchtet überall ausschliesslich gelbe, mehrerntige Rassen. Die wichtigsten Distrikte sind in Tonkin: Késcho, Binthuang und Turan. Die tonkinesischen Kokons werden in beträchtlichen Mengen nach China exportiert. Die Entwickelung der Seidenkultur in Tonkin schreibt man dem Umstande zu, dass die Bevölkerung bei der Entfernung vom Hofe von Hué und infolge der Widerstandskraft, welche sie sich — als Nachbarvolk Chinas — angeeignet hatte, weniger unter den Erpressungen zu leiden hat und sich einer gesicherten, von Gewinn begleiteten Arbeit widmen kann. Die annamitischen Provinzen weisen minder günstige Verhältnisse auf; die

---

[1]) Stack, Silk in Assam, 1884.
[2]) Liotard, Memorandum on Silk in India, I. Calcutta 1883.

Geoghegan, Some account of silk in India, especially of the various attempts to encourage and extend sericulture in that country. London 1874.

Bevölkerung ist weniger dicht und mit Abgaben belastet. Man züchtet hier mehrrentige Rassen, sammelt jedoch nur eine oder zwei, selten drei Kokonernten. Die Seide ist zumeist gelb. In Kambodscha ist der Boden fruchtbarer als in Annam und die Maulbeerplantagen häufiger, man erntet hier jedoch viel weniger. Die Kokons sind die kleinsten, die man in Indisch-China erntet (25 mm Länge), von gelber Farbe. Die Zuchten haben ihren Sitz in den Ebenen nördlich von Penam-pengh; auf der Insel Ksach-Kondal gewinnt man gute Seide und verarbeitet sie in Battambong und Angkor, wo die sehr gesuchten Langutis, eine Art Schürzen, fabriziert werden.

In Siam ist die Seidenzucht von wenig Belang. In der Mitte des XVIII. Jahrh. waren hier grosse Fortschritte zu verzeichnen, die seit dem unglücklichen Krieg gegen die Birmanen aufgehört haben. Die gezüchteten Rassen sind durchgehends gelb und mehrrentig; die Aufzucht dauert 30 Tage. Der Kokon wird in einem Tage fertiggesponnen; nach 9—10 Tagen kriecht der Schmetterling aus und bereits 9 Tage nach dem Eierlegen kommt die neue Raupengeneration an das Tageslicht. Da die Kokons sofort aufgearbeitet werden, so kennt man das Dörren nicht.

Das warme und feuchte Klima des französischen Nieder-Kotschinchinas macht die Seidenkultur besonders leicht und mühelos. Zahlreiche Maulbeerplantagen gewähren fünf und sechs Blätterernten im Jahr. Man züchtet eine kleine, gelbe, mehrrentige Rasse, die man für die Dessi-Polu von Bengal hält. Die Kokonhülle ist sehr zart. Im Kreise Chandra Kotschinchinas züchtet man drei Varietäten des einheimischen B. mori: tamsè, baú-dieú und baú-bi, wovon die erstere blassgelbe, die anderen dunkelgelbe Kokons erzeugen. Alle sind mehrrentig, können bis sechs Generationen jährlich erleben, werden jedoch nur dreimal gebrütet. Das Backen erfolgt mittels kochenden Wassers, das Haspelverfahren ist sehr primitiv. Kokons, Abfälle und Gewebe werden nach Chalon, Singapore und China exportiert; der grösste Teil wird jedoch im Lande selbst verbraucht. Der Seidenbau Kotschinchinas wird gewöhnlich unterschätzt; unter richtiger Fürsorge würde derselbe durchaus zu einem umfangreichen und gewinnbringenden Gewerbe erblühen. Im Kreise Long-Xuyeu giebt es zwei Rassen: lùmxièm (gelber Wurm) und tàm-nûa oder bau-bi, deren dreirentige Kokons bei blasser Farbe von minderer Qualität sind. Die Eingeborenen versuchen vielfach eine Kreuzung der beiden Rassen miteinander, jedoch ohne besonderen Erfolg. Da die Weberei Long-Xuyeus in ziemlich bedeutendem Umfange betrieben wird, so findet keine Ausfuhr der Rohstoffe statt, überdies werden noch Kokons und Rohseide aus benachbarten Kreisen und aus China eingeführt.

Im englischen Birma ist die Seidenzucht ziemlich verbreitet und hat ihre Sitze in Pegu, Assam, Arracan und Tenasserim; ihre Erzeugnisse sind jedoch von minderwertiger Qualität. Im unabhängigen Birma ist der Seidenbau wenig entwickelt. Man züchtet mehrrentige Würmer an den Ufern des Irawaddi. Dagegen ist die Seidenweberei in blühendem Zu-

stande, und ihre Erzeugnisse werden in China, Indien und Siam sogar den
europäischen vorgezogen.

Bei den unabhängigen Völkern, die das wenig erforschte Territorium
zwischen Annam, Kambodscha und Siam einnehmen, scheint die Seidenkultur ein verbreitetes Hausgewerbe zu sein. Die Laos und Khäs züchten
gelbe Rassen und verkaufen einen Teil ihrer Seiden in Siam und Birma.

Im grossen und ganzen besitzt Indisch-China nur lokale Bedeutung,
da seine Erzeugnisse nur mittlerer Qualität sind; es ist aber nicht ausgeschlossen, dass dieses Gebiet in Zukunft auch für den internationalen Handel noch von Wichtigkeit werden wird. Die Gesamtproduktion kann auf
14 600 000 kg Kokons geschätzt werden und zwar:

Tonkin	. . .	12 000 000
Kotschinchina	.	900 000
Annam	. . .	500 000
Kambodscha	.	300 000
Birma	. . .	200 000
Übrige Provinzen		700 000
		14 600 000

Sowohl die Holländer, wie die Spanier haben versucht, die Seidenkultur in ihren ostindischen Kolonien einzuführen, jedoch ohne günstige
Endresultate. Die niederländische Kolonialverwaltung unternahm 1718 die
Zuchten und verfolgte sie während anderthalb Jahrhunderten mit grosser
Ausdauer; im J. 1735 konnte man schon 3000 Pfund Seide nach Holland
versenden. In späterer Zeit trat jedoch eine Degenerierung der Rassen ein,
die sich nicht aufhalten liess. Auf Java wurden um das Jahr 1855 musterhafte Züchtereien eingerichtet, die namentlich zur Zeit der Seidenkrank-
heiten in Europa wertvolle Dienste leisteten, aber auch sie unterlagen
nachträglich den Raupenseuchen (1866), und die javanische Seidenzucht
vermochte sich, trotz der vielfach versuchten Stärkung durch Kreuzungen
mit italienischen und chinesischen Rassen, nicht wieder zur früheren
Blüte emporzubringen. Immerhin verfügen Java und andere der Sunda-
Inseln über äusserst geeignete Boden- und Klimaverhältnisse, was schon
daraus hervorgeht, dass hier eine Menge halbgezüchteter und wilder
Seidenspinner heimisch ist, die nicht einmal entomologisch bezeichnet sind;
von den bekannteren leben hier Act. moenas, Bomb. Horsfieldii, Bomb. Waringi, B. Teysmani und viele andere.

Auf den Inseln Sumatra und Borneo ist der Seidenbau nie in grösserem Mafse gepflegt worden, er besteht jedoch seit geraumer Zeit und es ist
sehr wahrscheinlich, dass sowohl der Maulbeerbaum, wie die Seidenraupe
daselbst einheimisch sind. Die Klimaverhältnisse der beiden Inseln sind der
Seidenzucht besonders günstig, die gelben und weissen Kokons sind von
guter Qualität und exportfähig.

Nach den Philippineninseln ist die Seidenraupe und ihre Nährpflanze gegen das Jahr 1593 eingeführt worden, nämlich nach den Provinzen Biscaya und Luzon. Man weiss nichts über die Erfolge der Zuchten, da keinerlei Spuren derselben zurückgeblieben sind. 1780 erneuerte man die Versuche, die von den Eingeborenen anfänglich mit Freude aufgenommen wurden, später aber gänzlich eingingen.

Anf der Insel Taiti hat man früher die Seidenkultur in geringem Umfange betrieben.

Wir kommen jetzt zur Besprechung Chinas, eines Landes, dessen Bedeutung für die Seidenkultur von ausschlaggebender Wichtigkeit ist. Die Seidenzucht befindet sich in China in besonders günstigen Verhältnissen; geeignetes Klima, billige Handarbeit und Erfahrung von Jahrtausenden haben derselben eine Ausdehnung verliehen, die als die bedeutendste unter allen seidenerzeugenden Ländern zu bezeichnen ist. Ungeheure Volksmassen, die ihren Unterhalt in der Zucht des Maulbeerspinners suchen, wenden ihre ganze Fürsorge und allen Fleiss diesem nationalen Gewerbe zu. Millionen von Familien leben nur von und für die Seidenkultur. Man muss die Verhältnisse Chinas kennen, um zu ersehen, wie tief die Gewinnung und Verarbeitung der Seide in die Sitten und den Wohlstand der Bevölkerung eingreifen und zugestehen, dass sie in keinem anderen Lande der Welt in so ausgeprägtem Sinne volkstümliche Gewerbe bilden. Der Hauptvorteil chinesischer Seidenkultur liegt in dem mässigen Klima; die Jahreszeiten entwickeln sich regelmässig und die Ausfälle in der Produktion sind geringer, als anderwärts. Der Seidenworm ist das einzige Tier, das in China kultiviert wird. Der Maulbeerbaum nimmt wenig Platz ein und entzieht der Reis- und Theekultur am wenigsten Boden. China hat in den Krankheitsjahren keinerlei Hilfe geleistet; die Produktion hat daher keine grossen Veränderungen in Quantität und Rassen erfahren. Die letzteren lassen sich übrigens nur schwer modifizieren und verharren beständig in ihren Eigenschaften. Die in China durch Italiener und Franzosen unternommenen Grainierungen haben keine besseren Produkte ergeben, als die einheimischen. In Europa zeigten die chinesischen Würmer gegen Krankheiten nur geringe Widerstandskraft. Es giebt in China keine Unterrichtsanstalten für Seidenkultur, es besteht aber seit undenklichen Zeiten in Peking eine durch den Kaiser unterhaltene Zuchtanstalt mit Maulbeerplantagen. Mehrere der dem Geiste oder der Göttin der Seidenraupe geweihten Tempel sind wahrhafte Seidenraupenhäuser.

Der nördliche Teil Chinas umfasst Länder, deren Bedeutung für die Seidenzucht infolge des wenig günstigen Klimas im Vergleich zu den anderen Teilen des Reiches verschwindend klein ist. In der Mongolei werden weisse Rassen gezüchtet. In Schên-king (chinesische Mandschurei) ist die Seidenzucht verbreiteter, die Seiden besitzen aber wenig Glanz, obwohl sie äusserst elastisch sind. In Pe-tschi-li, Schen-si, Schan-si und Kansu ist die Seidenkultur nur von geringer Bedeutung. Die Seiden der Provinz Shantung zeichnen sich durch ihre prachtvolle weisse Farbe aus. Im Westen dieser Provinz (Ping-tu-tscheu, Teng-tscheu) werden auch gelbe Kokons erzeugt, ebenfalls von besonderer Güte; ein guter Teil der Produktion wird im Lande selbst verbraucht. Die Maulbeerplantagen sind in der Mandschurei überall zerstreut; weder für die Zucht, noch für das Haspeln giebt es grössere Anstalten. Der „Seidenworm des Himmels", tien-lai-tsan, wie es scheint, ein Prototypus des B. mori (Theophila mandarina), ist in dieser Provinz originell und heimisch und liefert eine sehr feine, glänzende Faser, die Sang-shien-sse genannt wird[1]).

Der centrale Teil Chinas ist für die Seidenkultur am wichtigsten. Die Provinz, welche als die meisterzeugende für den auswärtigen Handel das grösste Interesse bietet, ist Tsché-kiang, dessen Produktion den Seidenmarkt von Shanghai versorgt; indessen nicht die ganze Provinz, sondern nur die dicht an Shanghai grenzenden Distrikte sind an dem auswärtigen Verkehr beteiligt. Die wichtigsten Centren sind Taï-tscheu und Tschu-tscheu. Auch die Provinz Kiang-Su hat nennenswerte Plätze der Seidenkultur, die hauptsächlich längs des „grossen Kanals" gelegen sind. Die hervorragendsten Ortschaften, wo die klassischen Rassen gezogen werden, sind: Hu-tscheu, Li-yang, Yang-tscheu, Su-tscheu, Sutsien u. a. Der grösste Teil der in Kiang-Su produzierten Seiden wird über Shanghai nach Europa versandt. Kiang-Su ist die Heimat der (1772) nach Frankreich verpflanzten ausgezeichneten Rasse Sina. Die gebirgige Provinz Se-tschuen im Westen Chinas betreibt die Seidenzucht im Nordwesten und Südosten in folgenden Distrikten: Lang-fu, Fung-tscheu-fu, Paoning-fu, Tschung-tscheu-fu und Shim-king-fu. Die Rassen sind gelb und weiss; die letzteren werden speciell in Kia-ting, Kien-tscheu und Sintscheu erzeugt. Der Verbrauch an Seide ist im Lande selbst ungeheuer gross, doch gelangt auch ein Teil der Produktion über Yan-tse-kiang nach Shanghai. In der Provinz Honan hat der Seidenbau seinen Sitz in den östlichen Distrikten, in Taole-kiën und Hoaï-king; das wichtigste Centrum ist Si-bien. Die Provinz Hupéh betreibt die Seidenzucht in ihrem östlichen Teil, in Matshing, Hoang-tscheu und an anderen Orten. Die Stadt Hoang-kao, die eine grosse Rolle im Seidenhandel spielt, liegt in dieser Provinz. In Ngau-hoei sind am wichtigsten die südöstlichen Distrikte, und zwar Tatong und Tshi-tscheu-fu.

Der südliche Teil Chinas besitzt eigentlich nur eine wichtige Provinz, Kuang-tung, dessen Produktion einen grossen Teil der Ausfuhr deckt und das die beiden wichtigsten Exporthäfen, Kanton und Hong-kong, zu den seinigen zählt. Distrikte westlich von Kanton, die um Kuang-ning-bi und Kuang-tscheu-fu herum liegen, produzieren am meisten; die übrigen Distrikte sind Lao-ling-tscheu, Hoei-tscheu, Lien-tscheu u. a. Die geschätztesten,

---

[1]) Hugues, China silk Culture. Shanghai 1881.
Statistical departements of the inspect. gen.

weissen Kokons stammen aus Lung-kiang und Lung-tschan. Grösstenteils ($\frac{2}{3}$) sind es mehrerntige Rassen, die „lun-yuï" genannt werden. Diese zerteilen sich in Taysam und Lundscheut; die erste Generation der Taysamkokons wird nur selten verhaspelt, sondern sofort zur weiteren Aufzucht verwendet. Dasselbe geschieht mit Lundscheut, nur dass sich hier die Procedur sechsmal wiederholt, ehe die Ernte für die Seidengewinnung bestimmt wird.

Die ursprüngliche Form der chinesischen Maulbeerraupe scheint in der Provinz Tsché-kiang ihre Heimat gehabt zu haben, wo dieselbe noch heutzutage in wildem Zustande lebt und Tien-seng-tsan (Wurm des Himmels) genannt wird. Die betreffende Seidenraupe ist kleiner, als B. mori und liefert zweimal jährlich graue Kokons, welche Tien-shin-sse (natürliche Seide) geben. Nach der Ansicht von Moore erzeugt der ursprüngliche Maulbeerwurm im allgemeinen keine weisse, sondern eine naturfarbene Seidenfaser; die weisse Farbe, welche erst durch geeignete Zucht erzielt wird, dürfte als Abschwächungsmerkmal der Rasse betrachtet werden.

Fast jeder seidenerzeugende Bezirk kann seine eigene Rasse aufweisen, so werden z. B. im Werke „Tsa-bu-bing-shu" nicht weniger als 13 Arten des Maulbeerwurmes unterschieden; in Tsché-kiang allein sind 4 Gattungen bekannt[1]). Es scheint, dass ausser dem B. mori im Norden Chinas in der vorgeschichtlichen Zeit noch eine Maulbeerraupe vorkam, die mehrerntig und verschieden von der gewöhnlichen war[2]); dieselbe soll thatsächlich von Castellani in Tschéking vorgefunden worden sein, wo sie als „nizé" bekannt ist und weisse oder grünliche Kokons liefert. Gegenwärtig werden in China folgende wichtigere Abarten des B. mori unterschieden:

1. Péh-pi-tsan, eine zwei- oder dreierntige Art, die weisse Kokons und gelbliche Seide liefert.
2. Hoang-kiao-tsan, mehrerntig, erzeugt gelbliche Seide und ist, nach der Ansicht von Moore, eine intermediäre Art zwischen B. mori und B. sinensis.
3. San-tsan, ergiebt weisse Kokons.
4. Lung-kiao-tsan und
5. Hoa-tsan.

Ausser diesen kommen hie und da noch einige von den bei den indischen Maulbeerraupen erwähnten Bombyxarten vor, sowie die denselben nahestehenden Arten: Tien-tseng-tsan (Theophila mandarina nach Moore) und Payen-tsan (B. mencius nach Rondot), welche zweierntig sind. Im alltäglichen Verkehr der Chinesen werden den Seidenraupen noch

---

[1]) Moorhead, Report, Silk, 1881.
[2]) Hutton, On the reversion and restoration of the silkworm (The Trans. of the Entom. Soc. of London III. 2).

die mannigfaltigsten Benennungen beigegeben, welche nach ihrer Lebensweise,
ihrem Äusseren, ihrer Herkunft etc. gewählt werden, z. B. Tschin-stan, der
zweierntige Wurm; Lao-hiai-cul-tsan, der Wurm des späteren Herbstes;
Thsu-tsan, der Wurm aus Thsu (Hu-kuang) herstammend, u. s. w. Über
die Ertragsfähigkeit der chinesischen mehrerntigen Rassen geben nachstehende Zahlen Aufschluss und kann aus denselben auch zugleich die Zusammensetzung der Kokons des Shing-pi-tsan in ihren einzelnen Bestandteilen (in mg) ersehen werden:

	Haspelbarer Faden	Flock- seide	Innere Kokonhaut	Puppe
Zweite Ernte	51	25	12	185
Dritte „	44	22	11	189
Vierte „	25	23	11	97
Fünfte „	31	12	9	118
Sechste „	20	13	12	96

Die Ausfuhr chinesischer Kokons hatte früher, trotz der derselben
seitens der Regierung gemachten Schwierigkeiten, eine nicht geringe Bedeutung. Die Ausgiebigkeit der Kokons beim Verhaspeln verminderte sich
aber von Jahr zu Jahr; sie betrug 1880 durchschnittlich 12½ kg Kokons
pro kg Rohseide, gegen nur 10 kg 1860. 1883 wurden 161000 kg Kokons exportiert.
Was die Ausdehnung und Produktionsgrösse chinesischer Seidenkultur
anlangt, so können nur annähernde Werte aufgestellt werden, da bei einem
in so ungeheurem Mafsstabe und auf so weiten Strecken betriebenen Gewerbe
genaue statistische Daten nicht gesammelt werden können. Es mag auch
bemerkt werden, dass die Produktion Chinas, abgesehen von geringen
Schwankungen von Jahr zu Jahr, seit einem Decennium durchschnittlich
auf gleicher Höhe stehen bleibt. Dies ist aber eine unmittelbare Folge des
strengen Konservatismus der Chinesen, die zähe an den Zuchtmethoden ihrer
Vorfahren festhalten und alle in Japan und in Europa bereits vor Jahrhunderten eingeführten Verbesserungen verpönen, wie z. B. das rationelle Dörrverfahren. Die Züchter bauen genau nur soviele Kokons au, als sie gewiss
sind, in ungedörrtem Zustande, d. i. in der kurzen Zeit von etwa 2 Wochen,
selbst verarbeiten zu können. Die Ernte wird somit quantitativ durch die
Zahl der vorhandenen Haspelapparate beeinflusst. Es ist zweifellos, dass allmählich, vor allem aber mit Einführung der europäischen Dörrverfahren,
die Kokonernten Chinas eine sehr beträchtliche Steigerung erfahren dürften.
Es werden geerntet in:

Tsché-kiang: Hu-tscheu-fu	. . .	37000000 kg
Hang-tscheu-fu	. . .	14500000 „
Kia-hing-fu	. . .	9600000 „
		61100000 kg

Tsché-kiang	61 000 000	kg
Kuang-tung	43 000 000	„
Kiang-Su	21 200 000	„
Ssu-tschuen	19 800 000 [1])	„
Honan	8 500 000	„
Hupéh	6 100 000	„
Shantung	2 700 000	„
Ngan-hoei	1 800 000	„
Hunan	1 500 000	„
Übrige Provinzen, Mongolei, Mandschurei, chin. Turkestan	4 300 000	„
Im ganzen	170 000 000	kg

Nach Korea ist die Seidenkultur ungefähr auf dieselbe Weise gebracht worden, wie nach Khotan. Der Kaiser Ou-ouang überliess seinem Minister Kitsse das Fürstentum von Tschao-Sien, welches den grössten Teil der koreanischen Halbinsel ausmachte. Nach dem Bericht des Historikers Mantua-lin übertrug Kitsse die Seidenzucht heimlich in sein Land und hat das neue Gewerbe hauptsächlich in dem Staate Mahan rasche Verbreitung gefunden (XII. Jahrh. v. Chr.). Um das Jahr 206 v. Chr. legten die nach dem Fall der Dynastie Thsin flüchtigen Stämme Chin in Korea, in der Landschaft Chin-Hn, ausgedehnte Kulturen an. Im J. 202 n. Chr. wurde durch koreanische Seidenzüchter ihre Kunst nach Japan verpflanzt. Die koreanischen Rassen sind grau, weiss und gelb. Das Klima ist von dem Shantungs nicht verschieden. Die gegenwärtige Produktion hat von ihrer früheren Bedeutung verloren und beträgt jetzt 4—600 000 kg Kokons.

Der Anfänge japanischer Seidenkultur ist im ersten Abschnitt dieses Buches gedacht worden. Die Seidenkultur dieses Landes hatte einen ruhigen Entwicklungsgang genommen und genügte zu gewissen Zeiten nicht einmal dem inländischen Bedarf, so dass Ende des XVII. Jahrh. die Seide einen Importartikel bildete. Erst im XIX. Jahrh. nahm die Seidenzucht einen durch die Verhältnisse herbeigeführten und durch die natürlichen Eigenschaften der japanischen Rassen unterstützten Aufschwung. In den siebziger Jahren belief sich die Ernte auf ungefähr 20—25 Mill. kg Kokons, in den achtziger bereits auf 35—40 Mill. kg. Die Seidenkultur war bis zu den sechziger Jahren qualitativ zu hoher Vollkommenheit gelangt, erst die übermässige Grainierung in den Krankheitsjahren hat die Rassen verschlechtert. Duseigneur hat die Widerstandskraft japanischer Rassen der Ernährungsweise, und hauptsächlich den Kreuzungen zugeschrieben. Trotzdem die Fleckkrankheit in

---

[1]) Nach den Angaben von Richthofen (Letter of the provinces of Chi-li, Shansi, Shen-si, Se'chwan) und Morgan (Report, Silk, 1888) beläuft sich die Kokonproduktion in Se-tschuen auf über 35 000 000 kg.

Japan heimisch ist, verursacht dieselbe keine Verbcerungen, zufolge der stetigen Erneuerung der Grains, der Art des Ausbrütens, dem grossen Zwischenraum zwischen den einzelnen Zuchten u. s. w. Die guten Gewohnheiten bei der Seidenzucht sind Gemeingut aller Beteiligten geworden, und die Vorschriften eines Werkchens „Geheime Geschichte der Aufzucht der Seidenwürmer" werden überall befolgt. Das japanische Ackerbau-Ministerium veranlasst alljährlich eingehende Erhebungen über die Ergebnisse der Kokonernte; in Tokio ist 1874 eine Studienanstalt für Raupenzucht „Jo-san-kakari" gegründet worden. Überhaupt legt die Regierung für dieses Gewerbe das grösste Interesse an den Tag, und hat durch energisches Eingreifen in den sechziger Jahren einer allzugrossen Verbreitung der Grainierungen und der weiteren Schwächung der Rassen erfolgreich vorgebengt.

Die Seidenzucht ist in Japan eine Art Hausindustrie, die jedoch mit staunenswerter Sachkenntnis und Sorgfalt gepflegt wird[1]); nur in Musashi und Sin-shiu sind grosse industriell angelegte Raupenzüchtereien im Betriebe. Die Seidenkultur unterliegt gewissermafsen der staatlichen Aufsicht, indem die Seidenproduzenten verpflichtet sind, gemeindeweise zu Gilden zusammenzutreten[2]): aus den Provinzialausschüssen der letzteren ist ein Centralamt gebildet, das die oberste Aufsicht führt. Die inneren Angelegenheiten der Gilde betreffen die Vervollkommnung der Maulbeerkultur, der Raupenfütterung, Einrichtung von Kokonmagazinen u. s. w. Da die Seidenzüchter ihre Ernte gewöhnlich selbst verarbeiten, so befasst sich das Amt auch mit der Normierung der Gespinste, sorgt für die Einheitlichkeit beim Winden und Zubereiten der Stränge, Markieren etc. und stellt gewissermafsen den Vermittler dar zwischen den ausländischen Konsumenten und den heimischen Produzenten.

Der Aufschwung japanischer Seidenzucht datiert eigentlich seit der Raupenkrankheitsperiode in Europa; 1860 wurden die ersten japanischen Raupeneier hier eingeführt, deren gute Eigenschaften alsbald die Aufmerksamkeit aller europäischen Seidenzüchter auf sich zogen. Es scheint, dass die japanischen Raupeneier für die europäische Aufzucht gerade besonders geeignet waren, weil die klimatischen Verhältnisse Japans mit denen Europas fast vollständig übereinstimmen; speciell haben die aus Musashi und Dschoshiu herstammenden Rassen in dem diesen Provinzen in allen Beziehungen gleichkommenden italienischen Brianza, ausgezeichnete Resultate geliefert. Obwohl der Export der Raupeneier nach dem Auslande bei Todesstrafe verboten war, nahm die Ausfuhr seit 1864 einen derartigen Aufschwung, dass die Regierung sich genötigt sah, das Verbot aufzuheben. 1866 wurden bereits 2450000 Kartons ausgeführt. Japanische Kartons sind 35 cm lange und 25 cm breite, aus den Fasern der Broussonetia papyrifera angefertigte Pa-

[1]) de Rosny, Traité de l'éducation des vers à soie au Japon.
[2]) Verordnung des Min. f. Handel und Gewerbe. No. 41 vom 2. Nov. 1885.

pierbogen, die etwa 25 g Raupeneier angeklebt tragen. In dem Maße, wie sich die europäischen Produktionsländer von den Krankheiten erholt haben, fiel in Japan die Ausfuhr auf 1018000 Kartons im J. 1876 und 75060 im J. 1883. In der Zeitperiode 1864—1880 verausgabte Europa an Japan im ganzen für 21750000 Kartons eine Summe von 365 Mill. Frcs. Von den ursprünglichen Rassen Japans existieren gegenwärtig noch: eine einerntige Rasse (gelbe Kokons), eine ebensolche weisse und eine zweierntige weisse Rasse. Die grüne Rasse ist lediglich ein Kreuzungsprodukt; der „kakease", ein einerntiger Wurm, welcher grüne Kokons spinnt, ist aus der weissen und gelben Rasse durch Kreuzung hervorgegangen, und der „kanassu", der zweierntige Wurm grüner Rasse, ist ein Mestize der zweierntigen weissen Rasse mit der vorherigen grünen. Die japanischen Rassen waren ehemals äusserst lebenskräftig, sind indessen, infolge der übermässig forcierten Aufzucht zum Zweck der Graineproduktion während der Krankheitsjahre, beträchtlich abgeschwächt worden.

Um eine Übersicht über die Seidenkultur Japans zu gewinnen, teilen wir dasselbe in drei Zonen ein, die nördliche, die mittlere und die südliche.

Im Norden Japans hat die Seidenkultur ihren Sitz in den gebirgigen Gegenden der Provinzen Iwashiro, Uzen, Ugo, Matsu und in einigen Distrikten, aber unter dem allgemeinen Namen Oshiu bezeichnet (Jong, Akita u.a.). In der Provinz Uzen nimmt die Seidenkultur einen beträchtlichen Umfang ein; Jamagata, Kaminoyama und Fukushima sind die wichtigsten Märkte, auf welchen vorwiegend einjährige grüne bis grünlichgelbe, grosse und grosskörnige Kokoqualitäten vorkommen. Eine bedeutende Ausdehnung hat die Kultur in Iwashiro gewonnen, dessen Osten förmlich eine ununterbrochene Maulbeerplantage bildet; die Städte Fukushima und Wakamatsu sind die Märkte, wo der Handel mit Kokons weisser Rasse und von ausgezeichneter Güte betrieben wird. In der Umgegend von Wakamatsu wird auch eine weisse Rasse von geringerer Qualität gezogen, die durch Kreuzung der ein- mit der zweierntigen hervorgegangen ist. Die Gegenden von Oshiu (Etshigo, Rikuzen etc.) liefern wenig in quantitativer Hinsicht, aber qualitativ sehr geschätzte grüne und weisse, längliche Kokons. Auch in der Provinz Iwaki ist die Seidenzucht von Bedeutung; an Stelle der früher gezüchteten zweierntigen, minderwertigen Rasse ist jetzt die einerntige mit Erfolg eingeführt worden. Die jährliche Gesamtproduktion der nördlichen Zone Japans dürfte sich gegenwärtig auf etwa 18 Millionen kg Kokons belaufen.

In den Provinzen der mittleren Zone werden hauptsächlich grüne, zumeist einerntige Rassen kultiviert. In Dschoshiu produziert man in grosser Menge feinkörnige Kokons, wovon die von Maybash und Takasaki die am meisten geschätzten sind. In Musashi (östlich von Dschoshiu) werden besonders gute Qualitäten in seinen nördlichen Gegenden erzeugt. Sin-shiu betreibt im Norden die Zucht grüner, im Süden weisser Rassen von guter Qualität. Die in der Provinz Koshiu produzierten Kokons sind dagegen

von minderwertiger Güte, was allerdings auf die ungünstigen Klimaeinflüsse
zurückzuführen ist. In Etshiu und Hida werden um Takayama weisse,
geschätzte Rassen erzeugt; Kodzuké, Shimozuké und Hitatshi schliesslich betreiben die Seidenzucht in weniger beträchtlichem Mafsstabe. Die
Gesamtproduktion dieser Zone beträgt in runder Zahl 40 Millionen kg
erntefrischer Kokons.

Im Süden Japans wird der Seidenbau, unterstützt durch das besonders
günstige Klima, in ausgedehnterem Mafsstabe in Goshiu, Etachizen, Mino,
Yamashiro und Owari gepflegt. Die durchschnittliche Produktionshöhe erreicht hier 15 Millionen kg.

Auch auf den Inseln Liu-kiu bildet die Seidenzucht ein ziemlich rege
betriebenes Gewerbe.

Die Anfänge nordamerikanischer Seidenkultur reichen in den Beginn
des XVII. Jahrh. zurück. Wie in allen seinen Kolonien, so war England
eifrig bemüht, auch in Amerika die Produktion der Rohstoffe einzuführen,
während es dagegen jede industrielle Thätigkeit verzögerte. Im Staate
Virginien war der Maulbeerbaum einheimisch und vielfach verbreitet. Die
Generalversammlung der Kolonie verordnete 1619 die Anpflanzung der
Plantagen und die Aufzucht der Seidenraupe, und in einer Note aus diesem
Juhre findet man: „dass es eine Unzahl der besten Maulbeerbäume in Vir-
ginien giebt und dass man Seidenwürmer im Naturzustande vorfindet".
Später hat man den schwarzen Maulbeerbaum durch den weissen ersetzt;
eine andere Varietät, die M. rubra, die im wilden Zustande von Kanada bis
Mexiko wächst, hat jedoch nie zur Ernährung der Seidenraupe gedient. Durch
Jacob I. von England zuerst nach Louisiana eingeführt, um dadurch den
Tabaksbau zu ersetzen, nahm die Seidenkultur einen ziemlich bedeutenden Aufschwung und verbreitete sich bald nach den südlichen Kolonien,
namentlich Virginien. Durch königliche Erlasse und Parlamentsakte wurde
beschlossen, den Seidenzüchtern unentgeltlich Maulbeersamen und Raupeneier zu verabfolgen und auf die Unterlassung, Maulbeerplantagen anzulegen,
hohe Strafen zu verhängen, für gute Erfolge dagegen Prämien auszusetzen.
Indess war es den Züchtern mehr um die Prämien, als um die Seidenernte
zu thun, so dass die Kultur Virginiens aus Mangel an positiven Erfolgen
nach und nach einging. Digges teilte zuerst seine Erfahrungen über die
Seidenzucht in Virginien und Karolina mit, wo er in Gemeinschaft mit
Jason eingehende Versuche anstellte[1]). Ein Jahrhundert später wurden
die Versuche in Südkarolina und Georgien mit viel besserem Erfolg
wieder aufgenommen, doch auch hier mangelte es der Seidenkultur an
Lebensfähigkeit, sobald die Seidenprämien aufhörten. Um die Mitte des
XVIII. Jahrh. wurde die Anpflanzung in Pennsylvanien (auf Anregung
Franklins), Indiana und Mexiko versucht, später auch in den nördlichen
Staaten, New-Jersey, Connecticut und Massachusetts; besonders in Kalifornien

---

[1]) Royal Academy of London. II. 756.

berechtigte sie zu schönen Hoffnungen [1]), doch kam es hier nie zu einer nennenswerten Produktion. Politische und sociale Verhältnisse drängten bald darauf das Interesse für die Seidenkultur in den Hintergrund [2]). Erst seit den zwanziger Jahren machte sich eine neue Bewegung auf rein spekulativem Boden geltend, die jedoch wieder weniger die Rohseidenproduktion, als vielmehr den Maulbeerbaum zu ihrem Objekt erwählt hat. Im Jahre 1820 wurde in Mansfield [3]), dann 1826 in Baltimore von Smith die vielstengliche Maulbeervarietät, Morus multicaulis, mit vielem Erfolg angewendet. Die Vorzüge der neuen Nährpflanze wurden nun überschwenglich gepriesen, die Regierung setzte Prämien aus, man schrieb unzählige Bücher und Anleitungen zum Seidenbau, veranstaltete Kongresse und Vorträge und schien der ernsten Absicht zu sein, Amerika mit einem Schlage von den seidenerzeugenden Ländern unabhängig zu machen. Und so kann es nicht verwundern, wenn im Zeitraum von 1830—40 über vierzig Aktiengesellschaften zum Betrieb der Seidenkultur gegründet worden sind; aber statt der rationellen Aufzucht blieb es lediglich bei Anpflanzung und Handel mit Multicaulisbäumen, während die Zucht der Seidenraupe gar nicht in Betracht kam. Die Bäume erzielten fabelhafte Preise, es gab Pflanzungen mit $^1/_2$—1 Million Bäumen, alles stürzte sich in die Multicaulisspekulation, und als 1839 die Krisis hereinbrach, gingen viele Kapitalien verloren, während das Resultat nur winzige Mengen Seide bedeutete. Mit Hoffnung auf schliesslichen Erfolg blieben die Kulturanlagen weiter bestehen, und die Ernte stieg 1842 auf ca. 150000 kg Kokons; erst als 1844 ein starker Meltau die Bäume vernichtete, wurden weitere Versuche auf längere Zeit hinaus unterlassen. Die Vereinigten Staaten produzierten [4]):

1850	4923 kg trockn. Kokons		1870	1788 kg trockn. Kokons	
1860	5423 „ „ „		1880	2500 „ „ „	

Im Jahre 1889 belief sich die Ernte auf 18745 engl. Pfund frischer Kokons gegen 11739 im Jahre 1888. Trotz der früheren Misserfolge scheint man die Hoffnung, die Seidenkultur namentlich in den südlichen Staaten dauernd einzuführen, nicht ganz aufgegeben zu haben, vielmehr ist man neuerdings bestrebt, durch Anlegen mehrerer bakologischer Stationen für ihre zukünftige Entwickelung eine geeignete Grundlage vorzubereiten; dass diese Bemühungen von Erfolg gekrönt werden können, ist keineswegs ausgeschlossen, denn die ganze Zone von Florida bis Kalifornien ist zufolge ihres billigen und fruchtbaren Bodens den Maulbeerplantagen, und durch ihr gemässigtes Klima der Seidenzucht besonders förderlich; nur die Arbeits-

---

[1]) Wyckoff, Report of the silk manufacturing industry of the United States. New York 1887.
[2]) Leander Bishop, History of Amer. Manuf. from 1608 to 1866. Vol. III.
[3]) Lilly, The Silk Industry of the United States.
[4]) The statistics of the wealth and industry of the U. S.

kräfte sind zu selten und teuer. Über den Seidenbau in Kansas z. B. lagen
s. Zt. mehr günstige Berichte vor [1]).

In Mexiko blühte noch im vorigen Jahrhundert eine regelmässig betriebene Seidenkultur, die indessen im Laufe der Zeit zurückging. Gerade hier
scheint aber die Seidenzucht eine gewisse Zukunft zu haben; die Nähe des
grossen Absatzgebietes, der Vereinigten Staaten, wo sich dieselbe trotz aller
Versuche nicht recht einzuführen vermag, geeignetes Klima und ausgedehnte
Maulbeerwälder begünstigen ihre Entwickelung. In den letzten Jahren sind
die Versuche wieder in grösserem Mafsstabe aufgenommen worden und soll
sich die Produktion auf 50000 Pfund belaufen haben.

Central- und südamerikanische Staaten bieten der Seidenkultur sehr
günstige klimatische Verhältnisse dar. Die Versuche waren seiner Zeit durch
die Nachfrage nach amerikanischen Grains angeregt worden; da dieselben
jedoch nicht die gehegten Erwartungen erfüllt hatten, liess man die Zuchten
bald wieder eingehen. Die auf die Erzeugung von Seide gerichteten
Unternehmungen waren dagegen nicht gewinnbringend genug. Es fehlt in
Amerika an den zahlreichen, in gesicherten Verhältnissen lebenden, billigen und
zufriedenen Arbeitskräften, wie solche in der sesshaften bäuerlichen Bevölkerung anderer Länder anzutreffen sind. Guatemala ist das einzige Land Central-
Amerikas, wo die Versuche energisch vorgenommen wurden; 1858 begonnen
und 1862 erneuert, hörten sie 1863 jedoch schon gänzlich auf. Um dieselbe
Zeit fing man auch mit Versuchen im Archipel der Antillen an: so z. B.
auf Cuba, Jamaika, Guadeloupe und Martinique; die Seidenraupe wurde hier
überall im Freien gezüchtet. Kolumbien, Ecuador, Peru und Bolivien haben
in verschiedenen Punkten Zuchten angelegt; die einartigen Rassen Frankreichs und Italiens ergaben in diesen Breitegraden mehrere Ernten im
Jahre. Die Rauponeier Ecuadors haben zum Studium der künstlichen Überwinterung der Grains angeregt, da im Juni gelegte und alsdann im Eiskeller
aufbewahrte Eier im November zum Auskriechen gebracht werden konnten.
In Chili finden sich zahlreiche Maulbeerbäume; die Regierung unterhielt früher
eine Musteraufzüchterei, und da die Bevölkerung hier sehr sorgsam ist, so
erntet man bis 10000 kg Kokons jährlich. Unter den Staaten, die vom Atlanti-
schen Ocean bespült werden, besitzen Venezuela und die Guyanen keine Seidenkultur, Brasilien produziert nur wenig, nämlich Rio de Janeiro, Santa
Katharina etc., im ganzen bis zu 20000 kg. In Uruguay und Argentinien wird
die Seidenzucht von den eingewanderten Italienern an vielen Orten, jedoch
nur in geringem Umfang als Hausarbeit, betrieben. Die Kokons italienischer
Rasse sind gelb und weiss, und feinkörniger, guter Natur. Gegen die fünfziger Jahre war die Produktion am Fusse der Anden ziemlich belangreich,
durch die Epidemie ging sie jedoch zu Grunde.

In Afrika betreiben nur die Länder an den Gestaden des Mittelländi-

---

[1]) The textile Colorist, 1898, S. 154.

schen Meeres die regelmässige Kultur des Maulbeerspinners. In Tripolis scheint dieselbe einen ziemlich bedeutenden Umfang zu erreichen; der Export von Gespinsten, Kokons, Abfällen etc. entspricht einer Produktion von 350000 kg Kokons; die Gesamternte dürfte eine halbe Million erreichen. In Tunis könnte der Seidenbau vorzüglich gedeihen, da sich alle europäischen Rassen dort aufs beste acclimatisieren, die nomadische Lebensweise der Eingeborenen verhindert indessen seinen weiteren Fortschritt. In Algerien konzentriert sich die Seidenkultur um Batna. In Deutsch-Ostafrika sind vor kurzem mit der Maulbeerraupe und dem Eriaspinner Versuche mit günstigem Erfolge durchgeführt worden, so dass die Regierung den Anbau des Maulbeerbaumes unternommen hat.

Australien macht seit einem halben Jahrhundert mehr oder minder erfolgreiche Anstrengungen in der Seidenkultur. Die Weltausstellungen des letzten Decenniums brachten gute Proben aus den Staaten Neu-Seeland und Victoria und sind namentlich in diesen letzteren neuerdings wieder erfolgreiche Versuche angebahnt worden.

Bibliographischer Anhang.

1. Embryologie, Anatomie und Physiologie der Seidenraupe.

Kirby and Spence, Introduction to entomology.

Hagen, Bibliotheca entomologica.

Germar, Dissert. syst. Bombycum.

Schrank, Fauna Boica.

Fabricius, Entomologia systematica.

Hübner, Sammlung europ. Schmetterlinge.

Lennis, Synopsis der Tierkunde. Hannover 1886.

Selvatico, Journal der Mikrographie, 1882.

Tichomiroff, Zool. Anzeiger, 1879.

v. Graber, Vergleichende Studien am Keimstreif der Insekten. Wien 1890.

Stein, Vergleichende Anatomie und Physiologie der Insekten.

Meyer, Über die Entwickelung des Fettkörpers, der Tracheen und der keimbereitenden Geschlechtsteile bei Lepidopteren (Zeitschrift für wissenschaftl. Zoologie, Bd. I).

Leydig, Der Eierstock und die Samentasche der Insekten, 1866.

Ludwig, Über die Eibildung im Thierreiche.

Huxley, On the Agamic Reproduction and Morphologie of Aphis (Transact. of Linnean Society, Vol. 22).

Claus, Beobachtungen über die Bildung des Insecteneies (Zeitschr. f. wiss. Zool.).

Bessels, Studien über die Entwickelung der Sexualdrüsen bei den Lepidopteren (Zeitschr. f. wissenschaftl. Zool. Bd. 17).

Siebold, Über die Spermatozoen der Crustaceen und Insecten (Müll. Archiv, 1836).

Landois, Die Entwickelung der buschelförmigen Spermatozoen bei den Lepidopteren (Müll. Arch. 1866).

Schweizer-Seidel, Über die Samenkörperchen und ihre Entwickelung (Arch. f. m. Anat. Bd. 1).

Dalbiani, Mém. sur la génération des Aphides (Ann. des Scienc. Nat. 5).

Bütschli, Mitth. über Bau und Entwickelung der Samenfäden der Insecten u. Crustaceen (Zt. für wiss. Zool. Bd. 21).

Herold, Entwickelungsgeschichte der Schmetterlinge.

Kölliker, Observationes de prima insectorum genesi.

Zaddach, Untersuchungen über die Entwickelung u. den Bau der Gliedarthiere.

Leuckart, Zur Kenntniss des Generationswechsels und der Parthenogenesis bei den Insecten (Moleschott's Unters. Bd. IV).

Metschnikoff, Embryologische Studien an Insecten (Zeit. für wissensch. Zool. Bd. 16).

Gonin, Über die Embryonalhüllen der Hymenopteren und Lepidopteren (Mém. de l'Académie des sciences de St. Petersbourg, VII).

Gonin, Beiträge zur Kenntnis der Entwickelungsgeschichte bei Insecten (Zeit. f. wiss. Zool. 19).

Bobretzky, Über die Bildung der Blastodermis und der Keimblätter bei den Insecten (ibid. 31).

Mayer, Über Autogenie und Phylogenie der Insecten (Jen. Zeitschrift Bd. 10).

Graber, Vorläufige Ergebnisse einer grösseren Arbeit über die vergleichende Embryologie der Insekten (Arch. für mikr. Anat. Bd. 15).

— Die Insecten, II. Theil.

O. & R. Hertwig, Die Coelomtheorie, 1881.

Hatschek, Beiträge zur Entwickelung d. Lepidopteren (Jen. Zeitschrift Bd. 11).

Dorn, Notizen zur Kenntnis der Insectenentwickelung (Zeit. f. wiss. Zool. Bd. 26).

Melnikoff, Beiträge zur Embryonalentwickelung der Insecten (Arch. f. Naturgeschichte 1869).

Angelo Maestri, Frammenti anatomici, fisiologici et patologici sul baco da seta, Pavia 1856.

Leydig, Handbuch der Histologie.

Graber, Bindegewebe der Insectenhaut (Arch. für mikr. Anat. Bd. 10).

Semper, Über die Bildung der Flügelschuppen und Haare bei den Lepidopteren (Zeit. f. wiss. Zoologie, Bd. VII).

Landois, Beiträge zur Entwickelungsgeschichte der Schmetterlingsflügel in der Raupe und Puppe.

Tichomiroff, L'embryologie du B. mori (Bull. du Labor. d'études de la soie). Lyon 1891.

Allgemeine Untersuchungen von Cornalia, Lubbock, Siebold, Huxley, Leuckart, Leydig, Waldeyer, Brandt u. A.

Blanc, La tête du B. mori (Bull. du Labor. de Lyon 1889/90, S. 163).

Malpighi, Dissertatio epistolica de Bombyce. London 1669.

Blasius, Anatome animalium, Amsterdam 1681.

Swammerdam, Biblia naturae, Leyden 1737.

Réaumur, Mémoires pour servir à l'histoire des insectes, Bd. I. Paris 1784.

Beschreibung eines Seidenwurmes in gebundener Rede. Leipzig 1744.

Rösel von Rosenhof, Insekten-Belustigungen. Bd. III. Nürnberg 1755.

Lyonet, Traité anatomique de la chenille etc. Haag 1760.

Robinet, Mém. sur la sécrétion de la soie (Ann. de la Soc. d'agric. de France 1844).

Anxoux, Ver à soie (B. sericaria). Paris 1849.

Cornalia, Monografia del bombyce del gelso (Mem. del Inst. Lombardo 1856). Milano 1856.

Barthélemy, Rec. d'anatomie et de physiologie sur la classe des Lépidoptères. Toulouse 1864.

Aldrovandus, De animalibus insectis libri septem. Bologna 1602.

Jonston, Historiae naturalis de insectis libri III. Frankfurt 1653.

— Theatrum universale omnium animalium insectorum. Heilbronn 1757.

Platner, Über die Respirationsorgane und die Haut bei den Seidenraupen (Müllers Archiv 1844).

Meyer, Über die Knochenkörperchen in der Haut der Seidenraupe (Zeit. f. wiss. Zool. 1849).

Hollard, Sur les caractères anatomiques etc. (Revue zoolog. 1851).

Filippi, Brieve riassunto de alcune ricarche anatom. fisiolog. sul baco da seta (Ann. del Soc. della Sc. Zool. Turin 1853).

Sirodot, Recherches sur les sécrétions chez les insectes (Ann. des sc. natur. 1858).

Leydig, Zum feineren Bau der Arthropoden (Müllers Archiv 1855).

Viallanes, Recherches sur l'histologie et le développement chez les insectes (Ann. des sc. nat. 1882).

Leydig, Bemerkungen über Farben der Hautdecken und Nerven der Drüsen bei Insecten (Arch. f. mikroskop. Anat. 1876).

— Die Hautsinnesorgane der Arthropoden (Zoolog. Anzeig. 1886).

Odier, Note sur la composition chimique des parties cornées des insectes (Mém. de la Soc. d'hist. natur. Paris 1823).

Lassaigne, Sur le tissu tégumentaire des insectes (Compt. rend. de l'Acad. des Sciences 1843).

Péligot, Sur la composition chimique de la peau du ver à soie (Compt. rend. 1858).

Frémy et Pelouze, Traité de Chimie générale, 1857.

Verson, Di una serie di nuovi organi escrettori scoperti nel filugello (Rend. del Staz. bacol. Padova 1890).

Leeuwenhoeck, Arcana naturae detecta, Delphis 1695.

Gilson, La soie et les appareils séricigènes (La Cellule, Bd. VI. 1890).

Suckow, Rec. anat. et physiol. sur les crustacées. Heidelberg 1818.

Brandt, Medizinische Zoologie. Berlin 1831.

— Remarques sur les nerfs stomato-gastriques chez les animaux invertébrés (Mém. Ac. Sc. de St. Pétersbourg, 1836).

Newport, On the nervous system of the Sph. Ligustri (Phil. Transact. of the R. S. of London 1832).

Graber, Die Insecten, 1877.

Landois, Die Raupenaugen (Z. f. wiss. Zool. 1866).

Pankrath, Das Auge der Raupen und Phryganiden-Larven (Zeit. f. wiss. Zool. 1890).

Lowne, On the compound-vision and the morphologie of the Eye in Insects (Tr. of the Linnean Society of London, 1884).

Carrière, Die Sehorgane der Thiere. München 1885.

Patten, Eyes of Mollusks and Arthropods (Mitth. aus der zool. Station zu Neapel 1886).

Dujardin, Mémoire sur les yeux simples des Arthropodes (Ann. Sc. Natur. 1867).

Plateau, Recherches sur la vision chez les Arthropodes (Bul. Ac. Royale Belgique, 1888).

Boissier de Sauvages, Mém. sur l'éducation des vers à soie, 1763.

Helm, Über die Spinndrüsen der Lepidopteren (Z. für wiss. Zool. 1876).

Lidth van Jeude, Zur Anatomie und Physiologie der Spinndrüsen der Seidenraupe (Zoologisch. Anzeig. 1878).

Tichomiroff, Die Entwickelungsgeschichte der Seidenraupe (im russischen). Moskau 1892.

Barthélemy, Etude sur la tête et la bouche des larves insects (Compt. rend. Ac. Sc. 1885).

Viallanes, La morphologie du squelette céphalique des insectes (Bull. Soc. Philom. Paris 1885).

Blanc, Étude sur la sécrétion de la soie (Bull. du Labor. de Lyon 1890).

Péligot, Chemische und physiologische Betrachtungen der Seidenraupe. (Compt. rend. 33, 34.)

— Über die Zusammensetzung der Haut des Seidenwurmes, (Ann. d. Chim. 3. s. V. 58.)

— Chemische und physiolog. Untersuchungen der Seidenraupen. (Dingl. Polyt. Journ. Bd. 178, 124, Bd. 182, 411.)

Duclaux, Über den Einfluss der Winterkälte auf die Entwickelung des Embryo des Seidenwurmes. (Polyt. Centrbl. 1870.)

Lenz, Chemische Analyse der Seidenraupen. (Ann. d. Landw. Wochbl. 1868)

Duclaux, Über Respiration der Eier. (Compt. rend. 67.)

Dubois, Die Absonderung der Seidensubstanz bei B. mori. (Compt. r. 111, 206.)

— Über den natürlichen Farbstoff der Seide. (Compt. r. 111, 482.)

Helm, Entstehung der Seide. (Zeit. f. wiss. Zoologie, 1876. 434.)

v. Höhnel, Über die Bildung der Seide. (Zentralorgan für Waarenkunde, 1891, 98.)

Rueff, Ventilirung der Raupeneier nach dem System Bouvier. (Polyt. Centralblatt. 1856. 1408.)

Vgl. ausserdem die Litteraturangaben in Taschenbergs Bibliotheca zoologica II, Bände II und III. Leipzig 1889,90, unter den Stichworten Bombyx etc., ausserdem S. 2151—56 und 2072—81.

2. Krankheiten der Seidenraupe.

Targioni-Tozzetti, Sul pidocchio degli Agrumi in Sicilia (Bull. della Soc. entom. ital. IV). 1862.

— Sulla cocciniglia del fico (Acad. dei geogr. di Firenze). 1863.

Turati, Sulla Diaspis pentagona. (Riv. di Bachic. 19. 1889.)

Franceschini, Sulla diaspida del gelso. (Riv. di Bachic. 21, 25. 1889.)

Vinassa, Le progrès agricole, Novembre 1891.

Masquard, Les maladies des vers à soie.

Quajat et Rossinski, Recherches sur la muscardine.

Rocheblare, Maladies des vers à soie.

Cornalia, Compt. rend. LXIX. 629.

Pasteur, Compt. rend. LXVIII. 1289 (morts-flats).

— Etudes sur les maladies des vers à soie.

Bolle, Die Krankheiten der Seidenraupe.

Haberlandt, Zur Kenntniss der Seidenspinnerkrankheiten.

Quatrefages, Etudes sur les maladies actuelles du ver à soie.

Haberlandt & Verson, Studien über die Körperchen des Cornalia. Wien 1870.

Pasteur, La maladie de la flâcherie. (Compt. rend. 1869.)

Raybaud-Lange, Sur la maladie des morts-flâts. (Compt. r. 1868.)

Béchamp, Sur l'origine de la maladie microzymateuse des vers à soie. (Compt. rend. 1869.)

Ciccone, Sul corpo grasso del baco da seta. Firenze 1861.

Bordone, Organismes des morts-flâts. (Compt. r. 1870.)

Nyston, Recherches sur les maladies des vers à soie.

Vgl. auch Taschenberg, Bibl. zool. S. 2135—51.

3. Die Seidenkultur.

Barth, Anleitung zum Seidenbau. 1837.

Haumann, Das Ganze des Seidenbaues. Ilmenau 1829.

Hazzi, Lehrbuch des Seidenbaues. München 1826.

Hoffmann, Handbuch der fränkischen Seidenerzeugung. Würzburg 1839.

Hout, Aufmunterung zur Seidenzucht in Deutschland. Mannheim 1832.

Juillien, Über Maulbeerbaumzucht und Erziehung der Seidenraupen, übers. von Lindner. Stuttgart 1837.

Wranitzky, Anleitung zur praktischen Seidenkultur. Frankfurt a. M. 1840.

Krutzsch, Beiträge zur Förderung des Seidenbaues. Leipzig 1838.

Mögling, Anleitung zur Maulbeerpflanzung und Seidenzucht. Tübingen 1841.

Netz, Anleitung zur Kultur der Maulbeerbäume und der Seidenraupen. Darmstadt 1840.

Schütze, Anleitung zum praktischen Seidenbau und zur Maulbeerbaumzucht. Leipzig 1838.

Türk, Vollständige Anleitung zur zweckmässigen Behandlung des Seidenbaues und des Haspelns der Seide, sowie zur Erziehung und Behandlung der Maulbeerbäume. Potsdam 1829.

— Die neuesten Erfahrungen hinsichtlich des deutschen Seidenbaues und der Erziehung und Behandlung der Maulbeerbäume. Leipzig 1837.

— Anleitung zur Pflege und Erziehung der Maulbeerbäume, nebst Nachtrag betreffend die Behandlung und Aufbewahrung der Seidenwurmeier. Potsdam 1838.

Zieten, Anweisung zum Seidenbau. Stuttgart 1831.

Zinken, genannt Sommer, Anweisung zum Seidenbau. Braunschweig 1829.

Boitard, Traité de la culture du mûrier et de l'éducation des vers à soie. 1828.

Loiseleur-Deslongchamps, Mûriers et vers à soie. 1832.

— Nouvelles considérations sur les mûriers et les vers à soie. 1839.

Gobin, Mûriers et vers à soie. 1874.

Haas, Die deutsche Seidenzucht. Leipzig 1852.

Netz, Anleitung zur Zucht der Seidenraupen. Darmstadt 1855.

Rein, Der gegenwärtige Stand des Seidenbaus. Frankfurt a. M. 1868.

Brinkmeier, Der Seidenbau, eine Quelle des Volkswohlstandes und Nationalreichthums. Leipzig 1882, 1886.

Haberlandt, Der Seidenspinner. Wien 1871.

Weissweiler, Die Zucht des Maulbeerbaumes und der Seidenraupe. Berlin 1875.

Gotthard, Die Seidenraupe. Erfurt.

Mögling, Die Seidenraupenzucht.

Steven, Unterricht über den Seidenbau.

De Sauvages, L'art d'élever les vers à soie.

D'Arcet, Description d'une magnanerie.

Bavier, Japans Seidenzucht etc. Zürich 1874.

Reichenbach, Über Seidenraupenzucht in China.

Landgrebe, Die Seidenzucht in Deutschland, ihre Behandlung und Vortheile. Kassel 1852.

Maillot, Leçons sur le ver à soie du mûrier. Montpellier 1885.

Boissier de Sauvages, Mémoires sur l'éducation des vers à soie. 1763.

Dusuzeau, Notes d'un magnanier français 1882.

Hübner, Katechismus der Seidenraupenzucht. Prag 1865.

Bassi, Il meglio governo dei bachi da seta.

Dandolo, Dell'arte di governare i bachi da seta.

Crivelli, Instruzione per allevare i bachi da seta.

Loménie, Mémoires sur les vers à soie.

Ouekaki-Morikuni, L'art d'élever les vers à soie au Japon.

Reynaud, De l'éducation des vers à soie dans les Cévennes.

Roman, Le magnanier.

Gasparin, Mûriers et vers à soie.

A. M. Villon, La soie. Éducation des vers à soie. Paris 1890.

St. Julien, Résumé des principaux traités chinois sur la culture du mûrier et l'éducation des vers à soie. Paris 1837.

De l'Arbousset, Les Cévennes séricoles.

— Cours de sériculture pratique.

Reynaud, Les vers à soie. Paris 1812.

Stellamouth, Katechismus des Seidenbaues. Leipzig 1827.

Thomé, Mémoire sur la culture du mûrier blanc et la manière d'élever les vers à soie. Amsterdam 1771.

Devilliers, Nouveau manuel complet sur la soierie. Paris 1889.

Dubet, La Mûriometrie. Lausanne 1770.

Fineschi, Dissertazione sopra la maniera di coltivare i mori gelsi. Siena 1783.

Adams, Rapport sur la sériculture au Japon (III).

de Francheville, Le Bombyx. Berlin 1754.

Hoffmanni Observationes circa bombyces, sericum et moros. Tubingae 1757.

Kolenati, Die Verwandlungen der Seidenraupe. Prag 1842.

v. Lichtenstern, Über den Seidenbau in den preussischen Staaten. Berlin 1827.

— Unterricht, selbst in den kleinsten Haushaltungen den Seidenbau auf die nützlichste Weise zu betreiben. Berlin 1827.

Pfeiffer, Der deutsche Seidenbau. Berlin 1748.

Rammlow, Seidenzucht und Maulbeerbaum. Berlin 1840.

Bolzani, Wegweiser zum Seidenbau für Norddeutschland und insbesondere für Preussen. Berlin 1831.

Brunet de Lagrange, Tableau synoptique pour l'éducation hâtive des vers à soie. Paris.

de Castellet, Instruzioni circa il modo di coltivare i gelsi, de allevare i bachi da seta et di filare le sete. Torino 1778.

Dandolo, L'art d'élever les vers à soie. Lyon 1825.

Berce, Guide de l'éleveur des chenilles.

Guérin-Méneville, Traité spécial de l'éducation des chenilles produisant de la soie.

Holdhaus und Panzer, Denkschrift über die Entwickelung der Seidenzucht in Oesterreich-Ungarn. Wien 1866.

Grognier, Recherches historiques et statistiques sur le mûrier, les vers à soie etc.

Du'plat, Simple méthode d'éducation.

18*

Luppi, La panspermie appliquée à la sériculture aux prises avec la statistique.

Inventaire de sériculture, soies et soieries.

Quatrefages, Essai sur l'histoire de la sériculture. Paris 1860.

De Gasparin, Histoire de l'introduction du ver à soie.

Dusseigneur, Histoire des transformations du cocon du ver à soie du XIV° siècle au XIX°· 1867.

Boullenois, Conseils aux nouveaux éducateurs des vers à soie. Paris 1842, 1875.

Bolle, Ausführliche Anleitung zur rationellen Aufzucht der Seidenraupe. Berlin 1893.

Ritter, Die japanische Seidenzucht. Berlin 1894.

Franceschini, Guida pratica del coltivatore di bachi da seta. Milano 1895.

Verson & Quajat, Il filugello e l'arte sericola. Padua 1895.

Swayne, Barrington, Barteren, Der Seidenbau in England. (Gill's technical repository, 7, 9.)

Pathe, Das Ganze der Maulbeerbaumzucht etc. Berlin 1865.

Chaussier, Ersticken der Kokons mit Terpentinöl. (Dingl. polyt. Journ. 7, 49.)

v. Viebahn, Nachweisung über den Stand und die Erträge des Seidenbaues in Preussen 1853—55. (Zeitschr. des Vereins zur Beförd. d. Gewerbefleisses in Preussen. 103.)

Verwendung der Seidendärme zur Bereitung der Angelschnüre durch Einlegen in Weinessig. (Dingl. p. J. 141.)

Polli, Tränken der Maulbeerzweige in Hypoaulßt als Mittel gegen Raupenkrankheiten. (Dingl. p. Journ. 1863.)

Sächsischer Seidenbauverein zu Leipzig. Deutsche Industrieztg. 1869. 146.

Bronzet, Surrogate des Maulbeerbaumes. (Compt. rend. 68.)

Ott, Historisches über die Seidenzucht in Amerika. (Wieck's d. illustr. Gewerbeztg. 1870.)

Die 1860er Seidenzucht in der Provinz Brandenburg. (Ann. d. Landwirtschaft. Berlin, 36.)

Luppi, Beschleunigte Zucht. (Textile de Lyon, 1. 1880.)

Wingelmüller, Seidenzuchtversuche in den nördlichen Gebieten Österreichs. (Österr. Landw. Wochenbl. 1885.)

Buchwald, Seidenzucht in Deutschland. (Landw. W. f. Schlesw.-Holstein. 38 (1888). 573.)

Stawedder, Norddeutsche Seidenkultur. (Das d. Wollengewerbe, 20, 1209.)

Gantbier, Dampfdörrofen für Kokons. (Moniteur des soies. 1889 (28), 1462.)

Hort, Deutsche Seidenkultur. (Leipz. Monatsschrift f. Textilind. 1891. 503.)

Gauthier, Dörren der Kokons. (L'Industrie textile. Paris 17, 159 (1891).)

Beschreibung einer Seidenaufzüchterei (Magnanerie). (Journ. d'agricolt. 1891. 55.)

Seidenzucht in Amerika. (Manuf. Review. 17. 301.)

Brouzet, Anwendung von mit Kupfervitriol getränktem Kiefern- und Buchenholz als Schutzmittel gegen Raupenkrankheiten. (Dingl. polyt. Journal, 165.)

Die Zucht der Seidenraupe auf der Insel Chios. (Dingl. p. J. 1857. 145.)

Der Seidenbau in Assam. (Dingl. p. J. 1865. 176.)

Rosa, Histoire de la culture des vers à soie en Europe. (Journ. de l'Agric. 1870.)

Sauvageon, Application de l'électricité dans la sériculture. (Compt. rend. 1850.)

Silk culture in America. (Manuf. Rev. 1884. 801.)

Schawrow, Gewinnung, Verarbeitung und Absatz der Seide. St. Petersburg 1890. (Eine umfassende Darstellung in russischer Sprache.)

Blau, Russlands Seidenbau. St. Petersburg 1886.

Jezierski, Jedwabnictwo polskie (Die Seidenzucht Polens). Warzawa 1838.

Bogucki, Jedwabnictwo. 1871.

Kozubowski, Jedwabniki (Die Seidenspinner). Kraków 1872, 1877.

Vgl. auch die überaus ausführlichen Litteraturangaben in Taschenbergs Bibl. zool. S. 2062—72 und 2081—135; für die ältere Litterat. auch Carus & Engelmann, Bibl. zool. (1861), Bd. I. S. 597—603.

Patente.

Französische Patente.

Schertz, Ausheben der Seidenwürmer, 1827.

de Lubac, Gerüst für Seidenraupen, 1837.

Vasseur, Ausheben der Raupen, 1838.

Richard, Fütterung der Raupen, 1842.

Blain, Fütterungspappe, 1843.

de Lubac, Aufzüchten der Würmer, 1843.

Lux, Ausleser für Seidenraupen, 1844.

Hepelin, Ausheberafel, 1846.

de Lubac, Aushebevorrichtung, 1848.

Duverger, Fütterungsmethode, 1850.

Bruguière, Debeizungsapparat, 1854.

Avenaz, Aufzuchtverfahren, 1855.

Jean, Aufzuchtverfahren, 1855.

Béranger, Ausheberafel, 1856.

Fonteynes, Fütterungsmethode, 1856.

Bozzi, Transportable Aufzüchterei, 1856.

Salles, Raupeneierzucht, 1856.

Evesque, Raupeneierzucht, 1854.

Meynard, Raupeneierzucht, 1854.

Kremer, Aufzuchtapparat, 1856.

Bourguet, Gerüst für Raupenzucht, 1857.

Taurigna, Raupenzuchtverfahren, 1858, 1861.

Métifiot, Raupenzuchtverfahren, 1859.

Blanc, Gerüst für Raupenzucht, 1859.

Mathon, Raupenzuchtverfahren, 1860.

Hebrard, Raupenzuchtverfahren, 1861.

Cardon, Ausheberafel, 1861.

Sauvageon, Elektrotherapeutische Aufzüchterei, 1861.

Blanchon, Neutralisiren der Raupeneiersäure, 1864.

Mare, Raupensieb, 1866.

Meynard, Aufbewahren der Raupeneier, 1866, 69, 70.

Carzet, Verhütung der Raupenkrankheiten, 1867.

Cavalié, Verhütung der Raupenkrankheiten, 1868.

Masset, Oelextraktion aus Raupenexcrementen, 1868.

Ricon, Vorrichtung zum Grainieren, 1872.
Collineaux, Vorrichtung für Raupen, 1873.
Ricon, Behandlung der Raupeneier, 1873.
Bay, Eisernes Gerüst für Raupen, 1873.
Naquet, Verwerthung der Puppen, 1874.
Revoul, Zellenapparat für Raupeneier, 1874.
Textor, Ausbebevorrichtung, 1875.
Chenivesse, Futterschneidezeug, 1876.
Saurin, Entfleckungsvorrichtung (186 294), 1898.

Italienisches Patent.

Maggi, Bakologische Vorrichtung, No. 800, 1886.

Dritter Abschnitt.

Die wilden Seiden.

Es ist schon früher erwähnt worden, dass es ausser dem B. mori und seinen Abarten noch eine ganze Reihe von Seidenspinnern giebt, die das zu ihrer Verwandlung in die Puppe nötige Gehäuse ebenfalls aus einer seidenen Hülle herstellen, in ihrer Lebensweise aber wie in ihren Erzeugnissen von der gewöhnlichen Maulbeerraupe ziemlich verschieden sind. Es sind dies die, vorwiegenderweise in den tropischen Ländern zahlreich vorkommenden seidenspinnenden Insekten, welche in naturwildem, ungezüchtetem Zustande leben und deswegen im Gegensatz zu dem echten B. mori den Namen „wilder Seidenspinner" führen. Ihre äusseren Unterschiede sind bereits früher erwähnt worden. In anatomischer Beziehung ist der Bau der Seidendrüse bemerkenswert; derselbe unterscheidet sich von dem des B. mori dadurch, dass die Sammeldrüse stark zusammengewunden, und die Exkretionsorgane bedeutend umfangreicher und zusammengesetzter sind, worauf auch der eigenartige Bau der wilden Seidenfaser zurückzuführen ist.

Dass die wilden Seidenspinner seit uralten Zeiten verwertet wurden, geht aus den Forschungen auf dem Gebiete der orientalischen Litteratur hervor. Die im Sanskrit häufig als Festgeschenke angeführten Gewebe erklärten einige der Übersetzer, wie Schlegel, für eine Art Seide, „bombycina", die wahrscheinlich von einer wilden, möglicherweise Maulbeerraupe herstammte. Auch Heeren stimmt damit überein, indem er sagt, dass in Indien seit uralten Zeiten andere Seidenraupen als B. mori zur Seidengewinnung verwertet worden. Dass die Kokons dieser Spinner nicht verhaspelt, sondern verzupft wurden, lässt sich, der Erörterung im geschichtlichen Teil dieses Werkes nach, kaum mehr bezweifeln; dass es lediglich wilde Seiden waren, wird von Hiuen-Tsang' bestätigt, der die indische Seide unter der Bezeichnung „Kiao-tshé-yé" (wilde Seide) anführt [1]). Ausser

---

[1]) Voyage des pèlerins buddhistes I, lib. 2.
Vie de Hiouen-Tsang, S. 253. Übers. Stan. Julien.

den in der geschichtlichen Skizze erwähnten Schilderungen von Aristoteles,
kann der Verbrauch wilder Seiden im klassischen Altertume mit voller Sicherheit auch den Angaben von Plinius nach angenommen werden [1]. Er unterscheidet zwei Arten der „Bombykin": eine assyrische, von welcher aber nicht
sicher festgestellt ist, ob sie nicht einer Abart der Maulbeerseide angehörte,
und die der Insel Kos, wo aus den Kokons der Lasiocampa Otus (Drury) nach
Auskriechen der Schmetterlinge seidene Gewänder angefertigt wurden, schon
bevor man noch eine Ahnung von einer regelmässigen Seidenzucht hatte. Aber
auch zur Zeit der Einführung chinesischer Seiden nach Europa, erfreuten
sich die Bombykiagewebe, besonders bei den Frauen Roms, stets eines
grossen Ansehens; die Bombykien, bemerkt Ferrarius [2], waren mehr be-
gehrt und verbreitet, als die echten Seidengewebe. Sie waren von bewundernswerter Feinheit, beinahe durchsichtig, was bei den sittenstrengen Kritikern jener Zeit nicht wenig Anstoss erregte [3]. Dass die Bombykiaseide
streng von der echten unterschieden wurde, beweist ein Satz Muratoris
(gegen das Jahr 209) in Antiquitates Italicae: „vestimentorum sunt omnia
lanea lineaque vel serica, vel bombycina". Auch in China und Japan
haben die wilden Seiden neben der echten schon seit dem Altertum ihren Platz
zu behaupten gewusst. In dem Werke „Tschu-kiug" erwähnt Konfuzius,
dass bereits im XXII. Jahrh. v. Chr. die Kokous auf der Eiche gesammelt
wurden; es handelt sich hier wahrscheinlich um den chinesischen Eichenspinner, Anth. pernyi. Im Jahre 39 v. Chr. erreichte die Ernte wilder
Kokons über 600000 kg [4].

Als die ersten indischen Stoffe aus wilder Seide von bräunlicher Farbe
in Europa auftauchten, wurde man auf diese Seidengattung aufmerksam
und, ohne weiter deren Ursprung nachzuforschen, bezeichnete man sie als
„raw-silk", rohe Seide, obwohl man genau wusste, dass dieselbe nicht in
eine Kategorie mit der Rohseide des Maulbeerspinners zu stellen war. Es
waren zuerst Boitard, Gobin und Loiseleur-Deslongchamps, die
auf die Möglichkeit hinwiesen, dass Seide auch von anderen Insekten gewonnen werden könne [5]; es lag indessen in Europa damals keine Veranlassung vor, der Sache näher zu treten. Erst als gegen Ende der fünfziger
Jahre die Raupenkrankheiten auftraten, fing man an, sich mit dem Studium
der wilden Seidenwürmer eifriger zu befassen, in der Hoffnung, einen Ersatz
für die echte Maulbeerraupe zu finden. Wenn auch die Erwartungen derer, die
europäische Wälder mit den Eichenspinnern Asiens bevölkern und die echte
Seide durch die wilde ersetzen wollten, sich nicht erfüllt haben, so hat
doch das Studium dieser Gruppe von Seidenspinnern zu dem unerwarteten

[1] Plinius, Hist. nat. lib. XI. cap. 23, 26.
[2] De re vestiaria, lib. I.
[3] Horaz, Martialis: „Femineum lucet sic per bombycina corpus". Mart. lib. VIII.
[4] Fauvel, The wild silk worms of the province of Shantung. Hongkong 1877.
Seite 6.
[5] Boitard, Traité de la culture du mûrier etc. S. 149.

Aufschwunge beigetragen, welchen der Verbrauch wilder Seiden seit jener Zeit aufzuweisen hat. Die Industriellen wandten sich alsbald mit Interesse der Verwertung dieses schönen, bei weitem billigeren Faserstoffes zu, von dem sie annahmen, dass er die Vorherrschaft der echten Seide bald mehr oder weniger verdrüngen würde. Die Klassifizierung der wilden Seidenspinner in der Entomologie, die Zucht derselben und die Verwendung ihrer Produkte wurden studiert, um deren Einführung in die Industrie zu erleichtern. Namen wie Roudot, Roxburgh, Wailly, Hutton, Wardle, Guérin-Méneville, Moore, Birdwood, Personnat, Geoghegan, Girard, Mayne u. A. sind mit den Verdiensten um die industrielle Verwertung wilder Seiden unzertrennbar verknüpft. Diese Forscher wandten einerseits den schon bekannten Seidenspinnern ein unermüdliches Interesse zu, und suchten andererseits nach neuen Gattungen, die in den meist natürlich und kulturell unzugänglichen Gegenden der neuen und alten Welt, in den einsamen Wäldern, ihr Naturprodukt, die wertvollen Kokons, erzeugten, welche unter der Einwirkung der Nässe gewöhnlich der Fäulnis anheimfielen. Unsere Kenntniss über den Gegenstand ist zwar noch ziemlich mangelhaft, alles aber scheint darauf hinzudeuten, dass in dem Studium, sowie in der Aufzucht wilder Seidenspinner und der Verarbeitung ihrer Produkte einer der aussichtsreichsten Zweige der modernen Textilindustrie gesehen werden kann. Auf der Pariser Ausstellung 1878 wurde in der indischen Sektion, neben den von Gold und Edelsteinen strotzenden Seidenbrokaten, eine bescheidene, wenig Aufsehen erregende Kollektion indischer wilder Seidenspinner und ihrer Produkte zuerst der Öffentlichkeit vorgeführt; der Aussteller, Th. Wardle, war einer der ersten, der die praktische Bedeutung dieser Klasse der Textilfasern vorausgesehen und sich um deren Einführung in die Industrie verdient gemacht hat.

Die wilden Seidenspinner werden im eigentlichen Sinne des Wortes niemals gezüchtet, nur einige besonders geschützte Arten werden durch vorsorgliche Mafsregeln oder durch Überwachen der durch das Verweilen im Freien drohenden Gefahren, gegen die Witterung, Raubtiere und Vögel geschützt; diese Arten werden als halbwilde oder auch halbgezüchtete bezeichnet. Die meisten leben dagegen in den Wäldern in vollständig naturwildem Zustande und sind im allgemeinen an keine bestimmte Nährpflanze gebunden, obwohl bekannt ist, dass von den letzteren, je nach der Gegend, die eine oder die andere von der betreffenden Raupe bevorzugt wird; so frisst z. B. Actias selene in Pondicherry mit Vorliebe von Odina wodier, in Mussorien dagegen von Coriaria nipalensis. Merkwürdigerweise kann sich der Attacus atlas, ein in der Auswahl seiner Nahrung wenig anspruchsvoller Wurm, in Mussorien nicht an die Berberis asiatica gewöhnen, von welcher er in Kumaon mit Vorliebe frisst [1]). Andererseits kann wieder der Aylan-

---

[1]) Hutton, On the Reversion and Restoration of the silkworm (The Trans. of the Entomolog. Soc. of London, 1864, S. 166).

thusspinner Chinas, welcher daselbst ausschliesslich von Aylanthus glandulosa frisst, im Himalayagebirge mit vielen anderen Pflanzen, u. a. mit Coriaria und Xantoxylum genährt werden.

Die Erzeugnisse der wilden Seidenspinner, die Kokons, weisen in ihrer Struktur selten die Regelmässigkeit der Maulbeerkokons auf. Die meisten Raupen unterbrechen wiederholt den Spinnprozess und erzeugen so mehrere Fäden, die sie miteinander unentwirrbar verkreuzen; auch werden von ihnen Zweige und Blätter mit in die Gespinste eingeflochten. Es entsteht auf solche Weise ein Kokon, der sich nur schwer abhaspeln lässt oder auch gänzlich unentwirrbar bleibt und aus diesem Grunde früher als zur Seidengewinnung durchaus unbrauchbar erklärt wurde. Dieser voreilige Schluss war um so befremdlicher, als man sich leicht davon hätte überzeugen können, dass solche wilde Kokons in ihrer Heimat verwertet, d. i. in den meisten Fällen wie Hanf verzupft und versponnen werden. Erst die Ausdehnung des Listerschen Verfahrens der Verwertung von Abfällen echter Maulbeerseide, durch Krempeln oder Kämmen und Verspinnen, auch auf die wilden Kokons, brachte die schon in Stockung geratene Industrie der letzteren auf ganz andere Wege, welche auch bald zu beachtenswerten Resultaten führten. Man kann behaupten, dass der Verbrauch der wilden Kokongespinste zum Zweck des Verzupfens grösser ist, als die übliche Verarbeitung durch das Abhaspeln. Ein grosser Teil des in der heutigen Florettspinnerei verarbeiteten Rohmaterials besteht aus wilden Kokons, welche sich so völlig für diese Verarbeitungsweise eignen, dass der Preis der gesponnenen wilden Seide mit dem der gehaspelten gleichsteht und ihn sogar übertrifft.

Die wesentlichen Vorzüge der wilden Seiden sind folgende:

1. ihre Dauerhaftigkeit infolge der eigenartigen Strukturverhältnisse, auf die wir noch zurückkommen werden,
2. ihr verhältnismässig billiger Preis und
3. die grosse Ausgiebigkeit, bedingt durch die Grösse und Üppigkeit der Kokons, sowie durch die schnelle und billige Aufzucht.

Ausserdem haben sich die wilden Seiden für gewisse Zwecke, wie Fantasie-, Posamentier- und Möbelartikel nicht nur als leidliches Surrogat für die echte Seide, sondern als geradezu unersetzbar erwiesen. Aber auch hier, wie überall, giebt es Nachteile, die jetzt zwar grösstenteils überwunden sind, anfangs aber wohl kaum hoffen liessen, die wilden Seiden, was Glanz und Schönheit anbetrifft, der echten Maulbeerseide jemals an die Seite stellen zu dürfen. Fast alle wilden Seiden sind von Natur aus dunkel gefärbt; diese Färbung lässt sich indessen, im Gegensatze zu der echten Seide, durch Abkochen nur teilweise entfernen und kann nur durch einen ziemlich kostspieligen Bleichprozess beseitigt werden. Ausserdem enthalten die unter dem allgemeinen Namen Tussah vorkommenden Seidenarten zuweilen einzelne Stränge von sehr verschiedener Herkunft, welche sich gegen die Entbastungs- und Bleichmittel verschiedenartig verhalten und besonders bei hellen Farbennuancen Streifen (marinage) verursachen. Als ein Nachteil wilder Seiden muss ferner die Schwierigkeit erwähnt werden, mit welcher sie sich in den dunklen Nuancen ausfärben lassen. Ein von dem der gewöhnlichen Seide abweichender morphologischer Bau und ihre chemische Zusammensetzung bewirken, dass sich die wilden Seidenarten gegen Beizen und Farbstoffe äusserst widerstandsfähig, d. i. gewissermafsen undurchdringlich und inaktiv verhalten. Andererseits bedingt die bandartige Flachheit der stets etwas um ihre Achse gedrehten Faser und der Umstand, dass das Licht von derselben unter verschiedenen Winkeln zurückgestrahlt wird, den glasartigen Glanz und das Flimmern, wo-

 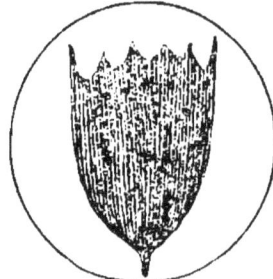

Fig. 136. Schuppen von Anth. mylitta (versch. Stellen entnommen).

Fig. 137. Flügelschuppen von Anth. mylitta.

durch die tieferen Nuancen und selbst das Schwarz nicht voll und gedeckt genug, oder, wie sich der Fachmann ausdrückt, „leer" ausfallen. Unter Umständen ist dies Flimmern jedoch, namentlich in den mittleren Tönen bei der Grège und in Phantasiegespinsten, von ausnehmend schönem Effekt.

Als charakteristisches Unterscheidungsmerkmal für die einzelnen wilden Seidenschmetterlinge können unter Umständen die staubähnlichen Körperchen oder Schuppen benutzt werden, die am Finger haften bleiben, wenn man den Flügel der Motte berührt hat. Dieser Staub erweist sich bei mikroskopischer Untersuchung als dreieckig gestaltete Blättchen, die mit ihrem spitzen Ende am Flügel befestigt sind, sich am entgegengesetzten Ende erweitern und entweder einen dicht gezackten Rand zeigen, wie z. B. bei Anth. yamamay, oder lange, nadelähnliche Spitzen besitzen, wie bei Actias selene. Die Schuppenform ist ebenso mannigfaltig und zeigt interessante Umrisse von einer schmalen, spindelähnlichen Gestalt bei Anth. Cynthia, bis zur breiten, fledermausbrennerartigen bei Anth. mylitta. Die Schuppen sitzen auf dem Flügel, mit der grössten Regelmässigkeit sich dachziegelähnlich überdeckend, und etwa den Wollschuppen ähnlich; ihre Gestalt ist bei einer und derselben Species nicht immer absolut übereinstimmend, es ist indessen

möglich, auf diese Weise die Art Attacus von Antheraea unterscheiden zu
können. Die Grösse entspricht nicht immer der Schmetterlingsgrösse, wie
man aus der Zeichnung der Tusserschuppen, welche breiter als die von At.
atlas sind, ersehen kann; dagegen scheint sie mit der Dicke der Faser im

Fig. 138. Schuppen von Bomb. mori.   Fig. 139. Schuppen von Anth. mylitta.

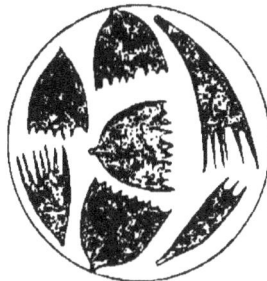

Zusammenhang zu stehen, wie aus einem Vergleich zwischen Tusser und Bombyx hervorgeht. In einer und derselben Species ist ebenfalls ein geringer Unterschied zwischen den Schuppen des Männchens und denen des Weibchens bemerkbar, am meisten bei Sat. carpini. Die abgebildeten Mottenschuppen sind

Fig. 140. Schuppen von Att. atlas.

vom oberen Flügel, oberhalb des Fensterauges entnommen worden; die
Fig. 136 zeigt Schuppen aus verschiedenen Gegenden eines und desselben
Flügels.

Die nur irgendwie durch ihre Produkte in qualitat. oder quantit. Hinsicht
bemerkenswerten Arten haben in diesem Abschn. eine eingehendere Besprechung
gefunden; ausserdem aber giebt es eine unzählige Menge anderer seidenspinnender Insekten, die in Sammlungen meist nur in wenigen, oft nur in Einzel-

exemplaren vorzufinden und noch unzulänglich charakterisiert sind, nichtsdestoweniger aber in ihrer Heimat nach Hunderttausenden zählen und früher oder später eine industrielle Bedeutung erlangen können; sie mögen daher der Vollständigkeit halber, wenn auch nur dem Namen nach, angeführt werden. Eine genaue Systematik der wilden Seidenspinner aufzustellen, ist beinahe unmöglich; die gegenwärtig giltige ist ziemlich verworren, und entweder begrenzt sie die einzelnen Arten ungenau, oder sie belegt eine und dieselbe Species mit verschiedenen Namen. Im Nachfolgenden sind sie gruppenweise zusammengestellt, wobei im wesentlichen die Natur des von ihnen gelieferten Gespinstes als mafsgebend angenommen wurde.

I. Gruppe. Seidenraupen mit geschlossenem, verhältnismäßig regelmäßig gesponnenem, und ohne besondere Schwierigkeiten abhaspelbarem Kokon.
1. Wilde Maulbeerraupen.
2. Antherea Yamamay.
3. Tusserfamilie.
4. Moongafamilie.
5. Actiasfamilie.

II. Gruppe. Seidenwürmer mit offenem, nicht haspelbarem Kokon.
1. Attacusfamilie.
2. Gemischte Untergruppe.

III. Gruppe. Verschiedene Species der Saturniden, vorläufig ohne technische Wichtigkeit.

Die erste Gruppe umfasst die Angehörigen der Gattung Antheraea mit Ausnahme der ersten Familie, welche ein in sich geschlossenes Ganzes bildet und gewissermafsen ein Übergangsglied von den gezüchteten zu den wilden Seidenspinnern vorstellt. Es sind dies die halbgezüchteten oder ganz wilden Maulbeerraupen, von denen wir bereits einige Repräsentanten bei Besprechung der indischen und chinesischen Seidenspinner kennen gelernt haben. Sie kommen sowohl in Indien, wie in China und Japan vor, wo sie unter dem allgemeinen Namen yen-ssé (wilde Seide) bekannt sind[1]).

Die dem echten Maulbeerwurm sehr nahe stehende Theophila Huttoni (Westwood)[2]) ist in N.W.-Himalaya, speciell in Mussorien, Simla, Almorah

[1]) Bretschneider, On Chinese silkworm trees. Peking 1881.
[2]) Horsfield and Moore, A Catalogue of the lepidopterous insects in the Museum of the hon. East India Company 1857—59.
Moore, On the asiatic silk producing moths (The trans. of the Ent. Soc. 3 S. 1862—64).
Moore, Synopsis of the known asiatic species of silk producing moths (Proceedings of the zoological Society of London. XXVIII. 1859).
Hutton, Remarks on the cultivation of silk in India (Journ. of the agric. Soc. of India. N. S. 1869); Notes on the Indian Bombycidae, 1871.

und Govindpore heimisch, wo sie zwei Generationen jährlich liefert. Im
J. 1837 wurde sie in Mussorien in einerntiger Varietät von Hutton entdeckt und anfänglich für den wilden B. mori gehalten. Die Raupe liefert
feine weisse oder gelbliche, besonders aber graue Seide von sehr guter Qualität.
Es ist wahrscheinlich, dass die weisse Seide der Th. Huttoni diejenige ist,
welche unter dem Namen „knuceya" im Sanskrit erwähnt wird [1]).

Fig. 141. Theophila mandarina (Weibchen).   Fig. 142 Theophila mandarina (Männchen).

Die unter der Bezeichnung tien-ssé in China bekannte Seidenart stammt
von der insbesondere in Tschékiang (N.-China), dann in Nansin und Shoang-
lin einheimischen Theophila mandarina (Moore) [2]). Die hellbraune Raupe,
die der Maulbeerraupe sehr ähnlich ist, spinnt einen mit leichter Bourrette-
hülle, manchmal mit einem Maulbeerblatt bedeckten, eiförmigen, fast weissen

Fig. 143. Kokon der Theophila mandarina.   Fig. 144. Kokon der Theophila mandarina.

Kokon, dessen Abhaspeln unter gewöhnlichen Umständen nur nach lang-
wierigem Einweichen und Schlagen möglich ist, in einem Seifenbade dagegen mit Leichtigkeit vor sich geht. Der Kokon hat eine Grösse von 27 ×

---

[1]) Rondot, L'art de la soie, 2. éd. Paris 1885.
[2]) Moore, Description of new Indian Lepidoptera (Proceedings of the Zoological
Society of London for the year 1872, S. 576).

10 mm und ein mittleres Gewicht von 25—30 cg, in trocknem und leerem
Zustande von 5,5 cg. In einem Kilo sind ungefähr 5800 Kokons enthalten,
wovon 235 g Seide und das übrige Puppen sind. Ein Kokon liefert 45 mg
Seide; somit benötigt man 22222 Stück ev. 4,666 kg trockner oder 13 kg
frischer Kokons für 1 kg Grège. Ein Kokon liefert 150—210 m einer
hellgelben Faser vom Durchmesser 25 μ, ihr Titer variiert von 0,09 bis
0,108 g, Elastizität beträgt 8—12%, Festigkeit 8 g, Verlust beim Entbasten 23%. Die gelbliche, feine Seide, welche sich durch grosse Schönheit auszeichnet, wird zur Anfertigung äusserst leichter Gewebe, in der Art
von Gaze und Musselin, verwendet. Die Tb. mandarina liefert zwei Ernten
jährlich: im Juni—Juli und August—September. Auch in Japan kommt
diese Seidenart zuweilen vor und wird „naraoko" oder „kuwago" genannt.
In absolut wildem Zustande ist dieser Seidenwurm in Indien angetroffen
worden [1].

Fig 145. Rondotia menc. (Männchen).   Fig 146. Rondotia menc. (Weibchen).

Ein ebenfalls in China (Ningpo, Hupéh etc.) vorkommender Seidenwurm, Rondotia menciana (péh-yén-tsan), ist grösser, als der vorherige,
zeichnet sich durch seine lebhaften Bewegungen aus und lebt, gleich diesem, ausschliesslich von Maulbeerblättern. Der glatte 26 mm lange Körper

Fig. 147—148. Kokons der Rond. menciana, 1. Ernte.   Fig. 149. dto. 2. Ernte.

der Raupe ist von rötlich-brauner oder gelb-oliver Farbe und mit einem schwarzen Horn versehen. Er liefert jährlich zweimal locker gesponnene Kokons,
die, in Blätter eingewickelt, sehr viel Flockseide enthalten und sich nicht
leicht abhaspeln lassen; ihre Farbe ist gelblich, die Form regelmässig oval.
Die Länge der Kokons der ersten Ernte beträgt 15—18 mm, die Breite
7—11 mm, die der zweiten Ernte sind kleiner und messen 12—16 mm
Länge auf 8—9 mm Breite; ein trockner und leerer Kokon der ersten Ernte
wiegt 60—70 mg, der zweiten 30 mg; um 1 kg Grège zu erzeugen, sind

---

[1] Liotard, Memorandum on silk in India, part. I.

15300 Stück erforderlich. Die technische Verwenduug dieser Seide ist zur Zeit noch nicht sehr bedeutend, obwohl sie für die Zukunft nicht nur wissenschaftlich interessant zu bleiben verspricht. Die Länge der Kokonfaser beträgt 77 m, wovon etwa 40—50 m im Gewicht von 4 mg abhaspelbar sind. Im Vergleich zum Titer der Seide von Theophila mandarina (0,100 g) beträgt es bei der Rondotiafaser 0,044, d. i. ein „denier" weniger. Die Faser ist äusserst regelmässig, wie zwei gleichlaufende Cylinder, und kompakt, wie die echte Maulbeerseide; sie verliert 40 % beim Entbasten. Im

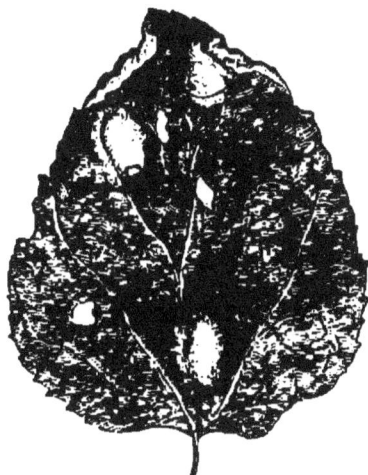

Fig 150. Kokons von Rondotia menciana, 2. Ernte.

allgemeinen stehen die Seiden von Rondotia menciana und Theophila mandarina morphologisch und chemisch der echten Seide sehr nahe.

Die nachfolgenden Seidenarten sind mit den indischen halbgezüchteten Bombyciden nahe verwandt, so ist z. B. der assamische „pât" oder „lehemia-pât" (der langsame Wurm), der ausser von dem Maulbeerbaum noch von den Blättern des indischen Feigenbaumes lebt, aller Wahrscheinlichkeit nach mit dem unten besprochenen Bombyx Croesi identisch.

Der Bombyx (Theophila) bengalensis[1] von Hutton lebt im unteren Bengal (in der Umgegend von Kalkutta) von „diophal", Artocarpus lacoocha, spinnt auch in Ranchee und Chota-Nagpore. Die Form der weissen

---

[1] Geoghegan, Silk in India (Trans. of the Entom. Soc. of London, 3 Ser. I. 315, II. 372).

Kokons erinnert an die von Th. mandarina; sie sind, wie die Kokons von Rondotia mencinna, am Blatte durch Anhängsel befestigt.

B. (Theophila) affinis [1]) wurde, über ganz Bengal verbreitet, 1869 durch Kingi in Chota Nagpore entdeckt und lebt von Art. lacoocha und Morus indica (Hutton).

B. (Theophila) Sherwilli (Moore) in S.-O.-Himalaya. Der Schmetterling gleicht vollständig der Th. Huttoni.

B. (Theophila, Ocinara) religiosa [2]) von Helfer ist die grösste aller Seidenraupen, von Helfer auch als „Yoree" (Assam), von Hugon als „Deomooga" (Katschar) der Eingeborenen bezeichnet. Sie lebt in Assam, Katschar, Sylhet in halbgezüchtetem Zustande auf dem heiligen Feigenbaume der indischen Tempelhaine (Ficus religiosa, pipál), auf der Ficus indica (bur in Katschar) und auf Machilus odoratissima („sum" nach Buckingham) und entwickelt sich zu einem Schmetterling von grossartiger Farbenpracht. Der Deomoogawurm lebt 30 Tage und spinnt einen harten, sehr ausgiebigen Kokon, der eine feste und glänzende Seide liefert; seine Seidendrüse wird in Bengal auch zur Anfertigung von Angelschnüren verwendet.

An Bombyx religiosa schliessen sich folgende Seidenarten an, die indessen in unregelmässiger Weise gezogen und nur verhältnismässig wenig verwendet werden.

Ocinara lactea (Hutton), von einigen als Attacus l. bezeichnet, ist eine mehrerntige Seidenart Mussoriens, N.-W.-Himalaya. Die vollständig haarlose Raupe lebt von Ficus venosa und liefert einen kleinen, ovalen, schwefelgelben oder weissen, in Blätter eingewickelten Kokon, der mit einer schönen, gelben, spitzenartigen Hülle umgeben ist.

Ocinara lida (Moore), auf Java und in Mussorien auf Ficus venosa. Die haarige Raupe spinnt einen kleinen weissen Kokon, der, laut Hutton, zur Seidengewinnung nicht herangezogen wird.

O. comma (Hutton), in den Thälern von Debradoon. Ein weisser Schmetterling mit kommaartigem Bildnis auf den Flügeln.

Ocinara diaphana (Moore) des Khasiagebirges.

O. moorei (Hutton) in Mussorien, N.-W. Himalaya, spinnt auf der Ficus venosa und der wilden Feige mehrmals im Jahre kleine weisse Kokons.

O. dilectula (Walker) auf der Insel Java, spinnt gelbe, fast kugelrunde Kokons, und schliesslich

Ocinara Waringi.

---

[1] Proceed. of the Zool. Soc. of London, XXVIII. 242.
Transact. of the Entomol. Soc. of London, 3. ser. II. 325.
[2] Geoghegan, Silk in India; Trans. of the Entom. Soc. of London, 3. ser. I, 315, II, 322.

Alle Ocinnraarten liefern sehr feinfädige Seide[1]).

Trilocha varians (Walker, Moore). N.- und S.-Indien (Kalkutta, Assam, Kanar) auf dem Feigenbaum[2]); liefert äusserst kleine, ovale, gelbliche Kokons.

Gastropacha quercifolia. G. populifolia. G. tremulifolia. G. ilicifolia. Libethra Cajani.

Ein durch seine Lebensweise und Erzeugnisse dem B. mori nahestehender Seidenwurm der japanischen Eiche, Antheraea Yamamay[3]), ist in Japan seit 1487 bekannt, wo er auf der Insel Fatailayo entdeckt und nach Nippon verpflanzt wurde; seine ursprüngliche Heimat scheint dagegen China gewesen zu sein, woselbst er im Gebirge in völlig wildem Zustande gefunden worden ist. In Japan wird er daher „Yama-mayu" (Seidenwurm der Gebirge) genannt, und ist die von ihm gelieferte Seide hoch geschätzt. In früheren Zeiten war diese Seidenart ausschliesslich für den Gebrauch japanischer Herrscher reserviert und die Ausfuhr der Raupeneier bei Todesstrafe verboten; trotzdem gelang es einem gewissen Van Meerdevroort, durch Anwendung übrigens wenig löblicher Mittel, sie im Jahre 1862 nach Europa zu versenden, wo erfolgreiche Acclimatisierungsversuche angestellt wurden, die noch günstiger ausfielen, als man durch Kreuzung mit dem chinesischen Eichenspinner, Anth. Pernyi, eine unter den europäischen Klimaverhältnissen vortrefflich gedeihende Rasse erzeugte. Auch die in Indien angestrebte Acclimatisierung ergab gute Resultate, doch wurde die Zucht des Yamamayspinners hier, wie auch in Europa, Asien und Amerika, aus verschiedenen Gründen nicht lange fortgesetzt; trotzdem ist es nicht ausgeschlossen, dass sie, früher oder später, in diesen Weltteilen noch wieder aufgenommen werden wird, da die Yamamayseide an Schönheit der Faser der echten Seide vollständig ebenbürtig, an Festigkeit sogar weit überlegen ist — und die Klima- und Bodenverhältnisse Mitteleuropas und Amerikas stimmen mit denen Japans vollkommen überein. In Japan wird die Anth. Yamamay in mehreren Provinzen gezüchtet und zwar in Gosbiu, Tango, Etshigo, Koshiu und Owari, in grösserem Mafsstabe in Sinschiu, wo mehrere Ortschaften, die einen Kollektivnamen „Matsukawagumi" führen und ihr Centrum in Furumaya haben, ausschliesslich die Zucht des Yamamayspinners betreiben[4]).

Das runde, etwa 3—4 mm messende Raupenei des Yamamayspinners ist in mannigfacher Hinsicht interessant. Zuerst gehört seine braune Farbe nicht ihm,

— — —

[1]) Hutton, On the reversion and restoration of the wild silks of India. (Trans. of the Entom. Soc. II. 326).

[2]) Moore, The Lepidoptera of Ceylon, II. 136. Trans. of the Entom. Soc. 3 ser. II. Taf. 19.

[3]) Hoffmann, Bull. de la Soc. d'acclim. 1864. 523.
Sira-kawa & de Rosny, Traité de l'éduc. des vers à soie au Japon, 1868. 124.

[4]) Adams, Third Report on Silk Culture in Japan. 1870.

sondern einer ihn umgebenden gummiartigen Hülle an, welch letztere, weil
sehr hygroskopisch, die Oberfläche des Eies stets in feuchtem Zustande erhält
und dadurch beim Ausbrüten sehr günstig wirkt. Aus diesem Grunde glaubte
man eine Zeitlang fälschlich, die von dieser Hülle befreiten weissen Raupeneier
als unbrauchbar erklären zu dürfen. Eine andere Merkwürdigkeit ist phy-

Fig. 151. Schmetterling der Anth. Yamamay.

siologischer Natur; die junge Raupe ist nämlich im Ei schon 3—4 Wochen
nach dem Legen gebildet und überwintert ohne Gefahr in diesem Zustande,
während bei dem B. mori und den übrigen einerntigen Seidenwürmern
der Embryonalprozess bekanntlich erst im folgenden Frühling stattfindet.

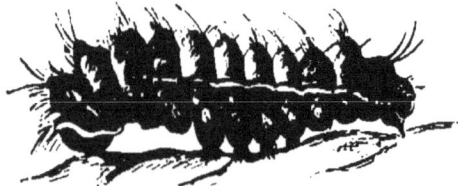

Fig. 152. Die Raupe des Yamamayspinners

Die Yamamayraupe wird ausschliesslich mit Eichenblättern gefüttert,
in Japan und China frisst sie hauptsächlich von den Eichenvarietäten
Quercus serrata und Q. dentata. Ihr Lebenslauf ist mit dem von B. mori
beinahe identisch. Der Kokon, von länglicher Gestalt und häufig mit
Blättern umwickelt, ist von schön goldgelber oder blassgrüner Farbe und
regelmässiger Struktur; er misst 45 bis 53 mm Länge bei 23 bis 27 mm

19*

Breite; die grössten sind die weiblichen, welche 7 und sogar 8 g wiegen,
während der Maulbeerkokon durchschnittlich nur 3 g wiegt. 12 kg Kokons
liefern 1 kg Grège, 1000 Kokons 800 g Rohseide. Der Faden ist mit
Seidenleim umgeben und von beinahe weisser Farbe. Das Abhaspeln geht
mit Leichtigkeit vor sich. Die abgehaspelte Kokonfaser, in einer Länge
von 800 m, ist anfänglich grünlichgelb und wird im Innern des Kokons
allmählich weisser und dünner. Der Schmetterling der Anth. Yamamay ist von
schön goldgelber Farbe mit weisser Kreuzbinde und rosafarbenen Pfauenaugen.

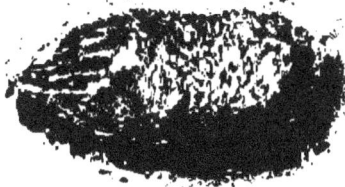

Fig. 153. Kokon der Antheraea Yamamay.   Fig. 154. Mikrosk. Bild der Faser von
                                                            Anth. Yamamay.

    Sehr gebräuchlich ist in Japan das Verweben der Yamamayseide
mit der echten zur Herstellung gemusterter Gewebe von annehmend
schönem Effekt. Von allen wilden Seiden steht die Yamamayfaser in
morphologischer und chemischer Beziehung der echten Seide am nächsten;
in Europa findet sie jedoch nur beschränkte Anwendung, weil sie beim
Färben oft ein ganz abnormes Verhalten zeigt, das möglicherweise auf
künstliche Erschwerung zurückzuführen sein dürfte.

    An Anth. Yamamay reihen sich einige andere Seidenarten, welche
ebenfalls auf der japanischen Eiche vorkommen und ein ähnliches Produkt liefern, aber nur irrtümlicherweise als Yamamayspinner bezeichnet
werden. Es sind dies: Anth. fentoni (grauer Schmetterling), Anth. hazina
(roter Schmetterling), Anth. calida (brauner Schmetterling) und schliesslich
Anth. marosa.

* * *
*

    Die nachfolgend zur Besprechung gelangende Seidenart war eine der
ersten, die den Namen der „wilden" führte und mit welcher Europa
auch zuerst bekannt wurde. Es ist dies die Tasar- oder Tusserseide, ein

Produkt des indischen Tusserspinners, Anth. mylitta (Drury)[1]), welche im
Handel kurzweg als Tussah bezeichnet wird. Die Synonymen der Tussahseide sind sehr zahlreich, auch die Bezeichnungen in verschiedenen Sprachen,
wie Tasar oder Tasser in Indien, Tussah, Tussa, Tussar, Tusseh in England,
tussore in Frankreich u. s. w., Namen, die von dem indischen Worte
„tusuru“, das Weberschiffchen, abgeleitet worden sind. Die Raupe der
Anth. mylitta ist über ganz Indien mit Ausnahme von Rajpootana, Kaschmir
und Butan verbreitet und wird von den Eingeborenen verschiedener Distrikte

Fig. 155. Die Raupe des Tussahspinners.

mit den mannigfaltigsten Namen bezeichnet: tasare, tusseh, guti, bughy, kolis-
sura, ksatkuri etc. sind die gebräuchlichsten, unter denen man wieder einzelne
Varietäten, wie punjab, hazaribagh, schibassa u. s. w. unterscheidet. Für
die entomologische Bezeichnung der Tussahraupe existieren folgende Syno-
nyme: Phalaena Attacus mylitta (Drury), Anth. mylitta (Hübner), Bombyx
m. (Fabricius), Attacus m. (Blanchard), Saturnia m. (Westwood), Phalaena paphia (Roxburgh) und Saturnia paphia (Helfer). Über die Tusserseide, die seit undenkbaren Zeiten in Indien verarbeitet wird, gelangten

---

[1]) Wardle, Monographies du tussore et d'autres soies sauvages de l'Inde etc.
London 1878.
— The wild silks of India, principally tusser. London 1879. 1880. S. 16 ff.
— Handbook of the collection illustrative of the wild silks of India. London
1881. S. 13 ff.
Geoghegan, East India products, II. Silk in India, S. 110.
Drury, Proceedings of the Zoologic. Soc. of London. S. 247.
Hutton, Notes on the Ind. Bombycidae. S. 4.
Wailly, Catalogue raisonné de séricigbues sauvages. Extr. du Bull. de la Soc.
d'acclim. Paris 1882. 1886.

die ersten Nachrichten nach Europa in neuerer Zeit durch Rumphius, der in seinem Prachtwerke „Herbarium Amboinense", sowohl den Schmetterling und seine Entwickelungsgeschichte, wie auch den Kokon und dessen Verwendung zur Fasergewinnung schildert [1]). Auch in China wurde die Tusserraupe seit längerer Zeit in einigen Gegenden von Sa-tschuen, Kuei-tscheu, Shantung und Honan in nicht unerheblicher Menge gezüchtet [2]), insofern man das Sammeln der Kokons als Zucht bezeichnen will.

Die Raupe der Anth. mylitta frisst von einigen Dutzend Pflanzen, hauptsächlich von Daïyeti (Lagerstroemia indica), Asan oder Saj (Terminalia tomentosa), Assum (Terminalia alata glabra), Sal (Shorea robusta), Sádara (Terminalia arjuna), Nándruk (Ficus benjamina), Karunda (Carissa carandas) und Bher (Zizyphus jujuba), auch von Sonneratia acida, Bombax Malabaricum u. s. w. Die Raupen häuten sich fünfmal, sind in ihrer Reife etwa 14—15 cm lang und 3 cm dick und beginnen nach einer vierzigtägigen Lebenszeit mit dem Spinnen des eiförmigen, braunfarbigen Kokons, den sie mittels eines Anhängsels am Zweige befestigen. Den Lebenslauf der Tusserraupe, sowie einiger anderen wilden Seidenspinner erläutert folgende Tabelle [3]).

Seidenart	Lebensdauer des Schmetterlings	Zeit vom Eierlegen bis zum Ausbrüten	Lebensdauer der Raupe	Zeit vom Einspinnen bis zum Reifwerden der Larve	Zeit vom Reifwerden der Larve bis zum Auskriechen des Schmetterl.
Anth. mylitta	3—4 Tage	9 Tage	36 Tage	15 Tage	—
A. assama	6 „	10 „	30 „	5—6 „	16—20 Tage
A. ricini	Nicht genau bekannt. Der komplette Kreislauf wird in 43 Tagen bis 2 Monaten vollzogen.				
B. textor	3—4 Tage	10 Monate	30—40 Tage	5—6 Tage	20—25 Tage
B. croesi					

In total wildem Zustande ist A. mylitta einerntig und liefert Kokons, die weniger gut ausgebildet sind, als die halbgezüchteten; erst durch geeignete Aufzucht ist man dazu gekommen, mehrere Generationen jährlich zu erzielen; gewöhnlich werden 3 Ernten gesammelt. In verschiedenen Distrikten finden die letzteren zu bestimmten Zeiten statt und werden Qualität und Herkunft der Kokons üblicherweise nach der entsprechenden Be-

[1]) G. E. Rumphius, Herbarium Amboinense. Amsterdam 1748. Bd. III. S. 118, Taf. 75.

[2]) Strauss, La Chine, son histoire et ses ressources.

[3]) Wardle, Handbook of the Collection illustrative etc. S. 68.

nennung der Erntezeit unterschieden; so sind z. B. in der Gegend Jabal-
poore die Kokons der Oktoberernte „katkahai", in anderen Distrikten die
„shadra" (August- und Septemberernte) die geschätztesten; in Chota Nagpore
werden die Augustkokons „dabba" genannt. Unter den anderen im indischen Kokonhandel üblichen Namen sind zu bemerken: „aghan" (November-
und Dezemberernte), „sheyt" (Mai-Juniernte), „muga" (Juniernte) u. s. w.

Die Eingeborenen unterscheiden folgende bestimmte Rassen des Tussers:

1. Dabah, spinnt Kokons von ungewöhnlicher Grösse (50 mm Länge)
   und dunkelgrauer, fast schwärzlicher Farbe; sie liefert ¹⁄₄ der
   Gesamternte. Die sehr starke, nicht besonders seidenreiche Faser
   ist leicht abhaspelbar. Der Kokon giebt unter dem Drucke,
   den man auf seine Seitenteile mit dem Finger ausübt, nach.
2. Monga. Hellgrau, kleiner als der vorige (38 mm), aber seidenreicher, daher auch mehr geschätzt; widersteht dem Fingerdruck.
   Liefert ²⁄₅ der Gesamternte.
3. Bogai. Der kleinste Kokon, hellgrau oder weisslich, sehr seidenreich, obwohl billiger wie Monga; die feine, leicht haspelbare
   Faser ist ebenso hart wie Monga; ergiebt ³⁄₅ der Ernte.
4. Laria, Laringa. Es sind dies keine einheitlichen Rassen, sondern ein
   Gemisch aller möglichen; die dominierende Färbung ist grau; die
   Anhängsel sind dünn, die Kokons selbst weich und seidenarm.
   Die Art stammt wahrscheinlich von den kranken Raupen aller
   Rassen her und macht ¹⁄₆ der Ernte aus.
5. Dschyri. Eine ziemlich seltene Rasse, erzeugt helle Kokons
   mit dünnem, kurzem Anhängsel. Das Abhaspeln ist mit einigen
   Schwierigkeiten verbunden; ¹⁄₆ der Ernte.

Die Indier selbst unterscheiden mit Leichtigkeit diese Sorten, sie haben jedoch die üble Gewohnheit, die Kokons untereinander zu mischen, wodurch
sich sehr ungleichmässige Produkte ergeben. Im allgemeinen kennt man
nur drei typische Rassen: die von Kalkutta, die von Bombay und die von
Ceylan. Die beiden ersten unterscheiden sich wenig von einander; bei der Rasse
Ceylan ist der männliche Schmetterling dunkelrotbraun und der weibliche gold-
gelb. Die Erzeugnisse hängen indessen weniger von der Rasse ab, als von der
Jahreszeit, der Nahrungspflanze, dem Boden und Klima. Der Tussahspinner
ist ein einrotiger Wurm und dies namentlich im wilden Zustande, während
er der Aufzucht unterworfen zwei, drei und mehr Bruten im Jahre ergeben
kann; im Süden Indiens soll er immer mehrerntig sein.

Etwa fünf Wochen nach dem Verspinnen erfolgt das Auskriechen des
Tusserschmetterlings, von schmutzigbraunroter Farbe beim Männchen und von
braungelber beim Weibchen. Derselbe misst in der Flugweite etwa 18 resp.
20 cm; quer über beide Flügel verläuft eine violette Binde; jeder Flügel
ist mit einem transparenten, glashellen, gelb und violett oder purpurrot

umrandeten Fensterauge versehen.   Vorn am Kopfe sitzen die goldgelben,
kammartigen Fühler.

Die zuerst gesponnenen Lagen des Kokons benetzt die Tusserraupe
mit einer dicken, körnigen, vorwiegend aus sauren harnsauren Salzen be-

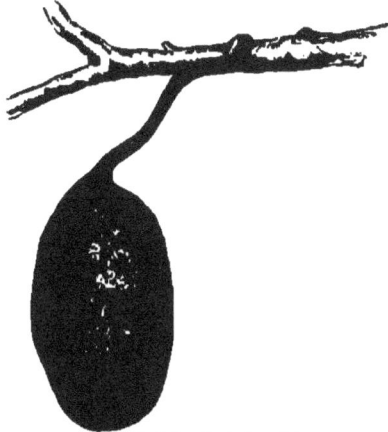

Fig. 156. Kokon der Anth. mylitta.

stehenden Masse, wobei sie durch Drücken und Bewegungen des Körpers
bewirkt, dass diese Verkittung in die Fugen des Gespinstes hineindringt
und durch nachträgliches Erstarren die ungewöhnliche Härte der Kokons
hervorruft.   Hiernach schreitet die Ausscheidung der Seidenfaser Lage für

Fig. 157. Kokon und Puppe des Tussahspinners.

Lage in kleinen Schleifengebilden, die ebenfalls durch das Cement zu-
sammengekittet werden, vorwärts, bis der Vorrat erschöpft ist.   Das Anhängsel, durch welches der Kokon am Zweige befestigt bleibt, ist eine weise
Einrichtung der Natur, denn würde die Raupe ihren Kokon spinnen und ihn

nur an ein Blatt hängen, wie dies bei denjenigen Arten geschieht, die nur einige Wochen im Puppenzustande verbleiben, so würde er mit dem Blatte abfallen und von Insekten und Witterung zerstört werden. Der wilde, d. i. einerntige Tussahschmetterling beansprucht jedoch mehr als acht Monate für seinen Schlaf und durch einen wunderbaren Instinkt windet die Raupe den Seidenfaden zuerst einige hundertmal um den Zweig und verlängert dann diese Anordnung durch Ausscheidung der Seidenmasse zu einer dicken, sehnenartigen Schnur, an deren Ende sie den Kokon bildet. Das Ganze ist von überraschender Konstruktion und Schönheit der Form. Der Kokonfaden ist äusserst regelmässig zickzackförmig abgelegt; seine Länge beträgt 1200—1400 m, wovon jedoch nur 5—600 m abhaspelbar sind. Die Kokonhülle, von einer harten, undurchdringlichen Beschaffenheit, ist derart widerstandsfähig, dass die Bheels und andere in den Hainen lebende Stämme den an einem Bambusröhrchen befestigten Kokon als Lichthütchen benutzen, in dem sie ihre „falita" oder Zünder aufbewahren. In spiralförmig laufende Bändchen zerschnitten, dienen die Kokons zum Anbinden der Lunten, weil sie weder von Feuer, noch von Wasser zerstört werden. Der Kokon enthält zweierlei Arten Seide: das Anhängsel und das äussere Netzwerk bestehen aus der zuerst gesponnenen, rötlichen Faser; während dieser Teil des Kokonfadens mehrmals unterbrochen ist, ist dies für den übrigen, eigentlichen Kokonfaden nicht der Fall. Die übliche Grösse der Tusserkokons beträgt 50 mm Länge bei 30 mm Breite, ihr Gewicht ohne Puppe 120 mg. Im Handel kommen aber öfters kleinere Kokons späterer Ernten vor, z. B. 36×23 mm grosse, deren 500 im kg enthalten sind, wovon 400 g Seide und 600 g Puppen. 12—15 kg frischer oder 4—6 kg trockner Kokons sind erforderlich, um 1 kg Grège zu haspeln. Was nun die Art der Verkittung anbelangt, welche dem Kokon eine so ungewöhnliche Härte verleiht, so besteht dieselbe nach den Analysen von Taylor und Lyon im wesentlichen aus saurem harnsaurem Ammonium, das von der spinnenden Raupe als Exkrement ausgeschieden wird. Nach der Beobachtung von Coussmaker sondert die Raupe beim Beginn des Spinnens die in der Speiseröhre verbliebene Nahrung in Form einer mehr oder minder dicken, dunkelgefärbten Flüssigkeit ab; nach dem Einspinnen aber bestehen die Exkremente aus einer hellen Flüssigkeit, deren Farbe und Konsistenz von dem Gehalt des Nahrungsstoffes an natürlichem Farbstoff und Gerbstoff und an anorganischen Bestandteilen, Kalk, Ammoniumsalze etc. abhängt. Die Zusammensetzung dieser Bestandteile variiert je nach Nährpflanze und Wetterstand während des Einspinnens, und der Kokon wird um so härter und dunkler, je langsamer die Raupe die Fadenlage aufeinanderschichtet. Würde es gelingen, diese Verkittung aus der Raupe vor dem Einspinnen zu entfernen oder passende Nährpflanzen zu wählen, die z. B. wenig Gerbstoff enthalten, so könnte man weichere und weniger gefärbte Kokons erzielen, statt der grösstenteils bräunlich oder schwärzlich und nur selten gelb, grau oder rötlichweiss aussehenden. Die Seidensubstanz der Tusser-

raupe, und wahrscheinlich aller übrigen wilden Seidenspinner überhaupt, ist,
wenn sie das Tier verlässt, stets farblos[1]); sie wird erst, wie wir sahen,
durch andere Sekrete gefärbt, welche den fertig gesponnenen Faden be-
netzen. Diese Färbung hängt wesentlich von der Nährpflanze und von dem
Boden ab, auf welchem die letztere wächst; so liefert z. B. der auf Terminalia tomentosa lebende Tasserspinner je nach der Gegend, ob gebirgig
oder sandig, dunkelgefärbte grosse oder helle kleine Kokons[2]). Je mehr
die Nährpflanze Körper enthält (Gerbstoffe u. dergl.), welche bei der Oxy-
dierung an der Luft dunkelgefärbte Derivate liefern, desto dunkler wird
die Färbung der wilden Seide sein, deren kittartiger Überzug direkt aus
den von der Raupe assimilierten Nährstoffen hervorgeht und nachträglich
an der Luft oxydiert und gebräunt wird. Diese Ansicht wird dadurch bestätigt, dass man durch passende Wahl der Nährpflanzen dazu gekommen
ist, eine nur sehr wenig gefärbte Faser zu erzielen; eine derart geregelte Zucht
würde auf um so grösseren Erfolg rechnen können, als die wilden Seidenspinner bekanntlich an eine bestimmte Pflanze nicht gebunden und in
der Nahrung wenig wählerisch sind.

Etwa 8—9 Monate nach der Verpuppung bemerkt man bei der wilden
Varietät am Ende des Kokons einen feuchten Fleck, der darauf hinweist,
dass der Schmetterling nunmehr seiner Hülle entschlüpfen will. Er sondert
zu diesem Zweck eine saure Flüssigkeit ab, die den Klebstoff erweicht und
ihm ermöglicht, die Faserlagen beim Auskriechen genügend auseinander zu
schieben, ohne sie jedoch zu zerreissen. Zuerst erscheint der Kopf, breit
beim Männchen und schmal beim Weibchen; man ersieht also schon beim
Beginn des Auskriechens die zum Paaren nötige Anzahl Kokons von jedem
Geschlecht. Das Weibchen bleibt meistens unbeweglich sitzen, während der
männliche Schmetterling umherflattert; das erstere legt während der ersten
drei Tage beträchtliche Mengen Raupeneier, die nach 12 Tagen auskriechen.
Die Lebensdauer des Schmetterlings beträgt nicht über elf Tage.

Die Gewinnung der Tasserseide wird in Indien von wohlorganisierten
Kasten mit grosser Sorgfalt und verknüpft mit Religionsgebräuchen, besonders rege in den Centraldistrikten Chanda und Bilaspoore, betrieben.
Der Züchter (Dheemur) baut sich ein tragbares, einfaches Zelt im Freien,
das ihm während der 60 Tage der Zuchtdauer gegen die Witterung genügenden Schutz bieten soll. Da die Sitte dem Dheemur sein Hausbett zu
benutzen verbietet, so stellt er sich im Zelt aus Stroh ein einfaches Lager
zusammen. Unter seiner Bekleidung zeichnet sich besonders eine mächtig-
grosse Kopfbedeckung von über $1\frac{1}{4}$ m Durchmesser aus, welche die Form
eines flachen, spitzen Korbes hat und als solcher zum Übertragen der Raupen von einem Baum zum anderen Verwendung findet. Als Hausgerät besitzt

---

[1]) Witt, Chem. Technologie der Gespinstfasern, S. 64.
[2]) Rondot, Rapport sur l'Exposition univers. 1878.

der Züchter in seinem Zelt unr einen Krug (khassy), eine irdene Schüssel (lottah) und einen aus einigen zusammengenähten Blättern bestehenden Teller; das Essen bringt man ihm aus seinem Hause. Als einzige Waffe gegen Schlangen und Raubtiere dient dem Dheemur ein Bambusstock von 2,10 m Länge und 5—7 cm Breite. Bei Beginn der Zucht versieht sich der Dheemur mit einer Anzahl aus Zweigen gebildeter Bogen zum Aufhängen der reifen Kokons. Die befruchteten Weibchen werden in birnenförmige Körbchen aus den Gräsern der Pollinia eriopoda zum Eierlegen eingeschlossen, aus denen am neunten Tage die ausgekrochenen jungen Raupen, da die „mohers" (so bezeichnet man die Körbchen) an Zweigen aufgehängt werden, von selbst auf die Nährpflanze übergehen; da somit das Futter den Raupen nicht verabreicht zu werden braucht, beschränkt sich die Thätigkeit des Dheemurs auf die Obhut der Spinner gegen Vögel und Insekten; die ersteren bekämpft der Dheemur mittels der aus einem Bogen (gullail) geschossenen Thonkugeln, womit er den Störer noch in einer Entfernung von 50—60 m tödlich trifft. Gegen Insekten verfährt er auf eine mehr hinterlistige Weise: er bestreicht das Ende einer langen Stange mit einem aus dem Baume Ficus indica gewonnenen dicklichen Saft, berührt damit das bemerkte Insekt, das auf diese Weise haften bleibt, und hebt es aus.

Während der ganzen Zuchtdauer, vom Auskriechen der Raupen bis zum Sammeln der Kokons, widmen sich die Dheemurs der strengsten Abstinenz und verwenden ihre ganze Sorgfalt auf die Seidenwürmer, denn dem Glauben der Hindu nach ist der Tussahschmetterling die irdische Verkörperung ihrer Gottheit Mahadeo und seiner zerstörenden Naturkraft Çiva; die Fensteraugen an seinen Flügeln werden als „chakra", das geheiligte Zeichen des Wischnu, verehrt. Erst nachdem der letzte Kokon gesponnen ist und dem Gotte Mahadeo ein Ziegenbock, ein Schwein oder ein Huhn geopfert und mit dem Blute derselben die Kokons besprengt worden sind, kehrt der Dheemur zu seiner gewohnten Lebensweise zurück.

Der Kokonhandel liegt in den Händen der „pattuah's", die ihre Agenten, die sogenannten „paikars", das Land bereisen lassen. Man kauft und verkauft lediglich nach Stück und zählt nach karry (1280), puus (80) und grindahs (4 Kokons). Vor dem Verkauf schneidet der Dheemur die Anhängsel ab, um sie besonders zu vergeben. Das Backen der Kokons wird als eine Entweihung und Sünde betrachtet; unter keinen Umständen werden junge Leute dies Geschäft übernehmen, sie würden sonst vom Wischnu, der segenbringenden Gottheit des Lichtes und Lebens, mit Unfruchtbarkeit und vorzeitigem Tode bestraft werden; nur alte Weiber und Greise verrichten das Töten der Puppen, und auch diese nur dann, wenn sie durch Elend zu diesem Verdienst getrieben werden. Das Dörren selbst wird in primitivster Weise in Erdgruben mit Wasserdampf vollzogen.

Die Gewinnung der Tussarseide, welche früher von den Eingeborenen in der rohesten Weise ausgeübt wurde, wird nach und nach vervollkommnet; das europäische Haspelverfahren gewinnt immer mehr Boden und erst da-

durch wird eine Verbesserung des Gespinstes erzielt, welches alle guten
Eigenschaften der Tussahfaser zu Tage fördert. Es geschieht indessen noch
öfters, dass die Kokons in einem Gemisch von Asche und Kuhkot erweicht und in primitivster Weise gehaspelt werden. Über die letztere giebt
Kapitän Brookes folgende Details. In Chanda und Samboolpoor, den
Centralprovinzen, besuchen die Koshtas, eine Weberkaste, nachdem die
Ernte gesammelt worden ist, die Dörfer und kaufen die Kokons von jedem
einzelnen Züchter auf. Die Gespinste werden nun so bald wie möglich in
einer Abkochung der Asche der Jungni-Stengel, einer Pflanze, die wegen
ihres Samenöls gezogen wird, erweicht; dadurch wird einerseits durch die
Wärme das Backen der Puppen bewirkt, andererseits löst sich ein Teil des

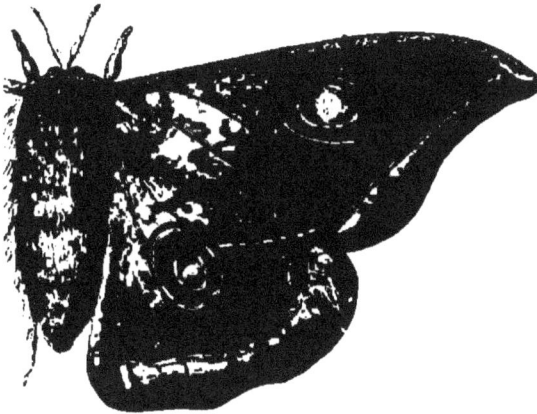

Fig. 158 Schmetterling der Anth. mylitta.

Klebstoffs auf. Das Haspelverfahren ist sehr primitiv; die Hasplerin sitzt
auf dem Boden und hat zu ihrer linken Seite ein dickwandiges, irdenes
Gefäss, das zum dritten Teil mit einer Mischung von Potasche und Pflan-
zenabkochung gefüllt ist und als Haspelbecken dient. Es werden gewöhnlich 7 Kokons zusammen verhaspelt und der gebildete Rohseidenfaden wird
auf eine improvisierte Art, nämlich auf dem linken nackten Knie der Hasplerin, das vorher mit der sauren Abkochung der Tamarinde befeuchtet
wird, mit der Hand zusammengedreht, analog der Kreuzungsvorrichtung
im europäischen Seidenhaspel. In anderen Distrikten, wie in Bengal,
werden die Kokons behufs des Backens mit kochendem Wasser behandelt;
in den Gegenden von Nizam werden sie mit Abkochungen der „dhobee"-Erde
und Asche, und in Midnapore mit Kuhdünger zum Haspeln vorbereitet.
Die in dieser Weise erzielten Gespinste kommen im Handel nicht vor, wohl

aber rohe Tusserkokons, welche als Rohmaterial für die Florettspinnerei
nach Europa verschickt werden. Von der Vorbehandlung der letzteren wird
weiter unten bei der Abfallseide die Rede sein, hier möge nur ein ver-
vollkommnetes Verfahren der Vorbereitung wilder Kokons zum Haspeln erwähnt werden. Nach dieser Methode wird jeder Kokon mit Kattun oder
Papier umwickelt und in je eine Zelle eines Siedekessels eingesteckt, wo er
der üblichen Behandlung mit einer kochenden Mischung von Soda und
Glycerin unterworfen wird; der Kessel ist hermetisch verschlossen, man
öffnet ihn von Zeit zu Zeit, um den Prozess zu kontrollieren. Auf diese
Weise werden keine Verluste des haspelbaren Fadens verursacht, wie dies
beim einfachen Kochen in offener Pfanne der Fall ist[1]). In der Neuzeit
haben sowohl europäische Gesellschaften, wie die Regierung selbst, die Einführung einer rationellen Haspelmethode unter die Eingeborenen in die
Hand genommen und zwar mit einigem Erfolg; es wurden sogar an den
wichtigsten Produktionscentren grössere Etablissements gegründet, die,
mit erheblichen Kapitalien und unermüdlicher Sorgfalt betrieben, bedeutend bessere Produkte lieferten, jedoch aus verschiedenen Gründen, namentlich infolge des allgemeinen Rückgangs der Preise, den Betrieb einzustellen genötigt waren. Auch hat man das Haspeln in Europa selbst vorzunehmen versucht, doch ist einerseits der Transport der Kokons noch zu
teuer, andererseits werden die Puppen dabei zerdrückt und die Kokons durch
deren braunen Säfte verunreinigt.

Die Tussahseide wird heutzutage in grossen Quantitäten verbraucht.
Einer der ersten Artikel, zu welchem sie Verwendung fand, war die in England 1880 eingeführte Imitation der Halbseidenplüsche, der sogenannte
„seal-cloth", ein Name, der dem echten Sealskin entnommen ist. Die
Tussah wird zur Herstellung der „sealcloth's" nicht gehaspelt, sondern versponnen. Infolge des eigentümlichen Glanzes, der Steifheit und Dauerhaftigkeit der Faser, eignet sich dieses Gespinst besonders für besagte Art lang-
faseriger Plüsche. Ebenso hat sich der Tussahsammet, infolge seines sanfteren
Flores und grossen Glanzes, als Ersatz für den Utrechter Sammet vorzüglich
bewährt. Für Teppiche und dicke Tisch- und andere Deckenzeuge, bei welchen die Steifheit der Faser sehr zu statten kommt, ist die Tussah geradezu
unentbehrlich geworden. Ihre verhältnismässige Billigkeit hat ihr in den In-
dustrieen der Fellimitation, Besatz- und Phantaisieartikel ein weites Anwen-
dungsfeld eröffnet.

Die Tussahfaser besitzt, abgesehen von ihrer weit steiferen und härteren
Beschaffenheit im Vergleich zu der weichen und biegsamen Maulbeerseide,
einen eigenartigen glasähnlichen Glanz und Schimmer, die, wie bereits erwähnt, mit ihrer Struktur als flache Faser im Gegensatz zu der runden
Maulbeerseide im Zusammenhang stehen; denn sie strahlt, weil ausserdem noch

---

[1]) Peppé, Engl. Patent 3937 (1868).

schwach gedreht, das Licht nicht in allen Richtungen, wie die echte Seide, sondern nur in Form von leuchtenden Punkten und kurzen Linien zurück. Obwohl diese Eigenschaft als ein Nachteil angesehen wird, so erhalten doch dadurch besonders die Phantaisiegespinste, wie die aus wilder Seide angefertigte Schappe, besonders in den mittleren Farbtönen ein gefällig schimmerndes Aussehen. In den Tussahgeweben wird der Glanz infolge der Flachheit der Faser bedeutend erhöht. Ihre Festigkeit, Glätte und der milde Glanz machen die Tussahgespinste für Stickereien besonders ge-

Fig. 159.   Mikrosk. Bild der Tussahfaser.

eignet; selbst in hellen Tönen erreicht man bei Kirchen- und anderen ähnlichen Stickereien infolge ihres nicht zu grellen Glanzes sehr gute Effekte. Die Tussahphantaisiegespinste werden auch zusammen mit der Maulbeerseide auf einem Grunde aus anderem Material, wie Wolle, oder auch um die Effekte der wollenen Strickgarne zu erhöhen, mit gutem Erfolg angewendet. Eine andere Art der Stickerei, in welcher besonders die Japaner Vorzügliches leisten, besteht darin, dass die Zeichnung, teils in Tussah, teils in flachem Farbendruck ausgeführt wird.

Ausser der echten Tussah kommen im Handelsverkehr noch ihre Abarten vor, die von den der Anth. mylitta anverwandten Species gewonnen werden. Diese Seidenraupen, welche ohne Unterschied an Stelle des Tusserspinners zur Seidengewinnung herangezogen werden und deren Faser kaum von der echten Tussah zu unterscheiden ist, sind folgende:

Anth. nebulosa (Hutton) in Centralindien, Deccan, Bengal, Maunbhum, Southal (Colgong), Singbhoom, Chota Nagpore.

Anth. kazaulia (Moore) und Anth. sivalensis (Hutton) in N.-W.-Himalaya.

Anth. Frithii (Moore) und Anth. Helferi (Moore) in den heissen Thälern von Sikkim (Himalaya), Pendschab und Darjeeling sind gesellige Raupenarten; sie erzeugen dem Tusser ähnliche Kokons von etwas feinerer Faserbeschaffenheit [1].

Anth. papbia (Linné), genannt „salthi" in westlichen Distrikten Indiens.

Anth. andamana (Moore) des gleichnamigen Archipels.

Anth. Perrotteti (Guérin-Méneville) in Pondicherry auf Zizyphus, Syzygium jamb. und Odina. Häutet sich viermal und liefert

---

[1] Wardle, Handbook of the collection etc. S. 6.

vier Bruten jährlich. Die starke glänzende Faser ist jedoch
nur zum Verspinnen geeignet. In Dinagepoor werden aus dieser
Seide Angelschnüre verfertigt.

Anth. Cingalesa (Moore) eine grüne, vollständig wilde Raupenart,
liefert Gespinste, die den Tusserkokons vollkommen gleichen [1]).

* * *

Unter dem Namen „chinesischer Tussah" kommen in den Handel grosse
Mengen gehaspelter wilder Seide, welche ihrem äusseren Ansehen nach der
indischen zwar ähnlich sieht, in ihren Eigenschaften indessen derselben
nachsteht und auch billiger ist. Sie ist das Produkt einer unter dem
Namen Antheraea Pernyi bekannten Seidenraupe [2]) und kommt aus jenem
Teile Nordchinas, von welchem Tschifu (Chefoo) die südöstliche Grenze bildet, im
ganzen vom 27° bis 42° nördlicher Breite. Anth. Pernyi soll, obwohl selten,
auch in Indien vorkommen, so hat sie Hutton in Darjeeling aufgefunden [3]), wohin sie aber, wie dies auch für Ceylan der Fall ist, importiert wurde.

In China befassen sich hauptsächlich die Provinzen Schenking (Mandschurei), dann Chefoo und Newchwang mit der Gewinnung der chinesischen
Tussah[4]), die Gegenden des Flussbeckens Liao sind ausschliesslich der Zucht
der Eichenraupe gewidmet, während ein anderer Teil (Liao-shi) der Provinz ausserdem noch die Gewinnung der Aylanthusseide betreibt. Die
Städte Tuchow (l. Tutschen), Sniyen, Kaichow im Süden und Haicheng im
Norden sind die Mittelpunkte und zugleich Kokonmärkte; die letzteren sind
indessen dem fremdländischen Verkehr nicht zugänglich. Unter diesen Umständen wäre Schenking (Mandschurei) wohl imstande, das vierfache der
jetzigen Produktion zu liefern; es mangelt hier aber an richtiger, strebsamer
Führung, da die Eingeborenen nur soviel Kokons sammeln, als zu ihrem Unter-
halt gerade notwendig ist und jeden Fortschritt in der Verarbeitung der
Gespinste grundsätzlich verpönen. In der Provinz Shantung beträgt die
Produktion der Eichenseide jährlich ca. 10000 piculs Grège (1 picul =
60,16 kg), die zum Teil ausgeführt wird, teils zur Anfertigung der „pongee"-
Gewebe verwendet wird. In Chefoo existiert bereits ein specielles Eta-
blissement, das, nach europäisch vervollkommnetem Verfahren betrieben, zum
Haspeln und Zwirnen der für den Export bestimmten Eichenseide dient.
Shantung produziert ca. 8000 piculs mulinierter Eichenseide.

Ihrer Herkunft entsprechend unterscheidet man mehrere Arten der Eichen-

---

[1]) Moore, The Lepidopt. of Ceylon, S. 122.
[2]) Perny, Monographie du ver à soie du chêne (Bull. de la Soc. d'Acclim. V.
1858).
[3]) Notes on the Indian Bombycidae, 1871. S. 5.
[4]) Man, China silk culture, Shanghai 1881.

seide aus der Mandschurei (Shènking), der Mongolei, Shautung, Chefoo,
Newchwang u. s. w.

Wie die Antheraea Yamamay der Seidenspinner der japanischen Eiche
ist, so wird Anth. Pernyi als Eichenspinner Chinas bezeichnet. Er wird
auf den verschiedensten Eichenarten im Freien gezogen oder lebt in vollständig unbewachtem, wildem Zustande auf „Siao-yé-tso" (Quercus mongolica), „siang-wa-tsé" (Q. siuensis), „tso-shu" (Q. serrata), „hu-polo" (Q.
dentata), Q. castaneaefolia oder Q. aliena und wird auch u. a. mit Cudrania
triloba (tsché) gefüttert, in welch letzterem Falle er bedeutend bessere Produkte zu liefern befähigt wird[1]). Auch frisst er von „Yang-mei" (Myrica
sapida). In Europa wurden früher zahlreiche Versuche angestellt, den

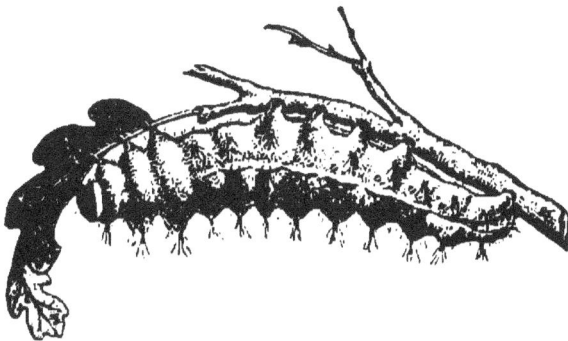

Fig. 160 Raupe von Anth. Pernyi.

chinesischen Eichenspinner zu acclimatisieren, so u. a. in Italien (A. Fantoni), Frankreich, Spanien, Belgien, Österreich-Ungarn und Deutschland.
In Reichenbach (Schlesien) wurden in letzterer Zeit auf 40 Morgen Eichen-
schülwald einige Jahre hindurch sowohl chinesische, wie japanische Eichenspinner gezüchtet, welche Gespinste von grosser Weichheit und Gleichmässigkeit lieferten.

Die Motte der Anth. Pernyi besitzt vier transparente Flecke, welche
kleiner sind, als die des indischen Tusserschmetterlings. Auch ist die Eichenraupe in ihrem Aussehen weit unscheinbarer, als die Anth. mylitta, die
mit einer schönen, grünschimmernden Hülle bedeckt ist; die erstere be-

---

[1]) Hance, On the silkworm oaks of Northern China (The Journ. of the Linnean
Soc. Botan. vol. X, XIII).

— On silkworm oaks (The China Review, 1877).

Bretschneider, On Chinese silkworm trees, 1881.

findet sich thatsächlich in ganz anderen Lebensverhältnissen und zeigt auch eine von den übrigen Tusserspinnern abweichende Färbung. Die seiden-erzeugende Drüse weist bei Anth. Pernyi einige Eigentümlichkeiten auf; sie besteht, wie gewöhnlich, aus drei Teilen, die jedoch in eigenartiger Weise gruppiert sind. Das Sekretionsorgan besitzt hier eine äusserst stark ge-wundene Form, ist aber bedeutend dicker, als die Sammeldrüse, mit welcher es vermittelst eines besonderen, sehr dünnen Kanals verbunden ist; die Sammeldrüse ist, statt die übliche S-Form zu haben, ebenfalls stark ge-wunden und ähnelt in dieser Hinsicht dem Sekretionsorgan; aus der Sammel-drüse führt ein langer Kanal zum Exkretionsteil von ähnlicher Struktur, wie bei B. mori.

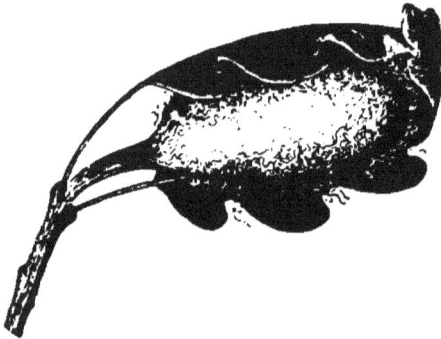

Fig. 161. Kokon der Anth. Pernyi.

Die Eichenraupe liefert zwei Bruten im Jahre; die Frühlingsernte (tschu-kien) ergiebt quantitativ nur die Hälfte der Herbsternte (tsin-kien), deren Kokons ausserdem seidenreicher sind. Die „tschukien"-Kokons liefern dagegen Seide, die feiner, heller und glänzender ist, als die „tsinkien", welch letztere Kokons hauptsächlich für den Export bestimmt sind. Der Eichen-kokon ist weich, von keiner bestimmten Gestalt, mit einem kurzen An-hängsel versehen und zwischen einigen Eichenblättern eingesponnen; mit-unter kommen auch eiförmige, helle Kokons vor, die mit üppiger Flockseide umhüllt sind und nur an einem Blatte haften. Die Kokons, welche durch-schnittlich 40×25 mm messen, wiegen im trocknen Zustande etwa 430 mg und liefern 6—700 m abhaspelbaren Fadens vom Titer $7\frac{1}{2}$—$8\frac{1}{2}$ den.; tausend Kokons wiegen 10,5 kg und liefern 600 g Seide. In tausend Teilen Kokons sind 685 Teile Puppen und 315 Teile Seidenmaterial ent-halten, worunter 45 Teile Flockseide, 195 Teile Seidenfaser und 75 Teile inneres unhaspelbares Gewirr.

Das Backen der Kokons geschieht in üblicher Weise durch Wasserdampf, wonach sie sofort abgehaspelt werden; die trocken gewordenen
werden vor der Verarbeitung nochmals in warmem Wasser aufgeweicht, was
allerdings fast stets geschehen muss, denn Mengen, wie hier zur Verarbeitung gelangen, können nicht auf einmal verhaspelt werden. Die
Puppen, welche nach dem Abhaspeln zurückbleiben, dienen den ärmeren
Volksmassen als Nahrungsmittel; deren Preis beträgt ca. 10 Pfennig für das
halbe kg.

Der allgemeinen Ansicht entgegen sind die Eichenkokons nicht gänzlich
geschlossen; gegen das Ende, wo der Kokon am Blatte befestigt ist, lässt
die Raupe beim Spinnen eine kleine Öffnung frei, die ihr das spätere Ausschlüpfen erleichtern soll; diese Öffnung wird in der Weise erzeugt, dass

Fig. 162. Kokon der Anth. Pernyi.   Fig. 163. Mikrosk. Bild der Eichenseide.

die Eichenraupe, ähnlich wie die Attacus-, Actias- und Philosamiaarten, in
jeder Fadenlage des Gespinstes an dessen oberem Ende ein Loch zurück-
lässt, indem sie den Faden in Form von Maschen, die mit ihrer konvexen
Seite der Öffnung zugekehrt liegen, zusammenwindet und die letztere in Gestalt
eines Trichters anordnet. Bei oberflächlicher Betrachtung verrät sich die Öffnung nicht, der Kokon zeigt aber an der betreffenden Stelle eine rohe und faltige
Beschaffenheit; unter Umständen ist das Loch indessen so gross, dass das
Abhaspeln in der sonst gebräuchlichen Art, d. i. im Haspelbecken, infolge
des Untersinkens der Kokons unmöglich wird. Die Frühlingskokons besitzen dagegen nur eine kleine oder gar keine Öffnung und werden, nachdem
sie durch Kochen in Wasser, welchem etwas Buchweizenasche zugesetzt
wird, erweicht worden sind, wie üblich, auf dem Wasser schwimmend abgehaspelt. Das Abhaspeln geschieht infolgedessen in den beiden Provinzen
Shantung und Shênking auf verschiedene Weise, trocken und nass, wobei
das erstere Verfahren bei weitem öfters angewendet wird [1]).

---

[1]) Fauvel, The wild silkworms of the province of Shantung. 1877. S. 18.

Das trockene Abhaspeln besteht darin, dass die Kokons kurze Zeit in einer starken Lösung von Soda oder Salpeter und Aschenlauge eingeweicht und dann auf einer sogenannten „uso doppio"-Tafel (zum Abhaspeln der Doppelkokons) ohne Anwendung von Flüssigkeit abgewickelt werden. Nach einem anderen Verfahren erweicht man die Kokons in einer Eichenrindenabkochung, was allerdings die natürliche Farbe des Produktes noch mehr verdunkelt, und setzt sie, nachdem sie in Körbe eingepackt worden sind, heissen Wasserdämpfen aus, die den Bast und Klebstoff so erweichen, dass das nachträgliche Abhaspeln oder Abwickeln des Kokonfadens auch in trockenem Zustande leicht vor sich geht. Die in Frankreich in dieser Richtung angestellten Versuche ergaben ebenfalls sehr befriedigende Resultate, so dass man das Abhaspeln offener Kokons als im Prinzip gelöst betrachten kann. Der Seidenhaspel zeigt in Shenking die allereinfachste Konstruktion, auch das Spinnrad, welches zur Verarbeitung der Flockseide und Abfälle dient, hat die übliche primitive Form, wie sie bis zur Erfindung der Spinnbänke für Leinen etc. überall üblich war.

Die Grègen (Rohseiden) bester Qualität werden aus 8—12 Kokons erzeugt, gute Sorten sind aus 16 zusammengesetzt, während die minderwertigsten Produkte aus 20—25 und mehr Kokonfäden bestehen. Die rohe Grège ist zuweilen mit Salpeter erschwert, in dessen Lösung die Kokons bekanntlich gekocht werden, und enthält die Gerbstoffe, Farbstoffe und Leim aus den zu demselben Zweck angewandten Pflanzenlaugen; der in der Faser enthaltene Salpeter verleiht ihr als ein, nebenbei bemerkt, sehr hygroskopisches Salz während der feuchten Witterung eine nicht unbedeutende Gewichtszunahme. Die rohe chinesische Tussah verliert beim Abkochen nur wenig von ihrer dunklen Färbung und nimmt ausserdem nur schwer eine dauerhafte Nuance an, vielleicht aus dem Grunde, weil die bei der Einweichung der Kokons benutzten alkalischen und salzhaltigen Lösungen die Absorptionsfähigkeit der Faser beeinträchtigt haben. Indessen ergeben die Kokons, nach europäischem Verfahren in einer Mischung von Soda und Glycerin vorbehandelt und verhaspelt, nach dem Abkochen ein bedeutend helleres Produkt.

Wie schon erwähnt, liefert die Frühlingsernte Produkte von bedeutend besserer Beschaffenheit und erfolgt aus diesem Grunde das Abhaspeln im Frühling und Sommer, während die Verarbeitung minderwertiger Kokons auf dem Spinnrade vorwiegend im Herbst vor sich geht.

Die Tussahhasplerei hat in Shenking einen specifisch hausgewerblichen Charakter, während grössere Etablissements nur auf Anregung und Kosten der Europäer angelegt werden. Die Zubereitung von mulinierten (gezwirnten) Seiden, Trame und Organzin, ist noch sehr mangelhaft, weil die meisten inländischen Gewebe mit einfachen Grègegespinsten erzeugt werden. Die Farbe der fertigen Gespinste chinesischer Tussah ist sehr mannigfaltig; von einer ganz hellen (wie die Seide aus der Provinz Honan) angefangen, variiert sie zwischen grau, bräunlichgelb, dunkelbraun bis schwarz. Diese letztere merk-

20*

würdige Qualität der Eichenseide wird in den an Kaichow grenzenden
Gegenden erzeugt und von einer Varietät der Anth. Pernyi gesponnen, die,
wie man sagt, die Eichenblätter samt den Stielen auffressen soll. Die abgehaspelte Seide (reeled) wird „koang“, die gesponnene (spun) „fang“ und
die gezwirnte „niu“ oder „nien“ genannt. Die allgemeine Bezeichnung
für Eichenseide ist „icht-san-ssé“. Morphologisch und chemisch gleicht
sie der indischen Tussah vollkommen. Der wichtigste Seidenmarkt für
chinesische Tussah ist Lo-schau im Distrikt Yu-tscheu-fu.

Die erste Sendung chinesischer Tussah nach Frankreich erfolgte im
Jahre 1873 und konnte diese bräunliche, grobe (150—300 den.) und unreine
Seide nur für besondere Zwecke Verwendung finden; sie verlor beim Entbasten 30—35 %. Seitdem hat sich aber die Qualität bedeutend verbessert,
so dass man die Tussah für Möbelstoffe, Posamenten, Stickereien und
Phantasieartikel verwenden konnte. Um das Jahr 1886 wurde in Chefoo
eine Filande nach europäischer Art gegründet, die den Namen Filature
Impériale Whafong erhielt. Nach dem Beispiel dieser Musterhaspelanstalt
wurden alsdann viele andere Etablissements errichtet, und heutzutage
kommt mindestens ein Drittel der Produktion in Form von Filaturen oder
Imitation Filature in den Handel. Die Grège besteht aus 4, 6, 8, zuweilen
12 Kokonfäden und ist durchaus hellfarbig, fein und regelmässig, so dass
sie auch für feinere Gewebe Anwendung findet. Der Export der chinesischen Tussah belief sich auf:

1881	1230	Ballen
1884	4887	„
1886	10424	„
1888	8607	„
1889	12200	„
1891	11170	„
1893	7557	„

Über die Tussahweberei in Shénking liegen folgende Angaben vor [1]).
Es sind im Durchschnitt 4500—5000 Kokons der Frühlings- oder 4200
der Herbsternte erforderlich, um ein Seidenzeug von ungefähr 16×0,44 m
zu weben. Ein Seidenweber verwendet ca. zwei Tage, um ein Zeug fertig
zu bringen, wofür er pro Stück mit 1,25—2,5 Frcs., je nach der Qualität
seiner Arbeit, belohnt wird. Die Gewebe werden nach Gewicht verkauft,
das von 25—40 taëls (1 taël = 38 g) betragen kann. Die sogenannten
„pongees“ aus chinesischer Tussah der Provinz Shantung sind in Europa
bereits allbekannt; im Inlande werden sie als Bekleidungsstoff in aus-
gedehntestem Mafse verwendet, weil sie den Vorzug grosser Dauerhaftigkeit besitzen [2]); sie lassen sich waschen, ohne etwas von ihrem Glanze

---

[1]) Man, China silk Culture, Shanghai 1881.
[2]) Hugues, China silk Culture.

zu verlieren, werden aber schlecht durchgefärbt und sind deshalb oft streifig. Die rohen Pongees werden in der Seidenmanufaktur zu Chefoo vor dem Versand einer, uns geheimgehaltenen chemischen Behandlung unterworfen, welche ein Verhalten der Tussah beim Färben gleich dem der echten Seide bezweckt und erzielt. Die schönsten Gespinste verbleiben indessen in der Provinz; blaue und dunkle Gewebe werden von den Männern getragen, während Weiber und Kinder mit Vorliebe bunte Nuancen wählen. Die Seidenzeuge, welche in Shênking aus der Tussah angefertigt werden, stehen den „pongees" von

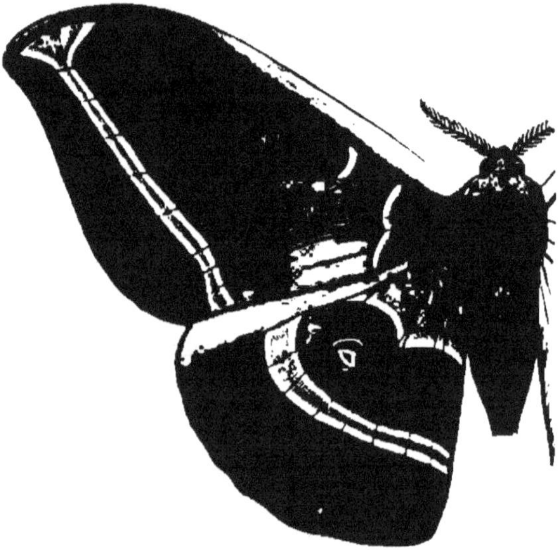

Fig 164. Schmetterling der Anth. perna.

Shantung nicht nach. Sie verdienen, was ihre Herstellungsweise anlangt, ebenfalls volle Beachtung; der Fortschritt in der Herstellung der Gespinste muss aber auch hier das seinige thun. Der Gehalt an Bast, Gummi etc. in diesen Geweben beträgt durchschnittlich 20 %.

An die Anth. Pernyi schliessen sich die ihr nahe verwandten Seidenspinner Anth. Roylei (Moore) und Auth. Confucii (Moore). Die letztere Species ist nach Hughes nur eine Varietät des chinesischen Eichenspinners, der in Kiang-su, sowie in der Umgegend von Shanghai heimisch ist.

Die Anth. Roylei [1]), der Eichenspinner Indiens, lebt ausschliesslich von

[1]) Proceed. of the Zoolog. Soc. of London, 1859.
Transactions of the Entom. Soc. of London, 3 ser. I. S. 319.

Quercus Incana im Himalajagebirge (Sikkim), Mussorien, Darjeeling, Simla
und Pendschab. Er unterscheidet sich von Anth. Pernyi durch den Kokon,
dessen Härte bei dem indischen Eichenspinner ganz aussergewöhnlich ist.
Derselbe ist ziemlich gross (etwa 50×30 mm), unregelmässig, nicht sehr
seidenhaltig, und mit einer dichten, zwischen den Blättern eingesponnenen
Flockhülle versehen. Diese Seidenart ist vielversprechend, aber ziemlich selten.
Die Anth. Roylei liefert 2—3 Ernten jährlich; auch findet häufig eine Kreuzung derselben mit Anth. Pernyi statt.

Einen ziemlich wichtigen Seidenspinner besitzt Indien in der Anth. as-
sama (Helfer)[1], welche halbgezüchtet (d. i. im Freien gezogen) in Assam,
Darroug, Lakhimpore, Dhurumpore, Dehra-doon vorkommend, Moonga-,
Mooga- oder Mugaspinner genannt wird und im völlig wilden Zustande

Fig. 165. Kohun des Mugaspinners.   Fig. 166. Mikrosk. Bild der Faser von A. assama

in Katschar den Namen „bau munga" führt. Der Name „muga" bedeutet
Bernstein und ist ihr wegen der gelben Farbe ihrer Kokons beigelegt worden. Der Mugaspinner nährt sich von verschiedenen Pflanzen, am liebsten
von „sum" (Machilus odoratissima), „sunalu" (Tetranthera monopetala),
„tschampa" (Michelia champaca), T. diglottica und anderen Gewächsen.
Die auf der „tschampa" gezogene hellfarbige Moongaseide ist von der aller-
besten Qualität und Feinheit und trägt den Namen „tchampa pattea munga",
eine Gattung, die ausschliesslich von Rajahs und Vornehmen getragen wird.
Die zweitbeste Art ist die sogenannte „Muizankuria" oder „adda-kurry",
entsprechend den Namen der Nährpflanzen. Die feinste Gattung der zweiten Art, die sogenannte „Soom"-Seide (auf Sarcostemma brachyst.), hat
eine schöne, rehfarbige Faser; geringere braune Sorten sind „Soouhalloo"
(auf Tetranthera macroph.) und „Digluttee" (auf Tetr. diglottica), schliess-

---

[1] Horsfield, A Catalogue of the lepidopterous etc. S. 398.
Proceed. of the Zoolog. Soc. of London, 1859. S. 258.
Geoghegan, Silk in India, 1872. S. 119.
Wardle, Handbook, S. 55.

lich die „Patees boouda" von dem auf dem Lorbeerbaum (Laurus obtusi-
folia) lebenden Mugaspinner. Anth. assama erlebt im Jahre drei bis fünf
Generationen; jede Ernte führt ihren eigenen Namen, der gleichzeitig
auch der aus derselben hervorgegangenen Seide zukommt. Die Herbst-
und Wintererute (Oktober und Februar), „katia" und „dscharun" benannt, sind die ergiebigsten, während die Januar- und Maiernte die geschätztesten Produkte liefern. Der 50×25 mm grosse, obwohl dünne,
eiförmige und mit einem kleinen Loch versehene Kokon von gelber,
roter, grauer oder weisser Farbe lässt sich unschwer abhaspeln, wird aber
trotzdem in nicht geringen Mengen nach dem Desintegrieren mit Potaschelösung (Pflanzenasche) verzupft und versponnen. 1000 Kokons liefern
220 g Seide. Die Mugaseide bildet einen starken Exportartikel Assams
und verlässt die Provinz hauptsächlich in Gestalt von Gespinsten. Die
mugaseidenen Gewebe widerstehen dem Waschen weit besser, als die maul-
beerseidenen und bewahren ihren natürlichen Glanz vollständig [1]). Der
leinengraue, hellbraune oder weisse Seidenfaden ist von erstaunlicher Festigkeit. Nach den Vermutungen von Hodgson wurde die Mugaseide schon
im Altertume von den Römern zur Anfertigung der Schnüre verwendet, mit
denen sie die Decken ihrer ausserordentlich geräumigen Cirkusse angespannt
hatten. Die Mugakokons eignen sich vorzüglich für die Verarbeitung auf
den modernen Spinnmaschinen und liefern prachtvolle Phantaisiegespinste.
Im rohen Zustande sind sie dunkelfarbig und zwar noch dunkler, als die
Eriaseide von Att. ricini, doch scheint diese Färbung mehr auf der unge-
eigneten Vorbereitung der Kokons in den Sammelorten zu beruhen, nicht
aber ursprünglich zu sein. Morphologisch ist die Mugaseide der Tussah ähnlich,
beim Färben zeigt sie sich zur Aufnahme der Beizen und Farbstoffe weit
geeigneter, als diese und die Eriaseide, und verhält sich beinahe wie die
echte Maulbeerfaser.

Die indische Mezankoorienseide stammt von Anth. mezankooria (Moore)[2]),
die in British-Birma und Assam (Sibsagar) auf „addakurry" (Tentranthera
polyantha) regelmässig gewonnen wird. Die schöne, ins Graue spielende
weisse Seide ist bedeutend glänzender, als die besten Qualitäten der Mugaseide, welcher sie auch von den Eingeborenen vorgezogen wird. Der Wert
der Mezankoorienseide ist um 50 % höher, als der der Mugaseide. Den
Farbstoffen gegenüber verhält sie sich ebenso, wie die echte Maulbeerseide.

An die Gattung Antheraea schliesst sich die Telea polyphemus (Hübner, Cramer) an, der Repräsentant nordamerikanischer Seidenspinner.
Die zuerst weisse, in der Reife grünliche Raupe frisst hauptsächlich Eichenblätter und liefert fahlfarbige, runde, sehr seidenreiche Kokons in einer

[1]) Geoghegan, Silk Industry of India, S. 25.
[2]) — Silk in India, S. 119.
Hunter, A statistical account of Assam, 1879, S. 260.
Wardle, Handbook, S. 5, 55, 58.

Grösse von 40×25 mm, sowie eine weisse Seidenfaser, welche der Tussah
in vielen Beziehungen gleichkommt.

Anth. bauhiniae (Guérin-Méneville)[1]), auch Anth. Faidherbii genannt, ein ausgezeichneter Seidenspinner Senegambiens, lebt auf „sidden"
(Zizyphus orthocantha) und ist ein Übergangsglied zu der weiter unten besprochenen Attacusgruppe. Seine graufarbigen, 45×25 mm grossen und
80 cg schweren Kokons, die mitunter offen sind, ergeben eine glänzende,
rosafarbene und sehr geschätzte Faser.

Als Anth. Laurenti ist eine südafrikanische Seidenart bekannt, deren
silbergraue Kokons von ziemlich unregelmässiger Form gruppenweise von einer
gemeinsamen, jedoch so leichten, mit jedem Stück dicht verbundenen Seiden-
hülle derart umgeben sind, dass sich Form und Anzahl der Kokons von aussen
erkennen lassen. Das Erzeugen solcher Kollektivkokons lässt übrigens bezweifeln, ob diese Species als der Antheraeafamilie zugehörig betrachtet
werden darf, denn in der letzteren ist das gemeinsame Einspinnen ausserdem sonst nicht beobachtet worden.

*   *   *

An die Gruppe der Seidenspinner, welche einen geschlossenen Kokon
erzeugen, schliessen sich noch die Angehörigen der Gattung Actias, deren
Gespinste indessen nicht regelmässig und nicht ununterbrochen gesponnen, und
deshalb auch meist schwer abhaspelbar sind. Der Schmetterling besitzt an
den Hinterflügeln charakteristische lange, schwalbenschwanzartige Auswüchse.
Die Kokons der Actiasgruppe sind weniger seidenreich, als die der Antheraea; die Seide ist aber stark, elastisch und glänzend[2]).

Eine der wichtigsten Species dieser Gattung ist Actias selene (Hübner)[3]), die in China (hauptsächlich in Kiangsu), Indien (Madras), Assam,
Pendschab und auf Ceylan heimisch ist. Dieser Seidenspinner nährt sich daher
begreiflicherweise von den verschiedenartigsten Pflanzen, u. a. von Coriaria nipalensis, Bradleia ovata, Andromeda ovalifolin etc. und wird häufig auf der von
ihm bevorzugten Nährpflanze, Odina wodier, regelmässig gezogen; er liefert
alsdann 4 Bruten jährlich. Die Raupe von apfelgrüner Farbe spinnt einen eiförmigen, unregelmässigen, ziemlich seidenarmen, mit Blättern umwickelten
Kokon in einer Grösse von 60×40 mm, welcher eine fahle, mitunter braune

[1]) Loiseleur-Deslongchamps, Nouvelles considérations, 1839, S. 126.
[2]) Hutton, Remarks on the cultivation of silk in India (Journ. of the Agric. Soc.
of India, 1869. 8. 345).
[3]) Horsfield & Moore, A Catalogue etc. S. 400.
Proceedings etc. S. 281.
Transactions etc. S. 317.
Hutton, Notes on the Indian Bombycidae, S. 6.
Moore, Lepidoptern of Ceylon, II, 123.

Farbe mit metallischem Schimmer besitzt und sich unschwer abhaspeln lässt; indessen wird er meistens verzupft und versponnen. Die aus Madras herstammenden Kokons sind besonders dicht und fest. Seine Seide ist grau und glänzend, und soll unter der Bezeichnung Tussah im Handel vorkommen. Der grünbeflügelte Schmetterling ist von ausnehmender Schönheit.

Fig. 167. Mikrosk. Bild der Faser von Actias Selene.

Actias ningpeana in China (Ning-po, Tsché-kiang) auf „fu-yung" (Hibiscus mutabilis) und Salix babylonica. Die eiförmigen, 65×35 mm grossen Kokons liefern die geschützte „fuyung-sse"-Seide.

Die nordamerikanische Actias luna (Linné) in Mexiko, Karolina und Florida auf Storaxbaum, Juglans cinerea, Carya etc. wild oder in halbge-

Fig. 168. Kokon von Actias Selene.

züchtetem Zustande lebend, ist der indischen Ac. selene ähnlich. Der eiförmige, meist unregelmässige, braune oder rötliche Kokon liefert starke, ziemlich hellfarbige Seide, welche zur industriellen Verwertung geeignet ist.

Actias Sinensis (Walker). China (Shantung).

Actias Ignescens. Andamaninseln.

Actias (Argema) Mimosae.

Actias (Argema) Leto (Doubleday). In gebirgigen Ortschaften Sik-kims und des Khasiagebirges. Grosser, prächtiger Schmetterling mit grünen, braungefleckten Flügeln.

Actias Moenas (Doubleday) in Sikkim, Darjeeling und Assam, scheint
mit der vorigen Species identisch zu sein, indem Ac. Leto das Männchen,
Ac. Moenas dagegen das Weibchen derselben sein dürfte.

Schliesslich Actias (Tropaea) Isabellae; lebt auf der Fichte (Pinus sil-
vestris) in Spanien [1]).

Der Actiasfamilie gleichfalls angehörig ist die kleine Species der Guinea-
küste, Eudaemonia Argus (Fahr.), deren Kokons indessen unbekannt sind.

*   *   *

Wir gehen nun zu der zweiten Gruppe der Seidenspinner über, die Kokons anfertigen, welch letztere jedoch mit wenigen Ausnahmen, teils weil offen,
teils weil höchst unregelmässig gesponnen, gänzlich unentwirrbar sind; dagegen eignen sich diese wilden Seidenarten vorzüglich als Rohmaterial für die
Florettspinnerei. Die Angehörigen dieser, meist aus der Familie Attacus
zusammengesetzten Gruppe sind durch Grösse und aussergewöhnliche Farbenpracht, sowohl als Schmetterlinge, wie auch schon im Stadium der Raupe,
ausgezeichnet. Die meisten Attacus bauen ihren Kokon derart, dass sie in
jeder einzelnen Schicht durch Verschlingung der Fäden eine Öffnung freilassen, welche sie dann mit einem bündelartig zusammengeknoteten Faden
verstopfen. Sie fertigen demnach keine ununterbrochene Faser an; andere
Abarten spinnen dagegen kontinuierlich [2]) und liefern Kokons, die sich
ohne grosse Mühe abhaspeln lassen, wie z. B. Attacus aurota in Amerika.

Die in quantitativer Hinsicht wichtigste Eriaseide ist das Produkt
des Ricinusspinners, Attacus ricini (Boisduval, Joues)[3]), welcher in Indien
und Assam, in Darroug, Nowgong, Lakhimpore, Raugpore, Dinagepore,
Goalpara, Katschar, Nepaul, Kumaon, engl. Birma, Kaschmir (Ladakh)
und auf Ceylan teils im wilden, meist aber in halbgezüchtetem Zustande
zu finden ist [4]). Diese Seidenraupe (auch als Att. arrindia, Philosamia ricini
bezeichnet) stammt aus Assam, wo sie "eri" genannt wird, und wurde später
auch nach anderen Teilen Indiens verpflanzt. In Bengal nennt man sie
"arrindi". Ihre bevorzugten Nährpflanzen sind "arrindi", Ricinus communis und

[1]) Mieg, Annal. de la Soc. entomolog. 1850. S. 241.
[2]) de la Rocha & Givelet, Bull. de la Soc. d'acclim. 2 sér. VI, 467. VII, 156,
271. 3 sér. I, 618.
[3]) Horsfield, A Catalogue etc. S. 407.
       Proceedings, S. 267.
       Transactions, 8 ser. I, 317.
       Boitard, Traité de l'éducation etc. 151.
       Loiseleur-Deslongchamps, Mûriers etc. 1832, 69.
       Wardle, Handbook, S. 48.
[4]) Hunter, The Imperial Gazetteer of India, 1881. VIII. 326.
     — A statistical account of Bengal, 1876. VII. 304. 1879. I. II.
       Robinson, Account of Assam.

„kissiru", Heteropanax fragans, seltener „gamari", Gmelina arborea und „bogri", Zizyphus jujuba. Von der Nährpflanze hängt bekanntlich die Farbe des fertigen Produktes ab; so liefert die auf assamesischer Varietät des Ricinusbaumes gezogene Raupe eine vollkommen weisse Seide, während

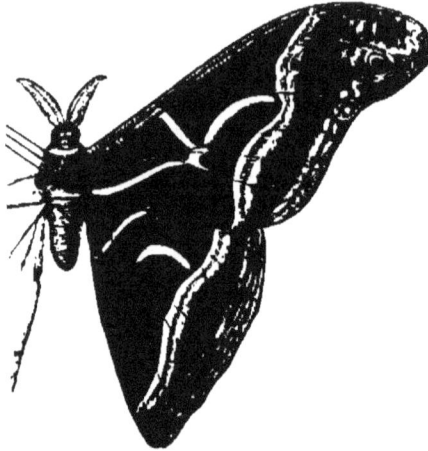

Fig. 169. Schmetterling von Att. ricini.

das Erzeugnis der auf anderen Pflanzen, z. B. in Bengal lebenden, dunkelbraun ist. Die Raupen häuten sich viermal, ihre Lebensdauer beträgt 6 Wochen im Sommer und 12 Wochen im Winter; sie liefern 7 oder noch

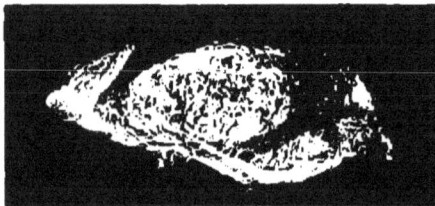

Fig 170. Kokon des Att ricini.

mehr Bruten jährlich (12 nach Angabe Helfers), in Assam hingegen nur 5.

Das Weibchen des Att. ricini legt die Eier auf den Blättern nieder, worauf so bald darauf stirbt; diese mit Eiern und daran hängenden Motten bedeckten Zweige haben ein merkwürdiges Aussehen und bilden einen Handelsartikel. Die Kokons der November-, Februar- und Maiernte werden zum Verspinnen, die vom Juni und September für die weitere Aufzucht verwendet. Ihre Grösse ist 40×20 mm, und ihr Fasergehalt beträgt 15 °/₀; 12 kg Kokons liefern 1 kg Gespinst. Die Eriakokons, deren Farbe sehr verschieden ist, orange, rot und braun (Dinagepore) oder weiss (Assam), werden von den Eingeborenen teils in roher Weise gehaspelt[1]), teils zerzupft und wie Flachs versponnen. Zu diesem Zweck werden sie lange in Wasser gekocht, dann in eine Abkochung von Feigenbaumrinde eingelegt und längerer

Fig 171. Mikrosk. Bild der Eriaseide.

Gährung unterworfen, oder die Eingeborenen erweichen die Kokons in Pottasche und zupfen dann die Seide in Flocken mit den Fingern heraus. In Dinagepore soll die ganze Kokonernte verhaspelt werden. Nach den Angaben von Hugon kann das Abhaspeln hingegen infolge Mangels an einem geeigneten Lösungsmittel für den Kokonbast nicht bewirkt werden; es scheint jedoch, als ob nur die Weichheit und Unregelmässigkeit des Kokons die Ursache seines schlechten Verhaltens beim Haspeln ist, weil

sich seine Fäden, die locker und unverkittet miteinander versponnen sind, beim Abwickeln verwirren. In Katschar erweicht man die Kokons in einer Mischung von Kuhdünger mit Wasser und verarbeitet sie ausschliesslich am Spinnrade. Die Gespinste werden hier mit Lac, Munjeet und Indigo gefärbt, doch sind die erzielten Nuancen infolge der Unvollkommenheit der Färbemethoden ziemlich unansehnlich. Die Verarbeitung der Eriaseide findet in Indien seit undenkbaren Zeiten statt[2]). Die Indier verwenden sie zur Anfertigung folgender Gewänder: borkapor, meklas (Unterrock), rhiha (Schärpen) und goursha. Die Gewebe aus Eriaseide sollen geradezu unverwüstlich sein, so dass dieselben generationsweise von der Mutter auf die Tochter vererbt werden. Als Rohmaterial für die mechanische Seidenspinnerei hat die Watte der Eriakokons einen grossen Wert, während die gehaspelte Eriaseide für die europäische Industrie vorläufig ohne Bedeutung ist. Die beim Kämmen der Eriafasern sich ergebenden Stapel sind glänzend, fein und langfaserig und die Gespinste können mit dem feinsten Florettgarn aus Abfällen der schönsten Maulbeerseide wetteifern. Die Wichtigkeit

---

[1]) Eveleigh, Journ. of the Agric. and Hort. S. of India, II. 61.
    Transactions of the Entom. Soc. of London, 1854, Dez.
[2]) Forbes Watson, The textile manufactures etc. of the people of India.

dieser Species ist infolgedessen längst erkannt worden; es werden auf Veranlassung der indischen Regierung, auch von den europäischen Industriellen, grosse Eriaplantagen angelegt, und der Eriazucht der Eingeborenen wird mannigfache Aufmunterung zu teil.

Die Eriaseide ist gewöhnlich von grauer oder rötlicher Farbe; man behauptet (Wallace), die weisse Ricinusraupe spinne eine rötliche Faser,

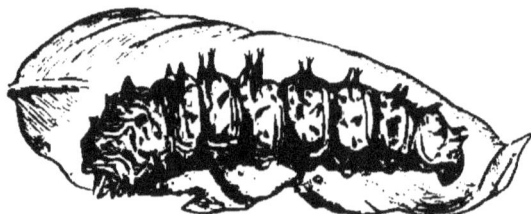

Fig. 172. Die Raupe des Aylanthusspinners.

während die grüne Varietät eine weisse Seide erzeugen soll[1]). In morphologischer und chemischer Beziehung verhält sich die Eriaseide wie die Tussah; das Färben dieser beiden Seidenarten erfolgt nach gleicher Methode. Wie bei der letzteren, so ist auch das Verhalten der Eriaseide gegen Farb-

Fig. 173. Kokon des Aylanthusspinners.

stoffe infolge ihres morphologischen Baues und der chemischen Natur von dem der echten Seide weit entfernt; Wärme und Mineralsalze sind die besten Vermittler beim Auffärben; die Farbebäder müssen viel konzentrierter gehalten werden, und der Verbrauch an Farbstoff ist doppelt so gross, als bei der echten Seide.

Dem Eriaspinner ähnlich und von einigen Entomologen nur für eine Varietät desselben gehalten, ist der Aylanthusspinner Asiens, Attacus (Philosamia) cynthia (Drury), dessen Acclimatisierung und Zucht in Europa gegen 1860 mit vielem Erfolge versucht worden ist. Aus China herstam-

---

[1]) Wardle, Handbook, S. 46.

mend, wo er in Shantung und Honan regelmässig gezogen wird [1]), wurde
er als eine Kreuzungsart zwischen der chinesischen und bengalischen Species
unter dem Namen Aylanthusspinner durch Fantoni nach Europa eingeführt
und erwies sich, sowohl in Frankreich wie in England, als eine sehr lebens-
und produktionsfähige Art. Um ihre weitere Verbreitung nach anderen
Weltgegenden, wie z. B. nach Argentinien, machte sich besonders Guérin-
Méneville verdient; seine grossen Ricinuswälder und ein geeignetes Klima
berechtigen hier zu den schönsten Hoffnungen [2]). Der Aylanthusspinner wird
in grossem Maßstabe fast in ganz Nordchina, sowie in Sikkim und Near-Almora
in Indien mit vieler Sorgfalt gezogen. Zwischen dem Eria- und Aylanthusspinner existiert eine ziemlich weitgehende Analogie, die eine nahe Verwandtschaft beider miteinander vermuten lässt. Beide Schmetterlinge sind orange-
farben und zeigen ähnliche Flügelzeichnungen, wiewohl die Motte von Att.
arrindi, wie auch die Produkte ihrer Raupe eine dunklere Färbung haben.

Die Raupe des Att. cynthia erlebt in etwa 5 Wochen vier Häutungen
und wird in ihrer Reife schön smaragdgrün mit goldgelber Streifung. Der
Kokon besitzt, wiewohl der Faden ununterbrochen ist, eine Öffnung, über
welche ein leichtes, durchsichtiges Spinngewebe angebracht ist, das den
Zweck hat, das Eindringen kleiner Insekten in den Kokon zu verhindern.
Seine Form ist länglich, an den Enden zugespitzt; er misst 40 bis 50 auf
15 mm und wiegt 3 g, wovon ca. 4,6% äusseres Gespinst, 12,3% Faser
und 83,1% Puppe. In einem kg sind 2400 leere Kokons enthalten.

Die hauptsächlichste Nährpflanze des Att. cynthia ist Aylanthus glandulosa, in China „tschu", in Japan „tscho" genannt; ausserdem wird er
häufig auf Xantoxylum Avicennae (Fagara Avic.) gezogen [3]). Man unterscheidet demnach in China verschiedene Gattungen der Aylanthusseide: „siao-
kien" (kleine Kokons), „tschu-kien" und „yu-kien", die auf einigen Ay-
lanthusarten gezogen werden und „tschno-kien", von der auf Xantoxylum
hostile lebenden Raupe. Die letztere Gattung der Seide ist seltener, von
dunkelgrauer bis schwarzer Farbe und soll von ausgezeichneter Schönheit
sein [4]). Die auf Aylanthus gl. gezogene Seidenart ist hellgrau oder bräunlich. In China wird sie in vielen Provinzen, u. a. in Tschékiang, Kiangsu,

---

[1]) Horsfield, A Catalogue, S. 407.
   Transactions, 3 a, I. 316.
   Hutton, Remarks on the cultiv. etc. N. S. I. 1869. 347.
   — Notes on the Indian Bombyc. 1871, S. 6.
   Wardle, Handbook, S. 50.
   Pryer, Entomology of Shanghai (Journ. of the N. China branch of the R. Asiatic
   Soc. N. S. 1867, S. 78).
   Givelet, L'Ailante et son Bombyx, 1866.
[2]) Compt. rend. de l'Ac. Sc. 1862, 812.
[3]) Bretschneider, On Chinese silkworm trees, 1881, S. 3.
[4]) Mac Cartee, On some wild silkworms of China.
   Fauvel, The wild silkworms of the province of Shantung, S. 20.

Shansi, Shantung, Honan regelmässig gewonnen und allein oder in Verbindung mit der Eichenseide zu schönen und änsserst dauerhaften Geweben
verarbeitet. In Indien (Assam, Darjeeling, Kumaon) nährt sich Att. cynthia
von Aylanthus gland. und Ayl. excelsa, Coriaria nipalensis und verschiedenen
Xantoxylumarten. Das Verfahren, dessen sich die Chinesen bedienen, um ihre

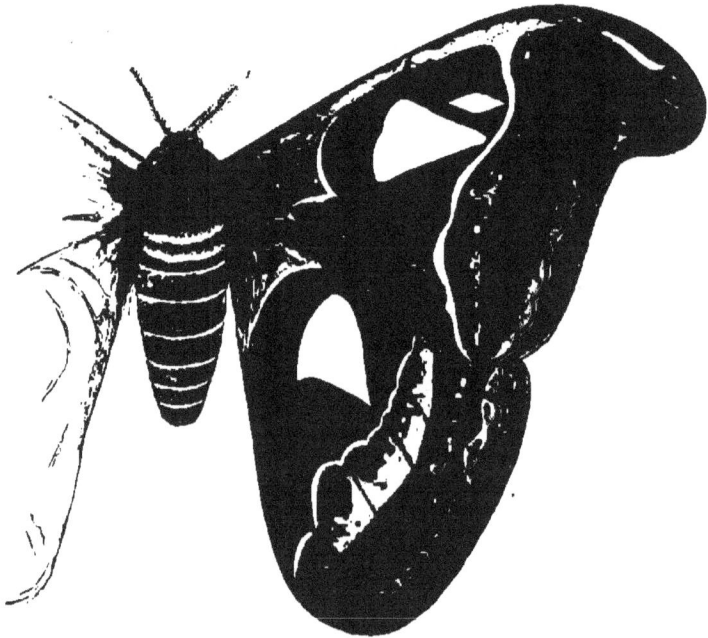

schönen Aylanthusseidengespinste zu gewinnen, ist uns unbekannt; die in
Europa angestellten Versuche des Haspelns und des Spinnens der Kokons
führten zu keinen günstigen Resultaten, sondern ergaben vielmehr eine nur
wenig glänzende Faser.

Als eine Abart der Phil. Cynthia kann die Phil. Insularis betrachtet
werden.

Die Fagaraseide, welche namentlich in China beheimatet gewesen zu sein scheint, stammt von Attacus atlas (Linné)[1]), dem zweitgrössten aller bekannten Schmetterlinge. Dieses Insekt, dessen grossartige Pracht die Aufmerksamkeit aller Reisenden erregt, ist in ganz Ostasien verbreitet, so in China (Kuang-tung, Kiang-si, Sa-tschuen), Indien (Madras, Mussorien,

Dehradoon, Kumaon, Sikkim, Darjeeling, Sylhet, Catshar etc.), im englischen Birma, auf Ceylon und dem Sundschen Archipel. Att. atlas lebt von den verschiedensten Pflanzen, u. a. von „rukiu" (Excoecaria sebifera) in China, von „dona"(Artemisia vulgaris), „loj" (Symplocos crataegoides) und „kupu gaja"(Phyllanthus)in Indien,von Laurus cinnamomum auf Ceylon, Phyllanthus emblica auf Java u. s. w. Die Aufzucht ist auch in Europa unter Anwendung von Berberitze als Nährpflanze mit Erfolg versucht worden. Die Pflanzenart übt auch hier einen

Fig. 175. Mikrosk. Bild der Faser von Att. Atlas.

unverkennbaren Einfluss auf die natürliche Färbung der Faser; so liefert die auf „lukki" (Osbeckia vel Celastoma malabathricum) gezogene Raupe ein vollkommen weisses Produkt, während die von anderen Pflanzen fressende Raupe naturfarbige Seide erzeugt. Die Raupe häutet sich sechsmal. Charakte-

Fig. 176. Kokon des Att Atlas.

ristisch für den Schmetterling sind die auf jedem seiner Flügel befindlichen Pfauenaugen, die grösser oder kleiner, einfach oder doppelt, zur Unter-

---

[1]) Gosse, Life history of Attacus atlas. Entomologist 1879.
Proceedings of the Zoologic. Soc. of London, XXVIII, 265.
Transactions of Entomologic. Soc. of London, 3 ser. I, 345.
Wardle, Handbook of the collection illustrative, S. 63.

scheidung einzelner Abarten der Species dienen können. Der grosse, in Blätter eingewickelte, hellbraune Kokon ist an beiden Enden offen und scheint, ähnlich wie bei Att. cynthia, mit einer weissen, mehlartigen Substanz unbestimmter Herkunft bestreut zu sein. Die Farbe des 80×30 mm grossen Kokons ist auch zuweilen hellgrau, seine Oberfläche, abgesehen von den Blättereindrücken, grob gekörnt und wenig seidenartig, ausser an der Mündungsstelle; die Wandung ist pergamentartig, dünn und sehr fest, inwendig sehr sanft. Indessen ist es kaum möglich, die Kokons abzuhaspeln, nach Abkochen mit Essig soll dies jedoch gelingen. Die Fagarafaser eignet sich dagegen vorzüglich zum Verspinnen; in Indien und China werden die Kokons auch meistens versponnen und dauerhafte Gewebe daraus gefertigt. Morphologisch ähnelt die Fagarseide der Tussah.

Als eine Abart von Att. atlas wird von einigen Schmetterlingskundigen der Att. Edwardsii (Moore, White) betrachtet, der in Darjeeling, Sikkim, Charroh und im Khasiagebirge vorkommt[1]) und von den Eingeborenen „bún muga" genannt wird.

Die Annahme, dass die Grösse des Schmetterlings von Att. atlas von keiner anderen verwandten Species erreicht werde, ist durch die Auffindung des Att. Caesar (Maas. und Weym.) widerlegt worden: derselbe ist doppelt so gross, wie Att. atlas und als der grösste aller Saturniden zu verzeichnen.

Zwei vielversprechende, dieser Gruppe angehörende Seidenspinner Amerikas sind Att. aurota (Cramer) und Att. hesperus (Fabricius). Der erstere[2]) kommt in Centralamerika, den beiden Guyana, Guatemala, Paraguay und Brasilien (Att. speculifer), als gesellige Raupenart auf dem Ricinusbaum, Jatropha manihot, Anda Gomesii u. a. vor und liefert mehrmals im Jahre eiförmige, 60×25 mm grosse, schön graugelbe Kokons, die sehr seidenreich und den Fagarakokons ähnlich sind. Die daraus durch Verspinnen gewonnene Seide ist glänzend und äusserst fest und elastisch[3]).

Att. hesperus ist kleiner, als die vorige und frisst in Guyana vorwiegend von Rhizophora mangle. Er liefert 55×20 mm grosse, offene, regelmässig gesponnene, zugespitzte, bräunlichgelbe oder gelblichweisse Kokons, denen das äussere Fadengewirr (Flockseide) vollständig fehlt und die eine sehr glänzende Faser ergeben.

Att. aricia, Guatemala.

Att. silhetica (Helfer) in Sylhet, ist eine Abart des Att. atlas.

Att. Taprobanis (Moore) auf Ceylan, ebenfalls eine Abart des A. atlas,

--

[1]) Wailly, Bulletin mens. de la Soc. d'acclim. 1886.

Proceedings of the Zool. etc. 1859.

Butler, Illustrations of typical specimens of Lepidopt. heteroc. in the coll. of the Brit. Mus. 1881, V. 60.

[2]) Girard, Bull. de la Soc. d'acclim. 3 sér. 1. 183.

[3]) Machado de Oliveira, Memoria sobre o bicho da seda indigena da provincia do Espinto Santo.

frisst von Zimmtblättern. Die schöne grüne Raupe spinnt einen grossen, mit stielartigem Anhängsel versehenen Kokon von birnenförmiger Gestalt und schmutzigbrauner Farbe. Die Seide wird in Colombo verarbeitet [1]). Att. Cecropia (Linné), auch Platysamia cecropia genannt, ist die grösste nordamerikanische Raupenart (Kanada); sie lebt auf vielen Pflanzen, am häufigsten auf der Eiche, der Weide und dem Hollunder. Dieser Seidenspinner liefert einen dem Fagaragespinst ähnlichen, sehr grossen (75 × 30 mm), länglichen, unregelmässigen, seidenreichen, braunroten Kokon mit dunkelgrauem Anhängsel, der von aussergewöhnlich üppiger Flockseide umhüllt ist und eine flache, dicke, graufarbige Faser liefert; zuweilen sind am Kokon starke Blätterabdrücke bemerkbar. Der Schmetterling ist gross und von braunroter, goldschimmernder Farbe. Man trifft auch silberglänzende graue, fast weisse Kokons. Die helle, der Aylanthusseide ähnliche Faser ist technisch gut verwendbar. Att. lunula (Walker), Sylhet, eine Abart des A. ricini. Att. obscurus (Butler), Katschar, kommt auf einer „lood" genannten Pflanze ziemlich selten vor. Att. Guérini (Moore), östliches Bengal.

Den vorigen nahe verwandte Seidenarten werden von folgenden Species geliefert:

Platysamia Ceanothi (Behr), identisch mit Att. (Samia) californica (Grote), eine kleinere Raupenart als Att. Cecropia, lebt in Kalifornien auf Ceanothus calif. und liefert kleine braune, mit einem grauen Flockgespinst umhüllte Kokons. Platysamia Gloveri (Strecker) bildet eine Übergangsform zwischen den beiden soeben besprochenen; sie kommt in Utah und Arizona (N.-Amerika) vor und liefert einen dem P. Ceanothi ähnlichen Kokon von der Grösse 60 × 18 mm.

Callosamia Columbia (Smith) scheint nur eine Abart der Pl. Gloveri zu sein und liefert einen schwärzlichen, 55 × 10 mm grossen, zugespitzten Kokon, der von goldgelben und weissen, metallisch schimmernden Streifen überzogen ist. Callosamia Promethea (Drury) ist eine nordamerikanische auf Laurus benzoica, Sassafras, Berberitze und Liriodendron lebende Seidenraupe; sie erzeugt offene, hellbraune, zugespitzte, 50 × 15 mm grosse Kokons und hat im allgemeinen eine weitgehende Ähnlichkeit mit dem asiatischen Aylanthusspinner. Callosamia angulifera (Walker), lebt auf dem Tulpenbaum.

An die obigen reihen sich noch die nordamerikanischen Seidenarten von Att. splendidus B., Saturnia galbina (Schrank) und Saturn. mendocino (Behrens), die indessen keine industrielle Wichtigkeit haben.

Pseudohazis eglanterina (Boisd.), Kalifornien. Pseud. Hera.

Ebenfalls amerikanischer Herkunft sind folgende Seidenspinner, welchen freilich zur Zeit noch wenig Interesse geschenkt wird, obwohl sie zur Seidengewinnung durchaus geeignet sind.

—

[1]) Moore, The Lepidoptera of Ceylon, II. 1882/83, S. 124.

Automeris Janeira (West.), Brasilien. Nach der Form der Oberflügel zu urteilen, scheint diese Species übrigens nicht der vorstehenden Familie anzugehören, vielmehr eine selbständige Abart zu bilden.

Automeris Montezuma (Boisd.), Brasilien. Aut. Irene. Aut. tridens. Aut. viridescens. Aut. rubrescens. Aut. illustris. Aut. Nyctineme. Aut. humeralis. Aut. Liberia. Mira Cristophi. Teratopteris angulata. Draconipteris mirabilis. Oxytenis honesta.

Hyperchiria (Automeris) io (Fabricius). Die mit nesselartigem, steifen und dichten Haar bedeckte Raupe nährt sich von Cerasus Virginiana, Cornus florida u. a. Hyperchiria incisa.

Vor kurzem ist in Kalifornien eine neue Raupenart auf der giftigen Species Rhamnus Californicus (R. Purshianus) gefunden worden, die eine der echten ebenbürtige Faser liefert; ebenso soll in Yucatan ein dem Maulbeerwurm ähnlicher Spinner entdeckt worden sein, dessen Seide bläuliche Farbe hat und schwer vom Bast zu befreien ist.

Unter den mexikanischen Seidenarten bemerken wir:

Saturnia orizata (Westwood), Saturnia Vorulla, Sat. Lavenlera, Sat. Gelleta, Eucheria socialis und Sat. zacateca in Bogota[1]), ferner A. madruno und A. Psidii in mexikanischen Gebirgen.

Sagana Supatoza (Walker), Mexiko.

In der mexikanischen Abteilung der Ausstellung 1889 waren schöne, von Zapotecaindianern gewebte Stoffe aus wilder Seide vorgeführt, die von einer geselligen Raupenart herrührt, welche ihre Kokons gemeinschaftlich in einer 80 cm langen Hängematte einspinnt. Eine Abart frisst von „goyabo" (Psidium pyriferum), ist behaart und graugelb mit weisslichen Streifen; eine andere Species lebt von den Eichen der Abhänge der Sierra Zongolica (Veracruz) und Sierra Oaxaca. Nach den Aussagen eines Reisenden, der die Wälder dieser Gegenden durchwanderte, waren die Bäume meilenlange Strecken weit mit jenen Hängematten von blendender Weisse dicht behangen. Eine andere Gattung der mexikanischen Eichenraupe ist schwarz mit braunen Streifen. In Sinaloa lebt eine Seidenraupe auf „madrono", einer in Sierra Madre wild wachsenden Erdbeerart; ihre Hängematten sind grau. Als Rohmaterial für die Schappeiudustrie dürften diese Seidenarten von grossem Wert sein. Übrigens hat schon Humboldt über die Seide der Mizteken berichtet, die zur Zeit des Montezuma (XV. Jahrh.) ein wichtiger Handelsartikel war: auf seiner Reise von Acapulco nach Chilpuncingo erwarb er einige solcher Gewebe, die sich durch ihre rauhe Beschaffenheit auszeichneten.

Copaxa canella (Walker) Brasiliens, auf dem Zimmtbaum. Copaxa Lavanderae (Westw.), Mexiko. Copaxa decrescens (Walk.), Brasilien. Copaxa Chapata (Westw.), ist nach der Ansicht von Butler eine vielmehr der Gattung Antheraea angehörige Species.

---

[1]) Westwood, Trans. of the Entom. Soc. of London, 1684, I. 38.

Bathyphlebia Aglia (Feld.), Kolumbien.
Polythysana Apollina (Feld.), Chili.   Pol. rubrescens.
Arsenura Romulus (Maass.), Brasilien.
Arsenura Armida, Ars. Xanthopus.
Tropaea Luna (Linné), in Florida, Karolina und Luisiana auf Liquidambar styracifolia.
Tropaea Artemis (Bremer), in Mexiko, deren Abart Tropaea Gnoma (Hübner) in Japan vorgefunden wurde.
Saturnia speculum ist eine gesellige Art Brasiliens, welche von den Eingeborenen auf dem Milchbaum „paodo leite" gezogen wird; sie ist mehrerntig und liefert sehr üppige Kokous.
Sat. Orbignyana Boliviens ist dem Att. Cecropia ähnlich.
Titaea Orsinome (Hübner), Südamerika.
Cercophana Frauenfieldii (Feld.) ist eine kleine chilenische, dem B. mori nicht unähnliche Species, die graugelbe, starke Kokous von gleicher Beschaffenheit, wie Anth. Pernyi, erzeugt.

*   *   *

Unter den asiatischen Seidenspiunern von geringerer technischer Wichtigkeit sind die nachstehenden von Interesse.

Fig. 177. Mikrosk. Bild der Faser von Cr. trifenestrata.   Fig. 178. Kokon der Cricula trifenestrata.

Die in grosser Menge vorkommende Cricula trifenestrata (Helfer)[1]), eine gesellige Raupenart, in Assam, engl. Birma, Bombay, Coorg, Mulmein, Chota Nagpore und auf Java heimisch und unter verschiedenen Bezeichnungen, wie „amluri", „tayet-po", „haumpollonee" etc. bekannt. Sie frisst hauptsächlich von „sam" (Machilus odoratissima), von „thayet" (Mangobaum), von Anacardium orientale in Birma und Mulmein, von

---

[1]) Horsfield and Moore, A Catalogue of the lepidopterous insects etc. S. 384.

Acacia catechu etc. Die violettschwarze, mit goldgelben Punkten bestreute, dicht behaarte Raupe lebt in vollständig wildem Zustande und spinnt goldgelbe, glänzende, eiförmige, netzartige, durchbrochene Kokons, deren fünf, sechs und mehr zu einem Knäuel vereinigt sind. Sie messen 50 × 30 mm und wiegen 1,3 g bezw. leer 0,23 g. In englisch Birma ist die Produktion so üppig, dass einzelne Bäume bis über 35 kg Kokons tragen; der grösste Teil derselben kann jedoch nicht gesammelt werden, sondern fällt der Fäulnis anheim. Die Kokons lassen sich nur verspinnen; das gewonnene Gespinst ist, wie die Versuche in England gezeigt haben, von hervorragenden Eigenschaften.

Cricula drepanoides (Moore), Sikkim.

Eine besondere Familie bilden die sogenannten Caligula.

Die von den Eingeborenen „Shiraga-mushi" genannte Caligula japonica (Moore), der japanische Nufspinner, lebt auf dem Kampferbaum und liefert einen grossen, braunen Kokon, der maschenartig gesponnen ist und eine Art von durchsichtigem Netzgewebe bildet. Unter Anwendung des gewöhnlich üblichen Einweichens beim Haspeln erhält man eine ziemlich missfarbige Seidenfaser, nach dem Abkochen der Kokons im Eisessig dagegen ein fast weisses Gespinst.

Caligula simla (Westwood), in N.-W.-Himalaja, Simla, Mussorien und Kumaon, lebt auf der Weide (Salix babylonica) und liefert offene, netzartig gesponnene Kokons, in ihrer äusseren Form denen von Cricula trif. ähnlich, von sehr dunkler, beinahe schwarzer Farbe. Sie werden wie Hanf versponnen.

Caligula Thibeta (Westwood), in Thibet, Mussorien und Kumaon auf Andromeda ovalifolia lebend, liefert leichte, offene, netzartig-durchsichtige Kokons.

Caligula Cachara (Moore), Katschar.

Caligula Laplacei (White).

Eine interessante Seidenart Indiens ist die Rhodia Newara (Moore) in Nepal (Kathmandoo), die sich meist auf der Trauerweide aufhält. Die grünen, glänzenden, an den Zweigen hängenden Kokons sind ihrer Farbe und Form wegen von den Blättern der Nährpflanze kaum zu unterscheiden; am oberen Ende sind sie mit einer engen Spalte versehen, durch welche der Schmetterling ausschlüpft; am entgegengesetzten Ende ist ebenfalls eine kleine Öffnung vorhanden, die aller Wahrscheinlichkeit nach zur Ventilierung des Kokons dienen soll.

Rhodia Jankoskii (Oberth.), Askold.

Philosamia Canningi in N.-W.-Himalaja auf Coriaria und Xantoxylum, erzeugt einmal im Jahre harte, dicht gesponnene orange- oder graufarbene Kokons.

Eine ziemlich seltene, der Gattung Lasiocampa angehörige Species ist die Trabala Leorina, bekannt unter dem landläufigen Namen „bischa" der Assamesen, die in ganz Indien, wenn auch nur spärlich, auftritt u. rötlichbraune, filzige, längliche, mit Ästchen durchsetzte Kokons liefert. Die nahe verwandte, ebenfalls indische Abart, Trabala Wishnu (Moore), spinnt blassere Kokons von derselben Beschaffenheit, aber mehr gedrängter Form und mit zwei hornartigen Ansätzen an beiden Enden.

Philosamia insularis des Sunda-Archipels auf Erythrina indica ist eine Varietät des chinesischen Aylanthusspinners.

Zu den javanischen Seidenerzeugern zählen noch folgende kleine Bombyciden:

Eupterote Amaena (Walker) spinnt 2,5 cm lange, dunkelbraune Kokons aus grober Faser mit üppiger Hülle, die als Unterlage und zum Anheften an die Baumrinde dient.

Redoa marginalis (Walker), Kokons unbekannt.

Pantana Baswana (Moore), Kokons unbekannt.

Nyctemera mundipicta (Walker), Kokons unbekannt.

Eine ziemlich seltene Art ist die Philosamia Walkeri, welche in den Provinzen Chinas Kuangtung, Yang-lu, Tschékiang, Ningpo und auf der Insel Formosa vom Kampferbaume frisst und zwei Bruten jährlich erzeugt.

Fig. 179. Kokon der Philosamia Walkeri.

Die 5—6 cm lange Raupe spinnt einen offenen, rötlichen, ovalen, zugespitzten, öfters in Blätter eingewickelten Kokon in der Grösse von 30 bis 50 mm zu 15 mm, und leer 350 mg schwer, worin 83 des äusseren, 92 des innersten Gespinstes und 175 mg der eigentlichen Faser enthalten sind. Die letztere ist rötlich, gestreift und mit einem gegen Soda äusserst widerstandsfähigen Bast überzogen. Der Verlust beim Entbasten beträgt ca. 12 %. Die Seide wird tschang-tschu-ssé (Kampferseide) genannt.

Saturnia pyretorum, (Heniocha p., Saturnia pyretum) von Westwood, kommt in S.-China (Hainan, Kuangtung) und Indien (Darjeeling, Katschar) vor; sie lebt von Liquidambar formosana und vom Kampferbaum[1]) und erzeugt eiförmige, lange, durchbrochene Kokons von grauer Seide, die in ziemlich grossen Quantitäten verarbeitet wird. Sie ist dick und fest und wird zur Anfertigung grober Gewebe verwendet. Der Inhalt der Seidendrüsen von S. pyretum wird auch zur Anfertigung von Angelschnüren verwendet, deren mehrere tausend Kilo jährlich aus Kung-tschou exportiert werden.

Saturnia Thibeta auf Albagi camelorum.

Saturnia Grotei (Moore), Darjeeling, Sikkim, Mussorien.

---

[1]) Bretschneider, On Chinese silkworm trees, S. 7.

Sat. Lindia (Moore), Darjeeling, lebt in Gemeinschaft mit der vorigen Species.

Sat. Anua (Moore), Sikkim.

Sat. cidosa (Moore), N.-O.-Indien. Der Sat. pyretum ähnlich, jedoch mit weissen Unterflügeln. Kokon unbekannt.

Saturnia fenestralis. S. Humboldti, S. Larissa, S. Galbina.

Die Gattungen Rinaca zuleika (Hope), Salassa lola (Westwood) und Neoris Huttoni (Moore), auf wilder Birne im Himalaja, Mussorien und Sikkim lebend, sind von keinerlei technischer Bedeutung. Sie spinnen dünne und weiche, netzförmige Kokons, die jedoch keine Verwendung finden. Der Kokon der letzteren Species sieht dem unserer europäischen S. Piri zum Verwechseln ähnlich, nur ist die gelbe Farbe etwas heller und die Textur fader.

Neoris Shadulla (Moore) in Yarkand und Neoris Stoliczkana (Felder) in Ladak sind nahe verwandte Species.

Loepa Katinka (Westwood) ist ein wunderschöner Schmetterling Niederländisch-Indiens, Sikkims, Assams und Mussoriens und zur Seidengewinnung geeignet.

Loepa Sivalica (Hutton) liefert in Mussorien und Assam einen länglichen, zugespitzten, weichen, an jedem Ende offenen Kokon von dunkel graugrüner Farbe.

Loepa miranda (Moore) und L. sikkimensis (Atkinson), oder L. sikkima von Moore, sind zwei schöne Arten Darjeelings.

Loepa Dogninia ist eine noch wenig bekannte Species. Gynanisa Maja. Hemileuca Maja.

* * *

Die wilden Seidenarten Afrikas werden in den meisten Fällen von den Eingeborenen regelmässig, obwohl in höchst unvollkommener Weise verarbeitet und verdienen auch seitens der europäischen Industrie als vorzügliches und billiges Rohmaterial gebührende Beachtung.

Die wichtigste unter denselben, Borocera cajani(Vinson, Guérin-Méneville), auch Bombyx madagascarensis (Boisduval) genannt, ist der „Bibyudandy" der Eingeborenen Madagaskars.[1]) Dieser Seidenspinner lebt hauptsächlich in der Gegend Imerina auf der Taubenerbse (Cytisus cajani) und Tapia edulis. Borocera cajani erlebt 3—5 Bruten jährlich und liefert rötlichbraune, durchbrochene Kokons, aus welchen die Malgaschen die als „lamba-landy" bekannten, schönen Gewebe anfertigen. Die Kokons der Männchen messen 30 zu 15, die weiblichen 50 zu 30 mm. Dieselben sind mit einem scharfen, struppigen Haar bedeckt und können, obwohl regel-

[1]) Camboué, Bull. de la Soc. d'acclim. Juin 1885.

Coquerel, Annal. de la Soc. entom. de France. 1866. 341.

Mabille, Annal. de la Soc. entom. 1879. 312.

mässig gesponnen, nicht abgehaspelt werden; sie werden wie Flachs zerzupft und versponnen. Auf dem Kap der guten Hoffnung liefert B. cajani auf den Mimosenarten ebenso grosse, cylindrische mit schwarzem Haar umhüllte Kokons. Die Raupe selbst ist rötlich.[1])

Der Borocera cajani auffallend ähnlich, ist die in den südlichen Teilen Afrikas einheimische, von Mimosa caffia fressende Gonometa pontica. Der Schlaf ihrer Puppe im Kokon dauert 8 Monate, während welcher Zeit eine Unmasse von ihnen von einer Art des Udschischmarotzers vernichtet wird; der letztere hat übrigens seinerseits mit einem anderen parasitischen Insekt zu kämpfen. Die Kokons, deren Abhaspelu grosse Schwierigkeiten bereitet, liefern, nach dem Entbasten (25—30% Verlust) versponnen, ein weisses, tadelloses Garn.

Bibyndandy dynamboa (Seidenwurm der Hunde) und Bibyndandy madinika sind der vorigen Species ähnliche, äusserst elastische Seide liefernde Raupenarten Madagaskars.

Bombyx Rhadama (Boisduval) ist eine gesellige Raupenart auf Intsia Madagascarensis, die einen gemeinsamen Sack anfertigt, in welchem mehrere Dutzend, zuweilen fünf- bis sechshundert Raupen ihre Kokons einspinnen; die letzteren sind klein und infolge des Zusammenpressens abgeplattet.

Bombyx Diego auf Mimosa lebbek wird wie der vorige in grosser Menge von den Eingeborenen zur Anfertigung der „lambas" verwendet.

Bombyx pandu ist dem B. Rhadama in seiner Lebensweise ähnlich und liefert eine sehr geschätzte Seide.

Die übrigen Seidenspinner Afrikas, deren Zahl eine grosse ist, sind zwar noch wenig bekannt; der Vollständigkeit halber mögen sie jedoch hier kurz angeführt werden.

Bombyx annulipes (Boisduval).

B. fleuriotii (Guérin-Méneville).

Culigula suraka (Boisduval), erzeugt in Madagaskar auf Nerium oleander goldgelbe Kokons.

Argeina mimosae (Saturnia Campiona) von Boisduval in Madagaskar und Port Natal, ist eine gesellige Art und liefert grosse, silbergraue Kokons, die seidenreich und zur Seidengewinnung sehr geeignet sind. Der Schmetterling dieser Raupenart ist von grosser Schönheit.

Endelia venusta spinnt einen 3 cm langen, harten, grauweissen Kokon. Urota Sinope (Westw.), Natal. Cirina Forda. Henucha Dewitzi (Maass. und Wern.), Kafferland. Bolocera smilax (Westw.), Natal. Tagoropsis gemmifera (Butl.), Westafrika. Micragone agatylla (Westw.), Kongo, scheint infolge der Flügeltextur vielmehr den Bombyciden, als den Saturniden anzugehören[2]). Aphelia Apollinaris (Boisd.), Natal. Ceranchia Apollina (Butl.),

[1]) Vinson, Compt. rend. 1863. 534.
[2]) Southonnax, Bull. du Lab. de Lyon. Lyon 1895. S. 142.

Madagaskar, erzengt einen 6—7 cm langen Kokon mit Doppelumhüllung, von dem die äussere gelblich, weich und netzartig gesponnen, das Innere von kompakter Struktur und goldgrauer Farbe umschliesst. Ceranchia cribricollis (Butl.), eine nahe verwandte, etwas grössere Species, spinnt Kokons feinmaschiger Textur. C. reticolens (Butl.), wie die vorige auf Madagaskar vorkommend, ist von mehr schwärzlicher Farbe und spinnt birnenförmige, in mehrere Ästchen eingebettete Kokons grossmaschiger Beschaffenheit mit feinfaseriger Seide. Bunaea Tyrrhena (Westw.), in Südafrika, ist von den übrigen Gattungen dieser Familie ziemlich verschieden. Bunaea Caffraria ist wahrscheinlich mit der vorigen identisch. B. Thomsoni (Kirby) in Kamerun. B. Alcinoë. Gonimbrasia Alopia (Westw.), afrikanische Tropen. Usta Terpsichore (Maass.), Delagoa-bay. Eochroa Trimeni (Feld.), Südafrika. Ludia Delegorgoei (Boisd.), Natal. Gonimbrasia intermiscens (Walk.), Kongo.

Saturnia vacuna (Westw.), Ashanteeland. Sat. mythimnia (Westw.), Port Natal. Sat. arata (Wst.), Asbantee und Sierra Leone. Sat. belina (Wst.), Zululand. Sat. hersilia (Wst.), Kongo. Sat. menippe (Wst.), Natal und Südafrika. Sat. tyrrheu (Cramer), Südafrika, Kap der guten Hoffnung. Sat. cytherea (Fabr.), Südafrika. Sat. uenia (Wst.), Kongo. Sat. agathylla (Wst.). Sat. Said (Oberthür), grosse, schöne Seidenart in Bagamoyo, Zanzibar. Sat. thyella (Felder), Zamberia. Sat. auricolor, Sat. fusicolor (Mabille). Sat. mittrei (Guér.-Mén.), Madagaskar. Sat. Isis (Wst.), Sierra Leone und Cap. Sat. alenda und Sat. phoedura (Drury) in Sierra Leone. Lasiocampa sp., Dahomey und Sklavenküste. Lasiocampa processionea, Porto Nuovo und Madagaskar.

Die Art der Anaphe, aus der Familie der Actias, lebt an den westlichen Küsten Afrikas, hauptsächlich in Senegal. Die Raupen weben in Gruppen von 25—30 Stück eine gemeinsame Tasche, in welcher sie ihre Kokons inmitten einer dichten Watte stark gegeneinander gepresst einspinnen. Die Kokons messen 30 × 20 mm, die Faser ist schwach.

Anaphe sp., Madagaskar. An. Panda. An. venata.

In Dufnia am Nigerufer sammeln die Eingeborenen auf Tamarbäumen und Mimosen üppige Kokons eines noch nicht definierten Seidenspinners und verarbeiten sie wie Flachs; die daraus angefertigten Gewebe, die mit verschiedenen Pflanzenextrakten gefärbt werden, heissen „tombo foroko fani" (Stoff von der Raupe) und sind zwar glanzlos, aber sehr dauerhaft.

* *

Von den europäischen Seidenraupen spinnen zwar viele Kokons, denen jedoch nur ausnahmsweise Aufmerksamkeit geschenkt wird. Unter denselben ist der Bombyx (Lasiocampa, Pachyposa) Otus (Drury), der koische Seidenspinner der Alten, der wichtigste. Er stammt aus Kleinasien und kommt in Griechenland, der europäischen Türkei, Unteritalien und Sicilien vor, wo er hauptsächlich auf der Fichte, Esche und Cypresse lebt. Er spinnt in reichlicher Menge offene, 65 × 40 mm grosse, länglich runde, weiche, durchbrochene Kokons, die eine schöne, der japanischen Yamamayseide nicht unähnliche Faser liefern, welche indessen ein unverhältnismässig grosses Quantum (70%) Bast enthält. In neuerer Zeit wendet man dieser Seidenart ein lebhafteres Interesse zu, nachdem der Konsul Haggard in Triest wieder die Aufmerksamkeit auf diese an der Küste Dalmatiens heimische Species zu lenken versucht hat. Die Kokons sind grösser als Maulbeerkokons, die Faser feiner und sehr weiss. Die Raupe frisst vorwiegend von Quercus Ilex.

Attacus pyri (Saturnia Pyri) (Godart) ist mit dem Sat. pav. major (Linné) identisch und kommt auf den verschiedensten Obstbäumen im mittleren und südlichen Europa vor. Eine Abart desselben ist die in Algerien vorkommende, als Sat. atlantica (Lucas) bezeichnete Raupenart.)

Att. carpini (Godart, Boisduval) ist der A. pav. minor von Linné. In ganz Europa auf der Ulme und Birke lebend.

Att. spini (Borkhausen) ist die Saturnia pav. media von Fabricius. In Deutschland und Österreich auf Prunus spinosa lebend.

Aglia Tau (L.), der Nagelfleck, liefert abhaspelbare Kokons.

Schliesslich Sat. coecigena (Hübner) in Dalmatien, Kleinasien und Türkei.

Die folgenden Raupenarten erzeugen Gespinste, die sowohl in Qualität wie bez. der Quantität weit hinter den exotischen zurückstehen und daher kaum einer industriellen Verwertung fähig sind.

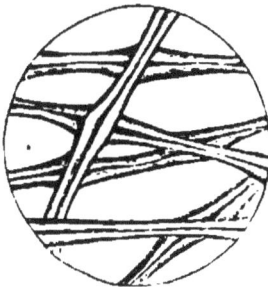

Fig. 180. Mikrosk. Bild der Seidenfaser von S. carpini.

Dendrolimus Pini, Dendr. remota, Odonestis Pruni, Tagora glaucescens, Sphingognatha Pallida, Murlida Amaena, Dirphia Tarquinia. Brahmaea conchyfera, Hulisidota Edwardsi, Alope ricini, Perophora bactreana, Sphingicampa bicolor, Lophocampa Cariae, Dryocampa rubicunda, Datana perspicua. Euproctis chrysorrhea, Hygrochroa Ojeda, Napta serratilinea, Lachneis catax, Lachn. rimicola, Macrotylacia rubi, Clisiocampa neustria, Macromphalia Lojanensis, Artace rubripalpis, Zeuzera pyrina, Clisiocampa castrensis. Trichiura Crataegi, Eriogaster lanestris, Leto Venus.

Auch Australien besitzt in Antheraea (Caligula) helena (White) seinen einheimischen wilden Seidenspinner, der einen braunen Kokon spinnt.

Coscinocera Omphale (Butl.) ist eine schöne, grosse, aber seltene Species von Neu-Seeland.

Carthaea Saturnioides (Walk.), Australien. Diese Species ist aus dem Grunde von wissenschaftlichem Interesse, weil sie alle äusseren Eigenschaften der Nachtfalter (Noctuidae) besitzt und ein Übergangsglied zu den letzteren, welche keine seidenspinnenden Insekten sind, zu bilden scheint.

Dysdemonia Pluto (Wat.), Australien.

Syntherata Weymeri (Maass.), Australien.

Ausser den obigen, zum Teil gut erforschten und entomologisch definierten Raupenarten giebt es in allen Weltteilen, am meisten in den tropischen Gegenden und ihren Wildnissen, eine Unmasse von spinnenden Insekten, welche hunderttausende kg Seidenmaterial erzeugen und von denen nicht einmal ein Exemplar in den entomologischen Sammlungen vorhanden ist. Die Erzeugnisse dieser wilden, uns unbekannten Seidenspinner werden zum kleinen Teil von den Eingeborenen verwertet, verfallen aber meist den seidenfressenden Insekten, sowie der Wirkung der Witterung und der Verwesung. Einige von solchen Seidenspinnern leben in den Centren der Seidengewinnung, wie in China, sind aber noch nicht näher erforscht. In der Provinz Shautung wird z. B. eine von der Raupe des Hua-tsiao-Baumes (Pfefferblume), wahrscheinlich der Xantoxylon alantum, erzeugte Seide zwar in unbedeutendem Mafse, aber immerhin technisch verwendet. Diese interessante Gattung, welche von den Eingeborenen als „tsiao-shien-ssé" bezeichnet wird, ist noch nicht einmal entomologisch unterschieden worden; ihre Seide besitzt auch nach dem Verweben und Färben einen eigentümlichen Geruch, infolge dessen sie, der Aussage der Chinesen nach, den Angriffen schädlicher Insekten nicht ausgesetzt ist. In Chardanagor (Bengal) lebt in grossen Gesellschaften eine blaue, schwarz punktierte Seidenraupe, die vom Cedrelabaum frisst. Den Stamm dieser Nährpflanze bedecken die Raupen vom Boden bis zum ersten Zweige mit einer unermesslich geräumigen, feinen und glänzenden Seidenfaser, unter welcher sie ihre Kokons in den Ritzen der Baumrinde einspinnen. Der Schmetterling dieser Raupenart ist unbekannt. Mac-Intyre hat in der Mandschurei mehrere neue Seidenspinner vorgefunden; einer davon nährt sich von Pinus sinensis und erzeugt hübsche, stark seidenhaltige Kokons, die jedoch mit Baumnadeln so vermischt sind, dass ihre Verarbeitung schwierig sein dürfte. Auf dem Wallnussbaum fand man eine Raupenart, deren Kokons netzartig sind, ferner zwei neue Species der Maulbeerraupe, von denen eine auch mit Lattich gefüttert werden kann.

Was die Gesamtproduktion wilder Seiden anbelangt, so können hier nur approximative Werte angegeben werden, die sich lediglich auf das verarbeitete Seidenmaterial beziehen und die grossen Mengen der in allen Weltteilen zerstreuten, weniger wichtigen und von dem Menschen zur Seidengewinnung nicht herangezogenen Kokons ausser Betracht lassen. Ausserdem sind auch einige der wichtigsten wilden Seidenspinner, die auf ungeheueren Strecken und in unzugänglichen Wäldern, Sümpfen und Bergen ihre Gespinste erzeugen, nicht immer und überall dem Menschen zugänglich, so dass die Zahlen weit unter den thatsächlich von der Natur gelieferten Mengen an Rohfasermaterial zu stehen kommen.

Nachstehende Tabelle stellt die zur textilen Verarbeitung gelangenden
Mengen der wilden Seide dar:

Seidenart	Kokons	(iehaspelte oder gesponnene Seide
Wilde Maulbeerseide . . .	520 000 kg	37 000 kg
Yamamayeide	350 000 „	22 000 „
Indische Tussah	12 500 000 „	700 000 „
Chinesische Tussah	24 000 000 „	1 400 000 „
Aylanthusseide	640 000 „	32 000 „
Eriaseide	1 600 000 „	95 000 „
Muga-, Mezankurieseiden . .	1 700 000 „	76 000 „
Sat. pyretorum (China) . .	350 000 „	24 000 „
Übrige wilde Seidenarten . .	1 400 000 „	60 000 „
Im ganzen	43 060 000 kg	2 446 000 kg

Die quantitativ wichtigste dieser Seiden, chinesische Tussah, wird hauptsächlich in folgenden Provinzen regelmässig gewonnen:

Mandschurei . . .	4 720 000 kg	Kokons
Shantung	6 720 000 „	„
Sa-tschuen . . .	4 460 000 „	„
Honan	2 860 000 „	„
Kuei-tscheu . . .	2 250 000 „	„

Nach den Produktionsländern eingeteilt, beläuft sich die Totalproduktion
wilder Seiden auf folgende Quantitäten, wobei die Gesamtmengen des von
den spinnenden Raupen erzeugten Kokonmaterials, ganz abgesehen von seiner
Verwertung, ungefähr abgeschätzt worden sind:

China	32 000 000 kg
Japan	550 000 „
Indien	15 500 000 „
Übrige Länder Asiens .	8 900 000 „
Afrika	4 600 000 „
Amerika und Australien .	2 250 000 „
Europa	200 000 „
Im ganzen	64 000 000 kg.

in runder Zahl 64 Millionen kg Kokons, enthaltend äusserst knapp gerechnet im Durchschnitt 15 %, oder 9,6 Millionen kg Fasermaterial. Gegenwärtig wird indessen, wie gesagt, nur ein kleiner Teil dieses Quantums der
industriellen Verarbeitung zugeführt.

Von der richtigen Annahme ausgehend, dass die Seide nie billig genug werden könne [1]), zeigt die moderne Industrie das allgemeine Bestreben, jedes nur mögliche Seidenmaterial zu verwerten; es steht zu erwarten, dass mit der Eröffnung der grossen unerforschten Gebiete in den tropischen Ländern noch sehr bedeutende Mengen wilder Seiden für Industriezwecke herangezogen werden können.

* * *

Ausser den Seidenraupen giebt es bekanntlich noch andere, faserige Absonderungsprodukte liefernde Insekten, deren Gespinste zwar nicht zu dem Zwecke erzeugt werden, die Umhüllung des Tieres während seiner Metamorphose zu bilden, die jedoch im Kampf ums Dasein dieser Geschöpfe eine nicht minder wichtige Rolle spielen. Die Spinnen z. B. fertigen aus ihrem faserigen Sekret äusserst feine und fast durchsichtige, aber nicht minder starke Netze, die zum Auffangen anderer Insekten dienen. Andere hüllen damit die Eier ein, um sie gegen Witterungseinflüsse, Vögel etc. zu schützen; vielen dient der von ihnen abgesonderte Faden als Halteleine bei ihren Wanderungen, an der sie durch kühnen Schwung von Baum zu Baum gelangen.

Die Anwendung der Spinnenfaser für technische Zwecke ist erst neueren Datums. Unsere Vorfahren, sowohl im Altertum wie im Mittelalter, haben die Spinnen in vielen Mythen, Sagen und Dichtungen besungen, doch ist uns nichts verblieben, was irgend auf eine Verwertung dieser Tiere hindeuten könnte. Zwar bringt uns Heliodor die Nachricht, dass dem Fürsten Hydaspes von den Serern zwei Stück Zeuge aus Spinnengewebe (ἀραχνίων νήματα καὶ ὑφάσματα) [2]), eines in Purpur, das andere von schneeweisser Farbe, überreicht wurden, doch lässt sich dies auf die falsche Vorstellung zurückführen, die der Geschichtsschreiber von dem Ursprung der Seide besass.

Der Gedanke, die faserigen Produkte der Spinnen zu textilen Zwecken zu verwerten, entstand in den ersten Jahren des XVIII. Jahrh. Im Jahre 1709 sammelte Bon in Montpellier [3]) die seidenen Faserklümpchen, mit denen die Spinnen ihre Eier umhüllen, klopfte sie, um den Staub zu entfernen, wusch sorgfältig mit Wasser und kochte das Material mit einer Mischung von Seife, Salpeter und etwas Gummi während einiger Stunden. Nach dem Waschen und Trocknen wurden die Fasern mit sehr feinen Karden gekämmt und versponnen. Handschuhe, Strümpfe und andere aus Spinnenseide erzeugte Stoffe erregten seiner Zeit grosses Aufsehen. Von der Akademie der Wissenschaften zu Paris mit der Prüfung dieser Angelegenheit betraut, gelangte Réaumur indessen zu dem Resultat, dass die

---

[1]) Rondot, L'art de la soie. Paris 1885.
[2]) Heliod. Aethiop. ed. Bekker. Leipzig 1855. S. 297.
[3]) Dissertation sur l'utilisation de la soye des araignées. Avignon 1748.

Spinnenfäden eine zu geringe Dicke besässen, um damit irgendwie ein kompaktes und dauerhaftes Gewebe anfertigen zu können. Er berechnete, dass 90 Spinnenfasern nötig sind, um der Stärke einer Seidenfaser gleichzukommen, und 18000 Spinnenfäden, um einen starken Nähfaden zu bilden. Zwölfmal so viel Spinnen als Seidenwürmer sind erforderlich, um die gleiche Menge Fasermaterial zu erzeugen, so dass für 1 kg desselben ca. 40800 Seidenklümpchen nötig sind; da die letzteren indessen nur von den Weibchen erzeugt werden, so müssen bei weitem mehr Spinnen gezüchtet und ernährt werden. Dazu besitzt die Spinnenfaser weit weniger Glanz als Seide, weil die Faser äusserst fein und dazu gekräuselt ist. Fünfzig Jahre später, im Jahre 1762, machte Termeyer in Amerika, Spanien und Italien Versuche, die Spinnenfaser so auf eine Spule aufzuhaspeln, wie sie von der lebenden Spinne sekretiert wird. Bei aller Mühe und Ausdauer gelang es ihm trotz dreissigjährigen rastlosen Experimentierens jedoch nicht, mehr als 673 g Spinnenseide zu sammeln. Einige Jahrzehnte später brachte Rolt der Society of Arts in London einen 6000 m langen Faden, den er während 2 Stunden von 22 Spinnen in derselben Weise wie Termeyer erhalten hatte. Camboué hat einzelne Spinnen in Zellen eingesperrt und bewirkte durch eine besondere Stellung des Unterleibes, dass jede Spinne befähigt wurde, einen ca. 100 m langen Faden zu erzeugen. Er fand auch, dass, nachdem die Spinnen Eier gelegt hatten, ihre Produktionsfähigkeit auf 4000 m in 27 Stunden gestiegen war. Die Festigkeit dieser Faser betrug bei 17° C. und 68° Luftfeuchtigkeit 3.26 g, die Elastizität 12,5%; nach den Angaben von Rondot ist die erstere gleich 4 g, die zweite 22%. Der Durchmesser dieser Spinnenfaser ist 7 μ. Gegen 1843 stellte Mallot mit einer grossen Spinne der Insel Java Haspelversuche mit gutem Erfolge an, 1867 gleichfalls Basseul in Senegal. Von 1823 bis 1843 hatte ein Pariser Fabrikant die Geduld, aus der Spinnenseide, welche bekanntlich blutstillende Eigenschaften besitzt, haemostatische Pflaster anzufertigen.

Trotz der übergrossen Feinheit eignet sich die Spinnenseide gut zum Verweben und liefert sehr schöne Erzeugnisse; grosse Bewunderung riefen seiner Zeit die von den Einwohnern der Insel Mauritius der Kaiserin Eugenie überreichten Handschuhe hervor. Die Anwendung der Spinnenfaser in der Textilindustrie ist zur Zeit noch eine offen stehende Frage; ab und zu wird die Aufmerksamkeit der Fachwelt auf diesbezügliche Versuche gelenkt, um nach kurzer Zeit wieder zu erlöschen. Wiederholt wurde auch versucht, die überseeischen, grossen, schwarzen und gelben Spinnen zwecks Fasergewinnung in Europa zu acclimatisieren, jedoch bisher gleichfalls ohne Erfolg. Unlängst berichtete Dumdrest, von der Hermelinspinne ein äusserst feines und starkes Gespinst erhalten zu haben. Die Anwendung der Spinnenseide zur Herstellung der Haemostatica ist neuerdings von Stilbers in Westmoreland wieder aufgenommen worden; dieselben sollen wirksamer sein, als Eisenchlorid. Die verwendeten Spinnen sind die grossen afrikanischen und amerikanischen Species, welche, in achteckige Fächer eingeschlossen, mit verschiedenen Insekten gefüttert werden. Die Zuchtkammer, die auf 15°

erhalten wird und in der man eine Flüssigkeit aus Chloroform, Äther und Amylalkohol langsam verdampfen lässt, misst 40 m Länge bei 20 m Breite und 5 m Höhe und enthält 5000 Fächer. Die von den Weibchen zur Einhüllung der Eier gesponnenen verschiedenfarbigen Gespinste werden gesammelt und wie Kokons abgehaspelt, ein Gespinst enthält 120—150 m Faden; die Gespinste weicht man einige Minuten in kochendem Wasser ein und fügt dem letzteren alsdann 1% phenolsulfosaures Zink, 2% sulforicinölsaures Ammoniak und 1% Glycerinsulfosäure hinzu. Man erhält das Bad bei 90°, putzt die Kokons mit einem Queckengrasbesen von den Flocken aus und haspelt wie gewöhnlich. Ein Kokon liefert 120 bis 150 m Faden, ein kg Ge-

Fig. 181. Nephila madagascarensis (¾ nat. Grösse, Weibchen und Männchen).

spinst wird aus 25000 Kokons gewonnen und enthält somit 3250000 m Fadenlänge. Die Spinnenseide bleicht man mit Hydrosulfit oder Wasser-

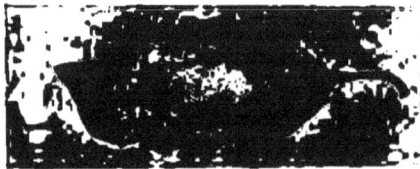

Fig. 182. Gespinst der Neph. mad.

stoffsuperoxyd, passiert durch Türkischrotöl und dann Gerbsäure, um ihr Griff und Glanz beizubringen, und verleiht ihr antiseptische Eigenschaften

durch Einweichen in eine Mischung von borsaurer und benzoësaurer Thon-
erde, Glycerin, karbolsaurem Zink, Borax und Alkohol. Der Preis dieser
Seide beläuft sich auf 2000 Frcs. pro kg.

In China ist in der Provinz Yunan, in der Umgegend von Talan, eine
im Buschwerk lebende rötliche Spinne heimisch, die eine gelbe, feste Seide
liefert, welche gröber ist, als die Maulbeerseide. In Yun-no-fu werden
daraus die „tung-hai-tuan-sse" (Atlas der Morgenlandsee) genannten, sehr
festen und billigen Gewebe von schwarzer Farbe angefertigt. Eine andere
Spinne, Nephilengys malabarensis lebt in N.-W.-Indien (Schim-tal), China,
Java, Borneo, Molukka, Kongo, Ostafrikaküste und Australien nnd liefert
ein der echten Seide sehr ähnliches Produkt. Die Faser, die mit Bast be-
kleidet ist und beim Abkochen 25—30% verliert, misst 10 μ Durchmesser,
zeigt eine Elastizität von 22% nnd eine grössere Festigkeit, als die Maulbeerseide. Diese Spinne fertigt derart umfangreiche nnd dichte Hüllen an,
dass sie als eine nicht zu unterschätzende Bezugsqnelle für Rohmaterial
der Florettindustrie gelten könnte; die daraus gefertigten Gespinste besitzen beinahe den Glanz der echten Seide, verhalten sich beim Färben
wie die letztere und kommen dabei im Preise der Wolle gleich. Mit einer
anderen Species, Nephila pluncipes (Koch) hat unlängst Wilder in Südkarolina gute Erfolge erzielt. Die Gasterocantha madagascarensis (Vinson)
spinnt kleine grüne Kokons und besitzt nur lokales Interesse. Eine Spinnen-
familie Epeira liefert im allgemeinen ein festes, elastisches und glänzendes
Gespinst. In Europa ist die Species E. diadema heimisch, in Mexiko und
Südamerika wurde E. socialis aufgefunden, die verschiedenfarbige Seide liefert.

In neuerer Zeit hat der Missionär Camboué ans Tananariva mit den
Spinnen Madagaskars, insbesondere der Halabe der Eingeborenen (Nephila
madag.) in Halonmanga, eingehende Versuche angestellt. Diese Spinnen-
art liefert Gespinste, in welche sie ihre Eier einhüllt, kann aber auch zum
Spinnen eines ununterbrochenen Fadens gebracht werden. Ein aus 12 Spinnenfäden zusammengesetzter Faden verglichen mit sechsfädiger Grège der Maulbeerraupe ergab folgende Resultate:

	Titer dg	Festigkeit g	Elastizität %	Durchmesser der einfachen Faser mm
Spinnenseide (Neph. mad.)	4,38	66	17	0,065
Grège China (Kanton)	8,85	41	15	0,246
„ Japan (Saitama)	18,25	56	17	0,262
„ Italien (Umbrien)	18,19	65	17	0,282
„ Frankreich (Provence)	17,28	65	19	0,315

Trotz der ausserordentlichen Feinheit besitzt die Spinnenseide, wie man
sieht, grössere Festigkeit als die Maulbeerseide. Es ist daher nicht ausgeschlossen, dass man sich der Frage ihrer industriellen Verwertung ernst-

lich zuwenden wird. Die tropischen Zonen Afrikas, Amerikas und Ocea-
niens besitzen eine ziemlich bedeutende Anzahl sehr grosser Spinnen, die
umfangreiche Gespinste erzeugen; dieselben könnten für die Florettspinnerei
ein vorzügliches Rohmaterial abgeben.

Schliesslich giebt es in Indien, China, Ceylon und Australien eine heimische
Gattung der Psychideenraupen, welche zwar Seidenfasern, jedoch nicht in
Form von Kokons erzeugen; da sie aber andererseits auch selten sind, so
haben sie keine industrielle Bedeutung. Diese Raupen vereinigen mehrere Ästchen und Blätter zu einem kunstvoll gebauten, cylindrischen Gebäuse, dessen
Inneres sie mit Seide ausfüttern. In dieser Scheide vollzieht sich dann
ihr Schlaf und die Umwandlung zum Schmetterling. In China z. B.
liefert eine auf Salix pentandra lebende Species, die sogenannte „yang-
shu-tsan", eine 40 mm Länge bei 10 mm Durchmesser messende Scheide,
die aus 8 bis 10 symmetrischen Ästchen gebildet ist und ca. 24 cg
wiegt. Die Faserfeinheit beträgt 4 μ. Von den übrigen Species wären zu
erwähnen „pai-shu-tsan" auf „pai", einer Art Weide und „trehun-shu-tsan"
auf Cedrela sinensis.

* * *

Die Muschelseide gewinnt man von der Steckmuschel, Pinna nobilis, die
im Mittelländischen Meere an den Küsten Korsikas, Siziliens, Süditaliens,

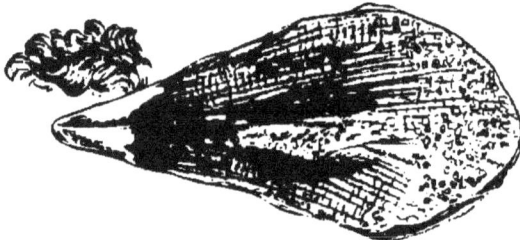

Fig. 183. Muschel und Faserbart der Pinna nobilis.

Sardiniens, Dalmatiens, bei Smyrna und in der Normandie, verbreitet
ist. Diese meist zerbrechliche Muschelart ist auf der einen Seite lang
und schmal, auf der anderen sehr breit. Es giebt kleine, aber auch Muscheln von ungewöhnlicher Grösse; gewöhnlich messen sie 30 cm Länge
bei 10—15 cm Breite. Poli giebt in seinem Prachtwerke über die Tes-
taceen Siziliens (Parma 1795) schöne Abbildungen verschiedener Species,
insbesondere von Pinna nobilis. Das Mollusk besitzt die Fähigkeit feste
Fasern zu spinnen, jedoch nicht nach Art der Raupen, denen die Seide als
Schutz dienen soll, und die dieselbe nur während einer bestimmten Frist

ihres Lebens erzeugen. Die Pinna macht einen ständigen Gebrauch von ihrem Spinnmaterial, welches, richtig ausgedrückt, nicht durch Spinnen, sondern aus einer teigartigen Masse, welche sich in einer Spalte ihrer Zunge befindet, gewonnen wird. Der Faserbart besteht aus einem von einer mehr oder minder grossen Anzahl feiner Fäden gebildeten Bündel und umschliesst gewöhnlich eine ganze Reihe von Muscheln. Mit Hilfe dieses Fasermaterials ist die Pinna befähigt, sich an fremde Körper anzuheften. Die Beschaffenheit der Seeseide variiert je nach der Art des Meeresbodens; ist der letztere sandig, so kann der Faserbart leicht abgetrennt werden, was nicht der Fall ist, wenn er steinig ist, und hat dann die Seide im Gegensatz zur ersteren eine viel dunklere Farbe und weniger Glanz.

Man findet die Pinna in einer Tiefe von 7—9 m und fängt sie mittels eines gabelförmigen, mit 1,5 m langen und 15 Zoll voneinander abstehenden Zinken versehenen Instrumentes. Trotz der grossen Feinheit der Fäden ist die Widerstandsfähigkeit des Fadenbündels eine so grosse, dass bedeutende Anstrengungen gemacht werden müssen, um die Muscheln von den Felsen abzureissen. In rohem Zustande ist die Seeseide unscheinbar, sie wird nach der Abtrennung von der Muschel in Seifenwasser gewaschen, an der Sonne (nach anderen Angaben im Dunkeln) getrocknet und von den anhaftenden Wurzeln etc. gereinigt, dann mit den Händen frottiert, vollständig ausgetrocknet und sorgfältig geputzt, zum Schluss mit einem breitzahnigen und endlich mit einem feinen Kamm gekämmt; durch diese Behandlung erhält man aus einem Pfund brutto ungefähr $\frac{1}{3}$ Pfund Gespinst. Man nimmt dann 2—3 solcher Fäden und zwirnt sie mit einem Faden echter Seide zusammen. Das Gespinst wird in einer Mischung von Wasser mit Citronensaft gewaschen, mit den Händen frottiert und mit einem heissen Eisen geplättet. Hierdurch nimmt es eine schöne, braune Farbe und einen goldschimmernden Glanz an. Die daraus gefertigten Shawls, Strümpfe, Tricots, Handschuhe etc. erzeugen keinen Schweiss und sind sehr dauerhaft. Infolge der beschränkten Produktion (nicht über einige 100 kg jährlich) sind diese Artikel jedoch ziemlich teuer. Die Centren der Gewinnung sind Reggio und Taranto, die der Verarbeitung Palermo und Lucca, wo in den Waisenhäusern die feinsten Artikel angefertigt werden.

Ausser der Pinna nobilis eignen sich zur Seidengewinnung noch P. rudis, Tridacna gigas und Raja batis. T. gigas, das Riesenmuschelweichtier, dessen Schalen eine Länge von 1—1,5 m erreichen und in katholischen Gegenden häufig als Weihkessel dienen, ist mit ausserordentlich starken Bartfäden ausgestattet; dieselben sind trotz ihrer Elastizität sehr zähe und müssen durch kräftige Beilhiebe von der Muschel getrennt werden.

Von der an der Küste der Vendée gewonnenen Seeseide, R. batis, „soie marine", stellte Joly in Paris 1867 schöne Muster aus; ebenso waren in der Ausstellung zu Neapel 1870 Fabrikate aus Muschelseide zu sehen.

— — — ▸ ▰ ◂◈ ◂ —

Bibliographischer Anhang.

— —

Wilde Seiden.

Donovan, Nat. hist. of the insects of China. London 1798. 2 ed. (West-wood) 1842.

— Nat. hist. of the insects of India. London 1800. 2 ed. (Westwood) 1842.

Boisduval. Lépid. de la Californie. Paris 1852.

Gay, Fauna chilena. Lepidopt. Paris 1852.

Ménétriès, Lépidoptères de la Sibérie orientale (Amour), in v. Schrenks Reisen und Forschungen. St. Petersburg 1859.

Morris, Syn. of the descr. Lepid. of North-America. Washington 1862.

Ross, A class. catalogue of the Lep. of Canada. Toronto 1872.

Koch, Die indo-australischen Lepid. Leipzig 1865/73.

Burmeister. Descript. phys. de la républ. Argentine. T. 5. Lépidoptères. Paris 1878.

Riley, General index and suppl. to the nine reports of the insects of Missouri. Washington 1881.

Aurivillius, Das Insektenleben in arktischen Ländern. Leipzig 1885.

Boisduval, Lépidoptères du Madagascar, Bourbon et Maurice. Paris 1833/34.

Horsfield and Moore, Catalogue of the Lepidoptera in the East-India Comp's. Museum. London 1857/59. Vol. II.

Butler, Lepidoptera Exotica. London.

Moore, Synopsis of the known asiat. species of silk producing moths (India). London 1859.

Wailly, Catalogue raisonné des séricigènes sauvages connus. (Extr. du bull. de la soc. nat. d'acclim.). Février 1886, 1882.

Wardle, Descriptive catalogue of the wild silks of India at the Colonial and Indian Exbibition. London 1886.

— Handbook of the collection illustrative of the wild silks of India in the South Kensington Museum. London 1881.

Rondot, L'art de la soie. Paris 1885.

— Rapport sur les soies, de l'Exposition universelle 1878, groupe IV, classe 34. Paris 1885.

Netz, Der japanische und der chinesiche Eichenspinner. Neuwied 1888.

Guérin-Méneville, Über den Eichenwurm. Dingl. p. J. 188.

22*

Hardy, Über den industr. Werth von B. Cynthia. Dingl. 136.
Einführung von B. mylitta nach Frankreich. Dingl. 137.
Die Zuchterfolge mit B. Cynthia in Europa. D. Gewerbsztg. 74.
Kestner, Die Yamamayseide, ibid. 1866, 1260.
Die Yamamayraupe in Nordeuropa. Agronom. Ztg. Leipzig 1869.
Die Yamamayraupe in Württemberg. Bayr. Ind.- u. Gewerbebl. München 1872.
Guérin-Méneville, Die Kokons der Ricinusraupe. Compt. rend. 45.
— Kreuzung von B. pav. major mit B. p. minor. Compt. rend. 51.
— Die Aylanthusraupe in Argentina. Compt. r. 55.
Vinson, Über die Seidenraupen Madagaskars. Compt. r. 56.
Lock, Die Seidenwürmer Assams. Scientific American. 1881.
Witt, Die wilden Seiden. Moniteur scient. 29. 1866 (1887).
Wailly, Die wilden Seiden. Journal of the Soc. of Arts. 1888/84.
Moore, Descr. of new indian lepidopt. Calcutta 1879/88.
Cotes & Swinhoe, A catal. of the moths of India. Calcutta 1887/88.
Trimen & Bowker, South-African butterflies. London 1887,89 & sq.
Scudder, The butterflies of the eastern Unit. St. and Canada. Cambridge 1889.
Edwards, Bibl. Catalogue of the North-Americ. Lepidopt. Washington 1889.
   (Bull. of the U. S. Nat.-Museum).
Marshall & Nicéville, The butterflies of India etc. Calcutta 1890 ff.
Saalmüller, Lepidopteren von Madagascar. Frankfurt a. M. 1884/91.
Hudson, An elementary manual of New-Zealand entomology. London 1892.
Semper, Die Schmett. der Philippinen-Inseln. Wiesbaden 1886/92 & sq.
Illustrations of typical specimens of Lepidopt. heteroc. in the coll. of the Bri-
   tish Museum. London 1877/93, Bd. 1—9.
Smith, A Catalogue of the species of moths etc. in Boreal America, in Bull.
   of the U.-S. Nat.-Mus. 1893. 44, 48.
Hampson, Moths. London 1892 ff.
Moore, Lepidoptera Indica. London 1890/96.
Vgl. die Litt. über Insektenfauna und Monographien in Carus & Engelmann,
   Bibl. zool. S. 624 f. und im speciellen in Taschenberg, Bibl. zool. S.
   1835/47 (Antheraea), S. 1857/65 (Attacus), S. 1965 f. (Lasiocampa), S.
   2024 f. (Platysamia) etc., ausserdem S. 2151/56. S. ferner die ausführliche
   Litteratur im Zoologischen Jahresbericht, herausgeg. v. d. zoolog. Station zu
   Neapel (Mayer & Giesbrecht). Berlin 1879 ff., auch das Register dazu
   für 1886/90, Berlin 1895.

Vierter Abschnitt.

Die Gewinnung der Rohseide und Zubereitung der Gespinste.
Das Konditionieren und Titrieren.

Es mag nunmehr das Rohmaterial der Seidenindustrie, der Kokon, einer näheren Betrachtung unterzogen und vor allem dessen Strukturverhältnisse erörtert werden, weil dies zum Verständnis seiner weiteren Verarbeitung notwendig ist.

Die Seidenraupe spinnt den Kokon (vom griechischen κοκκίον = Knäuel) in der Weise, dass sie den Seidenfaden durch regelmässiges Hin- und Her-

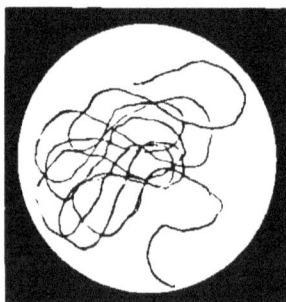

Fig. 184. Fadenbündel des Kokonnetzes.

Fig. 185. Seidenfaser in der Mittelschicht des Kokons (a Seide, b Bast, c Kreuzungsstellen).

bewegen des Kopfes in Form 8 förmiger Windungen anlegt und die letzteren in der Zahl von 15—20 miteinander zu einem flachen Bündel (paquet) verwebt, das 4—5 mm gross ist. Durch eine kleine Veränderung ihrer Lage spinnt sie ein zweites Bündel in unmittelbarer Nähe des ersteren oder am entgegengesetzten Ende des Kokons, verbindet gleichzeitig die beiden, mit einem langen Faden und bildet so ein Gewebe von bewundernswerter Regelmässigkeit. Der Faden ist mit einer zuerst klebrigen Flüssigkeit überzogen, welche erstarrt und die einzelnen Bündel miteinander verbindet, so dass das Ganze lederhart wird. Eine Kokonhülle besteht aus über 60000 solcher Bündel, so dass ihre Zahl in einem kg Kokons etwa hundert Millionen beträgt; die Zahl der 8förmigen Fadenwindungen ist ca. 16mal so gross, so dass, um ein kg Kokons zu erzeugen, die spinnenden Raupen mehr als 1600 Millionen hin- und hergehende Bewegungen ihrer Spinnwarze

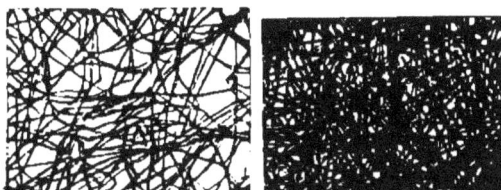

Fig. 186—187.   Fadennetz im gewöhnlichen und im Doppelkokon.

machen müssen. In der angedeuteten Weise entsteht eine äusserst dünne Fadenschicht oder Lage, deren in regelmässig gesponnenen Kokons 10 bis 12 unterschieden werden können. In Wirklichkeit ist die Kokonschale indessen aus über 30 solcher Fadenlagen, die von der Raupe in Intervallen von 3 zu 3 Stunden gesponnen werden, zusammengesetzt. Die einzelnen, schichtenweise übereinander liegenden Häutchen lassen sich vorzugsweise in den sogenannten satinés-Kokons gut unterscheiden, wo sie durch Zwischenräume von etwa 1 mm getrennt sind; in den gewöhnlichen Kokons, deren Hülle eine Dicke von 0,5—0,75 mm besitzt, lassen sich dagegen die Zwischenräume auch bei einer Vergrösserung von 600 Diameter kaum erkennen. Man hat übrigens festgestellt, dass die einzelnen Häutchen und Zwischenräume nicht überall in gleicher Stärke auftreten, so dass an einer Stelle des Kokons die Häutchen insgesamt 2,5 mm mit 0,12 mm Zwischenräumen messen, während an anderer Stelle die letzteren selbst bei einer Vergrösserung von 600 Diameter nicht wahrnehmbar sind, und die Häutchen nur eine Dicke von 0,5 mm haben. Die letzte, innerste Kokonschicht (diaphane) ist locker und in grossen Fadenwindungen gesponnen; sie hat die Bestimmung, als Bett für die Puppe zu dienen. Die Länge des Kokonfadens beträgt normal etwa 3700 m; hiervon werden bei der Verarbeitung 400—600, selten 900 m gewonnen, da weder das äussere Fadengewirr, noch der innerste pergamentartige Teil zur Herstellung eines brauchbaren Seidenfadens verwendbar sind. In technischer Hinsicht unterscheidet man: 1. den äusseren Flaum oder Flockseide (bourre, blaze, frisons); 2. das innere abhaspelbare Gespinst (bave) und 3. die innerste Kokonhaut (telette).

Nicht selten vereinigen sich zwei und mehrere Raupen zur gemeinsamen Anfertigung ihres Gespinstes; solche Doppelkokons (doupions), die man schon an ihrer ungewöhnlichen Grösse erkennt, bestehen aus einem durcheinander verschlungenen Fadengewirr und sind zum Abhaspeln wenig oder gar nicht brauchbar. Doupions, welche durch ihre Grösse nicht auffallend sind, die sogenannten „fins doublés", werden als Verfälschung der Handelsware angesehen. Das Verhältnis der Doppelkokons zu der Gesamternte variiert je nach dem Jahr und der Rasse; die syrische Rasse Belladis (Liban) liefert je nach dem Jahre 20—40% Doupions, die einjährige Japan 12—15%, die zweijährige 20—30%; in der europäischen Seidenkultur betragen die Doupions selten mehr als 6—8% der Gesamternte.

Fig. 188. Kokon der japanischen Rasse (italienischer Aufzucht).   Fig 189. Kokon der Bengalrasse.

Ein normaler Kokon besitzt eine Länge von 3 bis 3,5 cm bei einer Breite von 1,75 bis 2,5 cm. Die Gestalt des Kokons sowohl wie seine Grösse sind für eine bestimmte Rasse charakteristisch. Eine gute Qualität lässt sich schon an der äusseren Form des Kokons erkennen; dieselbe ist abgerundet, die Spitzen nicht hervortretend, und die Mitte ist nur wenig verengt; die matte Oberfläche ist gleichmässig feinkörnig. Der männliche Kokon ist mehr länglich, der weibliche rund; anderweitige Unterschiede sind folgende: das Gewichtsverhältnis der weiblichen Kokons zu den männlichen beträgt 1,23 bis 1,31, das der Kokonschalen (Fasermengen) 1,11 bis 1,16, das relative Verhältnis des Fasergehalts ist jedoch in den männlichen Kokons grösser, da die letzteren seidenreicher sind und somit eine grössere mittlere Ausbeute liefern, als die weiblichen, welche eine schwerere Puppe enthalten. Der Gehalt an Bast und Gummi ist unabhängig vom Geschlecht, der Titer der Kokonfaser durchschnittlich bei den weiblichen Kokons etwas grösser. Die regelmässigsten Kokons liefern die mit vieler Kunst und Sorgfalt gezüchteten europäischen Rassen; da aber ihre Produktion zur Deckung des Bedarfs lange nicht ausreichend ist, so werden auch die exotischen in Europa verarbeitet. Levante, Rumelien, Brussa, Mehemet-effendi und Demirdeh liefern die besten Qualitäten weisser, Kalamata, Chios und Liban solche der gelben Rasse. Ostasiatische

Arten werden weniger geschätzt. In der nachstehenden, entsprechend der Bedeutung des Kokons, als des Urstoffs der Seidenindustrie, ziemlich umfangreichen Tabelle, sind die wichtigsten charakteristischen Merkmale der gebackenen, lufttrockenen Kokons typischer Rassen zusammengestellt [1]).

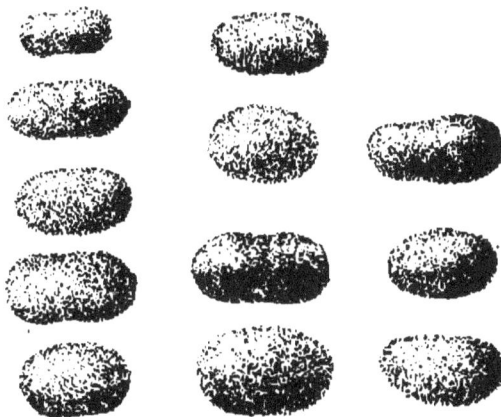

Fig. 190—201. Kokonrassen.

Blone.	Toskana.	Griechenland.
Spanien.	Romagna.	Kalabrien
Irlanda	Fossombrona.	Neapel.
Liban.	Friaul.	
Frankreich		

Ausser den normal ausgebildeten kommen im Verkehr oft fehlerhafte Kokons vor, welche teilweise leicht als solche zu erkennen sind, aber auch andere, die von den brauchbaren nur schwer und nur von Kennern unterschieden werden; nicht selten werden die einen den anderen in betrügerischer Weise beigemischt. Es erscheint deshalb geboten und sogar notwendig, jede einzelne Kokonpartie dem sogenannten Auslesen zu unterwerfen, wobei sie genau untersucht und sortiert wird. Ausser den oben erwähnten Doppel- resp. Multipelkokons kommen noch folgende Unregelmässigkeiten vor.

Offene Kokons, in welchen der Kokonfaden zwar nicht zerrissen ist, aber ohne Unterbrechung so rundum gelegt wurde, dass ein kleines Loch entstand. Diese Gespinste, deren Öffnung zuweilen eine Weite von 4—5 mm zeigt, lassen sich unter Anwendung besonderer Methoden abhaspeln, werden aber meist für die Schappespinnerei bestimmt.

(g. = gut, z. g. = ziemlich gut, s. g. = sehr gut, 1 jähr = 1 ertüge, 2 jähr. = 2 ertüge Rasse).

Rasse und Herkunft	Anzahl in 1 kg	Größe mm	Abwickelbarer Faden, m	Haspelbarer Faden in 1 kg Kokons, kg	Fadengewirr in 1 kg Kokons, kg	Verhalten beim Haspeln
Cévennes (Frankr.)	1246	18,2	34,3	688	0,259	0,048	s. g.
Perpignan-Bione (Frankr.)	1805	16	31,2	510	0,284	0,067	g.
Provençale, gelb (Frnkr.)	1466	17,8	32,3	677	0,305	0,067	g.
Ban-dien (Kotschinchina)	5555	13,7	27,3	227,5	0,264	0,235	g.
Umbrien (Ital.)	1501	17,7	34,3	594	0,264	0,059	—
Piemont (Ital.)	1406	17,4	34,7	666	0,273	0,040	g.
Brescia (Ital.)	1497	16,5	32,6	595	0,285	0,070	g.
Piacenza (Ital.)	1865	15,7	31,3	627	0,305	0,087	s. g.
Abruzza (Ital.)	1912	18,9	33,5	568	0,282	0,084	g.
Brianzola de Padova (Ital.)	1497	17	31,8	786	0,298	0,046	s. g.
Bione de Padova (Ital.)	1773	15,3	32,1	710	0,306	0,051	s. g.
Siena (Ital.)	1908	16,4	31,9	466	0,217	0,094	g.
Catanzaro (Ital.)	1557	17,5	31,6	663	0,274	0,069	g.
Bassignana (Ital.)	2207	16,6	29,7	497	0,268	0,115	g.
Brianza (Ital.)	1669	17,2	32,3	546	0,250	0,097	s. g.
Friulana (Ital.)	1815	15,7	33,1	501	0,233	0,087	s. g.
Emilien (Ital.)	1632	16,5	30	558	0,260	0,082	s. g.
Pyreneen (Ital.)	1394	17,3	35,3	788	0,288	0,054	s. g.
Beerbhoom (Bengal)	4484	11,7	30	160	0,161	0,085	g.
Madrassee (Bengal)	5076	12	26,7	208	0,180	0,208	g.
Desi (Bengal)	4115	12,4	31,2	204	0,205	0,089	g.
B. croesi (Serampore)	5050	11,6	28,7	170	0,214	0,138	g.
Japan (Lahore, Indien)	2445	15,1	26,8	362	0,283	0,127	g.
A. pernyi (Frankr.)	500	21,8	43,3	546	0,150	0,059	z. g.
Assam	909	23,3	45,2	253	0,112	0,410	z. g.
Tusser Daba (Bengal)	309	28,3	45,3	766	0,229	0,041	g.
Tusser Bogai (Bengal)	397	25,2	41,3	566	0,215	0,074	z. g.
Tusser Pundjab (Bengal)	350	24,6	40	366	0,120	0,095	z. g.
Tusser Beerbhoom (Bengal)	240	29,46	45,6	976	0,262	0,042	g.
Tusser Bardwan (Bengal)	262	30,5	45,9	658	0,219	0,046	g.
Tusser Lavia (Bengal)	336	28,3	44,5	690	0,193	0,119	?
B. textor (Bengal)	2833	13,7	31,5	270	0,204	0,104	g.
Gomma Dschoaju (Japan)	1754	16,1	31	526	0,298	0,042	s. g.
Saitama (Japan)	1938	16,6	30	590	0,361	0,054	s. g.
Peru acclim.	3333	18	33,5	336	0,333	0,222	z. g.
Chicama (Peru)	4000	15,3	30,6	322	0,328	0,164	z. g.
Khorassan (Kaukasus)	1508	21,8	40	683	0,227	0,111	g.
Larnaca (Insel Cypern)	625	25,6	51	700	0,144	0,047	g.
Var (Frankr.)	1364	17,9	36	790	0,360	0,040	s. g.
Piemont-Bione (Frankr.)	1831	16,9	31,5	579	0,289	0,040	s. g.
Bione-Var (Frankr.)	1695	16,75	32,75	683	0,330	0,050	s. g.

Name und Herkunft	Anzahl in 1 kg	Grösse mm	Abwickelbarer Faden, m	Haspelbarer Faden in 1 kg Kokons, kg	Fadengewirr in 1 kg Kokons, kg	Verhalten beim Haspeln
Provençale (Frankr.)	1727	17,7	.32,5	692	0,328	0,031	s. g.
Cévennes-Var (Frankr.)	1319	18,2	.36,4	734	0,316	0,049	s. g.
Lombardei (Frankr.)	1333	18,9	.35,3	773	0,293	0,058	s. g.
Ascoli giaponèse (Frankr.)	1751	16,5	.31,6	624	0,310	0,028	s. g.
Marche offida (Frankr.)	1307	18,2	.32,7	718	0,278	0,064	g.
Maria (Ital.)	1023	20,1	.41,6	785	0,300	0,076	s. g.
Bione (Ital.)	1011	23,2	.38,8	758	0,273	0,062	s. g.
Giallo Ascoli (Ital.)	1215	18,4	.37,8	827	0,295	0,060	s. g.
Briauza (Ital.)	1181	16,7	.35,7	709	0,300	0,056	s. g.
Binh-hoa (Kotschinchina, Tam-chai)	4219	13,3	.30,7	279	0,183	0,157	g.
Tam-trau (Kotschinchina)	4310	13,3	.29	278	0,181	0,117	g.
Basses-Alpes (Amerika)	1887	15,7	.30	671	0,283	0,057	s. g.
Schezevar (Persien)	348	26,5	.52	870	0,090	0,035	g.
Pundschab (Indien)	1988	18	.35,7	477	0,228	0,089	g.
Klein-Pundschab (Indien)	2451	14,4	.30,3	470	0,239	0,086	g.
Rajshahye (Indien)	2036	16,2	.35,1	550	0,291	0,091	g.
Cheenas (Indien)	5780	12,7	.24,9	180	0,182	0,089	s. g.
Bulla (Indien)	6536	12,1	.25,1	156	0,175	0,095	z. g.
Dhalis (Indien)	4048	14,1	.29	265	0,202	0,080	z. g.
Woosieh (China)	3058	13,4	.23,3	436	0,303	0,033	s. g.
Swatow (Canton)	3436	14,5	.30	367	0,205	0,085	z. g.
Péh-pi-tsan (China), 1. Ernte	4201	14,5	.27,6	374	0,310	0,164	s. g.
Péh-pi-tsan, 2. Ernte	2873	15,2	.27,3	424	0,227	0,109	g.
Péh-pi-tsan, 3. Ernte	3584	15	.28,4	284	0,157	0,154	z. g.
Yo-pi-tsan (China), 4. Ernte	5524	11,8	.22,8	169	0,149	0,149	z. g.
Yu-pi-tsan, 5. Ernte	5494	12	.23,2	177	0,142	0,110	g.
Yu-pi-tsan, 6. Ernte	6578	11,9	.23,3	136	0,118	0,112	g.
Tsching-pi-tsan, 2. Ernte	3663	14,2	.30	269	0,186	0,128	g.
Tsching-pi-tsan, 3. Ernte	3759	13,8	.29,3	272	0,165	0,124	g.
Tsching-pi-tsan, 4. Ernte	6410	11,7	.21,9	169	0,160	0,218	z. g.
Tsching-pi-tsan, 5. Ernte	5882	12,3	.23,3	211	0,182	0,123	z. g.
Tsching-pi-tsan, 6. Ernte	7092	11,5	.22,1	151	0,141	0,171	z. g.
Fei-tsu-schung, 1 jähr.	3105	14,7	.29,2	461	0,304	0,062	s. g.
Schen-long-tsan-schin-shiao-schung, 1 jähr.	2398	14,6	.31,3	427	0,254	0,071	g.
Ta-schien-tschung (Schuschi), 1 jähr.	2941	15	.31	383	0,268	0,086	g.
Schen-long-tsan-schnng (Schuschi), 1 jähr.	2898	14,7	.29,7	416	0,310	0,070	g.
Hung-mao-tschung (Schuschi), 1 jähr.	3355	15,1	.29,7	368	0,278	0,107	g.
Lung-tschiao-tsan (Schuschi), 1 jähr.	2531	15	.29,6	393	0,296	0,080	g.
Péh-pi-tsan (Hu-scbu), 1 jähr.	2232	16,2	.31,3	509	0,348	0,043	g.
Péh-pi-long-schiao (Shaú-sché), 1 j.	2272	16,8	.31,9	554	0,327	0,046	g.

Name und Herkunft	Anzahl in 1 kg	Grösse mm	Abwickelbarer Faden, m	Haspelbarer Faden in 1 kg Kokons, kg	Fadengewir in 1 kg Kokons, kg	Verhalten beim Haspeln
Péh-pi-huang-tschiao-tsan (Hu-schu), 1jähr.	2217	16,7	.31,55	681	0,365	0,044	s. g.
Péh-pi-tsan, 1jähr. (Yin-schiang-shian)	2518	16	.31,7	410	0,246	0,044	z. g.
Péh-pi-tsan (Hu-schu), 2j., 1.Ernte	4901	16,5	.25,5	212	0,171	0,132	g.
Péh-pi-tsan (Teng-hua), 2jähr., 1. Ernte	6586	16	.25,7	241	0,229	0,106	g.
Péh-pi-ta-schung-tsan, 1. Ernte	2445	18,8	.32	610	0,315	0,059	s. g.
Péh-pi-siao-schung-tsan	3030	14,9	.28,9	506	0,333	0,066	s. g.
Brianza-Wusbi (Ital.)	1524	18,5	.31,1	634	0,315	0,072	g.
Brianza	1473	17,4	.33,5	608	0,249	0,129	s. g.
Japan, weiss (Neu-Kaledonien)	3616	14,4	.25,8	365	0,322	0,122	s. g.
Ital. Pocci (N.-Amerika)	2841	14,4	.30	533	0,278	0,120	s. g.
Ital. Mercolini (N.-Amerika)	1727	16,1	.32	656	0,280	0,072	s. g.
Fukushima (Japan)	2331	14,2	.27,8	470	0,327	0,077	s. g.
Korea (Japan)	1805	16	.31,4	604	0,329	0,065	g.
Akabiki (Japan)	1592	16,4	.32,7	625	0,331	0,081	s. g.
Huang-pi-tsan (China)	4219	13,6	.28,6	333	0,268	0,055	g.
Hua-pi-tsan (China)	2328	14,3	.31,9	543	0,312	0,026	s. g.

Die sog. cocalons oder soufflons, wegen ihres atlasartigen Aussehens auch cocons satinés genannt, meist orientalischen Ursprungs, sind Kokons, die infolge des lockeren Baues und der Trennung einzelner Fadenlagen beinahe durchsichtig erscheinen. Sie sind weich und elastisch und ihre Oberfläche zeigt einen charakteristischen Perlmutterglanz, der indessen erst nach Entfernung der überaus reichlichen äusseren Flockseide zum Vorschein kommt. Beim Haspeln sinken sie infolge ihrer Wasserundichtigkeit und müssen durch Drahtnetze auf der Oberfläche des Haspelbeckens erhalten werden. Es kommen auch scheinbar satinéartige Kokons vor, die von einer durchsichtigen, glänzenden Aussenhülle umgeben, sonst aber normal gebaut sind (sogen. enchemisés); sie werden in der Gegend von Friaul sehr häufig gefunden. Die zusammengeschnürten Kokons (étranglés) zeigen in ihrer Mitte eine ungewöhnlich starke Verengung, welche nach der Meinung von Dusseigneur dadurch entstanden ist, dass jede Hälfte des Gespinstes für sich allein gesponnen wurde. Sie weisen an den Extremitäten eine bedeutend stärkere Anhäufung der Fadenlagen auf; beim Haspeln brechen die beiden Hälften in der schwächeren Mitte auseinander. Die verkalkten Kokons (plâtrés) sind von den mit Kalksucht befallenen Raupen gesponnen worden, welche nach ihrer Verpuppung in weisses Pulver zerfallen. Diese Kokons weisen ein bedeutend leichteres Gewicht auf, sind aber sonst ganz normal. Einen merkwürdigen Bau zeigen die Doppelkokons, welche von einer gesunden und einer kranken Seidenraupe gemeinschaftlich angefertigt werden. Sie besitzen inwendig eine Scheidewand, welche der gesunde Wurm, um sich vor der Ansteckung zu schützen, um sich gesponnen hat. Ausser den angeführten giebt es eine Menge anderer Unregelmässigkeiten und zwar in der inneren Struktur des Kokons, die erst bei der weiteren Verarbeitung auftreten und entweder dadurch entstanden sind, dass die von Krankheit befallene Raupe das Spinngeschäft inwendig nicht beendigt hat, oder dass der Spinnprozess infolge des mangelhaften Seidenvorrats nur in unvollkommener Weise vollzogen worden ist.

Die frisch geernteten Kokons zeigen folgende Zusammensetzung:

Äusseres Fadengewirr . . 0,7 %
Seidenfaden . . . . . 14,3 %
Puppe und Wasser . . . 85 %

Die im Kokon vorhandene Feuchtigkeit verdunstet nach und nach, so dass 8 Tage nach dem Sammeln 100 kg Kokons 4,8—5 kg, nach 10 Tagen 7,5—8 kg an Gewicht verloren haben.

Es wurde schon oben angedeutet, dass die Bildung des Sericins und des Fibroins in der Seidendrüse nicht gleichzeitig erfolgt, und dass der vordere Teil derselben, wie Sicard und Raulin nachgewiesen haben, mehr Seidenleim enthält, als der hintere. Übereinstimmend mit diesem Ergebnis ist die Thatsache, dass auch im fertigen Kokonfaden in seiner ganzen, einige tausend Meter betragenden Länge, das Verhältnis des Seidenleims zu der Seidensubstanz nicht unverändert bleibt. Das äussere Flockgespinst enthält durchschnittlich 44,4 % Bast und 55,6 % Seidensubstanz. Die äusseren Fadenlagen des Kokons weisen mehr Seidenleim auf, als die inneren; die äussere Fadenschicht ergiebt 31,5 % Seidenleim und 68,5 % Faser und die innere 26,7 % Seidenleim und 73,3 % Seide; die mittlere zeigt ein Verhältnis von 29,3 % Bast und 70,7 % Seide.

Eine andere Erscheinung, die bei Untersuchung eines Kokonfadens zu Tage tritt, ist seine ungleichmässige Dicke in der ganzen Länge. Haberlandt untersuchte verschiedene Kokonrassen und fand, dass der Durchmesser eines Kokonfadens in den verschiedenen Schichten folgendermafsen variiert, wobei zu bemerken ist, dass die äussere Schicht natürlich den zuerst gesponnenen Faden enthält.

Herkunft	Äussere Lage	Mittlere Lage	Innere Lage
Mailand, gelbe Rasse .	0,030 mm	0,040 mm	0,025 mm
Frankreich, „ „ .	0,025 „	0,035 „	0,025 „
Japan, grüne Rasse .	0,030 „	0,040 „	0,020 „
„ weisse „ .	0,020 „	0,030 „	0,017 „

Die mittleren Lagen, welche den grössten Teil der Kokonhülle ausmachen, zeigen die gleichmässigste Dicke und die regelmässigste Struktur.

Haspelt man von einem oder mehreren Kokons den Seidenfaden ab, so dass Strängchen von bestimmter, gleicher Länge entstehen, so ergiebt sich beim Wiegen derselben, dass das zuerst abgehaspelte ein bedeutend grösseres Gewicht besitzt, wie die nachfolgenden; der Unterschied kann bis 50% betragen. So nimmt z. B. das Gewicht des Kokonfadens einiger bekannteren Rassen von je 100 zu 100 m durchschnittlich folgendermafsen ab:

Herkunft	1.	2.	3.	4.	5.	6.	7.	8. Hundert m
			in mg					
Lombardei, weiss	35	36	33	31	30	27	25	19
Kanton, . . .	21	18	15	13				
Ascolli, gelb . .	37	36	33	30	29	25	23	21
Péh-pi-tsao . .	21	21	17	14				

Betrachtet man indessen den Kokonfaden unter dem Mikroskop, so lässt sich eine so plötzliche Abnahme des Durchmessers, wie aus den obigen Zahlen hervorgeht, nicht wahrnehmen. Dieser scheinbare Widerspruch steht mit der Art der Exkretion des Kokonfadens im inneren Zusammenhang. In dem Mafse, wie sich die Seidendrüsen leeren, wird der Flüssigkeitsdruck allmählich schwächer, so dass der Faden beim Austritt weniger komprimiert wird und seine Konsistenz oder, was gleichbedeutend ist, sein specifisches Gewicht zwar in unbedeutender, aber ständiger Weise abnimmt. Diese Thatsache wurde experimentell bewiesen; dem äusseren Kokonfaden entspricht z. B. ein specif. Gewicht von 1,442, dem mittleren 1,4 und dem inneren 1,32.

* * *

Da die Kokonernten nur zu bestimmten Zeitpunkten und gleichzeitig stattfinden, und es unmöglich ist, die gewaltigen Mengen so schnell der Verarbeitung zuzuführen, dass die inwendig schlummernde Puppe nicht inzwischen zum Schmetterling werde und beim Ausschlüpfen den Kokon schädige, so muss man dies durch Töten der Puppen verhindern, um so die Aufarbeitung der Ernte auf längere Zeitperioden verteilen zu können. Die dazu verwendeten Verfahren sind im Prinzip mit denen, die seit dem Bestehen der Seidenindustrie üblich sind, identisch, erfuhren aber zeitgemäss manche technische Vervollkommnungen, die speciell ihre quantitative Leistungsfähigkeit bedeutend erhöht haben. Das Töten der Puppen erfolgt nach verschiedenen Systemen. Die älteste Methode, die noch heutzutage in den tropischen Gegenden landesüblich ist, besteht darin, die Kokons anhaltend der Wirkung der Sonnenstrahlen auszusetzen, wobei die sich entwickelnde Hitze auf die Larven erstickend wirkt. Im Grossbetriebe erfolgt das Dörren ver-

mittelst folgender Faktoren: 1. durch trockene Hitze, 2. durch Dämpfen,
3. durch trockenes Dämpfen und 4. durch erstickende Gase.

Das Hauptaugenmerk beim Dörren wird auf die Einhaltung bestimmter
Temperaturgrenzen im Verhältnis zu der Grösse und Rasse der Kokons etc.
gerichtet; durch Überhitzung erleidet der Bast eine Veränderung, wodurch
die Faser beim Haspeln brüchig wird; dasselbe geschieht infolge übermässiger Feuchtigkeit. Nach dem Dörren muss für Abführung der Feuchtigkeit gesorgt werden, die beim Belassen der Kokons in Haufen alsbald
einen Fäulnisprozess der Puppe einleiten würde.

Die Anwendung der Hitze eines glühenden Ofens ist bei Chinesen, Japanern und Hindus seit uralten Zeiten in ausgedehntem Gebrauch. In Europa ist diese Methode noch jetzt im Kleinbetrieb und in abgelegenen Ortschaften ebenfalls stark in Anwendung, und werden meist dazu geräu-
mige Backöfen benutzt. Einen gewissen Fortschritt in dieser Richtung
stellt die Einrichtung von Betti dar: eine grosse hermetisch verschlossene
Kammer, in der ein zum Glühen gebrachter Ofen kontinuierliche und re-
gulierbare Hitze erzeugt. In neuerer Zeit ist das Verfahren von Vareille
in Frankreich und Fr. Baretta in Italien vervollkommnet worden. Der
Apparat von Vareille besteht aus einem Ofen mit einfahrbarem Wagen
und wirkt vermittelst strahlender Wärme einer direkten Feuerung; er fasst
auf einmal zwei- bis dreitausend kg Kokons. Von Baretta ist ein ähnlicher, aber transportabler Ofen in Form einer Lokomobile (étouffoir mobile)
gebaut worden, der mit zwei Wagen versehen ist; während der eine ausserhalb des Ofens steht und beschickt wird, ist der andere in Arbeit, wodurch kontinuierliche Ausnutzung aller Arbeitsfaktoren ermöglicht wird.
Im allgemeinen soll die Methode des trockenen Dörrens mit grosser Vorsicht gehandhabt werden, da das Überschreiten von 75—80° das Brüchig-
werden der Fasern nach sich zieht; weshalb man auch allmählich von derselben
abkommt. Nach demselben Prinzip wird noch in folgender Weise verfahren.
Die Kokons werden in hermetisch verschlossenen Räumen, die mittels direkter Brenngase oder in Heizröhren cirkulierenden Wasserdampfes geheizt
werden, etwa eine halbe Stunde der Hitze ausgesetzt. Oder man taucht
nach dem von Fontana in Turin 1823 eingeführten und von Giraud 1840
vervollkommneten Verfahren mittelgrosse, mit Kokons gefüllte Zinkröh-
ren in heisses Wasser, wodurch eine schädlich wirkende Überhitzung
vermieden wird. Bei allen diesen Verfahren verdampft das im Kokon
enthaltene Wasser, erweicht einigermafsen die Hülle und erleichtert das
nachträgliche Abhaspeln. Andererseits zeigen aber die nach dieser Methode behandelten Kokons infolge der übermässigen Feuchtigkeit manchmal
fleckige Stellen und müssen nach dem Dörren sorgfältig ausgelesen werden.
Das trockene Dörren kann auch mit Vorteil in speciell dazu eingerichteten
Öfen vermittelst eines 65—75° heissen Luftstroms, der etwa 20 Minuten
einwirkt, vollzogen werden, wobei jedoch jedenfalls, durch entsprechende Re-

gelung der Temperatur, darauf gesehen werden muss, dass der für spätere
Verarbeitung nötige Feuchtigkeitsgrad dem Kokon erhalten bleibt.

Das Ersticken der Puppen durch direkt eingeführten Wasserdampf, von
Gensonl und Chateauneuf (1823) angewendet, hat den Vorteil schnell zu
wirken, macht aber die Kokons infolge der Dampfkondensation übermässig
feucht und nachträglich schimmlig. Der Ofen von Luigi Baretta (Mailand)
arbeitet mit Dampf und ist auf dem Prinzip des transportablen Apparates
von F. Baretta konstruiert, gehört aber dadurch, dass Verbrennungsprodukte
vor dem Entweichen durch am Boden des Apparates angebrachte Röhren
geleitet werden und, durch Erwärmen der Luft, eine Dampfkondensation
verhindern, in die Reihe der Apparate mit kombiniertem Verfahren. Von
Wichtigkeit ist hier, wie schon erwähnt, eine sofortige Trocknung vorzunehmen,
was durch Ausbreiten der Kokons in dünnen Schichten, die von Zeit zu
Zeit aufgerührt werden, in ausgedehnten, gut ventilierten Räumen geschieht.
Feuchte und fleckige Kokons werden dabei sorgfältig ausgelesen; gegen etw.
Ratten und Ameisen müssen die nötigen Vorsichtsmafsregeln ergriffen werden.

Durch Vereinigung der obigen beiden Systeme ist man zu einem Verfahren gekommen, das ihre Nachteile nicht besitzt und durchaus schnell
und zuverlässig arbeitet. Die dazu konstruierten Öfen sind von der mannigfaltigsten Bauart; einer der besser ausgedachten (Van der Schnijt) hat
mit dem Mather-Plattschen Dämpfapparat manche Ähnlichkeit. Er besteht aus zwei oder mehreren einzelnen, voneinander unabhängigen Kammern, so dass der Betrieb kontinuierlich ist. Die Heizung erfolgt durch
Brenngase, welche durch ein Röhrensystem cirkulieren und die verlorene
Wärme an einen mit Wasser gefüllten Kessel abgeben, der mit einem Zer-
stäuber im Innern des Brennofens in Verbindung steht und von Zeit zu
Zeit die innere Luft der Kammern durch entsprechende Ventilvorrichtung
befeuchtet. Die Kokons werden in flachen Körben aufgeschichtet, auf dem
Rollwagen in den Ofen hineingeschoben, wo sie bei einer Temperatur von
100—110° C. etwa 10 bis 12 Minuten verweilen.

Der Dörr- und Trockenofen (étouffoir-séchoir) von Gauthier, welcher
sehr gute Resultate liefert, beruht ebenfalls auf der gleichzeitigen Anwendung von Luft und Dampf und wird als feststehender Ofen eingemauert
oder transportabel gebaut. Der Apparat besteht aus einer Kammer mit
doppelter Wandung, durch deren Zwischenwände heisse Luft geführt wird,
um das Innere vor unmittelbarer Berührung mit der kühlen Atmosphäre zu
schützen. Am Boden laufen zwei durch äusserst feine Löcher perforierte
Röhren, die zur staubförmigen Dampfinjektion dienen; die seitliche Wandung trägt dagegen Röhren, die mit heisser Luft des Brennofens geheizt
werden. Die gleichzeitige Wirkung des Calorifere und des Dampfes hat zur
Wirkung, dass die Kondensation des letzteren eine minimale wird. Ein
Ventilator saugt nach Bedarf die innere Luft heraus, während die äussere,
ehe sie in den Apparat eintritt, einige Vorwärmeröhren passieren muss, um
eine plötzliche Abkühlung des inneren Raumes zu verhüten. Nach dem Ein-

fahren mit dem beschickten Wagen *C* wird gleichzeitig der Calorifère und das Dampfventil geöffnet, welch letzteres nach zwei Minuten geschlossen wird. Man lässt die Absaugevorrichtung *B* durch Drehen des Rades *A* in Wirkung treten, wodurch das Trocknen stattfindet, und unterbricht es nach kurzer Zeit, so dass die ganze Operation einschliesslich des Ein- und Ausfahrens ca. eine Viertelstunde in Anspruch nimmt. Die mittlere Temperatur während des Dörrens beträgt 80—85° bei entsprechendem Hygrometergrad, wo-

Fig. 202. Transportabler Dörrofen für Kokons.

durch die guten Eigenschaften der Faser nicht derartig in Gefahr kommen, wie beim trocknen Dörrverfahren.

Auf dem ähnlichen Prinzip der Anwendung von Luft und Dampf beruht die Vorrichtung von Boniol; hier wird die kalte Luft durch einen Dampfstrahl angesaugt, und dieses Gemisch wird in die Dörrkammer geleitet. Der Dampf kühlt sich dabei ab, die Luft erwärmt sich, und die resultierende Temperatur beträgt ca. 65°, eine ausreichende Hitze, die aber auf die Eigenschaften der Kokonfaser nicht den mindesten Einfluss hat. Der Saugapparat ist nach Art der Injektoren eingerichtet und besteht aus einem Doppelkonus, in dessen Hals eine Dampfzuführung mündet. Die Grundfläche, durch welche die Luft eintritt, ist wie in dem Konditionierapparat durch zwei perforierte, aufeinander bewegliche Deckel geschlossen, wobei durch Verstellen derselben die Menge der einzulassenden Luft und die resultierende Temperatur geregelt werden kann. Nach dem Verlassen des Injektors strömt das Gemisch durch ein Spiralrohr und setzt hier und da Wasser ab, welches sich infolge der Expansion und der Abkühlung durch die Luft verdichtet hat. Kurz vor dem Eintritt in den Ofen wird das Gemisch durch Passieren eines doppelwandigen mit direktem Kesseldampf geheizten Raumes getrocknet.

Man hat auch vielfach versucht, das unbequeme Verfahren des Dörrens durch Hitze, zu umgehen. Im J. 1877 wurden Verfahren, das Ersticken der Puppen vermittelst Ammoniakgas (Polo), Schwefeldioxyd (Vincent), Kohlensäure (Gauthier), Kampfer (Bouisson), Alkohol (Caire) und durch Eintauchen in eine alkoholische Lösung von Quecksilberchlorid (Lamonta), zu bewirken, vorgeschlagen und zeitweise in Anwendung gebracht. Zwar wird noch heutzutage in China das Töten der Puppen mit Kohlenoxyd, das in speciellen Kammern, „tsan-wo“, aus der Holz-

Fig. 703. Dörren der Kokons durch die Sonnenhitze in China.

kohle erzeugt wird, öfters ausgeübt, im allgemeinen haben sich aber alle diese chemischen Mittel in der Praxis nicht einbürgern können. Ob übrigens bei dem chinesischen Verfahren wirklich das Kohlenoxyd und nicht lediglich die Hitze tötend einwirkt, erscheint fraglich, nachdem festgestellt ist[1]), dass das Kohlenoxydgas auf die Puppen nur vorübergehend betäubend wirkt. Die Nachteile der chemischen Verfahren sind: hohe Betriebskosten, umständliches Manipulieren mit den giftigen Gasen und nachteilige Wirkung der letzteren auf die Seidenfasern. Von allen praktisch verwendbaren Gasen wirken nur Schwefelwasserstoff, Ammoniakgas und Schwefeldioxyd tödlich auf die Puppen. Schon das Äussere der mit dem letzterem Gase behandelten Kokons lässt ihren anormalen Zustand erkennen, indem ihre z. B. gelbe Färbung bedeutend trüber wird; ferner zeigen die Puppen statt der üblichen braunen eine hellgelbe Färbung. Die Behandlung mit feuchter schwefliger Säure hat eine nachträgliche Bildung von 2—3 % Schwefelsäure, die durch Oxydation entsteht,

---

[1]) Francexon, Étude sur les étouffoirs chimiques. Lyon 1880.

zur Folge. Die geschwefelten Kokons lassen sich somit durch die Schwefel-
säurereaktion erkennen. Dass die schweflige Säure auf den Seidenleim eine
modifizierende Wirkung ausübt, geht schon daraus hervor, dass die geschwefelten Kokons im kochenden Wasser des Haspelbeckens mehr als
sonst an Gewicht verlieren. Beim Haspeln liefern solche Kokons bedeutend kleinere Ausbeute an Seide, dagegen mehr Abfall und sogenannte
bassinés (unabwickelbare innere Kokonschichten). Der Bast wird manchmal so stark verändert, dass es unmöglich ist, die Kokons regelmässig zu
haspeln, weil sie das Kochen nicht vertragen. Derartige Kokons müssen mit
den nach dem gewöhnlichen Dörrverfahren behandelten untermischt werden.
Die erzeugten Gespinste sind übrigens betreffs des Titers, der Festigkeit
und Elasticität den gewöhnlichen gleichwertig. Bei der weiteren Verarbeitung liefern diese Seiden indessen ein äusserst flaumiges Gewebe, was
die bekannte Thatsache zur Genüge bestätigt, dass das innige Zusammen-
treten des Bastes einzelner Kokonfäden beim Haspeln auf die Kohäsion
des Gespinstes grossen Einfluss hat, wenn auch der Bast selbst nachträglich während des Abkochens und Färbens verloren geht. Diese Ergebnisse
sind deshalb von Wichtigkeit, weil das Schwefeln der Kokons auch als Des-
infizierungsverfahren vorgeschlagen worden ist und während der Epidemien,
wie seiner Zeit auf die aus Sizilien kommenden Kokons, angewendet wird.
Bei der nachträglichen Verarbeitung verhalten sich die durch Gase und
chemische Faktoren erstickten Kokons im allgemeinen bedeutend schlechter,
als die gedörrten. Die Seidenfaser hat ihren Glanz teilweise verloren und
ist brüchig geworden, wodurch ein regelmässiges Abhaspeln unmöglich wird.
In Italien wurden ausser den giftigen Gasen noch Ätherdämpfe, Kampfer,
Terpentin- und Naphthadämpfe als Vergiftungsmittel jedoch ohne günstigen
Erfolg angewendet. Trotzdem scheint das ewige Suchen nach neuen, ähnlichen Verfahren noch nicht aufgehört zu haben.
    Da die Seidenzüchter gezwungen sind, ihre Kokonernte baldmöglichst
zu veräussern, weil sie dieselbe nicht aufbewahren können und keine Dörrapparate besitzen, sind sie in wirtschaftlicher Beziehung benachteiligt; könnten
die Seidenbauer die Kokons aufsammeln, so würde ihr Gewinn bei einer
günstigen Marktlage oder einem schlechteren Ernteergebnis ein grösserer
sein. Es würde dadurch auch ein Ausgleich zwischen guten und schlechten
Jahren herbeigeführt. Um dies zu ermöglichen, sind die oben erwähnten beweglichen Dörrapparate konstruiert worden, die zur Erntezeit in die betr.
Gegend gebracht werden und gegen geringe Gebühr die Kokons abtöten.
Vor kurzem ist vom Syndikat der Seidenzüchter Frankreichs der Entschluss
gefasst worden, an passenden Orten öffentliche Dörrapparate einzurichten,
die den Seidenzüchtern der Umgebung zur Verfügung gestellt werden sollen,
und mehrere solche bewegliche Öfen sind bereits im Gange.
    Die gedörrten Kokons werden ausgelesen, sortiert und in einem be-
sonderen, trockenen und kühlen Raum bis zur Verarbeitung aufbewahrt.
Dieselben zeigen die folgende Zusammensetzung:

Flockseide 2,3%
Seidenfaser 16,2%
Puppe und Wasser 81,5%

* * *

Das Abhaspeln der Kokons ist eine Arbeit, welche der von der Seidenraupe bei ihrem Einspinnen ausgeübten in entgegengesetztem Sinne analog ist; sie besteht darin, dass die Kokonhülle vor allem durch kochendes Wasser erweicht und der die Fadenlagen verbindende Leim teilweise aufgelöst wird, wodurch die einzelnen Faserbündel und die 8-förmigen Windungen beim Abwickeln infolge der dabei wirkenden Zugkraft voneinander losgetrennt werden. Die Kokonfaser wird in Form eines ununterbrochenen Fadens, wie von einem hohlen Knäuel abgewickelt, oder wie man sich technisch ausdrückt, „abgehaspelt".

Die Art und Weise des Kokonhaspelns war im Altertum im Prinzip keine wesentlich andere, als heutzutage. Ursprünglich gelangte zur Erweichung der Kokons kaltes Wasser in Anwendung, dessen Wirkung jedoch langsam und ungenügend war, wodurch eine fehlerhafte, flockige Grège hervorging; man griff daher zum warmen Wasser, dessen Gebrauch zum Aufschliessen der Kokons bereits von Plinius näher erörtert wird[1]), obwohl ihm das eigentliche Haspelverfahren der Chinesen unbekannt sein mochte. Das Bestreben am Heizmaterial zu sparen, sowie die Erfahrung, dass der Gewichtsverlust der Faser beim warmen Haspeln bedeutender ist, veranlasste die Erneuerung der Versuche mit kaltem Wasser, worunter die Verfahren von Giordana (1777), Castelli, Zeno u. A., welche verschiedene Zusätze, wie Laugen aus Pottasche oder Pflanzenasche, frischen Urin mit Zucker etc. verwendeten, erwähnt sein mögen. Von Locatelli wurde ein Verfahren angewendet, dem er die nicht wenig pomphafte Bezeichnung „apparato chimico mechanico" beilegte[2]), über dessen Einrichtung und zur Anwendung gekommene Agenzien jedoch nichts näheres bekannt ist. Es sind nachträglich zahllose andere Verfahren in Vorschlag gebracht worden, um bei gewöhnlicher Temperatur haspeln zu können[3]); kein chemisches Mittel vermochte jedoch die erweichende Wirkung des heissen Wassers zu ersetzen. Nennenswerten Fortschritt brachte die Idee Gensouls[4]), statt der direkten Feuerung die Dampfheizung anzuwenden (1805), die auch in kurzer Zeit Eingang in die Praxis gefunden hat, da sie grosse Vorzüge bot und

---

[1]) Hist. nat. lib. XI. cap. 23.
[2]) Boll. de la Soc. d'encour. 1822.
[3]) Biblioteca agraria. Saggio sulla trattura della seta. p. 6 ff.
[4]) Gensoul, Instruction sur le mode de se servir de l'appareil à vapeur pour dévider la soie. Lyon 1810.

23*

namentlich für grössere Betriebe ökonomischer, bequemer, weniger belästigend und leichter regulierbar war. Obwohl die direkte Ofenfeuerung ihre Nachteile besitzt, so wird sie doch in kleineren Betrieben, naturgemäss aber im Hausbetriebe, vorgezogen und bis auf den heutigen Tag verwendet; im Laufe der Zeit hat sie von Rumford, Franklin, Robertson, Tredgold, Buchanan, Ratti, Moschini, Nobilis, Turbini, Santorini u. A. in Bezug auf die günstigere Verteilung der Luftkanäle, Einrichtung des Rostes u. s. w. vielfache Vervollkommnungen erfahren.

Um die Kokons regelrecht abhaspeln zu können, ist es vor allem erforderlich, die äussere Flockseide und die einzelnen Fadenstücke, die den Kokon umgeben, wegzuschaffen und das Ende des richtigen Kokonfadens zu suchen und zu erfassen. Dann muss auch der Leim oder natürliche Klebstoff, welcher die Fadenwindungen und -lagen zusammenhält, aufgeweicht werden. Das Aufweichen desselben durch heisses Wasser führt in der Industrie den Namen des Einweichens oder Kochens, die Vorbehandlung zur Entfernung des Fadengewirrs heisst das Schlagen der Kokons.

Zum Zweck des Einweichens (cuisson, baignage) unterwirft man die Kokons einer einige Minuten andauernden Behandlung in einem heissen Wasserbade; hierdurch wird die gummiartige Verkittung, d. i. ihr wasserlöslicher Anteil, aufgelöst. Beim Einweichen, wozu etwa 10 l fassende Pfannen benutzt werden, wirft die Arbeiterin eine Handvoll Kokons in das Bad und taucht sie mittels eines Schaumlöffels in gleichmässiger Weise unter, bis sie aus ihrem Gefüge erkennt, dass die Faser genügend aufgeweicht ist.

Das Kochen darf nur bis zu einem gewissen Grade geschehen, da der Leim lediglich erweicht, nicht aber aufgelöst werden soll; unter diesen Umständen bleibt nicht nur die Textur der Kokons intakt, was für ein regelrechtes Abwickeln von grösster Wichtigkeit ist, sondern auch die Flocken bleiben noch mehr oder weniger am Kokon haften und werden erst beim Schlagen entfernt.

Die Leistung einer Kochpfanne beträgt selten über 5000 Stück Kokons an einem Arbeitstage. Bessere Resultate erhält man durch Anwendung von Körben, die mit Kokons gefüllt und gänzlich in heisses Wasser eingetaucht werden. In grösseren Betrieben wird eine kontinuierlich arbeitende halbcylinderförmige, geneigt liegende Pfanne angewendet, in welcher eine Archimedesschraube mit einer Geschwindigkeit von 3—4 Touren pro Minute rotiert; das warme Wasser, das am oberen Ende ein- und am unteren austritt, strömt gegen die Kokons zu, die unten eingeschüttet und durch die Schraubenbewegung nach oben zum Ausgang befördert werden. Die Heizung erfolgt mit Dampf, der durch die perforierte Schraubenachse einströmt. Durch den einströmenden Dampf werden die Kokons nach allen Richtungen geschwenkt, wodurch ein wirkungsvolles und gleichmässiges Einweichen erzielt wird. Diese Einrichtung, bei der ein Durchgang von vier Minuten die

Kokons vollständig erweicht, liefert bei kontinuierlichem Betriebe 6—8000 Stück Kokons pro Arbeitsstunde.

In vielen Betrieben werden direkt mit Dampf geheizte Wasserkästen angewendet, welche Zellen aus durchlochtem Blech enthalten, in denen die vollständig eingetauchten Kokons der Einwirkung von zum Kochen gebrachten Wassers ausgesetzt werden.

Von den anderen Kochapparaten ist die von Limel konstruierte „cuiseuse" zu erwähnen, welche aus einer mit Kokons gefüllten Glocke besteht, die von feuchtem Dampf durchströmt wird; man übergiesst den Behälter aussen von Zeit zu Zeit mit Wasser, wodurch im Innern Luftleere erzeugt wird, was die einweichende Wirkung des sich kondensierenden Wassers unterstützt. Nach Dreyfous[1]) behandelt man die Kokons zum Zweck des Einweichens in entsprechend konstruierten, verschlossenen Apparaten gleichzeitig mit Dampf und Wasser, wodurch die Kokonhülle in wenigen Augenblicken durchweicht wird; das überschüssige Wasser wird vermittelst einer Centrifuge entfernt, in welcher die Kokons in kleinmaschigen Säcken geschleudert werden. Durch die schnelle Rotation und Stösse werden die Fadenenden gelöst und bleiben an den Maschen haften, wo sie von der Hasplerin weggenommen werden; die weitere Operation des Schlagens wird dadurch überflüssig. Statt des Einweichens mit heissem Wasser behandelt Serrell[2]) die Kokons mit Wasser von gewöhnlicher Temperatur, unterstützt aber dessen Wirkung durch eine Art regelmässig vor sich gehende Massage, d. i. zahlreiche, der Struktur der Kokons angepasste Stösse, die durch Zu- und Abfluss einer starken Wasserströmung veranlasst und geregelt werden. In dieser Weise soll die klebende Substanz entfernt werden, ohne dass der Bast verloren geht und Materialverlust eintritt.

Das Schlagen der Kokons (battage) bezweckt die Entfernung des äusseren Flaumes und der Flockseide, welche den Kokon umgeben und ohne welche Behandlung die Gewinnung eines glatten Fadens unmöglich ist. Diese Operation wird ebenfalls in einem Wasserbade vollzogen, dessen Temperatur je nach der Gattung und Rasse der Kokons verschieden ist; für dickwandige beträgt sie 75° C., für feinere Arten 50—60°; gewisse Gattungen werden bei 60—70° geschlagen und bei 40—50° abgehaspelt und ergeben alsdann eine für specielle Verarbeitungsarten geeignete Grège; die sogenannten klassischen Gespinste, die äusserst elastisch sind und sich für alle Fabrikationszweige eignen, werden dagegen durch Schlagen bei 90 bis 100° und Abhaspeln bei 70° erzielt.

Das äussere Fadengewirr und die obersten, lockeren Windungen des Kokonfadens werden, nachdem die Fäden am Gezweige hängen geblieben sind, vermittelst eines Reisigbesens entfernt, womit man die Kokons rasch aber gelinde schlägt und in schnelle Drehung versetzt.

[1]) Französisches Patent 55560.
[2]) Italienisches Patent 1267 (1891).

In neuerer Zeit sind an Stelle der Handarbeit mechanische Vorrichtungen getreten, sogenannte Kokonschläger (batteuses mécaniques), welche die Operation in viel kürzerer Zeit verrichten. Ein mechanischer Kokonschläger besteht aus einer Porzellanschüssel, die in einem grösseren thönernem oder metallenem Trog, in welchem das Wasser durch Bajonettrohre nach Bedarf zum Kochen gebracht werden kann, eingehängt wird und aus einer mechanisch betriebenen Bürste oder einer ähnlichen mit Ruten, Drähten, Borsten oder mit vorstehenden Spitzen versehenen Vorrichtung, welche die Schlagwirkung ausübt. In den älteren Konstruktionen erhielt die Bürste durch ein Excenter, einen Zahnsektor, ein Rad und ein Kegelräderpaar eine absetzende Drehung; während des Betriebes stieg die Bürste, um die Wirkung allmählich zu mildern, in die Höhe und kam nach einer bestimmten Zeit ganz aus dem Wasser heraus. Vou weit schonenderer Wirkungsweise war der Kokonschläger von Sée [1]), der aus mehreren rotierenden Bürsten bestaud, welche durch Stahlbänderfedern elastisch gelagert waren und die Kokons in gleichmässiger Weise anschlugen. Die Behandlung dauerte ca. zwei Minuten. Einen wesentlichen Fortschritt weist aber die von Serrell konstruierte Vorrichtung auf [2]); sie besteht aus einer maschinell betriebeuen Bürste, die sich auf einer senkrechten Welle um ihre Achse dreht und in regulierbaren Grenzen auf und ab bewegt wird; während des Gaages wird sie durch eine Feder beständig in ihre tiefste Stellung zurückgeführt, wobei sie die Kokons in entsprechender Weise berührt, nach einer bestimmten Anzahl von Auf- und Abbewegungen aber, d. i. sobald der Schlagprozess vollzogen ist, selbstthätig ausser Betrieb kommt. Von den Kokonschlägern neueren Systems seien die von Nourrit und Coren erwähnt, die von der Lyoner Buire in vervollkommneter Konstruktion gebaut werden. Über einer Reihe verzinnter mit Bajonettdampfrohr, Abtropfgitter und Abflussröhre versehener Becken, läuft eine wagerechte Treibwelle mit excentrisch aufgesetzten Rollscheiben; die über den letzteren laufenden Schnüre oder Ketten tragen unten eine kleinere Welle mit daran befestigten Schlagbürsten, so dass die letzteren in elastischer Weise auf den gespannten Schnüren hängen. Die untere Welle ist in ihren Lagern mit einigem Spielraum derart angebracht, dass sie frei in wagerechter Lage ab und auf steigen kann, welcher Antrieb ihr durch die Excenterscheiben gegeben wird, und gleichzeitig in gelinde oscillierende Bewegung kommt, wodurch die Angriffsweise der Schlagbürsten zu einer ebenso zarten, gleichmässigen, elastischen und wirkungsvollen wird, wie bei der geschicktesten Handarbeit. Vermittelst eines Hebels werden die Bürsten auf einmal nach oben gehoben und ausser Betrieb gesetzt, die Pfanne mit frischen Kokons gefüllt, die Bürsten

---

[1]) Centralbl. f. Textilind. 1875.
Allg. d. polyt. Zeit. 1879. 7.
[2]) D. R.-P. 40742.

hernbgelassen, wobei sie sofort die Arbeit aufnehmen und so lange verrichten, bis eine besondere Vorrichtung nach einer bestimmten, beliebigen Anzahl von Schlägen ihre Ausserbetriebsetzung automatisch bewirkt. Jede Schlagvorrichtung kann sechs Haspelbecken des weiter unten beschriebenen Systems Camel von je sechs Grègefäden versorgen, und pro Stunde 1,5 kg Kokons mittlerer Qualität verarbeiten; eine Arbeiterin genügt zur Beaufsichtigung von 2—3 Bürsten. Die Anordnung ist eine reihenweise,

Fig. 204. Kokonschläger Nourrit-Buire.

in unbeschränkter Anzahl von. Einzelvorrichtungen, wodurch sowohl an Arbeitskraft, wie Raum bedeutende Ersparnis erzielt wird. Bei dem Kokonschläger von Coren-Buire unterscheidet sich die Wirkungsweise von der obigen derart, dass die Bürste nicht nur eine senkrechte auf und ab steigende Bewegung, sondern auch eine rotierende, sei es in einer Richtung, oder wechselweise von links nach rechts oder umgekehrt, erhält. In der Vorrichtung von Giretti[1]) sind mehrere kleine Bürstenkörper einzeln an federnden Drahtspiralen angesetzt, wodurch die Arbeit in elastischer und schonender Weise ausgeführt werden kann; es giebt sehr viele Modifikationen dieses Prinzips[2]).

Das Kochen der Kokons lässt sich bis zu einem solchen Grade fort-

[1]) Ital. Patent 31418 (1892).
[2]) Bruno, Ital. Patent 32437 (1892).

setzen, dass die Flocken und das äussere Fadengewirr beinahe gänzlich ab-
gelöst werden und in der Umgebung der Kokons auf dem Wasser schwimmen. Dieser Umstand wurde benutzt, um das eigentliche Schlagen überflüssig zu machen, indem die so behandelten Kokons einer Reibwirkung in
einem besonderen Apparat unterworfen und von der Flockseide befreit wurden.
Die meisten dieser Apparate leiden indessen an dem Übelstand, dass sie ein
sehr gründliches Einweichen der Kokons voraussetzen, wodurch nicht selten
das Gefüge der eigentlichen Faser zu Grunde geht. In einer von Serrell
erdachten Vorrichtung [1] wird dieser Übelstand vermieden, indem durch eine
etwas grössere Reibwirkung der ungenügende Einweichungsgrad aufgewogen wird. In diesem Apparate werden die gekochten Kokons inter-
mittierenden, heftigen Strömen von heissem Wasser ausgesetzt und abwech-

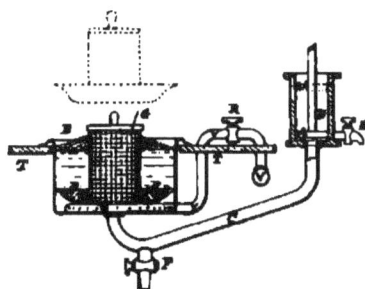

Fig. 205. Apparat zum Kochen der Kokons.

selnd nach und von den Öffnungen eines Gitters oder einer ähnlichen
Vorrichtung, durch welche Wasser fliesst, getrieben. Diese Öffnungen
sind jedoch zu eng, um den Durchgang eines Kokons zu gestatten. Hierbei
werden die Kokons gegeneinander und gegen das Gitter gerieben und trennen
sich von ihren Flocken, bevor die Kokonmasse durch Wirkung des heissen
Wassers aufgelockert wird. Das Ende des ununterbrochenen Fadens ver-
wickelt sich gewöhnlich in den Flocken und wird an diesen befestigt aufgefunden. Das Gitter ist derart konstruiert, dass es leicht aus dem Behälter genommen werden kann, wenn der Prozess beendigt ist; an dem
Gitter ist ein Korb oder eine ähnliche Vorrichtung befestigt, welche zur Aufnahme der Kokons dient und das Herausnehmen derselben aus dem Bassin
erleichtert. Fig. 205 ist ein Vertikalschnitt des Apparates; B ist der Behälter
mit Wasser, welches durch ein Dampfrohr V, in dem die Dampfzuströmung mittels
des Hahnes R regulierbar ist, erhitzt wird. Durch den Boden des Behälters

---

[1] D. R.-P. 39537.

mündet Rohr C, so dass das Wasser durch dieses Rohr in und aus dem Behälter und in und aus dem Pumpcylinder D strömen kann. Ein Habn F dient zum Entleeren des Apparates und ein Hahn E ermöglicht das Entweichen von unter dem Kolben befindlicher Luft, muss aber beim Betrieb geschlossen werden. Der ganze Apparat kann, wo es passt, aufgestellt oder befestigt werden; in der Zeichnung ist angenommen, er sei auf einem Tische, dessen Platte mit TT bezeichnet ist, angebracht. Beim Beginn jeder Operation wird das kreisförmige Gitter G in den Behälter gestellt; dieses ist an seinem unteren Ende mit einem flachen Korb PP von ungefähr gleichem Durchmesser wie derjenige des Behälters versehen. Der Betrieb des Apparates erfolgt folgendermafsen: Nachdem das Wasser im Behälter B erhitzt ist, werden das Gitter G und eine Partie Kokons eingesetzt, die je nach ihrer Beschaffenheit entweder vorgekocht sind oder nicht, und der Kolben A mittels Hand- oder Maschinenkraft in dem Pumpcylinder D auf- und abbewegt. Durch die Öffnungen des Gitters G hindurch werden nun heftig hin- und hergehende Ströme in den Behälter B getrieben. Die Kokons reiben sich aneinander und an dem Gitter G, so dass die Flocken rasch entfernt werden. Unter Einwirkung der Wasserströme ballen sich die abgelösten Flocken mehr oder weniger zusammen, sodass sie leicht aufgefunden und getrennt werden. Am Ende der Operation wird das Gitter G aus dem Behälter genommen, gleichzeitig auch der Korb P und die Kokons. Durch eine beliebig passende selbstthätige Vorrichtung wird nach Verlauf einer bestimmten Zeit das Gitter herausgehoben oder die Pumpe zum Stillstand gebracht, oder beides zugleich.

In dem sogenannten Entflockungsapparat (déblazeuse) von Gorde[1]) werden die Kokons der Einwirkung kleiner kannelierter Walzen unterworfen (zwei von 40 mm Durchmesser und drei von 8 mm), die, rasch rotierend, das äussere Fadengewirr ergreifen und von den Kokons trennen. In dem Apparat von Rhéotor[2]) werden die Kokons in einem verschlossenen, mit perforiertem Doppelboden versehenen Behälter mit Wasser behandelt, das durch Dampfeinleiten in stark aufwallender Bewegung erhalten wird, wodurch die Kokons durch gegenseitige Reibung von der Flockseide befreit werden. Es muss indessen bemerkt werden, dass all die zuletzt genannten Apparate eine viel zu starke Wirkung ausüben und für zarte Kokonrassen gar nicht verwendet werden können; ihr gegenwärtiger Gebrauch ist sehr beschränkt. Dagegen ist es nicht ausgeschlossen, dass sie in der Zukunft für die Massenverarbeitung geringerer, auch wilder Seidenarten, sich bewähren werden. Sehr sinnreich, aber für die Praxis von geringer Bedentung ist die Serrell'sche Vorrichtung zum Putzen der Kokons, welche die Schlagoperation in vollkommenster Weise ersetzen soll[3]). Die Kokons

---

[1]) Ital. Patent 1456 (1891).
[2]) Ital. Patent 641 (1891).
[3]) D. R.-P. 42313.

werden zu 40–50 Stück in einen Behälter gebracht und, nachdem ein Ende des Flockengewirrs in einem engen Schlitz zwischen zwei schmalen Platten befestigt worden ist, wird dasselbe durch entsprechende hin- und herschüttelnde Bewegung dieser Platten von dem Kokon entfernt. Die anderen noch mit Flockseide umhüllten Kokons folgen den Bewegungen der schaukelnden Platten und nähern sich dem Schlitze, während die geputzten sich an den Seiten des Beckens ansammeln und von der Arbeiterin weggenommen werden.

In vielen Betrieben wird dem Schlagen der Kokons mit den Händen vor dem maschinellen Verfahren der Vorzug gegeben, da es sich trotz fortwährender Vervollkommnungen derartiger Maschinen nicht leugnen lässt, dass sie ihre Arbeit in wenig schonender und zu gleichmässiger Weise verrichten, während es kaum zwei Kokourassen giebt, die in ganz gleicher Art geschlagen werden sollten. Die Praxis des Kokonschlagens mittels der Hände und die dabei in Anwendung kommenden Handgriffe lassen sich kaum beschreiben, sie müssen durch langjährige Übung erworben werden, weshalb jetzt überall die Operationen des Schlagens und des Haspelns getrennt gehandhabt werden, um der betreffenden Arbeiterin die Möglichkeit zu geben, sich in einer dieser Richtungen speciell zu vervollkommnen. Ein zu kurzes Schlagen verfehlt seinen Zweck, ein zu langes und starkes greift den eigentlichen Kokonfaden an und führt zu Verlusten. Ausserdem verlangen jede Rasse und Gattung Kokons eine besondere Art und Weise des Schlagens. Aus diesem Grunde haben die mechanischen Kokonschläger bis jetzt keine ausgedehnte Verwendung finden können.

10 Einweichbecken entsprechen 25 Kokonschlägern und 100 Seidenhaspeln.

Beim Schlagen werden von dem rotierenden Besen zugleich mit der Flockseide auch die Enden der Kokonfäden erfasst, die alsdann in der Zahl von 3, 6 oder 8, je nach der gewünschten Dicke des Rohseidenfadens, von der Arbeiterin zu einem Faden vereinigt werden, was dadurch erleichtert wird, dass die feuchten Kokonfäden durch den sie überziehenden erweichten Seidenleim aneinander halten. In jedem Haspelbecken werden einige, meistens zwei oder drei, Gruppen von gleicher Anzahl Kokons gebildet und dementsprechend von einer Arbeiterin 2, 3, selten mehr, Rohseidenfäden gezogen, was man Haspeln zu zwei, drei u. s. w. Fäden (filage à deux, trois ou plusieurs bouts) nennt. Von der Weise, wie die Rohseidenfäden auf ihrem Wege zum Haspel geführt werden, hängt das System des Haspelns ab. Man unterscheidet gegenwärtig zwei Arten: das italienische Haspeln (à la tavelle) und das französische (à la Chambon). Bei dem ersteren gelangt jeder einzelne Rohseidenfaden gesondert auf den Haspel; die zweite Art besteht im vorübergehenden Zusammendrehen der beiden Rohfäden vor dem Aufhaspeln; infolge der Reibung, welche dabei die noch feuchten und weichen Rohseidenfäden erleiden, werden sie einigermafsen abgerundet und die einzelnen Kokonfädchen unter gleichzeitiger Erhöhung des Glanzes und der Glätte inniger miteinander verbunden. Ausserdem gestattet die Chambon-Methode, sich jederzeit von der gleichen Dicke resp. Stärke der beiden Rohseidenfäden zu vergewissern, indem die Kreuzungsstelle in diesem Falle unbeweglich in der Mitte der hierzu angebrachten schwarzen Tafel verbleibt, jedoch nach links oder rechts schwebt, wenn der eine Faden stärker zieht resp. ist, als der andere. Das Verfahren à la Chambon besitzt indessen den Übelstand, dass infolge der Spannung, welche begreiflicherweise bei dieser Kreuzungsart stärker ist, das Reissen

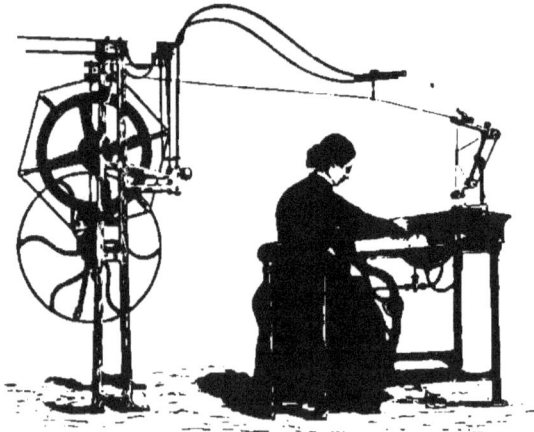

Fig. 106. Seidenhaspel nach italienischer Art.

leichter stattfindet und die Unregelmässigkeiten des fertigen Gespinstes, Knoten und Flocken, sowie Abfälle in grösserem Mafse hervortreten, als bei der einfacheren italienischen Methode.

Beide Systeme stellen, in quantitativer Hinsicht verglichen, folgendes Verhältnis dar. Um ein kg Seide zu verhaspeln, sind nach der italienischen Methode 5 Tage 4 Stunden, nach der von Chambon 5 Tage 8 Stunden erforderlich. Das Gewicht der Kokons, um dieses Quantum Seide zu erzeugen, beträgt bei der

$$\text{Art à la Chambon} \quad . \quad . \quad . \quad 4,662 \text{ kg}$$
$$\text{Italienischen Art} \quad . \quad . \quad . \quad . \quad 4,738 \text{ „}$$

die erstere liefert somit grössere Ausbeute, bei der weiteren Verarbeitung der Grège jedoch mehr Abfälle ($1\,^1/_2\,^0/_0$). Qualitativ unterscheiden sich die nach den beiden Methoden erzeugten Gespinste nur unbedeutend:

	Titre	Festigkeit	Elastizität
Italienische Art . .	11,39	42	160
Art à la Chambon .	10,81	44	152

Da die allgemeine Einrichtung der Haspelapparate beider Systeme bis auf die Kreuzungsvorrichtung gleichartig ist, so wird nachstehend eine de-

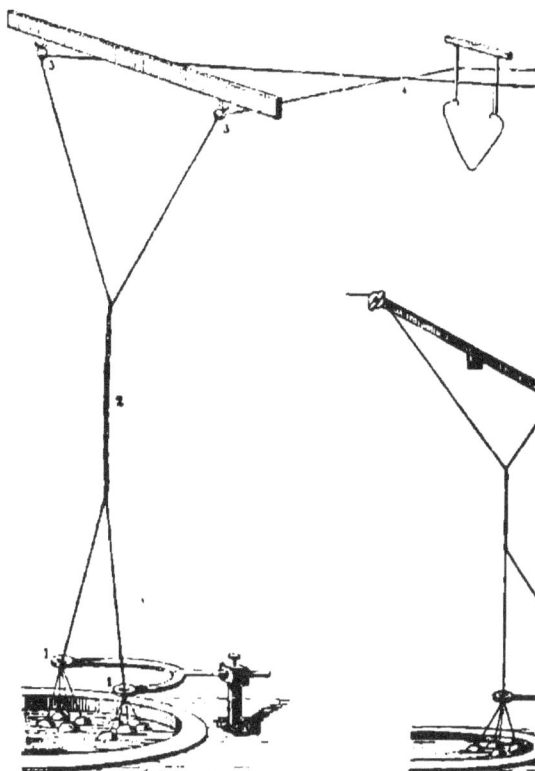

Fig. 207. Kreuzung à la Chambon (1 Spinner, 2 erste Kreuzung, 3 Glasauge, 4 zweite Kreuzung).

Fig. 208. Kreuzung à la tavelette.

taillierte Beschreibung des Haspelstuhles nur nach der Methode Chambon gegeben. Der italienische Apparat ist mit einer einfacheren Kreuzungsvorrichtung versehen, die dem einzelnen Faden eine leichte Drehung erteilt.

Obwohl die heutige maschinelle Einrichtung des Seidenhaspels als eine verhältnismässig wenig komplizierte bezeichnet werden kann, so war sie ursprünglich noch viel einfacher und bestand, wie dies noch gegenwärtig bei einigen Völkern Asiens der Fall ist, aus einer Schüssel, in welcher die Kokons auf freiem Feuer gekocht wurden, um dann ihren Faden an einen einfachen von Hand bewegten Haspel abzugeben. Der Grammatiker und Schriftsteller Jean de Garlande führt in seinem um das J. 1220 herausgegebenen Wörterbuche unter „trahale" oder „traail" einen Apparat an, dessen sich die Frauen zum Spinnen der Seide bedienten und der wahr-

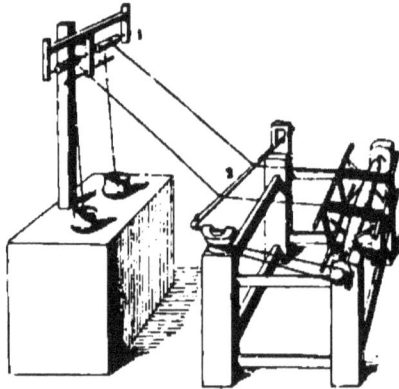

Fig. 209. Seidenhaspel in Annam (1 Kreuzung, 2 Laufstock).

scheinlich ein einfacher Seidenhaspel war. Wesentliche Vervollkommnung erhielt der Seidenhaspel durch den Bologneser Borghesano (1272), die bis zum Jahre 1538 ausschliessliches, gut bewahrtes Geheimnis seiner Vaterstadt geblieben ist. Bolzini und Fardini verpflanzten die Kunst nach anderen norditalienischen Städten und büssten ihre That mit einem grausamen Tode. Ugolino führte den neuen Seidenhaspel nach Modena, Benay nach Frankreich über (1670). Die ursprüngliche Kreuzungsvorrichtung bestand aus zwei Walzen, welche den Faden zusammendrückten, wurde aber nachträglich (1724) von den Piemontesen derart verbessert, dass die Kokonfäden von einer Schnur mehrfach umschlungen und unter Druck zusammengefügt wurden [1]). Nachträgliche Verbesserungen einzelner Teile der Maschine, wie des Antriebs, der Kreuzung, Pfanne u. s. w. rühren her von

—

[1]) Il setificio ovvero memorie dodici di Fr. Griselini etc. Verona 1763.

Rouvière[1]), Vancanson[2]), Villard[3]), Moretti[4]), Pulleyn[5]), ferner Leonardi, Ceriani, Réaumur, Heathcoath u. A.

Die wesentlichen Teile einer in der heutigen Seidenindustrie üblichen Haspelvorrichtung sind folgende:

1. Ein mit Wasser gefülltes Haspelbecken, welches ellipsoidale oder halbcylinderförmige Form besitzt und 40 cm Durchmesser bei 10 cm Tiefe misst, wird durch Dampfheizung auf eine bestimmte der Feinheit der Kokons entsprechende Temperatur von 40—55° C. erwärmt und dient zur Aufnahme der Kokons.

Fig 210. Kokonhaspeln in China.   Fig. 211. Schema des Seidenhaspels.

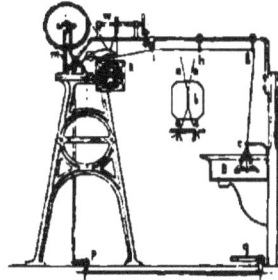

2. Ein „Spinner" (filière) oder Fadenleiter in Form eines Glasauges hat den Zweck, durch seinen engen Gang die Vereinigung einzelner Kokonfäden zu einem dichten und einheitlichen Grègefaden zu bewirken.

3. Eine Kreuzungsvorrichtung.

4. Ein Knotenreisser (coupe-mariage), der aus gläsernen, aneinanderliegenden Walzen besteht, zwischen welchen ein enger Schlitz vorhanden ist; durch den letzteren geht nur ein normaler, glatter Faden durch, jeder Knoten wird dagegen angehalten.

Fig. 211 stellt die Seitenansicht eines Seidenhaspels nach dem System Chambon dar. B ist eine mit warmem Wasser gefüllte Metallpfanne; b ein geschwärztes Brett, von welchem sich die Kreuzungsstelle der beiden Fäden deutlich abhebt und zur Kontrolle ihrer gleichmässigen Beschaffenheit dient. Jeder aus mehreren Kokonfädchen gebildete

[1]) Mém. de l'Acad. 1744. p. 62.

[2]) ibid. 1761.

[3]) Encyclopéd. méthodique. Paris 1784. I.

[4]) Mem. della Acad. reale. Mantua. I. 454.

[5]) Philosophical Transactions for 1759. p. 21.

Rohseidenfaden a wird durch eine Öffnung des Stäbchens c geführt, sodann kreuzen sich die beiden Fäden vor b, gehen durch das Glasauge am Ende des Stabes g, kreuzen sich nochmals, gehen durch die Glasaugen h, dann durch die Haken i einer hin- und hergehenden Stange und gelangen schliesslich zum Haspel k. Die Stäbe g und h sind an einer, einerseits an das Gerüste des Haspels, andererseits an den Ständer des Beckens angeschraubten Stange befestigt und mit Bolzen versehen, in welchen sie etwas drehbar sind, damit sie der veränderlichen Spannung der beiden durch sie gehenden Fäden nachgeben können. In der Nähe des Fadenführers h sind an der Hauptstange zwei kleine verschiebbare Stangen angebracht, an deren Enden sich in der Ebene des Fadens scheerenartig gegeneinander gekehrte Messer befinden, die den Zweck haben, den Faden abzuschneiden, falls dieser infolge ungleicher Spannung und Verstellung der Stäbe g und h eine falsche Lage angenommen haben sollte. Die Achse des Haspels k ruht auf dem Gerüst, an ihr sitzt eine Riemenscheibe und ausserhalb derselben noch eine Schnurrolle. m ist der Riemen, der die Scheibe des Haspels mit der anderen verbindet. Dieser Riemen ist an und für sich locker gespannt, kann aber später durch eine am Hebel sitzende Rolle, dessen anderer Arm als Bremshaken sich auf die Haspelrolle legen kann, angezogen werden. pq ist der Drahtzug mit Tritt, um die Rolle nach Bedarf mehr oder weniger auf den Riemen m drücken zu lassen. Der vom Haspel k etwa 20 cm entfernte Fadenführer oder Laufstock liegt zwischen der Stange h und dem Haspel. Die Fäden passieren die Haken i, die an der Führungsstange sitzen, während sich die letztere nach links und rechts bewegt, welche hin- und hergehende Bewegung ihr vermittelst einer an der Achse w befestigten Kurbelscheibe mitgeteilt wird.

Es ist wesentlich, dass die Seidenfäden auf dem Haspel nicht an derselben Stelle oder dicht nebeneinander und nicht parallel, sondern unter spitzen Winkeln aufeinander gelegt werden, da in entgegengesetztem Fall die noch feuchten Rohseidenfäden sich miteinander verkleben würden. Aus diesem Grunde bemüht man sich, sie so trocken wie möglich auf den Haspel gelangen zu lassen, was durch gute Ventilierung und Heizung der Haspelräume erreicht wird; etwas Feuchtigkeit muss indessen vorhanden sein, da ein zu trockner Faden wenig elastisch und brüchig wird. Man bringt den Haspel zuweilen in einen durch warme Luft oder Dampfrohr geheizten Schrank, wodurch das Trocknen der Rohseidenfäden fast momentan stattfindet. Der Fadenführer hat einen Lauf von 6—7 cm und macht denselben in gleicher Zeit, wie der Haspel zwei Drittel seiner Umdrehung; unter diesen Umständen wird der Zweck einer Kreuzlegung der Fäden vollkommen erreicht und der Haspel müsste ca. 70000 Umdrehungen machen, damit ein Faden ein und dieselbe Stelle hintereinander antreffen könnte.

Der eigentliche Haspel hat die übliche Konstruktion einer sechseckigen Lattentrommel und wird mit der Hand oder mechanisch betrieben, im letzteren Falle ist er mit einer Vorrichtung zur Erzielung variabler Umdrehungsgeschwindigkeit versehen.

Der Umfang der Haspeltrommel hat keine bestimmte, festgesetzte Grösse, sondern variiert in verschiedenen Ländern, je nach bestehendem Usus und Qualität der Grège. In Frankreich beträgt der Durchmesser gewöhnlich 0,5 und 0,75 m, entsprechend einem Umfang von 1,5 und 2,25 m. Für einen noch zuweilen gebräuchlichen Durchmesser von 0,68—0,72 m ist der Umfang 1,16—2,04 m; der Haspel macht 80—100 Touren pro Minute und die Geschwindigkeit des Fadens beträgt 2,7—3,6 m. Ein Haspel vom Durchmesser 0,46 m macht 130—140 Touren und die Fadengeschwindigkeit ist 2,85—3,20 m. Chinesische Haspeln haben einen Durchmesser von 1 m. Die grösste zulässige Geschwindigkeit für eine dünnfädige Rohseide beträgt 4,5 m, für eine dickfädige 7,5 m pro Minute. Nachdem der Strang am Haspel 2500—3000 Touren gemacht hat, ersetzt man den Haspel durch einen frischen. Die Leistung einer Hasplerin beträgt folgende Mengen Rohseide täglich, unter der Voraussetzung, dass sie die Kokons selbst schlägt.

Für einen Faden aus 3 Kokons	.	.	.		200—220	g
„	„	„	„	4	„	. . .	260—290	„
„	„	„	„	5	„	. . .	320—350	„
„	„	„	„	6	„	. . .	410—425	„
„	„	„	„	7	„	. . .	480—500	„

Von den älteren, besonderen Konstruktionen des Seidenhaspels mögen folgende erwähnt werden. In der Maschine von Mylius sind 4 Haspeln im Quadrat angeordnet, so dass je zwei sich gegenseitig den durch ihre Umdrehung erregten Luftzug zuführen und damit das Trocknen des Gespinstes auf dem Haspel befördern. Der Hauptzweck des Barbierschen Haspels ist die Knotenbildung (mariages) zu verhindern, und zwar auf die Weise, dass die Fadenführer sehr rasch hin- und herbewegt werden, so dass die Durchkreuzung der Fadenwindungen unter stumpfen Winkeln stattfindet. Zu gleicher Zeit empfangen die Fäden einzeln, ohne sich zwischen den beweglichen und feststehenden Fadenführern zu verschlingen, einen gewissen Grad von Drehung, wodurch sie gepresst und geglättet werden. Der hierzu bestimmte Mechanismus ist sehr einfach und besteht aus kleinen Rollen, welche durch endlose Schnüre angedreht werden und durch deren Mittelpunkt die Rohseidenfäden ihren Weg nehmen, um auf den Haspel zu gelangen. Ausserdem ist hier eine besondere Vorrichtung getroffen, um, im Fall des Reissens, der Hasplerin die Möglichkeit zu geben, den Haspel augenblicklich an sich zu ziehen und das verlorene Fadenende zu ergreifen und anzuknüpfen. Diese Verbesserung ist von Wichtigkeit besonders für solche Konstruktionen, wo der Haspel ziemlich weit entfernt von der Hasplerin liegt. Zum Zweck des Ablichtens und der Rundung des Fadens sind am Barbierschen Seidenhaspel mit Tuch ausgefütterte, rotierende

Trichter angeordnet, wie sie in vielen anderen Vorrichtungen dieser Art neueren Datums vorkommen. Zu demselben Zweck, der Hervorbringung der Fadendrehung durch Friktion, sind noch andere Mechanismen konstruiert worden, z. B. der von Denizot, bei welchen die Reibung der Fäden an den Seitenflächen einer mit Tuch bekleideten, schnell rotierenden Scheibe erfolgt. Um an den Kreuzungsstellen, wo Verschlingungen der Seidenfäden am leichtesten stattfinden, die Knotenbildung zu verhindern, hat man in gleichem Mafse zahlreiche Vorrichtungen konstruiert. Da die Mariagen nicht immer vermieden werden können, so ist das Hauptziel, den Seidenfaden beim Bruch eines einzigen Kokonfadens augenblicklich abzureissen, um so einer nachlässigen Hasplerin unmöglich zu machen, nach dem Zusammenlaufen der Fäden noch eine Weile fortzuhaspeln. Von dieser Art ist die sogenannte „coupe-mariage" in den neueren Konstruktionen der Seidenhaspel. Es existieren eine Menge derartiger Vorrichtungen, u. a. von Vernay, Lacombe & Barrois, Chambon, Nourry und Gensoul[1]). In dem Apparat von Rodier kommt der Haspel in dem Augenblick, wo die Mariage stattfindet, zum Stillstand. Der Seidenhaspel mit Zählvorrichtung von Heathcoat ist für eine mehrfache Kreuzung eingerichtet. In dem Haspel von Durau gehören zu jedem Wasserbecken drei Haspel und die Seidenfäden werden unter sich selbst gekreuzt. Es giebt auch Seidenhaspel mit elektrischer Abstellung beim Bruch eines Kokonfadens[2]), durch welche Einrichtung eine kaum glaubliche Steigerung der Ausbeute von 6 Pfund engl. = 2,722 kg auf 40 Pfund = 18,144 kg wöchentlich ermöglicht werden soll.

Unter allen beim Abhaspeln vorzunehmenden Verrichtungen ist das Anlegen der Kokonfäden unbestreitbar diejenige, welche die meisten Schwierigkeiten bietet. Dieses Anlegen findet statt, wenn ein Kokon abgesponnen oder abgerissen ist und bezweckt, den Rohseidenfaden immer auf einer bestimmten, gleichen Stärke bez. Fadendicke zu erhalten. Zum Anlegen erfasst die Hasplerin das freie Ende eines Kokons und reisst davon zunächst ein Stück so ab, dass das anzulegende Fadenende auf dem Zeigefinger der rechten Hand liegen bleibt; durch eine geschickte Bewegung wirft sie dies Fadenende vom Zeigefinger auf das sich aufwärts bewegende Fadenbündel, welches jenes Ende mitnimmt, so dass sich der angelegte Kokon ebenso abspinnt oder haspelt, wie die übrigen. Zum Anlegen gehört eine leichte Hand, grosse Geschicklichkeit und viel Übung; die Hasplerin muss den Faden so abreissen, dass er nur mit einem kurzen Ende auf dem Finger liegen bleibt, denn ist dies Ende zu lang, so verschlingt es sich auf dem Grègefaden zu Löckchen und macht ihn flaumig; ist dagegen das Ende zu kurz, so ist es wieder schwer anzulegen. Die Folgen sind wiederholte Zeitverluste, die um so mehr zu beklagen sind, als während der Zeit

---

[1]) Description des brevets expirés, Bd. XXVI, LI, XXVIII, XLVIII, XLII.
[2]) Scientific American, Bd. 40, S. 40.

das Abhaspeln der übrigen Kokons stattfindet. Der Rohseidenfaden wird infolge dessen zu dünn und unregelmässig, ein Mangel von nicht geringerer Bedeutung, als der erstere. Hinzuzufügen ist noch, dass ungeübte Arbeiterinnen den Faden sehr oft so dünn werden lassen, dass er reisst, und dass die zum Wiederflottmachen nötige Arbeit zeitraubend und mühsam ist. Hieraus folgt, dass eine ungeschickte Hasplerin wenig Seide aus einem Kokon zieht, dazu eine untergeordnete Rohseide erzeugt und viel Abfälle verursacht. Man war daher bemüht, eine Vorrichtung zu erfinden, welche ein vollkommenes Anlegen auf mechanischem Wege gestatten würde. Die meisten der vorgeschlagenen Vorrichtungen bestehen aus einer Glocke, einem Konus oder einer Drehscheibe, durch deren hohle Achse der sich aufwärts bewegende Faden hindurchgeht, und einer schneidenden oder stumpfen Einrichtung, welche das nicht anzulegende Ende des Kokonfadens abschneidet oder abbricht. Eine Besonderheit aller dieser Vorschläge besteht darin, dass deren Urheber, von der Unmöglichkeit überzeugt,

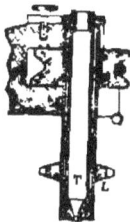

Fig. 212. Fadenanleger von Camel (Schnitt). Fig. 213. dto. Ansicht (1 rotierende Scheibe, 2 Antriebsteil, 3 Kokonfaden).

das Ende so kurz anzulegen, dass jedes Kräuseln vermieden werde, dieser Unvollkommenheit dadurch abzuhelfen suchten, dass sie auf den Kokonfaden bei dessen Ein- und Austritt aus dem Apparate einen gewissen Druck ausüben. Eine der besseren Einrichtungen dieser Art ist der 1886 von Camel in Lyon konstruierte Fadenanleger, dessen Wirkungsweise folgende ist. Nachdem der Grègefaden durch die Vereinigung einer gewissen Anzahl von Kokonfäden gebildet, durch die Röhre T hindurch nach dem Haspel geführt wird, genügt es, um einen neuen Kokonfaden einzuschalten, dessen freies Ende in die Nähe einer auf dem Fadenleiter rotierenden, am Rande gekerbten, linsenförmigen Scheibe L zu bringen, indem man einfach den das Ende haltenden Finger an dem zwischen L und der oberen Gabel liegenden Teil der äusseren Röhre vorbeiführt. Indem die mit grosser Geschwindigkeit (1800 Tour. per Minute) rotierende Linse L das lose Fadenende erfasst, biegt sie dasselbe zu zwei Teilen um, welche sich einander in der Horizontalen zu nähern suchen. Der untere Teil wird nun durch die Schwere des Kokons veranlasst, sich in spiralförmigen Windungen um die Röhre zu legen, wobei

er an die unbewegliche Röhre gelangt und reisst. Dieses nun freie Ende wird
vermittelst einer Achatöffnung auf dem Rande an den Hauptfaden angelegt.
Das Anlegen findet in regelmässiger Weise statt, wie aus den Fig. 214
bis 217 ersichtlich ist.

Dieser und ähnliche Apparate, welche mechanische Anleger, „jette bouts"
oder „attache-bave" genannt werden und gewöhnlich an dem Fadenleiter angebracht sind, so dass sie auch den üblichen Namen „filière-attache-bave"
tragen, haben in der Praxis ausgedehnte Verwendung gefunden und dazu

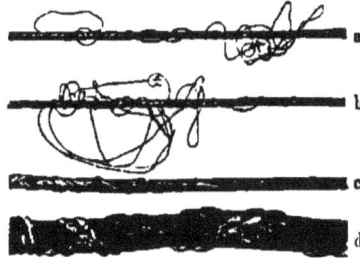

Fig. 214—217. Mikrosk. Bild der Rohseide beim Anlegen mit der Hand (a von einer geübten Arbeiterin, 50 mal
vergrössert; b von einer ungeübten Arbeiterin; c von dem mechan. Anleger, 70 mal vergröss.; d von dem
mechan. Anleger, 500 mal vergröss.).

beigetragen, die Unregelmässigkeiten in der Grège wesentlich zu vermindern.

Die sogenannte „filière-attache-bave" von Michaud, Francezon &
Berthaud[1]) besteht aus der üblichen rasch rotierenden, an einer Stelle
ausgekerbten Scheibe, oberhalb welcher ein mit Glaskügelchen oder Schrot
gefüllter Behälter angebracht ist, durch dessen Inneres der gebildete
Grègefaden hindurchgeht, der durch die Friktionswirkung der Kugeln verdichtet wird. Um die letztere zu verstärken, wird durch den Behälter irgend ein Gas, komprimierte Luft, Dampf etc. hindurchgetrieben.

In dem Fadenanleger von Chiesa[2]) ist die sternartige Anlege- mit einer
Kreuzungsvorrichtung verbunden, zu dem Zweck, die Verbindungsstelle un-
kenntlich zu machen; ein kreuzender Hilfsfaden, durch besondere Rollen
in Bewegung gesetzt, umschlingt den Seidenfaden, welcher dann auf
einer anderen Rolle durch Friktion geglättet wird. Es würde zu weit
führen, an dieser Stelle alle neueren Konstruktionen des Fadenanlegers eingehend zu behandeln; die wichtigsten davon sind in dem Nachweis der
Patentquellen enthalten.

[1]) Französisches Patent 180211 (1886).
[2]) Ital. Patent 32497 (1892).

Die europäischen Seidenarten, welche, was Schönheit, Feinheit und
Glanz der Faser anbetrifft, ihresgleichen suchen, verhalten sich beim
Haspeln insofern ungünstig, als dasselbe, um Risse zu vermeiden,
mit grosser Vorsicht und Behutsamkeit vollzogen werden muss. Die relativ geringe Geschwindigkeit des Haspels ist, weil sie den Abfall verringert
und die Aufsicht, sowie Regulierung der Fadenstärke erleichtert, für die Erzielung tadelloser Gespinste erforderlich, ergiebt aber naturgemäss im Verhältnis zur Zeit auch kleinere Ausbeute. Zahlreiche Versuche sind gemacht
worden, um letztere zu vergrössern; das Haspeln nach dem italienischen System
(à la tavelette), das einer Arbeiterin gestattet drei, vier, sogar bis sechs Grège-

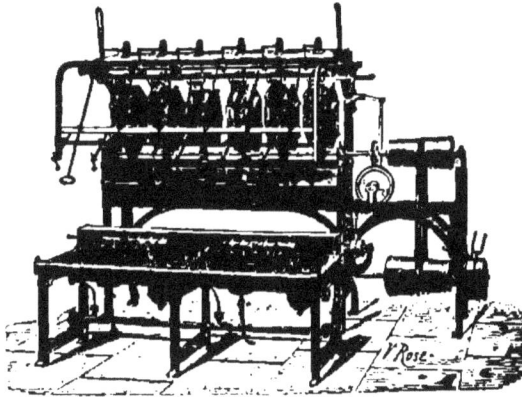

Fig. 216. Seidenhaspel von Camel.

fäden zu führen, ist in dieser Hinsicht vorteilhaft, die Kreuzungsart des
Fadens jedoch auf diesen selbst nicht ohne Nachteile, so dass alle klassischen
Gespinste nach dem Chambonsystem erzeugt werden, obwohl damit in der
Regel nur zwei, selten vier Fäden gehaspelt werden können und die grössere
Haspelgeschwindigkeit mehr Abfall verursacht. Das Problem, welches somit
darin bestand, unter Beibehaltung der Chambonkreuzung mehr als zwei oder
vier Fäden haspeln zu können, ist von Camel in der Weise gelöst worden,
dass er mehrere, in der Regel sechs Grègefäden paarweise aus einem gemeinsamen Becken auf nebeneinander gelagerte, aber sonst unabhängige
Haspel laufen lässt. Die Einrichtung besteht in folgendem. Die Fadenanleger sind gewöhnlich zu sechs auf einem gemeinsamen verschiebbaren
Ständer angebracht, um sie zur Bequemlichkeit der Hasplerin nach vorn
oder hinten verschieben zu können; ihre Geschwindigkeit beträgt 1800 Touren pro Minute. Die Fadenführer (barbins) sind auf Metalldrähten (tring-

lettes) montiert, die entweder steif oder biegsam sind; in letzterem Falle
dienen sie dazu, die Grègefäden in zitternder Bewegung zu erhalten, was
aus rein empirischen Gründen vorteilhaft ist. Die Haspel sind in einem
Blech- oder Holzkasten eingeschlossen, an dessen Boden ein Dampfrohr eine
zur schnelleren Trocknung der Grège notwendige Wärme ausstrahlt. Die
Haspel werden in zwei Grössen gebaut; die eine von 0,5 m Durchmesser
(petit guindrage), die andere von 0,75 m (grand guindrage); ihre Umdrehungsgeschwindigkeit kann vermittelst konischer Antriebscheiben nach
Bedarf reguliert werden. Die Haspel laufen in unbeschränkter Anzahl in einer
Reihe den Fabriksaal entlang, wodurch vorteilhafte Raumausnutzung und
bequemere Aufsicht ermöglicht werden. Zwischen je zwei Reihen der Haspel-
bänke werden einige Aufseherinnen (rattacheuses) postiert, die die Aufgabe
haben, die auflaufenden Fäden zu beaufsichtigen, die gerissenen zu verbinden,
Musterstränge zu entnehmen u. s. w. Eine gemeinsame Welle trägt in Ab-
ständen von 0,3 m die Treibräder, die auf Friktionsrollen, welche die einzelnen Haspel treiben, einwirken und nach Bedarf rasch ein- und ausgerückt
werden können, indem sowohl die Hasplerin wie die Aufseherin durch Be-
thätigung eines Hebelsystems jede Haspelkrone um einige mm heben und in
dieser Weise augenblicklich, und ohne die Maschine anzuhalten, ausser Betrieb setzen kann. Auf einer Strecke von 1 m können drei unabhängige
Haspelpaare Aufnahme finden, was einer einzigen Arbeiterin die Möglichkeit
giebt, alle sechs Fäden ohne Anstrengung zu beobachten; jedes Haspelpaar
kann für sich allein aus der Maschine entfernt werden, um Proben oder
den fertigen Strang zu entnehmen; einer der Arme ist für diesen Zweck
umklappbar und wird beim Betrieb durch einen seitlichen Riegel festgehalten. Bei grösseren Maschinen sind die Haspel die schwer, um in der
obigen Weise gelagert zu werden. Ihre Achse ruht hier mit dem einen
Ende in festem Lager, mit dem anderen auf zwei Friktionsrollen, die sie
durch Reibung in Bewegung setzen; die Ausrückung erfolgt, ohne dass der
Haspel aus seiner Lage gehoben werden muss. Die Vorzüge des zuerst in
der Weltausstellung 1889 vorgeführten Haspels von Camel bestehen, abgesehen von der Ersparnis an Raum und Arbeitskraft, darin, dass die Lehrzeit
der Hasplerin durch Anwendung automatischer Fadenknüpfer statt einiger
Jahre auf wenige Wochen reduziert wird; ferner, dass jede Hasplerin in
einem Becken 4—6 Fäden nach der Chambonart führen kann, wodurch die
Normalproduktion pro Stunde 65—70, zuweilen 80 gr Grège von mittlerem
Titer 11/13 erreicht wird, eine Ausbeute, die mit keinem anderen System
erzielt werden kann. Es sind auch andere Konstruktionen einer zusammengesetzten Haspelmaschine in Vorschlag gebracht worden, wie die von Gauthier, Traverso[1]) u. A.

Wir wollen jetzt die Kreuzungsvorrichtung selbst etwas eingehender

---

[1]) Ital. Patent 1465 (1891).

betrachten. Früher wurde die Kreuzung mit der Hand und oft in willkürlicher Weise von der Arbeiterin ausgeübt; gegenwärtig bedient man sich meist der bequem regulierbaren Uhrmechanismen, welche dem Faden eine konstante Drehung von etwa 150—200 Touren verleihen. Eine stärkere Drehung trägt direkt nicht dazu bei, die Festigkeit des Rohseidenfadens zu erhöhen; die gedrehten Fäden sind eben stärker, weil sie kürzer und dicker geworden sind. Die Torsion beim Haspeln hat nicht den Zweck, die Kokonfädchen zusammenzuzwirnen, sondern das Wasser, welches die letzteren mit sich führen, durch den Druck wegzuschaffen und ihre bessere Vereinigung zu bewirken. Kleine Mengen Wasserstaub und Tropfen, die bei den Kreuzungsstellen vorkommen, bestätigen dies. Bei der Kreuzung wird nur

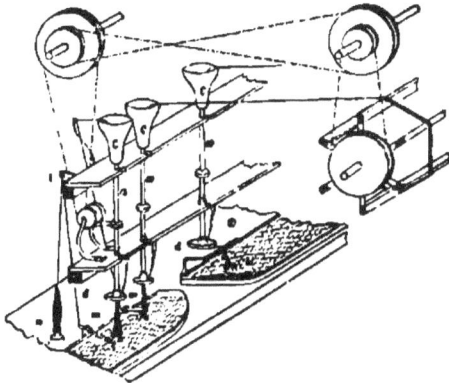

Fig. 219. Kreuzungsvorrichtung (Martin & Co.).

momentan die Drehung erzeugt, die schon auf dem Haspel teilweise wieder verschwindet. Indessen setzt sich der Rohseidenfaden nicht aus parallel aneinander liegenden Kokonfäden zusammen, sondern derselbe hat die Form einer langen, unregelmässigen Spirale, wie man sich leicht durch Färbung einzelner Kokons in verschiedenen Nuancen und durch nachträgliches Haspeln überzeugen kann.

Man hat sich vielfach mit der Frage beschäftigt, ob die einfache oder die doppelte Kreuzung vorteilhafter sei, da diese oder jene Art des Haspelns in ziemlich bedeutendem Maße die Elasticitätsverhältnisse der Rohseide beeinflusst [1]. Der gewöhnliche Elasticitätskoëffizient der Rohseide ist gleich der Elasticität des Kokonfadens plus ein Drittel [2]. Die einfache Kreuzung

---

[1] Quajat, Rapporti tra bozzoli e seta greggia.
[2] —, Bullettino mensile di Bachicoltura. Agosto 1891.

hat vor der doppelten den Vorzug, der Rohseide eine grössere Elasticität zu verleihen; die Festigkeitsverhältnisse bleiben in beiden Fällen gleich[1]). Ausserdem sind bei der einfachen Kreuzungsmethode die Mariagen und das Zerreissen seltener und es ist möglich, eine gegebene Stärke (Titer) mit einer geringeren Anzahl Kokons zu erhalten. In allen Fällen ist eine über ein gegebenes Maſs gehende Drehung unvorteilhaft.

Angesichts der Übelstände beim Kreuzen zweier Fäden war man darauf bedacht, das Zusammenfügen der Kokonfäden und das Verdichten des Rohseidenfadens vermittelst einer selbständigen Vorrichtung zu bewirken. Der von Martin & Co. in Lyon konstruierte Apparat bewirkt die Kreuzung automatisch und kann auch dazu dienen, andere Fäden mit Seide zu umspinnen. Derselbe besteht aus einer Reihe von Metallröhren a, die in vertikaler Stellung über dem die Kokous enthaltenden Becken angeordnet sind und mit sehr grosser Geschwindigkeit rotieren. Jede Röhre trägt an ihrem oberen Eude einen Holztrichter c und am unteren Eude eine Scheibe aus Metall oder Holz mit einer Kerbe, nach der Art des bekannten Fadengreifers. Die Mündungen der Röhren a sind mit Porzellanringen versehen, durch welche die vereinigten Kokonfäden hindurchgehen, um sich auf die Haspel aufzuwickeln. Indem sie aber die Röhren a passieren, vereoinigen sich die Fäden zu einem einzigen Faden, welcher, indem er über die Innenfläche des Trichters c gleitet, infolge der Reibung und der Umdrehungsgeschwindigkeit eine vom Centrum nach der Peripherie progressive Torsionsbewegong erhält, wodurch er, ohne Schwächung zu erleiden, geglättet wird. Der Apparat kann auch benutzt werden, um die Seide um einen anderen Faden, der dann gleichsam als eine „Seele" fungiert, zu spinnen. Am Rande des Beckens wird in diesem Falle eine Röhre befestigt, welche mit ihrem in die Flüssigkeit tauchenden Ende vertikal unter Röhre a reicht und den zu umspinnenden Faden, der von einer Spule durch ein Auge läuft, besagter Röhre a zuführt, in welcher er von den mit ihm verknüpften durchpassierenden Seidenfäden umwickelt wird. Auch kann im Falle, wo es auf grössere Regelmässigkeit der Umwickelung ankommt, der aus einer Röhre kommende Faden vermittelst eines Führungsauges durch die zweite ähnliche Röhre passieren, in welchem Falle die zur Erzielung eines bestimmten Fadens nötige Menge Kokons in zwei Gruppen geteilt wird, wodurch Aufsicht und Kontrolle erleichtert werden. Schliesslich kann zur Einrichtung eine zweite vertikale Röhre hinzukommen, die die Rundung resp. Drehung vervollständigt.

Auf ähnlichem Prinzip, dem eines rotierenden Körpers, ist der Kreuzungsapparat von Bergier[2]) (croiseur automatique) konstruiert worden. Der aus dem Haspelbecken kommende Rohseidenfaden wird in gespanntem Zu-

[1]) Bolinet, Mémoire sur la filature de la soie. Paris 1889.
[2]) D. R.-P. 59925. Ital. Pat. 31300 (1892).

stande über eine gewölbte oder kugelrunde, weiche Oberfläche eines ausserordentlich rasch kreisenden Drehkörpers geführt, wodurch die erforderliche
Abrundung und Verdichtung stattfindet. Die so gehas-
pelte Rohseide, sogenannte grège-trame ist dadurch
charakterisiert, dass die Verschmelzung der Kokonfädchen ohne jegliche Drehung stattfindet, sie kann
in jeder gewünschten Dicke bis zu einem Titer von
120 den. erzeugt werden. Diese Grège besitzt noch die
Eigenschaft, die Stofffläche besser zu decken (nm
20"₀) und dem Gewebe mehr Dichte zu verleihen;
ausserdem ist ein Fadenstück von bestimmtem Gewicht,
weil ohne Drehung, länger als dasjenige der gewöhnlichen Grège. Ihr grösster Vorzug soll aber darin bestehen, dass sie sich in entlastetem Zustande, auch
nach dem Färben, Beschweren etc. gut verarbeiten lässt, ohne von ihrer
Spul- oder Webefähigkeit eingebüsst zu haben.

Fig 220. Kreuzungsapparat
von Bergler.

* * *

Es ist bereits erwähnt worden, dass die Dichte des Kokonfadens in
seiner ganzen Länge nicht gleichmässig bleibt, sondern in dem Mafse, wie derselbe
vom Kokon abgewickelt wird, immer geringer wird. Beim Haspeln, das eine
gewisse nicht unbeträchtliche Spannung des Kokonfadens mit sich bringt,
tritt eine Erscheinung auf, die dem gerade entgegengesetzt ist; wie dort bei
beinahe gleichmässiger Dicke des Kokonfadens das specifische Gewicht stets
abnimmt, so wird unter der Einwirkung der Zugkraft des Haspels der Durchmesser des Kokonfadens vermindert, während die Dichte in seiner ganzen
Länge dadurch zu einer beinahe gleichmässigen gestaltet wird. Ein Rohseidenfaden aus 6 Kokons ergiebt, auf dem schnelllaufenden Haspel erzeugt, zwischen
dem specifischen Gewicht des zuerst aus den äusseren Schichten der Kokonhülle gehaspelten Anteils (1,43) und dem aus den inneren Lagen hervorgegangenen (1,41), eine nur unbedeutende Differenz. Es erhellt aus dem
Gesagten, welche Aufmerksamkeit seitens der mit dem Haspeln betrauten
Person zur Erlangung einer gleichmässigen Dicke resp. eines Rohseidenfadens erforderlich ist. Die Hasplerin soll die Dicke (Titer) des Fadens
nicht nur nach der Zahl der in Arbeit befindlichen Kokons, sondern auch
nach dem Grade beurteilen, in welchem die letzteren bereits abgehaspelt sind,
um die frischen, d. i. die dicksten Kokonfäden, mit den bereits zum Teil
abgehaspelten, somit den dünneren, aufzuwiegen. Es ist selbstverständlich,
dass das Titerverhältnis in der ganzen Länge des Fadens stets das gleiche
bleiben muss, und man kann hier, wo die Geschicklichkeit, Geduld und peinlichste Aufmerksamkeit der Arbeiterin die Hauptrolle spielen, mit Recht
behaupten: in der Hasplerei der Seidenindustrie ist eine tüchtige Arbeitskraft alles und der Apparat bedeutet nur wenig.

Es erhellt ohne Weiteres, dass sich die Kokons verschiedener Rassen beim Haspeln in quantitativer Beziehung ungleich verhalten, sowohl infolge ihres verschiedenen Gehalts an Flockseide, Seidenfaser und innerer Kokonhaut, wie infolge ihrer specifischen Eigenschaften, des Gehalts an Gummi und Bast, wodurch das Abhaspeln leichter oder schwerer von statten geht, ferner infolge der grösseren oder geringeren Elasticität des Kokonfadens, wodurch mehr oder weniger Abfall verursacht wird u. s. w. Im fabrikmässigen Betriebe spricht natürlich die Zeit als ein wesentlicher Faktor mit, um die Ausbeute einer gewissen Rasse vorteilhafter, als die einer anderen zu gestalten. Man kann gewissermafsen behaupten, dass nach den obigen Bemerkungen jede Rasse Kokons ihre bestimmten gleichmässigen Eigenschaften besitzt. Infolgedessen erscheint es von Interesse, an dieser Stelle (S. 378 f) eine kurze Zusammenstellung zu geben, die das Verhalten typischer Gattungen europäischer und asiatischer Kokons beim industriellen Haspeln zeigt. Zuvor möge noch bemerkt werden, dass das zur Aufstellung der Tabellen vollzogene fabrikmässige Haspeln unter folgenden Umständen erfolgte. Das Schlagen der Kokons wurde mit der Hand bewirkt und der Rohseidenfaden aus 4—5 Kokonfäden gebildet; jede Hasplerin führte gleichzeitig 2 Grègefäden unter Anwendung von mechanischen Fadenanlegern mit Chambonkreuzung von 200 Touren. Der Rohfaden wurde teils mit geknüpften Knoten (à bouts noués), teils ohne Anknüpfung (à bouts jetés) erzeugt. Die Geschwindigkeit des Haspels betrug 115—135 m, meist das letztere Quantum pro Minute.

Trotz der Gewandtheit und Gewissenhaftigkeit der Hasplerin kommen beim Haspeln Unregelmässigkeiten und Störungen vor, welche entweder bereits in der Beschaffenheit des Rohmaterials, des Kokons, ihren Ursprung haben oder von dessen unrichtiger Vorbehandlung herrühren. Vor allem können durch mangelhaftes Einweichen einzelne Windungen des Kokonfadens nicht losgelöst worden sein, die dann als Schleifen in den sich abwickelnden Faden hineinkommen, wo sie entweder einzeln als Flaum erscheinen oder sich zu einem Knoten anhäufen. Durch mikroskopische Untersuchung eines Rohseidenfadens lassen sich folgende, häufiger vorkommende Fehler feststellen.

Fig. 221. Flaum (duvet libre).   Fig. 222. Mariage.

1. Der Flaum ist auf die oben angedeutete Ursache zurückzuführen und kommt speciell in der Grège vor, die aus Doppelkokons hergestellt wurde. Als Folge einer ungenügenden Reinigung beim Schlagen resultiert ein flaumiger Doppelfaden, sogenannte „coste“.

Rasse und Herkunft der Kokons	Ausbeute von 1 kg Grègeausbg Kokons	Titer der Grège in den. von 500 m	Festigkeit der Grège in g	Elasticität der Grège in %	Farbe der Grège
Giallo-Toscana (Ital.)	3,114	13,74	46	21,2	gelb
Pestellini (Ital.)	3,561	13,08	43	20	gelb
Umbrien (Ital.)	3,291	12,89	46	23	gelblich
Giallo-Bergamo (Ital.)	2,768	11,76	37	19,6	gelb
Lombardei (Ital.)	3,735	12,84	41	20	weiss
Bione (Ital.)	3,454	11,53	42	16,8	gelblich
Brianza-Wushi (Ital.)	3,759	14,26	55	16,8	gelblich
Brianza (Ital.)	5,420	11,29	36	19	gelb
Tsché-kiang (Ital.)	3,745	10,82	38	19,4	silberweiss
Valleraugue (Frankr.)	3,444	14,26	42	21	weiss
Bione-Var (Provence)	2,961	12,89	46	21,4	gelb
Mailand (Frankr.)	3,215	13,22	49	21,6	gelblich
Bagdad (Frankr.)	3,278	15,20	53	21,6	weiss
Japan (Frankr.)	3,634	13,46	46	20,2	weiss
Sina weiss (Frankr.)	4,207	10,51	34	19,4	weiss
Schezevar (Frankr.)	6,465	12,77	38	18,2	gelb
Provençale (Frankr.)	12,460	12,09	41	20,4	gelb
Cévennes (Frankr.)	3,623	13,07	44	20,4	weiss
Cévennes-Bione	3,484	11,76	41	20,8	strohgelb
Bagdad (Frankr.)	3,448	13,91	46	20,8	weiss
Tyrol, gelbe Rasse	4,078	13,36	46	20,4	hochgelb
Tyrol, grün, gekreuzt	4,071	12,60	48	22,6	grünlich
Tyrol, weiss	3,283	12,52	44	20,8	weiss
Murzien, gelb (Spanien) . . .	3,568	11,43	43	21	gelblich
Murzien, orig. (Spanien) . .	3,338	13,46	44	21,6	gelb
Larnaca (Cypern)	4,010	13,41	45	21	gelb
Sarik-Pilat (Kaukasus) . . .	3,987	15,34	50	19,8	hochgelb
Pschi-Pilat (Kaukasus) . . .	4,932	13,55	50	20	hochgelb
Naitschaschuvi (Kaukasus) . .	4,545	13,36	60	16,6	weiss
Pernien, gekreuzt (Persien) . .	6,497	11,01	43	18,2	hochgelb
Herat (Persien)	10,929	13,79	51	21,4	grünweiss
Bulla (Bengal)	8,664	12,74	37	19	grau
Sheenas (Bengal)	13,991	13,71	43	18	gelblich
Deesi (Bengal)	5,270	17,31	49	20,6	gelb
Pundschab (Indien)	4,187	11,10	35	20,4	hochgelb
Klein-Pundschab (Indien) . .	4,512	12,28	40	20,4	gelblich
Ju-pi-tsan, 4. Ernte (China) . .	6,135	10,01	35	19,2	weiss
Tsching-pi-tsan, 4. Ernte (China) .	7,106	10,26	39	19,6	weiss
Tsching-pi-tsan, 5. Ernte (China) .	7,120	9,85	40	19,6	weiss
Peh-pi-huang-shiao-tsan, 1 jähr. (China)	4,013	13,13	38	19,8	weiss
Hua-pi-tsan, 1 jähr. (China) . .	3,070	11,38	41	20	weiss

Rasse und Herkunft der Kokons	Ausbeute von 1 kg Grège aus kg Kokons	Titer der Grège in den. von 500 m	Festigkeit der Grège in g	Elasticität der Grège in %	Farbe der Grège
Peh-pi-tsan, 1 jähr.(Ju-hang,China)	5,182	14,2	39	20	weiss
Peh-pi-lung-shiao, 1 jähr.(Shan-haï, China)	12,491	9,72	43	18,1	grauweiss
Peb-pi-tsan (Jiu-tschiang-shiao, China)	3,632	12,02	41	19,8	schm. weiss
Hui-pi-tsan (China)	13,198	9,88	30	17,6	schm. weiss
Aka-dschiku-tschusu (Japan)	3,057	14,73	44	21,6	grauweiss
Ki-himé (Japan)	4,603	13,93	43	20,2	grünlich
Siroko-ischi-Maru (Japan)	3,427	14,77	47	21,4	schneeweiss
Frankreich (V. St. A.)	3,053	12,28	43	20,8	gelblich
Basses-Alpes (V. St. A.)	3,100	12,66	44	21,6	hochgelb
Ital. Pucci (V. St. A.)	3,853	9,31	40	19,8	hochgelb

2. Die Art des Haspelns erfordert bekanntlich, dass immer frische Kokonfäden dem Grègefaden einverleibt werden; es lässt sich nun vorbersehen, dass bei der grossen Geschwindigkeit des letzteren das Einschalten nicht immer mit der nötigen Regelmässigkeit verläuft und zuweilen einige Millimeter

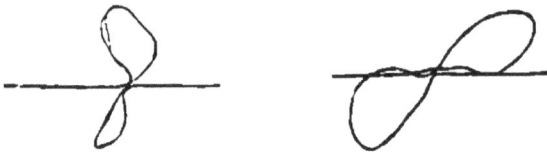

Fig. 723—724. Flaum (duvet flou).

lange Anhängsel um den fertigen Faden herumschweben. In dem Chambonsystem tritt dieser Fehler infolge der energischen Kreuzungsart weniger auf, die letztere verursacht dagegen einen anderen eigenartigen Fehler.

Fig. 725—726. Doppelfäden (coste). Spirale (vrille).

3. die sogenannte Spirale (vrille), welche sich zeigt, wenn beim Einschalten eines frischen Kokonfadens der letztere sich um den Grègefaden auf einer ziemlich langen Strecke (öfters bis 5 cm) spiralförmig herumlegt.

4. Es kommt häufig vor, dass infolge der übermässigen Spannung eines der Kokonfädchen an der Kreuzungsstelle bricht und von den übrigen mitgerissen wird, wodurch an der betreffenden Stelle ein Knoten entsteht.

Fig. 227. Knoten (bouchon).   Fig. 228. Anhängsel (mort-volant).

5. Schliesslich lassen sich stellenweise, speciell in den nach italienischer Art gehaspelten Grègen lose hängende Kokonfäden wahrnehmen, die den Namen „morts-volants" führen und durch ungleichmässige Spannung einzelner Kokonfäden entstanden sind.

Die Grège wird heutzutage nur selten in dem Zustande auf den Markt gebracht, in welchem sie sich nach dem Kokonhaspeln befindet, vielmehr wohl stets umgehaspelt. Nur die geringeren Gattungen, die nicht in der Weberei, sondern für Posamenten und Phantasieartikel Verwendung finden, werden in dem rohen Zustande verarbeitet. Der Zweck des Umhaspelns ist, die beim Kokonhaspeln unvermeidlich entstehenden Ungleichmässigkeiten, Knoten, abgebrochenen Fadenenden und sonstige Fehler zu beseitigen. Namentlich für die unregelmässigen asiatischen, insbesondere chinesischen Grègen ist das Umhaspeln unumgänglich notwendig und wird heutzutage in den Produktionsländern selbst vorgenommen; diese umgehaspelten Grègen heissen re-reeled oder redévidées. Das Umhaspeln findet in der Weise statt, dass die Grège von einem Haspel über einige Fadenführer zu einem anderen Haspel läuft, während sie von der Arbeiterin scharf beobachtet wird. Der letztere Haspel ist mit Zählvorrichtung versehen. Die Spannung des Fadens ist absichtlich eine etwas stärkere, als beim gewöhnlichen Winden, damit alle schwachen Stellen von selbst reissen. Aus diesem Grunde erfordert diese Arbeit grosse Aufmerksamkeit, denn der Haspel setzt seine Umdrehungen fort, auch nachdem der Faden gerissen ist; hält der Arbeiter den Haspel nicht sofort an, so sind die Stränge nicht von der erforderlichen, durch die Zählvorrichtung angezeigten Länge. Um diesem Übelstand abzuhelfen, werden in neuerer Zeit bei allen besseren zum Winden der starken Grègen bestimmten Maschinen Abstellvorrichtungen für den Fadenbruch getroffen, die in einem freihängenden Fadenführer bestehen, der von dem gespannten Faden getragen wird und mit einer den Haspel in Stillstand versetzenden Vorrichtung verbunden ist. Bei feinen Grègen besitzt der Faden eine viel zu geringe Stärke und Spannung, um den Hebel zu tragen. Die Unterbrechung der Bewegung kann somit nur von dem Ablaufhaspel ausgehen oder es wird, wie bei dem Apparat von Corret, elektrischer Strom zu Hilfe genommen, der die Anwendung eines sehr leichten, freistehenden Fadenführers gestattet und beim Fadenbruch den Haspel automatisch sofort ausser Betrieb setzt. Der Strom unterbricht sich dann von selbst, da er nur im Augenblick des Bruches in Wirkung tritt.

Die gleichmässige Beschaffenheit der Rohseide ist für ihren Handelswert von mafsgebender Wichtigkeit; obwohl ihre Eigenschaften schon an ihrem Ausssehen und Glanze, sowie durch Anfühlen etc. erkannt werden können, so ist doch zur Erzielung von ziffernmässigen Ergebnissen die Benutzung einer, übrigens sehr einfachen Vorrichtung (Francezon) notwendig. Dieselbe besteht aus einer schwarzen, matten Marmorplatte, über die eine Anzahl, je nach Geschicklichkeit der mit der Prüfung betrauten Person, etwa 5 bis 10 einzelne Rohseidenfäden von 1500—2000 m Länge geführt werden. Die Zahl der beobachteten Fehler wird von der Person, welche die Fäden nicht aus dem Auge verliert, durch Drücken auf den Knopf eines Zählapparates notiert und giebt durch Umrechnung auf eine bestimmte Länge des Fadens über den mittleren Gehalt an Knoten etc. genauen Aufschluss. Eine andere von Duseazeau[1]) konstruierte Vorrichtung besteht aus 4—6 in einer senkrechten Ebene horizontal gelagerten Spulen, welche das zu untersuchende Gespinst regelmässig aufgewunden enthalten; die Fäden gelangen von hier nach in zwei Ständern angebrachten Führeraugen, so dass sie in senkrechter Ebene in einer gegenseitigen Entfernung von 5—10 mm wagerecht gleichlaufen; von hier werden sie auf einer mit Zählvorrichtung versehenen Haspel aufgewickelt. Eine achromatische Lupe von 4—5 cm Durchmesser, die von einer schwarzen Platte unterstützt wird, gestattet, die Unregelmässigkeiten und Fehler mit der grössten Deutlichkeit zu beobachten und zu unterscheiden. Zur linken Hand des Beobachters ist eine mit drei Tasten versehene Zählvorrichtung angebracht, für grobe, mittlere und kleine Fehler, die er, ohne das Auge von der Lupe abzuwenden, markieren kann.

Die relative Zahl der Unregelmässigkeiten in der käuflichen Grège variiert, abgesehen von ihrer Qualität und Rasse, je nach dem Jahrgang innerhalb weiter Grenzen, im allgemeinen lässt sich jedoch folgendes beobachten.[2]) Die besten Resultate bezüglich eines fehlerfreien Haspelns liefern Kokons, die relativ am meisten Seidenleim enthalten und eine dichte, zusammengedrängte Textur zeigen. Zur Erzielung einer guten Grège ist die grösste zulässige Umdrehungsgeschwindigkeit des Haspels geboten. Chinesische und japanische Kokons liefern, nach europäischer Art verhaspelt, Grège mit verschwindend wenig Unregelmässigkeiten, italienische Rassen stehen französischen in dieser Hinsicht nach. Die vorbereitenden Operationen sollen in möglichst kurzer Zeit vollzogen werden, da die guten Eigenschaften der Faser, ihr Glanz, ihre Festigkeit und Elasticität, durch anhaltendes Einweichen der Kokons erfahrungsgemäss verloren gehen; übereinstimmend damit ist, dass die Kokons sich am Ende schlechter abhaspeln lassen.

Eine weitere Prüfung der Rohseide besteht in der Ermittelung ihres

---

[1]) Bull. du Labor. de Lyon, 1893/94, p. 173.
[2]) Francezon, Études sur la filature de la soie. Lyon 1870.

Verhaltens beim Abspulen, welche Operation den Übergang zu der weiteren
Verarbeitung des Rohseidenfadens bildet. Die Zahl der Risse, das Gewicht
des Abfalls und die grösste zulässige Geschwindigkeit beim Spulen dienen
als Anhaltspunkte für die Beurteilung. Es ist Brauch, dass man beim Verkauf der Rohseiden die Anzahl von Spulen (tavelles) angiebt, welche von
einer mässig geübten Arbeiterin festgestellt werden kann; je grösser
diese Zahl, desto regelmässiger, fester und elastischer ist die betreffende
Grège.

In neuerer Zeit wurde von Serrell eine selbstthätige Vorrichtung zur
Registrierung der Dicke und der Fehler eines Rohseidenfadens konstruiert,
die zugleich die Auffindung und die Aufzeichnung von Unregelmässigkeiten
besorgt und aus diesem Grunde einen äusserst zuverlässigen Kontrollapparat
bildet. Der Grundgedanke dieser Vorrichtung ist, den betreffenden
elastischen Rohseidenfaden über zwei mit ungleicher Peripherie-

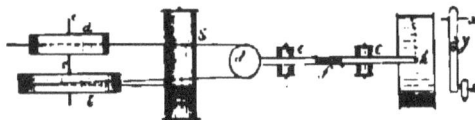

Fig. 229. Apparat zur Prüfung der Rohseide.

geschwindigkeit rotierende Walzen oder Rollen a, b hinwegzuführen, derart, dass der Seidenfaden sich in der Länge (um etwa 5%) ausdehnen
muss. Der Apparat besteht aus 2 Walzen von ungleichem Durchmesser
und einer glatten Führungs- oder Leitrolle d, über welche der Seidenfaden von einer zur anderen Walze läuft und die in einem dem Einfluss
eines Gewichtes oder einer Feder f von gleichmässiger Anspannung ausgesetzten Hebel gelagert ist. Der geführte Seidenfaden wirkt, infolge und
nach Mafsgabe seines Widerstandes gegen eine Ausdehnung, dem Einfluss
des Gewichtes oder der Sprungfeder entgegen, und sind die letzteren so eingerichtet, dass unter normalen Verhältnissen die Grösse der Spannung
mit der Elasticität des Fadens im Gleichgewicht steht. Je nachdem
das zwischen beiden Walzen befindliche Fadenstück dicker oder feiner,
als die Normaldicke wird, bewirkt das den Hebel beeinflussende Gewicht oder die Feder ein Herausschwingen des Hebels aus seiner Normalstellung und veranlasst, dass derselbe eine neue Lage einnimmt. Alle Änderungen der Dicke, welche der ganze allmählich durch den Apparat hin-
durchgehende Seidenfaden aufweist, äussern sich demnach als diesbezügliche Hebelschwingungen. Mit dem Hebel ist ein Zeichenstift h verbunden,
der auf dem sich dahinziehenden Papierstreifen eine Kurve aufzeichnet,
deren Ordinaten die Fadenunregelmässigkeiten darstellen, während die Abscissen die abgewickelte Fadenlänge angeben. Das Diagramm liefert mit-

hin ein genaues, zuverlässiges Bild der physikalischen Beschaffenheit des
Rohseidenfadens. Die Einrichtung des Apparates ist die folgende: Die
Kurbel an B setzt den Apparat in Bewegung, wobei sich für die Walzen
A und A' ungleiche Umfangsgeschwindigkeit ergiebt. Indem der Faden
von A' über Haken G nach A läuft, dehnt er sich etwas aus. Das
an der Stifthülse H einsetzende Gewicht übt auf den Hebel E einen
der im Faden herrschenden Spannung entgegengesetzten Einfluss aus.
Sind beide Kräfte gleich gross, so bleibt der Hebel E und mit ihm der
Stift H unbeweglich, auf dem Papierstreifen der Rolle I entsteht eine
gerade Linie, die zickzackartig wird, sobald im Faden eine schwächere oder
stärkere Stelle vorkommt. An Stelle des Gewichtshebels kann auch die in
der Fig. 229 dargestellte leicht bewegliche gelagerte Stange treten, die vorn

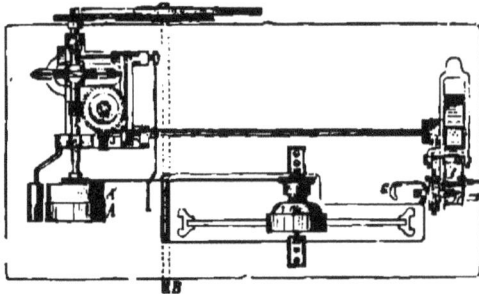

Fig. 230. Gleichmässigkeitsmesser für Rohseide.

die Leitrolle d, hinten den Schreibstift h trägt und mit einer Feder f verbunden ist, die der Zugspannung des Seidenfadens das Gleichgewicht hält.
Mit dem Apparat ist eine Vorrichtung verbunden, welche die etwa vorhandenen Knötchen etc. angiebt. Sie besteht aus einem um eine
Achse schwingenden Hebel x, dessen Ende dicht über dem Seidenfaden y
liegt, während das andere mit einem Zeichenstift z behufs Aufzeichnung der
Knotenlage versehen ist.

* * *

Wie schon angedeutet, ist eine geschickte (daher aber teuere) Handarbeit
die Hauptbedingung bei der Verarbeitung der Kokons. Es hat infolgedessen
nicht an Bestrebungen gefehlt, die Gewinnung der Seidenfaser zu einem
rein mechanischen, von der individuellen Befähigung der Hasplerin unabhängigen Prozess zu gestalten, wie dies auf anderen Gebieten der
Textilindustrie bereits gelungen ist. Von der Operation des Schlagens be-
ginnend, bis zum Aufwickeln des fertigen Grègefadens, sollte die Maschine
alle geschickten Handgriffe selbstthätig bewirken. Obwohl diese Vorrich-

tungen noch nicht allgemein gebräuchlich sind, so scheinen sie nicht
nur für die europäische, sondern speciell für die amerikanische Seidengewinnung, wo die teuere Handarbeit bisher ihrer Entwickelung im
Wege stand, von Wichtigkeit für die Zukunft zu sein. Diese Vorrichtungen
bieten nicht nur zu unserem Thema einen interessanten Beitrag, sondern
sind im allgemeinen ein schönes Beispiel menschlichen Scharfsinns und
Fleisses, so dass man nicht umhin kann, sie hier anzuführen.

Trotz der peinlichsten Aufmerksamkeit der Hasplerin wird es ihr beinahe unmöglich, einen absolut gleichmässigen Seidenfaden zu erzielen, besonders am Schluss der anstrengenden Arbeit, und wenn sie sich nur da-

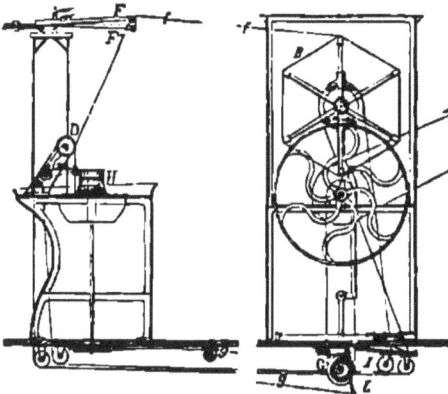

Fig. 231. Automatischer Kokonhaspel.

nach richten will, die Dicke des Grègefadens lediglich nach der Zahl der
in Arbeit befindlichen Kokons zu beurteilen. Dieser Ubelstand hat dazu
geführt, nach einem Seidenhaspel zu suchen, der sowohl die Auffindung des
Kokonfadens als sein Anlegen besorgen, wie in jedem Augenblick die Dicke
des Rohseidenfadens messen und frische Kokons automatisch einschalten
würde. Die Lösung dieses Problems ist dem Amerikaner Serrell nach
mehrjährigen Versuchen gelungen und zwar in einer Weise, die in theo-
retischer Hinsicht als glänzend bezeichnet werden muss.

Eine seiner ursprünglichen Vorrichtungen besteht im Seidenhaspel mit
selbstthätiger Regulierung der Fadendicke. Der Grundgedanke dieser Erfindung ist derselbe wie der zur Registrierung der Fadendicke konstruierten
Apparates, nämlich den elastischen Faden über zwei Rollen hinwegzuführen
in der Art, dass der Faden sich um einen gewissen Prozentsatz seiner Länge
ausdehnt und dabei die Hebelschwingungen veranlasst, welche vom Erfinder

zur Kontrolle und Regulierung des Betriebes unter Anwendung von entweder nur mechanischen Hilfsmitteln oder eines elektrischen Stromes benutzt werden. Der Seidenhaspel empfängt seine Bewegung durch die Antriebscheibe unter Vermittelung von geeignetem Räderwerk. Auf der Achse des Haspels B sitzt eine Schnurscheibe, welche die Walzen DD in Betrieb setzt. Die Umfangsgeschwindigkeit des Haspels B ist etwas grösser, als diejenige der Walze D. Der aus mehreren Kokons gebildete Faden wird durch einen mit grosser Geschwindigkeit funktionierenden kleinen Hohlcylinder hindurchgeführt, der nach aussen mit drei nach unten umgebogenen Spitzen versehen ist; im Innern trägt er einen aus einem durchbohrten Achatstück gebildeten Fadenleiter. Der aus dem Hohlcylinder austretende Faden umwickelt zunächst mehrere Male die Walze D, so dass jede Verschiebung auf letzterer vermieden wird, und geht dann über Röllchen an den Gegengewichtshebeln FF', um schliesslich auf den Haspel B zu gelangen. Da die Umfangsgeschwindigkeit des Haspels um einen bestimmten Procentsatz ($5°/o$) grösser ist, als diejenige der Walze D, so erfährt der Seidenfaden eine dem entsprechende Verlängerung. Infolge derselben entsteht im Faden eine gewisse Spannung, welche im allgemeinen von seiner Dicke abhängig ist. Vermöge dieser Spannung wird der Gewichtshebel F niederwärts gehalten und der Hebel F' nach oben gezogen; so lange der Faden die gewöhnliche Dicke und mithin die nämliche Elasticität behält, verharrt der Hebel F in seiner unteren Lage; derselbe bewegt sich nach aufwärts, sobald schwächere Stellen des Fadens kommen. In diesem Falle bleibt zwar die Verlängerung des Fadens gleichmässig, da der Haspel B sich mit immer gleicher Geschwindigkeit umdreht, also auf die gleiche Fadenlänge aufrollt; aber die Festigkeit des Fadens nimmt ab, der Hebel F steigt vermöge der Wirkung seines Gegengewichts aufwärts, nimmt eine neue Gleichgewichtslage ein und trifft hierbei gegen eine Schraube, was den Schluss eines elektrischen Stromkreises hervorruft. Damit nun derselbe ein oder mehrere Kokonfädchen mit dem zu schwach befundenen Faden zu vereinigen vermag, ist folgende Einrichtung getroffen.

Alle Kokons sind in kleinen Behältern an der Peripherie des Trägers H von kreisförmiger Gestalt eingereiht, derart, dass die Enden der Kokonfädchen nach aufwärts stehen. Der Träger H sitzt auf einer Welle, die weiter unten ein Sperrrad mit ebensoviel Zähnen, als der Träger Kokons zu fassen vermag, trägt. An die dem Sperrrad zugehörige Sperrklinke ist mittels eines Kettchens ein Hebel L angeschlossen, welcher durch ein Hubzeug jedesmal dann in Bewegung gesetzt wird, wenn der Faden schwächer resp. der elektrische Stromkreis durch Emporsteigen von F geschlossen worden ist. Die diesbezügliche Bewegung des Hebels L wird durch einen eigenartigen Mechanismus mit Elektromagnet vollzogen; dieser Mechanismus setzt sich zusammen aus einem fest auf der Welle sitzenden Sperrrad, welches direkt von der Maschine in regelmässiger Bewegung erhalten wird und aus einem lose auf derselben Welle sitzenden, das Rad umgebenden

Deckel. Dieser ist mit einer besonderen Klinke versehen, die mittels Federkraft gegen die Sperrradzähne hingedrückt wird. Ferner ist ein den Hebel L beeinflussender Daumen an erwähntem Deckel angebracht. Seitwärts von diesen Teilen befindet sich ein Elektromagnet G und ein Hebel, der so konstruiert ist, dass durch ihn während der Stromunterbrechung die Rückwärtsverlängerung der Sperrklinke derartig festgehalten wird, dass die Klinke nicht in die Sperrzähne einzugreifen vermag. In diesem Falle dreht sich das Sperrrad frei unter der Klinke weg, ohne dem Hebel L irgend welche Bewegung mitzuteilen. Sobald jedoch der elektrische

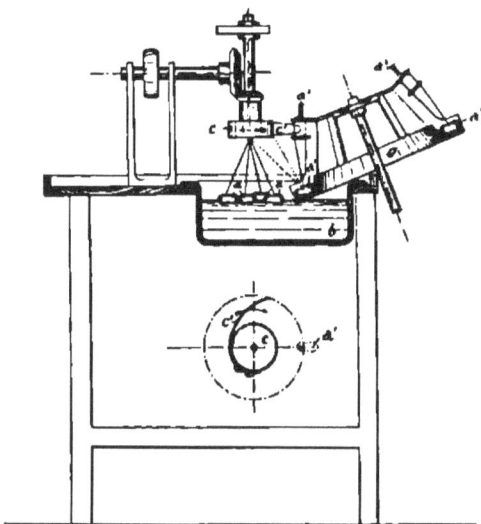

Fig. 231. Automatischer Seidenhaspel (Unterer Teil).

Strom durch den Elektromagneten hindurchgeht, was beim Dünnerwerden des Fadens und Auseinandergehen der Gegengewichtshebel F und F' eintritt, wird der Anker bei G angezogen, die Klinke wird frei, sie fällt in die Sperrzähne ein und es erfolgt ein Mitnehmen des umschliessenden Deckels. Der mit diesem Deckel verbundene Daumen verursacht bei jeder Umdrehung ein Anschlagen des Hebels L; diese Bewegung überträgt sich vermittelst des Kettchens g auf den Sperrradmechanismus und veranlasst eine so grosse Drehung des Kokonträgers, dass ein Kokonfadenende von den Spitzen erfasst wird, die sich mit dem kleinen Hohlcylinder umdrehen. Es ist ersichtlich, dass erwähntes Fadenende sonach um den durch die Höh-

lung des Cylinders bereits hindurchgehenden Faden herumgeführt wird und
sich mit diesem vereinigt. Genügt ein neues Fädchen noch nicht, um den
Faden ausreichend zu verstärken, so fügt der Apparat je nach Bedürfnis noch
ein oder mehrere Fädchen automatisch hinzu. Somit ist der Gang
des in Frage stehenden Seidenhaspels ein sich selbstthätig regelnder; wird
der Rohseidenfaden zu schwach, so steigt der Hebel *F* aufwärts, der elektrische Strom wird geschlossen, der Kokonträger rückt vorwärts, ein
oder mehrere Kokonfädchen werden an den Grègefaden angeschlossen

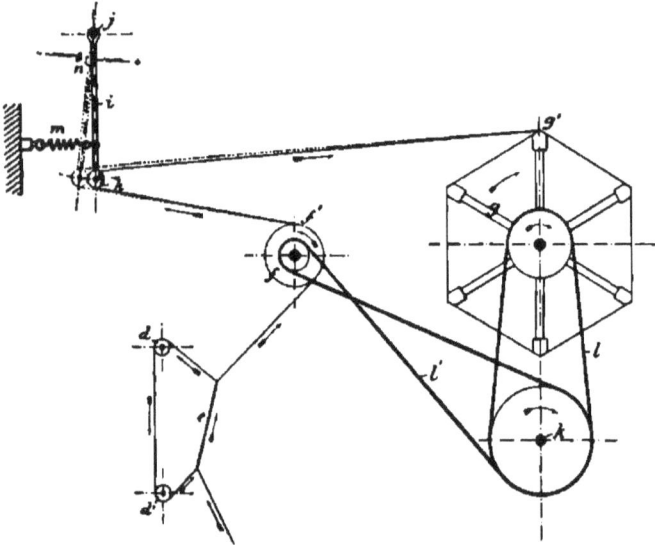

Fig 233. Automatischer Seidenhaspel (Oberer Teil).

und dieser letztere selbst bewirkt wiederum, sobald er wieder seine normale Dicke hat, das Niederziehen des Hebels *F* und damit die vorläufige Wiederausserbetriebsetzung des Regulierungsmechanismus. Diese
Bewegungen und Verrichtungen wiederholen sich je nach Bedarf. Der
Hebel *F'* ist mit einer einfachen Vorrichtung zur Herbeiführung des Stillstandes des Haspels für den Fall versehen, dass der Faden zerreisst. Sowie
dies eintritt, bewirkt jene Vorrichtung das Anhalten des Haspels *B* und vermittelst der Übertragung *I* auch der Walzen *DD*.
Die Figuren 232—34 zeigen eine etwas abgeänderte, vervollkommnete
Konstruktion des automatischen Seidenhaspels, die zu dem Zweck angeführt

werden soll, das Augenmerk auf einige interessante Verhältnisse, nämlich die Spannungsausgleichung bei der selbstthätigen Regulierung der Fadendicke, zu richten.

Die Fädchen der im Wasser des Beckens *b* umlaufenden Kokons *a* werden durch den Fadenführer *c* geleitet und alsdann über die Scheiben *dd'* geführt. Von der Rolle *d'* ab wird der Faden auf dem Teil seiner Länge gedreht, welcher sich zwischen dem Fadenführer *c* und der Rolle *d* befindet, wodurch die Kreuzung *e* gebildet wird; dann wird der Faden um eine Walze *f* in einer genügenden Anzahl von Windungen gelegt, um ein Verschieben zu verhindern. Von der letzteren geht der Faden zu dem Haspel *g*, nachdem er zunächst eine Scheibe *h*, die an dem Ende eines bei *j* verbolzten Kontrollhebels *i* befestigt ist, passiert hat. Vermittelst der Antriebswelle *k* und des Riemens *k'* wird der Walze *f* und dem Haspel *g* eine rotierende Bewegung erteilt, wobei die Dimensionen der beiden so gewählt werden, dass die Umdrehungsgeschwindigkeit von *g* etwas grösser ausfällt, als die von *f*. Infolge dieser Differenz wird der Seidenfaden, wie bekannt, einer Ausdehnung unterworfen, die dem Unterschied proportional ist; die Ausdehnung bezw. Anspannung des Fadens findet auf dem Teil seines Weges statt, der zwischen den Punkten *f'* und *g'* liegt. Diese Anspannung bildet bekanntlich den Grundgedanken für die Wirkung des früher beschriebenen Seidenhaspels. Eine Feder *m* zieht den Hebel *i* von rechts nach links, entgegengesetzt dem Widerstande, der durch den angespannten Faden entsteht und den Hebel von links nach rechts zu ziehen sucht. Bei *n* sind je zwei Stücke eines elektrischen Kontakts, von welchen das eine fest, das andere dagegen an dem beweglichen Kontrollhebel *i* befestigt ist, angebracht. Das Resultat, welches durch Führung des gespannten Fadens über die Scheibe *h* erzielt wird, besteht bekanntlich darin, die elektrischen Kontaktstücke *n* so lange, als der Faden seine normale Stärke besitzt, getrennt zu halten und ein Berühren zuzulassen, um einen Stromkreis zu schliessen und die Speisevorrichtungen, durch welche ein frischer Kokonfaden dem sich bildenden Rohseidenfaden hinzugefügt wird, in Bewegung zu setzen, sobald der Seidenfaden zu fein wird, d. i. wenn eines der Kokonfädchen *a* bricht oder abläuft, oder wenn aus irgend einem anderen Grunde die Dicke des Grègefadens abnimmt. In diesem Falle kann der letztere der Feder *m* nicht länger genügenden Widerstand entgegensetzen, um den Hebel in der mit vollen Linien gezeichneten Stellung und folglich die Kontakte *n* getrennt zu halten. Die Feder *m* wird im Gegenteil den Widerstand des schwach gewordenen Fadens überwinden, den Hebel *i* nach links in die mit punktierten Linien gezeichnete Stellung ziehen, bis die Kontaktstücke *n* sich treffen. Sobald dies erfolgt, ist ein elektrischer Stromkreis geschlossen, wodurch unmittelbar (mittelst Antriebvorrichtungen, die hier, da schon früher beschrieben, nicht aufgezeichnet sind) ein

Fig. 234. Automatischer Seidenhaspel. (Friktionsrolle).

Kokonhalter o eine teilweise Drehung um seine Achse macht, so dass eine frische, einen Kokon a' enthaltende Zelle in die Bahn des Greifers c' und des Fadenführers c gebracht wird. Das Ende des Fädchens a' ist beim Anfüllen des Kokonhalters vorläufig an einem Zäpfchen a^1 befestigt; dieses Fädchen wird durch den sich drehenden Greifer c' ergriffen, von dem Zäpfchen a^1 weggerissen und den übrigen Kokonfädchen, wie mit punktierten Linien gezeigt, angeschlossen. Die Wirkung und Konstruktion eines Fadenführers ist bereits erörtert worden. Sobald der Faden des Kokons a' angeschlossen ist, hat der Faden seine normale Dicke und Widerstandsstärke wieder angenommen; der Kontrollhebel i gelangt wieder in seine gewöhnliche Stellung — die mit vollen Linien gezeichnet ist — und die Kontaktstücke trennen sich voneinander. Diese Wirkungsweise tritt jedesmal dann wieder ein, wenn die Zahl oder Stärke der Kokonfäden wieder verringert wird, d. i. sobald die vorhandene Fadenstärke keine normale wird. Die Spannung der Feder m ist entsprechend dem Widerstande des Seidenfadens und seinem Titer reguliert. Dieser Mechanismus wirkt selbstthätig und basiert, wie bekannt, auf dem Grundgedanken, dass die Anspannung eines Fadens von gegebener Stärke, wenn derselbe einer bestimmten Spannung unterworfen wird, gleichmässig bleibt, aber sich ändert, sobald die Fadenstärke geändert wird. Nun erfüllt der Apparat das gewünschte Stromkreisschliessen bei n, wenn der Faden unter die Normalstärke heruntergeht, nicht ganz genau, weil die Bewegung des Hebels i von der totalen Spannung in dem Seidenfaden abhängig ist. Die totale Spannung, ausser der absichtlichen durch den Unterschied der Walzen- und Haspeldurchmesser entstehenden, ist die Summe von verschiedenen Spannungen, welche im Faden hauptsächlich durch die folgenden Ursachen erzeugt werden:

a) durch den Widerstand, der sich beim Abwickeln von Zeit zu Zeit durch das Ankleben der Kokonfädchen, wodurch die Kokons aus dem Wasser gehoben werden, darbietet;

b) durch den durch die Friktion in dem Fadenführer c hervorgerufenen Widerstand;

c) durch den durch die Friktion in der Kreuzung E erzeugten Widerstand u. s. w.

Da der Seidenfaden ausserordentlich elastisch ist, so wird er infolge dieser Widerstände, welche unregelmässig und ungleichmässig sind, mehr oder weniger stark angespannt, bevor er die Walze erreicht. Er wird in diesem Zustande auf die Walze aufgewickelt und hat, nachdem er die letztere verlassen, das Bestreben, sich zusammenzuziehen zu der Länge, welche er besitzen würde, wenn er von den Kokons, ohne irgend einer Spannung unterworfen worden zu sein, abgehaspelt wäre. Dieses Bestreben wird durch die vorhin erwähnten Widerstände, welche der beabsichtigten Wirkung des Kontrollapparates Eintrag thun, hervorgerufen, denn es ist klar, dass die Angaben des letzteren nicht genau sein können, wenn die Feder m, statt einzig und allein den durch die absichtliche Anspannung des Rohseiden-

fadens infolge der Differenz der Umdrehungsgeschwindigkeit der Walze und
des Haspels hervorgebrachten Widerstand — die Differenz ist proportional
dem Widerstand, wodurch also die Stärke des Fadens genau gemessen wird
— zu überwinden, auch noch die besagten unregelmässigen und variablen
Widerstände zu bewältigen hat. Die genaue Wirkung des Kontrollapparates
ist aber auf der Voraussetzung basiert, dass der Faden, wenn er f' verlässt,
immer in derselben Beschaffenheit und nicht schon irgend einer vorhergehenden, unregelmässigen Spannung unterworfen gewesen ist. Zwischen
f' und g' ist er zu einer gegebenen Grösse ausgedehnt, z. B. 5%, durch
den Unterschied der Umdrehungsgeschwindigkeit von f und g, und während
der Faden seine normale Stärke behält, wird er einen gleichen und konstanten Zug auf die Feder m äusseru und den Kontakthebel i in derselben
Stellung halten; wenn sich aber die Stärke des Fadens verringert, wächst
die Verlängerung, die Spannung der Feder nimmt ab, verursacht die Bewegung des Kontakthebels und die Berührung der Kontaktstücke n. Wenn
dagegen der Faden beim Verlassen der Walze bei f' schon angespannt und
ausgedehnt gewesen ist, indem er einem vorhergehenden unregelmässigen .
Zug unterworfen war, so ist seine Beschaffenheit, wenn er die Walze bei f'
verlässt, nie für zwei aufeinander folgende Augenblicke dieselbe; der Zug
auf die Feder m ist dann nicht nur derjenige, der zu dem Unterschied der
Umdrehungsgeschwindigkeit der Walze und des Haspels gehört, auf den
Faden einwirkt und mit der Stärke desselben sich ändert, sondern er wird
noch durch einen anderen Faktor beeinflusst, der die Summe der Spannungen bildet, welche durch die verschiedenen Widerstände verursacht werden, die den Seidenfaden, bevor er auf den Haspel gewickelt wird, beeinflussen. Dieser Faktor ändert sich immer, und sein Wert kann niemals kal-
kuliert werden. Die Angaben des Kontrollhebels sind mithin nicht korrekt,
und es erscheint daher nötig, dass in dem Moment, wo eines der Kokonfädchen bricht, der Seidenfaden gleichzeitig einem oder allen Widerständen
unterworfen wird; das Bestreben, sich zwischen f' und g' zusammenzuziehen,
wird dann in der Feder m eine Spannung hervorrufen, die jener hinzugefügt ist, der der Seidenfaden infolge des Unterschiedes in der Umdrehungsgeschwindigkeit unterworfen wird; und wenn auch der Faden nur aus einer
geringen Anzahl von Fädchen zusammengesetzt ist, so wird die Folge sein,
dass die Kontaktstücke n nicht zusammenkommen und der Kontakthebel
nicht zur Wirkung gelangt. Damit die unregelmässigen Spannungen des
Seidenfadens, wenn er den Kontrollapparat passiert, der genauen Wirkung
des Kontrollhebels nicht widersprechen und, um die dadurch entstehenden
Fehler aufzuheben, konstruierte Serrell den Hebel so, dass irgend ein durch
die Zusammenziehung des Fadens auf einer Seite des Hebels ausgeübter Zug
durch einen korrespondierenden gleichen Zug auf der entgegengesetzten Seite
kompensiert wird, und der Kontrollhebel im Gleichgewicht bleibt. Dieses
Resultat kann durch verschiedene Konstruktionen des Kontrollhebels erreicht
werden, wovon die wichtigeren angeführt werden. In den Fig. 235 und 236

ist eine senk- und wagerechte Projektion einer Vorrichtung dargestellt, in welcher der Hebel *i* auf *j* verbolzt ist und an jedem Ende eine Scheibe *hh′* besitzt. *f* ist eine Walze, über welche der Faden, nachdem er die Kreuzung *e* (Fig. 233) verlassen hat, geführt wird; *g* ist der Haspel. In der Zeichnung sind absichtlich alle Mechanismen für die Anspannung des Fadens fortgelassen, damit die Konstruktion fasslicher wiedergegeben werden kann. Der Faden kommt von der Kreuzung, gelangt nach *l*, macht verschiedene Windungen über die Walze *f*, um ein Gleiten zu verhüten, wird über die

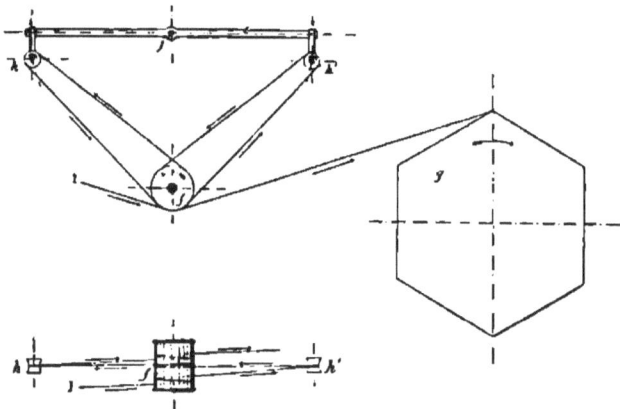

Fig. 235—286. Vorrichtung zur Ausgleichung der Spannung.

Scheibe *h′* und zurück um die Walze geführt, um welche er wieder mehrere Mal gewickelt wird und schliesslich über *h* auf den Haspel *g* gebracht. Die Umdrehungsgeschwindigkeit von *f* und *g* sind in diesem Falle als gleich angenommen. Wenn das Zusammenziehen des Fadens eintritt, wird derselbe auf die Scheibe *h* einen ebenso starken Zug ausüben, wie auf die Scheibe *h′*; da die Hebelarme von derselben Länge und die bez. Winkel der Zugrichtung ebenfalls dieselben sind, so ist es klar, dass die Wirkungen des Zuges, wie gross auch die unregelmässigen Spannungen des Seidenfadens sein mögen, auf die entgegengesetzten Enden die gleichen sind, und da sie in entgegengesetzten Richtungen erfolgen, so gleichen sich ihre Wirkungen aus und der Kompensationshebel bleibt im Gleichgewicht.

Auch wurde zu demselben Zweck ein einarmiger Kontrollhebel konstruiert, der die reelle Spannung des Seidenfadens wiedergiebt und das Haspeln in sehr genauer und vollständiger Weise reguliert.

Das Streben, das automatische Seidenhaspeln nach Möglichkeit von
der menschlichen Beaufsichtigung und Geschicklichkeit unabhängig zu
machen, veranlasste Serrell, bei Konstruktion seines Haspels ein neues
Prinzip einzuführen, welches die automatische Zuführung des Kokons bezweckt und dies derart zu stande bringt, dass die Kokons nach Aufnahme
und Anheftung des Fadenanfangs aus einem Füllbassin vermittelst einer
cirkulierenden Wasserströmung in die Zellen eines drehbaren Kokonhalters
geführt und von hier nach Bedarf in das Haspelbecken befördert
werden. Die Einrichtung ist aus der Fig. 237, die eine schematische Dar-

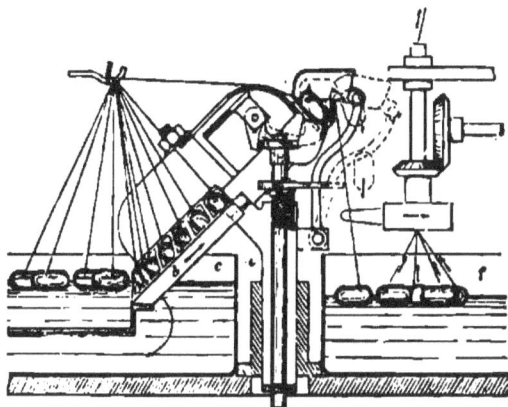

Fig. 237. Kokonhalter (Serrell).

stellung des Kokonhalters b, des Füllbassins e, des Haspelbassins f und des
Fadenleiters zeigt, ersichtlich. Während das Anfüllen des Kokonhalters
bisher mit der Hand erfolgte, wird dasselbe in dieser Vorrichtung automatisch
bewirkt. Der zur automatischen Zuführung der Kokons zum Seidenhaspel
dienende Apparat besteht im wesentlichen aus einem gewöhnlichen drehbaren Kokonhalter b mit einer Anzahl Zellen an seiner Peripherie, in welche
die in einem Füllbassin e schwimmenden Kokons durch Wirkung einer in
dem Behälter durch eine Schraube hervorgerufenen Wasserströmung von
selbst eintreten können, und aus welchem Kokonhalter bez. den Zellen derselben sie nach Bedarf durch einen selbstthätigen Mechanismus heraus-
getrieben werden, um in das Bassin f eines selbstthätigen Seidenhaspels und
in den Bereich des üblichen Fadenleiters zu gelangen. Die anzulegenden
Kokons schwimmen in dem heissen Wasser des Füllbassins e und können je

nach Umständen (Gestalt, Schwere, Grösse etc.) verschiedene Stellungen im Wasser einnehmen, sowie in verschiedener Art und Weise, in die Zellen des Kokonhalters *b* eintreten. Die Fäden sämtlicher Kokons werden miteinander vereinigt und um einen Haken geschlungen, wo sie infolge ihres Leimes hängen bleiben. Die am nächsten schwimmenden Kokons werden durch die künstlich hervorgebrachte Wasserströmung in der durch Pfeile angegebenen Richtung in die Zellen des Kokonhalters getrieben. Jedesmal, wenn an den Seidenfaden ein frischer Kokonfaden angelegt werden muss, wird der Kokonhalter *b* bekanntlich um einen Teil gedreht, wonach eine leere Zelle desselben den Kokons gegenübersteht und einer der letzteren hineintritt. Die in den anderen Zellen vorhandenen Kokons gelangen durch Drehen des Kokonhalters nacheinander zum höchsten Punkte desselben, von wo sie dann durch einen besonderen Mechanismus, dessen Beschreibung hier zu weitläufig wäre, ausgeworfen werden.

Der höchste Kokon nimmt nacheinander die durch punktierte Linien veranschaulichten Stellungen an und fällt in das Haspelbassin *f*, wobei sein Fädchen angespannt bleibt und nach Erfassung von dem rotierenden Greifer des Fadenleiters dem sich bildenden Rohseidenfaden zugeführt wird.

Da, um eine irgendwie erhebliche Leistungsfähigkeit zu erzielen, was gerade beim maschinellen Haspeln ein ganz bedeutender Faktor seiner praktischen Verwendbarkeit ist, an jedem einzelnen Haspel die oben beschriebene Einrichtung angebracht werden müsste, was jedoch in ökonomischer und praktischer Hinsicht Mißstände verursachen würde, so hat Serrell in einer Maschine zwei oder mehrere Anlegevorrichtungen angebracht und versorgte dieselben durch einen einzigen Kokonhalter. Es werden hierdurch die Vorteile der Verminderung des nötigen Raumes, der Vereinfachung der Maschine und Erleichterung der Überwachung erzielt. Ausserdem leert sich dieser einzige Kokonhalter bedeutend schneller, als es diejenigen der Haspelmaschine mit nur einem Rohseidenfaden imstande sind, die Reservekokons werden infolgedessen schneller verbraucht, haben daher weniger Zeit zum Trocknen und sind folglich weniger dem Zerreissen ausgesetzt. In dem Apparat kommt ein selbsttätiger Verteilungsmechanismus zur Verwendung, der aus einer Zange besteht, die einen Kokonfaden zu irgend einer der über dem Bassin in einer Reihe angebrachten Anlegevorrichtungen bringt; sie kehrt dann in den Kokonhalter zurück, fasst dort einen frischen Kokonfaden und wartet, bis das Anlegen desselben an einen der Rohseidenfäden notwendig wird. Die Wirkungsweise der Maschine ist aus der schematischen Darstellung in der Fig. 238 ersichtlich, wobei der Einfachheit halber nur eine Anlegevorrichtung resp. Haspel (der 2. in der Reihe) gezeichnet ist. *6* ist der Haspel, *9* die bekannte Vorrichtung, welche die Dicke resp. Stärke des Rohseidenfadens reguliert, *7* ist die Anlegevorrichtung und *8* die gewöhnliche Kreuzung, *4* die Kokons, welche im Bassin schwimmen und *11* der

einzige Kokonhalter, welcher die Anlegevorrichtungen der Maschine versorgen soll.

Die zum Haspeln der Seide bestimmten Apparate sind so gruppiert,
dass sie ein Arrangement bilden, das durch einen einzigen Kokonhalter versorgt werden kann. Zur Erreichung dieses Zweckes ist die Anwendung

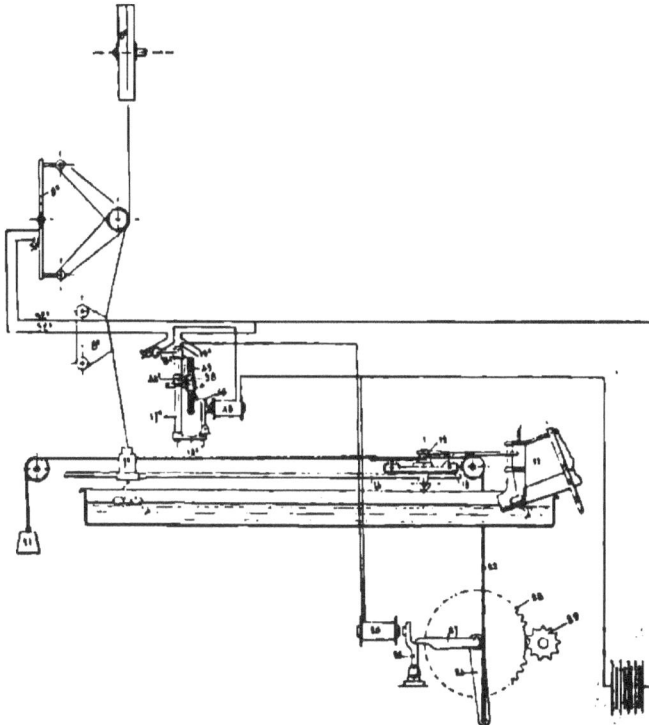

Fig. 238. Speisevorrichtung für den automatischen Kokonhaspel.

einer beweglichen Zange 12 erforderlich, deren Mechanismus mit der ganzen
Maschine derart verbunden ist, dass diese Zange, welche in ihrer normalen
Stellung sich bei dem Kokonhalter befindet und zwischen ihren Backen den
Faden eines frischen Reservekokons festhält, diesen Faden der Anlegevor-
richtung derjenigen der Apparate 9 zuführt, dessen Regulierungshebel durch
seinen schwach gewordenen Faden in Bewegung gesetzt wird. Der Hebel

dieses Regulierungsapparates 9 schliesst, indem er sich neigt, mittels eines Kontakts einen elektrischen Stromkreis, dessen Strom die Ausrückung eines besonderen Mechanismus bewirkt. Für jede Kokongruppe 4 giebt es einen ähnlichen Mechanismus, der dazu dient, die bewegliche Zange gegenüber der Anlegevorrichtung anzuhalten. Zu gleicher Zeit unterbricht dieser Mechanismus den elektrischen Stromkreis, sobald die Ausrückung bewirkt ist, und leitet ihn in einen zweiten Elektromagneten, der die Ausrückung der beweglichen Zange begrenzt; die letztere setzt sich in Bewegung, indem sie den Reservekokon 4' mit sich zieht, bis sie mit dem Hemmmechanismus desjenigen Haspels zusammentrifft, welcher die Ausrückung veranlasst hat. Die Anlegevorrichtung erfasst den Kokonfaden, und die Zange öffnet sich, um beim Zurückkehren auf ihren Platz den Faden eines neuen Reservekokons zu ergreifen, schliesst sich und kehrt in ihre normale äusserste Position zurück, wo sie eingerückt bleibt, bis einer der Regulierungsapparate von neuem das Schwachwerden des Rohseidenfadens signalisiert. 32 sind die Leitungsdrähte eines elektrischen Stromkreises, der durch den Kontakt 31 des Hebels eines selbstthätigen Regulierungsapparates 9 geschlossen wird, wenn infolge der anormalen Stärke des Fadens die Ausrückung aus der Normalstellung erfolgt ist. Der Strom geht durch den Kommutator 16, der auf dem äussersten Ende des horizontalen, auf der vertikalen Welle 17 durch einen Keil befestigten Armes angebracht ist, und durch den Elektromagneten 18. Die vertikale Welle 17 trägt einen zweiten kleinen Arm 44, worauf ein Daumen 43 wirkt, der mit einem Zahnrad 38 von besonderer Konstruktion fest verbunden ist. Die Armatur 46 des Elektromagneten 48 giebt dieses Rad in dem Augenblick frei, in welchem der Hebel 9 den Stromkreis bei 31 geschlossen hat, wodurch die vertikale Welle ungefähr ¼ Drehung um sich selbst macht. Infolge dieser Bewegung der vertikalen Welle wird der Kommutator 16 den Stromkreis 32 öffnen und den Stromkreis 19 schliessen, und der Arm 18, der auf der Vertikalwelle 17 mittels eines Keiles wagerecht angebracht ist, quer zur Längsrichtung der Maschine so gestellt werden, dass er die bewegliche Zange 12 dort anhält, wo der Faden des Reservekokons 4', den sie im Kokonhalter 11 erfasst hat, gegenüber der Anlegevorrichtung 7 gelangt ist.

Jede Anlegevorrichtung ist mit einem ähnlichen Mechanismus verbunden; die Zange 12, deren Bahn, um bis zu dem entferntesten Kokonhalter zu gelangen, ziemlich gross ist, wird also vor derjenigen der Anlegevorrichtungen halten, durch welche ihr Anrücken veranlasst worden ist. Dieses Ausrücken erfolgt durch den Elektromagneten 20, der beim Schliessen des Stromkreises 19 erregt wird, was durch die Umdrehung der Welle 17 erfolgt. Dadurch gelangt der Kommutator 16 von 32 nach 19. Das auf den kleinen Wagen 13, auf welchem die Zange 12 angebracht ist, wirkende Gegengewicht 21 sucht denselben immer nach links in der Nähe der Anlegevorrichtungen vorbeizuziehen; durch die Schnur 22 aber, die an der Kurbel 24 befestigt ist, deren Normalstellung mit der Ruhestellung der

Zange (in dieser Stellung befindet sie sich bei dem Kokonhalter) übereinstimmt, wird der Wagen zurückgehalten.

Wenn der Elektromagnet 20 den durch die Armatur 26 zurückgehal-
tenen Arm 27 freigiebt, wird das Zahnrad 28 mit dem kleinen Rad 29,
welches sich fortwährend dreht, eingreifen, wodurch das Rad 28 eine
Umdrehung macht. Während der ersten Hälfte derselben verlassen die
Kurbel 24, die Zange und ihr Wagen unter der Einwirkung des Gegen-
gewichtes 21 ihre Stellungen. Durch das Gewicht 21 wird der Wagen
nach links gezogen, bis die Zange gegen die Hemmvorrichtung 18 stösst,
wodurch sie angehalten wird. Die Anlegevorrichtung erfasst den Faden
des Reservekokons und die Zange kehrt während der zweiten Umdrehung
des Zahnrades 28 in ihre ursprüngliche Stellung zurück. Das letztere gelangt dann ausser Eingriff mit dem kleinen Rade 29 und wird durch den
Arm 27, der sich wieder auf die Armatur 26 des Elektromagneten 20 legt,
von neuem in Stillstand versetzt. Da der Elektromagnet 20 mit den
Ausrückungsmechanismen, die mit den Anlegevorrichtungen korrespondieren,
in Verbindung steht, so ist es klar, dass irgend einer dieser Mechanismen
das Ausrücken der Zange bewirken kann.

* * *

Von grösserer Bedeutung, als man vermuten könnte, ist das beim Haspeln zur Anwendung kommende Wasser; es wirkt auf die Eigenschaften
der Produkte in so unverkennbarer Weise, dass eine ausführlichere Besprechung geboten erscheint.

Gabba und Textor[1]) haben gefunden, dass die Wirkung warmen
Wassers beim Haspeln darin besteht, den gummiartigen Überzug der Kokonfaser zu lösen und somit ihr Abwickeln vom Kokon zu ermöglichen. Trotz
des kurzen Verweilens im Haspelbecken geht ein ziemlich beträchtlicher
Teil der in der Rohfaser enthaltenen löslichen Stoffe in die Lösung, so
dass bei wiederholtem Einweichen in warmes Wasser die Kokons bis
zu 22—26 % ihres Gewichtes verlieren können. Man würde sich also
im Irrtum befinden, wenn man annähme, dass man unter Anwendung
von einem sogar chemisch reinen Wasser wirklich in reinem Wasser haspelt; gleich nach dem Eintauchen löst das Wasser verschiedene Salze und
eine eigentümliche Säure, die in den Puppen enthalten ist, auf, und die
Kokonfaser selbst verliert 4—6 % des Seidenleims. Unter Umständen kann
ein solcher Verlust den Eigenschaften der Seide Schaden verursachen,
da die vorzeitige Entfernung der löslichen Bestandteile die Farbe, Festigkeit und den Glanz der Faser beeinträchtigt. Aus den Versuchen von

---

[1]) Berichte d. deutsch. chemisch. Gesellschaft, XII, 17.

Gabba und Textor ging hervor, dass die Abnahme der Festigkeit mit dem Verlust an löslichen Stoffen in direktem Verhältnis steht. Nach der Prüfung einer grossen Anzahl in den Hasplereien verwendeter Wasserarten kamen Gabba und Textor zum Ergebnis, dass die Härte derselben von 4—20° variiert, und dass sie Mineralstoffe in folgendem Verhältnis enthalten:

Calciumkarbonat (Kreide)	0,0206—0,1339 g
Calciumsulfat (Gips)	0,0000—0,0660 „
Magnesiumsulfat (Bittersalz)	0,0125—0,1000 „
Kalium- und Natriumchlorid	0,0000—0,0620 „
Kohlensäure	0,0010—0,0125 „

Es wurde von ihnen festgestellt, dass die im kalkfreien Wasser gehaspelte Seide weniger Glanz und Festigkeit besitzt, als die in hartem Wasser verarbeitete, weil das letztere weniger auflösende Eigenschaften besitzt. Theoretisch ist dies richtig; praktische Kontrollversuche haben indessen gezeigt, dass die Anwendung eines mässig kalkhaltigen Wassers sowohl in qualitativer wie quantitativer Hinsicht im günstigsten Falle die gleichen, meist aber schlechtere Resultate liefert, als ein vollständig weiches. Gemäss den Ergebnissen versuchten Gabba und Textor die Wasser, welche zu weich waren, durch Zusatz von gefälltem Gips, Magnesiumsulfat und Kreide auf den nötigen Grad der Härte zu bringen, und sollen diese künstlichen Wasser bezüglich der Qualität der gewonnenen Seide befriedigende Resultate ergeben haben. Übrigens verändert sich das Lösungsvermögen des Wassers mit seiner Temperatur, so dass während des Sommers und Winters zu demselben Wasser verschiedene Zusätze an Mineralstoffen nötig sind. Aus dem obigen Exposé geht hervor, dass für die Haspelzwecke am zweckmässigsten schwach kalkhaltiges Wasser zu gebrauchen ist. Wenn aber kalkhaltiges Wasser, dessen Härte 20° nicht übersteigt, aus praktischen Gründen zulässig ist, so muss andererseits seine chemische Reaktion wohl berücksichtigt werden. Alkalisches Wasser darf überhaupt nicht verwendet werden, weil es die Güte der Seidenfaser stark beeinträchtigt und speciell bei den empfindlichen Rassen, wie Japan, die Erzielung eines glatten und glänzenden Grègefadens unmöglich macht.

Quajat[1]) nahm infolge der Behauptung von de Bernardi[2]), dass destilliertes Wasser das vorzüglichste zum Haspeln sei, eine Prüfung vor, wie sich die Festigkeit und Elasticität der Seide bei Anwendung des destillierten und Brunnenwassers von 6° Härte herausstellen werde. Quajat erhielt Resultate, die darauf hinweisen, dass der Vorzug des ersteren in Bezug auf Festigkeit und Elasticität der Faser ziemlich un-

---

[1]) Bollettino mensile di Bachicoltura. Padova, 1888, S. 128, 148.
[2]) Filiamo lavona seta. Torino 1886.

bedeutend ist, obwohl andererseits das Äussere der Seide, ihr Glanz und ihre Zartheit, bei der Anwendung des reinen Wasser bedeutend gewinnen. Nach den Untersuchungen von Franceron[1]) ist das destillierte oder Kondensationswasser ein Mittel par excellence, um tadellose Seide zu haspeln, da es, als gänzlich neutral, keinerlei Nebenwirkung ausübt. In den Seidenhasplereien ist es Gebrauch, dass man die durch Zerreiben der Puppen gewonnene gelbe, trübe, Fett und Salze enthaltende Flüssigkeit dem Haspelwasser hinzusetzt. Die in den Puppen enthaltene eigentümliche organische Säure, die sie bis zu 25—30% an das Wasser abgeben, scheint den Haspelprozess zu erleichtern und die natürliche Alkalinität des Wassers aufzuheben; ist aber das verwendete Wasser sehr hart (etwa 18—20°) und alkalisch, wie die meisten Kalkwasser, so hebt sich die gute Wirkung der Puppensäure teilweise auf. Das mit Puppensäften gesättigte Wasser wird im Haspelbecken längere Zeit, öfters einige Tage, gar nicht erneuert und wird mit der Zeit dunkelgelbfarbig und von stark saurer Reaktion. Viele in dieser Art gehaspelte Seiden besitzen in rohem Zustande ein unansehnliches, graues Äussere, liefern aber trotzdem, besonders in Uni-Schwarz bemerkenswerte Resultate. Nach dem Entbasten sind solche Seiden übrigens ebenso glänzend, wie die anderen. Beiläufig mag auch bemerkt werden, dass der Glanz der Grège von den meisten Seidenhändlern als eine unwesentliche, äussere Eigenschaft betrachtet wird, zumal er temporär sein, d. i. im Laufe der weiteren Verarbeitung verschwinden, und umgekehrt in einer von Hause aus unscheinbaren Rohseide nach dem Entbasten etc. zum Vorschein kommen kann. Wo jedoch darauf geachtet wird, eine auch äusserlich ansprechende Ware herzustellen, kann der natürliche Glanz durch häufiges Wechseln des Haspelwassers und Einhalten möglichst niedriger Temperaturgrenzen gesteigert werden. Das Verfahren mit Puppenfett ist jedoch im grossen und ganzen in den Fällen, wo ein einigermafsen reines Wasser zur Verfügung steht, unrationell und scheint thatsächlich nach und nach im Verschwinden begriffen zu sein. Es wurde auch konstatiert, dass der Verlust an Seidenleim bei Anwendung der Puppensäfte weniger bedeutend ist; mag dies darin seinen Grund haben, dass der Seidenleim in fettsäurehaltiger Flüssigkeit weniger löslich ist, oder dass sich ein gewisser Teil der Fette und Salze auf der Seidenfaser selbst fixiert, so wiegt doch dieser geringe Vorteil alle übrigen Nachteile des Verfahrens nicht völlig auf. Die Untersuchungen von Rotondi[2]) haben dargethan, dass die saure Reaktion des mit Puppensäften versetzten Wassers, welches man im Haspelbecken längere Zeit nicht erneuert, und das infolgedessen viel Puppen der abgehaspelten Kokons enthält, auf die Anwesenheit der Harnsäure und ihrer sauren Salze zurückzuführen sei. Rotondi vertritt die Meinung, ein

---

[1]) Moniteur des soies, 1890.
[2]) Sull' Influenza della qualità delle acque usate nella trattura dei bozzoli. Roma 1890.

vollständig reines Wasser sei für die Zwecke des Haspelns ohne Vorteile. Sowohl die gelben wie die grünen Kokonmassen liefern mit mässig hartem (die ersteren auch mit ziemlich hartem) Wasser viel bessere Resultate. Unter den den Haspelprozess befördernden Salzen sind in erster Linie die Sulfate der Erdalkalien, dann die Karbonate und Chloride zu nennen. Bei übermässigem Härtegrad (über 20°) lässt sich der überschüssige, für das Haspeln in diesem Falle nachteilige schwefelsaure Kalk (Gips) durch Zusatz von etwas Chlorkalium unschädlich machen, bei zu weichem Wasser (unter 8—10°) soll nach Rotondi direkt Gips hinzugesetzt werden. Der geeignete Härtegrad beträgt für gelbe Kokons 12—15°, wobei wenigstens die Hälfte dem Gips zukommen soll, für die grüne Rasse soll dann die Härte 12° nicht übersteigen.

Vignon[1]) hat den Einfluss des Haspelwassers auf die Qualität der Seidenfaser in der Weise untersucht, dass er durch künstliche Zusätze von Chemikalien ihre Wirkung im einzelnen festgestellt hat. Diese Untersuchungen erstrecken sich auf den Gang des Haspelns, die Festigkeit und Elasticität der erhaltenen Grège, ihren äusseren Charakter und das Verhalten beim nachträglichen Zubereiten, Zwirnen und Entbasten. Die Ergebnisse dieser sehr sorgfältigen Versuche sind folgende. Die Arbeit des Haspelns wird durch einige Mineralsalze erleichtert, durch andere verzögert oder ganz unmöglich gemacht. Für vergleichende Zwecke sind die Mengen dieser Salze äquivalent verwendet worden, so z. B. Gips (Ca S O₄, 2 aq.) 1,72 g pro Liter, Magnesia (MgO) 0,40 g pro Liter des Haspelwassers u. s. w. Während nun beim Zusatz von Calciumacetat, Kaliumsulfat, Chlorkalium, Spuren von Pottasche und Chlormagnesium das Abhaspeln sehr gut vor sich geht, wird die Regelmässigkeit der Arbeit durch Zusatz von Chlorcalcium und Gips, von Pottasche, Spuren von Kalk und Magnesia, sowie Magnesiumsulfat und -Karbonat in zwar nicht wesentlicher, aber deutlich erkennbarer Weise beeinträchtigt. Der Zusatz von Kreide verursacht eine flaumige Beschaffenheit der Grège; Pottasche in einer äquivalenten Menge (1,38 g per l) macht das Abhaspeln sehr schwierig, ebenso schlecht wirken Kalk und in geringerem Mafse Kaliumacetat. Destilliertes Wasser ergiebt hingegen gute Resultate. Es ist selbstverständlich, dass die quantitative Ausbeute an Grège in direktem Verhältnis zum qualitativen Verhalten beim Haspeln steht, und ebenso verhält es sich mit der Festigkeit und Elasticität; die letzteren variiren übrigens ziemlich unbedeutend. Weit mehr dagegen hängt von der Beschaffenheit des Wassers das Äussere der Rohseide ab. Dieses Äussere, der Glanz, die Farbe, und vor allem die Glätte des Seidenfadens, ist beim Handelsverkehr von ziemlicher Bedeutung. Von den Kalksalzen beeinträchtigen Gips und Chlorcalcium sowohl den Griff, wie den Glanz der Grège; kohlensaures und essigsaures Calcium sind in äquivalenten Mengen ohne Einfluss. Kalisalze sind im allgemeinen von günstiger Wirkung. Mit schwefelsaurem Kali

---

[1] Recherches sur la soie. Lyon 1891, S. 103.

übertrifft die Rohseide in ihrem Äusseren und im Griff die in destilliertem
Wasser gehaspelte. Andere Kalisalze, wie Chlorkalium und Pottasche,
machen den Griff weich, auch essigsaures Kalium liefert gute Resultate.
Durch Kalk und Magnesia wird, abgesehen von der schlechten Wirkung des
ersteren beim Gang des Haspelns, nur der Griff weich gemacht und die
Nuance, sowie der Glanz etwas beeinträchtigt. Von den Magnesiasalzen
hat Chlormagnesium guten Einfluss, schwefelsaures und kohlensaures Salz
verschlechtern den Griff und berauben die Faser ihres Glanzes. Die Sulfate, Chloride und Acetate von Calcium, Kalium und Magnesium, sowie die
Karbonate von Calcium und Magnesium verleihen der Grège einen etwas
höheren Titer, dank der Absorption dieser Salze durch die Seide. Alkalisch
reagierende Stoffe, wie Kalk, Magnesia und Pottasche vermindern die Ausbeute in einer beträchtlichen Weise, und ihre Wirkung auf die Qualität der
Faser ist bei der ziemlich hohen Temperatur des Wassers im Schlag- und
Haspelbecken eher eine ungünstige. Es muss bei alledem doch zuge-
geben werden, dass es bei der Behandlung einiger zarten Gattungen Kokons
vorteilhaft ist, zwecks Verminderung des Lösungsvermögens dem reinen
Wasser geringe Mengen entsprechender oben angedeuteter Salze hinzuzufügen. Ihre absolute und relative Menge wird in jedem speciellen Falle zu
bemessen sein.

Wie aus obiger Erörterung hervorgeht, ist die Kontroverse, ob in reinem
oder mit künstlichen Zusätzen versetztem bezw. hartem Wasser gehaspelt
werden soll, noch nicht entschieden und wird kaum definitiv abgeschlossen werden, da es immerhin einzelne Fälle giebt, wo ein Verfahren
vor dem anderen bedeutende Vorteile bieten mag. Im allgemeinen scheint
jedoch die Meinung, dass ein möglichst reines Wasser das zuverlässigste
sei, immer mehr Platz zu greifen. In rationell betriebenen Hasplereien
wird stets für die Reinheit desselben gesorgt, indem die Einweich-
und Schlag-, sowie die Haspelbecken täglich mehrmals frisch gefüllt
werden. In einigen Betrieben soll sogar das langsam fliessende Wasser
mit gutem Erfolg angewendet worden sein. Als reines Wasser ist in der
Praxis das Kondensationswasser zu betrachten, dann das Granitboden
entstammende Quellwasser. Das in den meisten Fällen zu Gebote stehende
ist indessen kalkhaltig; wo die Härtegrad 5—15° nicht überschreitet, kann
es trotzdem ohne Zusätze verwendet werden. Kieselerdhaltige Wasser sind an
und für sich für Haspelzwecke gut geeignet. Einen Beweis dafür, dass möglichst kalkfreies Wasser bei weitem zuverlässiger ist, liefert die nicht vereinzelt dastehende Thatsache, dass einige kaukasische in verschiedenen
Gegenden gelegene Seidenhasplereien mit einer und derselben Gattung Kokons in Bezug auf Ausbeute und Qualität verschiedene Resultate erzielten,
und hat es sich herausgestellt, dass die Ursache am Wasser lag. Das
harte Wasser hat geringere Erfolge ergeben, hat sich aber bedeutend ge-
bessert, nachdem es in den Bassins mehrere Tage hindurch dem Sonnenlicht ausgesetzt war. Da das letztere den gelösten doppeltkohlensauren

Kalk in Kohlensäure und unlösliche Kreide zersetzt, so ergab diese Prozedur ein in natürlicher Weise weichgemachtes Wasser.

* * *

Den einfachsten Rohseidenfaden nennt man Grège, grezza. Je nach der Anzahl der Kokonfädchen, aus denen er sich zusammensetzt, giebt es Grège von verschiedener Dicke oder Titer. Unabhängig davon unterscheidet man einige besondere Abarten, die jedoch hauptsächlich anormale Gattungen sind, wie z. B. mezza seta oder sedetta aus minderwertigen, fleckigen Kokons, ferner seta doppionata aus Doppelkokons u. s. w. Im Nachstehenden sollen statistische Daten über die Hasplerei in verschiedenen Ländern und die wichtigeren im Handel vorkommenden Grègegattungen erörtert werden.

Die Grègen des chinesischen Reiches waren ehemals von viel besserer Qualität, als durchschnittlich in neuerer Zeit, denn im XVII. Jahrh. und noch anfangs des XVIII. Jahrh. waren die Seiden von China neben denen von Indien ihrer Güte halber höher geschätzt, als diejenigen von Italien und Frankreich, und kamen bei weitem mehr in den Handel. Die ostindische Kompagnie wollte sogar deren Verwendung zum Weben gewisser Stoffe obligatorisch gestalten, und die Lyoner Manufaktur, dieser Anmafsung Widerstand leistend, führte einen sehr langen Prozess gegen diese Handelsgesellschaft, den sie schliesslich im J. 1714 gewann. Durch Expertisen wurde nämlich festgestellt, dass die Seiden Frankreichs und Italiens die indischen und chinesischen Grègen zu ersetzen im stande sind, aber dass die Seide von China, die weisse Seide von Nanking, wie man sie damals nannte, für die Gewebe der Gazen und Spitzen unentbehrlich ist. Im Jahre 1781 wurde diese Seide mit einem Eingangszoll von 5% belegt; die Gazefabrikanten von Paris und Lyon bewirkten die Aufhebung dieser Steuer, und aus der Denkschrift, die sie hierüber an die Regierung richteten, ersieht man, dass die Nankinggrège die einzige war, von welcher sie Gebrauch machten; der Eingangszoll betrug nämlich 100—120000 Livres pro Jahr. Während fast achtzig Jahren hatten Lyoner Fabriken die asiatische Seide ausser Acht gelassen, so dass selbst jede Erinnerung an ihre Eigenart und Qualität abhanden gekommen war. Als sie daher infolge der Zerstörungen durch die Epidemie Zuflucht zu diesen Seiden nehmen mussten, brachte man mehrere Jahre mit Versuchen zu, ihre Handhabung von neuem kennen zu lernen.

Die chinesischen Grègen sind sehr verschiedenartigen Charakters; die zahlreichen Rassen und voneinander abweichenden Verarbeitungsmethoden einzelner chinesischer Provinzen tragen dazu bei, dass chinesische Rohseiden unter den mannigfaltigsten Namen in den Handel kommen, die einerseits die Qualität, andererseits die Herkunft und die „trade mark" des Ursprungs tragen.

Im grossen und ganzen lassen sich jedoch die chinesischen Grègen in

drei Haupttypen einteilen: die weissen, die gelben und die Kanton-
grègen. Die weissen Chinaseiden, die 75% der Gesamtausfuhr ausmachen, wurden früher als Nanking bezeichnet. Sie sind von weisser
oder grünlicher Farbe und werden hauptsächlich in den Provinzen Tschekiang und Kiangsu erzeugt; die wichtigsten Provenienzen der einzelnen
Sorten sind Chincum, Woozie, Liyang, Hoo, Yunfa, Haining, Schinkiang
und Nanking. Die gelben Chinagrègen entstammen den Provinzen Tschekiang, Ssu-tschuen (Ss'chwan), Shantung, Hupeh, Kuei-tscheu u. a. und wer-

Fig. 239. Chinesische Grège.

den je nach der Provenienz als Min-
tscheu (Minchew), Sintscheu, Paoning,
Shunking, Sse-tung-hien, Sicbong etc.
unterschieden. Die Provenienz übt
auch innerhalb einer und derselben
Rasse auf die Qualität der Grège unverkennbaren Einfluss, so sind die
Ssu-tschuen-Seiden im Glanz und Griff

geringer, als die von Tshekiang, dafür aber durch grössere Festigkeit ausgezeichnet. Die Chinesen bezeichnen die gelbe Seide als „hoang-sse", die
weisse „peh-sse". Die Kantonseide ist das Erzeugnis der mehrartigen Rassen der Provinz Kuangtung. Schliesslich unterscheidet man unter den nord-
chinesischen Grègen, die für den Export von nur geringer Bedeutung sind
und den allgemeinen Namen „hsino-shien-sse" (halbgezüchtete Seide) führen,
folgende Gattungen: „Shui-sse" die in heissem Wasser abgehaspelt wird, im
Gegensatz zu „han-sse", die wahrscheinlich aus den Doppelkokons und nach
der trocknen Haspelmethode gewonnen wird. In China hat jeder Haspel-
betrieb, oft auch jeder Seidenhändler seine Marke, die auf der Umhüllung
des Packets angebracht ist; dieselbe enthält den Namen und die Adresse
des Hasplers oder des Händlers und ist oft mit einer Figur versehen, wie
Schmetterling, Elefant, Drache etc. Man kennt im Handel mehrere hundert
solcher Marken.

Die Ausfuhr chinesischer Grègen nach London begann noch vor
dem Jahre 1830. Von da ab bis zum Jahre 1845 betrug sie 3 bis
6000 Ballen jährlich und erfolgte über die alleinigen für Europäer zugänglichen Häfen von Shanghai und Kanton. Von 1846—53 wuchs der
Export allmählich von 10000 auf 30000 Ballen, und erreichte 1854—63
sein Maximum von 40—80000 Ballen, um 1864—76 auf 23—40000 Ballen herabzusinken. In der Periode 1877—93 bewegt sich die Ausfuhr in
den Grenzen zwischen 8—25000 Ballen, mit Ausnahme des J. 1884, wo eine
Höhe von 31000 zu verzeichnen ist. Diese Abnahme des Exports nach
England hat in der Verschiebung des Seidenmarktes nach Lyon ihren Grund,
welche weiter unten ausführlicher erörtert wird. Die chinesischen Grègen
waren vor Jahren nicht von derselben guten Beschaffenheit, die sie heutzutage aufweisen. Ihre Verarbeitung war sehr schwierig, so dass sie nur in
sehr groben Titern verwendet werden konnten. Das Hauptverdienst in der

Verbesserung chinesischer Grègen fällt den Amerikanern zu, die die Chinesen
dazu brachten, statt der primitiv und nachlässig gehaspelten und öfters
unterbrochenen Gespinste, einen tadellos windenden Faden zu liefern. Bereits 1840 sandten sie nach Kanton Musterstränge und vervollkommnete
Windemaschinen mit dem Auftrag, alle für sie bestimmte Seide mit grösster
Sorgfalt umzuhaspeln. Die hergestellten Gespinste erhielten den Namen
„rereeled" oder „redévidée", d. i. umgehaspelt.

Nachdem wir die Chinagrègen im allgemeinen besprochen haben, wenden
wir uns ihren einzelnen Typen zu und zwar zuerst den weissen Rohseiden,
unter denen die Tsatlees die wichtigste Rolle spielen.

Nach der Auslegung von Rondot bedeutet das Wort Tsatlee eine aus
sieben Kokons zusammengesetzte Rohseide; nach anderer Meinung bezieht
es sich auf den Namen eines Marktfleckens des Departements Hutscheufu
in Tschékiang, wo man in alten Zeiten Seiden von dieser Feinheit zum
ersten Male gehaspelt hat. Die Tsatlees sind ausnahmslos weiss und zerfallen in zwei Haupttypen: gewöhnliche und umgehaspelte Tsatlees
(redévidées). Die ersteren werden in den östlichen Provinzen erzeugt, namentlich in Nanking, Chinza, Hoochum, Tacho, Linghoo, Hoochow (l. Hu-
tcheu), Shongling etc. Man unterscheidet demnach Tsatlees aus Hutscheufu, Nanking, Hang-tschen-fu, Hupeh, wobei sie die Namen Hu-tsatlee,
Hang-tsatlee u. s. w. führen. Früher wurden die Tsatlees unter dem Namen
Nanking in fünf Qualitäten eingeteilt; gegenwärtig sind die drei besten Qualitäten fast gänzlich aus dem Verkehr verschwunden; sie kamen gegen die
fünfziger Jahre auf den Lyoner Markt und ihr Gebrauch wuchs seitdem
fortwährend. Die Tsatlees werden von den lebenden Kokons gehaspelt, die
dem Dörren nicht ausgesetzt wurden; daher sind diese Grègen von blendender Weisse und sehr dauerhaft. Da dieselben in einer primitiven Art gehaspelt
werden, so sind sie ziemlich unsauber und unregelmässig, wodurch sich ihr
Gebrauch nur auf solche Fabrikate beschränkt, die keines sehr gleichmässigen
Fadens bedürfen. Ihr jährlicher Export beläuft sich auf 30—35000 Ballen.
Die Tsatlees rereeled, deren Verwendung von Jahr zu Jahr steigt, sind von
grösserer Gleichmässigkeit des Gespinstes, das in den Titern von 18 bis 22/25
variiert, aber immerhin noch nicht einwandfrei ist. Sie werden allgemein
zu den Ouvrées à tours comptés muliniert, um die Ungleichheit des Fadens
auszugleichen. Die gangbarsten Handelsmarken der Tsatlees sind: von der
besten Qualität, Tsatlee Gold Lion Kintzé und Tsatlee Bird Chunlin Ad-
vertisement, von den mittleren, Tsatlee Gold Kilin, Tsatlee Montagne, Stork
foling, Stork chanling etc.

Unter den übrigen Qualitäten der weissen Chinagrège sind folgende zu
erwähnen. Die Hainin, die sich von den Tsatlees nur dadurch unterscheiden,
dass die Packete etwas weniger umfangreich und die Farbe weniger weiss
ist. Diese Gattung stammt aus den südlichen, mehr feuchten Provinzen
Chinas und ist ziemlich unsauber und flaumig: ihr einziger Vorteil besteht
in der Feinheit des Fadens, dessen Titer von 14 bis 18/20 variiert, d. i. um

20 % feiner ist, als der von Tsatlees. Zwei Drittel aller Hainingrège kommt umgehaspelt auf den Markt und ist in diesem Zustande von den Tsatlees schwer zu unterscheiden, denen sie aber in vieler Hinsicht nachsteht. Auch die Hangchowgrège ist auf den ersten Blick den Tsatlees ähnlich, aber in der Qualität weniger gut, als jene. Sie ist gröber, weniger sauber, weicher, von baumwollartigem Griff und misst durchschnittlich 25/35 den., dagegen verhält sie sich beim Winden besser, als die Tsatlees; ihre Hauptverwendung findet sie zu Bändern und Posamenten.

Die weissen Kahings sind die besten Seiden Chinas, namentlich in den Qualitäten Hang-hong-sing, Lily flower etc. Die Reinheit und Regelmässigkeit sind die gleichen, wie bei Tsatlees; der Faden misst 25/35 den., und wickelt sich gut ab. Infolge der geringen Ausfuhr (ca. 3000 Ballen) ist ihr Anwendungskreis in Europa ziemlich beschränkt und zwar hauptsächlich für Näh- und Stickseiden und Möbelstoffe. Die grünen Kahings sind von derselben Beschaffenheit, wie die weissen, nur von anderer Farbe, die bei geringeren Seiden ins Graue spielt; der Titer misst 25/40 den. in den besseren Qualitäten: Cicada I, Mandarin, Duc M etc. Ihre Verwendung finden die grünen Kahings für Floches, Cordonnets, Stickseiden, Posamenten u. dergl.

Die Qualitäten Chincum, Skeins, Woozies und Taysaams werden in den Provinzen erzeugt, die Shanghai nahe liegen. Die Chincum sind die besten davon und ähneln den weissen Kahings, von denen sie sich durch stärkeren Titer, 30 bis 50 den., unterscheiden. Die Ausfuhr geht nach London und wird für Nähseiden besserer Qualität verwendet. Die Woozies, welche auch 9/12 Moos genannt werden, sind minderwertiger, als die Chincum, und da sie von wenig glänzendem Aussehen, unsauber und starkfädig sind, 60,80 den., so können sie nur für Näh-, Stick- und Posamentierseiden Verwendung finden. Für diese Zwecke sind sie weit mehr geeignet als alle anderen, selbst die feinsten Seiden, und werden in England, der Schweiz, Frankreich und Württemberg sehr geschätzt. Die Skeins sind von allen weissen Chinagrègen am dickfädigsten, 80/120 den., und daher nur für bestimmte Artikel verwendbar; übrigens wird der Hauptteil der Skeins in Europa als Grège nach Nordafrika und Russland weiterverkauft.

Ausser „Tsatlee" war früher die Qualitätsbezeichnung „Taysaam", jedoch nur in den Provinzen Tschékiang und Kiangsu im Gebrauch. Das Wort Taysaam bezeichnete anfänglich eine in Tschékiang gezogene eigentümliche grosspuppige Rasse (ta-tsun = grosser Wurm). Ehemals lieferte die Provinz Kiahingfu allein die eigentliche Taysaamseide, man findet aber gegenwärtig diese Seiden auch in anderen Distrikten, wie es heisst, von derselben Feinheit und Qualität, oder richtiger, auf dieselbe Art und Weise gehaspelt. Es mag nebenbei bemerkt werden, dass es schwer geworden ist, den Ursprung der in den Handel gebrachten Seiden mit Bestimmtheit anzugeben, da die chinesischen Kaufleute die Gewohnheit angenommen haben, der Grège einerseits nicht den Namen ihres Ursprungs zu belassen (wenn diese

Herkunft nicht die berühmteste ist), andererseits Mischungen aller möglichen Sorten vorzunehmen. Die Taysaams haben nur für den inländischen Markt Bedeutung und werden in ihren Produktionsorten Kiahing-fu, Chincum, Woozie, Shewhing und anderweitig verbraucht. Das Äussere derselben ist nicht so ansprechend, wie das der Tsatlees.

Folgende Tabelle zeigt die durchschnittlichen Ausfuhrmengen einer Campagne der weissen Chinagrègen:

Gewöhnliche Tsatlees . .	35000 Ballen
Woozie	6200 „
Tsatlees rereeled . . .	5600 „
Kahing, grün . . •. .	4800 „
Kahing, weiss	3400 „
Hangchow	2900 „
Skeins	2200 „
Hainin rereeled	2100 „
Hainin ordinary . . .	1200 „
Chincum	1100 „
	64500 Ballen.

Von den gelben chinesischen Grègen werden die Minchews in der mittleren Zone Chinas erzeugt und kommen in einer Menge von ca. 2000 Ballen nach Europa. Sie haben einen feineren Titer als die Tsatlees, durchschnittlich 15/25 den., und finden in Lyon, St.-Étienne und namentlich Zürich gern Aufnahme. Ihre aussergewöhnliche Strangform hat beim Mulinieren anfänglich Schwierigkeiten bereitet, die jedoch in Italien bald überwunden wurden. Als ein Vorteil der Minchewseide ist noch hervorzuheben, dass sie nach dem Färben, namentlich in Schwarz, starken Glanz annimmt. Die Shantungseiden entstammen den nördlichen Provinzen Chinas und sind die schönsten gelben Seiden dieses Landes, so dass sie ihrer Natur nach als die Cévennesseiden Chinas bezeichnet werden könnten; leider sind sie ziemlich unsauber und ungleichmässig; der Titer variiert durchschnittlich um 25/35. Erst durch sorgfältiges Mulinieren werden diese Seiden für die Verarbeitung geeignet. Ihre Strangform ist ebenso gross, wie die der Minchews. Die Anwendung der Shantungseiden ist ungefähr dieselbe, wie die der Kahings, d. i. für Möbelstoffe, Bänder, Foulards in den besseren Qualitäten, wie Gold Buffalo, Gold Elefant etc. oder für Nähseiden und Posamenten in geringerer Güte. Der Export der Shantunggrège beträgt ca. 15—1600 Ballen. Es giebt auch eine nach dem europäischen Verfahren gehaspelte Shantung Filature, die mit der Handelsmarke Double snake versehen, in sehr geringer Menge in den Verkehr kommt. Diese Grège ist von ungleich besserer Qualität als die gewöhnliche Shantung und misst gewöhnlich 14/16 den.; es wäre zu wünschen, dass sich in Shantung noch mehr europäische Filanden etablieren würden. Unter den übrigen Varietäten gelber Seide können Kopun, Mayuug, Fuyung, Wangchow, Wangyi, Sichong u. a. erwähnt werden, alles nur minderwertige, grobe Qualitäten. Sie werden meistens auf dem Markt von Marseille nach Spanien, Tunis, Algerien etc. weiter verkauft. In der Campagne 1893/94 wurde exportiert: Mayung 2600 Ballen, Fuyung 2500, Wangchow 1100, Wangyi 350, Sichong und andere 2500, insgesamt 9550 Ballen. Folgende Tabelle zeigt die Ausfuhrzahlen aller bis jetzt angeführten Robseiden Chinas (mit Ausnahme der Filatures à l'européenne) (Ballen):

	Frankreich	Andere Länder	Total
1884	32355	20261	52616
1886	36156	14538	50694
1889	43383	17973	61356
1891	38900	20752	59652
1893	42297	27303	69600.

Die ersten Versuche, in China das moderne europäische Haspelverfahren einzuführen, fallen in das Jahr 1866 zurück, wo in Shanghai unter den Auspicien eines den Seidenhandel betreibenden Mandarins eine Filande errichtet wurde, welche jedoch infolge der mangelhaften technischen Leitung bald einging. Der Betrieb solcher nach europäischer Art montierten und teilweise von fremdländischem Personal bedienten Haspelanstalten hat in der ersten Zeit ihres Bestehens und selbst noch in neuerer Zeit ausserdem unter der feindseligen Gesinnung der Regierung und des Volkes zu leiden gehabt, und der unständische chinesische Pöbel demolierte nicht selten in erster Linie die europäischen Filanden. Erst 1877 wurde die erwähnte Anstalt unter französischer Leitung wieder in Betrieb gesetzt. Von anfänglich 200 Haspelbecken mit einer Produktion von 12000 kg ist dieses Etablissement auf 950 Becken mit einer Produktion von 1200 Piculs oder 70—75000 kg herangewachsen. Diese Seide führt den Namen Filature Keecheong und wird in vorzüglicher Qualität zum grössten Teil von der Lyoner Fabrikation aufgenommen. Im J. 1882 wurde die Filature Ewo eröffnet, die von 150 auf 600 Becken gestiegen ist und jährlich 650 Piculs oder 40000 kg Rohseide erzeugt. Im J. 1885 trat noch eine dritte Hasplerei, Kong Hoo Yung, hinzu, die mit 100 Becken etabliert, es bald zu 8 bis 900 Becken und einer Produktion von 1000 bis 1200 Piculs oder 65 bis 70000 kg gebracht hat. In neuester Zeit entstanden dann in Shanghai noch einige andere Filanden, allerdings in kleinerem Massstabe von 50 bis 100 Becken, die aber sicherlich im Laufe der Zeit ihre Vorgänger erreichen werden. Diese Etablissements sind: Lhun Wa mit 350 Becken und einer Produktion von 450 Piculs oder 26000 kg Seide; Hing-cheong mit 300 Becken und einer Produktion von 350—400 Piculs oder 22000 kg und schliesslich Sans-Pareil und Hun-Kee mit je 200 Becken und einer Produktion von je 250 Piculs oder 15000 kg. Im ganzen sind jetzt in Shanghai 15—20 moderne Filanden thätig. Dieser industrielle Umschwung ist jedoch im Verhältnis zu der Gesamtproduktion Chinas nur sehr gering, und während Kanton und Japan zum mindesten zwei Drittel der Produktion nach dem europäischen Haspelverfahren erzeugen, bleibt das innere China mit seinen primitiven Methoden noch immer im Rückstand. Es steht indessen zu erwarten, dass letzteres dem Beispiel Kantons und Shanghais folgen wird und dass die Filaturegrègen alle anderen Qualitäten verdrängen werden.

Die Provinz Kuang-tung (Kanton) ist die am meisten Seide erzeugende Gegend Chinas. Wie bereits erwähnt, stammt die Kantonseide von den mehrerntigen Rassen; die erste, zweite und dritte Ernte, die während der Regenzeit gesammelt werden, ergeben minderwertige Produkte, im Gegensatz zu den anderen, namentlich der fünften und sechsten. Die Kantonseiden wurden früher in ziemlich primitiver Weise gehaspelt und kamen nach Europa in den Qualitäten Kanton „curio" für die beste und No. 1—5 für die minderwertigeren. Sie hatten eine charakteristische, schmutzigweisse, ins Grüne spielende Farbe und einen eigentümlichen Geruch, der darauf schliessen liess, dass beim Abhaspeln eine pflanzliche Abkochung benutzt worden ist. Die Kantongrège kam als „Canton Tsatlee" zuerst im Jahre 1841 in 720 Ballen auf den Londoner Markt und erfuhr infolge ihres billigeren Preises für Nähseiden, Foulards, Möbelstoffe etc. eine ziemlich ausgedehnte Verwendung, die in neuerer Zeit indessen alljährlich abnimmt. Die erste Filature à l'européenne wurde im J. 1872 angelegt und in kurzer Zeit folgten dann weitere, so dass im J. 1878 bereits 2500 Becken, im J. 1883 9000 und im J. 1887 25000 Haspelbecken thätig waren. Gegenwärtig verfügen 250 Etablissements über ca. 60—65000 Haspelbecken nach europäischer Art und erzeugen ohne Schwierigkeiten eine gleichmässige Grège von einem Titer 21/23 den. Die Canton Filatures, auch Canton à l'européenne genannt, sind von weisser Farbe mit gräulichem Stich, feiner Beschaffenheit, aber ziemlich flaumig und nicht besonders dauerhaft, dafür aber von schwammiger Natur, wodurch sie zu mannigfacher Verwendung sehr gut geeignet sind. Sie werden zu Schirmstoffen, Foulards, Plüschen, Sammeten, Krepp, Spitzen und allen anderen Fabrikaten verarbeitet, die eines billigen, regelmässigen und glänzenden Gespinstes benützen. Die durchschnittliche Jahresausfuhr beträgt 25—30000 Ballen, oder 13—1400000 kg Rohseide, worunter ⅘ Filatures und der Rest in Natives und redévidées, welch letztere übrigens in fortwährender Abnahme begriffen sind. Im Handel kommt auch die sogenannte Imitation Filature vor, die aus feinster Tsatlee und anderen auserlesenen Sorten besteht, welche sehr sorgfältig umgehaspelt werden. Die besten Qualitäten der Kantonseiden Filature führen im Handel die Namen Lungkong, Laklau, Lungshan, Kumshuk, Wongleen u. s. w., im speciellen die Marken Filature U hau cheong, F. Yuk-wohing, F. Kwonglun-fong, F. Chon-sunhong etc. Mittlere Sorten sind in den Kaukong, Kootgon, Hangtan, F. Kai Cheong Loong, und die minderwertigen in den Siulam, Kwai-tschau, F. Wai-Lunhing u. a. vertreten.

Die Gesamtproduktion der Rohseide in China lässt sich ans folgender Tabelle ersehen:

Tsatlee (Tshekiang, Kiangsu)	4150000 kg
Taysaum (Woozie, Shushing, Skeins, Tshekiang, Kiangsu, Li-yong)	2900000 „
Kanton (Kuang-tung)	1850000 „
Ss'-tschuen	1420000 „
Yunfa, Haining, Kiang-si	860000 „
Hangchow-Tsatlee	340000 „
Shantung	260000 „
Diverse	600000 „
Im ganzen . .	12380000 kg

Über die Entwickelung und den Stand des Seidenverkehrs Chinas mit dem Abendlande geben folgende statistische Daten Aufschluss. (Ein Ballen weisser Grège entspricht 47 kg: ein Ballen gelber 60 kg; eine Kiste zu 50 engl. Pfund = 22 kg 280; ein Picul = 60 kg).

Export der Robseide aus Shangbai.

Bestimmungsort	1875.76[1], Ballen	1880.81, Ballen	1885/86, Ballen	1890/91, Ballen	1892/93 [2], Ballen	1894/95 [3], Ballen
England	27037	21008	9592	9295	3110	1962
Kontinent	34564	45923	34758	48762	57827	43012
Ver. Staaten Amerikas .	7128	9334	7643	6046	8251	10275
Bombay und andere Häfen	1429	7303	3980	6898	10137	8725
	70158	83568	55973	71001	79325	63974

In der Campagne 1894/95 war die Ausfuhrmenge folgendermafsen zusammengesetzt:

37408	Ballen	weisse Grège à 47 kg	. .	1758000	kg
10488	„	Tsatlees rereeled à 60 kg	.	629000	„
9204	„	gelbe Grège	„	.	552000	„
7269	„	Tussah	„	.	436000	„
1708	„	Tussah Filature	„	.	102000	„
3514	„	Filature à l'europ.	„	.	211000	„
1652	„	Hainin rereeled	„	.	99000	„
		Im ganzen Grège		3787000	kg

[1] In den Jahren 1860.63 durchschnittlich 2461900 kg, in 1869/71 1423800 kg, jährlich.
[2] 5403 Ballen Tussah mitgerechnet.
[3] 9997 Ballen Tussah inbegriffen.

In früheren Jahren waren einzelne chinesische Grègen an der Ausfuhr folgendermassen beteiligt (%):

	Tsatlee	Hangchow Tsatlee	Kahing	Taysaam	Filature	Haining	Re-reeled	Setschuen, Shantung	Tussah
1878	62,5	3,8	12,5	7,0	—	0,4	7,7	4,6	0,3
1884	46,4	3,3	7,6	3,5	5,0	0,4	8,2	18,7	6,8

Die Ausfuhr der Tussahgrège betrug jährlich kg:

1863/65	1872/74	1878/80	1885/86	1886/87	1889/90	1892/93	1893/94
251805	319300	262500	343680	639000	732000	324180	491700

Export der Rohseide aus Kanton [1]).

Bestimmungsort	1875/76 [1])	1880/81	1885/86	1890/91	1892/93	1894/95
England	5616 B.	1419 B.	1906 B.	3346 B.	950 B.	45 B.
Kontinent	7586 „	4113 „	6810 „	13558 „	19486 „	16579 „
Ver. Staaten Amerikas	6338 K.	7767K.	8784K.	5163 „	8233 „	8978 „
Bombay etc.	3930 P.	3721 P.	1683P.	4375 „	2733 „	3218 „
	kg	kg	kg	kg	kg	kg
Im ganzen	1011300	660000	715000	1243000	1476000	1354000

Die Zusammensetzung der Ausfuhr gestaltete sich 1893/94 folgenderweise:

	nach Europa	nach Amerika
Filature	17433 Ballen	3033 Ballen
Tsatlees	1166 „	1504 „

Den einzelnen Ernten nach stellt sich der Export Kantons nach Europa:

I. Ernte	II. Ernte	III. Ernte	IV. Ernte	V. Ernte
1500 Ballen	2000 Ballen	3500 Ballen	4000 Ballen	3000 Ballen

VI. Ernte	VII. Ernte
1500 Ballen	500 Ballen

Eine interessante Thatsache ergiebt sich aus obigen Ausfuhrtabellen. Die Rolle, welche England bis zu den siebziger Jahren im Seidenhandel mit China eingenommen hatte, schwindet im Laufe der Zeit, indem sich der

---

[1] 1 Ballen = 47 kg.
[2] In den Jahren 1860/63 durchschnittlich 273700 kg, in d. J. 1869/71 908200 kg, jährlich.

Schwerpunkt des Seidenmarktes allmählich nach Frankreich (Marseille und Lyon) verlegt. In der Zeitperiode 1872/75 wurde bei einem Gesamtexport von 62100 Ballen nach England allein 35000 ausgeführt, während dem Kontinent nur 20000 zukamen. Die Verhältnisse haben sich seitdem geändert und in der Campagne 1875/76 erhielt England von dem Gesamtexport asiatischer Seiden nur 14773 Ballen, während dem Kontinent 38807 zugeführt wurden; in den J. 1883/84 betrug die Ausfuhr nach England 7812 Ballen, nach dem Kontinent 36761 u. s. w.

Es dürfte von Wert sein, hier die Verhältnisse zu erörtern, infolge deren sich Lyon zum Hauptstapelplatz der Rohseide aufgeschwungen hat. In erster Linie ist Lyon der Mittelpunkt des zwischen den Alpen und den Cevennen und deren Ausläufern liegenden Landesteiles, welcher als die französische Seidenregion bezeichnet werden kann. Dieser Landesteil, der unter Karl dem Gr. französisch war und dann infolge politischer Ereignisse zuerst burgundisch, später germanisch wurde, war während mehr als drei Jahrhunderten vom übrigen Teil des Landes förmlich abgeschlossen; nicht weniger war dies auch die Stadt Lyon (Lugdunum), welche einige Zeit einerseits an das Königreich Frankreich, andererseits an das deutsche Reich grenzte. Obwohl das Lyoner Volk sich stets an Frankreich anlehnte, und durch den Vertrag von 1320 die Stadt Lyon mit der Umgegend endgiltig dem Königreiche einverleibt wurde, so blieb doch der internationale Charakter der Stadt bestehen. Neben ihrer günstigen geographischen Lage verdankte die Stadt es auch ihrer politischen Freiheit, dass sie bald zum Hauptmarkt zwischen Flandern, Deutschland und Italien wurde. Demnach bildete Lyon einen neutralen Boden für den Handelsverkehr der drei Nationen. Es öffnete seine Thore den Fremden, welche verschiedene Industrien einführten, unter denen die Seidenweberei die schönste, anziehendste und lukrativste war. Franz I. hatte im J. 1540 verordnet, dass die Stadt Lyon der einzige Stapelplatz für fremde Seide in Frankreich sein solle; ein Privileg, das ebenfalls nicht ohne Wirkung auf die Entwickelung der heimischen Seidenindustrie blieb. Die Lage inmitten des seidenerzeugenden Landstriches, die politische Unabhängigkeit und Freiheit, schliesslich die Begünstigung seitens der Regierung — dies alles zog den Seidenweltmarkt in seine Mauern. Durch die Verträge von 1515 und 1516 begünstigt, hatten Schweizer und Deutsche bald festen Fuss in Lyon gefasst, und als gegen Schluss des XVI. Jahrh. politische Ereignisse die Freundschaftsbande mit den Italienern gelockert hatten, traten die schweizerischen und deutschen Kaufleute an deren Stelle. Alle inländischen Fabriken, wie Saint-Étienne, Paris, Nimes, Tours u. a., ebenso die ausländischen, kauften ihren ganzen Vorrat in Lyon. Im Laufe der Zeit veranlasste das stetige Wachstum der Lyoner Manufaktur zeitweilige Ausfuhrverbote des Rohmaterials. Erst 1833 ist diese Politik endgiltig aufgegeben worden, und seit 1860 hat der Lyoner Seidenhandel durch Handelsverträge mit anderen Staaten einen bedeutenden Aufschwung genommen. Dadurch ist Lyon zum Hauptstapelplatz europäischer Seiden geworden, eine

Stellung, die es bis zum Jahre 1888 einnahm, wo ein Zoll von 1 Fr. auf italienische Grège und von 2 Fr. auf Ouvrées diese Seiden von dem Lyoner Markt ausschloss. Nachdem dann der Zoll auf Grège fallen gelassen war, fing der Import von neuem an: die Erhöhung des Zolls auf Ouvrées auf 3 Fr. hat sie aber endgiltig verschwinden lassen. Deren Markt hat sich auf Mailand übertragen. Die asiatischen Seiden wurden seit 1830 zum grössten Teil nach London gebracht, das bis zum Jahre 1870 Hauptstapelplatz für dieselben blieb und von dem ganz Europa abhängig war. Nach dem J. 1870 nahm Lyon mit grosser Energie die Beziehungen mit China und Japan wieder auf. Auch Marseille hat einige Zeit den Import aus dem extremen Orient betrieben; gegenwärtig hat dieser Hafen lediglich als Hauptmarkt für Kokons und Abfallseide aller Provenienzen Bedeutung, während der Handel mit Grège gänzlich an Lyon übergegangen ist.

Die Abnahme, welche im Export und im Verbrauch chinesischer Seiden bis vor einem oder zwei Jahrzehnten wahrzunehmen war, ist auf die relativen Schwierigkeiten zurückzuführen, welche bei der Verarbeitung dieser Seiden auftraten, um so mehr als andere asiatische Seiden, wie Japan z. B., dank der Vervollkommnung des Haspelverfahrens, sich den europäischen Rohseiden an die Seite stellen konnten. Dieser Stillstand war jedoch nur vorübergehend und schwand allmählich mit der Überwindung technischer Schwierigkeiten. Die kolossale Produktionsfähigkeit Chinas, welche noch bei weitem mehr gesteigert werden kann, kam bei dem Bestreben der Seidenindustrie, ihre Fabrikate zu allgemeinem Verbrauch zu bringen, sehr in Betracht. Man kann die Seide überhaupt nicht billig genug haben, wie sich ein hervorragender Kenner der Seidenindustrie mit Recht ausgedrückt hat. Für billige Seide konnte aber allein China, als ein äusserst produktionsfähiges Land, in Betracht kommen. Wenn es auch anfänglich der Einführung europäischer Verarbeitungsverfahren widerstrebte, so that doch der Fortschritt auch hier das seinige, und heutzutage lassen sich die chinesischen Rohseiden ebensogut verarbeiten, wie die anderen. Namentlich hat die Gründung der Banken, die Eröffnung der direkten Telegraphenverbindung, und der Aufschwung des Seeverkehrs (messageries maritimes) zur Belebung des Seidenverkehrs Chinas mit Europa beigetragen. Es steht zu erwarten, dass chinesische Seidenerzeugnisse in der Zukunft eine noch grössere Aufnahme in der Industrie finden werden, als bisher.

Die Rohseidenproduktion der indochinesischen Halbinsel ist nicht unbedeutend, wird aber zum grössten Teil im Lande selbst verbraucht. Die gelbfarbige Rohseide ist grob, unsauber, unregelmässig, sodass sie für europäische Fabrikation vorläufig noch ohne Bedeutung ist. Die Strangform ist eine mannigfaltige und originelle, wonach man die einzelnen Provenienzen unterscheiden kann. Die Haspelversuche nach europäischer Methode ergaben indessen vorzügliche Resultate, so dass zu hoffen ist, dass mit der Zeit auch diese Seiden von der Industrie werden aufgenommen werden. Die Produktion beläuft sich ungefähr auf:

Tonkiu	1 200 000	kg	Grège
Nieder-Kotschinchina . .	60 000	,,	
Annam	35 000	,,	
Kambodscha	20 000	,,	
Birmah	15 000	,,	
Gebiet der Laos und Kbâs .	6 000	,,	
Siam	2 000	,,	
	1 338 000	kg	Grège.

Ein Zehntel dieser Produktion wird nach China und Indien, und uoch
weniger nach Frankreich und England exportiert.
Wie im ersten Abschnitt ausführlicher erörtert worden ist, dürfte die
Gewinnung der Rohseide in Japan in den Beginn des II. Jahrh. n. Chr.
fallen. Diese Industrie genoss von jeher die Unterstützung der Regierung
und ergab eine zwar nicht sehr ausgedehnte, aber regelmässige Beschäftigung.
Im J. 905 hat Mikado Daigo die Provinzen in 48 Distrikte eingeteilt, wovon
jede eine besondere Qualität Seide erzeugte. Kurze Zeit darauf haben die
politischen Ereignisse des Bürgerkrieges Tenkei diese Industrie lahm gelegt
und erst unter Tokngawa, seit 1615, wurde eine Wiederbelebung bemerkbar.
welche jedoch bald wieder dadurch entkräftet worde, dass die Regierung
jeder Eutwickelung von Luxus abhold war und lediglich der Baumwoll-
kultur Beachtung schenkte. Unter Tempo ist die Vorliebe für die Einfachheit derart gestiegen, dass es dem Volke untersagt war, ausser an besonderen Festtagen, Seidenkleider zu tragen. Unter solchen Umständen fiel
die Seide einer beträchtlichen Entwertung anheim. Diese Dekadenzperiode
dauerte bis zur Zeit der Eröffnung der Häfen für den fremdländischen Verkehr, zuerst von Nagasaki (1853) für Chinesen und Holländer, und dann von
Yokohama im J. 1860. Von diesem Zeitpunkt an hat nicht nur die Produktionsmenge in ungeahnter Weise Aufschwuug genommen, sondern auch die
Haspelnethoden sind den modernen europäischen angepasst worden. Sowohl
die Fürsorge der Regierung für Industrie und Handel, wie die Unternehmungslust einzelner Industrieller und die Anknüpfung direkter Verbindongen
mit Amerika, hat der Seidengewinnung Japans einen grossartigen Mafsstab
verliehen. Die japanische Produktion erreichte nach Schätzungen Baviers
im J. 1872 1 840 000 kg, nach Rondot im J. 1880 2 100 000 kg, nach der
japanischen Regierang 2 260 000 bezw. 2 300 000 kg.
Bereits früher (S. 263) ist erwähnt worden, dass die Seidenproduktion
in Japan bis zur Mitte des XIX. Jahrh. sich auf einer nur bescheidenen
Stufe befand, so dass die Seide einer der hauptsächlichsten Importartikel
war. Ursprüuglich wurde der Handel von den Chinesen und Koreanern betrieben, seit der Mitte des XVI. Jahrh. fiel der Hauptanteil den Portugiesen
zu, etwas später den Spaniern und im XVII. Jahrh. den Holländern. Die
importierte Rohseide stammte aus China, Tonkin, Bengal, Siam, Persien und
Kotschinchina. Die Holländer scheinen aber in der ersten Zeit nicht die

richtigen Bezugsquellen gehabt zu haben, denn 1610 heisst es: „sie bringen
Stoffe, Damaste und Taffet nach Hirado, die nicht beliebt waren, während
sie sollen bringen Rohseide und Stoffe, das beste, was es giebt". Erst 1624
konnten die Holländer auch in diesen Artikeln erfolgreich konkurrieren,
nachdem sie in Tonkin, Formosa u. a. O. vorteilhafte Verbindungen
angeknüpft hatten. Im J. 1637 belief sich der Gesamtwert der von
den Portugiesen importierten Waren auf 2 141 468 Taëls, wovon die Seidenstoffe allein 1 660 834 Taëls, und die Rohseide 360 000 Taëls ausmachten.
Die Einfuhr dieser letzteren, die auf 2000 Piculs (Picul = 60 kg) angegeben
wird, scheint aber ungenügend gewesen zu sein, denn noch in demselben
Jahre bezogen die Japaner 2000 Piculs Rohseide in Kotschinchina. 1640
wurde der Jahresbedarf Japans an Rohseide auf ca. 4000 Piculs abgeschätzt.
Man hat jedoch allen Grund anzunehmen, dass diese Einfuhr von Jahr zu
Jahr immer grösser wurde, während die der Seidengewebe abnahm, denn
mit der Zeit lernten die Japaner verschiedene Stoffe, die früher fertig importiert wurden, im Lande selbst herstellen, so dass nur die allerfeinsten
Prachtgewänder für den Hofgebrauch eingeführt werden mussten; die aufblühende Weberei benötigte aber, da die Seidenkultur immer noch nur geringe Erträgnisse abwarf, und die inländische Seide für gewisse Stoffe gänzlich ungeeignet war, immer mehr fremden Rohmaterials. So sehen wir,
dass im J. 1685 vom Hofe in Edo ein Befehl erlassen wird, laut welchem
mindestens ein Drittel der Gesamteinfuhr der Holländischen Kompagnie in
Rohseide zu bestehen hatte, und in dem Vertrag von 1689 wurde endgiltig
vereinbart, dass zwei Drittel des Imports aus Stück- und Pfundgütern, ein
Drittel aus Rohseide zusammengesetzt werden musste. Zu dieser Zeit waren
aber die Preise durch die Konkurrenz der Chinesen derart gedrückt, dass sich
beim Verkauf unter Umständen ein Verlust ergab. Trotz der Einwendungen
der Holländer forderten die Japaner strikte Durchführung des Vertrages.
Bis 1615 waren die Seidenpreise im allgemeinen noch günstig: 33,7—56,2
Silbermark[1]) pro kg, dann veränderte sich die Marktlage infolge des Freihandels derart, dass ein Picul weisser Seide, das bisher auf 3—500 Taëls
zu stehen kam, im J. 1620 für 130, sogar 105 Taëls (6,75—11,3 Sm. pro
kg) verkauft wurde. Während die Portugiesen, Holländer und vor allem die
Engländer ohne Rücksicht auf den Bedarf und die Kaufkraft des Landes
den Markt mit allzu grossen Mengen Rohseide überschwemmten und sich
der Rückfracht wegen in Preisen unterboten, vereinigten sich die japanischen
Kaufleute zu einer Art Ring, um diese Sachlage auszunutzen. Als aber
die Engländer Japan verliessen (1623), und der Handelsverkehr auf
Nagasaki und Hirado (1635) beschränkt wurde, trat eine allmähliche Preis-

---

[1]) Unter Silbermark (Sm.) versteht man den Wert des in einer Mark enthaltenen
Silbers, gleich 5,55 g Silber; ein Taël war zu jener Zeit gleich 6,75 Sm. oder 7 Mark
Gold. — Münsterberg, Japans auswärtiger Handel 1542—1854, in Münchener Volks-
wirtsch. Studien. X. (1896.)

steigerung ein: bereits 1637 schwankten die Preise von 22,8—36,2 Sm. pro
kg. Im J. 1690 kostete ein Ballen (= 141³/₄ Catties oder 85,2 kg) im
Einkauf in China 400 Taëls, d. i. 31,7 Sm. pro kg und wurde zu 850 Taëls
(à 6,20 Sm. oder 61,8 Sm. pro kg) in Japan abgesetzt. Durch die Ab-
schliessung des Landes (1640) wurde eine künstliche Steigerung des Silberwertes herbeigeführt. Da die Abrechnungen in Nagasaki in Gold statt-
zufinden pflegten, so hätten die Holländer — so lange in Japan das Wert-
verhältnis von Gold zu Silber wie 1 : 8 bestand, während es im
Auslande 1 : 15 betrug — für denselben Preis von Silbertaëls, fast das
doppelte Quantum Seide liefern können. Um die für den ausländischen
Importeur günstige Währungsdifferenz auszugleichen, hat die japanische
Regierung zu verschiedenen Mafsnahmen gegriffen, auf die hier nicht weiter
eingegangen werden kann und welche bewirkt haben, dass die Steigerung
des Silberwertes wie eine Art Finanzzoll zur Geltung kam. Als sich die
Betriebsergebnisse im XVIII. Jahrh. für die Niederländer immer ungünstiger gestalteten und 1755 sich ein direkter Verlust von 10000 Gul-
den ergab, drangen dieselben wiederholt und mit schliesslichem Erfolg auf
Beseitigung der Verpflichtung, einen gewissen Teil des Umsatzes in Rohseide
zu liefern. Zu Beginn des XVIII. Jahrh. trat auch noch eine Kurs-
verschlechterung ein, wodurch die Verluste noch grösser wurden. Nach der
Erschliessung Japans (1854) für den freien wirtschaftlichen Verkehr hätte man
einen gewaltigen Import der chinesischen Rohseide und ihren Preissturz auf
dem japanischen Markte erwarten sollen. Es trat jedoch das Gegenteil ein.
Infolge der plötzlichen Silberentwertung haben die wirtschaftlichen Verhältnisse Japans eine durchgreifende Änderung erfahren; die künstliche Steigerung des Silberkurses hat die Produktionskosten im Lande in ausserordent-
lichem Mafse verteuert, mit dem Eintritt des freien Handelsverkehrs und
der Ausgleichung des Silberwertes mit dem der übrigen Welt, trat Japan
als mächtiger Konkurrent auf dem Weltmarkte auf. Belief sich bisher der
Preis eines Quantums Seide im Werte von 10 Pfund Silber auf 1 Pfund
Gold, so wurde jetzt dafür nur ¹/₆ Pfund Gold bezahlt, wodurch die Seide
dem Auslande gegenüber um 50% verbilligt wurde. Die Seidenraupenseuchen in Europa, und der gesteigerte Bedarf daselbst von Graine und
Rohseide, haben ebenfalls in sehr wesentlichem Mafse dazu beigetragen,
einen grossen Teil der japanischen Bevölkerung diesen Erwerbszweigen zuzuführen. Eine Folge aller dieser Umstände war ein stetig wachsender
Export der Rohseide, der um das Jahr 1885 bereits einen Wert von 52 Mill.
Mark erreicht hat. Während diese wirtschaftliche Umwälzung zum grossen
Teil durch Aufhebung des Silberzwangskurses herbeigeführt worden ist, hat
die Silberentwertung seit den siebziger Jahren keinen entscheidenden Einfluss ausgeübt, und nur das gewöhnliche Resultat gehabt, wie dies in den
Ländern mit Silberwährung im allgemeinen zutrifft, auf den Export be-
lebend einzuwirken. Der Exportpreis der Rohseide in Gold wird durch den
Weltmarktpreis beeinflusst, während die Produktionskosten in Silber stets

dieselben bleiben; die Valutadifferenzen kommen somit nur den japanischen Exporteuren und Händlern zu gute. Was die Seidenstoffe anbetrifft, so hat die Aufhebung des Zwangskurses ebenfalls die Wirkung gehabt, den Import in einen bedeutenden Export umzuwandeln. Da jedoch diese Waren keinen Weltmarktpreis haben, kauft sie der europäische und amerikanische Importeur stets zum japanischen Silberpreise ein und verdient seinerseits bei der Entwertung des Silbers seit 1870; wenn die Preise Schwankungen zeigen, so sind die letzteren unabhängig von der Valuta und haben ihren Ursprung in den Veränderungen der Nachfrage und des Angebots.

Kehren wir nunmehr nach dieser kleinen Abschweifung zu unserem Thema zurück.

Die Ausfuhr japanischer Rohseide stieg von 555 im J. 1859 nach London expedierten Ballen auf 7771 im nächstfolgenden Jahre und erreichte 1863 die Höhe von über 30000 Ballen. Aber auch hier brachte es die Gewinnsucht und Unredlichkeit der Produzenten und Kaufleute um die siebziger Jahre zur übermässigen Produktion und zum Vermischen der guten Qualitäten mit minderwertigeren Provenienzen, so dass infolge des allmählich geschwundenen Vertrauens die Ausfuhr einiger Sorten, wie Hatchogee, Hyda, Elschizen, Sodui etc. gänzlich aufhörte. Auch hat die forcierte Produktion der Raupeneier zum Zweck ihrer Ausfuhr nach Europa in den Seuchenjahren auf die Seidengewinnung nachteilig eingewirkt. Die japanische Regierung, die der Seidenindustrie ein wohlberechtigtes Interesse entgegenbringt, ergriff thatkräftig die Initiative u. war bemüht, durch Einführung strenger Kontrolle und eines vervollkommneten Haspelverfahrens den früheren Ruf japanischer Seiden wieder herzustellen. Im J. 1868 hat der Gouverneur der Provinz Rikuzen im Norden Japans in Owatori die erste Filatore à l'européenne errichten lassen, und dann hat die Regierung selbst die Errichtung von Musterfilanden in die Hand genommen. Ebenso hat der amerikanische Einfluss sehr stark auf die Vervollkommnung der Produktionsverfahren hingewirkt. Alle diese Umstände brachten eine ständige Verbesserung in der Qualität und Steigerung des Konsums.

Die japanischen Grègen sind meistens kurzsträngig, stark glänzend und unterscheiden sich vorteilhaft von den besten chinesischen durch das Fehlen des Flaums. Sie zeigen auch die verklebten Stellen im Strang (gommures), dank dem sorgfältigen Umhaspeln, in weit geringerem Mafse, als alle anderen Grègen asiatischer Provenienz. Als weitere Vorzüge sind hervorzuheben: helle Farbe, Feinheit des Fadens, grosse Elastizität bei genügender Festigkeit, geringer Gewichtsverlust beim Abkochen, grosse Sauberkeit und Regelmässigkeit. Es giebt mehr als dreissig Qualitäten, sie tragen wie in China die Namen nach den Provinzen, Distrikten und Ortschaften; ausserdem unterscheidet man ca. 15 verschiedene Legarten des Stranges. Die japanischen Kaufleute haben die regelmässige Versorgung der Marktplätze, wo europäische und amerikanische Häuser bestehen, organisiert und sind bestrebt, an diesem Handel den thätigsten Anteil zu nehmen. Man hat grosse Gesellschaften gebildet, welche Zweigniederlassungen in Paris, Lyon, New-York, London etc. gegründet haben und ihre Seiden direkt an die Seidenhändler und Fabrikanten verkaufen.

Die Einteilung, welcher Japan bei der Besprechung der Seidenzucht unterworfen wurde, erweist sich auch hier als rationell, indem jede Zone ihren Produkten einen eigenen Charakter verleiht.

Die nördliche Zone Japans liefert 20% der Gesamtproduktion und vorzugsweise die im Handel unter der Bezeichnung Oshiu bekannten Grègesorten. Ihre Varietäten sind folgende: Oshiu harimitsi bezeichnet die feinste Qualität, die jedoch nicht mehr in den Handel kommt. O. kakedah erfreut sich eines ausgezeichneten Rufes. O. kinkasang ist eine feine und elastische Gattung, ihre Produktion ist indessen wenig belangreich. O. Sendai, O. Yonesawa, O. Ywashiro und O. Miharu sind gute Qualitäten. O. Etschingo, O. Uzen, O. Hamazki etwas herber Natur, die vom kalkhaltigen Wasser herrührt, O. Yong und O. Akita erfreuen sich ebenfalls eines guten Rufes. O. Nambu ist eine schwere, wahrscheinlich in metallsalzhaltigem Wasser gehaspelte Grège und zeigt auch beim Abkochen und Färben ein ganz abnormes Verhalten. Von diesen Grègen kommen die meisten in Form von Filatures oder Rereeled in den Handel, nur die O. Hamazki und O. Sendai, zuweilen auch Kakedah, werden nach dem früheren einheimischen Verfahren gehaspelt und in alter Strangform geliefert.

Fig. 240. Japanische Grège (grapes banks).

Die besten Qualitäten haben den Titer 12/16 (Kakedah) und 20/25 (Hamatsky), die geringeren variieren in den Grenzen 12/18/20 bezw. 25/35/45. Die feineren Sorten der Oshiugrègen finden für Failles und Moirés, die mittleren für Bänder, sowie für alle Artikel, die eines starken, dicken und sauberen Faden benötigen, Anwendung.

Die centrale Zone Japans erzeugt eine ganze Reihe von Grègen von sehr verschiedenartigem Charakter; man trifft hier sowohl die besten und schönsten Sorten, wie die Shimonita, als auch die minderwertigsten Hatchogee. Die ihrer Strangform halber „grapes-banks"

benannten, früher sehr gebräuchlichen Grègen, werden gegenwärtig nach Europa nicht mehr exportiert; sie waren von guter Qualität, besonders die Provenienzen Shimonita, Maybash und Maybash-Hatchogee, in den Titern 12/15 in den besten und 14/20 in den geringeren Sorten. Unter der Bezeichnung Dschoshiu kommen in den Handel Seiden verschiedener Provenienz; die besseren Qualitäten sind Shimonita, Maybash, Ojuma, Fukushima, Takasaki und Tomioka, ferner Morioka und Aomori. Die den Provinzen Shimusa, Shimozuké und Hitatshi entstammenden Grègen führen ebenfalls den Namen Dschoshiu. Die Sinshiugrègen, Provenienz Naganoken, sind von kräftiger Natur. Shimonoswa und Yda erzeugen schöne, weisse, gleichmässige Grègen; Musashi, das auch viel wilde Seide produziert, liefert geringere Sorten. Unter den übrigen Provenienzen der centralen Zone, die etwa 65% der Gesamtproduktion erzeugen, wären noch zu erwähnen die Koshin, Etshin, Tschitschibu, Hatchogre etc. Nayasu ist eine Grègeseide, die für besondere Zwecke bestimmt ist und während einer Stunde, in einem Lederruck eingeschlossen, mit hölzernen Schlägern geklopft wird.

Die südliche Zone erzeugt die Rohseide aus mehrerntigen Kokons, während die beiden anderen Zonen ausschliesslich einerntige Rassen kultivieren. Etschizen ist eine gute, für Handfabrikation geeignete Grège der gleichnamigen Provinz; Sodaï stammt aus Mino, Mashta aus Tadschima und Tamba, Taysam aus Gosbiu, Bushiu aus Nagoyaken, Hamamatsuki, Owari, Yae, Tango, Hatschodschi etc. aus den gleichnamigen Ortschaften. Diese Seiden haben den Vorzug, von hellerem Weiss zu sein, als die der nördlicheren Zonen. Sie machen 15% der Gesamtproduktion aus.

Die Fortschritte der Seidenhasplerei haben in Japan viel schneller Eingang gefunden, als in dem konservativen China. Abgesehen von den Privatanlagen ist der Staat selbst, wie bei allen zu grossindustrieller Entwickelung neigenden Gewerben, so auch hier mit der Einrichtung von Seidenfilanden nach europäischem Muster vorangegangen. Im Jahre 1872 wurde in Tomioka (Gumma) eine grosse staatliche Seidenhasplerei nach französischem Muster, ferner in kleinerem Mafsstabe in Tokio und Maybashi, errichtet, denen alsbald viele private Unternehmungen folgten. Nach einer amtlichen, jedoch sehr unvollständigen Zusammenstellung aus dem Jahre 1886 sind allein für Nagano 118, für Gifu 122, für Yamanashi 73 Filanden angeführt; alle zusammen beschäftigten 11569 Arbeiter. In quantitativer Hinsicht am wichtigsten sind jetzt die Ortschaften Fukushima, Gumma und Naganoken, ferner Yamagata, Saitama, Kanagawa, Yamanashi, Gifu und Schigaken. Ihre Totalproduktion wuchs von 2250000 kg vor 20 Jahren auf ca. 6—7000000 kg Grège im J. 1895. Die besten Qualitäten der Filatures und Rereeleds sind die Provenienzen Shinano, Kodzuké, Kai und Iwashiro. Die meisten für den Export bestimmten japanischen Grègen werden gegenwärtig nach dem europäischen Verfahren gehaspelt und kommen als Japan-Filature auf den Markt. Sie besitzen in der Qualität „extra" einen Titer von 8,10 den., in anderen, sehr gleichmässigen Qualitäten die Feinheitsnummern 9/11, 10/11 u. s. w. bis zu 12/16. Diejenigen Grègen, welche noch nach der früheren japanischen Methode gewonnen werden, werden in der Regel umgehaspelt d. i. in die europäische Strangform gebracht und kommen als Japan redévidées oder Imitation Filature in den Handel. Ihre gangbarsten Provenienzen sind Zaguri Oshiu in den Titern 12/15 bis 12/16/18, Boshiu 12/16 bis 12/16/20, sowie Maybash 14/18 und 14/20, woraus hervorgeht, dass ihre Gleichmässigkeit noch viel zu wünschen übrig lässt.

Über die Beteiligung einzelner Provenienzen auf dem Markte zu Yoko-

hama giebt folgende Tabelle annühernden Aufschluss, die den Verlauf der
Campagne 1887/88 schildert.

Name u. Herkunft der Grège	Ballen zu 33 kg 248
Shinano (Sinshiu)	16338
Kodzuké (Dschoshiu) . . .	12151
Iwashiro, Iwaki	11049
Musashi (Bushiu)	7161
Owari, Mino	3190
Uzen	2353
Rikuzen	2174
Etshingo	1556
Koshiu	1107
Andere Provenienzen . . .	5360
Im ganzen	62439 Ballen,

gleich 2076000 kg. Der Hafen Yeddo ist mafsgebend für den japanischen
Seidenhandel und eine Vorratskammer für Yokohama; doch hat auch Kobe
in letzterer Zeit begonnen mit Yokohama zu wetteifern. Indessen scheint
der Handelsverkehr in Yokohama, trotz mancher Nachteile, sehr günstigen
Boden zu besitzen, und es ist vorderhand keine Aussicht, dass seine
günstige geographische Lage, sowie die Thatsache, dass einige bedeutende
Hasplereien sich in seiner Nähe befinden, vorerst Kobe zu einem Aufschwung seiner kommerziellen Bedeutung verhelfen werden.

Die gegenwärtige Einteilung der einzelnen Grègesorten in der Ausfuhr
ist folgende (für 1893/94):

Filature	. . . .	35400 Ballen
Zaguri	. . . . .	14100 „
Kakedah	. . . .	5300 „
Grapes	. . . .	600 „
Hamatzky	. . .	400 „
Sendai	. . . . .	100 „
Diverse	. . . .	100 „
		56000 Ballen.

Im allgemeinen lässt sich eine fortwährende Abnahme der Grapes,
eine Zunahme der Filatures konstatieren. Dank der Vervollkommnung der
Qualität ist die Ausfuhr japanischer Grègen in stetigem Wachsen begriffen.
Nach den statistischen Angaben des japanischen Ministeriums für Handel
und Gewerbe belief sich der Export aus Yokohama auf:

Ballen:

Nach:	1869 72[1]	1875/76	1880 81	1886/87	1891/92	1894/95
England	7805	8362	12387	518	308	44
Kontinent. . . .	4301	4878	4481	11872	18698	22607
Amerika	233	351	5471	14000	30035	28745
	12339	13591	22339	26390	49041	51396

Kilogramm:

	740000	815450	1340000	1478000	2994000	3084000

Die Verteilung des Exports nach den europäischen Handelsplätzen ist die folgende (1893/94):

Lyon . . . 17439 Ballen
Marseille . . 2819 „
London . . 1958 „
Mailand . . 1918 „
Zürich . . . 498 „

Die Halbinsel Korea erzeugt weisse, der chinesischen sehr ähnliche Rohseide, die jedoch fast ausschliesslich im Lande selbst verbraucht wird. Es ist aber wahrscheinlich, dass die koreanische Grège, deren Produktion man auf etwa 400000 kg schützen kann, in Zukunft als Exportartikel Beachtung finden wird, und dies um so mehr, als sie von schöner weisser Farbe und sehr guter Qualität ist. Ein Teil der Kokons dient zur Fabrikation von Papier, das grosse Zähigkeit besitzt und Absatz nach der Mandschurei und Südchina findet, wo es zu Fensterscheiben verwendet wird.

Obwohl die Verarbeitung der Kokons in Indien noch den vorgeschichtlichen Zeiten angehören mag, so ist doch die eigentliche Gewinnung der Gespinste vermittelst des Abhaspelns erst in das V. oder VI. Jahrh. n. Chr. Geb. zu verlegen. Allem Anscheine nach erlernten die Indier diese Kunst von den Eingeborenen Baktriens und Kaschmirs oder Pendschabs. Im ersten Drittel des XIII. Jahrh. verwendeten die Manufakturen Luccas die Seiden vom Ganges (seta Gangia). Diese Seide, von dem mehrerntigen Bombyx fortunatus herstammend, dürfte gelb gewesen sein. Im Laufe der Jahrhunderte war dieses Gewerbe auf die Bedürfnisse der einheimischen Weberei beschränkt, und man kann annehmen, dass die Produktion 600000—1000000 kg jährlich betrug. Erst zu Anfang unseres Jahrhunderts begünstigten sowohl die Kolonialpolitik Napoleons, durch welche England genötigt wurde, seinen zu jener Zeit sehr bedeutenden Seidenbedarf aus Indien zu beziehen, sowie die rege Thätigkeit der ostindischen Kompagnie den Aufschwung indischer Seidenproduktion. Bereits 1808 waren einige grosse, nach italienischer Art eingerichtete Seidenfilanden im Betriebe, die einen grossen Teil ihrer Produktion von ungefähr 2000000 kg Rohseide und Abfälle ex-

---

[1] Gegen 14691 Ballen in den Jahren 1863/66.

portierten, gegenüber einer Ausfuhr von 86000 kg im Jahre 1775 und
220000 kg 1780. Der Export nahm folgenden Entwickelungsgang (kg):

1812	1845	1860	1867	1871/75	1875/78	1879/83
445000	770000	800000	900000	900000	770000	558000

Unter dem Druck der wachsenden chinesischen und japanischen Konkurrenz, sowie infolge anderer Ursachen ökonomischer Natur verfiel die
Seidenproduktion in einen allmählichen Rückgang, wandte sich dagegen der
Ausfuhr von Gespinst- und Kokonabfällen zu. In den Campagnen 1859/62
war Indien mit Export nach Europa mit 995500 kg Rohseide und Abfallseide beteiligt, 1869/71 mit 1024930 kg, in d. J. 1877/80 mit 642250 kg,
1881/82 mit 507120 kg, worin 154700 kg Grège, 1882/83 mit 617180 kg,
worin 227710 kg Grège, 1887 mit 528000 kg und 1888 mit 674000 kg.
Im Jahre 1892 belief sich die Ausfuhr (in Ballen à 66 kg):

	nach England	Frankreich	Italien	Total
Grège	1125	1256	723	3104
Frisons	177	2516	—	2693
Kokons	463	13	—	476
	1765	3785	723	6273

Bekanntlich macht die indische Seidenproduktion gegenwärtig eine Krisis
durch, deren Ursachen im Kapitel Seidenkultur (p. 252 f.) besprochen worden
sind und deren weiterer Verlauf sich kaum absehen lässt. Die Produktion
Bengals ist zur Zeit nicht einmal genügend, um den Bedarf inländischer
Webereien zu decken; es werden daher beträchtliche Mengen Rohseide,
namentlich aus China, importiert. Die Einfuhr belief sich auf (engl. Pfund):

1879/80	1884/85	1887/88	1893/94
2005020	1831702	2598597	ca. 2560000.

Fig. 641. Grège von
Bengal

Die Ausfuhr der Bengalseide dagegen auf (kg):

1889	1891	1893	1894
210000	229000	287000	199000

gegen die Ausfuhr von (engl. Pfund = 453,6 g):

nach	1871	1881	1890
England	1679104	52410	167365
Frankreich	263147	263992	299272
Italien	77197	225642	112129
Diverse	111951	8621	14659
	2131399	550665	593425

Die Regierung widmet der Seidenproduktion grosses Interesse, und
mancherlei Anzeichen deuten darauf hin, dass dieser Industriezweig noch
grosse Bedeutung erlangen wird. In mehreren Distrikten ist man daran,
das europäische Haspelverfahren in grösserem Maßstabe einzuführen;
Moorshedabad, Raishaye und andere Industriecentren verfügen gegen-

wärtig über 12000 europäische Haspelstühle. Dass Indien befähigt ist, den Weg zum Fortschritt zu betreten, zeigt die Ausfuhr der letzten Jahre. Die in der Campagne 1892/93 ausgeführte Menge Rohstoffe von 655338 engl. Pf. im Werte von 5050000 Rupien übertrifft den durchschnittlichen Export des letzten Decenniums um über 30%. Nur wird gegenwärtig noch nicht die gesamte Menge produzierter Grège ausgeführt, sondern zum grössten Teil im Lande selbst verarbeitet.

Die indische Grège ist unter dem allgemeinen Namen Bengal bekannt. Dieses hochgelbe, glänzende, zugleich aber flaumige Gespinst von weichem baumwollartigem Griff, steht, obwohl seiner Zubereitung immer mehr Sorgfalt zugewendet wird, noch hinter anderen Grègen asiatischer Provenienz zurück. Sie findet für gewisse Zwecke, für Sammet- und Plüschfabrikation, sowie für Schirmstoffe Verwendung. Früher unterschied man einzelne Gattungen der Bengalgrège, nämlich: Skeins, nach der alten italienischen Methode gehaspelte kleine Stränge, die hauptsächlich zu Näheseiden verarbeitet wurden; Novi wurden nach neuer italienischer Art und bedeutend feiner gehaspelt, schliesslich waren die Natives einheimische Gespinste von minderwertiger Güte. Gegenwärtig unterscheidet man die nach europäischer Art gehaspelten und die von den Eingeborenen hergestellten Grègen. Unter den ersteren (Filatures) sind die besten: Radnagore, Gonatea, Surdah, Yangipore, Comercolly u. a. Die anderen (Natives) haben einen sehr unregelmässigen Titer und lassen sich schwer verarbeiten. Das Verzwirnen derselben geschieht meistens in Italien. Die grünliche unregelmässige Grège von Mysore hat nur lokales Interesse.

Centralasien gehört zu den Ländern, in denen man in der Seidengewinnung nach jeder Richtung hin am wenigsten Fortschritte gemacht hat. Am Ausgang des Altertums ward das am Fusse und im Norden des Küen-Lün gelegene Land Khotan die Wiege der ausserchinesischen Seidenkultur, doch scheint hier die regelrechte Seidengewinnung zuerst nicht betrieben worden zu sein. Obwohl die Art des Kokonhaspelns bekannt war, so wurden in Khotan, um möglichst viel Raupeneier zu gewinnen, nur durchbohrte Kokons benutzt, die man am Spindelrade verarbeitete. Die Königin liess auf einen Stein die Verordnung einmeisseln, welche besagte: „es ist verboten Seidenwürmer zu tödten; erst wenn alle Schmetterlinge der Seidenraupen ausgeflogen sein werden, könnt ihr die Kokons verarbeiten. Wer dieses Gesetz übertritt, wird der Hilfe der Götter verlustig". Erst später wurde das Abhaspeln eingeführt. Die Seidengewinnung schwang sich in Centralasien zu einer viel betriebenen Hausindustrie auf, wurde jedoch am Ausgang des Mittelalters infolge politischer Unruhen eingestellt. Lange Zeit hindurch war das Gewerbe in Turkestan, namentlich in Taschkent, Samarkand, Dariagebiet, gänzlich erloschen und wurde in diesen Gegenden erst nach 1785, nach der Einnahme von Merw Chahidschan durch Schah Murad Khan wieder hergestellt. Er liess die Einwohner von Merw nach Bukhara übersiedeln, wo sie fortfuhren, sich der Seidengewinnung zu widmen. Der Emir Nasrullah ermächtigte die Abkömmlinge dieser Kolonisten, ihren Wohnort in Samar-

kand zu nehmen. Durch diese Answanderungen hat sich das Gebiet der
Seidenkultur und -gewinnung nach und nach wieder erweitert. Das Haspelverfahren ist sehr primitiv, obwohl die Geschicklichkeit dabei eine erstaun-
liche ist. Die gröbere Seide, „kaliava" genannt, verbleibt im Lande, die
bessere und feinere, „hormink", wird nach Russland und Indien exportiert.
Die besten und gleichmässigsten Erzeugnisse liefert das Khanat von Bukhara.
Merw in Turkmanien, das gegenwärtig zu Russland gehört, hatte im Mittelalter
seinen Reichtum dem Seidenbau zu verdanken, während gegenwärtig seine
Produktion nur noch unbedeutend ist. Balkh, sowie Kbunduz und Kho-
lum erzeugen viel Seide, aber von schlechter Qualität; ebenso produzieren
die Provinzen Yarkand, Kaschgar und Khotan ziemlich viel. In der Dzungarei und in Thibet werden endlich für den inländischen Verbrauch beträchtliche Mengen erzeugt. Über die Produktion lassen sich mit Vorbehalt
folgende Angaben machen.

Unabhängiges Turkestan:
 Khanat von Buchara . . . . . . 450000 kg
 „ „ Chiwa . . . . . . 200000 „
 Russisches Turkestan . . . . 650000 „
Merw, afghanisches Turkestan und
 afghanisches Khorassan . . . . . . 150000 „

Chinesisches Turkestau:
 Kaschgar, Yarkand, Khotan . . . . 600000 „
 Gebiet Ili . . . . 200000 „

Äussere Mongolei:
 Karaschar, Turfan, Chami . . . . . 250000 „
            2500000 kg.

Der grösste Teil dieser Produktion verbleibt im Lande, da die Bevölkerung sich mit Vorliebe in Seide kleidet, der Rest wird nach Russland,
Afghanistan und Indien exportiert. Orenburg ist das Centrum des Seidenhandels von Turkestan mit Russland.

Im eigentlichen Afghanistan und Belodschistan ist die Seidengewin-
nung namentlich in dem ersteren ziemlich bedeutend. Die gewonnene Seide
wird in Herat bearbeitet und nach Meschhed und Kabul versandt. Ein guter
Teil der afghanischen Seide geht nach Indien und Persien. Der europäische
Handel hat sich bis jetzt mit diesen Seiden nicht beschäftigt, und nur
der Vollständigkeit halber führt man sie in den Statistiken unter dem
Namen Khorassan auf. Man hat keine genauen Anhaltspunkte über die
Produktionsmenge dieser Seiden, doch dürfte sich dieselbe auf ungefähr
50000 kg belaufen.

In Persien wurde bereits im V. Jahrhundert Seide gewonnen. Die
Produktion wuchs dann fortwährend, und ihr bedeutender Umfang im
XI. Jahrh. wird durch arabische Schriftsteller mehrfach erwähnt. Edrisi

beschrieb ihre Blüte im XII. Jahrh. Die Seiden von Ghilan (seta ghella)
warden in Lucca sehr viel verarbeitet. Mehrere Jahrhunderte hindurch entwickelte sich das Gewerbe, durch verschiedene englische, deutsche und
russische Handelsgesellschaften unterstützt, ununterbrochen, und darf man die
jährliche Herstellung auf 3—4 Mill. kg Rohseide schätzen. Im XIX. Jahrh.
verminderte sich die Produktion und zwar noch vor dem Auftreten der
Raupenseuchen. Im J. 1850 gewann man 30000 Rollen à 34 kg oder
1 020 000 kg Seide, wovon 610 000 kg exportiert wurden. Die Seiden waren
kräftig, zur Hälfte lang, zur Hälfte kurz gehaspelt. Nach der Epidemie
sank die Produktion auf 700 000 kg im J. 1861 und auf 280 000 kg im
J. 1865. Im J. 1870 schätzte man sie auf 300 000 kg. In den Jahren
1850—70 belief sich die Ausfuhr auf 5—600 000 kg jährlich, sank indessen
von 411 340 kg im J. 1865 auf 45 370 in den Jahren 1870—73 und auf
8070 in den Jahren 1878—81. Man unterschied zwei Gattungen: Persien
originell und Persien Konstantinopel; die erstere, welche von besserer
Qualität und grösserer Feinheit war, kam in Form von 30—35 kg schweren
Rollen in den Handel und wurde hauptsächlich für Möbelstoffe, Posamenten,
Bänder und Foulards verwendet. Die andere Sorte wurde von türkischen
Kaufleuten in den Produktionsortschaften angekauft und kam in Ballen
von 100 kg auf den Markt (Marseille); diese Gattung war von minderer
Güte. In gröberen Titern eignen sich die persischen Grègen für Nähseiden,
Cordonnets etc. vorzüglich. Gegenwärtig kommen sie auf den europäischen
Märkten nur sehr selten vor; die geringe Ausfuhr geht meistens nach
Russland oder über London und Marseille nach Tunis und Marokko. ⁹/₁₀ der
Gesamtherstellung werden im Lande selbst verbraucht. Die gegenwärtige
Grègeproduktion Persiens verteilt sich auf seine Provinzen folgendermafsen:

Ghilan	280000 kg
Mazanderan	65 000 „
Adzerbeidschan	32 000 „
Khorassan	12 000 „
Centralprovinzen	6 000 „
	395 000 kg.

Die Rohseide, die von den Einheimischen „ibrishim" genannt wird, ist
flachfädig, gelb oder weiss; sie verursacht infolge der häufigen Verklebungen
einzelner Grègefäden bei der Verarbeitung Schwierigkeiten. Ausser den
oben erwähnten zwei Haupttypen waren früher folgende Sorten persischer
Grège im Handel. Hayla war die beste und sehr geschätzte Gattung, die jedoch nur zum geringen Teil im Verkehr vorkam, dagegen meistens im Lande
selbst verbraucht wurde; Sanduoki war die erste, Maine die zweite und
Ordinaire die dritte Qualität des Handels. Gegenwärtig werden unterschieden:
Alagbundy (die feinste Gattung), Shahibafy (mittlere), Parchenbafy (Kho-

rassan) und Sbirwany (die weniger geschätzten Qualitäten); Guruk und Lâs [1]) sind minderwertige Sorten. Die Märkte befinden sich in Recht, Sabzawar und Nishapur. Der Hauptexport derselben geht nach Russland.

Die Geschichte der Seidengewinnung in den Ländern der Levante ist bereits früher erörtert worden. In der zweiten Hälfte des XIX. Jahrh. produzierte die Levante durchschnittlich 1—1,5 Mill. kg Grègeseide. In Rumelien wurde die Hasplerei mit grosser Geschicklichkeit gehandhabt, und man erzielte (im J. 1853) nicht selten eine Ausbeute von einer Oka Seide aus 8¹/₄ Oka frischer Kokons [2]). Im Jahre 1883 gewann man im ganzen 5—600000 kg Rohseide. Das Verschwinden der ehemaligen levantinischen Rassen hat bemerkenswerte Veränderungen in der Natur der Seiden bewirkt; nichtsdestoweniger werden dieselben für vielfache Zwecke hochgeschätzt.

Die kleinasiatische Rohseide kommt unter dem gemeinsamen Namen Levante in den Handel, doch unterscheidet man hier einige Provenienzen und innerhalb derselben mehrere Qualitäten. Was zuerst Anatolien anlangt, so hatten diese Seiden bis zum J. 1830, wo ihr Export nach Europa begann, sowohl in qualitativer wie quantitativer Hinsicht wenig Bedeutung. Binnen des letzten Decenniums hat sich hier in Bezug auf die gezüchtete Rasse ein gänzlicher Umschwung vollzogen, der bereits im Kapitel der Seidenkultur näher erörtert wurde. Die Qualität der Brussagrègen hat sich in den letzten Jahren wesentlich verbessert, derart, dass sie in einigen Qualitäten, was Kräftigkeit und Geschmeidigkeit anbetrifft, mit den italienischen konkurrieren. Die Einrichtung der ersten Filanden nach europäischer Art fällt in das Jahr 1840. Um das Jahr 1853 bestanden zu Saloniki und Umgebung 30 Filanden mit 1000 Bassins und einer Produktion von 36000 kg feiner Seiden, zu Brussa und Umgegend 22 Haspelanstalten mit 1080 Becken und einer Produktion von 57000 kg Seide. Ausserdem waren noch an vielen anderen Orten kleine Filanden im Betriebe. Bis zu den vierziger Jahren wurden die Seiden nach primitiven Methoden gewonnen und kamen nach Europa unter den Namen „Mestouppe" oder „Brussa", je nach der Qualität, die zwar etwas grob, aber gut war. Zuerst hat England die Ausfuhr in die Hände genommen und exportierte 1830—52 durchschnittlich 1—2000 Ballen jährlich; von 1853 ab, wo die Ausfuhr den Weg nach Frankreich nahm, nur 2—600 Ballen. ⁴/₅ der Gesamternte werden im Lande verhaspelt, der Rest der Kokons wird nach Italien und Frankreich exportiert. Unter der Anregung europäischer Industrieller wird Anatolien den modernen Fortschritten der Seidengewinnung mehr und mehr zugänglich. Gegenwärtig sind in Brussa und der Umgegend 45 Filanden nach europäischer Art mit 2500 Haspelbecken thätig, im Innern des Landes 40—50 Anstalten mit 2—2500 Becken,

---

[1]) Benjamin, Silk culture in Persia.

[2]) Rondot, Die Seidenproduktion der Erde. (L'art de la soie.) Übers. Bujatti, Wien 1890. S. 59.

ebenfalls zum grössten Teil in moderner Weise betrieben; ⁸/₅ dieser Anstalten gehören den Armeniern, ¹/₄ den griechischen, türkischen und französischen Industriellen. Die Brussagrège kommt im Handel in weisser, weniger in gelber oder grünlicher Farbe vor. Die Produktion Anatoliens belief sich auf (kg):

	1883	1887	1890	1893
Grüne Grège	108000	18600	3620	—
Weisse „	18000	37200	123080	216600
Gelbe „	54000	130200	54300	11400
	180000	186000	181000	228000

nach anderer Statistik (kg):

	1893	1894
Im Inlande verbrauchte Grège	20232	19381
Exportierte Grège	283519	316525
Exportierte trockne Kokons (Ausbeute 4 : 1)	24689	19859
	328440	355765

Auch die syrische Rohseidenproduktion befindet sich fortwährend im Steigen. Die Rasse ist fast ausschliesslich gelb und von französischer Herkunft. Die Einrichtung der ersten europäischen Filanden reicht in das Jahr 1840 zurück; im J. 1894 waren bereits 126 Etablissements mit 7638 Haspelbecken thätig, wovon 5759 für die Ernte der Thalebene, 1537 für die aus dem Bekaathal und 342 für die aus dem Hochgebirge. Acht französische Filanden mit zusammen 832 Becken erzeugen Grègen besserer Qualität. Die syrischen Grègen werden im allgemeinen etwas weniger geschätzt, als die von Brussa, sind aber nervig, d. i. elastisch, und von grosser Zartheit. Ihre Hauptverwendung finden sie für Organzine 18 bis 22 den. und werden namentlich für schwarze Stoffe und Artikel gesucht, die am Webstuhl grosser Festigkeit bedürfen oder in kaltem Klima zur Verarbeitung gelangen. Die besseren, auch die mittleren Qualitäten werden ihrer Festigkeit halber mit Vorteil für Waren, die im Stück gefärbt werden, verwendet. Fast die gesamte Ernte wird im Lande selbst verarbeitet, und nur ein sehr geringer Teil wird in Form trockener Kokons nach Mailand oder Marseille exportiert. Die Produktion Syriens belief sich auf (kg):

1883	1885	1887	1890	1893	1894
290000	225500	340000	390000	520000	466000

Die Produktion der Insel Cypern schwankt bedeutend; sie beläuft sich in den besseren Jahren auf 20—30000 kg und wird gewöhnlich als syrische Provenienz in den Handel gebracht.

Von den afrikanischen Kolonien der Türkei besitzt für uns nur Tripolis einiges Interesse. Im J. 1894 waren 27 Filanden mit 1500 Becken gegen 22 mit 1112 Becken im J. 1889 vorhanden. Die Produktion beläuft sich auf 40000 kg Grège und wird zum grössten Teil nach Frankreich exportiert.

Die europäische Türkei erzeugt nur unbedeutende Mengen Rohseide, da der grösste Teil der Ernte in Form von gedörrten, trocknen Kokons nach Mailand und Marseille ausgeführt wird. Was im Lande selbst gehaspelt wird, ist von minderwertiger Güte. Obwohl sich die türkische Grège im allgemeinen gut verarbeiten lässt, so ergiebt sie doch einen ziemlich flockigen Zwirn und findet auch infolge ihrer etwas dunklen Farbe als Exportartikel nur wenig Beachtung.

Die Seidengewinnung Griechenlands datiert seit dem X. oder XI. Jahrh. Im XII. Jahrh. waren die byzantinischen Seidenhaspler sehr berühmt, wiewohl die griechischen Seiden ihrer Natur nach in Italien viel weniger galten als die spanischen. Im J. 1853 erzeugte man beinahe 120—130000 kg Seide, die von den Bauern auf levantinische Art gehaspelt wurde; die einheimische Weberei nahm die Hälfte dieses Quantums in Anspruch. In demselben Jahre gab es 7 Filanden mit 432 Bassins, 1877 waren 12 Filanden mit ca. 800 Becken im Betriebe. Gegenwärtig verarbeitet Griechenland seine gesamte Kokonernte selbst, was früher nicht der Fall war. Die Produktion beläuft sich auf ca. 40000 kg Grège, wovon ²/₃ exportiert werden.

In Russland erzeugte man Seide bereits unter Michael III., dem Gründer der Dynastie Romanow. Dieses Gewerbe wurde von allen späteren Herrschern begünstigt und gedieh in kleinem Mafsstabe in den südlichen Provinzen, namentlich in Taurien, Bessarabien, Podolien etc., und noch heute produzieren die Kolonien der Mennoniten in dem Gonvernement Taurien gute Seiden der weissen Sinarasse. Im Jahre 1871 wurde die Produktion auf 9000 kg geschätzt, gegenwärtig dürfte aber nur der dritte Teil davon gewonnen werden. Dagegen hat die Seidenproduktion des Kaukasus namentlich in neuerer Zeit industrielle Wichtigkeit erlangt. Im XIII. Jahrh. war die georgische Seide in Italien sehr geschätzt. Im Laufe der Zeit ist das Gewerbe durch politische Unruhen sehr gefährdet worden. Erst im XIX. Jahrh. hat die russische Regierung es sich zur Aufgabe gemacht, die früher so blühende Industrie wieder zu heben und liess aus Frankreich geübte Arbeitskräfte kommen, um den kaukasischen Frauen die rationelle Seidengewinnung lehren zu lassen. Im J. 1851 betrug die Produktion ca. 500000 kg Grège und in der Zeit von 1860/66 eine Million kg pro Jahr. Ferner in den Jahren 1861/63 durchschnittlich 720000 kg jährlich mit einem Export von 354000 kg, fiel dann aber 1864/66 auf 836000 und 1867/69 auf 409000, um 1870/72 auf 902000 kg anzuwachsen. Im J. 1872 sollen 1156000 kg erzeugt und 692000 kg exportiert worden sein.

Im russischen Turkestan ist die Seidengewinnung mehr als ein Jahrtausend alt, aber die Seiden waren niemals sonderlich geschätzt; und auch

gegenwärtig sind die Haspelmethoden der Bauern in den Distrikten Khokand,
Samarkand, Taschkent etc. noch sehr unvollkommen. In den Jahren 1867
bis 1872 wurden Musterfilanden eingerichtet, und die russische Regierung
hat deren Gründung durch Subventionen begünstigt; diese Anstalten sind
jedoch längst eingegangen. Die mit grossem Kapital angelegte Filande
zu Kodschend ist Ende 1875 ebenfalls geschlossen worden. Die Ausbeute
bei der einheimischen Haspelmethode ist sehr gering: 1 Pfund Seide aus
8—9 Pfund trockener Kokons. In Samarkand, wo die uzbekischen Hasplerinnen geschickter sind, gewinnt man 1 Pfund Seide aus 5 Pfund
Kokons, und die russischen Hasplerinnen haben es noch weiter gebracht,
indem sie 1 Pfund Seide aus 4 Pfund Kokons erzielen. Ein Teil der
gewonnenen Seide wird im Lande selbst verbraucht, der Rest nach Russland und Indien exportiert. Ein gewisser Teil der Kokonerute des Kaukasus und Turkestan gelangt nach Mailand und Marseille.

Der Ursprung der italienischen Seidenhasplerei reicht bis in jene Zeiten
zurück, über die man jeder zuverlässigen Nachricht entbehrt. Wenn man
den örtlichen Überlieferungen Glauben schenken will, so wurden schon seit
Mitte des IX. Jahrh. in Kalabrien Kokons abgehaspelt, während man bestimmt weiss, dass im Sudan dieses Gewerbe von den Arabern noch früher
betrieben wurde. Doch scheint es, dass nur kurze Zeit vor den Er-
oberungen von Robert Guiscard, gegen die Mitte des XI. Jahrh., orientalische Handwerker die Kunst, die Seide regelrecht zu haspeln, nach
Catanzaro eingeführt haben. Guiscard, ein auf die Interessen seines
Landes sehr bedachter Fürst, zwang diese Handwerker, ihre Kunst den
Eingeborenen zu lehren; man weiss jedoch nicht genau, ob diese Seidenhaspler,
denen der Historiker Amato den Namen „artefici orientali" beilegt, Griechen
oder Araber waren. Von Sizilien schreibt Edrisi im J. 1154, dass
„das Land sehr viel Seide erzeuge." Es giebt nur spärliche Quellen
aus der Zeit vor dem XIII. Jahrh.; man weiss nur, dass die Manufakturen
Luccas gegen die Mitte des XIII. Jahrh. von den kalabresischen Seiden
Gebrauch machten. Die Hasplerei entwickelte sich im Zusammenhang mit
der Seidenkultur nur langsam, und erst seit Ende des XVI. Jahrh. fand
ein Aufschwung statt. Die italienische Hasplerei wurde tonangebend für
dieses Gewerbe in Europa.

In der italienischen Rohseidenindustrie hat sich im letzten Vierteljahrhundert ein bemerkenswerter Umschwung vollzogen. Im Jahre 1868 zählte
man in Italien 61877 Haspel, worunter 25637, deren Becken mit Dampfheizung versehen waren. Im J. 1876 waren bereits 83036 Haspel im Betriebe, wovon 53370 mit Dampfheizung. Die Lombardei allein besass 38881
(29576 mit Dampf) Haspelbecken.[1] Die technischen Verbesserungen des
Haspelverfahrens haben es ermöglicht, die Zahl der Haspel allmählich zu

----

[1] Ellena, Notizie statistiche sopra alcune industrie.

verringern, während die Produktion selbst im gleichen Zeitraum nicht nur
in Qualität, sondern namentlich in quantitativer Hinsicht beinahe um das
doppelte gestiegen ist. Im J. 1891 waren in Italien 1401 Seidenfilanden
mit 54588 Haspelbecken in Thätigkeit, wovon 48956 mit Dampfheizung,
und beschäftigten 99381 Personen. Die Provinz Mailand besass 148 Anstalten
mit 10222 Becken, wovon 9870 mit Dampfheizung. In Bergamo waren
1892 85 Etablissements mit 5450 Becken in Betrieb, wovon nur 310
mit direkter Feuerung.[1) Brescia betrieb 2210 Haspel, während sich
156 in Stillstand befanden. Die Vervollkommnung der Kokonrassen hielt
Schritt mit den Fortschritten der Hasplerei, und gleichzeitig mit der
stetigen Abnahme der Beckenzahl stieg die Ausbeute an Grège aus den
Kokons. Auch die Qualität der Grège hat sich in den letzten zwei
Decennien wesentlich verbessert. Um ein kg Grège zu erzeugen, waren in
den Jahren 1871/76 15 kg, in den Jahren 1877/82 12,8 kg, in den Jahren
1885/88 11,9 und in den Jahren 1890/94 11,8—11,5 kg frischer Kokons erforderlich. Diese Zahlen beziehen sich auf reine Rassen, die gekreuzten
und die grünen benötigen noch gegenwärtig 13—13,2 kg für 1 kg Grège.
Wie bereits bei der italienischen Seidenkultur erörtert wurde, hat sich hier
ein Umschwung zu Gunsten der einheimischen gelben Rassen vollzogen,
während die grüne japanische im Verschwinden begriffen ist. Es wurden
erzeugt

kg Rohseide

	grün	gelb	Total
1880	2000000	800000	2800000
1885	1142000	1315000	2457000
1887	1319000	2157000	3476000
1890	510000	2933000	3443000
1892	320000	2645000	2965000
1894	284000	3165000	3449000

Unter den italienischen Grègen sind diejenigen der Provinz Piemont
qualitativ die besten und werden mit Recht als die Cévennesseiden Italiens
bezeichnet. Sie sind glänzend, elastisch und fest und eignen sich als Grège
vorzüglich für die mechanischen Webstühle. Als Organzin werden sie besonders zu Sammeten, Plüschen und reichen Façonnés verarbeitet. In
quantitativer Hinsicht beträgt die Produktion Piemonts etwa 18% der Gesamtproduktion Italiens, d. i. 800000 kg Grège, und zwar 550000 kg der
reinen gelben und weissen, 150000 kg der gekreuzten und 100000 kg der
japanischen Rassen. Die lombardischen Grègen, im Handel Mailand genannt,
sind von verschiedenartiger Qualität; diejenigen von Brianza sind die besten
und eignen sich als Grège vorzüglich für die mechanische Weberei und als

---

[1) Annali di statistica del Regno d'Italia.

Organzin für reiche Seidenstoffe; andere Provenienzen, wie Bergamo, Brescia, Mantua und Cremona sind weniger „nervig" und werden zu den gewöhn-

Fig. 242—243. Stränge europäischer Grège.

lichen Organzins und Tramen verarbeitet. Die Produktion der Lombardei beträgt durchschnittlich 1500000 kg Grège, und zwar 830000 kg der gekreuzten, 470000 der reinen gelben und weissen, 165000 der grünen reproduzierten und 10000 der grünen originellen Rassen. Die Seiden der Provinz Venedig lassen sich ebenfalls nach zwei Qualitäten unterscheiden; diejenigen der gebirgigen Gegenden (Udino etc.) sind von vorzüglicher Qualität und werden mit Vorteil als Grègen verwoben, während die der Thalebenen von weicher Beschaffenheit sind und hauptsächlich als Trame Verwendung finden. Die Produktion Venedigs beträgt 800000 kg Rohseide, wovon $^3/_4$ gelber und $^1/_4$ weisser oder grüner Farbe; der Rasse nach sind 40% rein, 40% gekreuzt, und der Rest grüne Japans, meistens reproduziert. Die Seiden von Neapel, Toskana, Umbrien, Marken und den benachbarten Provinzen sind einander ziemlich ähnlich, die Toskana sind die besten darunter; die vorwiegendste, reine Rasse ist gelb. Diese Provenienzen werden mit Vorliebe zu den feintitrigen Organzins 14/16 bis 18/20 den. verarbeitet. Diese Region erzeugt 18% der Gesamtproduktion, d. i. ungefähr 7—800000 kg Grège. Die Grègen der südlichen Provinzen, Kalabrien, Sizilien etc. sind von grosser Güte und ergeben als Grège namentlich für Tüll, Spitzen u. s. w. sehr gute Resultate; als Organzin sind diese Seiden stark und elastisch und für schwierigere Webarbeiten gesucht. Italien verhaspelt nicht nur seine gesamte Kokonernte, sondern auch eine beträchtliche Menge eingeführter Kokons, meist orientalischer Herkunft. Der Export Italiens in Grège belief sich im J. 1894 auf 5476500 kg gegen 4580700 kg im Vorjahre.

Die schweizerischen Grègen der Kantone Tessin und Granbünden haben, da die Ernte fast gänzlich in den italienischen Filanden verarbeitet wird, ganz den Charakter der italienischen Seiden. Die Produktion beläuft sich auf ca. 50000 kg Grège.

Was die Geschichte der Seidenhasplerei in Frankreich anlangt, so wissen wir, dass man in der Provence die Seide mutmasslich schon im XIII., bestimmt aber im XIV. Jahrh. erzeugte; um die Mitte des XIV. Jahrh. war sie ein Handelsartikel. Das Gewerbe ist in Frankreich vielleicht noch älter, denn Jean de Garlande, Grammatiker und Dichter, Verfasser eines Wörterbuchs (1220) führt unter den Arbeitsgeräten, die für Frauen bestimmt sind, einen Apparat „le trahale, traale" oder „traail" an, worunter man eine Vorrichtung zum „Ziehen" der Kokons verstehen will. Wenn aber wirklich schon im XII. oder zu Beginn des XIII. Jahrh. die Kokonhasplerei bestanden hat, so muss dieser Arbeitszweig ganz unbedeutend gewesen sein; vielleicht ist er dorthin durch die spanischen Mauren, die im X. Jahrh. das alte Septimanien erobert haben, oder durch christliche spanische Auswanderer gebracht worden. Es ist viel wahrscheinlicher, dass das Gerät „traail" die ursprüngliche Zwirnvorrichtung bezeichnet hat, womit man rohe aus dem Süden und dem Orient bezogene Seide zu Webefäden verzwirnte. Die Fortschritte der Seidenhasplerei waren in Frankreich viel geringer und langsamer, als in Italien, und noch im J. 1466 hatte Louis XI. einen Seidenhaspler Namens Maufrain aus Carmagnola nach Lyon berufen, um dort seine Kunst zu lehren. Erst im letzten Jahrhundert hat die französische Hasplerei in qualitativer Hinsicht Oberhand gewonnen, und die Italiener kamen ihrerseits nach Frankreich, um die Kunstgriffe der Seidenhaspler kennen zu lernen.

Die nämliche Thatsache wie in Italien lässt sich in Frankreich beobachten, nur haben hier die maschinellen Fortschritte aus naheliegenden Gründen in noch grösserem Mafse Platz gegriffen. Die allgemeinen ökonomischen Verhältnisse sowohl, wie die im Vergleich mit Italien teuerere Handarbeit, haben eine stetige Abnahme der Einfuhr ausländischer Kokons zum Zweck des Verhaspelns im Lande und sogar die Thatsache zur Folge gehabt, dass grosse Mengen französischer Kokons nach Italien versandt worden, um dort verarbeitet zu werden. In Italien fiel dagegen die Ein- und Ausfuhr der Kokons bis vor wenigen Jahrzehnten vollständig weg, hat aber in neuerer Zeit eine beträchtliche Steigerung erfahren. Die Einfuhr der Kokons nach Frankreich belief sich in den Jahren 1869/79 auf durchschnittlich 1209340 kg trockner Kokons jährlich, welches Quantum im J. 1881 auf 729015 und 1882 auf 130310 kg gesunken ist; im J. 1889 betrug die Menge der eingeführten Kokons ein Drittel der exportierten. Um dem dauernden Verfall der einheimischen Seidenhasplerei vorzubeugen, ist am 13. Juni 1891 von der Deputiertenkammer beschlossen worden, derselben in der gleichen Weise wie der Seidenkultur eine staatliche Unterstützung angedeihen zu lassen und den Seidenfilanden für jedes betriebene Haspelbecken mit 2 Grègefäden 100 Frcs., für solche mit mehr als zwei Fäden 400 Frcs. und für jedes Becken für die Doupions 200 Frcs. jährliche Prämie zu gewähren. Die an Seidenhasplereien bezahlten Prämien beliefen sich im J. 1892 auf 3669000 Frcs., im J. 1894 auf 4100000 Frcs. Die Folge davon war eine beträchtliche Steigerung der Kokoneinfuhr, eine Erscheinung, der die Seidenzüchter mit wenig wohlwollendem Auge entgegensahen. Die Ausbeute am Haspel stieg von 14,8 kg Kokons in den J. 1871/76 auf 13,9 in den J. 1877/82, auf 12,3 in dem J. 1888 und 11,5 im J. 1894 (12,5 für grüne Rassen). Die französische Seidenhasplerei verfügte über 27253 Becken im J. 1875 und 10314 im J. 1888, wobei aber die Ausgiebigkeit eines jeden um das Doppelte zugenommen hat. Es waren im Betriebe:

	1892	1894
Becken für 2 Füden	175	397
Becken für mehr als 2 Füden . .	11052	9805
Hilfsbecken	1890	1614
	13117	11816

Die Produktion der Grège belief sich auf (kg):

	1889	1891	1894
Gelb ..	598000	548000	880000
Grün ..	20000	18000	16000
	618000	566000	896000

Unter den französischen Rohseiden gebührt den sogenannten Cévennes der erste Platz. Zwar sind sie wenig ansehnlich und ziemlich matt, aber griffig, elastisch und, was von grossem Wert ist, absolut flockenfrei. Es ist eine vielverbreitete Ansicht, dass die guten Eigenschaften der Cévennesgrègen mit der Beschaffenheit des sandigen, kalkreichen Bodens, auf welchem sie gezogen werden, zusammenhängen. Die Cévennesseiden werden in extra, prima und secunda unterschieden. In zweiter Linie kommen die Ardèchegrègen in Betracht, die ebenfalls sehr geschützt sind. Diese beiden Provenienzen werden zu den reichsten Geweben verarbeitet und für die feinsten Sammete, Spitzen und viele andere Artikel verwendet, die absolut tadelloser Seide benötigen. Die unter dem Namen Lubernon und Valréas bekannten Grègesorten sind ebenfalls von flockenfreier Beschaffenheit. Dem Äusseren nach den Cévennesseiden ähnliche Grègen, nur von weicherem Griff, sind die Vivarais und Dauphiné, die jedoch infolge des feuchten Bodens, ebenso wie Carpentras- und Provencegrègen, ein ziemlich flockiges Aussehen haben.

Im geschichtlichen Teile des Werkes ist die Bedeutung Spaniens als des ersten seidenerzeugenden Landes in Europa hinlänglich erörtert worden. Die spanische Rohseide war in der Periode vom IX. bis zum XIV. Jahrh. eine der geschätztesten in Italien. Das Gewerbe hat dann bis zu unseren Tagen verschiedene Veränderungen durchgemacht, die mit den politischen Ereignissen zusammenhängen. Seit dem Beginn des XIX. Jahrh. ist ein bedeutender Aufschwung zu verzeichnen.

Die Krankheiten zeigten sich 1853. Die Produktion von über 8 bis 900000 kg Grège in der Zeit vor 1853 sank nun allmählich und betrug 1881 nur noch 64600 kg. Dank der offiziellen Unterstützung erhob sie sich in den Jahren 1882/83 auf etwa 100000 kg, welches Quantum indes seither kaum wieder erreicht worden ist. Im J. 1882 waren in Spanien 30 Seidenhaspelereien mit 1800 Haspeln im Betriebe (3040 Becken im ganzen); im besonderen scheint die Verarbeitung der Doupions (in der Provinz Granada) ihre frühere Bedeutung erhalten zu haben. Die Produktion belief sich auf (kg):

1886	1889	1891	1893	1994
52000	65000	90000	77000	90000

Ein Teil der Kokons wird zu Angelschnüren verarbeitet. Die Rasse ist gelb und rein, von französischer Einfuhr oder inländischer Reproduktion. Im J. 1888 besass Valencia 550 Haspel; Granada, Sevilla etc. 420 Haspel. Der Export spanischer Grège ist nicht unbedeutend; er betrug[1]):

1872.74	27737	kg
1878.82	17000	,,
1888	55000	,,
1894	50000	,,

Portugal bietet gegenwärtig für uns nur wenig Interesse, doch die Geschichte seiner Seidenproduktion ist sehr interessant und lehrreich. Die letztere stand stets unter der Obhut der Regierung, hatte jedoch andererseits mit dem durch verschiedene Ursachen hervorgerufenen Widerstand der Bevölkerung zu kämpfen. Die Kunst, Seide zu ziehen, ist in dem Lande, welches das spätere Portugal bildete, ungefähr zu derselben Zeit wie in den Khalifaten und den unabhängigen Fürstentümern Spaniens eingeführt worden. Unter Alphons V. hatte das Gewerbe noch keinen festen Fuss gefasst, der Reichtum, den es den Mauren verschaffte, erweckte aber den Neid der Portugiesen, und schon im J. 1481 konstatierten die Cortes, dass das Land viel Seide erzeuge, aber unter den Erpressungen öffentlicher Beamten zu leiden habe. Bald darauf wurde mit der Seidenproduktion zwei Jahrh. lang ausgesetzt und erst der Marquis de Pombal gründete im J. 1752 eine Filande zu Chacim. Unter Marie I. liess man piemontesische Haspler kommen und errichtete Hasp1ereischulen und zahlreiche Filanden. Dieser neue Versuch hatte 1785 begonnen; er begegnete einige Zeit dem Widerstande der Gemeinden, der endlich überwunden wurde, und 1804 erzeugte man ca. 36000 kg Grège, wovon 18000 kg in Trazos-Montes und 9000 in den beiden Beira; die Produktion hob sich auf 46000 im J. 1807. Nach dem Ausbrechen des Krieges verschwanden die staatlichen Einrichtungen, während private Unternehmungen bestehen blieben. Seit 1840 bekundet man für Seide erhöhtes Interesse. In den besten Jahren erzeugte man früher 30000 kg Seide, in den gewöhnlichen 15000. Die Regierung war wiederholt bemüht, diesen Industriezweig zu heben, hauptsächlich in der Periode von 1838—1852. In den Jahren 1870/85 belief sich der Export auf 8—900 kg Grège. In Braganza, Oporto und Aveiro sind einige Filanden thätig, die gute Qualitäten erzeugen.

Die Anfänge der englischen Seidengewinnung fallen in den Beginn des XVII. Jahrh., jedoch erwiesen sich die einheimischen Arbeitskräfte unfähig,

---

[1]) Estadística general del comercio exterior.

sich die bei diesem Gewerbe unentbehrliche Handfertigkeit anzueignen. Zugleich mit dem Verfall der Seidenzucht ging naturgemäss auch die Seidenhasplerei unter.

In den österreichischen Ländern haspelte man die Seide in Trient gegen die Mitte des XV. Jahrh. Von 1770 bis 1800 folgten Verbesserungen ziemlich lebhaft aufeinander. Cobelli, der zu Lezzanella im J. 1784 eine Filande mit 42 Becken, bis dahin die grösste in Trient, gegründet hatte, führte zu gleicher Zeit auch die Arbeitsmethoden Piemonts ein. Alle Fortschritte der Hasplerei wurden dann mit der Zeit nach Trient verpflanzt, und das Gewerbe entwickelte sich ununterbrochen. Um die achtziger Jahre trat aber eine Krisis ein, die eine Abnahme der Becken um 30°/₀ zur Folge hatte. Im Jahre 1880 zählte man 37 Dampffilanden mit 2216 Becken. Die Produktion des Bezirks Roveredo belief sich im J. 1888 auf 82088 kg gegen 66850 kg im J. 1884, die des Bezirks Görz auf 80000 gegen 65600 kg in den nämlichen Jahren.

Kein Land in Europa zeigt ein derartig rasches und mächtiges Emporblühen der Rohseidenproduktion wie Ungarn. Im J. 1879 wurden 2507 kg Grège, zehn Jahre später bereits ca. 75000 kg erzeugt. In Neusatz und Pancsova bestehen staatliche Seidenhasplereien mit einer durchschnittlichen Produktion von 8—9000 kg, bezw. von 6000 kg Grège. Die Qualität ungarischer Grège ist, was ihre natürlichen Eigenschaften anlangt, sehr gut; aber infolge ungenügender Geschicklichkeit beim Haspeln lässt das fertige Produkt im Äusseren etwas zu wünschen übrig. Die Produktion betrug (kg):

1888	1889	1891	1893	1894
307000	267000	281000	243000	266000,

wovon 182000 gelber und 84000 kg grüner Grège.

Es erübrigt uns noch, einen kurzen Überblick über diejenigen Staaten Europas zu werfen, in denen die Seidengewinnung zwar ganz ohne industrielle Bedeutung ist, welche jedoch früher eine solche besassen. Im XVI. Jahrh. erzeugte man in der Provinz Brandenburg in Preussen etwas Seide. Laffémas schrieb im J. 1603 „um die Wahrheit zu sagen, es wird Seide erzeugt in Flandern und in Deutschland, in Ländern, die ein viel kälteres Klima besitzen, als Frankreich". Über die Schicksale der preussischen Seidengewinnung ist im geschichtlichen Teile des Werkes berichtet worden; gegenwärtig geben die Versuche nicht über den Rahmen der Hausarbeit hinaus. Von den Niederlanden sagt de Serres, dass in der Stadt Leyden in den Jahren 1583—85 die Herzogin von Ascot Seide gezogen hat. In Belgien war die Seidengewinnung bereits im XVI. Jahrh. im Gange und teilte daselbst die Geschicke der Seidenkultur, von denen bereits früher die Rede war.

Die Vereinigten Staaten Nordamerikas sind noch heute eifrig bestrebt, ihren Bedarf an Rohseide, wenn auch nur zum verschwindend geringen Teil, selbst zu erzeugen. In Silkville (Kansas), Fayetville, New-Jersey bestehen einige Hasplereien, die indessen kaum einige tausend Kilo produzieren.

In der folgenden Tabelle ist eine Aufstellung der Zahlen der Weltproduktion in gehaspelter Rohseide versucht worden, eine Aufgabe, die für europäische Länder mit voller Sicherheit, für den Orient dagegen nur schätzungsweise gelöst werden konnte. Daher zeigen die Zahlen für den letzteren nur die exportierten Mengen an, während seine gegenwärtige thatsächliche Produktion in einer separaten Tabelle angegeben wird.

Land	1885 kg	1887 kg	1889 kg	1891 kg	1893 kg	1894 kg
Frankreich . . .	535000	717000	618000	566000	852000	896000
Italien	2457000	3476000	2880000	3210000	3984000	3449000
Spanien	56000	78000	65000	90000	77000	90000
Oesterreich-Ungarn	168000	264000	267000	281000	243000	266000
	3216000	4535000	3830000	4147000	5156000	4701000
Anatolien . . .	172000	168000	185000	135000	328000	355000
Syrien	100000	135000	324000	290000	520000	466000
Europ. Türkei . .	256000	340000	110000	190000	250000	210000
Griechenland . .	20000	20000	26000	30000	45000	38000
	548000	683000	645000	645000	1143000	1069000
Kaukasus u. Transkaukasien . . .	110000	125000	160000	190000	200000	175000
Export Shanghai .	2630000	2459000	2910000	3834000	4215000	3787000
„ Kanton . .	715000	1411000	1600000	1201000	1286000	1354000
„ Jokohama .	1372000	2217000	2125000	2994000	2685000	3084000
„ Kalkutta .	260000	210000	210000	229000	287000	199000
	4977000	6297000	6845000	8258000	8473000	8424000
Im ganzen	8311000	11640000	11480000	13240000	14972000	14369000

Die Grègeproduktion des Orients und der überseeischen Länder beläuft sich auf (kg):

	1890	1895
China, Mandschurei, Korea . . .	9880000	12500000
Indochina, Annam, Tonkin . . .	300000	500000
Japan	2300000	6000000
Indien	350000	450000
Persien	280000	350000
Centralasien, Turkestan, Afghanistan	1800000	2600000
Afrika, Amerika, Australien . . .	30000	50000
Total	14940000	22450000

Die Gesamtproduktion an Maulbeerseide auf der ganzen Erde beträgt somit z. Zt. durchschnittlich und in runder Zahl über 28 000 000 kg Grège, wovon in Europa und Amerika ca. 15 000 000 zur Verarbeitung gelangen. Folgende Tabelle veranschaulicht die Produktion, ihren inländischen Verbrauch, und bei den Staaten, die keine Seide erzeugen, die ausländische Einfuhr der rohen Seide (Grège bezw. Ouvrées) für die Zwecke der weiteren Verarbeitung.

Land	Produktion	Verbrauch	Export	Import	Total-verbrauch
China	12 000 000	6 800 000	5 200 000	200 000	7 000 000
Japan	6 000 000	2 800 000	3 200 000	20 000	2 820 000
Italien	4 000 000	400 000	3 600 000	400 000	800 000
Centralasien, Persien . .	2 000 000	1 700 000	300 000	5 000	1 705 000
Levante	1 000 000	200 000	800 000	50 000	250 000
Frankreich	900 000	820 000	80 000	4 000 000	4 820 000
Indochina	500 000	420 000	80 000	50 000	470 000
Br.-Indien	500 000	300 000	200 000	600 000	900 000
Österreich-Ungarn . .	250 000	100 000	150 000	300 000	400 000
Kaukasus	250 000	150 000	100 000	2 000	152 000
Europ. Türkei . . .	200 000	50 000	150 000	12 000	62 000
Spanien	80 000	40 000	40 000	50 000	90 000
Griechenland	35 000	20 000	15 000	6 000	26 000
Balkanstaaten . . .	30 000	20 000	10 000	3 000	23 000
Schweiz	30 000	2 000	28 000	1 400 000	1 402 000
Amerika	5 000	5 000	—	3 260 000	3 265 000
Afrika	5 000	5 000	—	50 000	55 000
Australien . . .	2 000	2 000	—	10 000	12 000
Europ. Russland . .	1 000	1 000	—	700 000	701 000
Deutschland . . .	500	500	—	1 835 000	1 835 500
England	200	200	—	1 000 000	1 000 200
Im ganzen	27 788 700	13 835 700	13 953 000	13 953 000	27 788 700

Was die Verwendungsart der Rohseiden verschiedener Provenienz anlangt, so sei bemerkt, dass die specifischen Eigenschaften einer Gattung ihre Verwendungsart von vornherein bestimmen, obwohl die Technik, ökonomische Rücksichten und Moderichtung auch hier von entscheidendem Einfluss sind. Charakteristisch ist aber der Umstand, dass in gewissen Fabrikationszweigen, in denen vor wenigen Jahrzehnten, wie in der Tüll-, Gaze- und Crêpeweberei, nur sehr feine inländische Grègen verwendet wurden, gegenwärtig die viel billigeren asiatischen Seiden, wie Brussa und Japan und sogar China, nicht nur aus ökonomischen Rücksichten, sondern weil die maschinelle Verarbeitung eines viel stärkeren Fadens bedarf, vorgezogen werden. Für Sammete, wozu früher nur die besten Qualitäten der Cévennesseiden benutzt wurden, werden jetzt mit Vorteil die Tsatlees verwendet. Sogar die brochierten Gewebe, Bänder und Foulards werden mit Kantonseide angefertigt. Im Zusammenhang damit steht auch die enorme

Verbilligung aller Seidenfabrikate, die den Konsum zu einem allgemeinen gestaltet.

Der sehr bedeutende Aufschwung des Imports asiatischer Seiden hat die Preise des Rohmaterials im letzten Vierteljahrhundert beträchtlich herabgedrückt. So stellte sich z. B. der Preis eines kg italienischer Grège (10,12 den.) in den sechziger Jahren auf 92 Frcs., ging dann auf 100 im J. 1865, sogar 113 in den siebziger Jahren und fiel danu allmählich auf 67 (1875), 66 (1880), 52 (1885), 56 (1890) und 52 (1892). Nachstehende Zusammenstellung zeigt den Preisrückgang der Grègen verschiedener Provenienz [1] (Francs):

	Frankreich 10,12 den.	Italien 9/11 den.	Brussa weiss 12,14 den.	China Tsatlee	Japan Grapes
1872	98	99	98	75	74
1873,78	83	76	78	54	58
1879,81	68	61	61	44	51
1882,83	62	56	57	46	47
1892/93	48	43	42	28	42
1896 Febr.	47	44	40	25	37

Das Schwanken der Preise von Jahr zu Jahr lässt sich besser aus folgender Zusammenstellung für China Tsatlee ersehen:

1858	59	1868	59	1877	43	1885	33
1860	69	1870	80	1879	62	1889	43
1861	50	1875	50	1880	38	1892	33
1866	88	1876	82	1881	52	1896 Febr. 27.	

Aber auch in kürzeren Zeiträumen treten manchmal nicht unbeträchtliche Preisschwankungen ein, die vielfach nicht den faktischen Verhältnissen, sondern spekulativen Umtrieben entspringen. In Europa ist dies weniger der Fall, weil die geregelten Verhältnisse, die Fabrikantenverbände, Handelskammern und Syndikate, sowohl den Vorrat wie die voraussichtlichen Ernteergebnisse und Industriebedarf einigermaßen abschätzen lassen. Im fernen Orient dagegen haben die Produzenten nicht den geringsten Anhalt dafür, wie die ausländischen Marktberichte und internationale Spekulation die Preise gestalten werden. Die Schwankungen der Rohseidenpreise in Japan z. B. sind aus folgender, für die Qualität Maybash Sage (hanks) in Dollars für 1 Picul, zusammengestellten Tabelle ersichtlich:

Sommer und Herbst 1884 . . . 405
Ende der Saison 465
August 1885 523

---

[1] David, Étude sur les stocks, la consommation et le prix des soies. 1884.

Oktober 1885 460
Letztes Drittel der Saison . . 573
August 1886 635
Januar 1887 668
Februar 1887 570
August 1887 680
November 1887 515
November 1888 480
Dezember 1888 550
Schluss der Saison 530
Dezember 1889 650

Die unmittelbare Wirkung der Spekulation auf die Produzenten wird indes gewöhnlich durch die zwischen ihnen und dem Exporteur vermittelnden Zwischenhändler abgeschwächt. Aber auch die letzteren würden bei ihrer oft nur geringen Kapitalkraft nicht im stande sein, gegenüber einer andauernden Baisse ihre Vorräte zurückzuhalten, wenn nicht die Banken einsprängen, deren Konkurrenz untereinander gelegentlich zu so hoher Beleihung der Seiden führt, dass bei starken Baissen ihr zeitweiliger Wert keine genügende Sicherheit mehr bietet und beide Parteien Verluste erleiden. Durch diese Procedur der Banken wird dem bedenklichen Spekulationsgeschäft noch mehr Boden gegeben.

* * *

Die Grègeseide findet in dem rohen Zustande, wie sie nach dem Haspeln hervorgeht, nur beschränkte Anwendung für Phantasieartikel und Posamenten. Für die meisten Verwendungsarten, sowohl für die Weberei wie für die Wirkerei, Strickerei etc., muss die Grège einer Behandlung unterworfen werden, welche sie reinigen und webefähig — falls sie als solche verwebt werden soll — oder den verhältnismässig dünnen Rohseidenfaden umfangreicher und für die weitere Verarbeitung geeigneter gestalten soll. Das Mulinieren (moulinage) der Rohseide bezweckt die Vereinigung mehrerer Grègefäden unter gleichzeitiger Verbindung derselben vermittelst der Drehung oder Zwirnung. Auch ein einfacher Rohseidenfaden wird für einige Verwendungsarten gedreht, wodurch er an Rundung, Dichte und Stärke gewinnt. Da nämlich in der Rohseide die Fäden gerade ausgestreckt nebeneinander liegen und nur durch den natürlichen Leim verklebt sind, welcher beim nachträglichen Entschälen der Seide aufgelöst wird, so würde sich die Rohseide nach dieser letzteren Operation, ohne vorhergegangene Drehung des Fadens, in lauter lose Fädchen spalten und unbrauchbar werden.

Die Art und Weise des Mulinierens hat grossen Einfluss auf den fertigen Stoff, und die Aufgabe des Seidenwebmeisters richtet sich nicht nur ausschliesslich auf die Ermittelung der richtigen Einstellung, Webebindung etc., sondern auch auf den passenden Muliniergrad oder die Höhe und Stärke der Zwirnung, die in der Seidenweberei in ungleich grösserem Mafse in Betracht kommt, als bei den anderen Gespinstfasern. Die Seidenzwirnerei bestand notwendigerweise stets und überall gemeinsam mit der Hasplerei, demnach mit der Seidenkultur. In Europa erhielten wir die erste Kunde von Zwirnerinnen in Paris (fileresses) im XIII. Jahrhundert, welche der rohen Seide vermittelst Spindeln die nötige Zwirnung erteilten. Die Drehung der einfachen und die Zusammenzwirnung mehrerer Fäden erfolgte ursprünglich stets mit der Hand, wie dies noch heutzutage in Asien meistens der Fall ist; die Arbeitsweise gleicht ungemein der der Seilmacherei. Die maschinelle Vorrichtung kam in Form des sogenannten runden Mulinierstuhls zuerst in Italien zur Anwendung und wird in dieser Form zuweilen noch heutzutage in Piemont angewandt; eine andere Zwirnmaschine, die ovale Seidenmühle, ist französischen Ursprungs. Der erste Mulinierstuhl (Seidenmühle, filatorio, moulin à soie) ist von einem in Bologna ansässigen Luccheser Borghesano, demselben, dem man die Verbesserung des Seidenhaspels zuschreibt, konstruiert. Über das Datum der Erfindung ist man nicht im klaren; während es einige in das Jahr 1272 versetzen, fixieren es andere auf 1282[1]) und gar auf 1372[2]). Wie dies auch sein mag, der Mulinierstuhl blieb etwa zweiundeinhalb Jahrhunderte ein gut bewahrtes Geheimnis der Stadt[3]). Nach Frankreich wurde er von Girardi und Orsenico um das Jahr 1470 eingeführt. Im J. 1719 gelang es einem kühnen Engländer, Lombe, sich der Zeichnung eines Borghesanischen Stuhls zu bemächtigen und sie nach England zu bringen. Später erhielt die Maschine von Avesani, Landriani und namentlich Vaucanson vielfache Verbesserungen.

Das Mulinieren der Rohseide zerfällt in folgende Verrichtungen:

1. Das Spulen und Putzen der Grège.
2. Die erste Drehung (Filieren, filage, 1er apprêt).
3. Das Dublieren.
4. Die zweite Drehung oder Zwirnung (organsinage, 2e apprêt).

Die erste Behandlung der Grège ist die Überführung derselben aus der Straugform auf die Spulen oder Bobinen, wobei gleichzeitig das Putzen des Fadens, das Entfernen von Fehlern, Flocken und Knoten stattfindet. Es ist üblich, beim Verkauf der Grège die Spulenzahl, welche eine Arbeiterin beim Abwinden zu beaufsichtigen vermag, anzugeben, je grösser diese Zahl, desto besser ist die Qualität der Rohseide. Seit der Einführung der geknüpften Enden (bouts noués) bei der Zubereitung der Grège, hat sich die Handhabung des Spulens wesentlich vereinfacht. Bei der Rohseide europäischer

---

[1]) Mém. de l'Acad. des Sciences. 1751.
[2]) Masini, Bologna illustrata.
[3]) Livi, I mercanti di seta Lucchesi a Bologna nei sec. XIII e XIV. 1881.

Herkunft beträgt die Spulenzahl etwa 100, während chinesische Grègen, wie Tsatlees, selten über 10—15 hinausgehen. Chinesische Grègen sind meist mehr oder weniger unsauber und mit Knoten behaftet, ausserdem öfters in der Fadendicke äusserst unegal, so dass Fadenbrüche sehr leicht eintreten. Das Winden solcher Grègen erfordert grosse Aufmerksamkeit, weil die sichtbaren Ungleichmässigkeiten schon während dieser Arbeit von der Spulerin entfernt werden müssen, was durch Ausbrechen der allzudicken oder der allzudünnen, sogenannten Flugfäden geschieht. Es ist begreiflich, dass unter diesen Umständen viel Abfall entsteht, gewöhnlich 3—5%, öfters noch mehr, während er bei europäischen Grègen selten $\frac{1}{4}$—$\frac{1}{2}$ % übersteigt. Die den europäischen fast ebenbürtigen japanischen Filatures sind sauber und egal gehaspelt und winden sich vom Strang fast ohne jegliche Störung ab. Um das Winden, sowie die nachträglichen Operationen zu erleichtern, wird die Grège vor der Verarbeitung zuweilen geseift und gewinnt dadurch ca. 5% an Gewicht, wovon übrigens nachfolgend noch einmal die Rede sein wird.

Schon während des Spulens wird die Rohseide zuweilen der ersten Reinigung unterworfen, welche darin besteht, dass man sie durch einige mit weichem Tuch überzogene Glasaugen führt. Die zum Spulen bestimmten Grègen werden vorher eine Zeit lang in feuchten Räumen aufbewahrt, da dies erfahrungsgemäss für die Festigkeit des Fadens von Vorteil ist; ausserdem werden stets einzelne Stränge untersucht und die verklebten, beim Haspeln durch Verleimung einiger Grègefädchen entstandenen Stellen, die sogen. „gommures", mittels schwacher ($\frac{1}{2}$%), lauer Seifenlösung losgelöst; der Zusatz von Öl zu diesem Seifenbade, welcher besonders in England von einigen Industriellen angewendet wird, ist zwecklos und kann nur als absichtliche Erschwerung angesehen werden. Das Spulen erfolgt mit Hand- oder Maschinenbetrieb. Es existieren viele Arten von Spulvorrichtungen, die entweder in Form runder, drehbarer Tafeln bei der Handarbeit, oder als Spulbänke im Fall des maschinellen Betriebes errichtet werden.

Die letztere ist die sogen. Wickel- oder Spulmaschine (machine à bobiner, winding-engine, throwing frame). Geschichtlichen Interesses halber möge eine Spulmaschine älterer Konstruktion, wie sie namentlich in Preussen zur Zeit der letzten Blüte des Seidengewerbes gebraucht wurde, beschrieben werden. Mehrere in Entfernungen von 15—20 cm parallel miteinander gestellte Füsse bilden das Maschinengerüst, worauf eine hölzerne Tafel zum Auflegen der abzuhaspelnden Strähnen geschraubt ist. Die zu beiden Seiten der Maschine und zwischen je zwei Füssen angebrachten leichten Haspel (swifts) drehen sich ungefähr in der Mitte der Maschinenhöhe in den daran befestigten Lagern und sind durch Latten gegen Beschädigungen seitens des beaufsichtigenden Personals geschützt. Jeder Haspel besteht aus einer der Länge nach durchbohrten hölzernen Nabe zur Aufnahme der Achse oder Spindel und aus 12 dünnen Armen, welche zu je zweien der Quere nach

durch Schnüre verbunden sind. Auf der Nabe eines jeden Haspels hängt
ein loser Ring mit einem daran befestigten Gewichte, damit sich derselbe
infolge der dadurch erzeugten Reibung nur in dem Mafse dreht, wie der
Seidenfaden von den Spulen aufgenommen wird und diesen also in der Bewegung nicht voreilt. Auf den zu beiden Seiten der Maschine angebrachten,
in Pfannenlagern des Gestelles drehbaren Wellen sind für jeden Haspel zwei
Scheiben befestigt, welche den darauf liegenden, kleinen, entsprechend
gearbeiteten Spulen infolge der Reibung Bewegung mitteilen. Die Einkerbungen in den an dem Tische befestigten Konsolen dienen als Pfannen-
lager für die Spulenspindeln und zwar in der Art, dass, wenn die Spulen
in die vordere Einkerbung gelegt werden, die Friktionsscheiben dieselben
drehen, dagegen in den etwas höher liegenden Einschnitten keine Berührung, also auch keine Drehung derselben stattfinden kann; sie werden in
die hinteren Einkerbungen gelegt, wenn die dazu gehörigen Fäden reissen.
Die Spulen sind von Holz und haben einen Durchmesser von 5—6 cm, damit sie einesteils zur Aufnahme einer grossen Fadenlänge verwendbar sind,
ohne dass der Durchmesser und infolgedessen die Peripheriegeschwindig-
keit zu sehr vergrössert und andereteils der Seidenfaden nicht durch
scharfe Biegungen beschädigt wird. Man bedeckt daher die Spulen nur
mit einer dünnen Schicht Fäden und ersetzt sie dann durch leere. Ausserdem ist es nötig, die Fäden spiralförmig über die ganze Spulenoberfläche
zu verteilen, damit augenblicklich die Enden der abgerissenen Fäden
wiedergefunden und befestigt werden können. Zu diesem Zwecke sind zwei
hölzerne Schiebeleisten mit den darauf befestigten Fadenführern angebracht,
welche durch nachstehend beschriebene Vorrichtung parallel mit den Spulen
bewegt werden. Die am Stirnende der Maschine in zwei Lagern drehbare
Welle wird durch das darauf sitzende Stirnrad, welches mit irgend einem
andern durch Elementarkraft bewegten Stirnrade mittels einer Ausrückung
beliebig in und ausser Betrieb gebracht werden kann, in Bewegung gesetzt,
und letztere durch konische Räder auf die bereits früher erwähnten Wellen
und sofort auch auf die Spulen übertragen. Ferner ist auf dieser Welle,
fast in der Mitte, ein elliptisches Rad befestigt, welches dem auf einer
festen Achse drehbaren Rade von derselben Grösse und Form Bewegung mitteilt. Endlich steht eine auf der Fläche des letzteren Rades
festgeschraubte Warze durch eine gabelförmige Stange mit zwei Schiebeleisten in Verbindung. Diese Warze, welche dem Mittelpunkte des letzteren
Rades mehr oder weniger genähert werden kann, muss einen Kreis beschreiben, dessen Durchmesser gleich dem erforderlichen Ausschlag der Schiebeleiste oder gleich derjenigen Länge der Spulen ist, welche mit Seide bedeckt
werden soll. Wäre statt dieser Vorrichtung, durch welche der Faden gleichmässig über die Spule verteilt wird, ein gewöhnlicher Krummzapfen angebracht, so müssten die Spulen an beiden Enden eine grössere Fadenlänge
aufnehmen, als in der Mitte, weil hier die Geschwindigkeit der Schiebeleiste
grösser als an den Enden ist. Diese Spulmaschine erfordert einen Raum

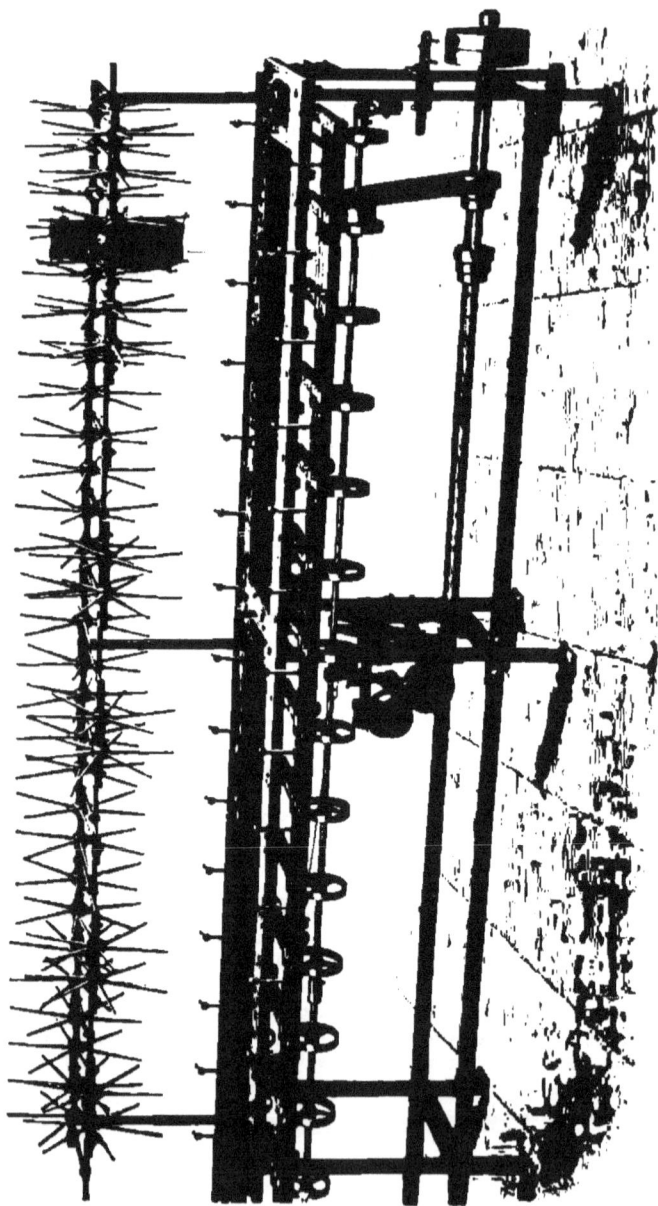

Fig. 244. Spulmaschine für Grenthaspel

von 1,6 m Breite bei 7,5 m Länge; die letztere ist jedoch willkürlich und richtet sich nach der Anzahl der Spulen, von denen 6—8 Stück auf eine Meterlänge gerechnet werden.

Die neueren Spulmaschinen sind durchwegs viel einfacherer Konstruktion. Die Spulen werden durch Friktionsrollen angetrieben und können je nach Bedarf bezw. Qualität des Gespinstes mit grösserer oder geringerer Geschwindigkeit laufen. Die Maschinen sind ein- oder zweiseitig von verschiedener Anzahl Haspel, 50, 80 und mehr. In einigen Konstruktionen passiert der Grègefaden, nachdem er, vom Haspel kommend, durch eine Öse gezogen wurde, einen aus einem engen, verstellbaren Schlitz gebildeten Fadenreiniger und wird dann durch einen Fadenführer auf die Spule auf-

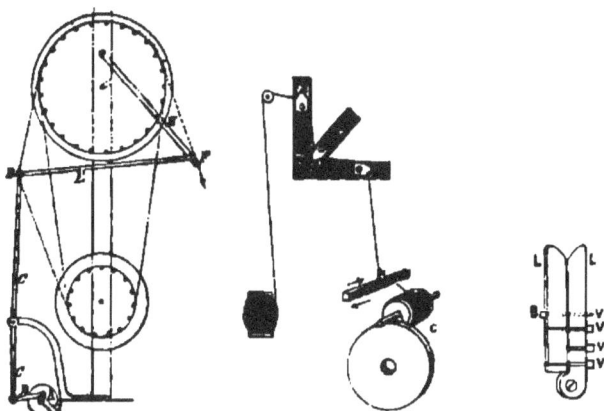

Fig. 245. Spulmaschine von Corron.   Fig 246. Fadenputzer mit Tuchkörper.   Fig. 247. Putzvorrichtung mit Stahlplatten.

gewickelt. Durch einen Regulator lässt sich der Fadenleiter nach Bedarf langsamer oder schneller schieben. Die Spul- und Dubliermaschinen, welche zum Winden etc. der bereits gezwirnten Gespinste dienen, unterscheiden sich von den Grègespulmaschinen nur sehr wenig und können auch als solche benutzt werden. Die Produktion der Seidenwindemaschine beträgt in 10 Stunden pro Haspel für gewöhnliche Chinagrège durchschnittlich 60 g, und kann eine Arbeiterin kaum mehr als 15 Haspel bedienen. Dagegen stellt sich das Verhältnis bei Japan Filature 9/12 deu. wesentlich günstiger; eine geübte Spulerin kann bis 60 Haspel bedienen und ergiebt die Produktion pro Haspel 50 g.

Unter den Verbesserungen an den Spulmaschinen ist die von Corron zu erwähnen, welche den Zweck hat, das Anhaften der Fäden zu beseitigen. Die Bewegung des Mechanismus geht von der Schnurscheibe A aus, deren

Welle eine kleine Kurbel trägt, welche die Pleuelstange B bewegt, die wieder den doppelarmigen Hebel C und mit diesem die Glasstange D in schwingende Bewegung versetzt. An C schliesst sich bei D die Stange E, welche einem einarmigen Hebel H, der den Fadenführer F trägt, die Schwingungen mitteilt. Die Hebel C und H sind mit den Stangen B und E durch Gelenke verbunden. Der Faden geht einerseits über die schwingende Glasstange und andererseits durch den schwingenden Fadenführer F und wickelt sich deshalb, von etwaigen Hindernissen befreit, sicher und leicht auf die Spule. Die Vorrichtung kann für Haspel aller Arten, welche zum Abwinden von in Strähnen gelegtem Faden auf Spulen dienen, benutzt werden.

In der runden Seidenwindemaschine von G r a f [1]) wird eine grosse Anzahl Haspel, z. B. 28, angebracht, von denen jeder 3 Spulen bedient, nämlich eine Spule zum Auflaufen und zwei Spulen zum Ablaufen und Übertragen des Fadens. Der Antrieb der Spulen erfolgt direkt von einem Schwungrad mittels Friktion auf in der Achse der Spulen liegende Wirtel. Die Spulen sind mit konusartigen Stiften versehen, die sich verschieben lassen, infolgedessen Spulen von verschiedener Länge verwendet werden können.

Von V o g t ist an dem Haspel eine Verbesserung getroffen worden, durch welche das zeitraubende Richten und Ausgleichen der einzelnen Stäbe beim Auflegen des Stranges vermieden wird. Durch eine einfache Handhabung können sämtliche sechs Stäbe gleichzeitig und gleichmässig verschoben und die Stränge festgespannt werden; der Haspel läuft ohne besonderes Richten vollkommen egal.

Nach der Überführung auf die Bobine wird die Grège einer zweiten Reinigung unterworfen, welche die Erzielung eines glatten, glänzenden und flaumfreien Fadens bezweckt. Der von einer Bobine auf eine andere überführte Rohseidenfaden passiert den Fadenputzer (purgeur), welcher, wie gesagt, schon in der Spulmaschine vorkommt und einen engen Schlitz bildet, durch den der glatte und regelmässig dicke, nicht aber mit Knoten und Flocken behaftete Faden hindurchgeht; in letzterem Falle entfernt der Purgeur den Fehler von selbst oder lässt den Faden entzweireissen. Die putzende Schlitzfläche besteht entweder aus Tuch, Achat oder Stahl; die letztere Art kommt jetzt in allgemeinen Gebrauch. Fig. 246 stellt die allgemeine Anordnung eines tuchenen, Fig. 247 eines stählernen Purgeurs dar. Bei dem ersteren sind die Spalten mit weichem Filz belegt, C ist die Spule mit dem Laufstock. Bei dem zweiten ist der Schlitz aus zwei stählernen glatten Flächen L gebildet, dessen Weite je nach Beschaffenheit und Dicke des Grègefadens vermittelst einiger Schrauben VV verstellt wird; der Seidenfaden wird über einen Glasstab BV geführt.

Alle Unreinlichkeiten des Fadens werden hinter dem Schlitz zurück-

---

[1]) Schweizerisches Patent 544.

gehalten, wodurch der Faden allmählich in seiner Bewegung gehemmt wird und dadurch die aufwindende Spule zum Stillstand zwingt; hierauf wird der angehäufte Ausputz vom Fadenreiniger weggenommen. Das Putzen der Grège nach dem ersten Winden erfordert bei gleichem Quantum mindestens ebensoviel Zeit wie das Winden selbst. Bei ganz unsauberen Grègen wird das Verhältnis noch ungünstiger, und da eine Arbeiterin nicht mehr als 15 Spulen bedienen und höchstens 50 g pro Spule sauber zu putzen im stande ist, so beträgt die Produktion in 10 Stunden höchstens 750 g. Es ist jedoch nur ein ziemlich geringer Teil der Unreinlichkeiten, welche sich derart durch den Putzapparat entfernen lassen. Die Hauptarbeit der Arbeiterin besteht im Ausbrechen derjenigen Fäden, welche auf längeren oder kürzeren Strecken mit Knoten etc. behaftet sind, und müssen sehr ungleiche Stellen, die entweder zu dick oder zu dünn sind, ebenfalls ausgebrochen werden.

In der Putzmaschine von Montauzan[1]) bildet die Spulenreihe an den beiden Seiten der Maschine, wie in dem später zu behandelnden Mulinierstuhl, eine ovalförmige Kurve, weshalb die Maschine den Namen „moulin-purgeur" erhalten hat. Die Grègefäden laufen von den Spulen über einen Glasstab nach den in der Fig. 247 dargestellten Putzern und dann über den Glasstab nach der Aufwickelbobine. Das Aufwickeln auf letztere findet in regelmässiger Weise durch Vermittelung einer Balancierstange statt, deren Schwingungsumfang den Endpunkten der Wickelung an der Spule entspricht. Die Bobinen sind auf Spindeln montiert, die durch einen endlosen Riemen angetrieben werden. Die Spindeln tragen ausserdem noch besondere Stifte, auf welchen die Bobinen ruhen. Der Riemenlauf regelt die Geschwindigkeit der Spindeln und mittelbar der Bobinen, welche somit unter der Einwirkung zweier Antriebe, der Stifte und der Spindelachsen, rotieren, auf welchen die Bobinen sitzen. Dieser zweite Antrieb ist indessen im Vergleich zum ersteren sehr schwach, so dass man die Spule als einzig unter der Einwirkung des Stiftes (embase) betrachten kann, und es ist erklärlich, dass nur ein geringer Widerstand nötig ist, um die Spule anzuhalten. Setzt man nun voraus, dass ein Knoten am Putzer angelangt und klein genug ist, um denselben zu passieren, so wird doch durch den infolge der Reibung entstehenden Widerstand die Spule angehalten; ist aber der Knoten so gross, dass er den Putzer nicht passieren kann, so steht ebenfalls die Spule ohne Stoss still, ohne dass der Faden zerreisst. Man spart dabei an Arbeit, Motorkraft, Zeit und vermeidet die häufigen Knotenstellen.

In den Garnputzvorrichtungen von Suggitt und Boyd ist die Vorrichtung getroffen, die Weite der schlitzförmigen Aussparung der Stärke des Fadens anzupassen. Die Vorrichtung von Boyd besteht aus zwei Platten mit Putzkanten, welche vermittelst zweier Federn genau parallel zu einander gehalten werden können und sind die letzteren mit ihren Enden in

[1]) L'Industrie textile, 1891, p. 351.

Fig. 245. Trancepatmaschine.

die Rückseite zweier Platten eingelassen. Eine Platte ist mittels eines Bolzens auf einem Querbaum befestigt, die andere wird von den Federn getragen und kann durch eine Stahlschraube nach Belieben gehoben und gesenkt werden, was zur Folge hat, dass durch die schräge Anordnung der Federn die beiden Putzkanten sich einander nähern, beziehentlich von einander entfernen, demnach der jeweiligen Garnstärke entsprechend eingestellt werden können.

In dem Putzapparat von Four kommt die Spule im Falle eines Knotens sofort zum Stillstand, ohne dass andere Spulen angehalten zu werden brauchen; ein Reissen des Fadens findet dabei nicht statt, wodurch das lästige Auffinden vermieden wird.

Für Ouvrées, namentlich Trame, besteht die Putzvorrichtung (Fig. 248) aus zwei rietblattartigen Rahmen, zwischen deren Stahldrähten die Fäden laufen und von dem Flaum befreit werden.

Fig. 249. Schema des Mulinierstuhls (erste Zwirnung), 1 Lager, 2 Antriebsriemen, 3 Spindel, 4 Spulen, 5 Flügel, 6 Laufstock, 7 Antriebsrolle, 8 Aufwickelspule.

Dem eigentlichen Zusammenzwirnen mehrerer Rohseidenfäden geht die Drehung des einzelnen Grègefadens, das sogen. Filieren, voraus, das je nach Bedarf pro Meterlänge 3—400 Drehungen beträgt und auf dem Filierstuhl vollzogen wird. Seine allgemeine Einrichtung ist aus der schematischen Fig. 249 ersichtlich, welches Prinzip bereits von Vaucanson 1755 angewendet wurde. Die durch Riemen 2 betriebenen, auf sehr feinen Zapfen rotierenden Spindeln 3 tragen die Spulen 4, welche mit dem Zwirnflügel 5 versehen sind und mit einer konstanten Geschwindigkeit von 5—7000 Touren pro Minute rotieren. Der gedrehte Rohseidenfaden gelangt durch den Laufstock 6 auf die durch Friktionskraft der Welle 7 betriebenen Walzen 8, die während des Filierens, ungeachtet des beim Aufwickeln zunehmenden Durchmessers mit Hilfe variabler Geschwindigkeit der Antriebswelle 7 stets die gleiche Geschwindigkeit beibehalten, wodurch die Gleichmässigkeit der Zwirnung auf der ganzen Länge des Grègefadens ermöglicht wird. Die Drehungszahl wird durch Regulierung der Umdrehungsgeschwindigkeit der Welle 7 geregelt und um so grösser,

resp. die Zwirnung um so schärfer, je langsamer das Aufwickeln auf die Bobinen 8 stattfindet. Die Konstruktion der Seidenzwirnmaschinen unterschied sich früher, wie bereits erwähnt, in der allgemeinen Anordnung der Spindeln. In dem käfigähnlichen runden Mulinierstuhl ruhten die Spindeln an der Peripherie eines grossen, in mehrere Stöcke eingeteilten Cylinders; auf dem höchsten Stock geschah das Vorzwirnen oder Filieren von den

Spindeln nach den wagerechten Spulen; die Spindeln der unteren Stockwerke besorgten das Zusammenzwirnen oder Organzinieren, indem der gezwirnte Faden auf Haspel gewunden wurde. In der Seidenzwirnerei wurde somit und wird noch heutzutage ein umgekehrtes Prinzip angewandt, wie bei allen anderen Zwirnmaschinen; dort erhält der Faden die Drehung beim Einlaufen auf die Spule, hier beim Auslaufen. Der Antrieb der Mühle geschah durch eine in der Mitte stehende vertikale Welle, welche sowohl die Spindeln vermittelst eines Riemens, wie die Spulen und Haspel durch verschiedene Getriebe in Bewegung setzte. Der ovale Mulinierstuhl ist weit weniger platzraubend, als der runde; die Spindeln sind hier in einem oder mehreren Rechen an dem unteren Teile der Maschine angebracht. Die Stühle nach Vaucansonschem Prinzip sind in vervollkommneter Bauart noch vielfach in Gebrauch, die runden Mulinierstühle sind jedoch fast überall abgeschafft und kommen nur in seltenen Fällen zur Anwendung.

Die filierte Seide wird zuweilen im Dämpfkasten etwa 10 Minuten und zwar in lauwarmem Wasserbade behandelt, wodurch die Faser an Glanz und Geschmeidigkeit gewinnen soll.

Die Operation des Dublierens besteht in der Vereinigung mehrerer einfacher nur gereinigter, oder der vorherigen Drehung unterworfener Rohseidenfäden auf einer einzigen Bobine. Das Hauptaugenmerk bei dieser Operation muss auf die gleiche Spannung der beiden Fäden gerichtet werden, was übrigens automatisch durch Anwendung von Belastungsrollen und Gegengewichten bewirkt wird. Bei den Maschinen englischen Systems sind die Operationen des Filierens und Dublierens zu einer einzigen vereinigt. Die älteren Dubliermaschinen waren ebenso kompliziert, wie schwerfällig und von ziemlich geringer Leistungsfähigkeit. Durch die ganze Länge der Maschine lagerten zwei parallele eiserne Wellen, worauf die Scheiben befestigt waren, welche die Spulen in ähnlicher Art wie bei der Wickelmaschine in Bewegung setzten. Es war nämlich auf jeder Spulenspindel ein kleiner Wirtel befestigt, der, wenn die Spule in das vordere Lager gelegt wurde, auf die Peripherie der damit korrespondierenden grösseren Friktionsscheiben zu liegen kam und infolge der Reibung sich gleichzeitig mit derselben umdrehte. Ausserdem war auf jeder Spulspindel zwischen dem Wirtel und der Spule ein kleines, dreizähniges Sperrrad befestigt, dessen Zweck später erklärt wird. Die Lanfschiene mit den darauf stehenden Fadenführern wurde langsamer, als die an der Wickelmaschine, längs den Spulen hin- und hergeschoben, weil die Seidenfäden nicht in gerader Richtung von den Leitern zu den Spulen geführt wurden, sondern mehrere scharfe Biegungen machen mussten, also weit leichter zerrissen. Die Fäden liefen nämlich zunächst aufwärts über eine horizontale glatte Stange, welche an den Ständern befestigt war, dann abwärts durch die Haken der Falldrähte, hierauf wieder aufwärts über eine zweite Stange und endlich von hier vereinigt durch den Fadenführer nach der dazu gehörigen Spule. Durch folgende Vorrichtung wurde während des Betriebes augenblicklich die Spule

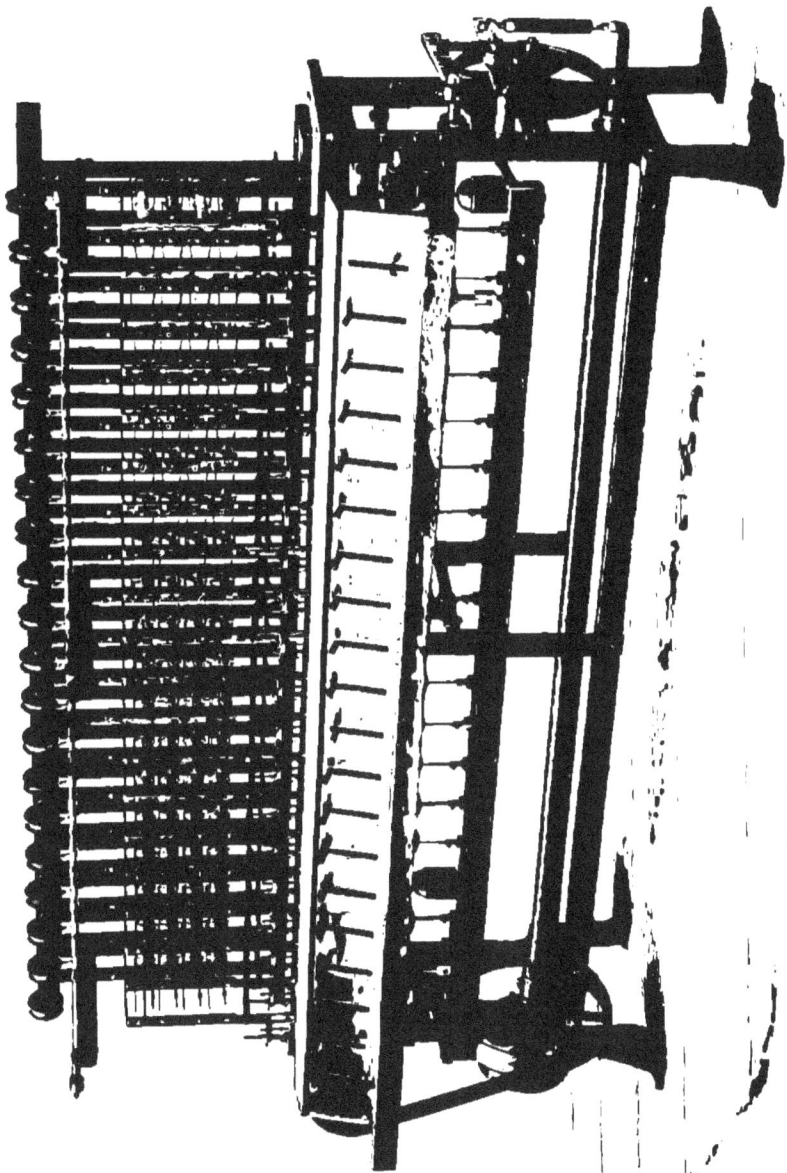

Fig. 150. Dublicrmaschine (Schweiter, Horgen).

still gestellt, wenn einer der dazu gehörigen Fäden zerriss. Auf dem zu beiden Seiten der Maschine befestigten Hebelbrett war für jede Spule eine kleine Stütze befestigt, welche für drei Falldrähte und den zweiarmigen Hebel die festen Drehpunkte enthielt. Jene reichten mit ihren hakenförmigen Enden bis zur Mitte der beiden erwähnten Stangen und wurden von den hindurchgelegten Seidenfäden in horizontaler Lage schwebend erhalten. Der eine Arm des zweiarmigen Hebels war rechtwinklig umgebogen, der andere aber gerade und etwas schwerer, weshalb er im freien Zustande in horizontaler Lage auf einer an der inneren Seite des Hebelbretts befestigten Stange ruhte. Wenn daher einer der einfachen Fäden riss, so fiel der dadurch schwebend gehaltene Falldraht auf den leichteren Arm des zweiarmigen Hebels, drückte diesen herab, folglich den andern Arm in die Höhe, sodass sich dessen Ende dann gegen einen der Zähne des Sperrrades stemmte, wodurch die Spule in Stillstand kam. Der hierdurch aufmerksam gemachte Arbeiter suchte zunächst die Enden des zerrissenen Fadens, drehte diese zusammen und setzte die Spule, nachdem er den betreffenden Falldraht aufgehangen und dadurch den Hebel in die horizontale Lage zurückgebracht hatte, die Spule wieder in Bewegung. Die Maschine erforderte zu ihrer Aufstellung einen Raum von 1,2 m Breite und von 6—7 m Länge, die jedoch von der Spulenanzahl abhing, deren Entfernung von Mitte zu Mitte etwa 15 cm betrug.

Die gegenwärtig gebauten, gewöhnlich zweiseitigen Dubliermaschinen (Fachtmaschine, machine à doubler, doubling frame), haben folgende Konstruktion. Der sich von den ablaufenden Bobinen (gewöhnlich vier) auf eine durch Friktionsrolle angetriebene, auflaufende Spule windende Faden passiert eine Fadenführung, ferner eine für den Fadenbruch eingerichtete Abstellvorrichtung. Diese Maschine eignet sich besonders für feine Grégen. Für stärkeres Gespinst gleiten die Fäden, nachdem sie sich vereinigt haben, auf einer krummen Fläche und kommen dadurch in bessere Berührung miteinander. Zwischen dieser Fläche und der Auflaufbobine sind gewöhnlich die Abstellvorrichtung und der Fadenführer eingeschaltet. Fig. 250 stellt eine Dubliermaschine dar, die 20—30 Spindeln für vierfache (auch sechsfache) Dublierung enthält. Beim Aufspulen macht der dublierte Faden eine leichte Drehung, die die einzelnen Fäden zusammenhält, so dass beim Zwirnen die Spule sehr gut und ohne zu reissen abläuft; die entstandene Drehung hebt sich beim Ablaufen der Spule übrigens vollständig wieder auf. Jede Spindel wird durch Friktion angetrieben und kann nach Bedarf für sich allein zum Stillstand gebracht werden. Beim Fadenbruch setzt die betreffende Spindel sofort selbsttätig aus. Die Anordnung der Spindeln, welche in der Figur verdeckt ist, ist aus den Figuren 251—252 ersichtlich. Zwecks Verminderung der Reibung des Zäpfchens mit dem Fühlerkonus ist eine in der Fig. 251 abgebildete Kugellagerung angebracht. Die Verbesserung des Läufers besteht in der Abänderung des Kötzerbrettchens, das gewöhnlich aus einem Stück besteht, wodurch die

Zäpfchen bei Berührung mit den schnell rotierenden Fühlern Not leiden.
Diesem Ubelstand wird bei dieser Maschine durch die Kugellagerung derart
abgeholfen, dass, sobald das Zäpfchen steigt und mit dem Fühlerkonus in
Berührung kommt, der letztere sofort zum Stillstand kommt, wogegen das
Leitbrettchen allein rotiert. Die Reibung wird dadurch auf ein Minimum
reduziert. Eine fernere Verbesserung ist die vereinfachte Fadenleitung;
durch Auf- und Abwärtsstellen derselben erzielt man eine dünnere oder dickere
Aufwindung. Zum Zweck der Verarbeitung von geringerem Material kann

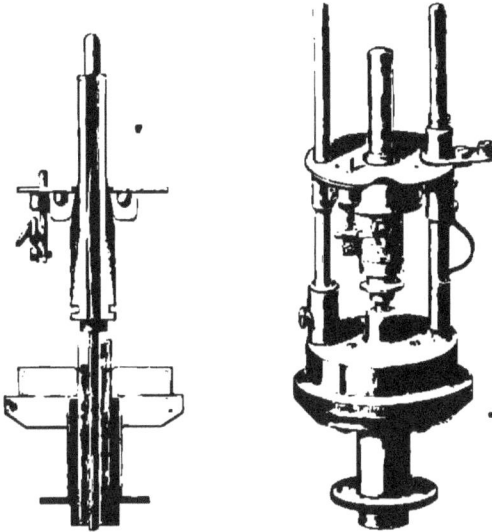

Fig. 251—252. Spindel für Spul- und Dubliermaschinen.

der Antrieb der oberen Leitrollen in richtigem Verhältnis zur Geschwindigkeit der Aufwicklung erfolgen, ferner ist die Anordnung einer Balancenbewegung getroffen, welche die gleichmässige Spannung des Fadens bewirkt,
gleichviel ob derselbe auf dem dünneren oder dickeren Teile des Konus aufgewickelt wird. Durch den Antrieb der oberen Leitrollen wird der Faden
dem Zäpfchen zugeführt, wodurch ein Zerreissen desselben verhütet und eine
weiche Aufspulung erzielt wird. Eine Arbeiterin kann 70—80 Dublierspindeln bedienen.

In neuerer Zeit ist von Stockhammer eine Dubliervorrichtung konstruiert worden, in welcher der Stillstand der Spindel beim Bruch irgend
eines der windenden Fäden vermittelst des elektrischen Stromes automatisch

bewirkt wird. Jeder Faden hält einen leichten Hebel in aufrechter Lage, der beim Reissen des Fadens fällt und das Schliessen eines Stromkreises bewirkt; ein hierdurch in Thätigkeit gesetzter Elektromagnet hemmt die betreffende Spindel. Durch diese Neuerung soll die Geschwindigkeit der Spindeln auf 1500 Touren pro Minute gesteigert werden können.

In den Fällen, wo die Grège keine Filierung erhält, folgt das Dublieren unmittelbar nach dem Spulen und Putzen.

Das eigentliche Mulinieren, d. i. Zusammenzwirnen mehrerer Fäden zu einem Gespinst, geschieht nach demselben Prinzip, wie das Filieren, nur ist die hier zur Anwendung kommende Maschine (Seidenzwirnmühle, Haspelmühle, moulin à soie, moulin à guindres, spinning mill, silk reel mill), insofern von abweichender Bauart, als die Spulen durch Haspel oder gewöhnliche Dublierwinden ersetzt und statt der Bobinen Stränge von 12—15 cm Breite erzeugt werden.

Die Etagenzwirnmaschine ist mehrstöckig, in der Regel dreistöckig; zu beiden Seiten derselben sind drei Doppelreihen Spulen übereinander angebracht. Die Einrichtung einer älteren Etagenzwirnmühle mit Aufwicklung auf Spulen besteht aus folgenden Teilen.

Die Spindeln haben in den unteren Schienen der Maschine aus hartem Messing gefertigte Spurlager und in den oberen ihre Halslager, welche ebenfalls mit Messing ausgebuchst sind. Sie werden durch kleine, 20 mm im Durchmesser grosse Schnurscheiben von einer 210 mm messenden Blechtrommel mittels Schnüren oder Saiten in Bewegung gesetzt, so dass sich ihre Geschwindigkeiten wie 1 : 10 verhalten. Auf den oberen

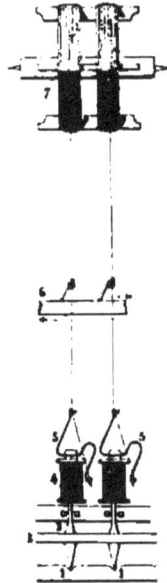

Fig. 253. Schema des Mulinierstuhls für das Organzinieren (1 Lagerung, 2 Antriebsriemen, 3 Spindel, 4 Spule, 5 Flügel, 6 Laufstock, 7 Haspel).

konischen Teil der Spindeln werden die Spulen, welche die dublierte ungezwirnte Seide enthalten, aufgeschoben, so dass sie sich mit denselben gleichzeitig drehen müssen. Dagegen wird der zweiarmige Drahtflügel (fly) mit dem daran befestigten Holzknopf (Hütchen, coronelle) oberhalb einer jeden Spule so lose auf die Spindel gestreift, dass derselbe sich darauf drehen kann. Der abwärts gelegene Flügelarm reicht bis zur Mitte der dazu gehörigen Spule, während der andere aufwärts gerichtete senkrecht oberhalb der Spindel endigt; beide sind mit entsprechend gebogenen Haken zur Aufnahme des Fadens versehen. Oberhalb einer jeden Spindelreihe ist eine horizontal gelagerte Welle angebracht, worauf so viele Stirnräder wie Spindeln befestigt und in den mit dem Gerüste

29*

verschraubten Lagern beweglich sind, wodurch die Spulen, welche die gezwirnte
Seide aufwickeln, gedreht werden. Jede dieser Spulen hat nämlich eine
quadratische Achse mit einem daran gegossenen Stirnrade, welches mit dem
korrespondierenden auf der horizontalen Welle im Eingriff steht, wenn die
Spindelzapfen in den vorderen Pfannenlagern der am Gerüste befestigten
Konsolen liegen. Diese Spulen, welche einen bedeutenden Durchmesser
haben, damit die gezwirnten Fäden in möglichst grossen Bogen sich um
dieselben aufwickeln, werden nur mit einer dünnen Seidenlage bedeckt und
dann durch andere leere ersetzt, weil sie sonst zu stark anfwinden und bei
proportioneller Verminderung der Drehung den Faden bedeutend strecken
oder gar zerreissen würden. Die Schiebeleisten mit den Fadenführern erhalten
ihre hin- und hergehende Bewegung von der dazu gehörigen Welle durch
folgende Vorrichtung. An derjenigen Seite der Maschine, wo die Riemen-
scheiben auf der Schnurtrommelachse befestigt sind, wird mittels zweier
konischen Räder eine kurz horizontal gelagerte Welle mit einem elliptischen Rade betrieben, welches einem anderen ebenso gestalteten und um
einen festen Zapfen beweglichen Rade die Bewegung mitteilt. Durch die
am letzteren befestigte Warze und zwei Zugstangen werden die damit verbundenen Laufschienen auf dieselbe Weise, wie bei der Wickelmaschine bereits gezeigt wurde, regelmässig hin und her bewegt.

Die durch Kurbel und Stange erzeugte rasche Bewegung der Fadenführer hat den Zweck, dass die Fadenwindungen mit starker Kreuzung
übereinanderlaufen, wodurch das Auffinden eines gerissenen Fadenendes erleichtert wird. Der Antrieb der Kurbel durch elliptische Räder bewirkt
die ballige Gestalt der Spulen. Für den Antrieb des Laufstocks werden
jetzt aber meist statt der unbequemen elliptischen Räder die modernen
Schiebevorrichtungen mit Kurbelstange etc. angewendet. Die Spindeln
machen ca. 2000 3500 Touren in der Minute. Eine Zwirnmaschine mit
6 Längenabteilungen und 360 Spindeln erfordert einen Raum von 1 m
Breite und 6,6 m Länge. Zur Bedienung der Maschine sind kleine über-
tragbare Treppen angebracht.

Es ist bereits bemerkt worden, dass die Spulen auf den Spindeln fest-
sitzen, dagegen die Flügel lose sind und nur durch die Reibung im Auf-
steckknopfe nach derselben Richtung, aber langsamer, gedreht werden. Die
Differenz der Anzahl Umdrehungen von Spule und Flügel in einer bestimmten Zeit, z. B. in der Minute, multipliziert mit der mittleren Länge einer
Fadenumwicklung, bestimmt also die Fadenlänge, welche die obere Spule in
derselben Zeit aufnehmen muss, während der Faden so viele Drehungen er-
hält, als der Flügel Umgänge macht. Nennt man den Durchmesser der
Aufwickelspule d und ihre Tourenzahl n, so wird in einer Minute eine
Länge von $\pi d n$ aufgewickelt; bezeichnen wir ferner den Durchmesser der
Zwirnspulen mit n_1, und ihre Tourenzahl mit n_1, so muss das Hütchen $n_1 =$
$n_1 + \dfrac{d}{d_1} n$ Umdrehungen machen, wobei angenommen wird, dass eine Ver-

kürzung des Fadens nicht eintritt. In Wirklichkeit ist dies ja der Fall, wodurch n_2 etwas grösser wird. Auf eine Längeneinheit des Fadens kommen mithin $T = \frac{n_2}{\pi d n}$ Drehungen. In der Gleichung für n_2 sind n_1 und n konstante Grössen, d nimmt zu, d_1 dagegen ab, folglich n_1 auch zu, gleichzeitig wächst aber auch die Geschwindigkeit des Fadens. Bei passender Wahl der Verhältnisse lassen sich somit irgendwie erhebliche Differenzen in der Drehungszahl (Draht) T unschwer verhindern. Die gegenwärtigen Konstruktionen der Seidenmühlen unterscheiden sich von den früheren vorteilhaft dadurch, dass sie in dieser Hinsicht viel gleichmässigeres Gespinst liefern.

Die Spindeln der Etagenzwirnmaschine werden durch endlose Riemen angetrieben, die über grosse Rollen laufen und, die Wirtel aller Spindeln mit gleicher regulierbarer Reibung berührend, dieselben in Betrieb setzen. Der Faden läuft von den auf den Spindeln sitzenden Spulen auf die aufwindenden durch Friktionsrollen angetriebenen horizontalen Blechspulen, wobei er durch den Flügel die erforderliche Zwirnung empfängt. Die Aufwickelspulen erhalten mittels eines Herzexcenters eine gleichförmige, hin- und hergehende Bewegung. Um die Fadenwindungen auf der Lieferungswalze in gleichem Abstande voneinander zu halten und somit jede Verschiebung unmöglich zu machen, sind besondere Fadenführer konstruiert worden. Eine solche Vorrichtung besteht z. B. aus einem Halter mit Zapfen, auf welchem eine mit mehreren Röllchen versehene drehbare Walze angebracht ist, ferner aus einer ebenfalls an dem Halter befindlichen Öse, durch welche der Faden gezogen wird. Der letztere wird dann um je eine Rolle in der Führungswalze gelegt und um die Lieferungswalze gewunden. Eine Arbeiterin kann 180 Spindeln bedienen und leistet in 10 Arbeitsstunden ca. 15 kg gezwirntes Gespinst.

Es werden auch einfachere, einstöckige Zwirnmaschinen sowohl für Organsin, wie für Trame von derselben Einrichtung, wie die obige Etagenzwirnmaschine gebaut, die jedoch mit viel grösserer Geschwindigkeit der Spindeln, von mindestens 10000 Touren pro Minute, betrieben werden. Eine Arbeiterin kann 100—120 Spindeln bedienen und liefert in 10 Arbeitsstunden ca. 25 kg Trame. Eine Spindel zwirnt in 10 Arbeitsstunden circa 13 g Organsinvorzwirn, Titer 9/10 den., mit 500 Drehungen pro m; zur Herstellung von 5 kg Vorzwirn (Filato) sind daher 384 Spindeln erforderlich. Zum Nachzwirnen (Torto) desselben Quantums Organsin genügt die Hälfte dieser Spindelzahl. Die zweite Zwirnung wird stets in entgegengesetzter Richtung gegeben, wie die erste beim Filieren.

Vor etwa 15 Jahren entsprachen sich im Fabrikbetrieb: 520 Spulen, 120 Putzbobinen, 1370 Filierspindeln, 40 Dublierspulen und 1000 Zwirnspindeln. 100 Zwirnspindeln lieferten durchschnittlich 900 g Gespinst pro Arbeitstag. Die Betriebskosten und Arbeitslohn betrugen für 1 kg Ouvrées 18—19 Frcs. in Frankreich und 15 Frcs. in Italien [1].

---

[1] Morel, Essai sur le travail de la soie en France et en Italie. Lyon 1879.

Die Drehungszahl der Gespinste wird unter Anwendung des sogenannten Tourenmessers ermittelt. Man befestigt die beiden Enden des 50 cm langen Fadens in den beiden Klemmvorrichtungen des Apparates und dreht eine derselben vermittelst eines Handrades in einer Richtung so lange, bis die einzelnen Fäden parallel werden; das Zählwerk (für Vor- und Rückwärtsdrehung bis zu 300 Touren eingerichtet) giebt nun genau die Anzahl der Drehungen pro 50 cm an, die, mit 2 multipliziert, dieselben pro Meterlänge anzeigt. Hat man z. B. eine Kette zu untersuchen, so dreht man in einer Richtung bis zum Parallelwerden der Fädchen, notiert die Zwirnungszahl, bricht die Fädchen bis auf eines ab und bestimmt durch Rückwärtsdrehung die Drehungszahl (Filierung).

In der Fig. 254 ist eine aparte Ausführung des Zwirn- und Torsionsmessers veranschaulicht. Dieser Apparat dient zur Ermittelung der Torsion des einfachen Fadens und zur Untersuchung des Zwirns von Organsin, Trame, Cordonnet, Nähseiden etc., sowie zur Bestimmung der Streckung

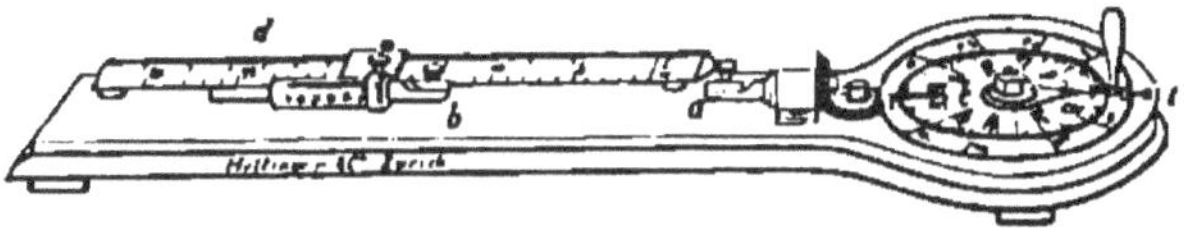

Fig. 254. Torsionsmesser.

des Fadens durch Auflösen des Zwirns und ebenso umgekehrt zur Anfertigung eines vorgeschriebenen Zwirnes.

Der Apparat besteht aus einer Vorrichtung ab zum Einspannen des zu prüfenden Fabrikates, und einer Zählscheibe c, an der die Zwirntouren und die Torsion abgelesen werden.

Um Fabrikate von verschiedener Länge untersuchen zu können, ist die Klemmvorrichtung b längs eines Lineales d verschiebbar. Die Zählvorrichtung besteht aus einer liegenden Zählscheibe, welche mittels eines Griffes gedreht werden kann, und zwei Zeigern; der ausserhalb der Scheibe angebrachte Zeiger e zählt die einzelnen Drehungen, der andere auf der Scheibe befindliche die Zehner und Hunderter. Die Scheibe ist so eingeteilt, dass man sowohl Rechts- wie Linksdrehungen direkt ablesen kann. Vor Beginn der Untersuchung ist der Apparat derart einzustellen, dass man die 0 der Scheibe auf den inneren Zeiger e führt und den letzteren, an dem darauf befindlichen Knopfe haltend, ebenfalls so dreht, dass er auf 0 zeigt.

Soll die Torsion eines einfachen Fadens untersucht werden, so werden die Klemmvorrichtungen a und b bis auf 1 cm Abstand zusammengerückt, der Faden eingespannt und die Zählscheibe gedreht. Die Drehung überträgt sich auf den eingespannten Faden mit einer Übersetzung von 1 : 10. Die Fasern lösen sich nach und nach, bis sie parallel nebeneinander liegen, worauf die Drehung an der Scheibe abgelesen wird.

Will man den Zwirn eines Fadens, der eine Länge von 25 cm hat, untersuchen, so wird die bewegliche Klemmvorrichtung so gestellt, dass die innere Kante der Hülse an dem Strich 25 des Lineales einsteht; durch Anziehen der Stellschraube wird sie dann in ihrer Lage festgehalten. Hierauf wird der Streckenmesser aus seiner Hülse vorgeschoben und mit der Arretierungsschraube vorerst festgeklemmt. Nun wird der Faden bei *a* und *b* eingespannt und die Schraube wieder gelockert, wodurch der Faden angespannt wird.

Die Untersuchung beginnt durch Drehen der Zählscheibe. Dem Apparat ist eine Nadel mit Holzgriff beigegeben; diese wird bei *b* zwischen die sich lösenden Fäden geschoben und damit, während des Aufdrehens, dem sich lösenden Faden nachgefahren bis der Faden ganz zwirnfrei ist, resp. bis die Fäden auseinander gedreht sind. Hierdurch ist eine Drehung hervorgerufen, die an der Teilung am Streckenmesser in mm ersichtlich ist, während die Zwirntouren an der Zählscheibe abgelesen werden können.

Hat man z. B. für einen Faden von 25 cm Länge an der Zählscheibe 186 und am Streckenmesser 5 mm abgelesen, so beträgt dies auf einen m 4 mal mehr oder $4 \times 186 = 744$ Drehungen pro m und $4 \times 5 = 20$ mm oder 2 % Zwirnzuschlag.

Um das freiwillige Zusammendrehen oder Krengeln der Stränge bei der Zwirnung zu verhüten, wird nach dem Mulinieren ein lauwarmes Wasserbad gegeben. Noch häufiger ist eine in Italien als „brova" bekannte Behandlung im Gebrauch, die im Dämpfen des filierten oder gezwirnten Stranges besteht, indem derselbe auf dem Haspel belassen wird; das Dämpfen dauert ca. 15—20 Minuten, wonach die Seide in einer Trockenkammer kurze Zeit einer Hitze von 80—90° ausgesetzt wird. Dieses Verfahren soll in Bezug auf Glanz und Geschmeidigkeit viele Vorteile bieten, doch ist das Trocknen selbst nicht überall üblich. Der gedämpfte Zwirn gelangt zum Schluss auf die weiter unten beschriebene Haspelmaschine, welche ihn in die Strangform überführt.

Die fortgeschrittene Muliniertechnik richtet hauptsächlich auf die Spindelgeschwindigkeit, d. i. die Leistungsfähigkeit der Maschine ihr Augenmerk. Namentlich in Amerika ist man in dieser Richtung sehr weit gekommen. Vor zwanzig Jahren wurden hier die Spindeln, wie heute noch in den meisten Zwirnereien Italiens mit 3000 Touren betrieben, alsdann kam man auf 5—6000 Touren und nach der Erfindung der Gravityspindel, von welcher anlässlich der Florettspinnerei die Rede sein wird, auf 12—15000. Es sind sogar Spindeln konstruiert worden, welche die fast unglaubliche Zahl von 25000 Umdrehungen in der Minute zu machen vermögen. Eine der besten Gravityspindeln ist die von Atwood. Die mit einem Wirtel versehene Spindel steckt in einer beweglichen, jedoch nicht drehbaren Hülse und ruht auf einem losen Fusslager; die beiden werden von einer Spindelbüchse aufgenommen, die gleichzeitig eine Ölkammer bildet und unter dem Wirtel durch eine Nuss abgeschlossen ist, damit kein Öl ausspritzt. Die

Spindelhülse sitzt auf dem Fusslager nicht auf, sondern wird durch eine
um sie gewundene Spiralfeder getragen. Bei einer bestimmten Umlaufs-
geschwindigkeit stellt sich die Spindel infolge des Beharrungsvermögens und
der Nachgiebigkeit der Spindelhülse konzentrisch ein; jedes Zittern oder
jede schädliche Reibung, die sonst durch nicht ganz exakte Einstellung der
Spindel oder durch ungleichmässige Belastung entstehen würde, fällt weg;
selbst der Saiten- oder Riemendruck vermag ihre axiale Stellung nicht
mehr zu beeinflussen. Der Riemenantrieb der Spindeln ist dermafsen vervollkommnet worden, dass die Spindeln mittels Spiralfedern von aussen an den
Riemen gepresst werden, wodurch eine regelmässige Drehung hervorgerufen
wird und alle die Störungen fortfallen, die beim Saitenbetrieb vorkommen, wie
das Reissen, Lockerwerden bei feuchtem, und Straffwerden bei trockenem Wetter.
Ausserdem ist ein Riemenspanner angebracht, vermittelst dessen durch Lockern
des Treibriemens, nicht des Spindelriemens, die Spindeln langsam abgestellt
und durch Spannen langsam wieder angelassen werden können. Die meisten
Maschinen des neuen Typus sind einstöckig, höchstens zweistöckig, da die
letzteren bei der hohen Tourenzahl der Gravityspindeln zuweilen in Zittern
geraten, um so mehr als die Maschinenbreite von 26—32 inches beim Saitenbetrieb auf 12 inches beim Riemenbetrieb reduziert ist. Die Atwood Company baut ihre einstöckigen Zwirnmaschinen mit 112, die zweistöckigen
mit 224 Vorzwirn-, Nachzwirn- oder Tramespindeln, die Haspelzwirnmühlen
mit 88 Spindeln. In den letzteren stehen die Spindeln weiter auseinander,
da sie mit einem Drehflügel versehen sind, der zum Zusammenhalten des
dublierten Fadens notwendig ist. Zum Zweck einer besseren Spannung
wird die Trame oberhalb der Zwirnspule spiralförmig um einen Draht geführt. Um die Adhäsion der Lieferungswalzen zu erhöhen, werden diese
zuweilen mit Kork überzogen. Die Morrison Company konstruiert auch
Ringzwirnmaschinen, bei denen der Faden statt aufwärts, abwärts läuft und
sich auf die Zwirnspulen aufwickelt; sie sind zum Dublieren bis auf das Zehnfache eingerichtet und sollen für gröbere Zwirnartikel sehr leistungsfähig
sein. Die Fadenabstellvorrichtungen sind nur an Dublier- und Haspel-
maschinen üblich. Für Organsin und Trame werden die Spulen beim
Dublieren aufrecht gestellt, mit einem Deckel versehen und über den Kopf
abgewonden, für alle anderen Zwirne dagegen wagerecht gelagert und daher rechtwinklig zur Spulenachse abgewickelt. Die Spulen werden in
Amerika aus Stahlblech gefertigt; ferner mit Hülsen aus Ahorn und mit
Dogwoodköpfen, und solche mit gleichen Hülsen, aber mit Stahlblechrändern.
Die Zwirnmaschinen von Atwood werden gewöhnlich mit 11000 Touren
für Vorzwirn, 9000 für Nachzwirn und 7000 für Trame betrieben. Ein
Knabe kann 5 einstöckige Maschinen, somit 560 Spulen- oder 440 Haspel-
spindeln bedienen. Bei obiger Tourenzahl und mit 70% Nutzeffekt zwirnt
eine Vorzwirnspindel pro Woche von 60 Arbeitsstunden 67 g Grège 12
legale den. mit 550 Drehungen pro Meter, nämlich

$$\frac{11\,000 \text{ Touren} \times 3\,600 \text{ Minuten} \times 70\%}{550 \text{ Drehungen} \times 750 \text{ m } (= 1 \text{ g}) \times 100\%} = 67.$$

Eine Nachzwirnspindel liefert in derselben Zeit und von gleichem Titer mit 450 Drehungen annähernd das doppelte Quantum. Die Fabrikationskosten betragen in Amerika durchschnittlich 80—85 Cents, Trame die Hälfte, pro englisch Pfund [1]). In Amerika wird sämtliche Grège geseift und feucht verarbeitet, wodurch ein besseres Laufen erzielt wird. Das Seifen klebt die Unreinheiten und Flocken an den Faden fest und erleichtert ungemein die Verarbeitung, dagegen erschwert es die Kontrolle und genaue Titerbestimmung: ferner soll es den Nachteil haben, dass beim nachträglichen Souplefärben der Faden nicht mehr so voll aufgeht, wie ungeseift.

Man hat vielfach versucht, die Operationen des Spulens, Dublierens und Zwirnens von einer einzigen Maschine verrichten zu lassen. Von den älteren Versuchen dieser Art sei die Drehdubliermaschine von Duseigneur-Kleber erwähnt, die gute Resultate ergeben hat. Namentlich haben sich die Amerikaner infolge ihrer hohen Arbeitslöhne auf derartige Vervollkommnungen verlegt. So hat Renard eine Zwirnmaschine konstruiert, in welcher das Filieren und Dublieren zusammen geschieht, indem zwei oder mehr vorgezwirnte Fäden von den Zwirnspulen zusammen direkt auf eine Doublierspule auflaufen. Eine Arbeiterin soll zwei solcher Maschinen, jede mit 112 Zwirn- und 56 Dublierspindeln bedienen können und pro Tag 10 Pfund Grège 12/24 den. mit 630 Drehungen pro m verzwirnen und dublieren. Fletscher u. Tynan haben derartige, jedoch von einander abweichende Maschinen konstruiert, wo das Filieren, Dublieren und Nachzwirnen zugleich vorgenommen werden kann. Zu diesem Zweck sind drei Spindelreihen etagenweise angebracht, wovon zwei für den Vorzwirn und eine für den Nachzwirn dienen; die filierten Fäden gehen um die im oberen Teile der Maschine gelagerten Lieferungswalzen herum und von da wieder herunter zur Nachzwirnspindel. Doch haben im allgemeinen diese weitgehenden Kombinationen nur wenig Eingang in die Praxis gefunden. Wenn daher im nachfolgenden einige Neuerungen auf diesem Gebiete des Mulinierens ausführlicher besprochen werden, obwohl dieselben zum Teil noch nicht im Grossbetrieb anzutreffen sind, so geschieht dies, einerseits um die Wege zu zeigen, auf denen sich voraussichtlich die Fortentwickelung dieser Industrie bewegen wird und andererseits, um über die gegenwärtig zugänglichen Mittel zur Verwirklichung der Fortschrittsideen aufzuklären.

Von den Konstruktionen kombinierter Zwirnmaschinen wollen wir die von Aubenas betrachten, welche das Drehen, Dublieren und Zwirnen gleichzeitig verrichtet.

Die senkrechte Hauptwelle oder grosse Spindel *o* trägt den ganzen

---

[1]) Meyer, Die amerikanische Seidenindustrie (Bericht aus der Weltausstellung Chicago 1893). Bern 1894. S. 18.

Apparat. Zwei Platten u und v sind an o in horizontaler Lage befestigt, die untere u trägt zwei Fusslager für die senkrechten Spulenspindeln e. Die beiden senkrechten Wellen t durchdringen die Platten u und v und sind an denselben gelagert. Jede dieser beiden Wellen trägt an ihrem unteren Ende ein kleines Zahnrad w, welches in ein konzentrisch zur Welle

Fig. 255. Dublier- und Zwirnmaschine (Aubenas).

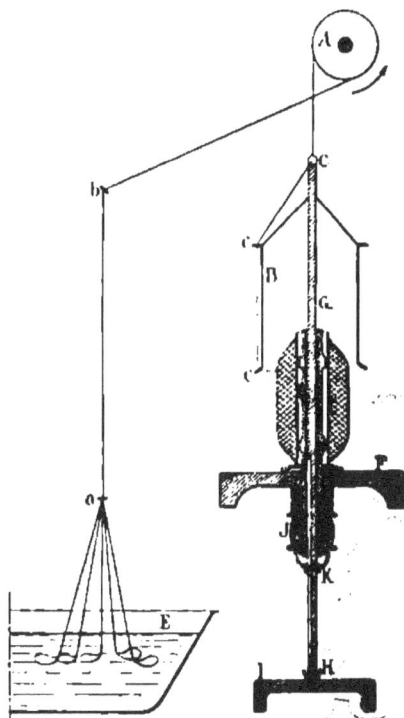

Fig. 256. Haspel- und Zwirnmaschine (Camel).

o unterhalb der Platte u befestigtes und von o sonst unabhängiges Rad x greift. Die bei der Drehung von o durch die Platten u und v mitgenommenen Wellen t werden durch die Verzahnung von w mit x in eine Rotierungsbewegung um ihre Achse versetzt, so dass sie sich um ihre eigene und um die Achse von o drehen. Die Drehung der Welle t um ihre Achse

wird mittels zweier an ihrem oberen Ende angebrachter Räder u' von
ungleicher Zähnezahl auf die, je ein Rad w'' tragenden, Spindel e und
Spule z übertragen. Die Spindeln e werden durch einen breiten Friktions-
riemen angetrieben. Die ineinander greifenden Räder der über v liegenden
unteren Räderpaare u' w'' haben gleiche Zähnezahl; die entsprechenden
Räder der oberen Räderpaare u' w'' haben ungleiche Zähnezahl und
zwar hat das auf der Welle t oben sitzende Rad w' mehr Zähne als das
mit ihm verzahnte, mit der Spule z fest verbundene und e lose drehende
w''; dadurch entsteht eine ungleich schnelle Bewegung zwischen Spindel e
und Spule z. Diese Bewegung bewirkt das Abwickeln des Seidenfadens
von der Spule, welche die zu bearbeitende Rohseide trägt. Man befestigt
die Spule z mittels einer Mutter auf dem lose auf der Spindel e sitzenden
Zahnrad; letzteres trägt einen vierkantigen Ansatz, auf den man die entsprechend ausgearbeitete Spule steckt. Der S-förmig gekrümmte Flügel l
ist auf der Spindel befestigt und dient zur gleichmässigen Verteilung der
durch die Rotierung der Spindel e gedrehten Seide. Die Geschwindigkeit
von z ist ungefähr um $\frac{1}{40}$ grösser als die von l. Je nach dem Durchmesser der Spule kann man verschiedene Torsionsgrade erzielen, ohne da-
rum die Zahnräderübersetzungen ändern zu müssen. q ist eine grosse
Scheibe, durch die der Faden geht, während er gedreht wird. Diese Scheibe
ist der Zahl der Fäden (resp. Spulen) entsprechend mit 2 oder 3 Löchern
versehen, welche mit Achat gefüttert sind. Die Zahl dieser Löcher hängt
von der Art der herzustellenden Seide ab, und werden infolgedessen zuweilen
auch noch mehr Löcher angebracht. y ist eine mit der Spindel o fest verbundene und durch einen an dem Gestell befestigten Ring R gehaltene kleine
Scheibe, durch welche die von der Scheibe q kommenden Fäden gehen;
letztere vereinigen sich dicht über dem oberen Ende der grossen Spindel o,
d. i. die Seide wird dort dubliert. Einige cm höher wird dieselbe gezwirnt.
Das Aufspulen des Seidenfadens geht nur in dem Mafse vor sich, als
der Faden selbst durch den Apparat erzeugt wird.

Die Maschine von Camel bezweckt, das Haspeln und Zwirnen in einer
Operation zu bewirken. Es sind mehrere Verfahren in diesem Sinne angewendet worden, sie litten jedoch an den Übelständen, dass die Zwirnung
nicht regelmässig war. Ausserdem gestatten sie nur die einzelnen Fäden
aufeinander zu rollen, und zwar bald in der einen, bald in der anderen
Richtung, so dass während der nachfolgenden Operation des Abkochens die
Fäden sich wieder parallel legen und die Zwirnung verloren geht. Im Verfahren von Camel[1]) werden die Kokonfäden warm und feucht gezwirnt,
wodurch die Zwirnung auch beim Kochen eine beständige wird. Die von
den in der Wanne E befindlichen Kokons gehaspelten Fäden rollen sich,
nachdem sie zuvor den Achat a und den Fadenführer b passiert haben, auf

---

[1]) Lavenas, D. R.-P. 29063.

die rotierende Zuführungswalze *A* und laufen von hier durch einen oder
mehrere Fadenführer *c c*, welche an dem rotierenden Flügel *B* befestigt
sind. Die erhaltenen Poil (gedrehte Grège) oder Trame wickelt sich schliesslich auf die lose auf der festen Achse *D* sitzende Spule *C* auf, deren Achse
D auf dem gusseisernen Tisch *F* von variabler Länge ruht, behufs Aufnahme einer beliebigen Anzahl solcher Apparate. Der Flügel *B* erhält seine
rotierende Bewegung von der durch die hohle Achse *D* durchgesteckten
Welle *G*, welche mit ihrem unteren Zapfen in dem, auf dem auf- und ab-
bewegbaren Stück *I* befestigten Lager *H* läuft. Die Bewegungen des

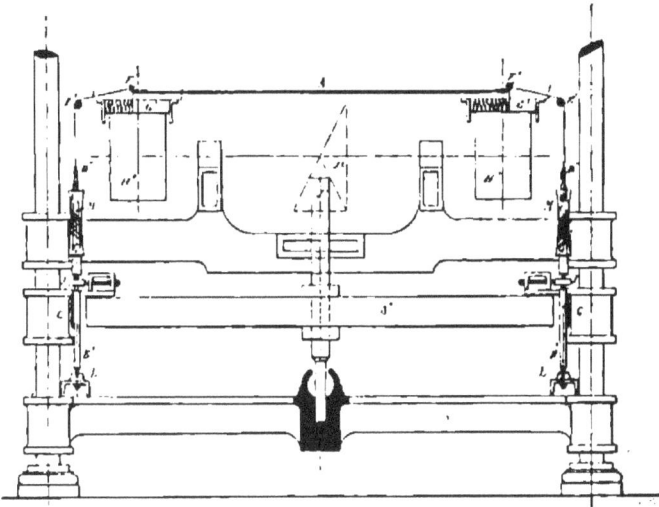

Fig. 257. Zwirnmaschine von Bertholon.

Stückes *I* regulieren das Aufwickeln des Fadens auf die Spule *C*. Die
Welle *G* wird mittels einer durch Riemen angetriebenen Scheibe *J* in Rotation versetzt; letztere ist in passender Weise an den unteren Teil der
festen Achse *D* angeschlossen, sie trägt ein Stück *K*, welches mit einem
Daumen in einer Längsnut der Welle *G* gleiten kann, so dass diese, ohne
ihre Beweglichkeit in axialer Richtung zu beeinträchtigen, in Drehung
versetzt werden kann. Das kombinierte Spiel dieser drei Hauptorgane
(Walze *A*, Flügel *B* und Zwirnspule *C*) gestattet dem Faden beim Aufwickeln die Anzahl der Umdrehungen um sich selbst zu machen, welche
man pro Längeneinheit zu erzielen wünscht, und die man durch Änderung
des Verhältnisses zwischen der Umdrehungsgeschwindigkeit des Cylinders

A und des Flügels *B* wechseln kann. Der Stuhl selbst ist geradlinig, kreisförmig oder oval (elliptisch). Vorzugsweise eignet sich das Verfahren zur Herstellung von Poil und Trame. Die Zwirnung ist für das Auge kaum sichtbar, und der Fadenzähler lässt sich erst nach voraufgegangenem Auskochen des Fadens in heisser alkalischer Lauge benutzen.

Die Neuerung an den Zwirnmaschinen von Bertholon, in welchen die Operationen des Zwirnens wie üblich erfolgen, bezweckt die Ausnutzung des freien Raumes zwischen je zwei Spindeln. Derselbe wird auf 5 cm reduziert, wodurch die Aufstellung einer dreifachen Menge von Spindeln ermöglicht und nach Angabe des Erfinders eine 15 mal grössere Arbeitsgeschwindigkeit, d. i. eine um das 18 fache erhöhte Produktion erzielt wird. Gegenüber der Maximalleistung von 2000 Umdrehungen pro Minute bei Anwendung von Spindeln des gewöhnlichen Systems, sollen die Spindeln Bertholon eine Leistung von 12000 und mehr Umdrehungen in derselben Zeit ergeben. Fig. 257 ist ein Vertikalschnitt der Bertholonschen Maschine. In den stets mit Öl gefüllten Schalenlagern *L* des unteren Rahmens und den aus zwei hinten sorgfältig durch eine Schraube verbundenen Teilen bestehenden Halslagern *J* des oberen Rahmens rotieren die Spindeln *B'*, auf welche, je nachdem Organzin oder Trame erzeugt werden soll, mit einfachem oder doppeltem Faden besetzte Spulen *C'* aus Holz so aufgesetzt werden, dass sie der Rotierung von *B'* folgen müssen. Der Antrieb von *B'* erfolgt unter Vermittelung des Riemens *G* von dem Tambour *A'* aus. Der Faden läuft von der Spule durch den am oberen eingeschnürten Ende der Spindel (der Spindelkrone *M*, welche später besprochen wird) befindlichen Drahtring *D'*, passiert über die, sich in der ganzen Ausdehnung der Maschine erstreckende gläserne Führungsleiste *E'*, durch einen, an dem sich gleichmässig vor- und rückwärts bewegenden Regulierungsrahmen *A* befestigten Fadenführer *F'*, nach der Spule *G'*, und wickelt sich auf diese auf. Die Spulen *G'* sind aus Metall (Kupfer, Zink, Guss etc.) gedreht und sorgfältig äquilibriert; ihre Bewegung empfangen sie mittels der Riemen und Scheiben *H'*, auf denen sie aufliegen und welche unter Vermittelung der Kegelräder *J'J''* ebenfalls von dem Tambour *A'* aus in Bewegung gesetzt werden. Änderungen im Draht werden durch Wechseln der Räder *J'J''* erzielt. Um links- (bezw. rechts-) gängigen Draht zu erzielen, lässt man die Spindeln sich links (bezw. rechts) drehen. Die Spindelkrone *M* (aus Holz oder Eisen) ist konisch und trägt am oberen Ende einen kleinen Kopf, um dessen Hals sich in zwei Windungen ein feiner Eisendraht *D'* so legt, dass seine Enden einen Durchlass für den Faden bilden. Die Maschine ist mit einem Fadenreiniger versehen, der mit dem Fadenführer *F'* in Verbindung steht und aus einem kleinen, mit zackigen Einschnitten versehenen Rade besteht, das sich von oben nach unten bewegt und dessen Rückgang durch eine kleine Kerbe verhindert

Fig. 258. Die Spindelkrone.

wird. Der Seidenfaden kann unten leicht passieren, aber ohne abzureissen, nicht mehr herausgezogen werden, so dass jeder Knoten entfernt werden muss, bevor die Enden wieder angeknüpft werden können. Die Arbeiterin kann etwaige Fehler sonach nicht mehr durchgehen lassen und ist gezwungen, ihre Arbeit gewissenhaft zu verrichten.

Das Prinzip des Putzens während des Mulinierens ist ebenfalls neuerdings in der Maschine von Fouigerol angewandt worden. Die Spindel

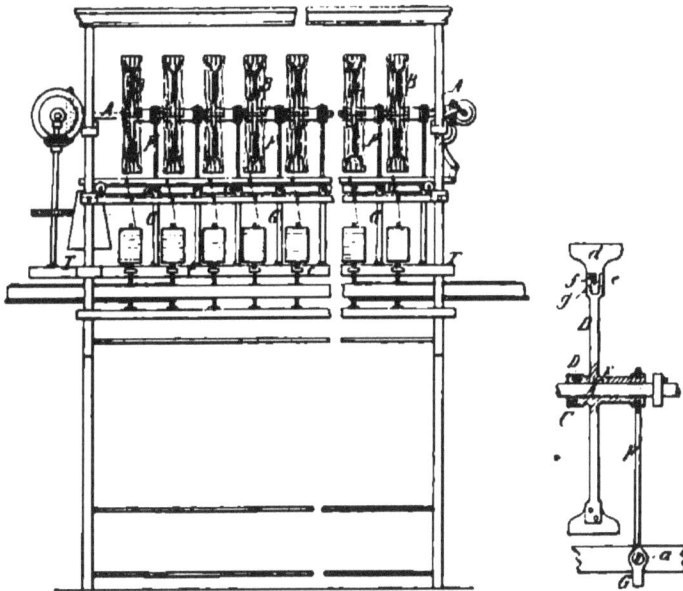

Fig. 159—160 Seidenmühle von Chardonnet.

misst 4 cm und wird mit 4000 Touren getrieben. Das Putzen geschieht einmal mit Tuch, dann mit Stahl. Durch eine besondere Konstruktion soll die Leistung eines derartigen Fadenputzers soviel, wie von zehn des alten Systems, und die einer Spindel, wie von vier nach früherer Bauart betragen.

Die Zwirnmaschine von Chapman bezweckt die Beseitigung der Neigung zur Knotenbildung, die feine Seidenfäden gewöhnlich zeigen, sobald die Spindeln zum Stehen gebracht werden. Die Ursache dieses Übelstandes liegt darin, dass die Spule kraft der Inertion sich noch weiter umdreht, nachdem die Streck- bezw. Aufnahmewalze zum Stehen gebracht ist. Da infolgedessen die Aufnahmewalze keine Spannung auf den Faden übt, so dreht sich der abgewickelte Faden zum Knoten zusammen, was das weitere Zurichten erschwert und die Erzielung eines glänzenden Seidenfadens unmöglich macht. Zur Beseitigung dessen wird der Spulenkopf mit einem Ring von Plüsch oder ähnlichem faserigen, nachgiebigen Material versehen, so dass das Haar um den Rand des Spulenkopfes etwas hervorragt; bei der schnellen Drehung wird der Seidenfaden gegen den Plüschring gepresst, welcher wegen der im Faden vorhandenen Spannung nachgiebt, jedoch wie eine Unzahl von kleinen Federn wirkt, wenn die Aufnahmewalze zum Stehen gebracht ist und den Faden mit einer solchen Kraft zurückhält, dass der nicht mehr gespannte Teil des Fadens von der Spule mitgenommen wird und so zur Knotenbildung Veranlassung giebt. Durch fortwährenden Gebrauch und starke Inanspruchnahme des Spulenkopfes wird er derart abgenutzt, dass er die Seide beim Hindurchziehen beschädigt. Um die so beschädigten Spulen jedoch weiter benutzen zu können, ist eine ähnliche, kompliziertere Vorrichtung getroffen. Dieselbe besteht aus einem um die Spindel lose drehbaren Fadenführer, dessen anderer nach unten gebogener Arm in das Haar der Plüschringe hineindringt. Die Reibung, welche beim Betrieb entsteht, ruft dieselbe Wirkung hervor, wie bei der zuerst beschriebenen Einrichtung der direkten Berührung des Seidenfadens mit dem Plüsch. Statt Plüsch können andere faserige, nachgiebige Körper wie Borsten, Rosshaare etc. Verwendung finden.

Wie erwähnt, giebt es zwei Arten Seidenmühlen: mit Spulen und Haspeln. Die ersteren erheischen die Hilfsarbeit des Flotteurs, die zweiten geschickte Arbeiter für das Anknüpfen, Entfernen fehlerhafter Teile u. s. w. während des Ganges der Maschine. Die Geschwindigkeit des Aufwickelns ist infolge des Umstandes, dass ohne Anhalten der Maschine operiert werden muss, sehr beschränkt. Bei dem Mulinierstuhl mit unabhängigen Haspeln von Chardonnet wickelt sich die gezwirnte Seide unabhängig von jeder Muliniersspindel auf den Haspel, der für sich angehalten werden kann, ohne die Bewegung der ganzen Mühle zu beeinflussen. Auf zwei parallelen Wellen A sind die getrennten Haspel B angebracht, die auf ihren Wellen frei beweglich konstruiert sind. Seitlich neben der Nabe E jedes Haspels ist auf der Axe A ein Ring C befestigt, der einen dazu bestimmten Stift D trägt, um in eine entsprechende Vertiefung der Nabe E des Haspels einzutreten und den letzteren bei der Drehbewegung der Welle mitzunehmen. An der entgegengesetzten Seite ist die Nabe des Haspels von einer Ein- und Ausrückgabel F umfasst, die bei a drehbar ist und derart federt, dass sie das Bestreben hat, die Nabe E gegen den Ring C anzudrücken. Sobald man einen der Haspel ausrücken will, stösst man das Ende des Hebels G, der die Gabel F trägt, nach links. Infolgedessen geht der Stift D aus der Vertiefung der Nabe heraus, und der Haspel steht still. Um den letzteren wieder in Gang zu bringen, führt man mit dem Hebel G die umgekehrte

Bewegung aus. Hierdurch wird der Haspel gegen den Stift des Ringes C gelegt, bleibt aber infolge der Reibung einer kleinen auf dem Boden der Gabel F zwischen deren Zinken untergebrachten Feder, welche auf die Nabe E einen Druck ausübt, so lange gehemmt, bis der Stift D gegenüber seiner Vertiefung in die Nabe gelangt. In diesem Augenblick wird der Haspel durch die als Feder wirkende Gabel F von neuem eingerückt und genau in der Lage, welche er zur Zeit der Hemmung einnahm, wieder in Gang gesetzt. Dieses Wiederingangsetzen führt infolgedessen zu keiner Veränderung in der Kreuzung des Fadens. Ein von dem Tisch T der Maschine vorspringender Ansatz c dient dem Ende des Hebels G, welcher die Gabel F trägt, als Anschlag; das Ende des Hebels G gleitet jedesmal dann über diesen Ansatz hinweg, wenn man das Hebelende nach rechts oder links stösst. Die übrigen Teile der Mühle weisen keine Absonderlichkeiten auf.. Bei dieser Art des Mulinierens wird die richtige Drehungszahl genau innegehalten. Die Strähne können nur alle zugleich abgenommen werden, nachdem die gehemmten Haspel bezw. die Haspel einer Welle wie gewöhnlich von der Mühle getrennt sind.

Jeder Haspel der Chardonnetmühle ist so eingerichtet, dass der von demselben getragene Strähn gelockert bezw. nachgelassen werden kann, um das Abnehmen des letzteren zu gestatten. Zu diesem Zweck ist der eine Arm jedes Haspels (Fig. 260) in der Nähe seines Endes mit der Schaufel d bei g scharnierartig verbunden. Die letztere hat einen Schlitz e, durch welchen ein U-förmig gebogener drehbarer Stift f hindurchgeht, der, wenn er so gedreht ist, dass seine äusseren umgebogenen Enden gegen die eine Zinke der Gabel des Haspelarmes anliegen, wie in der Fig. angegeben, die Schaufel in der Verlängerung des Armes erhält. Um den Strähn nachzulassen, schiebt man den Stift f in dem Schlitz e nach oben und dreht ihn um 90° nach unten, so dass man denselben aus dem Schlitz herausnehmen kann. Die Schaufel lässt sich dann durch Drehen um ihr Scharnier g legen. Auch ist von Chardonnet eine abgeänderte Konstruktion dieser Spinnmühle ersonnen worden, bei der jeder Haspel eine Friktionsscheibe trägt, die durch eine zweite auf die Längsachse gekeilte Friktionsscheibe in Umdrehung versetzt wird. Die Enden der Haspelwelle lagern in Gabeln der Träger, und es ist das Gewicht der Haspel, deren Wellen und Scheiben, durch welches die letzteren an die unteren Scheiben angedrückt werden. Eine Gabel dient dazu, das Ausrücken durch Heben des Haspels nebst dessen Friktionsscheibe zu veranlassen. Zu diesem Zweck geht die eine ihrer Zinken durch den Träger an einer Seite des Haspels hindurch und berührt dessen Welle, während die andere Zinke ein Querstück trägt, an dessen Enden zwei Führungsrollen angebracht sind. Die Gabel kann mit Hilfe einer auf dem Tisch verschiebbar ruhenden geneigten Ebene gehoben werden, welche mittels einer mit einem Knopf versehenen Handhabe verstellt werden kann. Wenn letztere in dem entsprechenden Sinne geschieht, hebt die Zinke die Haspelwelle, während gleichzeitig die beiden Rollen die Friktionsscheibe heben, so dass die Berührung mit der Scheibe aufhört und der Haspel augenblicklich gehemmt wird.

Es giebt auch eine abgeänderte Konstruktion zum Lockern resp. Nachlassen der Strähne. Der eine Arm des Haspels besteht aus zwei Teilen, die durch eine mit einem Handrad versehene Schraube vereinigt werden. Wenn man diese Schraube in entsprechendem Sinne dreht, verkürzt man den die Schraube tragenden Arm um die für das Lockern der Strähne nötige Strecke. Bei dieser zuletzt beschriebenen Einrichtung kann man jeden der

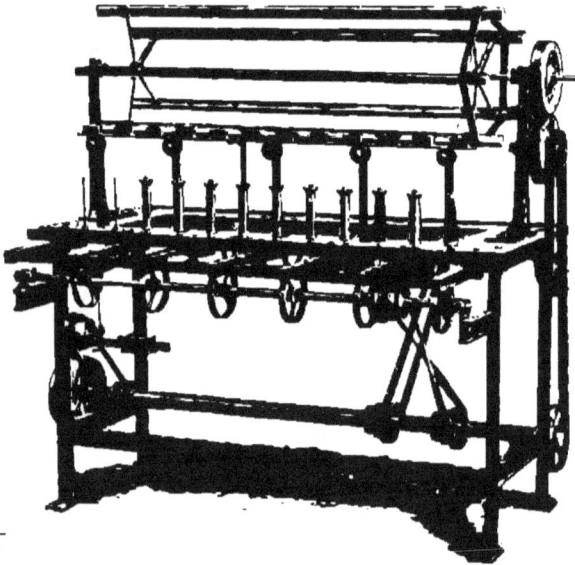

Fig. 261. Gewöhnliche Windemaschine.

Strähne für sich abnehmen, ohne den Gang der Maschine hemmen zu müssen.

Die fertig gezwirnte rohe Seide wird, um sie in den Handelsverkehr bringen zu können, aus der Bobinenform in die übliche Strangform übergeführt. In verschiedenen Ländern sind besondere Stranglängen und Stranggrössen üblich, so in England ein Strang von 48 Zoll engl. Umfang = 1,219 m mit 2496 Fäden, oder einer von 44 Zoll = 1,118 m mit 818 Fäden. In Frankreich hat der Strang 1 m Umfang, 1 Strang = 4 Gebinde zu

3000 Füden, also 12000 m. Die Seidengarnweife ist ein gewöhnlicher mit
Zählwerk versehener Haspel. Der Haspel kann ausgehoben werden und
hat gewöhnlich einen Scheukel mit Doppelgelenk zum Umlegen, um die
aufgewundenen Stränge leicht abnehmen zu können. Es kann von stehenden oder liegenden Spulen aufgehaspelt werden. Die Maschinen werden
mit Abstellvorrichtung für den Fadeubruch versehen und gewöhnlich zweiseitig gebaut. Eine Arbeiterin liefert pro 10 Stunden durchschnittlich
10 kg Gespinst.

Dadurch, dass die Bewegung der abwindenden Spule oder des Haspels lediglich durch den Fadeuzug erfolgt, entsteht eine nicht unbeträchtliche Spannung, die vielfach zu Fadenbrüchen Veranlassung giebt.

Fig 762. Haspelmaschine von Rushton.

Von Camel ist daher hier ein Prinzip angewandt worden, das von den
Hasplern zur Kontrolle der Gespinste seit jeher benutzt wurde und darin
besteht, dass sich das Abwinden in analoger Weise wie in den Zwirnmühlen gestaltet. Während die übliche Geschwindigkeit des Haspels nach
der gewöhnlichen Methode 75 Touren pro Minute nicht überschreitet, beträgt sie in der Windemaschine von Camel 200, 300, sogar 500 Touren.

Einer der vollkommensten, aber auch der komplizierteren Seidenhaspel ist von Rushton konstruiert worden. Er zeichnet sich vor den
bekannten Seidenhaspeln durch einen neuen Antrieb und durch eine besondere praktische Einrichtung zum Ausrücken beim Fadenbruch aus.
Von einer Hauptwelle wird die Bewegung den beiden Haspelwellen durch

Stirnräder und auf Hebeln gelagerte Friktionsscheiben mitgeteilt, welch letztere durch auf Absätze gelegte Handhebel *a* gegen die Friktionsscheiben *b* der Haspelwellen angedrückt werden. Die Friktionsscheiben *b* sind dabei mit den Wellen durch Klauenkuppelungen verbunden, so dass jederzeit eine leichte Entkuppelung möglich ist. Bei Fadenbruch oder nach Aufwickelung der gewünschten Fadenlänge kommt der Haspel durch Auseinanderrückung der Friktionsscheiben selbstthätig ausser Betrieb, was dadurch erfolgt, dass der Handhebel *a* von seiner Rast heruntergestossen wird, womit auch der die untere Friktionsscheibe tragende Hebel sich senkt. Gleichzeitig legt sich ein am andern Ende dieses Hebels sitzender Bremsarm *c* gegen die Scheibe *b* und bringt so den Haspel sofort zur Ruhe. Die Ausrückung bei Fadenbruch leiten kleine an einer Stange *d* sitzende drehbare Winkelhebel ein, welche je ein senkrechtes Stäbchen *e* tragen, um das der von der Spule kommende Faden *i* mehrmals herumgeschlungen ist. Die Spannung des Fadens hält diese Stäbchen in ihrer senkrechten Lage. Wenn indes ein Faden bricht oder ausser Berührung mit seinem Stäbchen *e* kommt, so fällt letzteres zurück in die Bahn eines schwingenden Schlägers, der seine Bewegung durch eine Excenterstange *o* erhält. Diese dann eintretende Aufhaltung des Schlägers rückt eine Klauenkuppelung bei *h* aus, zufolge welcher Bewegung der Stab *n* gedreht wird, der damit den Handhebel *a* in oben geschilderter Weise wirken lässt. Die Ausrückung bei vollgelaufenem Haspel erfolgt von der Zählscheibe *m*, die ihren Antrieb wie aus der Figur ersichtlich erhält. Diese Zählscheibe trägt hinten einen Zapfen, welcher, wenn der Haspel nahezu die nötige Garnlänge aufgewunden hat, mittels eines Hebels ein Signalwerk *p* in Thätigkeit setzt und gleichzeitig ein Stäbchen *s* auslöst, das dann, wie die Stäbchen *e*, nach rückwärts fällt und den oben genannten, von der Stange *o* bewegten Schläger aufhält. Durch diese Aufhaltung des Schlägers ist dann die Ausrückung des Haspels eingeleitet. Die Antriebs- und Ausrückungsmechanismen sind an jeder Seite der Maschine angebracht, so dass jede Seite unabhängig von der anderen arbeiten kann.

Lange Zeit hindurch wurden die Stränge mulinierter Seiden von einer Länge, die 1500—2000 m nicht übersteigen durfte, angefertigt, und zwar deshalb, weil grössere Stränge beim Abkochen, Färben etc. nur umständlich gehandhabt werden konnten. Seitdem aber Grant durch besondere Anordnung einiger Hilfsfäden, die den Strang durchkreuzen, die cylinderförmige, geballte Gestalt desselben verhütet und die für das gute Durchfärben unerlässliche platte Form des Stranges ermöglicht hat, werden jetzt die Ouvrées allgemein in Strähnen von 15 bis 20000 m in den Verkehr gebracht. Die Verarbeitung derselben beim Spulen, Zetteln etc. geht viel einfacher und mit weniger Abfall vor sich. Vor der endgiltigen Verpackung in Packete von 5 kg werden die Ouvrées sortiert, was entweder mit der Hand oder mit eigenartigen, hierzu konstruierten

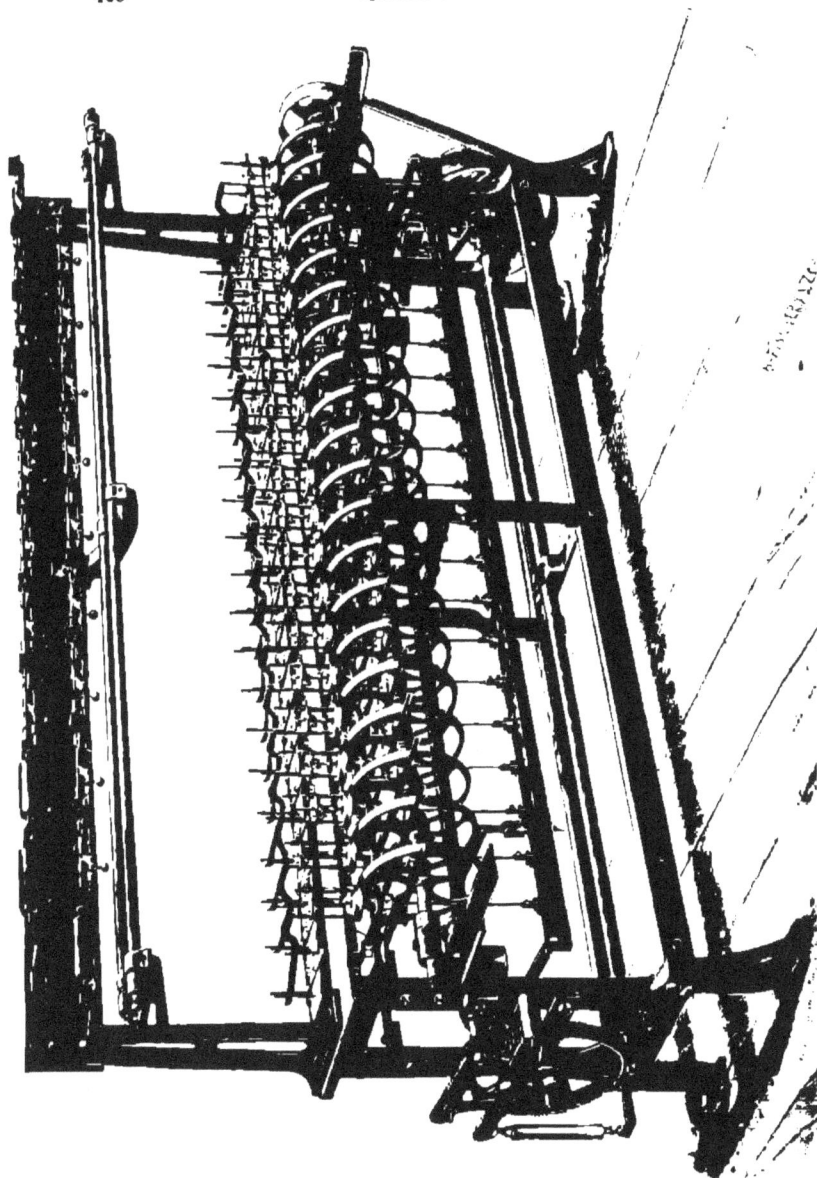

Fig. 361. Einseitige Spulmaschine (Schweiter)

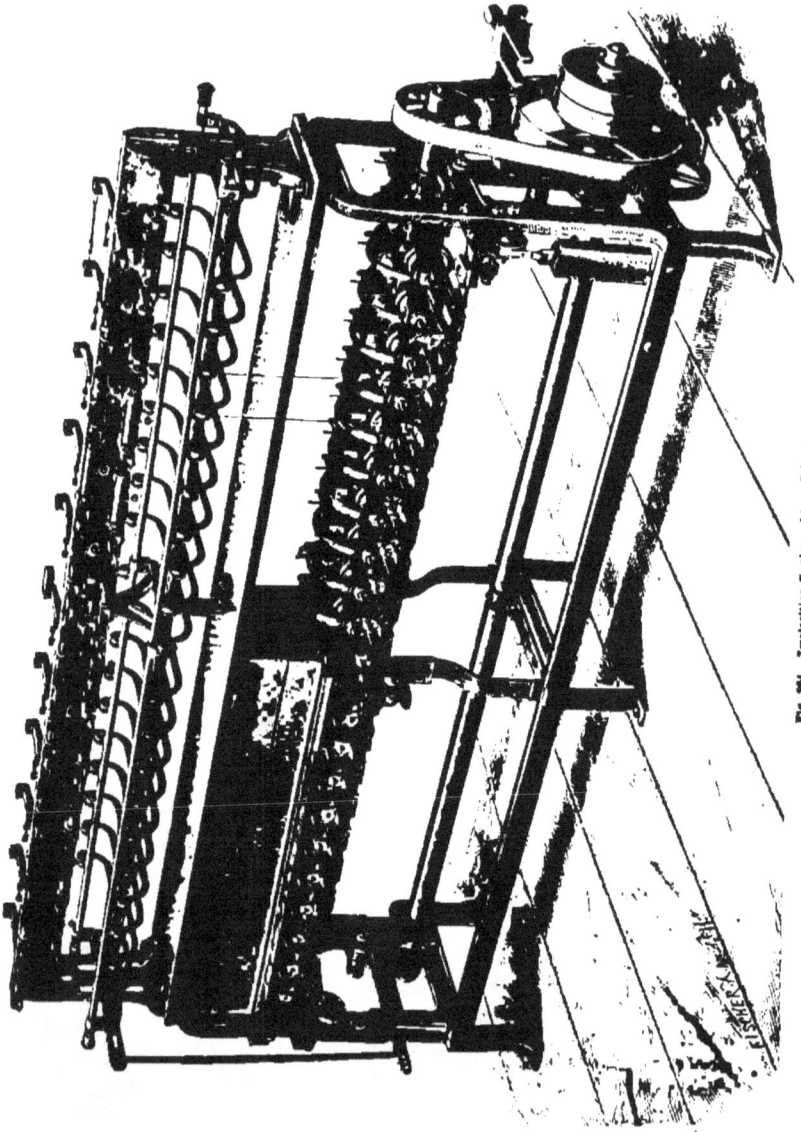

Fig. 204. Zweiteilige Spulmaschine (Schwetter).

Sortiermaschinen, wie z. B. mit der weiter unten beschriebenen von Gottelmann, geschehen kann.

Die gewöhnlichen für die Weberei bestimmten mulinierten Gespinste nennt man Ouvrées. Für manche Verwendungsarten, wie Strickerei, Wirkerei, Spitzenfabrikation etc. muss der Faden eine sehr beträchtliche Dicke, Zwirnung und Stärke besitzen. Die stark gezwirnten Gespinste werden Retorseseiden genannt, unter denen die Nähseide und Cordonnets die wichtigsten sind. Das Zwirnen (retordage) hat den Zweck, mehrere einfache oder gedrehte Rohseidenfäden unter starker Drehung zu vereinigen und erfolgt dies nicht auf den Zwirnmühlen, sondern auf Maschinen, die denen für andere Textilgarne ähnlich sind.

Die Nähseiden und Cordonnets werden gewöhnlich aus weniger sauberen Grègen hergestellt. Dieselben werden auf der gewöhnlichen Spulmaschine abgewunden und in die Flügelzwirnmaschine gebracht, die im Abschnitt über Florettspinnerei näher erörtert wird. Die Maschine ist mit zwei Stöcken Spulen, jeder zu fünf Spindelreihen, versehen; der Antrieb der Spindeln erfolgt durch eine Schnurtrommel. Die Spindeltourenzahl beträgt 1800—2000. Bei sehr unegaler Seide kann eine Arbeiterin 120, bei egaler 200 Spindeln bedienen. Da das Putzen der Grège nach dem Winden viel zu kostspielig wäre, so werden die fertig gezwirnten Nähseiden und Cordonnets auf einer speciell für diesen Zweck eingerichteten Putzmaschine (racleuse) gereinigt. Diese Maschine, welche in ihren Details anlässlich des Putzens der Florettgarne beschrieben wird, liefert einen vollkommen runden und glatten Faden, so dass nachträgliches Sengen überflüssig wird. Der zu putzende Faden läuft von der Abwickelspule zwischen mehreren feststehenden Spannstiften hindurch, umschlingt hierauf eine Anzahl von auf stählernen Stiften aufgesteckten Röllchen und gelangt dann zur aufwindenden Spule. Die geputzte Nähseide wird auf einem für Handbetrieb eingerichteten Spulenhaspel mit variabler Zählvorrichtung aufgehaspelt. Derselbe dient dazu, die Nähseiden etc. für den Handel in kleinere Stränge zu bringen. Der Haspel ist für jede Fadenlänge verstellbar und mit Selbstabstellung versehen. Nach dem Haspeln, Färben, Strecken oder Lustrieren der Stränge folgt in vielen Fällen ihre Überführung in die Bobinenform, und von dieser auf specielle kleine Spulen, die nicht selten auch für Organsin etc. zur Anwendung kommen. Dies geschieht auf einer speciell für diesen Zweck konstruierten Spulmaschine, die für jede Spulenlänge und Spulendurchmesser eingerichtet ist. Die in der Fig. 263 abgebildete Spulmaschine ist einseitig und in ihrer Konstruktion identisch mit der in Fig. 260 dargestellten Dubliermaschine, von der sie sich nur durch vereinfachte Lagerung der Spulen unterscheidet. Auch ein dublierter Faden kann hierauf gespult werden, da er beim Aufspulen eine schwache Drehung erhält. Die Fig. 264 zeigt eine zweiseitige Spulmaschine, die mit 40 horizontalen Spindeln ausgeführt wird, welche mittels vertikaler Friktionsrädchen angetrieben werden. Die Spindeln laufen mit ca. 1200 Touren pro Minute. Die Fühler im Konus sind mit Kugellagerung und die Maschine mit Balancenbewegung versehen, welch letztere bezweckt, dass die Spannung des Fadens eine gleichmässige wird, gleichviel ob auf dem dünneren oder dickeren Teile des Konus aufgespult wird. Diese Konstruktion dient nur für einfache Spulung, weil sie dem Faden keinen Zwirn giebt; es darf also ein mehrfach dublierter Faden hierauf nicht gespult werden. Von Wren & Co. wird eine Spulmaschine für Nähseide gebaut, in welcher die Spindeln in zwei Reihen auf einem sich in Lagern drehenden Rahmen befestigt sind. Während die Spulen der einen Reihe bespult werden, kann der Arbeiter die vollen Spulen der anderen Reihe auswechseln. Die Spindeln können jedes Format von Spulen aufnehmen bis 2,5 Zoll Durchmesser und 3 Zoll Länge. Eine Zählvorrichtung zeigt die aufgewundene Fadenlänge an, eine Hemmvorrichtung rückt die Maschine selbstthätig aus, sobald eine bestimmte Zahl von Windungen aufgespult worden ist.

* * *

Die Art und Stärke der Zwirnung, sowie die Anzahl der zusammengezwirnten Fäden variieren je nach der Bestimmung des Gespinstes; ihrer Verwendung für verschiedene Gewebebindungen entsprechend, müssen die Gespinste besondere Drehung erhalten; so wird für Taffete die Seide stärker muliniert, als für Atlas, und für Köper steht der Zwirnungsgrad zwischen diesen beiden. Die Zwirnung hängt auch im wesentlichen von der Gattung der Rohseide ab und ist im allgemeinen um so schärfer, je feiner der Faden ist. Im nachfolgenden sind die wichtigeren Gattungen der mulinierten Seiden, wie sie in der Weberei und dieser verwandten Industrien zur Anwendung kommen, aufgezählt. Es mag noch vorausgeschickt werden, dass man unter Drehung nach rechts eine solche versteht, die bewirkt, dass, wenn wir ein Ende des Fadens unbeweglich festhalten und das andere (mit der rechten Hand) nach links drehen, die einzelnen zusammensetzenden Fädchen parallel werden.

Die Pelseide (poil, single), aus den Kokons der geringsten Sorte erzeugt, ist ein einfacher grober, aus 8—10 oder mehr Kokons gehaspelter Rohseidenfaden, der, um das Abkochen und Färben zu ermöglichen, eine leichte Drehung erhalten hat. Man bedient sich derselben als Grundlage zu den Gold- und Silbergespinsten, wie überhaupt zu Posamentierarbeiten, wo Seide mit Gold oder Silber zusammen verarbeitet wird. Die weisse Pelseide dient zu Silber-, die gelbe zu Goldgespinsten. Sie findet auch in der Strumpfwirkerei und Bänderfabrikation Verwendung und zeigt zuweilen infolge der übermässigen Torsion beim Zwirnen eine verminderte Fadenfestigkeit.

Das als Einschlag dienende Gespinst, genannt Trame, ist aus einem, zwei, drei, manchmal vier unfilierten, aus je 3—12 Kokons hergestellten Grègefäden zusammengesetzt, welche leicht nach rechts gezwirnt werden, so dass die Windungen wie die Gänge einer linken Schraube gehen; die geringe Drehung, 90—110 Touren pro m, trägt dazu bei, dass die Trame

von allen Seidengespinsten am meisten Glanz besitzt, weicher und glatter
als Organsin ist und durch ihre verhältnismässig grosse Dicke befähigt wird,
dem Gewebe Fülle und gedecktes Aussehen zu verleihen. Man unterscheidet
ein-, zwei- und dreifüdige Trame.

Der Organsin, welcher die Kette des Gewebes bildet, und auf dessen
Zubereitung die meiste Sorgfalt verwendet wird, ist aus zwei, manchmal
drei, aus je 3—8 Kokons gehaspelten Grègefäden zusammengesetzt, welche
einzeln stark nach links filiert, dann dubliert und zusammen nach rechts
gezwirnt werden. Je nach der Stärke der Zwirnung unterscheidet man
einige Abarten Organsins und zwar:

1. die sogenannte Satinzwirnung (strafilato), bei welcher die Filierung
600 und die Zwirnung 400 Touren beträgt.

2. die Sammetzwirnung (stratorto) mit 400 Touren der ersten und 600
der zweiten Zwirnung.

3. die Grenadinezwirnung mit 1000—2600 Touren der ersten und eben-
sovielen der zweiten Zwirnung und

4. die sogen. mittelmässige Zwirnung, die in Deutschland sehr in Gebrauch ist, mit 450—500, zuweilen nur 3—400 Touren der Filierung und
300—350 der Zwirnung.

Ausserdem kommen auf den Markt

Organsin China	. . . .	380—400	Touren Torto pro m		
„ Italien Salvadori		360—380	„	„	„
„ Bengal	. . .	340—360	„	„	„
„ Japan	. . . .	320—360	„	„	„
„ Turin	. . . .	260—280	„	„	„

Eine Mittelgattung (lors sans filé) zwischen Organsin und Trame entsteht dadurch, dass man zwei Rohseidenfäden stark ohne vorherige Drehung
zusammenzwirnt. An Schönheit des Materials und straffer Zwirnung
gleicht diese Gespinstart dem Organsin, wegen Mangels an Drehung
der Trame.

Die Maraboutseide ist ein Organsin mit sehr starker Zwirnung für besondere Zwecke der Seidenweberei und wird dieselbe aus drei, seltener aus zwei
Fäden blendend weisser Rohseide nach Art der Trame ohne vorherige Drehung
oder auch nach schwacher Filierung gezwirnt. Man färbt die Marabouts
gewöhnlich schon nach dem Filieren in rohem Zustande, also ohne die Seide
vorher abgekocht zu haben, und zwar in einer Nuance, die heller ist, als
das betreffende Muster: durch das nachträgliche Zwirnen wird dieselbe von
selbst dunkler. Die straffe Zwirnung und die Steifheit, die von dem natürlichen Seidenleim herrührt, verleihen der Maraboutseide eine charakteristische, peitschenähnliche Härte. Die volle Zwirnung wird erst deshalb
nach dem Färben gegeben, damit die Farbe den Faden gehörig durchdringen kann.

Die Grenadineseide, welche meist aus zwei nach rechts gedrehten Grège-

Fäden zusammengesetzt ist, findet vielfach Verwendung in der Herstellung feiner Fransen und Spitzen. Die Grenadine wird auch aus 3, 4 und 6 Fäden zusammengesetzt, in welchem Falle die dublierten Fäden stark filiert und nachträglich noch stärker im entgegengesetzten Sinne gezwirnt werden; diese letztere Drehung kann 2000 Touren pro m erreichen. Die Grenadine kann im Strang gewaschen werden, abgekocht wird sie jedoch auf Spannrahmen.

Die „mi-grenade" oder „rondelette" unterscheidet sich insofern von der Grenadine, als ihre Torsion viel geringer ist und dadurch, dass dickere Grègefäden verwendet werden.

Die Crêpe besteht aus 2 oder 3 Grègefäden, welchen man eine einzige starke Zwirnung verleiht; sie wird nur in rohem Zustande verwendet und kommt lediglich in aufgespultem Zustande vor.

In dem Crêpe-de-Chine dubliert man einzelne nach links filierte Grègefäden und zwirnt 6, 8 oder 10 solcher Fäden stark nach rechts zusammen; sie kommt ebenfalls nur auf Spulen.

Die „soie ondée", die zu einer Art seidener Gaze verwendet wird, welche schon durch das Weben ein wässeriges Aussehen erhält, besteht aus einem groben (aus 6 Grègefäden) und einem feinen (einzelnen) Rohseidenfaden. Der dicke Faden wird für sich allein, nach der Art der Crêpe, stark rechts oder links gedreht, der feine kann gedreht werden oder nicht, seine Drehung ist jedoch der des groben Fadens entgegengesetzt. Die Zwirnung ist stets entgegengesetzt der Drehung des dicken Fadens. Beim Zwirnen dreht sich der dicke Faden auf und verlängert sich, während der feine straffer und kürzer wird; da nun die zwei durch Zwirnung vereinigten Fäden eine wesentlich verschiedene Länge besitzen, so legt sich der längere in ziemlich weiten Schraubenwindungen um den dünneren, angespannten herum, welcher die Seele (âme) genannt wird.

Ausser den obigen Gespinstarten, welche hauptsächlich in der Weberei Anwendung finden, giebt es eine Anzahl von meist stark gedrehten und dicken Seidenzwirnen, die in der Wirkerei, Strickerei, Posamentenfabrikation u. s. w. benutzt werden.

Unter denselben ist Plattseide (Stickseide, platte Seide) die einfachste. Die feinste ist ein einfacher, schwach links gedrehter Rohseidenfaden (1 bis 2,5 Drehungen auf 1 cm); mittlere Titer bestehen aus 2—10 oder mehr, die höheren aus 20—25 nicht gedrehten Rohseidenfäden, denen man eine leichte Zwirnung von 0,3—0,4 Drehungen pro 1 cm erteilt. Die Plattseide findet in der Stickerei ausgedehnte Anwendung. Infolge der schwachen Zwirnung trennen sich die einzelnen Fädchen der Plattseide nach dem Entschälen sichtbar voneinander.

Die „floches" sind aus zwei sehr dicken Grègefäden zusammengesetzt, die nach rechts filiert und nach links zusammengezwirnt werden.

Die „mi-perlées" sind mit den vorigen übereinstimmend, nur mit schwächerer Zwirnung; „filets" sind dünne „floches".

Die Nähseide (cusir, sewing silk) wird aus Rohseidenfäden von je 3
bis 24 Kokons auf eine der folgenden Weisen hergestellt: 1. indem man
zwei starke Rohseidenfäden einzeln links dreht und dann rechts miteinander
zusammenzwirnt; 2. indem man zwei, seltener drei, ungedrehte Rohseidenfäden links zusammenzwirnt, dann aber zwei solche gezwirnte Fäden durch
eine zweite Zwirnung nach rechts (mit 6—10 Drehungen auf 1 cm) vereinigt, und 3. auf die vorige Weise, jedoch mit dem Unterschied, dass man
vor der ersten Zwirnung den einfachen Rohseidenfäden eine Drehung erteilt. Die Nähseide besteht somit aus 2, 4 oder 6 Rohseidenfäden. In
allen Fällen ist die Zwirnung um so stärker, je feiner die Fäden sind.

Eine nach Art der Nähseide mulinierte, aber feinere und schönere
Gattung, welche zu Spitzen etc. verwendet wird, hat in Italien den Namen cusirino. Sie wird gewöhnlich aus 9 Rohseidenfäden erzeugt, von
welchen je 3 vorher links zusammengezwirnt werden, worauf man die so
erhaltenen 3 Fäden durch Zwirnung nach rechts vereinigt.

Die Strickseide (wie Nähseide aussehend, aber dicker) wird wie Nähseide nach der Methode 2 dargestellt, erhält aber — weil sie dicker ist und
für den Gebrauch weicher sein muss — eine schwächere Zwirnung. Man
zwirnt zuerst 2—6 nicht gedrehte Grègefäden links zusammen und vereinigt dann durch die zweite Zwirnung nach rechts, drei, seltener
vier solcher gezwirnten Fäden zu einem Faden. Bei dieser zweiten
Zwirnung werden 3—5 Drehungen pro 1 cm gegeben. Zuweilen begnügt
man sich damit, drei dicke einfache Rohseidenfäden einzeln links zu drehen
und hierauf rechts zusammenzuzwirnen, entsprechend der unter 1 angegebenen Methode für Nähseide. Dieses Verfahren ist zwar wohlfeiler, aber
weniger vollkommen, da es eine gröbere Rohseide voraussetzt und keinen
so reinen, glatten, regelmässigen, gleichförmigen Faden liefert, weil die
aus vielen feinen Fäden zusammengesetzte Seide auch weit mehr rundlich
ist. In der Strickseide werden somit wenigstens 3, höchstens 18 Rohseidenfäden vereinigt.

Für die Cordonnets werden die Rohseidenfäden einzeln gedreht, dann zu
4, 5, 6 oder 8 rechts zusammengezwirnt und 3 solche Fäden durch Zwirnung nach links vereinigt. Die Cordonnets enthalten somit 12—24 Grègefäden.

Die Berlinseide unterscheidet sich von Cordonnets nur durch stärkere
Zwirnung.

In den „câblés" sind die ganz nach Art der Cordonnets seilförmig gewundenen Fäden von bedeutend grösserer Dicke.

Die „ovale", eine Art Trame, die auch als Stickseide benutzt wird,
besteht aus 10—16 schwach nach rechts gedrehten Fäden und findet specielle Verwendung in der Schnürbandfabrikation.

Tramette ist eine grobe Trame, die in der Strumpffabrikation noch
mitunter verwendet wird.

* * *

In der Entwickelung der Mulinierindustrie lässt sich die nämliche Erscheinung beobachten, wie in der Seidenhaspelerei; die Zahl der Anstalten sinkt von Jahr zu Jahr, während die Produktion wächst, weshalb auf Emporkommen der Grossindustrie und Verschwinden des Kleinmuliniergewerbes zu schliessen ist. Im J. 1872 ist z. B. die Zahl der Mulinieranstalten in der italienischen Provinz Bergamo auf 58 gegen 106 im J. 1848 gesunken, trotzdem die Produktion sich verdoppelte[1]).

Die erste Seidenmühle ist, wie erwähnt, in Italien in der Stadt Bologna durch Borghesano 1272 errichtet worden. Sein Sohn Bolognino vervollkommnete das Gewerbe, welches geheim gehalten wurde, und erhielt im J. 1341 eine Licenz auf alleinigen Betrieb. Zu Beginn des XVII. Jahrh. wurde die Kunst nach Modena verpflanzt. Man besitzt eine Aufzeichnung aus der Mitte des XIV. Jahrh., in der es heisst: „Und wisse, dass das Dublieren auf zweierlei Art geschieht, einmal rechts, einmal links. Rechtsseitig dreht man alle Seiden, um sie zu filieren, und dann linksseitig (all' argoncina), um sie zu zwirnen". Es ist möglich, dass das Wort Organsin von „argoncina" herstammt. Nach den durch Bini aufgeführten Akten von 1330—35 gab es in Lucca eine Seidenmühle.

Die italienischen Mulinieranstalten haben grösstenteils ihren Sitz in Oberitalien, wo billige Handarbeit und zahlreiche Wasserströme als Betriebskraft zur Verfügung stehen; die Lombardei erzeugt $^3/_5$, Piemont und Ligurien $^1/_5$ der Gesamtmenge mulinierter Seiden; speciell hat die italienische Mulinierindustrie in der Zubereitung der Seiden asiatischer Provenienz grosse Erfolge und Vollkommenheit aufzuweisen. Im Jahre 1865 waren in Italien 2 768 545 Spindeln thätig, welche 1 485 697 kg Organsin und 1 236 062 kg Trame produzierten. Im J. 1876 ist die Zahl der Spindeln auf 2 083 168 gesunken, woran die Lombardei mit 1 637 961 und Piemont mit 357 038 beteiligt waren[2]).

Im J. 1891 waren in Italien 487 Anstalten mit 49 286 Arbeitern und 1 501 137 Mulinierspindeln in, und 121 000 ausser Betrieb. In der Provinz Bergamo existierten zur selben Zeit 87 Mulinieranstalten mit 247 058 Zwirnspindeln und 63 555 Garnweifen. In der Provinz Brescia waren 7620 Spindeln thätig, während 149 feierten[3]).

Nach Fuzier[4]) beträgt die Menge der in Italien mulinierten Seiden (ouvrées):

In Italien gehaspelter	. .	2 400 000 kg
Asiatischer Provenienz	. .	800 000 „
Im ganzen		3 200 000 kg,

---

[1]) Rondot, L'industrie de la soie. 2. éd., S. 20.
[2]) Ellena, Notizie statistiche sopra alcune industrie.
[3]) Annali di statistica del Regno d'Italia.
[4]) Seta e tessuti di seta, Relazione.

woraus etwa 2 980 000 kg Ouvrées hervorgehen. Es sind folgende Quantitäten Rohseide verschiedener Herkunft verbraucht worden:

	für	Italien	Tirol, Istrien	Asien	Total
Organsin		1 700 000	70 000	100 000	1 870 000
Trame		800 000	70 000	440 000	1 310 000

Wie man aus der am Ende des Werkes beigefügten Statistik wird er-
sehen können, steigt der Import ausländischer Grègen (speciell ostasiatischer
Provenienz) in allen Staaten Europas, welche Mulinierindustrie besitzen, von
Jahr zu Jahr, da die produzierenden Länder, wie China, Japan und Syrien
wohl schon musterhafte Hasplereien, nicht aber die genügende Anzahl
Zwirnereien besitzen.

Im Gegensatz zu Frankreich, welches seine Produktion an Ouvrées
in der inländischen Industrie selbst verbraucht, wird aus Italien der
grösste Teil seiner Produktion exportiert.

	Import roher Seide nach Italien (kg)			
	1866/68	1878/80	1890	1891
Grège . .	627 190	1 187 600	834 300	892 600
Ouvrées .			11 600	14 400

	Export roher Seide aus Italien (kg)			
	1866/68 [1])	1878/80	1890	1891
Grège . .	2 032 780	3 223 900	1 720 100	2 117 700
Ouvrées .			3 061 200	2 949 100

Man ersieht aus obigen Zahlen, welchen Aufschwung die italienische
Mulinierindustrie seit einem Vierteljahrhundert genommen hat.

Von den Anfängen des französischen Muliniergewerbes wissen wir,
dass in Paris in den Jahren 1258—69 zwei Gewerbe-Genossenschaften der
„filaresses" oder Seidenzwirnerinnen organisiert wurden. In einem Hand-
werkerstatut vom Jahre 1229 unterscheidet man schon einfache, dublierte oder filierte und gedrehte Seide. In Avignon ist eine Seidenmühle im
J. 1463, dann eine 1470 errichtet worden. Aus einem Statut des XIV. Jahrh.
ersieht man, dass die Körperschaft der Seidenhändler von Paris sich gegen
Hintergehung seitens der Zwirnerinnen, die die Seide beim Arbeiten zu
beschweren wussten, schützten. Bis zum XVI. Jahrh. blieb jedoch die
Zwirnerei eine unbedeutende Hausindustrie. Bilheband errichtete 1533—54
grosse Filatorien. Im J. 1537 kam ein Deutscher, Nikolaus Leyderet,
von St.-Chamond nach Lyon und erbaute gemeinschaftlich mit seinem
Sohne Stefan Seidenmühlen. Ein Florentiner, Stratesse, machte im

---

¹) Movimento commerciale del Regno d'Italia.

J. 1542 auf seinem Filatorium Gebrauch von einem Rade und anderen Maschinen eigner Erfindung. Man weiss aus einem Patentbrief des J. 1553, dass man Rohseide zum Zwirnen nach Avignon und St.-Chamond geschickt hat, um sie dann wieder zum Verweben nach Lyon zu bringen. In der Beschreibung der „alten und berühmten Stadt Lyon" von Nicolas de Nicolay liest man: „Die Filierung besagter Seide verrichtet man in der Stadt und in den Vorstädten von St.-Chamond im Lyoner Gebiete in solchem Übermafse und solchen Mengen, dass man die Mannfaktur und den Handel auf mehr als 100000 Thaler jährlich schätzt, denn es giebt da gewöhnlich mindestens 100 Mühlen, die zur Filierung besagter Seide im Gange sind, durch Vermittelung von Mailändischen Kaufleuten, die in Lyon wohnen". Besonders stark hat sich die Zwirnerei in Avignon entwickelt. Poulet berichtet im J. 1720, dass man daselbst 400 Mühlen zählte und die Arbeit mit grösster Geschicklichkeit verrichtet wurde. Aus dem XVIII. Jahrh. liegen Berichte über die Verwendbarkeit der verschiedenen Grègen vor; so eignete sich die Vivarais-Seide gut für Organsin, die von Provence besser für Trame.

In den französischen Mulinieranstalten werden vorzugsweise bessere Qualitäten einheimischer Grègen verarbeitet. In der Zeitperiode 1870/80 betrug die Produktion der Ouvrées im Durchschnitt 2375000 kg jährlich,

Fig. 265. Strang mulinierter Seide.

im J. 1882 2166000 kg. Der Verbrauch ausländischer Grègen steigt fortwährend; er betrug 1849,57 etwa 40%, 1870/78 72% der von der Mulinierindustrie verarbeiteten Gesamtmenge. Man zählte im J. 1873 376500 Muliniergarnwinden, im J. 1888 waren nur 263534 thätig, die Ausbeute einer jeden ist indessen im Laufe der letzten Decennien beinahe die doppelte geworden. Die Ausdehnung der Mulinierindustrie Frankreichs ersieht man aus folgenden Zahlen:

	1876	1880	1884	1888
Zahl der Anstalten	880	1011	1007	708
Spindeln . . .	1129729	1213574	1643686	2122628
Garnwinden . .	376500	—	—	363396

Nachfolgende Aufstellungen geben zur Genüge darüber Aufschluss, dass die französische Mulinierindustrie den inländischen Bedarf vollständig deckt und noch darüber hinaus exportiert, was früher nicht der Fall war.

Import der Rohseide und Ouvrées nach Frankreich (kg):

	1878	1888	1890	1892
Grège	4033300	3605856	3057600	3981900
Ouvrées	1224200	384154	217300	112200

Der Export belief sich dagegen auf (kg):

Grège	.	1305341	1698239	1201100	1702300
Ouvrées	.	93329	308700	269600	173400

Die Fabrikation der sogenannten Retorseseiden, welche in Paris, Calais, Nimes, Lyon und Tours betrieben wird, hat bei der starken ausländischen Konkurrenz von ihrer früheren Bedeutung verloren. Es wurden exportiert (kg):

	1878	1888
Näh-, Stick- und Spitzenseide	44584	7026
Andere Retorseseiden . . .	304581	182195

Die spanische Mulinierindustrie ist von geringer Bedeutung; einige Anstalten in Sevilla, Granada und Cordova produzieren etwa 7—8000 kg Ouvrées. Ehemals wurde die Verarbeitung der Grège, die grösstenteils importiert wurde, in viel grösserem Maſsstabe betrieben, wie die Exportzahlen beweisen. In den Jahren 1872/74 wurden 31331 kg und 1878/82 40519 kg mulinierter Seiden jährlich ausgeführt[1]).

Die Seidenzwirnerei der österreichischen Länder reicht in das XVI. Jahrh. zurück, wo in Trient im Jahre 1534 die erste Seidenmühle durch einen Venetianer Savioli gegründet wurde. Man weiss nicht viel über die weiteren Schicksale dieser Industrie bis ins XIX. Jahrh. Im Jahre 1875 waren in Trient 89550, in der Grafschaft Görz 14740 und in anderen Provinzen 6402 Spindeln, zusammen 110692 thätig, gegenüber 100000 Spindeln, über die Tirol im Jahre 1870 verfügte. Die Produktion ist indessen von 54390 kg auf 55400 kg gestiegen, worunter 41800 kg Organsin. Im Jahre 1880 waren in Tirol nur noch 17 Anstalten (gegen 37 im J. 1870) mit 48302 Spindeln in Betrieb und erzeugten 22440 kg Ouvrées. Der Verfall ist hauptsächlich auf die Entwickelung der Zwirnerei in den benachbarten Ländern zurückzuführen.

Die ersten namhaften Anfänge des schweizerischen Muliniergewerbes fallen in das J. 1555, wo die flüchtigen Reformierten aus Locarno in Zürich Seidenmühlen von sehr einfacher Bauart errichtet haben. Zweiundeinhalb Jahrhunderte blieb das Gewerbe nur eine Hausindustrie, entwickelte sich aber alsdann gut. Denn im J. 1685 berichtet ein Seidenhändler von Tours, de la Court, der nach Zürich geflüchtet war, dass das Zwirnen hier so geschehe, dass man, „um alles zu sagen, die Seiden sehr gut zuzurichten weiss und nichts besseres fordern könne". Im J. 1830 gründete ein Elsässer, Heitz, zu Stafa eine grössere Seidenmühle. Allmählich wurden die Maschinen verbessert und namentlich zur Fabrikation der Cordonnets und Nähseiden verwendet. Erst später fing man an, Organsin und Trame zu zwirnen, letztere seit 1860, als die asiatischen Seiden in Europa in grösserem Um-

---

[1]) Estadística general del comercio ...

fange Verwendung fanden. Die grösseren Seidenmühlen befinden sich in den Kantonen Zürich, Aargau, Basel, weniger in Tessin, Solothurn, Luzern, St.-Gallen, Glarus. Im Kanton Zürich zählte man

	1872	1883
Etablissements	18	19
Arbeiter	4090	4810
Produktion Trame . . .	120453 kg	190746 kg
„ Nähseiden etc. .	52819 „	93490 „

Die schweizerische Mulinierindustrie hat sich in einigen Specialitäten vervollkommnet und behauptet in denselben eine der ersten Stellungen[1]. Eine solche der Schweiz ist die Verarbeitung der japanischen und chinesischen Grègen zu Tramegespinsten; von den ersteren werden bessere Sorten Maibash und Oshiu verarbeitet, China liefert Kahing, Minchew und Hangchow. 1883 betrug die Produktion mulinierter Seide 250504 kg (darunter 20—25000 kg Organsin)[2]; die der Retorsegarne (Näh- und Maschinenseide, Stick- und Posamentiergarne, Cordonnets. Floches etc.) 82930 kg. In demselben Jahre waren in der Schweiz 37200 Mulinier- und 23860 Retorsespindeln vorhanden. Die Nähseidenfabrikation konzentriert sich hauptsächlich in Zürich.

Folgende Zahlen geben Aufschluss über den gegenwärtigen Stand der schweizerischen Mulinierindustrie:

	1891	1893
Etablissements	59	54
Arbeiter	7535	7065
Vorhandene Spindeln (Trame etc.)	63409	66404
Thätige „ „	55797	52574
Vorhandene Spindeln (Nähseide)	25988	24444
Thätige „ „	22284	17932
Produktion Organsin	73761 kg	60149 kg
„ Trame	258494 „	271092 „
„ Nähseiden, Cordonnets	119351 „	82131 „
„ Stickseiden	20318 „	16128 „
	471924 kg	429500 kg

Schon in der ersten Hälfte des XVI. Jahrh. wurde die Seidenzwirnerei in Deutschland betrieben. Sie entwickelte sich fortwährend, ist jedoch gleichzeitig mit dem Verfall der Weberei und Seidenkultur eingegangen. In den Jahren 1855/61 war in Elberfeld ein grosses Aktienunternehmen

---

[1] Bürkli-Meyer, Geschichte der Zürcherischen Seidenindustrie vom Schlusse des XIII. Jahrh. an bis in die neuere Zeit. 1884.

[2] Statistik über die Seidenzwirnerei in der Schweiz im J. 1883.

für Seidenzwirnerei in Betrieb, das jedoch schliesslich misslang. Im J. 1880
betrug die Produktion mulinierter und Retorseseiden etwa 140000 kg, die von
44258 Spindeln erzeugt wurden. Davon entfielen auf Württemberg
16208, Baden 13032 und Preussen 5742 Spindeln. Gegenwärtig geht
die deutsche Mulinierindustrie infolge der stetig zunehmenden ausländischen
Konkurrenz immer mehr zurück.

Die Art und Weise der Seidenzwirnerei war in England bereits im
XIV. Jahrh. bekannt; das Gewerbe war jedoch eine von den Frauen betriebene Hausindustrie.   Heinrich IV. schützte die kleinen Betriebe
durch einen Akt vom J. 1454. Nach der Plünderung von Antwerpen
(1585) durch die Spanier, kamen flandrische Seidenzwirner nach England.
Ein Italiener Domico, durch die Königin Elisabeth unterstützt, erbaute
grössere Anstalten. Im J. 1629 wurde eine Korporation der Seidendreher
gegründet. Das Parlament fing an in die Regelung der Arbeiterverhältnisse
einzugreifen und erliess viele Edikte, „die aussergewöhnlichsten und lästig-
sten, die man sich vorstellen kann". Die beschränkenden Mafsregeln hatten
oft eine nachteilige Wirkung. Im J. 1662 gab es in London allein über
40000 Seidenspuler und -zwirner, deren Verhältnisse durch strenge Statute
geregelt waren [1]). Seit 1685 nahm die Produktion infolge der Einwanderung der Hugenotten beträchtlich zu und schon 1713 wurde anlässlich
des Utrechter Vertrages festgestellt, dass die Seidenindustrie Englands
über 300000 Personen beschäftige. 1719 kam ein gewisser John Lombe,
der mehrere Jahre in Piemont verbracht und dort die Zwirnerei erlernt hatte,
nach England zurück und erhielt das ausschliessliche Privilegium, 14 Jahre
lang die Seide auf Organsin zu verarbeiten. Seinem Bruder und Nachfolger gab das Parlament 350000 Frcs., damit die Seidenmühle von Derby
auch von anderen Zwirnern benutzt werden durfte. In der zweiten Hälfte
des XVIII. Jahrh. verarbeitete England durchschnittlich 4—500000 kg
jährlich. Die Zwirner von Manchester hatten im J. 1823 20400 Spindeln,
zehn Jahre später bereits 84000. Der Einfuhrzoll auf Grège wurde im J. 1845
aufgehoben, wodurch die Mulinierindustrie eine noch grössere Entwickelung
nahm, die zugleich durch maschinelle Vervollkommnungen unterstützt wurde.
Die Einfuhr der Rohseide und Ausfuhr der Ouvrées stieg fortwährend
bis zu den sechziger Jahren. Von diesem Zeitpunkt ab trat infolge der
höheren Arbeitslöhne, sowie der inzwischen auf dem Kontinent gemachten
Fortschritte, ein Rückgang ein, der bis auf den heutigen Tag andauert und
aus folgenden Zahlen zu ersehen ist:

	1874	1878	1890
Zahl der Etablissements, England .	257	231	189
„ „ „ Schottland .	3	4	5

---

[1]) Hewins, English Trade and Finance in the 17th century. London 1892. p. 104.

	1850	1861	1870
Spindelzahl, England			
„ Schottland	1 225 560	1 338 544	1 130 441

	1874	1878	1890
Spindelzahl, England	1 318 633	999 037	1 021 436
„ Schottland	17 778	19 912	7 917

Der Konsum der Grègeseide hat in bedeutender Weise abgenommen, was jedoch zum Teil auf dem Rückgang der Seidenweberei beruht. Es wurden durchschnittlich jährlich verarbeitet:

1858/60	2 687 000	kg
1861/63	2 923 000	„
1867/69	1 600 000	„
1879/81	1 095 000	„
1883	1 207 000	„

Immerhin hat die Fabrikation der stark gezwirnten Retorsegespinste, wie der Näh- und Maschinenseide, einige Bedeutung beibehalten, und die englischen Fabrikate dieser Art erfreuen sich fortwährend des besten Rufes. Die meisten Etablissements liegen in den Grafschaften Chester, York, Derby, Norfolk, Lancaster und Essex. Der Exportwert belief sich auf

1858/60	20 100 000	Fres.
1870/72	36 000 000	„
1876/78	18 500 000	„
1881	25 450 000	„
1883	17 850 000	„

Belgien besitzt kein Muliniergewerbe im eigentlichen Sinne, dagegen werden grosse Quantitäten ausländischer mulinierter Seiden zur Fabrikation der Retorseseiden und Spitzen verwendet. Im J. 1887 wurden zu diesem Zweck 152 638 kg Ouvrées eingeführt, gegenüber 13 605 kg der Ausfuhr.

Die Mulinierindustrie Russlands war bis vor einigen Jahrzehnten ganz unbedeutend; sie nahm erst in letzter Zeit, durch schutzzöllnerische Politik begünstigt, grossen Aufschwung.

Die orientalische Seidenzwirnerei hat nicht den Charakter der europäischen Grossbetriebe. In ganz Centralasien und in Indien wird das Zwirnen durch sehr einfache, mit der Hand betriebene Apparate bewerkstelligt. Die erste Operation, welcher die Grège (in Pendschab Khòra genannt) unterworfen wird, ist das Abspulen, wobei sie zugleich je nach der Feinheit sortiert wird. Der Seidenzwirner (taodie) ist durchwegs ein Mohammedaner. Er nimmt zwei Fäden der abgespulten Seide, dubliert sie und dreht sie zusammen. Dies ist der indische Organsin (tâni) und derselbe Name wird der Kette des Gewebes gegeben. Die abgespulte Seide (vâna) wird, ohne ge-

dreht zu werden, als Einschlag benutzt. In Japan ist die Bearbeitung eine
ähnliche, wie in Europa, und wird teils als Hausgewerbe, teils auf Maschinen
verrichtet. Die Filierung oder einfache Drehung heisst „kata-yori", die
Rechtsdrehung mehrerer Fäden „awose-yori" und die Linksdrehung „moro-
yori", eine sehr starke Drehung mehrerer Fäden „hon-yori" u. s. w. In China
ist das Muliniergewerbe noch sehr primitiv und wird nur als Hausarbeit
betrieben, nur in der Umgegend von Kanton hat es als Industrie einige
Bedeutung erlangt, die jedoch von ihrem früheren Umfang bereits eingebüsst

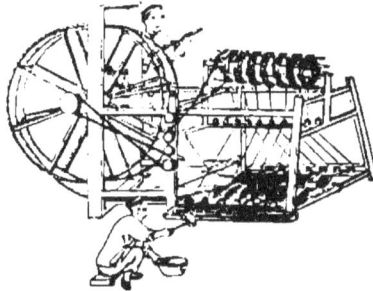

Fig. 246. Chinesischer Mulinierstuhl.

hat. 1847 wurden aus Kanton 40000 kg Onvrées exportiert, 1857 ist dieses
Quantum auf das Zehnfache gestiegen; gegenwärtig dürfte die Ausfuhr einige
Zehntausende kg nicht übersteigen.

Die Anfänge der amerikanischen Seidenzwirnerei reichen in das Jahr
1810 zurück, und unter allen Zweigen der Seidenindustrie war es die Zwirnerei, welche die Amerikaner in qualitativer und quantitativer Hinsicht am
weitesten zu bringen vermochten. Sie war stets der Gegenstand grosser
Sorgfalt und Anstrengung gewesen, und die Entwickelung der Nähseidenfabrikation in diesem Lande steht in der Geschichte beispiellos da[1]). Der
Aufschwung der amerikanischen Mulinierindustrie hat selbst auf die Art
und Weise der Gewinnung der Rohseide in asiatischen Produktionsländern
einen gewissen Einfluss ausgeübt; denn da die Rohseide in Amerika wegen
der hohen Arbeitslöhne weder geputzt noch sortiert wurde, so bemühten
sich die Amerikaner, die Chinesen und Japaner zur Herstellung reiner, gut

[1]) Brockett, The Silk Industry of America.
     Wyckoff, The Silk goods of America, 1880.
     Report on the Silk manufacturing industry of the United States (Census 1880).
     Lilly, The Silk Industry of the U. S. from 1766 to 1875.
     Wyckoff, American Silk manufacture. New-York 1887.

windender Grègen zu veranlassen, was ihnen auch gelungen ist. Die Mulinierindustrie der Ver. Staaten hat daraufhin in verhältnismässig kurzer Zeit eine Ausdehnung gewonnen, die durch folgende Zahlen, welche die Einfuhr der Rohseide zum Zweck des Mulinierens darstellen, veranschaulicht wird. Es wurden importiert:

1864,66	192000 kg	1879/81	1057000 kg
1871/72	416000 ,,	1881/82	1306800 ,,
1873/75	462000 ,,	1882/83	1477000 ,,
	1892	3480000 kg.	

Die eingeführten Rohseiden sind fast ausschliesslich die besten Qualitäten Filature, re-reeled und bonts noués. Die amerikanischen Mühlen produzierten (kg):

	Organsin	Trame	Total
1873	—	—	146000
1875	105000	209000	314000
1877	77000	153000	230000

Einen hervorragenden Platz nimmt die Fabrikation der Retorseseiden ein. Die Produktion der Nähseide stieg von 250000 kg im J. 1878 auf 690000 kg im J. 1888. Die amerikanische Nähseide (sewing silk) besteht aus zwei von links nach rechts gezwirnten Fäden; die Maschinenseide (machine twist) ist aus drei von rechts nach links gedrehten Fäden zusammengesetzt. Die Seidenzwirnerei hat vornehmlich in New-Jersey, Pennsylvanien, New-York, Connecticut und Massachusetts ihren Sitz. Die Zahl der Spindeln belief sich auf:

1890

Winder-, Putz- und Dublierspindeln . .	369035
Zwirnspindeln	718360
Klöppelspindeln	167403
	1254798,

gegen 129178 Spindeln im J. 1874, 151038 Spindeln im J. 1875 und 508137 Spindeln im J. 1880.

Dem Gewichte nach wurden 1890 verarbeitet:

Grège	6376881 Pfund
Seidenabfälle . . .	1357618 ,,
Andere Seiden . .	744223 ,,
	8478722 Pfund,

woraus:

Organsin und Trame	3305372 Pfund
Näh- und Maschinenseide	1119825 ,,
Fransen-, Wirk-, Stick- und Florettseide	329637 ,,
	4754834 Pfund

hervorgingen, während der Rest anderweitig verarbeitet wurde.

Wie bei der Grège, so lässt sich naturgemäss auch bei den gezwirnten Gespinsten ein allgemeiner Rückgang der Preise beobachten. Folgende Tabelle veranschaulicht die stärkeren Schwankungen der Jahresdurchschnittspreise für Organsin Titer 22/26 während unseres Jahrhunderts (Frcs.):

1802	74	1836	108	1858	74	1876	140
1810	52	1837	60	1860	106	1878	77
1817	106	1838	78	1864	72	1879	96
1820	61	1843	57	1865	116	1880	69
1822	90	1844	77	1866	98	1881	82
1824	53	1848	49	1868	158	1885	58
1825	82	1850	84	1870	100	1886	68
1826	55	1853	92	1872	130	1892	49
1830	48	1855	63	1875	96		

Nachstehende Tabelle zeigt den Preisrückgang der verschiedenen Provenienzen im letzten Vierteljahrhundert:

	Organsin				Trame			
	Frankreich	Italien	Bengal	China	Frankreich	Italien	Bengal	China
	24/26	20/22	26/30	40/45	20/24	24/26	24/28	40/45
1872	116	112	91	97	110	101	92	91
1873/78	93	87	67	71	88	83	67	64
1879/81	72	69	58	57	70	70	56	54
1882/83	67	65	57	58	66	63	57	57
1896 Febr.	55	51	—	44	50	48	—	38

Wie bei der Grège, so werden auch bei Ouvrées, abgesehen von dem Titer, verschiedene Qualitäten unterschieden, und zwar: a) klassisch (classique), b) sublime, c) gewöhnlich (courant, corr.), oder a) extra, b) 1er ordre, c) 2e ordre, d) 3e ordre, oder schliesslich a) extra, b) 1. Kl., c) 2. Kl. Bei den orientalischen Ouvrées wird angegeben, ob dieselben in gemessenen Stranglängen (à tours comptés) oder nicht, geliefert werden.

* * *

Da die Seidenfaser ausgesprochene hygroskopische Eigenschaften besitzt, so kann sie verhältnismässig viel, nämlich bis zu 30% ihres Gewichtes an Wasser aufnehmen, ohne sich dabei irgendwie feucht anzufühlen. Trotz der Behauptung einiger Chemiker, welche den Sitz der Hygroskopizität der Seide der eigentlichen Seidenfaser, dem Fibroin, zugeschrieben haben, zeigt die abgekochte, ihres Bastes entledigte Seide ein geringeres Wasseranziehungsvermögen, als die Rohseide. Zwischen der Feuchtigkeit der Atmosphäre und dem Wassergehalt der darin befindlichen Faserstoffe existiert bekanntlich ein Zusammenhang, der mathematisch genau bestimmt worden ist [1]). Der procentuelle Wassergehalt w der Faser, bezogen auf das absolut trockene Material, geht aus der Gleichung

$$w = (\alpha + \beta\varphi)\sqrt[4]{100 - t}$$

hervor, in welcher α und β experimentell bestimmte Koeffizienten, φ die relative Feuchtigkeit der Luft in Prozenten und t deren Temperatur bedeuten. Für Seide ist $\alpha = 2,188$ und $\beta = 0,0164$; für Baumwolle $\alpha = 0,8067$ und $\beta = 0,02912$; für Wolle $\alpha = 2,800$ und $\beta = 0,02938$. Die in der Faser enthaltene Feuchtigkeitsmenge ist somit eine Funktion zweier veränderlichen Grössen, der Temperatur und des Sättigungsgrades der Atmosphäre. Von Schloesing wurde diese Funktion in Form einer Kurve ausgedrückt, deren Ordinaten — Feuchtigkeitsgehalt in Prozenten und Abscissen — die aufgenommene Feuchtigkeitsmenge der Faser ausdrücken [2]).

Das Gewicht eines und desselben Quantums Seide ist je nach der Jahreszeit ein schwankendes; so wird im feuchten Herbst oder Frühling die Seide mehr an Wasser aufnehmen und dasselbe Quantum mehr wiegen, als im Hochsommer. Ebenso wird eine bestimmte Seidenmenge auf feuchtem Lager schwerer sein, als in trockenen Räumen aufbewahrt. Da man nach dem Aussehen der Seide nicht auf ihren Wassergehalt schliessen kann, so wäre dem Betrug beim Seidenhandel Thür und Thor geöffnet, wenn man nicht in dem Seidenkonditionierverfahren ein Mittel besässe, sich vor unredlichen Manipulationen vor dem Abwiegen der Partie, wie das Einsprengen der Seide mit Wasser und Verweilenlassen im feuchten Keller etc., schützen zu können. Infolge des hohen Preises der Seide und ihrer ausgeprägt hygroskopischen Eigenschaften machen sich auch minimale Feuchtigkeitsmengen geltend, und der schwankende Wassergehalt würde einen geordneten Seidenhandel unmöglich machen, wenn man nicht jedesmal über den hygroskopischen Zustand der Faser genau informiert werden und die in ihr enthaltene Wassermenge mit in Rechnung ziehen könnte. Es ist nicht sicher, ob im Seidenverkehr früherer Jahrhunderte irgend welche Basis und Gebräuche zur Beurteilung des Wassergehaltes der Seide als Handelsware bestanden haben, nur weiss man, dass zu Anfang des XVIII. Jahrh. in Italien einige Privatkonditionieranstalten existiert haben; die erste öffentliche Kondition wurde in Turin im J. 1759 eröffnet, alsdann in anderen Centren des Seidenhandels und der Seidenindustrie, wie Lyon, St.-Chamond u. a. O. Die Procedur fand in der Weise statt, dass die zum Verkauf gelangenden Seiden in grossen, mit heisser Luft geheizten Räumen ihres Wassergehaltes binnen 2—3 Tagen entledigt und dann gewogen wurden; man nannte dies: die Seide befände sich in „rechtem Verhältnis" (dans des bonnes conditions). Durch eine Sprach-

---

[1]) Müller, Der Civilingenieur, 1882, S. 155.
[2]) Compt. rend. de l'Ac. Sc. 1893, S. 809.

wendung ist diese Bezeichnung auch für die Operation selbst beibehalten
worden, so dass man heutzutage unter dem Konditionieren der Seide ihre
Feuchtigkeitsbestimmung versteht. Im J. 1800 ist von Rast-Maupas die
allgemeine Einrichtung der Lyoner Kondition entworfen worden, deren Verstaatlichung im J. 1805 erfolgte; nach dem Dekret vom 13. April 1805
wurde die Temperatur der Heizräume auf 16- 17° R. bei 27—28 Zoll
Barometerstand und auf 19—20° R. bei 26—27 Zoll Hg festgesetzt. Es
ist selbstverständlich, dass beim Trocknen in geräumigen Sälen, wo eine
unerträgliche, fast erstickende Atmosphäre herrschte, und wo die Luft nicht
in allen Punkten die gleiche und konstante Temperatur besass, sondern
vielmehr den Luftzügen und den Feuchtigkeitsschwankungen der Atmosphäre ausgesetzt war, keine übereinstimmenden und zuverlässigen Resultate
erzielt werden konnten. Es kam vor, dass kein Käufer bei feuchter
Witterung die Seide konditionieren wollte, weil dieselbe beim Trocknen
wenig von ihrem Gewicht verlor, während in trockner Zeit sich die Kauf-
lustigen beeilten, Handelsabschlüsse zu machen und die Seide baldigst dem
Konditionieren zu unterziehen.

Das Trocknen bis zum absoluten (wasserfreien) Gewicht wurde zuerst
von Talabot (1832) empfohlen und als Vergünstigung gegen den Mo-
dus des früheren Verfahrens ein Zuschlag von 10% zu dem Gewicht
der wasserfreien Ware vorgeschlagen. Sein Apparat und die Arbeitsweise
des Konditionierens verdienen des geschichtlichen Interesses halber erwähnt
zu werden. Der Trockenapparat bestand aus einer mit heisser Luft an-
gefüllten zinkenen Glocke, in welcher man einige der Partie entnommene
Seidenstränge an einer den Namen „balance directrice" führenden Wage
befestigte, bis zum wasserfreien Zustande trocknete und wog. Dann wurde
die gesamte Partie mit der „balance directrice" — an deren einem Ende ein
frischer, der vorher getrockneten Probe gleichwiegender Strang, am anderen
Ende dagegen ein Gewicht befestigt war, das dem absoluten Gewichte, zu-
züglich 10%, gleichkam — in entsprechendem Trockenraum so lange bei
35° C. unter Anwendung von heisser Luft getrocknet, bis die Wage ins
Gleichgewicht kam. Hierdurch war festgestellt, dass der Strang und somit
die Partie bis zum Handelsgewicht, d. i. dem absoluten Gewicht plus 10%
Zuschlag angetrocknet war. Nun wurde die Partie rasch gewogen und so
ihr konditioniertes Gewicht festgestellt. Versuche, die man gleichzeitig mit
dem bis dahin üblichen Konditionierverfahren und dem von Talabot angestellt hat, führten zu solchen Differenzen, dass sich das „comité consul-
tatif des arts et manufactures" genötigt sah, eine specielle Kommission zur
Prüfung des Konditionierverfahrens einzusetzen. Die Resultate dieser Versuche
waren die, dass man das bisher übliche Verfahren als unrichtig erklärte,
und die Lyoner Handelskammer wurde beauftragt, die Apparate von Talabot
überall aufzustellen; die neue Konditionieranstalt wurde 1838 in Betrieb gesetzt.
Gleichzeitig erkannte man, dass es durchaus nicht nötig ist, mit der ganzen
Partie zu operieren, sondern dass es vielmehr genügt, derselben einige Stränge

als Muster zu entnehmen und zu konditionieren. Allerdings bereitete das Entnehmen der Muster anfänglich grosse Schwierigkeiten, weil man es für unumgänglich notwendig hielt, dass jede dieser Proben genau dem Wassergehalt der gesammten Partie entsprechen müsse; es wurden sogenannte „appareils à équilibrer" konstruiert, in welchen die Feuchtigkeit einer Partie durch starken Luftzug gleichmässig in derselben verteilt wurde. Bald aber erkannte man die Unzulänglichkeit eines solchen Verfahrens, und um die Fehlergrenzen zu vermindern, wurden von neuem immer grössere Proben zur Konditionierung herangezogen, trotzdem Talabot erklärt hatte, dass mehr als 150 g nicht mit Gewissheit bis zum absoluten Gewicht gebracht werden könnten. Nach langwierigen Versuchen kam man zum Ergebnis, dass eine Differenz von $\frac{1}{2}$ % zwischen Absolutgewichtsbestimmungen zweier der Partie angehörenden Stränge innerhalb der experimentellen Fehlergrenzen liege und zulässig sei. Der nun als mafsgebend anerkannte Apparat von Talabot wurde allgemein genehmigt und insofern vervollkommnet, als die Heizung des glockenartigen Raumes durch in der Doppelwandung cirkulierenden Dampf erfolgte; die neue Vorrichtung litt indessen an dem Übelstand, dass die Trocknung ziemlich lange Zeit (etwa 5- 6 Stunden) in Anspruch nahm. Im J. 1853 wurde von Persoz die Heizung des Konditionierapparates mit heisser Luft statt mit Dampf eingeführt, die sich auf das Vollkommenste bewährte; nachdem noch von Rogeat einige Verbesserungen im Manipulieren mit dem Apparat vollzogen waren, erhielt der Konditionierapparat unter dem Namen Talabot-Persoz-Rogeat seine gegenwärtige Gestalt.

Die wesentlichen Teile eines zur Feststellung des absoluten Gewichtes dienenden Konditionierapparates sind:

1. ein im Kellergeschoss der Anstalt aufgestellter Lufterhitzungsapparat (calorifère);
2. ein Trockenkasten, in welchem der Seide die Feuchtigkeit entzogen wird, und
3. eine besonders empfindliche Wage.

Der Kalorifer, der meist mit Coaks geheizt wird und an dessen heissen Flächen sich die vorbeiströmende Luft erhitzt, liefert zwei Luftströme, einen von 120° C. und einen durch die Nutzbarmachung der verlorenen Wärme des Ofens erzeugten kühleren, dessen Bestimmung weiter unten erörtert wird. Fig. 267 ist ein senkrechter Durchschnitt eines Trockenkastens des Konditionierapparates. Ein Kalorifer versieht gewöhnlich mehrere (8 bis 12) kreisförmig angeordnete Trockenapparate, denen die Heissluft vermittelst einzelner, aus dem Ofengewölbe mündender Röhren zugeführt wird. Der Trockenkasten besteht aus einem mit einem Doppelmantel umgebenen starken Blechcylinder C, der eine Höhe von 1,15 m, einen Durchmesser von 0,40 m und einen Rauminhalt von ca. 100 l besitzt. Der heisse Luftstrom tritt durch das Rohr A in den unteren Teil B des Apparates ein und verteilt sich in 32 Röhren t, durch welche er in den eigentlichen Trockenraum *D* gelangt. Der kühlere Luftstrom wird dem Apparat durch einen das Rohr *A* umgebenden Kanal zugeführt, kommt durch den Zwischenraum der beiden Mäntel nach oberhalb eines perforierten Deckels und tritt durch die Öffnungen des letzteren in den Trockenraum *D* ein. Durch die Umschaltung der Ventilklappe *V* und Regulierung des Zutritts des kühleren Luftstroms vermittelst eines Handgriffs, dessen Bewegungen die Öffnungen des Deckels *r* auf- und abschliessen, kann die Zusammensetzung der Luftmischung im Apparat beliebig hergestellt und somit eine konstante Temperatur erreicht werden, welche je nach der Gattung der Seide erfahrungsgemäss in den Grenzen von 110—115° variieren kann. Durch Klappe *M* und Röhren *E* gelangt die Luft nach dem zum Schornstein führenden Kanal.

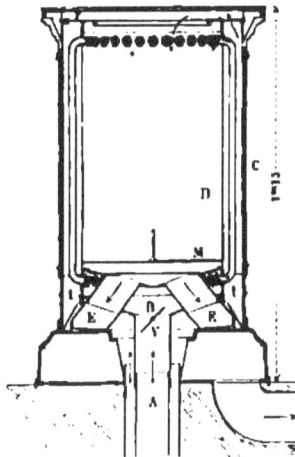

Fig. 267. Schnitt durch einen Konditionierapparat.

Die Stränge werden am Arme der Wage vermittelst eines Hakenkranzes frei schwebend befestigt, so dass sie gänzlich in der Trockenkammer hängen. Der heisse Luftstrom entzieht der Seide das Wasser und tritt mit Feuchtigkeit beladen durch die Abzugsröhren in die äussere Luft. Das Trocknen geschieht bis zum konstanten Gewicht, was ca. ¾ bis eine Stunde in Anspruch nimmt; es wird von Zeit zu Zeit kontrolliert, indem man gleichzeitig die Luftströme abschliesst. Da das Abwägen unter Abschluss der äusseren Luft geschieht, so läuft die Seide nicht Gefahr, die Feuchtigkeit wieder aufzunehmen.

Die Wärme der abziehenden Luftzüge wird in Konditionierapparaten einiger anderer Systeme, wie von Milesi der Turiner Anstalt, in der Weise

nutzbar gemacht, dass zwei Trockenkammern durch ein Röhrensystem miteinander verbunden sind und die verlorene Wärme des Konditionierens zum
Vortrocknen frischer Proben im zweiten Apparat verwendet wird. Statt
der Heizung vermittelst des Kalorifers ist in einigen Konditionieranstalten,
wie in Basel, die Gasheizung eingeführt, die den Vorteil der Einfachheit
und Sicherheit in der Manipulation bietet, sich dagegen ziemlich teuer stellt.
Zur Regulierung der Temperatur sind — meist vermittelst elektrischen
Stromes automatisch wirkende — Thermoregulatoren angebracht, die den
Zufluss von Leuchtgas vergrössern oder beschränken.

Der allgemeine Verlauf des Konditionierverfahrens ist kurz der folgende:
Die Seidenpartie wird auf einer bis 0,0001 kg empfindlichen Wage gewogen und derselben drei Stränge zu ca. 500 g, die genau abgewogen
werden, an verschiedenen Stellen der Partie entnommen. Vor dem Trocknen
im eigentlichen Apparat werden die entnommenen Proben in den sogen.
„appareils de préparation", welche aus blechernen, durch die dem Apparat
abströmende Luft geheizten Kämmerchen bestehen, vorgetrocknet, was die
Dauer des eigentlichen Konditionierens beträchtlich abkürzt. Durch Umrechnung des Verlustes beim absoluten Trocknen in Prozenten erhält man
Zahlen, die bei den zwei einer Partie entnommenen Proben nicht über
0,35% differieren dürfen; in entgegengesetztem Falle nimmt man die
Feuchtigkeitsbestimmung der dritten Probe vor.

Es wurde durch Vereinbarung festgesetzt, die Seidenfaser mit $^{11}/_{111}$
Wassergehalt als Normalhandelsware zu betrachten, woraus hervorgeht, dass
100 kg derselben aus 90,09 kg Seide und 9,91 kg Feuchtigkeit bestehen;
in der Praxis nimmt man den Wassergehalt als 10% an und bestimmt das
Handelsgewicht der konditionierten Seide dadurch, dass man zu dem absoluten Gewichte derselben den aus der Gleichung $z : 100 = 100 : 90$ hervor-
gehenden Zusatz von $z = 11,11$ per je 100 kg Absolutgewicht zuzählt.
Die letztere Zahl x, welche den Namen Toleranzzahl (taux de reprise) führt,
ist der Einfachheit halber allgemein durch 11 ersetzt worden. Das konditionierte Gewicht ist somit das absolute Gewicht, dem 11% desselben zu-
gezählt wird. Da die Seide durchschnittlich mehr als 11% Feuchtigkeit
enthält, so ergiebt sich beim Konditionieren ein Verlust, der leicht berechnet
werden kann. Nennen wir P den Prozentgehalt der Seide an Feuchtigkeit
und V% den Verlust beim Konditionieren, so ergiebt sich der letztere aus
der Gleichung $V = 1,11\,P — 11$. Bei der Toleranzzahl t und dem faktischen Gewicht einer Partie p, ist das konditionierte Gewicht, nämlich gleich

$$p\left(1 - \frac{P}{100}\right)\left(1 + \frac{t}{100}\right)$$

und demgemäss der Konditionierverlust

$$V = \frac{p\,[(100 + t)\,P — 100\,t]}{10000},$$

was bei $p = 100$ (in Prozenten ausgedrückt) sich in

$$V = \left(\frac{(100 + t)\,P}{100} - t\right)\,{}^0/_0$$

verwandelt. Bei der Toleranzzahl $t = 11$ ist demnach $V = (1,11\,P - 11)\,{}^0/_0$; damit $V = 0$ wird, d. i. in einer Normalhandelsware, die nichts verlieren soll, muss $P = 1100 : 111 = 9,91\,{}^0/_0$ sein, wie bereits ausgeführt worden ist.

Bei einem Wassergehalt von $9\,{}^0/_0$ beträgt der Verlust beim Konditionieren minus 1,01; der Handelswert der Partie ist somit grösser, als ihr faktisches Gewicht; bei einem Feuchtigkeitsgehalt von $15\,{}^0/_0$ ist der Verlust 5,65. Durchschnittlich enthält die Seide $11-12\,{}^0/_0$ Wasser und der Konditionierverlust schwankt in den Grenzen von 1,5 bis $2,5\,{}^0/_0$ des faktischen Gewichtes. Infolge der geringeren Hygroskopizität und des somit kleineren Konditionierverlustes ist es billig, dass auch die eventuelle Toleranzzahl bei der abgekochten Seide weniger als $11\,{}^0/_0$ betrage; auf Grund praktischer Versuche ist dieselbe auf durchschnittlich 9,25 festgesetzt worden [1]). Der Konditionierverlust ist im allgemeinen aus leicht verständlichen Gründen im Sommer kleiner, als während der nassen Witterung. Nachstehende Zahlen zeigen die Durchschnittsverluste beim Konditionieren in verschiedenen Monaten:

Januar	1,66	Februar	1,66
März	1,54	April	1,38
Mai	1,20	Juni	1,12
Juli	1,25	August	1,15
September	1,06	Oktober	1,48
November	1,76	Dezember	1,69

Es scheint auch, dass die Methode des Haspelns, sowie die Art der Zwirnung die hygroskopischen Eigenschaften der Seide beeinflussen; der durchschnittliche Verlust des Organsins beträgt $1,65\,{}^0/_0$, bei der Trame $2,421\,{}^0/_0$ und bei der Grège $1,885\,{}^0/_0$. Nachstehende Tabelle zeigt einen Vergleich zwischen dem Feuchtigkeitsabsorptionsvermögen der rohen und der entbasteten Seidenfaser bei gegebenen gleichen Atmosphäreverhältnissen.

Temperatur	Hygrometer	roh	entbastet
10°	67	10,33 $\,{}^0/_0$	8,86 $\,{}^0/_0$
10°	87	11,61 „	10,95 „
15°	59	9,25 „	7,87 „
15°	84	11,37 „	10,40 „
22°	53	8,17 „	6,94 „
22°	60	8,93 „	7,72 „
22°	67	9,48 „	7,96 „

Die statistischen Daten des Konditionierens sind sowohl für den Handelsverkehr des gegebenen Industrieplatzes, wie auch für die Art und Her-

---

[1]) Persoz, Le conditionnement de la soie.

kunft der zur Fabrikation herangezogenen Seiden bezeichnend, und erscheinen die Berichte darüber ebenso regelmässig, wie die Marktausweise. In allen wichtigeren Centren des Seidenhandels und der Industrie sind öffentliche Konditionieranstalten errichtet worden, die sich ausser der Feststellung des Handelsgewichts der zum Verkehr gelangenden Seidenpartien noch zuweilen damit befassen, die Titer-, Festigkeits- und Elastizitätsverhältnisse der Faser, sowie ihren Verlust beim Entschälen festzustellen. In Frankreich giebt es gegenwärtig 15, in Italien 20 Konditionieranstalten, Deutschland besitzt deren 4, in Crefeld (seit 1843), Elberfeld (1844) und in kleinerem Mafsstabe in Augsburg und Berlin (1892). Nachfolgende Tabellen gewähren einen Einblick in die Verkehrsverhältnisse der wichtigeren Sitze der Seidenindustrie, sowie in die zur Verarbeitung gelangenden Arten der Seidengespinste. Der Gebrauch des Konditionierens bürgert sich nicht nur für Seide, sondern auch schon für Wolle und verwandte Gespinstfasern mit jedem Tage mehr ein und ist heutzutage nicht nur für die echte, sondern auch für die Abfallseide und Tussah gebräuchlich.

Die Entwickelung der z. Zt. wichtigsten Konditionieranstalt zu Lyon zeigt folgende Tabelle; es wurden konditioniert (kg):

1807	. . .	362557		1875	. . .	4477521
1824	. . .	634702		1880	. . .	4652535
1844	. . .	1361889		1886	. . .	5111424
1862	. . .	3515634		1890	. . .	4407236
1870	. . .	2224877		1892	. . .	6022402

Folgende Zusammenstellung zeigt das Verhältnis der Seiden verschiedener Provenienz der Lyoner Kondition:

	Total kg	Frankreich %	Italien %	Spanien %	Levante %	Brussa %	Bengal %	China %	Japan %
1861	2533652	32,62	17,03	—	4,93	9,29	8,50	27,63	
1866	2499741	31,29	25,67	—	4,64	4,64	8,69	11,02	14,05
1871	2880286	37,01	28,44	—	3,58	2,50	3,49	16,99	7,99
1876	5675208	19,81	20,83	1,96	2,71	3,12	3,92	33,26	14,39
1881	5348035	16,97	25,79	2,31	2,22	2,16	2,05	32,94	15,56
1886	5047565	13,12	25,40	1,03	3,77	2,97	2,08	37,33	14,29
1891	5013512	12,72	17,34	0,84	5,47	4,02	6,52	31,90	21,19

Den Mengen nach (kg):

	1888	1894
Japan	1048374	1371840
Italien	893549	627276
China	890253	952054
Kanton	821420	1043469
Übertrag	3653596	3994639

		1888	1894
	Ubertrag	3653596	3994639
Frankreich	. . . .	656610	637084
Piemont	. . . .	196314	133413
Syrien	. . . . .	195234	250937
Tussah	. . . . .	163822	396074
Brussa	. . . . .	129225	272490
Bengal	. . . . .	79726	66254
Spanien	. . . . .	53489	35033
Diverse	. . . . .	55504	—
	Total	5183520	5785924

Der Gespinstart nach wurde konditioniert (1891):

$$
\begin{aligned}
&\text{Organsin} &&1029156 \text{ kg}\\
&\text{Trame} &&686823 \text{ „}\\
&\text{Grège} &&3297533 \text{ „}
\end{aligned}
$$

Die schweizerischen Konditionieranstalten registrierten 1890:

Organsin	europ. Herkunft	285493 kg		Total	
	asiat. „	38816 „			
Trame	europ. „	101736 „	europ. Herkunft	423224 kg	
	asiat. „	296843 „	asiat. „	767077 „	
Grège	europ. „	35995 „	Im ganzen 1190301 kg		
	asiat. „	340418 „			

Die Züricher Anstalt wog:

	1888	1889	1890	1891
Organsin	353934	384195	324309	359907 kg
Trame	406283	408248	398579	402832 „
Grège	392375	446282	376413	417628 „

Davon wurden konditioniert:
Im ganzen   871115   937730   846254   912835 „

Je nach der Provenienz verteilen sich die in der Züricher Kondition (1891) geprüften Seiden folgendermafsen (kg):

	Organsin	Trame	Grège	Total
Frankreich	1417	111	82	1640
Italien	324838	113838	45863	484539
China weiss	21215	105960	179622	306747
„ gelb	43	25394	34605	60012
Tussah	1988	3212	9152	14352
Japan	9359	151662	147904	308925
Diverse	1047	1665	490	3142
	359907	401842	417718	1179357

Der Herkunft nach (1894):

Italien	463350
Japan	402825
China weiss	244905
China gelb	61494
Levante, Kanton	40741
Tussah	33375
Frankreich	3420
	1250110

Die deutschen Konditionieranstalten weisen in den letzten Jahren folgenden Verkehr auf. Elberfeld konditionierte:

		1890		1891	
Italien	Organsin	139365	kg	167677	kg
„	Trame	13339	„	14621	„
„	Grège	50804	„	72690	„
China	Organsin	27702	„	24635	„
„	Trame	23838	„	20297	„
Bengal	Organsin	2878	„	738	„
„	Trame	4878	„	4491	„
Japan	Organsin	3340	„	4590	„
„	Trame	21800	„	18523	„
		287944	kg	326262	kg

gegen:

	Italien	China	Bengal	Japan	Total
1894	301517	62790	7866	27842	400015
1889	276519	54364	7607	41571	380061
1888	213855	43563	8575	28765	294759
1887	172854	53953	5145	26799	258721
1886	164987	58224	7954	25914	257079
1885	132378	45261	16433	17810	211882

Crefeld konditionierte (kg):

	1891	1890	1889
Lombardei	314603	296247	470835
Piemont	53182	52400	66193
Frankreich	5161	3870	6429
Spanien	1058	1308	733
China	49579	61041	63446
Japan	38955	32504	58771
Bengal	6085	21985	10941
Syrien	25	1810	2895
Grège	78256	85955	95223
Diverse	638	838	1186
	547542	557959	776652

davon:

Organsin	357855	365830	514723
Trame	111431	106174	166707
Grège	78256	85955	95222

Die Entwickelung des Gesamtverkehrs in den europäischen Konditionieranstalten ergiebt sich aus folgender Tabelle[1]):

	Europa	Lyon	Mailand
1881	15858962	5421654	3665180
1885	13331105	4439064	3614995
1887	14251869	4817597	3830250
1889	18107575	5879253	5182880
1892	19012277	6022402	5918795

Nach den einzelnen Konditionen:

	Durchschnitt 1880—87	1888	1892	1894
Lyon	4500000	5183520	6022402	5839648
St.-Étienne		1319518	1289801	1150015
Aubenas			178627	167088
Avignon			181982	140990
Nîmes			3195	1917
Privas	2000000	—	38339	30900
Paris			259346	269290
Marseille			140766	67898
St.-Chamond . . .			226938	192201
Crefeld	550000	581525	658585	652223
Elberfeld	200000	296349	432683	400015
Zürich	1650000	1697446	1280301	1250158
Basel			706442	636427
Wien	—	—	213558	271248
Turin	600000	617839	658096	559932
Mailand	3500000	4538305	5918795	5775270
Bergamo			154827	156680
Lecco			187210	205405
Como			189968	182346
Florenz			63826	28282
Udine	900000	—	88563	83925
Ancona			10330	7705
Pesaro			1756	1995
Lucca			44558	2735
Genua			2542	7079
London	—	—	47094	36492
	13900000	14234502	18802530	18117864

---

[1]) Associazione dell' Industria e del Commercio delle sete in Italia. Milano 1892.

In der Campagne 1894/95 belief sich der Umsatz europäischer Konditionen auf 19330000 kg.

* *

Ausser dem Konditionieren wird die Seide noch einer Prüfung unterworfen, welche für ihre weitere Verarbeitung von grösster Bedeutung ist; es ist dies die Bestimmung der Faserfeinheit, die für den Handelswert der Seide einer der mafsgebendsten Faktoren ist. Begreiflicherweise hängt die Fadenfeinheit der Grège sowohl von der Anzahl der Kokonfäden, wie von der individuellen Feinheit der letzteren ab. Was die Feinheit, resp. den Durchmesser der Kokonfäden anbetrifft, so hängen sie von der Rasse und Herkunft derselben ab und schwanken demgemäss innerhalb ziemlich weiter Grenzen. Es ist öfters behauptet worden, dass der geringere Durchmesser des Kokonfadens, resp. die grössere Feinheit der Seidenfaser, auf die Ausartung der Rasse hindeutet; diese von Hutton geäusserte Ansicht findet ihre Bestätigung bei einigen Bombyxarten, deren Seide feiner ist, als die des B. mori und bei denen andererseits die Degenerierung mit Gewissheit festgestellt worden ist[1]). Wie schon oben erörtert wurde, spinnt die Seidenraupe durchaus keinen gleichmässig dicken Faden. In den nachstehenden Tabellen, in denen die Feinheit der Kokonfäden (im nachfolgenden stets als Seidenfaser bezeichnet) verschiedener Provenienz dargestellt ist, wird als solche der grösste in der Mikrometerskala wahrnehmbare Durchmesser betrachtet.

Herkunft und Rasse	Feinheit in $\mu = 0,001$ mm	Titer 500 m	
		g	deniers
Italien, weisse Rassen			
originell (Bione)	27,4	0,113	2,13
Novi (Piemont)	31,6	0,134	2,52
Mailand (Mailand)	30,2	0,138	2,59
China „	31,7	0,171	3,22
gelbe Rassen			
Ascoli (Bergamo)	26,8	0,195	3,67
Klein Mailand (Mailand) . .	31,9	0,160	3,01
Carpinose (Toscana)	31,4	0,159	3,00
Pestellina „ . . .	31,6	0,147	2,77
Sardinien-Italien (Toscana) .	30,3	0,159	3,00
Korsika-Italien „ .	32,6	0,159	3,00
Italien (Messina)	30,2	0,128	2,41

[1]) Journ. of the Agric. and Hortic. Soc. of India, 1859, XI. 21.

Herkunft und Rasse	Feinheit in $\mu = 0,001$ mm	Titer 500 m	
		g	deniers
grüne Rassen			
Japan (Ligurien)	27,9	0,148	2,78
Frankreich, gelbe Rassen			
Cévennes (Gard)	23,7	0,131	2,46
Gross-Var (Var)	31,9	0,168	3,17
Mittel-Var „	30,6	0,185	3,49
Klein-Var „	29,2	0.138	2,59
Bione-Var (Drôme)	31,9	0,130	2,45
Alpen (Alpes mar.)	29,9	0,140	2,63
weisse Rassen			
Sina (Gard)	31,7	0,116	2,18
Valleraugue (Gard)	32,2	0,135	2,54
Var pâle (Var)	30,6	0,142	2,68
Var	27,5	0,124	2,33
Spanien, gelbe Rassen			
Ronda (Murzien)	31,8	0,146	2,74
Korsika (Valenzia)	31,8	0,141	2,65
weisse Rassen			
Granada (Valenzia)	31,7	0,151	2,84
Schweiz,			
gelb Italien (Grisons) . . .	31,7	0,165	3,10
grün Japan „ . . .	29,9	0,158	2,97
weiss Japan „ . . .	28,9	0,124	2,33
Bulgarien,			
weiss einheimisch	30,0	0,121	2,22
Griechenland, gelbe Rassen			
Vitalis (Andros)	31,4	0.126	2,37
Andros	26,1	0,106	2,00
weisse Rassen			
Kalamata	29,8	0,127	2,39
Türkei,			
gelb Syrien	30,9	0,142	2,67
grün Japan (Syrien)	27,1	0,152	2,86
weiss Bagdad (Brussa) . . .	31,6	0,148	2,78

Herkunft und Rasse	Feinheit in $\mu = 0,001$ mm	Titer 500 m	
		g	deniers
Russland (Kaukasus),			
gelb Talisch (Baku)	27,9	0,134	2,52
Persien (Ghilan),			
gelbe Rasse	27,1	0,098	1,84
weisse „	28,3	0,114	2,14
Indien,			
gelb od. weiss, B.arrac.(Burmah)	22,9	0,135	2,54
gelb, B. Croesi (Birbhum) . .	—	1,50	2,82
„ „ (Serampore) .	—	1,36	2,36
grün, Japan (Pendschab) . .	—	1,50	2,82
grünl.-weiss, B. merid. (Coimbatore und Cuddapah) . . .	19,5	—	—
weiss, B. Croesi (Serampore) .	—	1,20	2,26
China, weisse Rassen			
Péh-pi-tsan (Tschékiang) . .	24,8	0,099	1,86
Lun-yui (Kuangtung) . . .	20,7	0,147	2,76
Shantung	26,5	0,136	2,56
gelbe Rassen			
Kintsan (Tschékiang)	28,7	0,131 .	2,47
Hoang-kiao-tsan (Tschékiang) .	25,4	0,110	2,07
Shantung	24,8	0,090	1,69
Japan, grüne Rassen			
Kiu-sei (Shinano)	28,7	0,172	3,23
Kinai-san „	27,9	0,156	2,93
weisse Rassen			
Aka-schiku (Iwashiro) . . .	28,4	0,206	3,87
Ao-schiku „ . . .	29,7	0,187	3,50
Oni-timi-zumi „ . . .	26,4	0,180	3,39
Ko-ishi-maru (Shinano) . . .	25,6	0,165	3,10
Mata-mukashi „ . . .	25,6	0,106	2,00
Fime-san „ . . .	26,5	0,155	2,91
Ni-kua-san (Kodzuke) . . .	25,9	0,123	2,31
Shi-kua-san „ . . .	26,4	0,174	3,27
Kotschinchina,			
gelbe Rasse	22,2	0,111	2,09
Kambodscha,			
gelbe Rasse	21,1	0,095	1,78
weisse „	18,4	0,086	1,62

Herkunft und Rasse	Feinheit in μ = 0,001 mm	Titer 500 m	
		g	deniers
Tonkin, gelbe Rasse	28,0	0,114	2,14
Marokko, einheimisch	26,8	0,152	2,86

Aus obiger Tabelle lässt sich ersehen, dass der Titer dem Durchmesser der Faser nicht proportional, oder, was gleichbedeutend ist, dass das specifische Gewicht der Seide von Rasse zu Rasse variiert, eine Thatsache, von welcher später noch die Rede sein wird.

Was die Feinheit der wilden Seiden anbelangt, so sind die hierfür aufgestellten Werte so verschieden voneinander, dass es thatsächlich wünschenswert wäre, auf diesem Gebiete neue Prüfungen anzustellen. Die Differenzen haben einerseits ihren Ursprung in der Unregelmässigkeit der wilden Seidenfaser und in dem Umstand, dass zur Prüfung die Fasern aus verschiedenen Schichten des Kokons ohne Unterschied verwendet worden sind, andererseits in verschiedenen Einweichungs- und Haspelverfahren, wodurch der Kokonfaden mehr oder weniger von der Basthülle verlieren kann. Nachstehend sind die Feinheitszahlen für Seidenfasern einiger wichtigeren Seidenarten in $^1/_{1000}$ mm (μ) ausgedrückt, zusammengestellt.

	(Perez de Nueros)	(Wardle)
Wilde Maulberseide . . .	20	—
Bombyx Textor	15	20,3
„ Sinensis	12	—
„ fortunatus	12	—
„ Croesi	11	—
Theophila Huttoni	25	—
„ mandarina . . .	—	25
Rondotia menciana	—	18,1
Yamamayseide	42	45,8
Indische Tussah	54	68,7
Anth. Frithii	—	70,0
Chinesische Tussah	49	68
Moongaseide	55	64,5
Anth. Perrotteti	43	—
Actias selene	66	48,5
Aylanthusseide	32	44,3
Eriaseide	37	34,7
Fagaraseide	16	44,6

	(Perez de Nueros)	(Wardle)
Attacus aurota	40	- -
„ hesperus	30	—
„ orbiguyanus	43	—
Samia cecropia	32	—
Telea polyphemus	29	—
Cricula trifenestrata	—	61,2
Philosamia Walkeri	—	36,2
Pachyposa Otos	—	17,1
Caligula japonica	—	15,4

Wie schon angedeutet, ist die Feinheit der Seidenfaser ein wichtiges Merkmal derselben; in einem bestimmten Gewicht des Seidenfadens sind, je nachdem seine Feinheit grösser oder kleiner ist, mehr oder weniger Längeneinheiten enthalten, was für die Weberei von grösster Bedeutung ist, da es nur auf Grund der Titerzahlen möglich ist, die Kalkulation auszuführen. Es geht daraus hervor, dass die im Verkehr vorkommenden Seidengespinste Angaben über die Dicke bezw. den Titer des Seidenfadens enthalten müssen. Wie aber bei der einzelnen Seidenfaser nur das mikrometrische Messen eine genügend exakte Feststellung ihres Durchmessers ermöglicht, so ist ein direktes Messen bei der Grège und in verstärktem Mafse bei mulinierten Seiden nicht nur zwecklos, sondern aus technischen Gründen geradezu unausführbar. Da man andererseits das specifische Gewicht eines und desselben Seidenfadens und seinen Durchmesser als ziemlich konstant annehmen darf, so kann die Bestimmung der Feinheit durch Wiegen bestimmter Längen ersetzt werden. Diese Feststellung des Gewichtes einer durch Vereinbarung festgesetzten Fadenlänge des Seidenfadens wird als Titrieren (titrage) bezeichnet.

Das Titrieren der Seide wurde früher durch Private und Kaufleute ausgeübt, die der Gewissenhaftigkeit mehr oder weniger Rechnung trugen. Im Jahr 1812 wurde von Fabris in Mailand ein Nemometer benannter Apparat konstruiert, der den Faserdurchmesser mit ziemlicher Genauigkeit angab. Im J. 1858 ist bei der Lyoner Konditionieranstalt das Titrieren zuerst offiziell anerkannt und alsbald als wichtiges Moment bei der Prüfung der Seide überall eingeführt worden. Da ein einheitliches Mafssystem zur Zeit nicht existierte, so entstanden in den Titrieranstalten einzelner Länder und Städte verschiedene Titriersysteme. Nach den Beschlüssen des in Brüssel 1877 abgehaltenen internationalen Kongresses zur Herbeiführung einheitlicher Garnnumerierung, soll die Feinheit der Seidengarne nach dem Decimalsystem ausgedrückt werden. Indessen werden im Betriebe und im Handel noch vielfach die früher gebräuchlichen Titer verwendet, so dass eine genaue Besprechung verschiedener Titriersysteme notwendig erscheint.

Das ursprüngliche Titrierverfahren bestand darin, dass man einen Faden von 9600 Pariser Ellen (Aune = 118,85 cm) abhaspelte und mit Deniers,

deren 384 auf das alte französische Pfund (livre de Montpellier = 489,5 g)
gingen, wog. Zur Bezeichnung der Fadenfeinheit gab man also an,
wieviel Deniers einer Fadenlänge von 9600 Aunes entsprachen. Später vereinfachte man das Verfahren, indem man nur $1/24$ der obigen
Fadenlänge, also 400 Aunes = 476 m und zwar mit dem $1/24$ Teil des
früheren Gewichtes Denier, dem Gran (grain) wog; das Verhältnis ist demnach das gleiche geblieben, nur behielt man den Ausdruck „denier" als
Bezeichnung des Titers statt „Grain" bei. Da aber das Gran in verschiedenen Ländern verschieden gross war (Frankreich 0,05311 g, Piemont
0,05336, Lombardei 0,05110 u. s. w.), während die Fadenlänge überall dieselbe geblieben ist, so ergaben sich schon damals verschiedene Systeme.
Nach der Einführung der metrischen Einheiten wurde dieses System insofern abgeändert, als man statt der 400 Ellen die äquivalente Länge von
476 m (475,378 m) verwendete; es resultierte daraus das sogenannte alte
französische System, das noch heutzutage mancherorts üblich ist. Der alte
Turiner Titer entsprach dem Gewichte von 476 m in Deniers von 0,05336 g.
Unter den Titern neueren Datums sind zu erwähnen: der neufranzösische
(seit 1856), der einer Fadenlänge von 500 m und Gewichtseinheit von
0,05311 g entspricht; der neuitalienische mit 450 m und einem Denier von
0,05 g (in Mailand und Turin seit 1861); der schweizerische mit 450 m
und einem Denier von 0,053, später 0,05 g; in Deutschland waren für
lombardische Seiden die Längen von 476 m und das Mailändische Denier
von 0,051 g, für die Piemonteser Gespinste dagegen die Turiner Deniers
von 0,05336 g gebräuchlich, so dass bis 1875 auf dem Kontinent drei
Titrierungsmethoden bestanden. Auf Anregungen, die während der Wiener
Ausstellung (1873) gegeben wurden, hat eine Vereinbarung der Seiden-
interessenten stattgefunden, die zur Basis des Seidentiters das metrische
Decimalsystem wählte. Nach dem Brüsseler Beschluss soll der Seidentiter
durch die Zahl ausgedrückt werden, welche das Gewicht einer Längeneinheit
von 500 m in Halbdecigrammen ausgedrückt, angiebt. Da die anderen
Gespinstfasern als Längeneinheit 1000 m und als Gewichtseinheit 1000 g
benutzen, so würde No. 1 des Seidentiters der No. 10000 und die No. 20
der No. 200000 der anderen Gespinste entsprochen haben. Man hat hiervon aber zum grössten Teil wieder Abstand nehmen zu müssen geglaubt,
weil die Handelsgebräuche der das Seidengewerbe treibenden Länder, von
jeher als Skala der Numerierung, das veränderliche Gewicht einer konstanten
Fadenlänge angenommen haben. Daher zählen die Seidenindustriellen noch
nach den verschiedenen alten Titern, während viele Haspelanstalten bereits
den internationalen Decimaltiter eingeführt haben.

Man kommt deswegen öfters in die Lage, die in einem System aus-
gedrückten Titerwerte in die eines anderen Systems umwandeln zu müssen.
Bezeichnen wir mit t den Titer, welcher in der Längeneinheit l und denier
d ausgedrückt ist, so wird derselbe nach einem anderen System, in welchem

die Längeneinheit l' und ein denier d' zur Anwendung kommen, aus der Formel

$$t' = t \cdot \frac{d\,l'}{d'\,l}$$

zu berechnen sein. Um z. B. die neuitalienische Titerzahl 46 den. nach dem neufranzösischen System auszudrücken, haben wir

$$x = 46 \cdot \frac{0{,}05 \cdot 500}{0{,}05311 \cdot 450}$$

oder $x = 48{,}1$ den.

Der relative Wert verschiedener Titer ist durch folgende Vergleichstabelle ausgedrückt:

Alt-französisch	1,0000
Neu- „	0,9520
Alt-italienisch	0,9956
Neu- „	1,0046
Schweizerisch	1,0580
Decimaltiter	1,1162

In Amerika wird der Titer der gezwirnten Seide pro 1000 Yards Fadenlänge in drams (1,77 g) angegeben.

Der Decimaltiter, der der Einfachheit halber der vorteilhafteste ist, hat bis jetzt nicht die gebührende Beachtung gefunden; es scheint indessen, dass er ebenso, wie dies mit dem allgemeinen Decimalsystem geschah, in absehbarer Zeit die jetzt üblichen Titer verdrängen und allerorts als der einzig mafsgebende angenommen werden wird.

Nachstehende Tafel dient zur Konversion verschiedener Titerwerte untereinander.

Titer von 500 m in cg	Titer von 500 m in deniers von 5 cg	Titer von 500 m in deniers von 5,31 cg	Titer von 476 m in deniers von 5,31 cg	Titer von 450 m in cg	Titer von 450 m in deniers von 5 cg
100	20	18,8324	17,9284	90	18
200	40	37,6648	35,8568	180	36
300	60	56,4972	53,7852	270	54
400	80	75,3296	71,7136	360	72
500	100	94,1620	89,6420	450	90
600	120	112,9944	107,5704	540	108
700	140	131,8268	125,4988	630	126
800	160	150,6592	143,4272	720	144
900	180	169,4916	161,3556	810	162

Um mit Hilfe dieser Tabelle eine beliebige Titerzahl, z. B. 326,7 cg in entsprechenden anderen Titer umzuwandeln, stellt man folgende Rechnung auf:

cg	Decimal-deniers	Nenfranzösi-sche deniers	Altfranzösi-sche deniers	cg	Neuitalieni-sche deniers
300	60	56,4972	53,7852	270	54
20	4	3,7665	3,5857	18	3,6
6	1,2	1,1299	1,0757	5,4	1,08
0,7	0,14	0,1318	0,1255	0,63	0,13
326,7	65,34	61,5254	58,5721	294,03	58,81

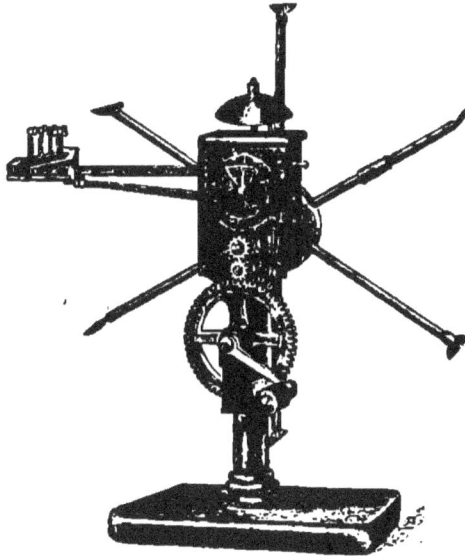

Fig. 265 Titrierhaspel.

Was nun die Art und Weise des Verfahrens beim Titrieren der Seiden-gespinste betrifft, so werden aus einigen beliebig gewählten Strängen auf eigens dazu konstruierten Haspeln 500 resp. 450 oder 476 m abge-messen und dann sorgfältig gewogen. Es werden gewöhnlich 20 Ver-suche gemacht und wird der Durchschnittswert als maßgebend betrachtet.

Das Titrieren grösserer Mengen der Seidengespinste bewirkt der Apparat von Honegger[1]), der aus einer Anzahl gleicher Zeigerwagen ohne Skala besteht, die in einem cylindrischen Gehäuse untergebracht sind. Das Ge-

[1]) Dinglers polyt. Journal, 209, S. 247.

häuse wird von einer senkrechten Welle getragen und erhält eine langsame
rotierende Bewegung. Jede Wage wird von einer automatischen Zuführungs-
vorrichtung berührt und kommt bald in den
Gleichgewichtszustand. Ein Probestrang hat
z. B. einen Titer 30, der Wagebalken kommt
in eine Stellung, die dieser Zahl entspricht
und trifft einen Abstosser, der den Strang
auf eine Stange wirft. 22 derartige Abstosser und Stäbe sind für die Titer 18, 20,
22 etc. bis 62 vorhanden. Der 23. Abstosser
wirft alle schwereren Stäbe auf einen besonderen, letzten Stab. Der Apparat kann
auch zur Feststellung des Titers von 64 bis
124 benutzt werden, wenn man Probesträhne
von halber Länge haspelt.

Nachstehend sind die Grenzenwerte angegeben, innerhalb deren sich die Titer der
gebräuchlicheren Seidengespinste zu bewegen pflegen.

Fig. 269.   Titrierwage.

Grège	. . . . .	9—30 den.	Trame, feinster Titer:	
Grège duppion	. . .	30—46 „	Italien (Mailand) 2 fach	20/22 den.
Organsin, feinster Titer:			„ „ 3 fach	36/40 „
Italien	. . . . .	12/14 „	China 2 fach	30/32 „
China	. . . . .	30/32 „	Kanton „	36/40 „
Japan	. . . . .	20/22 „	Japan „	26/30 „
Bengal	. . . . .	20/24 „	„ 3 fach . . .	40/45 „
Trame	. . . . .	20—68 „	Bengal 2 fach . . .	30/32 „
Trame duppion	. .	78—108 „	„ 3 fach . . .	40/50 „
			Tussah	98—285 „

Unter dem konditionierten Titer, welcher eigentlich der einzig rationelle
ist, versteht man den Titer, der auf das normale, d. i. konditionierte Gewicht des Seidenfadens zurückgeführt ist. Er wird in der Weise festgestellt, dass, nachdem gemessene Fadenlängen bis zum absoluten Gewicht
getrocknet worden sind, das erhaltene Gewicht unter Zuschlag von 11%
in den üblichen Deniers ausgedrückt wird.

Es ist begreiflich, dass bei der Titerfeststellung grösserer Seidenpartien
sich notwendigerweise Differenzen ergeben müssen, welche als Titergrenzen
(maxima und minima) angegeben werden, wie z. B. 20/22 den., 35/40 den.,
35/45 den. u. s. w., deren Grösse um so beträchtlicher ist, je ungleich-
mässiger das Gespinst der einzelnen Stränge, d. i., je geringer die Qualität
ist. In noch grösserem Mafse, als im einzelnen Strang, tritt dieser Übelstand bei den verschiedenen Strängen eines Ballens hervor. Wir haben
weiter oben einige Apparate vorgeführt, welche die Prüfung des Seiden-

fadens in dieser Hinsicht mit grosser Genauigkeit ausführen. Dieselben
lassen sich jedoch in der Praxis aus naheliegenden Gründen nicht immer
verwenden, da man, um einigermafsen zuverlässige Durchschnittszahlen zu
erhalten, eine unzählige Menge Versuche anstellen müsste. Man hat daher
stets eine Konstruktion solcher Apparate angestrebt, welche die Titrierung
schnell und selbstthätig besorgen. In der Maschine von Honegger (1867),
wurde jedes Fadenende gewissermafsen durch einen äusserst feinfühligen
Finger betastet; sobald ein Unterschied des Durchmessers auf den Fühler
wirkte, übertrug ein Fadenführer, womit der letztere in Verbindung stand,
den Faden auf die Spule des korrespondierenden Titers. Dieser Apparat
fand trotz seiner sinnreichen Konstruktion keine Verbreitung, offenbar, weil
er zu unproduktiv war (es entstand dabei zu viel Abgang, besonders beim
Wiederabspulen der mit der untersuchten Seide gefüllten Bobinen), sowie
auch, weil die Kosten einer derartigen Einrichtung sehr hoch waren.

Bei den weniger regelmässigen Gespinsten wird die eigentliche Titrierung
gar nicht vorgenommen, sondern die Stränge werden in bestimmter Tourenzahl auf Haspel von bekanntem Umfang aufgewunden (gewöhnlich mit 2000
Touren = 1000 m), wodurch jeder Strang eine bestimmte Länge erhält,
und dann einzeln gewogen, um sie sortieren, d. i. genau nach ihrem Gewicht gruppieren zu können. Die so zubereiteten Gespinste werden als
„à tours comptés" bezeichnet und kommen ohne Bezeichnung der Titerzahl
in den Handel. Das Wiegen wird gewöhnlich mit der Hand besorgt; mit
der gebräuchlichen Hakenwage kann eine Arbeiterin ca. 7—9 Stränge pro
Minute abwiegen. Die Übelstände bei dieser Arbeit sind die folgenden:
die Achse, um welche sich die Wage dreht, verursacht bald ein Auslaufen
der Lagerung infolge der Abnutzung, wodurch die Wage nicht mehr genau
funktionieren kann; ferner beachtet die Arbeiterin, gezwungen sich zu be-
eilen, nicht immer den wichtigen Moment des Stillstandes oder des Gleich-
gewichts des hin und her schwingenden Hakens und hält den Zeiger selbst
an, wodurch falsche Resultate erzielt werden. Schliesslich täuscht sie
sich zuweilen, indem sie die gewogenen Stränge nicht zu den richtigen, mit
Nummern versehenen Abteilungen hängt. Diese Übelstände veranlassten
Gottelmann, die Handarbeit nach analogem Prinzip, wie Honegger (S.502)
durch eine automatische Titrierwage zu ersetzen. Das Gestell des Apparates
trägt in einer horizontalen Reihe 25 parallel neben einander stehende Wagen.
Jede Wage A ist mit einem Gewicht B versehen, das am Hebel, dem Titer
gemäss, verstellt werden kann; die zum Abwiegen benutzten Gewichte
variieren von zwei zu zwei Deniers. Am zweiten Ende eines jeden Wagen-
balkens A ist zwecks Aufnahme des Stranges eine Sattelschleife angebracht,
die, falls sich die Wage auf diese Seite senkt — durch den Zug einer auf
den Arm C geschraubten Leiste D veranlasst — sich um ihre Achse dreht,
um den betreffenden Strang herabgleiten und auf einen unterhalb befindlichen
Messerhebel fallen zu lassen. Der letztere bewegt sich rückwärts und hängt
den Strang an den korrespondierenden Haken G, der an der Innenseite des

Gestelle angebracht ist. In Fig. 273 ist A die Wage, B ein mittels Schraube zu befestigendes Gewicht, C ein Arm, um die Drehung des Sattels K zu bethätigen, D die aufgeschraubte Leiste, auf welche der Arm C einwirkt,

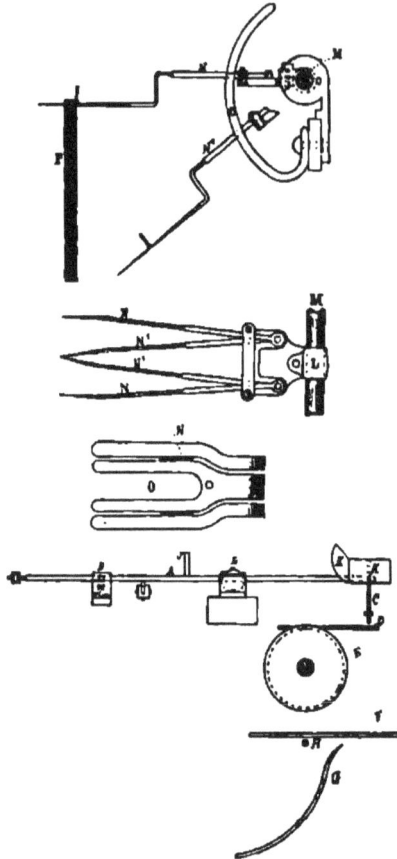

Fig. 270—273. Automatische Titrierwage (Gottelmann).

wenn die Wage, durch das Gewicht des Stranges veranlasst, sich senkt, und zurückweichend C mitnimmt, um K zu drehen; E Schwung- und Gleitrolle der Leiste D; F ein hin und her gehender Messerhebel, der den

Strang aufnimmt, wenn sich der Sattel K dreht, H ein Eisenstab als Stütz-
punkt für den Messerhebel, wenn er zurückgeht, um den Strang auf den
Haken G fallen zu lassen, J Leiste, welche, um das Wiegen zu ermöglichen, sich hebt, sobald der Strang auf die Wage gelegt ist, L Leisten-
support des Wagenhebels und K ein Sattel, worauf der Strang gehängt wird.
In den Fig. 270—72 ist L Lager der Welle M, der Gabel N und des Führers
O; M liegende Längswelle mit einer Hin- und Her-, Auf- und Abbewegung;
N Gabel im Führer, bereit, eine Flotte auf die Wage zu legen; N' geschlos-
sene Gabel nach dem Auflegen des Strängchens auf die Wage; O Führer zum
Öffnen und Schliessen der Gabel und P der Probestrang.   Den 25 Wagen
gegenüber befinden sich ebensoviele gabelförmige Strangträger N, welche
in gleicher Distanz zweier benachbarter Wagen mit einer Doppel-Horizontal-
und einer schwingenden Auf- und Abbewegung versehen sind.   Diese Bewegungen werden den Gabeln durch eine liegende Welle M mitgeteilt, welche
in den Lagern L von links nach rechts und umgekehrt gleitet und, während
der Zwischenzeit der seitlichen Übertragung, eine Vor- und Rückwärtsbe-
wegung ausführt. Zu bemerken ist noch, dass während der vertikalen Auf- und
Abbewegung die Gabeln in ihren Lagern zusammengefügt zwischen den
Führern O gleiten, wodurch sie auf der inneren Seite zusammengezogen,
aufwärts dagegen auseinander gebreitet werden. Auf diese Weise öffnet
jede Gabel das gehobene Strängchen, nimmt dasselbe leicht auf und
hält es sicher, bis seine Übertragung auf die gegenüberliegende Wage erfolgt ist. Sobald dies geschehen ist, wird die Gabel, immer noch geöffnet,
niederbewegt, um das nämliche Strängchen auf den gegenüber angebrachten
Sattel zu hängen; dann gelangt die Wage zu dem zusammengezogenen
Teil des Führers, der dieselbe schliesst und sie auf diese Weise veranlasst,
sich freizumachen, bevor sie ihre Arbeit von neuem beginnt. Die Arbeiterin
hat einfach die Stränge, einen nach dem anderen, beim Eingang des Apparates aufzulegen; dieselben werden dann von Spindel zu Spindel der ange-
reihten Wagen selbstthätig übertragen, bis sie zu derjenigen kommen,
deren Gewicht ihrem eigenen Titer entspricht. Mit dieser Wage (balance
trieuse automatique pour les soies à tours comptés) können 18 Stränge pro
Minute gewogen werden; sie eignet sich mit wenig Abänderungen ebenfalls
zur Prüfung von Bobinen, Cordonnets etc.

Bibliographischer Anhang.

Die Gewinnung der Rohseide und Zubereitung der Gespinste.

Cernaglia, Trattura della seta. Treviso 1762.

Neue Anweysung wie mit denen Cocons zu verfahren, um untadelhafte Seyde zu ziehen. Berlin 1769.

Castelli, L'arte di filare la seta a freddo. Milano 1775.

Turbini, L'Economia per la filatura delle sete. Brescia 1778.

Griselini, Il Setificio. Verona 1788.

Catena, Versuche eyner Anweysung die Seyde zu haspeln nach Piemonteser Art. Potsdam 1783.

Santorini, Nuova macchina per la trattura della seta. Milano 1809.

Silva, Metodo economico per filare i bozzoli. Vigevano 1810.

Lamberthenghi, Sul metodo di trarre la seta dai bozzoli per mezzo del vapore. Milano 1816.

Aldini, Saggio esperimentale sull' applicazione del vapore all' acqua dei bagni e delle filande da seta. Milano 1818.

Miglioramenti apportati dagli artisti Leonardi e Botta all' apparecchio di trarre la seta dai bozzoli per mezzo del vapore. Milano 1819.

Dandolo, Brevissimi cenni sulla nuova filanda di Locatelli etc. Milano 1819.

Gera, L'arte seropedica. Milano 1827.

Pitaro, La science setifère. Paris 1828.

Mögling, Das Seidenhaspeln. Tübingen 1841.

Kurtze Nachricht von Haspelung der feynen Seyde, und von Zubereytung der Flockseyde. Berlin 1850.

Anleitung zum Abspinnen der Seidenkokons. Wien 1858.

Debernardi, Il filatorista serico.

Progressive Seidenpreistabelle 1778—1839. Krefeld.

Nottebohm, Spulen und Dubliren der Seide. Verh. d. Ver. zur Bef. d. Gewerbefleisses in Preussen. Berlin 1841.

Condition des soies. Procès verbaux des experiences faites à Lyon par d'Arcet etc. Lyon 1833.

Conditionnement de la soie par la dessiccation absolue. Lyon 1839, 1842.

Vernay, Knotenreisser, Descr. d. brevets. 23.

Rien, Seidenhaspel mit Knotenreisser. Descr. 29.

Chambon, Dublieren und Mulinieren. Descr. 45.

Briggs, Sengen gefärbter Garne mit Gas. Dingl. p. J. 136.

Murdoch, Behandlung der Florettseide. Dingl. p. J. 147.

Zwirnmaschine für Nähseide v. Neville-Nash. Dingl. 148.
Bernhard, Haspeln und Zubereiten der Trame. Dingl. 146.
Rogeat, Konditionierapparat. Dingl. p. J. 149.
Dusseigneur, Mulinierstuhl. Bull. d. l. Soc. d'encour. 1878.
Elektrisches Haspeln. Centralbl. f. Textilind. 1879. 10.
Galbiati, Haspeln unter dem Wasser. Moniteur des fils, 10.
Serrell, Automatisches Haspeln. The textil Recorder, 1886.
—, —, Industries, 1887. 3, 288.
Michaux, Fadenaufheller. Armengaud, Publication industrielle des machines
    1889. 32, 252.
Rushton, Seidenhaspel. Das d. Wollengewerbe 22, 1496.
Vaucanson, Mulinierstuhl. Moniteur des soies 1889. 1446.
Wegmann, Putzmaschine. The text. Manufact. 16. 402.
Camel, Haspel. Revue gén. de mécan. appl. 1, 85 (1891).
Serrell, Kokonschläger. L'Industrie textile 7, 107 (1891).
Gottelmann, Titrierwage, Bull. d. l. Soc. d'encour. 1895.
Vgl. auch Repertorium der techn. Journallitteratur, 1823—53 von Schubarth,
    seit 1854 von Kerl.

Patente.

a) Vorbehandlung der Kokons.

Englische Patente.

Corneillan, Vorbehandlung der Kokons 852, 1862.
Jessen, Vorbehandlung durchblöcherter Kokons 2297, 1864.
Dörren der Kokons 3086, 1878.
Vorbehandlung der Kokons 5214, 1880. 10176, 1886. 16416, 1886.
Behandlung wilder Kokons 7735, 1886. 8937, 1886.
Mechanisches Kokonputzen 6121, 1887.
Vorbehandlung der Kokons 8296, 1890. 8297, 1890. 8573, 1890.

Französische Patente.

Schlagen der Kokons Durand 1839, Lapeyrouse 1848, Meynard 1856,
    Féraud 1862, Sée 1875, Coren 1868.
Kochen der Kokons Queyras 1828, Jone 1829, Limet 1869, Payen 1870.
Putzen der Kokons Fabre 1841, Bonnet 1869, Durand 1872, Chabert 1823.
Dörrofen für Kokons Chateauneuf 1828, Tabarié 1845, Michel 1828.
Trocknen der Kokons Chiazzati 1872.
Dörren der Kokons Darrien 1836, Durand 1835, Cavallier 1837, Benoit
    1841, Barthelats 1856, Giraud 1840, Ventouillac 1835, Betti 1867,
    Marchi 1869.
Dörren und Trocknen Olivier 1855, Teissonière 1875, Vareilles 1868.
Ersticken mit Schwefelkohlenstoff Uzielli 1869.
Ersticken mit Gasen Raulin 107847, 1875.
Vorbehandlung der Kokons Lacroix 1854, Meynard 1854, Teraube 1854,
    Féraud 1858, 61, Delarbre 1855, Corneille 1861, Fraissinet 1875,
    Saquel 1861.
Vorbehandlung des Kokonabfalls Leonhardt 1845.
Dörren der Kokons Gauthier 117851, 1877.

Dörrofen für Kokons Perrin 118265, 1877.
Ersticken mit Schwefelwasserstoff Bussi 125341, 1878.
Kochen der Kokons Bousquier 188838, 1880.
Vorbehandlung der Kokons Traverso 145842, 1881.
Kochen der Kokons Chabert 167351, 1885.
Kochen der Kokons mit Dampf Gourdon 204509, 1890.
Kokonschläger Rhéotor 209690, 1890.
Vorbehandlung der Kokons Campredon 191226, 1890. Carrière 199153, 1890.
Mechanischer Kokonschläger und Kocher Fayol 201980, 1890; 139718, 1890; Chabane 178618, 1887 und Zusatzpatente.
Kokonputzer Serrell 193763, 1890. Saurin 186294, 1890.
Kokonschläger Dadu 181031, 1890. Francezon 181046, 1890.
Kokonputzer Gorde 210577, 1891.
Kokonschläger Noël 211883, 1891.
Kokonputzer Serrell 216618, 1892.
Kokonschläger Canfari 218446, 1892.
Vorbehandlung der Kokons Campredon 218529, 1892.
Kokonschläger Chiesa 220367, 1892. Giretti 229536, 1893.
Dampfdörre für Kokons Boniol 230009, 1893.

Italienische Patente.

Vorbehandlung der Kokons Randall 280, 1886. Traverso 1275, 1886.
Vorbehandlung der Tussah Randull 13, 1887. Donner 296, 1887.
Kokonschläger Barbina 732, 1887. Riboldi 1550, 1887.
Autom. Kokonschläger Méjean 322, 1888. Prinetti 1461, 1891. Fontana 1257, 1891. Pozzi 1019, 1891. Parravicini 838, 1891.
Kokonschläger Canfari 30948, 1892.
Kokonschläger mit kontinuierlicher Bewegung Lattuada 30768, 1892.
Kokonschläger Giretti 31418, 1892. Bruno 32437, 1892.

Amerikanische Patente.

Behandlung der Tussahkokons Randall 354222, 1886.
Kokonschläger Serrell 427243, 1890.

b) Gewinnung der Rohseide.

Englische Patente.

Haspeln der Rohseide Wilder 519, 1730.
Vorbehandlung zum Haspeln 5867, 1829.
Haspeln der Rohseide 6976, 1836.
Vorbehandlung zum Haspeln 9169, 1841.
Haspeln der Rohseide 5276, 1825. 7228, 1836. 7663, 1838. 12419, 1849.
Abhaspeln durchlöcherter Kokons Richard 2681, 1862.
Abhaspeln Keller 654, 1863. Aubenas 1202, 1865. Meille 2640, 1866.
Gewinnung der Rohseide 1856, 1877. 3682, 1878.

Haspeln der Rohseide 6135, 1884. 9080, 1854. 5790, 1884.
Autom. Haspeln Serrell 14956, 1886.
Haspeln Camel 9363, 18-6.
Autom. Haspeln Serrell 14367, 1886. 13668, 1886. 9273, 1887.
Abhaspeln der Kokons 20071, 1893.

Französische Patente.

Abhaspeln Martin 1865.
Abhaspeln und Putzen Vernay 1849, Bonnet 1869.
Abhaspeln Geneviève 1869, Lavernhe 1850.
Abhaspeln, lauwarm, Francezon 1875.
Abhaspeln beschmutzter Kokons Féraud 1867.
Abhaspeln Dufour 1864, Barròs 1850, Rottner 1850, Demizot 1825, Luppi 1858, Kopp 1816, Lacombe 1820, Olivier 1855, Chambon 1824, Giraud 1827, Challiot 1851, Lafont 1845, Roche 1858.
Haspelvorrichtung Côté 1835, Crozel 1829.
Heizvorrichtung Sauzet 1868, Chiarini 1870.
Verhüten von Abfall Perbost 1878.
Dampfspeisevorrichtung Russier 1870.
Vorbereitung der Rohseide Cobelli 1843.
Bauarten des Haspels Achard 1856, 1841, Alcan 1855, Amette 1874, Balay 1837, Belly 1813, Bonnard 1823, Chartron 1875, Conte 1865, Féraud 1866, Fraissinet 1875, Gensoul 1828, Giraud 1827, Hallom 1824, Jouveau 1853, Laget 1859, Leonzon 1853, Mouline 1874, Pellet 1821, Rodier 1825, Tabarin 1796, Tapissier 1865, Vagnone 1866, Vernay 1828, Wanklyn 1865.
Verfahren beim Haspeln Achard 1847, Aubenas 1860, Bonnet 1858, Buisson 1854, Carrière 1861, Chadwick 1858, Chazel 1861, Corneille 1872, 75, Dalan 1875, 76, Damon 1851, Dessaigre 1858, Durand 1886, Dusseigneur 1854, Forgemol 1861, Feuillat 1854, Gauthier 1853, 57, Gonzalez 1873, Gensoul 1823, Germain 1872, Heathcoat 1825, Hipert 1826, Kaufmann 1857, Keller 1863, Lacombe 1820, Locatelli 1842, Maillard 1854, Mathieu 1868, Monestier 1862, Miergues 1841, Mourend 1876, Murtin 1851, Pagòs 1868, Palayer 1862, Panisset 1860, 68, Philisdor 1862, Pouly 1860, Rodier 1820, 24, 46, Tezier 1830, Thomas 1874, Ventouillac 1832, Vernède 1861, Verita 1845.
Haspeln Tosterin 1824, Leroux 1859.
Haspeln und Filieren Tardieu 1864.
Haspeln und Zwirnen Corrompt 1834.
Haspeln unter Ventilierung Bouvier 1851.
Haspeln Bonneton 1859, Bonnet 1861, Dessy 1876.
Haspelbecken Albret 1829, Buros 1842.
Regulator beim Haspeln Bourcier 1838.
Verhüten von Fehlern Lauret 1876.
Haspelbecken Mangano 1869, Meynard 1845, Queyras 1828.
Haspelvorrichtung Souchon 1864, Lauret 1825, White 1839.
Heizvorrichtung Pontanari 1875.
Isothermische Heizvorrichtung Rignon 1856.

Haspelvorrichtung Abrard 1828, Blanchon 1824, Cabrier 1864, Carle 1860, Erba 1871, Mentel 1851, Meynard 1840, Michel 1838, Rey 1845.
Verhütung von Flaum Burdet 1864, Buisson 1864.
Heizvorrichtung Gensoul 1822, Drulhon 1821, Largnier 1826.
Antriebsvorrichtung Rodier 1820.
Dampfantrieb Kremer 1837.
Antriebsvorrichtung Françon 1866.
Heizvorrichtung und Becken Abrard 1828.
Haspeln Faessler 1865, Frigard 1865, Maillard 1855.
Reguliervorrichtung Cleve 1846, Culty 1868.
Haspeln ohne Messvorrichtung Buissard 1847.
Ventiliervorrichtung Brun 1802.
Haspelvorrichtung Richard 1875.
Fadenführer und Putzer Dalan 113342, 1876.
Putzer beim Haspeln Lauret 113353, 1876.
Verbesserung der Rohseiden Nogaret 115712, 1876.
Haspeln Lagarde 119001, 1877.
Haspeln durchlöcherter Kokons Monteucamp 123338, 1878.
Haspeln Chanteperdrix 124917, 1878.
Knotenreisser Maillard 128264, 1879. 131740, 1879. Jaquet 129643, 1879.
Haspeln unter Wasser Galbiati 130086, 1879.
Haspelverfahren Meille 135233, 1880, Lecestre 137810, 1880, Lacombe 137311, 1880.
Kreuzungsersatzspindel Gauthier 138491, 1880.
Haspeln Tasterin 138620, 1880, Aubenas 139887, 1880.
Verhütung der Verklebung Galbiati 141401, 1881.
Haspelverfahren Riollé 142199, 1881, Weber 145283, 1881.
Haspeln mit Leuchtgas Mouline 147205, 1882.
Autom. Haspeln Serrell 147624, 1882.
Ventiliervorrichtung Serrell 152954, 1883.
Behandlung des Abfalls Durand 153735, 1883.
Haspeln der Doppelkokons Achard 158904, 1883.
Haspelverfahren Testenoire 155324, 1883, Lacombe 156226, 1883, Meille 157002, 1883.
Chemisches Haspelverfahren Monnier 169463, 1885.
Becken mit Wassererneuerung Bouchet 170057, 1885.
Rotierende Becken Boudon 194709, 1890.
Haspelverfahren Corti 195043, 1890.
Autom. Fadenanhefter Darbousse 180854, 1890, Fraissinet 181951, 1890, Fadenanhefter Francezon 180211, 1890.
Haspelverfahren für Doppions Meille 183450, 1890.
Haspelapparat Chantiers Buire 184365, 1890.
Fadenanhefter Chantiers Buire 184377, 1890, Bourguet 187227, 1890.
Laugenextraktion Bertinetto 212847, 1891.
Haspeln und Trocknen Dunod 1836, Camel 1874, Chapotton 1870, Ledure 1837, Dalan 1875, Barbier 1823, Crumière 1849, David 1829, Dubost 1843, Duchamp 1843, Durand 1844, Merie 1868, Mousset 1881, Perlet 1842, Sallier 1854, Tapissier 1865, Vaquez 1868, Taure 1855.

Haspelverfahren Galbiati 217765, 1891, Durand 215305, 1891.
Haspeln Lacombe 224467, 1892, Dimock 224586, 1892.
Kombiniertes Haspeln Sanvito 221512, 1892.
Seidenhaspel Traverso 218816, 1891.
Kreuzungsvorrichtung Bergier 208985, 1891.
Kombiniertes Haspeln Fougeirol 221156, 1892.
Autom. Haspeln Serrell 227321, 1893.
Autom. Fadenknüpfer Chiesa 227790, 1893.

Italienische Patente.

Haspelverfahren Galbiati No. 135916, 1885.
Direktes Haspeln mit Kokondrehung Chamonard 959, 1885.
Heizvorrichtung Traverso 201, 1886.
Haspelverfahren Dubini 255, 1886.
Haspeln nach einzelnen Fäden Galbiati 257, 1886.
Behandlung der Kokons, Gröge und Abfall Randall 260, 1886.
Haspeln unter Wasser Galbiati 194, 1886.
Haspeln einzelner Fäden Galbiati 660, 705, 1886.
Behandlung der Rohseide Randall 1200, 1886.
Kombiniertes Haspeln-Dublieren Bianchi 1370, 1886.
Haspelvorrichtung Avalle 1613, 1886.
Haspeln der Doppelkokons Barbino 1631, 1886.
Behandlung der Rohseide Lazzaroni 22, 1887.
Haspeln einzelner Fäden Galbiati 103, 194, 217, 527, 960, 1887.
Haspelverfahren Sipmann 365, 1887.
Haspeln unter Wasser Galbiati 442, 984, 1887.
Haspeln mit Dampf Corti 452, 1887.
Fadenreisser Crosti-Borsa 642, 1887.
Haspeln der Doppelkokons Galbiati 725, 1147, 1869, 1887.
Haspelverfahren Meille 945, 1887.
Fadenanhefter Darbousse 1051, 1887.
Haspelverfahren Antonolli 1161, 1887.
Fadenanhefter Carrara 1204, 1887.
Pneumatischer Fadenanhefter Decanville 1513, 1887.
Fadenanhefter Battaglia 1583, 1887.
Haspeln einzelner Fäden Galbiati 58, 1888.
Fadenanhefter Antonelli 190, 624, 1888.
Rauchverzehrer Traversi 463, 1888.
Haspeln unter Wasser Galbiati 588, 1888.
Haspelbecken Comola 591, 1888.
Fadenanhefter Ciampolini 723, 1888, Amphoux 784, 1888.
Haspelverfahren Meille 892, 1888, Laporte 956, 1888, Galbiati 1087,
    1888, Traverso 1242, 1888.
Kreuzungsvorrichtung Tosetti 1351, 1888.
Fadenreisser Crosti 1398, 1888.
Haspeln mit Dampf Corti 456, 1498, 1889.
Haspelverfahren Galbiati 620, 979, 962, 1889, Oldrini 708, 1889, Du-
    bini 1781, 1889.
Fadenanhefter Corti 2146, 1889.

Kreuzungsvorrichtung Bergier 1252, 1891.
Haspelverfahren Galbiati 1017, 1891.
Arretierung für Seidenhaspel Prinetti 839, 840, 1891.
Haspelbecken mit Doppelboden Comba 81945, 1892.
Haspelverfahren mit nachträglicher Wasserbehandlung Piotti 31008, 82282, 1892.
Haspelkonstruktion Piotti 31009, 82233, 1892.
Fadenknüpfer Chiesa 82497, 1892.

Amerikanische Patente.

Haspelverfahren Serrell 317222, 1885, 320709, 1885.
Behandlung der Rohseide Huggenberg 339778, 1886, Randall 854823, 1886.
Haspel Atwood 338627, 1886.
Haspelverfahren Singleton 340681, 1886, Chapman 850845, 1886, Meyer 386713, 1888, Chapman 384890, 1888, Serrell 406598, 1889, Conant 404171, 1889, Atherton 468634, 1892.

c) Spulen, Dublieren, Zwirnen.

Englische Patente.

No.	Jahr	No.	Jahr	No.	Jahr	No.	Jahr
4762	1823	3834	1814	2736	1857	940	1868
5200	1825	4995	1824	8054	1857	2664	1868
5288	1825	5230	1825	152	1859	2940	1877
6049	1830	6976	1836	470	1859	8683	1878
6882	1835	7978	1839	1500	1859	588	1879
12891	1849	901	1858	3180	1860	981	1881
13274	1850	2522	1858	1799	1860	1921	1881
5288	1825	3001	1853	961	1858	5820	1882
6882	1835	802	1853	1747	1858	5589	1882
6976	1836	901	1853	829	1861	16571	1886
7978	1839	2038	1854	1659	1862	9429	1886
213	1681	1968	1854	2006	1862	9275	1887
265	1690	658	1854	36	1863	11764	1887
422	1718	2427	1854	487	1863	8535	1887
482	1725	119	1855	549	1863	487	1887
519	1730	855	1855	674	1863	16967	1890
960	1770	1668	1855	1054	1863	2917	1889
974	1770	2758	1855	1524	1863	8535	1887
1018	1772	1778	1856	2625	1863	16717	1891
1524	1786	2508	1857	2810	1863	6550	1892
1606	1787	612	1857	2424	1864		
5093	1825	1399	1857	1638	1865		

Französische Patente.

Dublieren Beaux 1857, Bodon 1861, Durand 1841, Chambon 1876, 1836.
Dublieren und Zwirnen Faure 1855.
Dublieren und Zwirnen der Nähseide Lacombe 1875, 1878.
Dublieren und Spulen Rodier 1826.
Spulen Blanc 1863, Dechamp 1868, Leyral 1867, Damiron 1881, Broche 1869.
Zwirnen Beantheac 1863, Truchant 1867.
Spulen Tranchat 1835, Tournier 1859.
Schutzvorrichtung beim Spulen Durand 1876.
Reguliervorrichtung beim Spulen Cassano 1859, Carrière 1836.
Dublieren und Zwirnen Chadwick 1858.
Reguliervorrichtung Culty 1868, Tardy 1847.
Zwirnspindel Perinetti 1842.
Dublier- und Zwirnmaschine Corsat 1859, Barberis 1849.
Spulen Gabert 1857, Lonbet 1859.
Spulen und Haspeln Simon 1873.
Zwirnmaschine Richard 1855.
Filier- und Spulvorrichtung Bancel 1837, Durand 1865, Coquet 1864, Fran-
çon 1864, 65, Bronac 1866, Estran 1864, Faure 1872, Moureau 1872.
Reguliervorrichtung Blachère 1863.
Zwirnvorrichtung Amaretti 1807, Atwood 1864, Bessy 1847, Celle 1860,
Chillat 1859, Combier 1842, Monnet 1854, Montegu 1841, Palayer
1861, Payre 1848, Sarry 1856, Tasterin 1865, Chalopin 1845, Cleve
1847, Corout 1882, Duseigneur 1867, Gioja 1874, Guérin 1846,
Rousselle 1861.
Zwirnen und Putzen Peyron 1825.
Zwirnen und Dublieren Grores 1855, Vaquez 1863.
Zwirnen der Nähseide Lacombe 1875.
Reguliervorrichtung Chambon 1824.
Zwirnen und Spulen Sparling 1863, Delarbre 1848.
Reguliervorrichtung Dumas 1869.
Verhütung von Abfall Gensoul 1838, Lacombe 1830.
Reguliervorrichtung Martin 1845, Rien 1829.
Zwirnspindel Eynard 1868, Monnet 1860.
Zwirngerät Billand 1855.
Zwirnen und Spulen Barberis 1849.
Spulen Avy 1837, Badnall 1825, Belly 1832, Cournier 1825, Dufret
1837, Guillmy 1829, Martin 1842, Mermey 1843, Nourry 1888,
Payre 1853, Poidebard 1850, Rodier 1838, Rotch 1827, Soubeiran
1837, Tardy 1842, Vigezzi 1889, Vergniais 1841.
Spulen und Dublieren Christian 1882.
Spulverfahren Lacombe 195166, 1890, Montauzan 190866, 1890, La-
porte 190743, 1890, Mouline 190785, 1890, Chapman 191435, 1890,
Serrell 191984, 1890, Campredon 193225, 1890.
Spulverfahren Lacombe 211947, 1891.
Reguliervorrichtung beim Spulen Guichard 1846.
Zählvorrichtung beim Spulen Daillon 1870.

Spulstange Chambon 1867.
Spulen, Dublieren und Zwirnen Durand 1821, Hill 1854.
Zwirnspindelbecher Chambon 102746, 1876.
Zwirnspindel Braun 112517, 114988, 1876.
Schnellzwirnmühle Mouline 103952, 1876.
Zwirnen Trafford 113595, 1876.
Schnellzwirnmühle Mouline 114476, 1876.
Zwirnspindel Bessy 115317, 1876.
Mulinierspule Durand 115332, 1876.
Mulinierstuhl Chanteperdrix 124917, 1878.
Muliniervorrichtung Mouline 125242, 1878.
Dublieren und Zwirnen Sippmann 133806, 1879.
Spulvorrichtung Philip 136656, 1880.
Mulinieren Pascal 137395, 1880, Taaterin 138620, 1880, Lavenaz 189347, 1880.
Dublieren und Putzen Leroux 141005, 1881.
Mulinieren Daumet 148975, 1882.
Spulen Serepel 148976, 1882.
Dublieren Jousnard 194865, 1890.
Mulinierstuhl Mouline 205469, 1890.
Universalspule Domartin 195717, 1890.
Spulvorrichtung Graf 197862, 1890.
Mulinierstuhl Mouline 200001, 1890.
Spulvorrichtung Gubelmann 200025, 1890.
Dublieren Stockhammer 212480, 1891.
Windevorrichtung Joanny 195717, 1890.
Dublierapparat Deydeier 221382, 1893.
Arretirung für Dublierspule Stockhammer 229280, 1893.
Schnelllaufender Fadenputzer Fougeirol 222220, 1893.
Windevorrichtung Crumière 231026, 1893.

Schweizerische Patente.

Runde Seidenwindemaschine Graf 37, 544, 1889.
Windemaschine Gubelmann 37, 1065, 1889.
Mulinierspindel Teissier du Cros 4784, 1892.
Zubereitung der Rohseide Zumbrunn 8920, 1894.

Italienisches Patent.

Windevorrichtung Sanvito 267, 1526, 1889.

Amerikanische Patente.

Zwirnen Tynan 326531, 1885.
Mulinieren Simon 348063, 1886, 858489, 1887.
Binden der Gespinste Ryle 373486, 1887.
Filieren Tynan 364783, 364784, 1887.
Zwirnen Singleton 359184, 1887.

Spulen Martzloff 377206, 1888.

Filieren Tynan 898859, 1889.

Spulen Conant 404171, 1889, Hochspeier 417424, 1889, Klots 427696, 1890.

d) Putzen, Zurichten, Prüfen und Konditionieren der Seidengespinste.

Englische Patente.

Putzen der Seidengespinste	5276,	1825; 13274, 1850; 1951, 1853.
Numerieren der	,,	349, 1859.
Zurichten der	,,	152, 1859; 288, 1860; 1889, 1860.
Sortieren der	,,	2235, 1860; 1821, 1860; 1945, 1856.
Moderator für	,,	906, 1858.
Numerieren der	,,	2387, 1862.
Zurichten der	,,	930, 1863.
Sortieren der	,,	1039, 1863.
Spulen, Messen der	,,	1801, 1863.
Sortieren der	,,	8260, 1866.
Messen der	,,	610, 1869.

Französische Patente.

Sortieren der Seidengarne Martin 1859.

Putzen der Seidengarne Vernay 1849, Damiron 1831.

Putzvorrichtung Badet 1851, Bérard 1842, Lacroix 1861, Badey 1848, Bonillur 1873, Cazet 1844, Dusseigneur 1864, Féraud 1842, Gauthier 1860, Méjean 1864, Meynard 1845, Nourry 1849, Piaton 1859, Rubin 1865, Sée 1874, Astesani 1874.

Zählvorrichtung Mousset 1860.

Messtabelle Fion 1852.

Putzen und Zwirnen Poidebard 1825. Giraud 1836.

Verhüten von Betrug Arnaud 1842, Grillet 1830, Arnaud 1832, Gandin 1844, Guyochon 1829, Rey 1850, Teinturier 1829.

Präparieren Rass-Maupas 1800, Cebelli 1843.

Präparierapparat Gantillon 1865.

Leimen Lecocq 1855, Michel 1843, Salle 1844.

Putzvorrichtung Champagnac 1858.

Garnzubereitung Dimock 1859.

Knotenfreies Knüpfen Galbiati 121381, 1877.

Sortiervorrichtung Bouchet 126071, 1878.

Putzvorrichtung Palayer 127380, 1878.

Kontrollvorrichtung Chancel 129898, 129949, 1879.

Konditionieren Moyret 131106, 1879.

Putzvorrichtung Dubois 140057, 1880.

Dublier- und Putzvorrichtung Leroux 141005, 1881.

Prüfungsapparat Serrell 141083, 1881.

Dublier- und Putzvorrichtung Armandy 141543, 1881.

Putzvorrichtung Raud 145471, 1881, Montauzan 206405, 1890, Romeas 200196, 1890.
Schnellputzer Fouigerol 222220, 1892.
Titriervorrichtung Cornet 223371, 1892.
Serimeter Belin 224067, 1892.

Schweizerische Patente.

Putzvorrichtung für Nähseide Wegmann 41, 213, 1889.
Putzvorrichtung Neumann-Schellenberg 5638, 5651, 14980, 4980, 8438, 100, 1892.
Putzapparat Wittig 5489, 1892.
Putzvorrichtung Dimock 5966, 1893.
Putzapparat Veillon 6183, 1898.
Putzwalzen Neumann-Schellenberg 7412, 1894.

Amerikanisches Patent.

Messvorrichtung Serrell 317223, 1885.

Leipzig. Druck von Grimme & Trömel.